J. Schröder

Bernhard Bachmann

Großes Lexikon
der Computerfachbegriffe

IWT Verlag

CIP-Titelaufnahme der Deutschen Bibliothek

Bachmann, Bernhard:
Grosses Lexikon der Computerfachbegriffe / Bernhard Bachmann. – Vaterstetten : IWT-Verl., 1990
  ISBN 3-88322-257-7
NE: HST

ISBN 3-88322-257-7
1. Auflage 1990

Alle Rechte, auch die der Übersetzung, vorbehalten. Kein Teil des Werkes darf in irgendeiner Form (Druck, Fotokopie, Mikrofilm oder einem anderen Verfahren) ohne schriftliche Genehmigung des Verlages reproduziert oder unter Verwendung elektronischer Systeme verarbeitet, vervielfältigt oder verbreitet werden.
Der Verlag übernimmt keine Gewähr für die Funktion einzelner Programme oder von Teilen derselben. Insbesondere übernimmt er keinerlei Haftung für eventuelle, aus dem Gebrauch resultierende Folgeschäden.

Die Wiedergabe von Gebrauchsnamen, Handelsnamen, Warenbezeichnungen usw. in diesem Werk berechtigt auch ohne besondere Kennzeichnung nicht zu der Annahme, daß solche Namen im Sinne der Warenzeichen- und Markenschutz-Gesetzgebung als frei zu betrachten wären und daher von jedermann benutzt werden dürften.

Printed in West Germany
© Copyright 1990 by IWT Verlag GmbH
Vaterstetten bei München

Herstellung: Freiburger Graphische Betriebe, Freiburg
Umschlaggestaltung: CommunAction, München

Einleitung

Wenn man bedenkt, daß es erst ein paar Jahre her ist, daß IBM seinen damals als revolutionär geltenden PC auf den Markt brachte, der auf seinem Einsatzgebiet als das Nonplusultra der technischen Entwicklung galt und heute, schon nach wenigen Jahren, zum alten Eisen zählt oder wenn man sich vor Augen hält, daß die meisten Computer heute zum Zeitpunkt ihrer Markteinführung praktisch schon veraltet sind, da die Nachfolgemodelle als Prototypen bereits in den Entwicklungslabors existieren, erhält man einen Eindruck von der Komplexität und dem schnellen Wandel im EDV-Bereich. Bedingt durch den raschen technologischen Fortschritt ist die EDV inzwischen so komplex geworden, daß man selbst als Kenner der Materie, trotz oder gerade wegen der Vielfalt der Fachliteratur, kaum eine Chance hat, überall aktuell dabei zu sein, ohne kostbare Zeit in das Wälzen dicker Fachbücher zu investieren. Noch schwerer haben es da die Anfänger, die gerade die ersten Schritte in ein ihnen unbekanntes Medium wagen, und denen ein Computerfachbuch aufgrund der Fülle unbekannter Termini tatsächlich wie ein Buch mit sieben Siegeln vorkommen muß.

Hier setzt das Konzept dieses Lexikons an. Schnelles Nachschlagen allgemeiner wie spezieller Fachbegriffe wird ebenso leicht ermöglicht wie das Erfassen komplexerer Prozesse und Zusammenhänge. Der inhaltliche Schwerpunkt wurde dabei bewußt auf den PC-Sektor gelegt, denn die Geräte mit den Intel-Prozessoren 8086, 8088, 80286 und 80386 haben sich unter dem Betriebssystem MS-DOS inzwischen überall im EDV-Bereich als Standard etabliert. Aus diesem Grund findet man u.a. eine komplette, dokumentierte Auflistung aller MS-DOS-Befehle und MS-OS/2-Kommandos, dem neuen Multitasking-Betriebssystem, einschließlich Gerätetreibern, Editier- und Stapelverarbeitungskommandos. Zahlreiche Beispiele erleichtern das Verständnis. Die Arbeit unter beiden Betriebssystemen läßt sich so deutlich rationalisieren. Bei den Programmiersprachen wurde das Hauptaugenmerk auf BASIC (GW-Basic mit Anwendungsbeispielen) und PASCAL (Turbo Pascal inklusive der Prozeduren der Units CRT, DOS und GRAPH) gelegt, die beide sowohl auf dem Ausbildungssektor als auch in den meisten anderen Anwendungsbereichen zum Standard zählen. Daneben finden sich selbstverständlich alle wichtigen Standardbegriffe und Prozesse aus dem gesamten EDV-Bereich, wobei die grundlegenden Aspekte bewußt ausführlich behandelt wurden. Am Ende des Buches finden sich schließlich noch zahlreiche Tabellen zum schnellen Nachschlagen von Fakten, darunter u.a. die kompletten Tastenfunktionen von MS-WORD und MS-WORKS sowie ASCII- und Tastaturcodes, Festplattencharakteristika oder Steuerzeichen für Matrix- und Laserdrucker. Zusätzlich wurden hier nochmals alle MS-DOS-, MS-OS-2-, BASIC- und Pascal-Kommandos in alphabetischer Reihenfolge aufgeführt, so daß die Suche nach einer Funktion (z.B. Festplatte sichern) enorm erleichtert wird, selbst wenn das Stichwort (hier: Backup) nicht bekannt ist. Ein kleines Fachwörterbuch Deutsch-Englisch, Englisch-Deutsch rundet das Ganze ab. Dieses Wörterbuch hat neben seiner eigentlichen Funktion auch noch den Zweck, Begriffe zu finden, von denen das Stichwort z.B. nur in Englisch bekannt ist, das jedoch unter der deutschen Bezeichnung im Lexikon aufgeführt ist.

Hinsichtlich der MS-DOS-Befehle sollte noch bemerkt werden, daß speziell die neueren Versionen (3.xx) bis einschließlich 4.01 berücksichtigt wurden, wobei natürlich die Kommandos der älteren Versionen als Untermenge enthalten sind. Bei den aufgeführten, zahlreichen Beispielen ist (falls nicht ausdrücklich an gegebener Stelle vermerkt) stets Festplattenlaufwerk C als Standardlaufwerk anzusehen, wobei sich das Beispielmaterial selbstverständlich auch auf Systeme ohne Festplatte anwenden läßt. Die bei MS-OS/2-Kommandos in Klammern angegebenen Kürzel „R", „P" bzw. „R+P" zeigen an, ob der Befehl nur im Real Mode, Protected Mode oder in beiden Betriebsarten zur Verfügung steht.

Weiterhin gilt, daß sich die aufgeführten Begriffe (z.B. Tastatur, Zentraleinheit etc.) immer auf den PC-Sektor bzw. auf das Betriebssystem MS-DOS respektive MS-OS/2 beziehen, falls nicht ausdrücklich eine andere Angabe gemacht wurde. Die Bezeichnung XT bezieht sich im übrigen auf alle Computer mit 8088- bzw. 8086-Prozessor und AT auf alle Geräte mit 80286-, 80386 bzw. 80486-Prozessor, während der Ausdruck PC alle Geräte, unabhängig vom verwendeten Prozessortyp bezeichnet. In den Programm- und Kommandobeispielen mußten des öfteren zusammengehörende Sequenzen aus drucktechnischen Gründen auf zwei oder mehr Zeilen verteilt werden. Beim Nachvollziehen dieser Beispiele sind diese Sequenzen selbstverständlich wieder zusammenhängend in einer Zeile einzugeben.

Beim Nachschlagen der einzelnen Begriffe werden Sie ab und zu Wiederholungen feststellen, also unter unterschiedlichen Stichworten den gleichen Text finden. Dies wurde bewußt in Kauf genommen (allerdings auch auf kürzere Texte beschränkt; bei längeren Passagen finden sich die allgemein üblichen Querverweise), um zeitraubendes Hin- und Herblättern durch permanente Querverweise zu unterbinden. Bezüglich des Stichwortkonzepts ist noch hinzuzufügen, daß alle Stichworte streng alphabetisch aufgelistet sind, so daß man z.B. die parallele Schnittstelle nicht unter „Schnittstelle, parallel", sondern wirklich unter „Parallele Schnittstelle" findet.

Abschließend bliebe nur noch zu bemerken, daß der Autor Ihnen viel Erfolg und auch Spaß bei der Arbeit mit diesem Buch wünscht, und für jede (auch kritische) Anregung dankbar wäre. Im Gegenzug können Sie sich natürlich auch jederzeit über den Verlag an den Verfasser wenden, falls Ihnen irgend etwas unverständlich geblieben ist oder Sie an einer speziellen Problemlösung arbeiten.

Großheubach, im Oktober 1989
Bernhard Bachmann

& Ampersand. Sonderzeichen, das in Datenbankabfragesprachen häufig als Symbol zur logischen Und-Verknüpfung verwendet wird.

@ Klammeraffe bzw. At-Sign. Sonderzeichen oder Befehlszeichen (vgl. ECHO). Wird auf einer PC-Tastatur meist (abhängig vom Tastaturtreiber) durch gleichzeitiges Betätigen der Tasten CTRL-ALT-2 erzeugt.

0-TRACK-SENSOR (engl. primary track sensor). Bestandteil mancher Diskettenlaufwerke. Informiert den Laufwerkskontroller, wenn sich die Schreib-/Leseköpfe auf der äußersten Diskettenspur (= Spur 0) befinden.

1S/1D (engl. single sided/single density). Bezeichnung für Disketten, die nur auf einer Seite mit einfacher Dichte beschreibbar sind. Sie werden meist nur für Homecomputer (Commodore 64 etc.) eingesetzt.

1S/2D (engl. single sided/double density). Bezeichnung für Disketten, die nur auf einer Seite mit doppelter Dichte beschreibbar sind.

2S/2D (engl. double sided/double density). Bezeichnung für Disketten, die auf beiden Seiten mit doppelter Dichte beschreibbar sind. Gewöhnlich werden diese Disketten auf PCs mit 360-KByte-Laufwerken verwendet. Kapazität: 360 Kilobyte.

2S/HD (engl. double sided/high density). Bezeichnung für Disketten, die aufgrund einer speziellen Beschichtung (kobalt-dotiertes Gamma-Eisenoxid) auf beiden Seiten mit hoher Dichte beschreibbar sind. Diese Art von Disketten kann nur in den HD-Laufwerken von AT-Computern verwendet werden und besitzt eine formatierte Kapazität von ca. 1.2 MByte (5 1/4"-Version) bzw. 1.44 MByte (3 1/2"-Version).

3 1/2"-DISKETTE (engl. micro disk). Magnetisches Speichermedium (vgl. Diskette) in einem stabilen Plastikgehäuse mit ca. 3 1/2-Zoll-Abmessung (8.9 x 9.3 cm), das sich im PC-Bereich immer mehr als Standard durchsetzt und die 5 1/4"-Disketten ablöst. Vorteile: Unempfindlich gegen Verschmutzung und

Bild 1: Disketten

Beschädigung durch ein stabiles Plastikgehäuse und den automatischen Verschluß der Schreib-/Leseöffnung bei Entfernen der Diskette aus dem Laufwerk, gute Handhabung und Archivierung durch geringe Abmessungen, Schreibschutz per Plastikschieber aktivierbar, relativ hohe Speicherkapazitäten von 720 KByte bzw. 1.44 MByte.

3-GENERATIONENPRINZIP

3-GENERATIONENPRINZIP (engl. grandfather-father-son principle). Verfahren bei der Datensicherung auf Magnetband. Dabei werden drei Bänder (Großvater, Vater, Sohn) verwendet. Erst wenn die Daten erfolgreich auf dem Sohnband gesichert wurden, wird das Großvaterband gelöscht. Damit ist sichergestellt, daß bei Fehlern jederzeit entweder aus dem Vater- oder Großvaterband ein neues Sohnband erstellt werden kann. Das gelöschte Großvaterband wird beim nächsten Sicherungslauf zum Sohnband, das Vaterband zum Großvaterband und das Sohnband zum Vaterband.

5 1/4"-DISKETTE (engl. mini disk). Magnetisches Speichermedium (vgl. Diskette) in einer kartonartigen Hülle mit ca. 5 1/4-Zoll-Abmessung (13.3 x 13.3 cm), das bisher im PC-Bereich als Standard galt und nun durch die 3 1/2"-Disketten abgelöst wird. Speicherkapazitäten: 360 KByte, 720 KByte, 1.2 MByte. Vorteil: Noch Standard, preisgünstig. Nachteil: Äußerst empfindlich gegen Verschmutzung und Beschädigung.

68000 16/32-Bit-Prozessor von Motorola. Arbeitet intern mit 32-Bit-Registern (8 Daten-, 7 Adreßregister) und verfügt über einen 16-Bit-Datenbus sowie einen 24-Bit-Adressbus, wodurch sich bis zu 16 MByte Arbeitsspeicher verwalten lassen.

68008 Motorola Prozessor. Unterscheidet sich von der 68000-Version lediglich in der Anzahl der Datenleitungen (8 statt 16) und der Adreßleitungen (20 statt 24). Ist also eine Sparversion des 68000-Prozessors und kann maximal 1 MByte Speicher adressieren.

68010 16-Bit-Prozessor von Motorola. Entspricht der 68000-Version, unterstützt jedoch zusätzlich die virtuelle Speicherverwaltung.

68020 32-Bit-Prozessor von Motorola. Enthält ca. 200 000 Transistorfunktionen. Taktfrequenzen: 12.5 MHz, 16.6 MHz, 20 MHz, 25 MHz. Datenbusbreite dynamisch von 8 auf 16 oder 32 Bit erweiterbar. Bis zu 4096 MByte Speicher (= 4 Gigabyte) können adressiert werden. Enthält acht Arbeits- und Adreßregister (32 Bit) und drei ALUs. Der maximale Datendurchsatz liegt bei etwa 27 MByte pro Sekunde.

8"-DISKETTE (engl. maxi disk). Heute praktisch nicht mehr gebräuchliches, magnetisches Speichermedium (vgl. Diskette) in einer kartonartigen Hülle mit ca. 8-Zoll-Abmessungen (20.4 x 20.4 cm), das bis ca. 1985 im PC-Bereich als Standard galt und dann durch die 5 1/4"-Disketten abgelöst wurde.

80286 16-Bit-Prozessor von Intel mit Taktfrequenzen bis zu 20 MHz. Der Durchsatz beträgt je nach Taktfrequenz 1.5 bis 2.5 MIPS. Der Prozessor kann durch seinen 24-Bit-Adreßbus maximal 16 MByte physikalischen und 1 Gigabyte virtuellen Speicher verwalten und kann in zwei Modi betrieben werden, dem Real Mode (in dem er abwärtskomaptibel zu den 8088- und 8086-Prozessoren ist) und dem Protected Mode, in welchem die vollen 16 MByte Speicher genutzt werden können.

80287 Mathematischer Koprozessor der Firma Intel, der den 80286-Hauptprozessor bei Gleitkommaberechnungen entlastet. Kann mit maximal 10 MHz Taktfrequenz betrieben werden.

80386 Echter 32-Bit-Prozessor der Firma Intel mit einer maximalen Taktfrequenz von 33 MHz. Der Durchsatz beträgt je nach Taktfrequenz 4 bis 8 MIPS. Der Chip arbeitet mit einem 32-Bit-Datenbuß, Steuerbus und Adreßbus und kann so bis zu 4 Gigabyte physikalischen Speicher verwalten. Kann in drei Modi betrieben werden, dem Real Mode (in dem er abwärtskomaptibel zu den 8088- und 8086-Prozessoren ist), dem Protected Mode, in welchem der komplette Speicher genutzt werden kann, und dem Virtual Mode, in dem der Chip zusätzlich in der Lage ist, mehrere 80286-Prozessoren zu emulieren (von denen jeder ein eigenes Programm bearbeiten kann).

80386SX 32-Bit-Prozessor der Firma Intel, der im Unterschied zur 80386-Version nur über einen 16-Bit-Datenbus verfügt. Der Durchsatz beträgt hier je nach Taktfrequenz 2.5 bis 3 MIPS.

80387 Mathematischer Koprozessor der Firma Intel, der den 80386-Hauptprozessor bei Gleitkommaberechnungen entlastet. Er verfügt im Gegensatz zum 80287 auch über trigonometrische, logarithmische und Exponentialfunktionen.

8086 16-Bit-Prozessor von Intel. Der Chip arbeitet mit einem 16-Bit-Datenbus und einem 20-Bit-Adressbus und kann somit maximal 1 MByte Speicher verwalten. Der Durchsatz beträgt je nach Taktfrequenz 0.3 bis 0.5 MIPS.

8087 Mathematischer Koprozessor der Firma Intel, der die 8086-und 8088-Hauptprozessoren bei Gleitkommaberechnungen entlastet.

8088 16-Bit-Prozessor von Intel. Unterscheidet sich von der 8086-Version lediglich durch den schmäleren Datenbus (8-Bit anstatt 16-Bit). Der Prozessor kann maximal 1 MByte Speicher verwalten. Der Durchsatz beträgt je nach Taktfrequenz 0.3 bis 0.5 MIPS.

A

A Ziffer des hexadezimalen Zahlensystems. Entspricht dem Dezimalwert 10.

A/D-WANDLER (engl. analog-to-digital converter). Analog/Digital Wandler. Peripheriegerät, welches analoge Signale in digitale Daten umwandelt. Wird vor allem in der Meßtechnik verwendet, z.B. um Temperaturmeßungen durchzuführen und per Computer auswerten zu können.

A/N Akronym für alphanumeric bzw. alphanumerisch.

ABBRUCH-TASTE (engl. escape key). Vgl. ESC-Taste.

ABEND Akronym für Abnormal End of Operation. Vorzeitiger Abbruch einer Operation aufgrund eines Fehlers, der nicht vom Programm abgefangen werden kann.

ABFRAGE (engl. query). Bezeichnet entweder den Vorgang des Suchens nach bestimmten Daten in einer Datenbank oder die Überprüfung eines Gerätestatus (z.B. ob der Drucker oder das Diskettenlaufwerk betriebsbereit ist).

ABFRAGESPRACHE (engl. query language). Dient zur Abfrage (und Manipulation) von Datenbeständen in Datenbanken. Meist vom Anwender programmierbar. Vgl. SQL.

ABFRAGESTATION (engl. retrieval terminal). Datenendgerät zum Abfragen von Datenbeständen aus Computerdateien (z.B. in Auskunftssystemen). Über die Abfragestation besteht keine Möglichkeit der Dateneingabe oder Datenmanipulation.

ABGANGSKONTROLLE (engl. removal control). Aus dem Bundesdatenschutzgesetz: Personen, die bei der Verarbeitung personenbezogener Daten tätig sind, sind daran zu hindern, daß sie Datenträger unbefugt entfernen.

ABGLEICHCODE (engl. matchcode). Der Code dient bei der Abfrage von Datenbanken zum schnellen Auffinden bestimmter Datensätze. Je nach Definition ist er unterschiedlich strukturiert. Er kann z.B. in einer Adreßdatei so gestaltet sein, daß er aus den ersten drei Buchstaben des Nachnamens besteht.

ABLAGEFLÄCHE (engl. clipboard). „Unsichtbare" Ablagefläche im Computerspeicher, auf der Texte und Graphiken bis zur Weiterverarbeitung in der gleichen bzw. zum Einfügen in andere Anwendungen (z.B. Graphik aus einem Zeichenprogramm in den Text eines Textverarbeitungsprogramms) zwischengelagert werden können.

ABLAUFDIAGRAMM (engl. flowchart). Graphische Darstellung von

9

ABLAUFFÄHIG

Abläufen in oder bezüglich einer DV-Anlage z.B. eines Programmablaufs (vgl. Programmablaufplan) oder des Datenverlaufes in vorgegebenen Hardwarekonstellationen (vgl. Datenflußplan).

ABLAUFFÄHIG (engl. executable). Bezeichnet die Tatsache, daß ein Programm einwandfrei auf einer Computeranlage arbeitet.

ABS GW-BASIC-Funktion. Gibt den absoluten Betrag eines numerischen Ausdrucks an.
Eingabe:

```
ABS(X)
```

Liefert den Absolutwert von X. X kann ein beliebiger numerischer Ausdruck (Konstante, Variable) sein.
Beispiel:

```
10 ABS (12*(2-4))
```

Hier wird der Absolutwert des Ausdrucks als 24 ausgegeben.

ABS Turbo-Pascal-Funktion. Sie liefert den absoluten Wert eines numerischen Ausdrucks.
Eingabe:

```
ABS(X)
```

Liefert den Absolutwert der Real- oder Integerzahl X.

ABSOLUTE ADRESSE (engl. absolute address oder actual address). Tatsächliche Adresse einer Speicherzelle. Gegensatz: Relative oder symbolische Adresse.

ABSOLUTER SPRUNG (engl. absolute jump). Verzweigung bzw. Sprung mit absoluter Adreßangabe.

ABSOLUTWERT (engl. absolute value). Bezeichnet den Wert einer Zahl, unabhängig vom Vorzeichen. So besitzen z.b. die Zahlen -3 und +3 beide den Absolutwert 3.

ABSPEICHERN (engl. save oder store). Bezeichnet den Vorgang, Programme, Dateien oder jeweils Teile davon programmgesteuert (über Systemroutinen) auf einem externen Massenspeicher permanent abzulegen, von wo sie jederzeit bei Bedarf wieder aufgerufen (geladen) werden können.

ABSTURZ (engl. crash). Nicht geplanter Programmabbruch bzw. Systemzusammenbruch, bedingt durch Bedienungsfehler (z.B. falsche Eingabe), Programmierfehler oder Gerätefehler. Ein Absturz führt entweder dazu, daß das Anwendungsprogramm verlassen und automatisch auf Systemebene zurückgekehrt wird oder, daß das komplette System "hängt" und neu gestartet werden muß.

ABSZISSE (engl. abscissa). Auch X-Achse. Waagerechte Achse im Koordinatensystem.

ABTASTEN (engl. scan). Vorlage nach Hell-/Dunkelwerten abtasten. Vgl. Scanner.

ABTASTGERÄT (engl. scanning device). Gerät, mit welchem Texte und Graphiken von einer Vorlage in den

Computer eingelesen werden können. Vgl. Scanner.

ABWÄRTSKOMPATIBEL (engl. downward compatible). Bezeichnet die Tatsache, daß Folgeversionen einer Software sich hinsichtlich Daten, Programmen und Geräten genauso verhalten wie die Vorgängerversionen. Beispiele: Dokumente, die mit einem Textprogramm der Version X erstellt wurden, können mit der Folgeversion des Textprogramms weiterverarbeitet werden. Programme oder Geräte (z.b. Laufwerke), die unter der Version XY eines Betriebssystems arbeiteten, funktionieren auch unter der Folgeversion einwandfrei.

ABWEISENDE SCHLEIFE Programmierung. Die Überprüfung, ob die Schleife verarbeitet werden soll, findet vor dem Eintritt in die Schleife statt.
Beispiel (in BASIC):

```
20 INPUT "Summanden eingeben: ",Z
30 IF S>=100000 GOTO 70
40 S=S+Z
50 J=J+1
60 GOTO 30
70 PRINT "Die Summe 100000 wurde"
80 PRINT "nach"J"Additionen erreicht"
100 END
```

In diesem einfachen Beispiel wird ein Summand so lange (Schleife in Zeilen 40-60) mit sich selbst addiert, bis eine (in Zeile 30 als Abbruchsbedingung definierte Endsumme S erreicht ist. Als Ergebnis wird die Anzahl der dazu benötigten Additionen ausgegeben. Die Abbruchbedingung steht vor der Schleife, die nur dann durchlaufen wird, wenn die Abbruchbedingung nicht erfüllt ist.

AC Akronym für Accumulator. Bestandteil (Register) des Prozessors, in welchem die Ergebnisse arithmetischer Operationen zwischengespeichert werden.

ACCESS Englische Bezeichnung für Zugriff auf einen Speicher. Random Access: Wahlfreier Zugriff, die Speicherstelle kann direkt angesprochen werden (z.b. bei Diskette oder Festplatte). Sequential Access: Sequentieller Zugriff, alle vor der gewünschten Speicherstelle liegenden Speicherstellen müssen ebenfalls eingelesen werden (z.B. Magnetband).

ACCESS TIME Englische Bezeichnung für Zugriffszeit. Bei RAM-Speicher: Zeit für das Anwählen einer Adresse und das Schreiben bzw. Lesen des Speicherinhalts. Plattenspeicher: Zeit, die benötigt wird, einen Datenblock zu lesen. Setzt sich zusammen aus Positionierungs- und Latenzzeit (vgl. jeweils dort).

ACK Akronym für Acknowledge. Steuerzeichen. Drucker: Signal, das anzeigt, daß der Drucker bereit ist für den Empfang weiterer Daten. ACK wird gesendet, wenn das BUSY-Signal von High auf Low fällt bzw. wenn der Drucker auf Online geschaltet wird. CPU: Signal als Bestätigung, daß ein Interrupt empfangen wurde und bearbeitet wird. Vgl. auch NAK.

ADA

ADA Programmiersprache mit strukturiertem und modularem Aufbau, ähnlich wie Pascal. Enthält Elemente von PL/I und ALGOL. Benannt nach Lady Ada Byron (1815-1852), Mitarbeiterin von Charles Babbage (1792-1871), dem theoretischen Vater des Computers.

ADAPTER (engl. adapter). Zwischenstück zur Verbindung von Geräten, Kabeln etc. mit unterschiedlichen Anschlüssen.

ADD-IN Englischer Begriff für Computerzubehör, das in den Rechner eingebaut wird, wie z.B. Erweiterungskarten.

ADD-ON Englischer Begriff für Computerzubehör wie Monitorständer, Staubschutzhauben, Graphikkarten etc.

ADDIERER (engl. adder). Vgl. Volladdierer, Halbaddierer.

ADDITIVE FARBMISCHUNG Im Gegensatz zur subtraktiven Methode (vgl. dort) entstehen hier die einzelnen Farben durch Mischung von farbigem Licht unterschiedlicher Intensität. Aus den drei Grundfarben ROT-GRÜN-BLAU können durch Überlagerung vier weitere Farben (Magenta, Gelb, Cyan und Weiß) erzeugt werden. Dieses Verfahren wird zur Farbdarstellung auf Computermonitoren verwendet. Zusammen mit Schwarz stehen somit zunächst acht Farben zur Verfügung. Bei digitalen Bildschirmkarten (z.B. CGA) werden weitere acht Farben durch Erhöhung

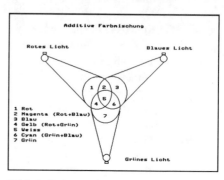

Bild 2: Prinzip der additiven Farbmischung

der (Licht-) Intensität auf den doppelten Wert erzeugt (aus Blau wird Hellblau, aus Grün Hellgrün usw). Bei analogen Karten (z.B. VGA) kann diese Intensität stufenlos geregelt werden, so daß theoretisch unbegrenzt viele (in der Praxis meist auf 256 beschränkt) Farbstufen zur Verfügung stehen.

ADDR Turbo-Pascal-Funktion. Sie erbringt die Adresse einer Variablen bzw. des Pointers einer Funktion oder Prozedur.
Eingabe:

```
Addr(x)
```

X kann entweder Variable oder Pointer einer Prozedur oder Funktion (nicht inline) sein.

ADP Akronym für Automatic Data Processing. Automatische Datenverarbeitung.

ADR Akronym für Address (Adresse).

ADRESSBEREICH (engl. address range oder memory). Bezeichnet den internen Speicher eines Computers, in dem jede einzelne Speicherzelle über den Adreßbus direkt ansprechbar (= adressierbar) ist. Um z.B. 1 Mbyte (= 1024 KByte bzw. 1048576 Byte) Speicher adressieren zu können, muß der Adreßbus 20 Bit breit sein (wie z.B. bei PCs mit 8088 Prozessor), da 2^{20} = 1048576 ist. ATs mit 80286-Prozessor besitzen einen 24 Bit breiten Adreßbus und können somit 2^{24} = 16 MByte Arbeitsspeicher adressieren, während der 80386-Prozessor mit seinem 32-Bit-Adreßbus 2^{32} = 4096 MByte = 4 GByte Speicher adressieren kann

ADRESSBUS (engl. address bus). Verbindungsleitungen zur Ansteuerung der Adressen im Arbeitsspeicher (Bestimmung des Ziels des Datentransports). Je nach Prozessortyp beträgt die Anzahl der Leitungen 8-32, entspricht der jeweiligen Busbreite in Bit (z.B. 32-Bit-Adreßbus). Von der Breite des Adreßbusses hängt auch die Größe des verfügbaren Arbeitsspeichers ab. Vgl. dazu Adreßbereich.

ADRESSE (engl. address). Alle Speicherstellen eines Computerspeichers sind numeriert. Diese Nummern bezeichnet man als Adresse, mit deren Hilfe jede Speicherstelle direkt zum Lesen bzw. Schreiben von Daten angesprochen werden kann.

ADRESSIEREN (engl. address). Daten oder Befehlen die Nummern (= Adressen) der Speicherzellen zuweisen, in denen sie abgespeichert oder von denen sie gelesen werden sollen.

ADRESSIERUNGSART (engl. addressing mode). Die Adressierung durch einen Prozessor kann auf verschiedene Art und Weise erfolgen. Als Quelladresse kann sowohl ein Prozessorregister als auch eine Speicherstelle des Arbeitsspeichers genommen werden. Das gleiche gilt für die Zieladresse.

ADVENTURE Englische Bezeichnung für Abenteuerspiel, Rollenspiel in welchem der Anwender in eine je nach Programm unterschiedliche Rolle schlüpft und eine spezifische Aufgabe zu lösen hat. Adventures können rein auf Dialogen basieren (Textadventure) oder aber auch Graphik verwenden (Graphikadventure). Entscheidend ist in jedem Fall, daß ein ständiger Dialog zwischen Anwender und Programm stattfindet (vgl. auch Parser). Beispiel: Der Anwender sieht auf dem Bildschirm ein Zimmer mit einer Tür und gibt über Tastatur ein: Öffne die Tür. In Abhängigkeit vom Spielstand kann es nun sein, daß die Tür geöffnet wird oder das Programm die Meldung ausgibt, daß es zuerst den Schlüssel benötigt (der daraufhin vom Anwender zu finden ist) usw.

AES Akronym für Application Environment Services. Steht unter der graphischen Benutzeroberfläche GEM den Programmierern in Form von 11 Libraries (Bibliotheken) zur Verfügung, welche u.a. Routinen zur Fensterverwaltung, Maussteuerung, Bildschirmsteuerung, Event-Verwaltung oder Multitaskingprozessen enthalten.

AGA Akronym für Advanced Graphics Adapter. Graphikkarte der Firma Commodore, die in der Lage ist verschiedene andere Graphikkarten wie MDA, MGA, CGA (vgl. dort) zu emulieren.

AI Akronym für Artificial Intelligence. Künstliche Intelligenz (KI).

AIDS Akronym für Automatic Installation and Diagnostic Service. Automatischer Installations- und Diagnosedienst.

AKKUBETRIEB (engl. battery driven). Rechnerbetriebsart, bei der die komplette elektrische Stromversorgung über wiederaufladbare Akkus realisiert wird, und nicht über das 220 V-Stromnetz. Laptops (vgl. dort), die mit einem LCD-Bildschirm ausgestattet sind, lassen sich mit einer Akku-Ladung je nach Betriebsart (häufige Laufwerkszugriffe verkürzen die Betriebszeit) zwei bis vier Stunden betreiben. Bei Desktop-AT-Computern wird lediglich ein CMOS-RAM mit den Setup-Informationen (Speichergröße, Bildschirmart, Anzahl und Art der Laufwerke) durch Akkus oder Batterien versorgt, so daß der Inhalt auch nach Abschalten der Stromversorgung erhalten bleibt.

AKKUMULATOR (engl. accumulator). Bestandteil (Register) des Prozessors, in welchem die Ergebnisse arithmetischer Operationen zwischengesapeichert werden.

AKRONYM Wort, das sich aus den Anfangsbuchstaben anderer Wörter oder Wortteilen zusammensetzt, z.B. EGA für Enhanced Graphics Adapter.

AKTIVE PARTITION (engl. bootpartition). Festplattenbereich (vgl. Partition), welcher das Betriebssystem enthält, und von dem bei Systemstart gebootet wird, d.h., von dem das Betriebssystem geladen wird. Vgl. auch Booten.

AKTOR Nachgeschaltetes Bauelement.

AKUSTIKKOPPLER (engl. acoustic coupler). Gerät zum Anschluß von Computern an das Fernsprechnetz. Beim Computer erfolgt der Anschluß mittels eines Kabels an der RS-232-Schnittstelle, die Verbindung zum Netz erfolgt über ein konventionelles Telefon, dessen Hörer in die Gummimuffen des Kopplers gepreßt wird. Die Aufgabe des Gerätes besteht darin, elektrische Datensignale in akustische Impulse umzuwandeln (Sendebetrieb) bzw. Signale, die von anderen Computern über die Telefonleitung geschickt werden, wieder in Daten zurückzu-

ALGORITHMUS

Bild 3: Akustikkoppler

transformieren (Empfangsbetrieb).

AL Akronym für Assembly Language. Vgl. Assemblersprache.

ALERT BOX Englische Bezeichnung für eine Warntafel in graphischen Benutzeroberflächen wie GEM, die auf eine kritische Situation aufmerksam macht bzw. den Anwender nochmals auf eventuell nicht beabsichtigte Auswirkungen einer Funktion hinweist (z.B. Vorsicht, alle Dateien werden gelöscht).

ALGEBRAISCHE SPRACHEN (engl. algebraic languages). Höhere Programmiersprachen, wie z.B. Fortran, bei denen die Anweisungen strukturell wie algebraische Formeln aufgebaut sind.

ALGOL Akronym für ALGOrithmic Language. Speziell für die Lösung wissenschaftlich-mathematischer Probleme konzipierte Programmiersprache. Zuerst von Peter Naur als Algol 60 an der Universität Kopenhagen entwickelt. Erste rekursive Programmiersprache (Unterprogramme, die sich selbst aufrufen). Später erfolgte die Weiterentwicklung zur komplexeren Algol 68 Version.

ALGORITHMUS (engl. algorithm). Benannt nach dem arabischen Schriftsteller Ibu Musa Alkhowarizmi (um 825 n. Chr). Als Algorithmus bezeichnet man eine allgemeingültige, definitive Beschreibung zur Lösung gleicher oder gleichartiger Aufgaben bzw. Probleme. Er ist also eine detaillierte Beschreibung eines Verfahrens zur Lösung eines Problems, wobei die Reihenfolge der Lösungsschritte bekannt und ihre Anzahl begrenzt (endlich) ist. Jedes Computerprogramm ist somit die Umsetzung eines Algorithmus mit Hilfe einer Programmiersprache.

ALIGNMENT Englische Bezeichnung für Textausrichtung innerhalb einer Zeile oder Textspalte. Man unterscheidet: linksbündig (links ausgerichtet, rechts Flattersatz), rechtsbündig (rechts ausgerichtet, links Flattersatz), zentriert (an der Zeilenmitte ausgerichtet) und Blocksatz (links und rechts ausgerichtet, d.h. alle Zeilen sind gleich lang).

ALPHANUMERISCH (engl. alphanumeric). Bedeutet, daß z.B. in Dateinamen oder Datenfeldern sowohl Buchstaben als auch Ziffern verwendet werden dürfen. Bei alphanumerischer Sortierung wird zunächst nach Ziffern (0-9), dann nach Buchstaben (A-Z) sortiert.

ALT-TASTE (engl. alternate key). Sondertaste auf einer PC-Tastatur. Dient zum Erzeugen von Sonderfunktionen in Verbindung mit anderen Tasten (z.B. ALT+CTRL+DEL = Warmstart) und von Sonderzeichen in Verbindung mit den Zifferntasten im Tastaturblock (Festhalten der ALT-Taste und gleichzeitiges Eintippen einer Ziffernfolge). So erzeugt ALT 214 z.B. das Zeichen " ╓ ". Vgl. auch Anhang 1.

ALU Akronym für Arithmetic Logical Unit. Rechenwerk eines Mikroprozessors zur Durchführung logischer Vergleiche und arithmetischer Operationen.

AMIGA Mikrocomputer von Commodore auf Basis des 68000-Prozessors (16-Bit) von Motorola, der sich vor allem durch seine Graphik- und Musikfähigkeiten (Stereosound) auszeichnet. In mehreren Leistungsvarianten erhältlich. Die Version Amiga 2000 zeigt folgende Hauptmerkmale: Motorola 68000 Prozessor mit 7 MHz getaktet, 3 Graphik-Koprozessoren (Agnes, Denise, Paula), 1 MByte Arbeitsspeicher, 1 Diskettenlaufwerk 880 KByte, Echtzeituhr, Schnittstellen: parallel, seriell, Maus, Joystick, Monitor, externes Laufwerk, 11 Erweiterungssteckpätze (davon 4 PC-kompatibel, Graphik mit bis zu 4096 Farben und 640x512 Punkte Auflösung, 4 DMA-Soundkanäle, Festplatte und drei zusätzliche Diskettenlaufwerke anschließbar. Besonderheit: Läßt sich über eine Steckkarte zum PC (mit 8088-Prozessor) erweitern.

AMPERSAND Begriff für das "&"-Zeichen, das in Datenbankabfragesprachen häufig als Symbol zur logischen Und-Verknüpfung verwendet wird.

ANALOGER FARBMONITOR (engl. analog color monitor). Kann im Gegensatz zum digitalen Monitor theoretisch beliebig viele Farben, darstellen, da jede Farbe stufenlos vom Helligkeitswert 0 bis 100 wiedergegeben werden kann. In der Praxis ist die Farbzahl jedoch endlich, da die von der Graphikkarte kommenden Farbsignale durch deren Farbregisterzahl in der Regel auf 256 beschränkt sind.

AND-GATTER (engl. AND gate). Schaltkreis, der als Ausgabe den Wert WAHR (= 1) erzeugt, wenn

alle Eingaben WAHR sind.
Beispiel:

Eingabe 1	Eingabe 2	Ausgabe
1	1	1
0	0	0
1	0	0
0	1	0

Die in der Programmierung benutzte AND-Funktion arbeitet nach dem gleichen Schema: WENN A=0 AND B=0, DANN... In diesem Beispiel muß sowohl A Null sein als auch B, damit die DANN-Anweisung ausgeführt wird.

ANDRUCKFILZ Bei Diskettenlaufwerken mit nur einem Schreib-/Lesekopf wird die Diskette mittels eines Andruckfilzes gegen den Kopf gedrückt.

ANFANGSADRESSE (engl. start address). Auch Startadreße. Nachdem ein Programm in den Arbeitsspeicher geladen wurde, muß die Adreße des ersten zu bearbeitenden Befehls des Programms in den Befehlszähler geschrieben werden. Dies ist die Anfangsadreße.

ANFANGSWERT (engl. initial value). Erster Wert einer Zählvariablen, der entweder definiert oder null ist.

ANFÜHRUNGSZEICHEN (engl. quote). Wird in Programmiersprachen wie BASIC verwendet, um Zeichenketten (vgl. dort) zu markieren.

ANIMATION (engl. animation). Erzeugung bewegter Graphik (Trickfilmcharakter) durch schnelles Umschalten zwischen mehreren aufeinander abgestimmten Einzelbildern. Diese Einzelbilder sind bereits fertig berechnet im Graphikspeicher abgelegt und können so von dort nacheinander ohne merklichen Zeitverlust auf den Bildschirm gebracht werden, wodurch der kinematische Effekt entsteht. Echtzeitanimationen (vgl. dort), d.h. parallele Berechnung und Darstellung der Einzelbilder ist im Gegensatz dazu nur auf großen Anlagen mit speziellen Graphikprozessoren realisierbar.

ANLAGENKONFIGURATION (engl. system configuration). Vgl. Konfiguration.

ANSCHLAGDRUCKER (engl. impact printer). Vgl. Drucker, Kettendrucker, Typenraddrucker, Zeilen- bzw. Zeichendrucker mit mechanischem Anschlag.

ANSCHLAGFREIER DRUCKER (engl. non-impact printer). Vgl. Drucker, Laserdrucker, Thermotransferdrucker, Tintenstrahldrucker, Seitendrucker.

ANSCHLUSSKENNUNG (engl. attachment identification). 12stellige Ziffer, welche die Zugangsberechtigung zum BTX-Dienst der Bundespost schafft. Sie muß entweder manuell eingegeben werden oder wird (bei Verwendung des Postmodems DBT 03) automatisch vor Verbindungsaufbau gesendet.

ANSI

ANSI Akronym für American National Standards Institute. Amerikanische Normenbehörde.

ANSI MS-OS/2-Kommando (P) zur Unterstützung der ANSI-Escapesequenzen. Im Netzwerk verwendbar. Während unter MS-DOS bzw. im Real-Mode von MS-OS/2 der ANSI-Treiber (ANSI.SYS) in die CONFIG.SYS-Datei einzubinden ist, steht er hier in Form eines Kommandos zur Verfügung. ANSI muß aktiviert sein, um u.a. verschiedene Graphikmodi anwählen oder etwa den Bildschirm mittels CLS löschen zu können. Beispiel:

```
ansi on
```

Schaltet die Escapesequenz-Unterstützung ein. Ausschalten durch OFF.

ANSI-ESCAPE-SEQUENZEN (engl. ANSI escape sequences). Zeichenfolgen zur Steuerung von Bildschirmen und Terminals. Alle Zeichenfolgen beginnen mit der ASCII-Escapesequenz 27 und lösen bestimmte Funktionen wie Bildschirmlöschen, Cursor positionieren etc. aus. Der Vorteil dieser Art der Steuerung liegt darin, daß einmal eine Norm geschaffen wurde und daß zweitens selbst jene Programme Bildschirmfunktionen steuern können, die in Sprachen geschrieben sind, welche dafür keine eigenen Funktionen bereitstellen.

ANSI.SYS Gerätetreiber für MS-DOS Version 3 und 4 sowie MS-OS/2 (R) für erweiterte Bildschirm- und Tastaturfunktionen. Mit dem Gerätetreiber ANSI.SYS wird eine Tabelle mit Steuerzeichen installiert, die u.a. zur Umbelegung der Tastatur, zum Steuern des Cursors oder zur Änderung der Bildschirmdarstellung dienen. Diese Steuerzeichen, auch Escape-Sequenzen genannt, werden immer durch das gleiche Escape-Zeichen ESC[eingeleitet. Wie dieses Escapezeichen erzeugt wird, hängt ganz allein von der verwendeten Programmiersprache ab. So wird in BASIC z.B. die Anweisung PRINT CHR$(27) verwendet, während auf MS-DOS-Ebene das PROMPT-Kommando in der Form PROMPT $e[zur Erzeugung des Escapezeichens benutzt wird. Im Protected Mode von MS-OS/2 kann die ANSI-Tabelle direkt mit dem Systembefehl ANSI geladen werden. Ansonsten ist der Treiber mit dem DEVICE-Befehl in die CONFIG.SYS-Datei zu integrieren. Eingabe:

```
device=(LW:)(Pfad)ansi.sys (/Parameter)
```

Einbindung des ANSI-Treibers aus dem angegebenen Verzeichnis und Laufwerk. Parameter:

- X Bewirkt, daß Tasten, die (auf einer MFM-Tastatur) doppelt vorhanden sind (z.B. HOME, INS etc.), unterschieden und die Funktionstasten F11 und F12 unterstützt werden.
- K Abschalten der MF-Tastaturunterstützung.
- L Steuert Zeilenzahl pro Seite über das MS-DOS-Kommando MODE.

Beispiel:

device=c:\dos\ansi.sys

Lädt den ANSI-Treiber von der Festplatte C und aus dem Verzeichnis DOS. Folgende Steuersequenzen werden vom ANSI-Treiber zur Verfügung gestellt, wobei für n jeweils eine Ziffer, für s die Spaltenzahl und für z die Zeilenzahl zu setzen ist:

CURSORFUNKTIONEN

ESC[n;nH oder ESC[n;nf	Bewegt den Cursor auf die durch Zeilen- und Spaltenzahl angegebene Position.
ESC[nA	Bewegt den Cursor n Zeilen nach oben. Die Spaltenposition wird beibehalten.
ESC[nB	Bewegt den Cursor n Zeilen nach unten, wobei die Spaltenposition gleich bleibt.
ESC[nC	Bewegt den Cursor n Spalten in der gleichen Zeile nach rechts.
ESC[nD	Bewegt den Cursor in der gleichen Zeile n Spalten nach links.
ESC[s	Speichert die momentane Cursorposition. Der Cursor kann später mit der Sequenz ESC[u wieder an diese Position gesetzt werden.
ESC[u	Setzt den Cursor an die mit ESC[s gespeicherte Position zurück.
ESC[6n	Abfrage der Cursorposition, die mit ESC[s;z R zurückgegeben wird.
ESC[n;nR	Die von ESC[6n gelieferte Cursorposition(Zeile; Spalte) wird über die Tastatur zurückgegeben.

BILDSCHIRMFUNKTIONEN

ESC[2J	Löscht den Bildschirm. Der Cursor geht in die Home-Position (linke obere Bildschirmecke).
ESC[K	Löscht die aktuelle Zeile ab Cursorpositionbis Zeilenende. Cursorposition bleibt gleich.
ESC[n;...; nm	Aktivierung verschiedener Graphikattribute,wobei n in beliebigen Kombinationen eingesetzt werden kann. Für n sind diese Werte möglich:

0	Keine Attribute
1	Fettschrift
4	Unterstreichen (bei Monochrombildschirm
5	Blinken ein
7	Reverse Darstellung
8	keine Anzeige
30	Vordergrundfarbe: Schwarz
31	Vordergrundfarbe: Rot
32	Vordergrundfarbe: Grün
33	Vordergrundfarbe: Gelb
34	Vordergrundfarbe: Blau
35	Vordergrundfarbe: Violett (Magenta)
36	Vordergrundfarbe: Blau (Cyan)
37	Vordergrundfarbe: Weiß
40	Hintergrundfarbe: Schwarz
41	Hintergrundfarbe: Rot
42	Hintergrundfarbe: Grün
43	Hintergrundfarbe: Gelb
44	Hintergrundfarbe: Blau
45	Hintergrundfarbe: Violett (Magenta)
46	Hintergrundfarbe:Blau(Cyan)
47	Hintergrundfarbe: Weiß
48	Subscript (nur MS-OS/2)
49	Superscript (nur MS-OS/2)

ANSPRECHZEIT

ESC[=nh   Ändern der Bildschirmart (Monochrom/Farbe) und der Auflösung. Für n sind folgende Werte erlaubt:

    0   40x25 Monochrom
    1   40x25 Farbe
    2   80x25 Monochrom
    3   80x25 Farbe
    4   320x200 Farbe
    5   320x200 Monochrom
    6   640x200 Monochrom
    7   Automatischer Wortumbruch am Zeilenende

Nachfolgende Werte gelten nur für MS-DOS 4:

    14 640x200 Farbe
    15 640x350 Monochrom
    16 640x350 Farbe
    17 640x480 Monochrom
    18 640x480 Farbe
    19 320x200 Farbe

ESC[nl   Die Parameter für diese Funktion sind die gleichen wie oben (ESC[nh), nur Funktion 7 hat eine Umkehrfunktion, d.h. sie schaltet den Wortumbruch ab.

TASTATURFUNKTIONEN

ESC[n;n... np oder ESC[n;"String"; np   Mit dieser Escape-Sequenz lassen sich Tasten mit neuen Zeichen belegen. Für n ist dabei der ASCII-Code des oder der entsprechenden Zeichen zu setzen. Für STRING ist eine beliebige Zeichenkette verwendbar.

ANSPRECHZEIT (engl. pick time). Zeitspanne, die vergeht, bis die Wiederholfunktion einer Computertastatur einsetzt.

ANTISTATIK-TUCH Reinigungstuch für Computermonitore, das die Bildröhre zusätzlich mit einem dünnen antistatischen Film überzieht und so (für einen gewissen Zeitraum) die elektrostatische Aufladung unterdrückt, durch welche Staubpartikel angezogen werden.

ANTWORTSEITE (engl. response frame). Auch Dialogseite. Begriff aus BTX. Erlaubt den Dialog zwischen BTX-Teilnehmer und Anbieter, z.b. zum Bestellen von Artikeln bei einem Anbieter per BTX.

ANWEISUNG (engl. statement). Instruktion in einer problemorientierten Programmiersprache (z.B. BASIC) zur Ausführung von Operationen.

ANWENDUNGSORIENTIERTE PROGRAMMIERSPRACHE (engl. application-oriented programming language). Alternative Bezeichnung für problemorientierte Programmiersprache (vgl. dort).

ANWENDUNGSPAKET (engl. application package). Vgl. Anwendungssoftware, Softwarepaket, Integrierte Pakete.

ANWENDUNGSPROGRAMM (engl. application programme). Vgl. Anwendungssoftware.

ANWENDUNGSPROGRAMMIERER (engl. application programmer). Programmierer, der spezifische Anwendungsprobleme (z.B. Maschinensteuerung, Betriebsorganisation usw.), die mit Hilfe der EDV angegangen werden sollen, in Algorithmen umsetzt und in Form von Anwendungsprogrammen löst (vgl. auch Systemprogrammierer).

ANWENDUNGSSOFTWARE (engl. application software). Im Unterschied zur Systemsoftware (vgl. dort) besteht die Anwendungssoftware aus Programmen, die zur Lösung praxisorientierter Probleme konzipiert wurden. Sie gliedert sich grob in die Bereiche:Standardsoftware: Darunter fallen alle Programme, die nicht für einen spezifischen Anwender und Anwendungsfall erstellt wurden: Textverarbeitung, Dateiverwaltung, Kalkulation, Graphik etc.Branchenübergreifende Software: Alle Programme, die für eine spezielle Anwendung, jedoch nicht für eine bestimmte Anwendergruppe geschaffen wurden: Lohnabrechnung, Finanzbuchhaltung, Auftragsbearbeitung, Fakturierung.Branchenspezifische Software: Maßgeschneidert für Anwender und Anwendung: Abrechnungssoftware für Rechtsanwälte, Kundenbetreuung für Versicherungsvertreter, Fakturierung im Bauwesen etc.Anwendungssoftware ist nicht direkt hardwaregekoppelt, dennoch sind Übertragungen auf andere Rechnersysteme meist sehr aufwendig und aus Kostengründen nicht vertretbar.

AP Akronym für Automatic Pagination. Automatischer Seitenumbruch. Funktion von Textverarbeitungsprogrammen. Nach einmaliger Angabe der Seitenlänge durch den Anwender beginnt das Programm automatisch zum jeweils richtigen Zeitpunkt eine neue Seite. Werden nachträglich Textzeilen auf einer Seite eingefügt, wird der Seitenumbruch für diese und alle Folgeseiten angepaßt.

API Akronym für Application Programming Interface. Normierte Softwareschnittstelle des Betriebssystems MS-OS/2. Anwenderprogramme, die nach diesem Standard programmiert werden, arbeiten hardwareunabhängig und sind kompatibel.

APL Akronym für A Programming Language. Anfang der 60er Jahre entwickelte Programmiersprache, die sich besonders für komplexe Matrizenberechnungen eignet und auf Interpreter-Basis arbeitet.

APPC Akronym für Advanced Program to Programm Communication. Schnittstelle in IBM-Netzen für die schnelle Kommunikation zwischen Programmen in Großrechnern und PCs.

APPEND Externes MS-DOS- und MS-OS/2-Kommando (MS-DOS3, MS-DOS4, MS-OS/2 (R)). Im Netzwerk verwendbar. Während mit dem PATH-Kommando MS-DOS nur mitgeteilt werden kann, in welchen Laufwerken und Verzeichnissen es nach Programmdateien (Extension: EXE, COM, BAT) suchen soll, erlaubt APPEND diese Funktion auch für DATEN-Dateien. Es empfiehlt sich eine Einbindung des Kommandos in die AUTOEXEC-BAT-Datei.

APPEND

Eingabe:

```
C>append (/Parameter)
C>append LW1:Pfad;LW2:Pfad.....
```

Angabe des Suchpfades für Datendateien auf verschiedenen Laufwerken. APPEND muß nach jedem Systemneustart zweimal aufgerufen werden, wobei beim ersten Mal zusätzliche Parameter verwendet werden können. Beispiel:

```
APPEND C:;C:\DOS;D:
```

Datendateien werden in den Hauptverzeichnissen der Laufwerke C und D gesucht sowie im Unterverzeichnis DOS auf Laufwerk C.
Parameter:

X	Es wird nicht nur nach Datendateien, sondern auch nach Programmdateien gesucht.
E	Speichert den Zugriffspfad intern. Er kann dann jederzeit mit den Kommandos APPEND oder SET variiert werden.
PATH:ON	(Nur MS-DOS 4) Dateien, denen bereits ein Pfad zugewiesen wurde, werden berücksichtigt.
PATH:OFF	(Nur MS-DOS 4) Dateien, denen ein Pfad zugewiesen wurde, bleiben unberücksichtigt.

APPEND Turbo-Pascal-Prozedur. Dient zum Öffnen einer Textdatei zum Anfügen weiterer Daten. Der Zeiger wird auf Dateiende gesetzt. Ein eventuell vorhandenes EOF-Zeichen am Dateiende wird beim Anfügen eines neuen Datenblocks überschrieben.

Eingabe:

```
Append(v);
```

Der Textdatei-Variablen v muß vor Ausführung von Append mittels Assign ein Name zugeordnet worden sein.

APPLE Eine der bedeutendsten Computerfirmen, gegründet von Steve Jobs und Steve Wozniak, die sich insbesondere durch Eigenentwicklungen, unabhängig vom IBM-Standard, einen Namen gemacht haben. Nach den Apple II- und Apple III-Modellen, gelang mit LISA und vor allem

Bild 4: Apple Macintosh

dem Macintosh (1984) der große Durchbruch, weil hier zum ersten Mal die Bedienung von Computern durch eine graphische Benutzeroberfläche vereinfacht und einem großen Anwenderbereich zugänglich gemacht wurde. Die neuesten Modelle der MacIntosh III-Serie werden vor allem im Graphikbereich eingesetzt.

APPLIKATION (engl. application programme). Anwenderprogramm wie z.B. Textverarbeitung, Dateiverwaltung oder Graphik.

ARBEITSDISKETTE (engl. work disk). Diskette, welche das für die momentane Arbeit am Rechner benötigte Programm und/oder die mit einem Programm zu verarbeitenden, aktuellen Daten enthält. Gegensatz: Sicherungsdiskette.

ARBEITSKOPIE (engl. working copy). Bezeichnet die Kopie eines Anwenderprogramms, die zur täglichen Arbeit verwendet wird. Mit den Originalprogrammen sollte nämlich auf keinen Fall gearbeitet werden, da niemals ausgeschlossen werden kann, daß diese entweder durch Fehlbedienung oder Gerätefehler zerstört werden. Das Anfertigen (zumindest einer Arbeitskopie) ist in der Regel auch von urheberrechtlich geschützten Programmen erlaubt.

ARBEITSPLATZRECHNER (engl. personal computer bzw. workstation). Allgemein: Andere Bezeichnung für Personal Computer (PC). Netzwerktechnik: Rechner (= Workstation), der an einem Arbeitsplatz reine Anwendungsaufgaben übernimmt, d.h. keine Steuerungsfunktionen für das Netz ausübt. Vgl. Server.

ARBEITSSPEICHER (engl. main memory). Derjenige Teilbereich eines Computerspeichers, der für die Verarbeitung von Programmen und Daten genutzt wird. Vgl. Zentralspeicher, Zentraleinheit.

ARC Turbo-Pascal-Prozedur (Unit: Graph). Dient zum Zeichnen eines Kreisausschnitts oder eines Kreisbogens.
Eingabe:

```
Arc(X,Y,Startwinkel,Endwinkel,Radius);
```

X und Y (Integer-Typ) legen die Mittelpunktskoordinaten fest, STARTWINKEL und ENDWINKEL den Anfangs- bzw. Endwinkel der Radien des zu zeichnenden Kreisausschnitts (Radius horizontal, rechts vom Mittelpunkt = 0 Grad), entgegen dem Uhrzeigersinn gemessen, und RADIUS gibt die Länge des Radius an.

ARCADE englische Bezeichnung für Computerspiele mit bewegter Graphik, bei denen es in erster Linie auf Geschick und Reaktionsfähigkeit und weniger auf das Denkvermögen ankommt. Beispiele: Schießspiele, Autorennen, Flipperspiele.

ARCHIVBIT (engl. archive bit). Sobald eine Datei irgendwie geändert auf den Datenträger zurückgeschrieben oder neu erstellt wird, setzt das System im Inhaltsverzeichnis das Archivbit für diese Datei. Dies hat z.B. den Zweck, daß sich mit dem MS-DOS-Kommando BACKUP selektiv alle Dateien (z.B. von Festplatte auf Disketten) sichern lassen, die sich seit dem letzten Backup-Vorgang geändert haben oder neu auf dem Datenträger angelegt wurden, denn BACKUP setzt nach dem Sicherungslauf die Archivbits der gesicherten Dateien wieder zurück.

ARCHIVIERUNG (engl. archive). Aufbewahrung von Datenträgern (meist Magnetband, Magnetbandkassette, Magnetdiskette, Wechselplatte) unter folgenden Gesichtspunkten: Leichte Wiederauffindbarkeit im Bedarfsfalle (Ordnungsprinzip), Sicherheit vor Beschädigung und Vernichtung (Sicherheitsprinzip), Sicherheit vor Mißbrauch (Schutzprinzip).

ARCTAN Turbo-Pascal-Funktion. Sie berechnet den Wert des Bogenmaßes eines anzugebenden numerischen Ausdrucks (Arcustangens).
Eingabe:

```
ArcTan(x)
```

Berechnung des Arcustangens von X (Real-Typ).

ARGUMENT (engl. argument). Derjenige Teil einer Funktion oder eines Unterprogramms, welcher vom Hauptprogramm in Form einer Konstanten oder Variablen bereitgestellt wird. Beispiel: In der BASIC-Funktion ASC("B") ist „B" das Argument der ASC-Funktion, d.h. der ASCII-Wert des Zeichens B (= 65) wird ermittelt.

ARLL Akronym für Advanced Run-Length Limited. Auch (3,9) RLL. Aufzeichnungsverfahren für Festplatten, mit dem sich fast die doppelte Speicherkapazität erzielen läßt wie beim herkömmlichen MFM-Verfahren. Spezielle Kontroler und Festplatten erforderlich. Vgl. auch ERLL, MFM, RLL.

ARRAY Englischer Begriff für Liste oder Gruppe von zusammengehörigen, numerischen oder alphanumerischen Datenelementen, die in einem reservierten Speicherbereich abgelegt werden. Man unterscheidet ein-, zwei- oder mehrdimensionale Arrays. Die Unterscheidung der einzelnen Elemente erfolgt durch Indizierung. Beispiel: Angenommen, in den Variablenspeicher wurden durch die eindimensionale Variable A verschiedene Datenelemente eingelesen. Will man nun etwa das dritte Element ansprechen, verwendet man die indizierte Variable A(3). In einem zweidimensionalen Array sind zwei Indices zur eindeutigen Lokalisierung der Variablen notwendig. So würde die Variable A(2,3) aussagen, daß ihr Wert in der Liste in Zeile 2 und Spalte 3 zu finden ist.

ARRAYPROZESSOR (engl. array processor). Auch Vektor-Prozessor. Meist durch Parallelschaltung als Mehrprozessorensystem realisiert. Kann eine komplette Matrizenberechnung aufgrund eines einzigen Maschinenbefehls durchführen. Sehr schnell, da nicht wie bei konventionellen Prozessoren für jede Elementberechnung eine eigene Instruktion benötigt wird.

ARTIKELNUMMERNCODE (engl. bar code). Strichcode-Markierung, die sich mit optischen Lesegeräten (vgl. Scanner) zur Weiterverarbeitung in den Computer einlesen läßt. Vgl. EAN-Code.

ASSEMBLER

ASC GW-BASIC-Funktion. Liefert den dezimalen ASCII-Wert des ersten Zeichens eines alphanumerischen Ausdrucks (Strings).
Eingabe:

```
ASC(Zeichenkette)
```

Ermittelt den ASCII-Wert des ersten Zeichens der angegebenen Zeichenkette. Bei einem Leerstring (Zeichenkette beinhaltet keine Zeichen) erfolgt eine Fehlermeldung.
Beispiel:

```
10 A$="Test"
20 PRINT ASC(A$)
```

Als Ergebnis wird hier 84 ausgegeben, da dies der ASCII-Wert des Buchstabens „T" ist.

ASCII-CODE Akronym für American Standard Code of Information Interchange. International auch als ISO-1 7-Bit-Code bzw. in der Bundesrepublik als 7-Bit-Code nach DIN 66003 bezeichnet. Standardisierter 7-Bit-Darstellungscode ohne programmspezifische Formatierungszeichen. ASCII-Texte können deshalb von den meisten Text/DTP-Programmen übernommen und direkt verarbeitet werden. Wurde inzwischen um 1 Bit zu einem 8-Bit-Code erweitert = Erweiterter ASCII-Code. Durch diese Erhöhung der Bit-Zahl können im ASCII-Code nun 256 (2^8) Zeichen (anstatt der 128 (2^7) beim 7-Bit-Code) dargestellt werden. Da Computer bekanntermaßen nur Zahlen verarbeiten können, müssen auch Buchstaben, Sonderzeichen und Steuerzeichen intern als solche behandelt werden. Daher wurde jedem Buchstaben etc. ein ASCII-Wert (dezimal oder hexadezimal) zugewiesen. (vgl. Anhang 1).

ASCII-Zeichensatz (engl. ASCII code). Zeichensatz, der nach DIN-Norm 66003 codiert ist. Vgl. ASCII-Code.

ASHTON TATE Amerikanisches Softwarehaus. Bekannteste Produkte: Die Datenbanken dBase III und IV und das integrierte Softwarepaket Framework.

ASM Reservierte Dateikennung unter MS-DOS für Assembler-Quellprogramme.

ASPECT RATIO Englische Bezeichnung für das Seitenverhältnis bei einer graphischen Darstellung. Da Bildschirme (manchmal auch Drucker) in der Horizontalen eine andere Auflösung besitzen als in der Vertikalen, würde ohne eine Anpassung der Aspect Ratio z.B. ein Kreis als Ellipse dargestellt. Die erforderliche Anpassung geschieht über das entsprechende Anwendungsprogramm.

ASSEMBLER (engl. assembler). Dienstprogramm, das ein in Assemblersprache geschriebenes Quellprogramm in echte Maschinensprache (Binärcode) übersetzt. Die Anweisungen des Assembler-Quellprogramms bestehen - wie auch bei den Hochsprachen (BASIC, PASCAL etc.) — jeweils aus Operator und

ASSEMBLERSPRACHE

Operand, jedoch sind die Befehle (Operator-Teil) prozessorspezifisch und der Operandenteil erfolgt in hexadezimaler Notation, so daß Assemblerprogramme wesentlich schneller sind als z.b. BASIC-Programme. Gegenstück: Disassembler (Rückübersetzung von Maschinencode in Assembler).

ASSEMBLERSPRACHE (engl. assembly language). Symbolische Programmiersprache. Da Computer nach dem binären Prinzip arbeiten, muß jedes Programm im Endeffekt auf eine Folge von Nullen und Einsen reduziert werden. In den Anfängen der EDV, als es noch keine symbolischen Programmiersprachen gab, mußten die Programmierer ihre Programme tatsächlich in dieser Form erstellen, was sehr mühsam war und ein sehr hohes abstraktes Denkvermögen erforderte. Daher ging man dazu über, die einzelnen Prozessorbefehle in Form von Kürzeln anzugeben (z.B. LDA für Lade Akkumulator des Prozessors), die durch ein spezielles Programm, den Assembler (daher Assemblersprache), wieder in Bitfolgen zurückverwandelt wurden. Diese maschinenorientierten (weil vom Befehlssatz des Prozessors abhängigen) Sprachen erzeugen zwar sehr schnelle Programme, sind aber immer noch sehr schwer zu erlernen. Daher entwickelte man die sogenannten Hochsprachen oder besser die problemorientierten Sprachen, welche prozessorunabhängig arbeiten und in der Syntax stark an den menschlichen Sprachgebrauch angelehnt sind. Der Übersetzungsvorgang zurück in Bitfolgen ist hier allerdings wesentlich komplexer und zeitaufwendiger, die Programme laufen daher deutlich langsamer. Vorteil: Erzeugt sehr schnelle Programme. Nachteile: Schwer zu erlernen, Programme laufen nur auf dem Rechnertyp, für den sie entwickelt wurden.

ASSEMBLIEREN (engl. assemble). Vorgang des Übersetzens eines in Assemblersprache geschriebenen Quellprogramms in den ablauffähigen Maschinencode (= Objektcode).

ASSIGN Externes MS-DOS- und MS-OS/2-Kommando (MS-DOS 3, MS-DOS 4, MS-OS/2 (R)) zur Zuweisung von Laufwerkskennungen. Im Netzwerk verwendbar. Mit dem Kommando läßt sich einem Laufwerk ein anderer Kennbuchstabe zuordnen. Dies ist etwa dann hilfreich, wenn ein Programm so eingestellt ist, daß eine Datendiskette in Laufwerk B erwartet wird, ein solches Laufwerk jedoch nicht vorhanden ist. Für diesen Fall weist man einfach dem vorhandenen Laufwerk A die Kennung B zu und das Problem ist gelöst.
Eingabe:

```
assign LW1:=LW2:
```

Zuordnung des Kennbuchstabens von LW1: an LW2:. Beispiel:

```
assign b=a
```

Laufwerk A erhält zusätzlich den Kennbuchstaben B.

ASSIGN Turbo-Pascal-Prozedur. Sie weist einer Dateivariablen den Namen einer Datei zu.
Eingabe:

    Assign(v, Dateiname);

Weist der Dateivariablen v (Typ: Beliebig) den angegebenen Dateinamen zu.

ASSIGNCRT Turbo-Pascal-Prozedur (Unit: Crt). Arbeitet wie die ASSIGN-Prozedur, weist jedoch der Dateivariablen keinen Namen sondern den Bildschirm zu.
Eingabe:

    AssignCrt(v);

Weist der Dateivariablen v den Bildschirm als Ausgabegerät zu.

ASTERISK Das Zeichen '*'. Wird innerhalb von Dateinamen benutzt und ersetzt beliebige Zeichen.
Beispiel:

    erase *.com

Löscht alle Dateien mit der Kennung COM, gleichgültig welchen Dateinamen sie besitzen.

ASYNCHRON (engl. asynchronous). Ohne Zeit oder Taktbezug. Instruktionen werden unabhängig von festen Zeitintervallen oder vorgegebenen Takten durchgeführt, d.h. erst wenn eine Instruktion beendet ist (gleichgültig wie lange die Durchführung dauert), wird die nächste durchgeführt.

ASYNCHRONE DATENÜBERTRAGUNG (engl. asynchronous data transmission). Serielle Datenübertragung, bei der jedes zu übertragende Zeichen durch ein Start- und ein Stoppbit abgegrenzt ist.

AT&T Akronym für American Telegraph and Telephone Company. In den Labors dieser Firma (Bell Telephone Laboratories) wurde u.a. die höhere Programmiersprache C und das Multiuser-Betriebssystem Unix entwickelt.

AT-COMPUTER (engl. AT computer). Personal Computer (PC), der auf der Basis eines 16-Bit-Prozessors (80286) bzw. 32-Bit-Prozessors (80386) der Firma Intel arbeitet. Das Kürzel AT steht für Advanced Technology (weiterentwickelte Technologie).

AT-SETUP Unter Setup versteht man die Anpassung eines Rechners an die Hardwarekomponenten wie Speichergröße, Art und Anzahl der Laufwerke, des Sichtgerätes etc. Bei AT-Computern befindet sich die Setup-Routine entweder im ROM und kann bei Systemstart durch eine spezifische Tastenkombination, oft CTRL-ALT-ESC, (wird am Bildschirm angezeigt oder ist der Anleitung zu entnehmen) aktiviert werden, oder sie befindet sich auf Diskette und wird bei Bedarf wie ein konventionelles Anwendungsprogramm gestartet. Folgende Werte lassen sich in der Regel einstellen: Uhrzeit, Datum, Anzahl und Art der Festplatten, Anzahl und Art der Disketten

ATARI ST

```
DATE:    08/20/1989                TIME:      13:26:39

FLOPPY DRIVE A: NOT PRESENT        HI-CAPACITY      DOUBLE SIDED
FLOPPY DRIVE B: NOT PRESENT        HI-CAPACITY      DOUBLE SIDED

FIXED DISK 1    NOT PRESENT        1  2  3  4  5  6  7  8  9 10  11  12  13  14  15
FIXED DISK 2    NOT PRESENT        1  2  3  4  5  6  7  8  9 10  11  12  13  14  15

PRIMARY DISPLAY:                   COLOR/GRAPHICS 80 COLUMN      MONOCHROME
                                   COLOR/GRAPHICS 40 COLUMN      SPECIAL ADAPTER

MEMORY BELOW 1MEG.:       0    256K    384K    512K    640K

MEMORY ABOVE 1MEG.:       03072K



RT,DN ARROW = NEXT ITEM              LT,UP ARROW = PREVIOUS ITEM
PGDN = NEXT TOPIC                    PGUP = PREVIOUS TOPIC
ESC = EXIT WITH NO CHANGES           F10 = SET NEW VALUES AND EXIT

              RETURN = SELECT ITEM
```

Bild 5: Setup-Programm eines AT-Rechners

laufwerke, Art der Graphikkarte, Speichergröße und Speicherart (konventionell, extended, expanded), Präsenz/Absenz eines Coprozessors. Bei komfortableren Setupprogrammen können z.b. zusätzlich die Schnittstellen konfiguriert und das Bootlaufwerk ausgewählt werden.

ATARI ST Rechnerserie von Atari auf Basis des 16-Bit-Motorola-Prozessors 68000. Das Gerät ist in verschiedenen Ausbaustufen erhältlich. Die Version 1040 ST verfügt in der Grundausstattung über folgende Leistungsmerkmale: 68000 Prozessor mit 8 MHz getaktet, 1 MByte Arbeitsspeicher, Graphik 640x400 Punkte (monochrom), 640x200 Punkte (4 Farben), 320x200 (16 Farben), Diskettenlaufwerk 720 KByte, Schnittstellen: parallel, seriell, Midi, Diskettenlaufwerke, Festplatte, 2 x Joystick bzw. Maus, Monitor, Modulsteckplatz. Besonderheit: Betriebssystem inklusive graphischer Bedienungsoberfläche (GEM) im ROM integriert.

ATN GW-BASIC-Funktion. Berechnet den Wert des Bogenmaßes (zwischen -PI/2 und +PI/2) eines anzugebenden numerischen Ausdrucks (Arcustangens) in einfacher Genauigkeit.

ATTRIBUT

Eingabe:

    ATN(X)

Ermittelt den Arcustangens von X.

Bild 6: Atari ST Computer

Beispiel:

    10 print ATN(2)

Berechnet den Arcustangens von 2 mit dem Ergebnis 1.107149 in einfacher Genauigkeit.

ATTRIB Externes MS-DOS- und MS-OS/2-Kommando (MS-DOS 3, MS-DOS 4, MS-OS/2 (R+P)) zum Verändern des Dateiattributs. Im Netzwerk verwendbar. Jede Datei unter MS-DOS erhält bestimmte Attribute, die bestimmen, ob eine Datei gelöscht werden darf, oder anzeigen, daß ein File verändert wurde. Diese Attribute können mit ATTRIB eingestellt werden. Eingabe:

    attrib parameter1 (LW:)dateibezeichnung (/parameter2)

Nach dem Kommando wird ein Parameter eingegeben, gefolgt von der Laufwerksangabe und der Datei, deren Attribut geändert werden soll. Abschließend kann Parameter 2 verwendet werden.
Beispiel:

    attrib +r b:command.com

Setzt die Datei COMMAND.COM in Laufwerk B in den READ-ONLY-Status, d.h., sie kann mit ERASE nicht gelöscht werden.

Parameter 1:

+R READ-ONLY-Status wird aktiviert.
     Kein Löschen möglich.
-R READ-ONLY-Status wird deaktiviert.
     Datei kann wieder gelöscht werden.
+A Archiv-Flag wird gesetzt.
-A Archivflag wird zurückgesetzt.

Parameter 2:

S Schließt alle Unterverzeichnisse mit ein.

ATTRIBUT (engl. attribute). Form, in der ein Text dargestellt wird, z.B. fett, kursiv, unterstrichen. Bezieht

29

sich auch auf die Zeichenhöhe in Punkten. Vgl. auch Datei-Attribut.

AUFFRISCHUNG (engl. refresh). Dynamische RAMs: Sie werden mehrmals in der Sekunde mit elektrischem Strom aufgefrischt, um ihren Informationsinhalt nicht zu verlieren. Magnetspeicher: Insbesondere Festplatten sollten in regelmäßigen Zeitabständen (z.B. einmal pro Jahr) durch Neuformatieren (vorher Datensicherung notwendig) aufgefrischt werden, um Datenverlusten durch schwächer werdende Magnetzustände vorzubeugen.

AUFGABENSTEUERUNG (engl. job management). Spezielle Steuerungsprogramme (oft Bestandteil des Betriebssystems) überwachen und regeln bei der Stapelverarbeitung (vgl. dort) die Reihenfolge der Programmbearbeitung. Je nach Betriebssystem (Einprogramm- bzw. Mehrprogrammbetrieb) werden die in einer Warteschlange stehenden Tasks nacheinander (sequentiell) oder parallel verarbeitet, wobei im letzten Fall eine der Aufgaben des Steuerungsprogramms darin besteht, die Anzahl und Auswahl der zu bearbeitenden Programme jeweils gemäß der momentan zur Verfügung stehenden Rechnerkapazität zu treffen.

AUFLÖSUNG (engl. resolution). Bildschirm: Wird in Bildpunkten (Pixeln) über den ganzen Bildschirm angegeben und zwar zunächst in horizontaler, dann in vertikaler Richtung. Bei EGA-Auflösung sind dies z.B. 640x350 Pixel (= 224000 Bildpunkte). Bei monochromer Darstellung belegt ein Punkt 1 Bit im Speicher, bei Farbdarstellung sind es (je nach Anzahl der Farben) 2, 4 oder 8 Bit pro Punkt. Jedes Pixel ist dabei über eine eigene Speicheradresse ansprechbar. Drucker: Wird in dpi (dots per inch = Punkte pro Zoll angegeben) und beträgt beispielsweise bei Laserdruckern 300x300 dpi.

Bei Bildschirmen liegt der Standard momentan bei 640x350 Pixeln (EGA-Auflösung), geht aber bereits in Richtung 640x480 Pixel (VGA-Auflösung), gute Geräte erzielen bereits Auflösungen von 800x600 Punkten. Bei der Wiedergabe von Texten arbeiten die meisten Computer in einem gesonderten Textmodus, so daß hier nicht die Gesamtauflösung relevant ist, sondern die Matrix, in der ein einzelnes Zeichen wiedergegeben werden kann. Eine Matrix von 8x8 Pixeln bedeutet demnach, daß sich jedes Zeichen horizontal und vertikal aus jeweils maximal 8 Punkten zusammensetzt. Allgemein gilt, je höher die Gesamtauflösung bzw. die Zeichenmatrix, desto besser die Wiedergabequalität, entsprechendes Sichtgerät vorausgesetzt.

Verantwortlich für die Auflösung ist der Video- oder Graphikchip, der in jedem Computer in der Regel auf einer separaten Graphikkarte, bei einigen Systemen auch auf der Hauptplatine vorhanden ist. Er bestimmt auch die Anzahl der gleichzeitig darstellbaren Farben. Während bei vielen Computern (Homecomputer, Atari ST etc.) die Graphikauflösung durch einen fest integrierten

Graphikchip und die Zeichenmatrix durch einen Character-ROM-Baustein vorgegeben ist (z.B. C64), lassen sie sich im PC-Bereich den jeweiligen Anforderungen anpassen. Hier ist der Graphikchip auf einer Steckkarte integriert, die sich beliebig austauschen läßt.

AUFMACHUNG (engl. layout). Darstellungsform einer Seite. Größe, Breite der Ränder, Format, Satzanweisung etc.

AUFTRAGSKONTROLLE (engl. order control). Aus dem Bundesdatenschutzgesetz: Es ist zu gewährleisten, daß personenbezogene Daten, die im Auftrag verarbeitet werden, nur entsprechend den Weisungen des Auftraggebers verarbeitet werden können.

AUFZEICHNUNGSDICHTE (engl. recording density). Bezeichnet die Speicherkapazität eines Datenträgers pro Längeneinheit, gemessen in BPI (Bits per Inch) bzw. TPI (Tracks per Inch). Bei Magnetbändern beträgt die Dichte je nach Aufzeichnungsverfahren zwischen 320 und 19000 BPI (Bit pro Zoll). Bei Disketten und Festplatten muß in diesem Zusammenhang zweierlei berücksichtigt werden: Die Aufzeichnungsdichte innerhalb der Spur ist nicht konstant, da die Packungsdichte auf den inneren Spuren höher ist als auf den äußeren Spuren (dies liegt daran, daß die inneren Spuren bei geringerem Umfang die gleiche Informationsmenge aufnehmen müssen). Genauso wenig konstant ist die Spurdichte,

AUSGABEDATEN

d.h. wieviele Spuren pro Zoll (TPI) erzeugt werden können. Eine exakte Aufzeichnungsdichte kann bei diesen Medien daher nicht angegeben werden, sie bewegt sich jedoch im Mittel bei Disketten um 7500 BPI und 48 bis 406 TPI, bei Festplatten um 15000 BPI bzw. bis 1600 TPI (vgl. auch Speicherkapazität).

AUFZEICHNUNGSVERFAHREN (engl. recording method). Art und Weise, nach welcher Daten auf einem Datenträger aufgezeichnet werden, z.b. durch Magnetrichtungswechsel bei magnetischen Datenträgern. Vgl. NRZ, PE.

AUSBAUFÄHIGKEIT (engl. expandability). Bezeichnet die Möglichkeit, die Kapazität einer DV-Anlage intern und extern zu erweitern (= Offenes System). Dazu zählen intern die Speichererweiterung und Integration von Zusatzprozessoren, sowie extern alle peripheren Erweiterungen auf Steckkartenbasis oder über die Standardschnittstellen (z.B. A/D-Wandler, Sensoren, Digitizer, Modems, Drucker, externe Zusatzspeicher).

AUSGABE (engl. output). Wiedergabe oder Speicherung der im Computer verarbeiteten Daten auf einem beliebigen Ausgabegerät, wie z.B. Bildschirm, Drucker oder Festplatte.

AUSGABEDATEN (engl. output data). Alle Daten, die in menschen- oder maschinenlesbarer Form auf einem Peripheriegerät (Bildschirm,

31

AUSGABEGERÄT

Drucker, externer Speicher, Mikrofilm etc.) ausgegeben werden.

AUSGABEGERÄT (engl. output device). Alle Peripheriegeräte, auf denen verarbeitete Daten in menschen- und/oder maschinenlesbarer Form ausgegeben werden können (Bildschirm, Drucker, Diskettenlaufwerke, Festplatten etc.).

AUSGABESPEICHER (engl. output buffer). Reservierter Speicherbereich eines Computers, in welchem Daten zur Weiterverarbeitung (z.B.durch Peripheriegeräte oder zur Datenübertragung in Netzwerken) zwischengespeichert werden.

AUSKUNFTSRECHT (engl. access right). Aus dem Bundesdatenschutzgesetz: Jeder Betroffene kann Auskunft über die zu seiner Person gespeicherten Daten verlangen, bei automatischer Datenverarbeitung auch über Personen und Stellen, an die seine Daten regelmäßig übermittelt werden.

AUSRICHTUNG (engl. justification). Bezeichnet die Position von Text innerhalb einer Zeile bzw. an einer Tabulatorposition: Rechtsbündig, linksbündig, zentriert, Blocksatz (vgl. jeweils dort).

AUSSCHLUSS (engl. spacing). Wortabstand innerhalb einer Zeile (= Leerräume zwischen den Worten).

AUTO GW-BASIC-Befehl. Erzeugt automatisch Zeilennummern bei der Programmeingabe. Die Anfangsziffer und Schrittweite ist wahlweise anzugeben.
Eingabe:

```
AUTO (ANFANG)(,SCHRITTWEITE)
```

Beginnt die automatische Numerierung mit der durch ANFANG bestimmten Zeilennummer in dem durch SCHRITTWEITE definierten Abstand. Ohne Zusatzangaben beginnt die Numerierung bei 10 im Abstand 10. Beispiel:

```
AUTO 100,10
```

Die Numerierung beginnt mit Zeile 100 bei einer Schrittweite von 10, d.h, die nächsten Zeilenziffern wären 110, 120 usw.

AUTO-PARK Begriff aus der Festplattentechnik. Bei Festplatten mit Auto-Park-Funktion erkennt die Elektronik automatisch einen Stromausfall (z.B. beim Ausschalten des Computers). Die noch vorhandene Plattenrotation wird dazu genutzt, Strom zu erzeugen und damit den Steppermotor zu betreiben, der die Schreib-/Leseköpfe in einem speziellen Parkbereich absetzt. Dadurch wird verhindert, daß die Köpfe in einem Datenbereich landen, was zu Datenverlusten führen kann.

AUTOCAD CAD-Programm, das sich trotz einiger Geschwindigkeitsprobleme vorallem im Bereich des Maschinenbaus als Standard durchgesetzt hat. Ist in vielen Ausbauvarianten (z.B. 2D-Version, 3D-Version) und mit sehr vielen branchenspezifischen Zusatzprogrammen erhältlich.

AUTOEXEC.BAT Spezielle Stapeldatei von MS-DOS, die nach Systemstart automatisch abgearbeitet wird (autoexecute = selbstausführen). Sie muß im Hauptverzeichnis des Bootlaufwerks abgespeichert sein. In diese Datei lassen sich mit einem Editor Befehle schreiben, die der Reihe nach vom System ausgeführt werden. In der Regel sind dies Kommandos zum Laden des deutschen Tastaturtreibers, zum Einstellen von Uhrzeit und Datum oder zum automatischen Laden eines Anwenderprogramms. Falls MS-DOS 4.01 automatisch installiert wurde, sieht die AUTOEXCE.BAT so aus (die Zeilennummern dienen hier nur zur Orientierung und sind nicht Bestandteil der Datei):

```
1   ECHO OFF
2   PATH C:\;C:\DOS4
3   SET COMSPEC=C:\DOS4\COMMAND.COM
4   VERIFY OFF
5   APPEND /E
6   APPEND C:\DOS4
7   PROMPT $P$G
8   C:\DOS4\GRAPHICS
9   VER
10  CHCP 437
11  MODE CON CP PREP=
    ((850) C:\DOS4\EGA.CPI)
12  KEYB GR,,C:DOS4KEYBOARD.SYS
13  PRINT «D:LPT1
14  DOSSHELL
```

Hierbei haben die einzelnen Zeilen folgende Bedeutung: ECHO OFF (1) sorgt dafür, daß die Folgezeilen während der Abarbeitung nicht am Bildschirm gezeigt werden. Das PATH-Kommando (2) bewirkt, daß MS-DOS beim Aufruf von Kommandos und Programmen nicht nur im Hauptverzeichnis, sondern auch in den hier angegebenen Laufwerken und Verzeichnissen sucht. Das SET-Kommando (3) ist nur dann nötig, wenn sich der Kommandoprozessor COMMAND.COM nicht im Hauptverzeichnis des Boot-Laufwerks, sondern im angegebenen Unterverzeichnis befindet. Die VERIFY-Anweisung, die in Zeile 4 deaktiviert wird, hat normalerweise den Zweck, beim Schreiben von Daten auf Diskette/Platte zu überprüfen, ob der Schreibvorgang korrekt durchgeführt wurde. Da solche Schreibfehler äußerst selten sind und der Verify-Prozeß jedesmal zusätzliche Zeit erfordert, kann Verify durchaus abgeschaltet bleiben. Die Zeilen 5 und 6 beinhalten das APPEND-Kommando, welches von der Funktion her nahezu identisch mit dem PATH-Befehl in Zeile 2 ist. Während PATH jedoch nur auf Kommandodateien (Dateikennung: EXE, COM oder BAT) anspricht, erkennt APPEND alle Nicht-Kommandodateien, also in erster Linie Datenfiles, Systemdateien, Treiber etc. Das Prompt-Kommando (7) bewirkt durch die Zusatzangaben pG, daß im Prompt selbst jeweils der aktuelle Pfad angezeigt wird. Das GRAPHICS-Kommando (8) ermöglicht eine Hardcopy des Bildschirms auch im Graphikmodus. Mit VER (9) wird bei Systemstart die verwendete MS-DOS-Version angezeigt. In Zeile 10 wird mittels des Befehls CHCP auf Codepage

AUTOMATISCHER SEITENUMBRUCH

(Zeichentabelle) 437 umgeschaltet, in Zeile 11 wird eine weitere Codepage (850) vorbereitet (Spätere Umschaltmöglichkeit mit CHCP-Kommando). Zeile 12 lädt den Tastaturtreiber und Zeile 13 sorgt dafür, daß beim Ausdruck von Textdateien unter Verwendung des MS-DOS-Kommandos PRINT die Ausgabe automatisch auf den Drucker an der ersten parallelen Schnittstelle LPT1 erfolgt. In der letzten Zeile wird schließlich die DOSSHELL, die graphische Bedieneroberfläche von MS-DOS 4.01, aufgerufen.

AUTOMATISCHER SEITENUMBRUCH (engl. automatic pagination). Funktion von Textverarbeitungsprogrammen. Nach einmaliger Angabe der Seitenlänge durch den Anwender beginnt das Programm automatisch zum jeweils richtigen Zeitpunkt eine neue Seite. Werden nachträglich Textzeilen auf einer Seite eingefügt, wird der Seitenumbruch für diese und alle Folgeseiten angepaßt.

AUTOMATISCHER ZEILENUMBRUCH (engl. automatic word wrapping). Funktion in praktisch allen Textverarbeitungsprogrammen, die bewirkt, daß nach Eingabe einer Zeile automatisch zur nächsten Zeile weitergeschaltet wird (ohne daß man die RETURN-Taste betätigen muß) und daß das letzte Wort einer Zeile in die nächste mitgezogen wird, falls es nicht mehr komplett in die vorhergehende paßt.

AUTORENSYSTEM (engl. automatic teaching system). Programmsystem zur Entwicklung von Lernsoftware für den computerunterstützten Unterricht. Moderne Autorensysteme arbeiten nach dem Programmgenerator-Prinzip, d.h. es ist keine Kenntnis von Programmiersprachen erforderlich, um Text, (animierte) Graphik, Multiple-Choice-Auswahl etc. zu einem Lernprogramm zusammenzustellen.

AUTOROUTING Englische Bezeichnung für das automatische Entflechten (vgl. dort) von Leiterbahnen bei der Platinenentwicklung am Bildschirm.

AUTOSWITCH-GRAPHIKKARTE (engl. autoswitch graphics board). Graphikkarte, die sich automatisch auf den vom Programm geforderten Graphikmodus (vgl. CGA, EGA, Hercules, VGA) umstellt.

AUTOSYNC-MONITOR (engl. multi-frequency display). Auch Multisync-Monitor. Computermonitor, der sich automatisch an die unterschiedlichen Frequenzen, die eine Graphikkarte zur Bilddarstellung liefert, anpaßt. Kann damit unterschiedliche Auflösungen (Anzahl der horizontal wie vertikal darstellbaren Punkte) wiedergeben.

AUX: Reservierter Gerätename unter MS-DOS. Entspricht COM1, der ersten seriellen Schnittstelle.

AVANTGARDE Serifenlose Schriftart mit elegantem, aber nüchternem Erscheinungsbild.

AZERTY Die ersten sechs Buchstaben in der zweiten Reihe einer Computertastatur. Symbolisieren, daß mit der französischen Tastaturbelegung gearbeitet wird.

B

B Ziffer des hexadezimalen Zahlensystems. Entspricht dem Dezimalwert 11.

B-KANAL Datenübertragungskanal im ISDN-Netz mit einer Übertragungsgeschwindigkeit von 64 KBit/s.

BABY-AT-GEHÄUSE (engl. mini AT style case). AT-Computergehäuse mit den relativ geringen Abmessungen von 16x43x42 cm (HxBxT) anstatt der üblichen 16x50x42 cm (HxBxT).

BACKGROUND PROCESSING Englische Bezeichnung für Hintergrundverarbeitung. Spielt vor allem in Multitasking-Systemen eine Rolle. Vgl. Hintergrundprogramm.

BACKLIT LCD Englische Bezeichnung für einen Flüssigkristallbildschirm mit Hintergrundbeleuchtung zur besseren Lesbarkeit der Zeichen bei ungünstigem Umgebungslicht. Die Beleuchtung ist in der Regel abschaltbar, um Strom zu sparen, da diese LCDs fast ausschließlich in akkubetriebenen, tragbaren Computern verwendet werden.

BACKSLASH Sonderzeichen. Das "\"-Zeichen (Schrägstrich von links nach rechts) wird z.B. unter MS-DOS zur Anzeige von Unterverzeichnissen benötigt. Beispiel: C:\TEXT bedeutet Unterverzeichnis TEXT auf der Festplatte C. Der Backslash läßt sich unter MS-DOS u.a. mit der Tastenkombination ALT+92 (Festhalten der Alt-Taste und Eintippen der Ziffern 92 über den Ziffernblock) oder ALT GR+ß erzeugen.

BACKSPACE-TASTE (engl. backspace key). Auch mit BS oder ← beschriftet. Sondertaste auf der Computertastatur zum Löschen von Zeichen, wobei jeweils das Zeichen links vom Cursor entfernt wird.

BACKUP Externes MS-DOS- und MS-OS/2-Kommando (MS-DOS 3, MS-DOS 4, MS-OS/2 (R+P)) zum Anfertigen von kompletten Sicherheitskopien einer Festplatte (Diskette). Im Netzwerk verwendbar. Mit dem Kommando lassen sich Sicherheitskopien kompletter Festplatten/Disketten oder Unterverzeichnisse auf Festplatten/Disketten anfertigen. Die so gesicherten Programme können nicht gestartet werden (erst nach dem Zurückspeichern mittels RESTORE). Quell- und Ziellaufwerke können entweder Festplatten oder Diskettenlaufwerke sein.
Eingabe:

```
backup quelle:(Pfad) ziel:(/parameter)
```

Vom Quellaufwerk (eventuell von einem Unterverzeichnis) werden die Daten auf das Ziellaufwerk überspielt, gegebenenfalls unter Verwendung von Parametern.
Beispiel:

```
C: backup c: b:/s
```

BACKUP-DATEI

Alle Dateien der Festplatte C, inklusive der Dateien in Unterverzeichnissen, werden auf Disketten in Laufwerk B überspielt.

Parameter:

A	Sind seit dem letzten Backup weitere Dateien auf das Quellaufwerk hinzugekommen, werden nur diese überspielt.
D:DATUM	Es werden nur diejenigen Dateien kopiert, die ab dem angegebenen Datum verändert wurden.
F	Formatiert, falls nötig, Disketten vor dem Beginn des Backup.
L=DATEI	Die automatisch erzeugten Backup-Informationen werden in der angegebenen Datei gespeichert.
M	Nur die Dateien werden kopiert, welche seit dem letzten Backup verändert wurden.
S	Alle Dateien, auch aus den Unterverzeichnissen, werden übertragen.
T:ZEIT	Sichert nur Dateien, welche sich ab einer anzugebenden Uhrzeit geändert haben.

BACKUP-DATEI (engl. backup file). Sicherungsdatei, welche den teilweisen bzw. kompletten Inhalt eines Datenträgers (alle oder ausgewählte der darauf abgespeicherten Dateien) enthält. Die Datei wird mittels spezieller Software oder des Kommandos BACKUP (vgl. dort) auf Disketten, Wechselplatten, Magnetbändern oder Magnetkassetten angelegt und dient der Datensicherung.

BAK Von MS-DOS reservierte Dateienkennung (= Extension) für Sicherheitsdateien.

BALKENDIAGRAMM (engl. bar chart). Vgl. Balkengraphik.

BALKENGRAPHIK (engl. bar chart). Veranschaulichung von Zahlenwerten in Form von waagerechten oder senkrechten (zwei- oder

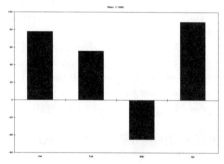

Bild 7: Balkengraphik

dreidimensionalen) Balken, wobei jeder Zahlenwert durch einen in der Größe dem jeweiligen Wert entsprechenden Balken repräsentiert wird.

BANDBREITE (engl. bandwidth). Bezeichnet entweder die Spanne zwischen der obersten und untersten Frequenz einer Datenübertragungsleitung oder die Breite eines Magnetbandes (0.5 Zoll) bzw. einer Magnetkassette (ECMA-34 = 0.15 Zoll; ECMA-46 = 0.25 Zoll).

BANDDRUCKER Zeilendrucker mit mechanischem Anschlag (Impact-Drucker), bei dem die Drucktypen auf einem rotierenden Metallband angebracht sind. Bedingt durch die

Tatsache, daß die Drucktypen (Buchstaben etc.) mehrfach auf dem Band vorhanden sind, ist eine hohe Druckgeschwindigkeit gewährleistet. Prinzip: Druckhämmer schlagen von hinten auf das Papier, welches über das Farbband gegen die Typen gepreßt wird. Vgl. auch Kettendrucker.

BANDKENNSATZ (engl. tape volume). Bandkennsätze dienen zur Identifizierung von Magnetbändern und den darauf befindlichen Dateien.
Vgl. auch EOF, EOV, HDR, UEV, UHL, UTL, UVL, VOL.

BANDLAUFWERK (engl. tape unit oder streamer). Externer Speicher.
Vgl. Magnetbandlaufwerk, Streamer.

BANK SWITCHING Englische Bezeichnung für das Umschalten von Speicherblöcken. Jeder Prozessor kann nur einen Speicher bestimmter Größe verarbeiten, je größer die Breite des Adreßbusses, desto größer der adressierbare Speicher. Prozessoren mit 16-Bit-Adreßbus können z.B. direkt nur 2^{16} Byte = 65536 Byte = 64 KByte verwalten. Um diese relativ geringe Kapazität zu erhöhen, bedient man sich des Bankswitching-Verfahrens. Durch schnelles Umschalten zwischen mehreren 64-KByte-Segmenten läßt sich so die adressierbare Gesamtspeicherkapazität erhöhen.

BAR Turbo-Pascal-Prozedur (Unit: Graph). Dient zum Zeichnen eines zweidimensionalen, ausgefüllten Balkens.

Eingabe:

    Bar(x1,y1,x2,y2);

x1,y1 setzen den linken, oberen Eckpunkt, x2,y2 den rechten, unteren Eckpunkt. Alle Werte sind vom Integer-Typ.

BAR3D Turbo-Pascal-Prozedur (Unit: Graph). Dient zum Zeichnen eines dreidimensionalen, ausgefüllten Rechtecks.
Eingabe:

    Bar3D(x1,y1,x2,y2,Tiefe,Top);

x1,y1 setzen den linken, oberen Eckpunkt, x2,y2 den rechten, unteren Eckpunkt. Für TIEFE ist eine Zahl anzugeben, die die Tiefe des Balkens in Pixeln angibt. Für TOP ist entweder TopOn zu setzen (obere Begrenzung wird gezeichnet) oder TopOff (obere Begrenzung wird nicht gezeichnet).

BARCODE (engl. bar code). Auch Strichcode. Besteht aus senkrechten Strichen verschiedener Stärke und unterschiedlichen Abständen. Aufgrund der Hell-Dunkel-Unterschiede (Strich: Schwarz — Zwischenraum: Hell) kann der Code mit speziellen Lesegeräten (Scannern) zur Verarbeitung in die DV-Anlage eingelesen werden. Primäres Einsatzgebiet: Beschriftung von Waren. Vgl. auch EAN-Code.

BARCODE-LESER (engl. bar code reader). Optisches Eingabegerät auf der Basis eines Scanners (vgl. dort),

BAS

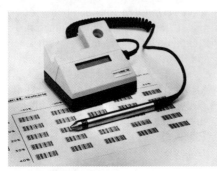

Bild 8: Barcode-Lesegerät

mit dem Barcodes bzw. Strichcodes zur Weiterverarbeitung in die EDV-Anlage eingelesen werden können.

BAS Reservierte Dateikennung (= Extension) für BASIC-Dateien.

BASF Akronym für Badische Anilin und Sodafabrik. Deutsches Unternehmen, das im EDV-Bereich primär auf dem Sektor der Produktion magnetischer Datenträger (Bänder, Disketten) tätig ist.

BASIC Akronym für Beginners' All-Purpose Symbolic Instruction Code. Leicht erlernbare und daher weit verbreitete Programmiersprache. 1964 von John Kemety und Thomas Kurtz in New Hampshire entwickelt. Inzwischen in vielen Dialekten als Interpreter- oder Compilerversion verfügbar.

BASICA BASIC-Version, die mit PC-DOS-Versionen von IBM ausgeliefert wird. Entspricht dem GW-BASIC von Microsoft (im Lieferumfang von MS-DOS enthalten).

BASIS (engl. radix oder base). Mathematik: Teil der Exponentialfunktion, der potenziert wird. In der Funktion $y=a^x$ ist a die Basis. In Zahlensystemen: Anzahl der Ziffern, die in diesem Zahlensystem verwendet werden, z.B. 2 im Binärsystem, 10 im Dezimalsystem, 16 im Hexadezimalsystem.

BASISZAHL (engl. base). Gibt in einem Zahlensystem, die Anzahl der dort verwendeten Ziffern an. So beträgt die Basiszahl im Dualsystem 2, im Dezimalsystem 10 und im Hexadezimalsystem 16. In diesen Stellenwertsystemen (vgl. dort) gibt die Potenz aus Stellenziffer minus 1 (= Exponent) und Basiszahl (= Basis) den jeweiligen Stellenwert an.

BAT Von MS-DOS reservierte Dateikennung (= Extension) für Stapelverarbeitungsdateien.

BATCH FILE Englische Bezeichnung für Stapeldatei. ASCII-Datei, die eine Serie von Kommandos enthält, welche vom Befehlsprozessor nach Aufruf der Datei nach und nach automatisch abgearbeitet werden. Auf diese Weise lassen sich viele Abläufe automatisieren. Unter dem Betriebssystem MS-DOS haben Batch-Dateien stets die Kennung BAT. Eine besondere Stellung nimmt hier die Batch-Datei AUTOEXEC.BAT (autoexecute = selbst ausführen) ein, deren Kommandos direkt nach Start des Computersystems ausgeführt werden.

BATCH PROCESSING Englischer Ausdruck für Stapelverarbeitung (vgl. auch dort). Abarbeitung einer ASCII-Datei, die eine Serie von Kommandos enthält, welche vom Befehlsprozessor nach Aufruf der Datei nach und nach automatisch abgearbeitet werden. Auf diese Weise lassen sich viele Abläufe automatisieren. Unter dem Betriebssystem MS-DOS haben Stapel-Dateien stets die Kennung BAT.

BATTERIEBETRIEBEN (engl. battery-operated). Aufgrund des relativ hohen Stromverbrauchs (Bildschirm, Laufwerke) werden fast ausschließlich nur kleinere Handheld-Computer und Taschenrechner mit Batterien betrieben. Lediglich das CMOS-RAM von AT-Desktop-Computern, welches die Konfigurationsdaten des Rechners enthält, ist ebenfalls batteriegepuffert. Vgl. auch Akku-Betrieb.

BAUD Maßeinheit aus der Datenfernübertragung. Gibt an, wieviel Bit pro Sekunde übertragen werden. 1 BAUD = 1Bit/s.

BAUKASTENPRINZIP (engl. modular-design principle). Bezeichnet die Tatsache, daß sich die Einzelkomponenten einer DV-Anlage (Zentraleinheit und Peripheriegeräte) aus dem Angebot auch unterschiedlicher Hersteller ohne Anpassungsprobleme zu einer Komplettanlage zusammenstellen lassen. Hiermit kann eine den Anforderungen entsprechende Konstellation gewählt werden.

BBS Akronym für Bulletin Board Service. Zur Telephonleitung online geschaltetes Computersystem mit Mailboxbetrieb, das den Daten- und Informationsaustausch mit anderen Computern per DFÜ erlaubt. Diese Computer haben über Modem oder Akustikkoppler direkten und permanenten Zugriff auf die im BBS-Computer und seinen Speichereinheiten abgelegten Daten. Der Zugriff kann über ein Paßwortsystem geregelt und kostenpflichtig sein.

BCD Akronym für Binary Coded Decimals. Binär codierte Dezimalzahl. Vgl. BCD-Code.

BCD-CODE Bei diesem Code wird im Unterschied zum Dualcode die Dezimalzahl nicht komplett in eine Dualzahl verschlüsselt, sondern jede Ziffer einzeln. Beispiel:

Dezimalzahl: 1   2   5   8
Dualzahl: 0001 0010 0110 1000

Jede Ziffer im BCD-Code besteht aus einem Binärblock mit vier Ziffern, ist also gegebenenfalls durch führende Nullen aufzufüllen. Der Vorteil liegt hier in der schnellen Codierung, nachteilig ist die relativ geringe Rechengeschwindigkeit.

BCPL Akronym für Basic Combined Programming Language. Programmiersprache, die Anfang der 60er Jahre in England entwickelt wurde. Vorläufer der Sprache B, aus der sich dann die Programmiersprache C entwickelte.

BD Abkürzung für Baud (= 1 Bit/s). Maßzahl für die Geschwindigkeit bei der Datenübertragung.

BDOS Akronym für Basic Disk Operating System. Bestandteil des Betriebssystems CP/M, der die Dateienverwaltung auf Diskettenlaufwerken organisiert.

BDSG Akronym für Bundesdatenschutzgesetz.

BEAUFTRAGTER FÜR DEN DATENSCHUTZ Alle natürlichen und juristischen Personen, Gesellschaften und Personenvereinigungen des privaten Rechts müssen einen Beauftragten für den Datenschutz binnen eines Monats schriftlich bestellen, wenn in der Regel mindestens fünf Arbeitnehmer ständig mit der automatisierten Verarbeitung personenbezogener Daten beschäftigt sind. Bei nicht-automatisierter Verarbeitung erhöht sich die Anzahl auf mindestens 20.

BEDIENER (engl. operator). Bezeichnung für den Bediener einer DV-Anlage. Er ist primär für den einwandfreien Funktionsablauf der Anlage verantwortlich. Genaue Hardware- und Betriebssystemkenntnisse werden vorausgesetzt.

BEDIENERFÜHRUNG (engl. user guide). Anwenderprogramm mit einer speziellen Benutzeroberfläche, welches dem Anwender online die Bedienung erklärt bzw. erleichtert. Dies kann z.B. über integrierte Hilfstexte oder Menüs erfolgen. Vgl. auch Benutzerführung.

BEDIENUNGSANLEITUNG (engl. manual). Bestandteil der Dokumentation (vgl. dort) von Hard- oder Software.

BEDINGTE BEFEHLSAUSFÜHRUNG (engl. conditional execution). Anweisung, die in Abhängigkeit von der Erfüllung- bzw. Nichterfüllung einer gesetzten Bedingung ausgeführt wird.

BEDINGTE VERARBEITUNG (engl. branch on condition). Programmierung. Bei einer Verzweigung (Bedingung) wird nur eine der beiden möglichen Verarbeitungswege in Abhängigkeit von der Bedingung durchgeführt.
Beispiel:

```
50 IF A=50 GOTO 100
```

Nur wenn die Variable A den Wert 50 besitzt, wird mit der Programmausführung in Zeile 100 fortgefahren.

BEDINGUNG (engl. condition). Programmierung: Vorschrift, die erfüllt sein muß, damit eine spezifizierte Folgeanweisung ausgeführt wird.

BEEP GW-BASIC-Anweisung. Erzeugt einen Ton von 1/4 Sekunde Länge über den Computerlautsprecher.
Beispiel:

```
10 BEEP
```

Erzeugt kurzen Ton. Kann z.B. verwendet werden, um auf Falscheingaben in Programmen akustisch hinzuweisen.

BEFEHL (engl. command oder instruction). Kommando in höheren Programmiersprachen, z.b. GW-BASIC, das entweder nur im Direktmodus, jedoch nicht im Programmcode selbst Anwendung findet (z.B. Load, Save, List) oder eine Operation startet bzw. stoppt.

BEFEHLSART (engl. instruction type). Programmierung: Die in der Programmierung verfügbaren Befehle lassen sich im wesentlichen in diese Kategorien einteilen: Arithmetische Befehle (Addieren, Subtrahieren etc.), logische Vergleiche (kleiner, größer, und, oder etc.), Sprungbefehle (bedingt und unbedingt), Speicherverschiebungen (Übertragung von Speicherinhalten), Ein-/Ausgabebefehle (Lesen, Speichern, Drucken etc.) und Steuerbefehle für Peripheriegeräte.

BEFEHLSREGISTER (engl. instruction register). Bestandteil des Steuerwerks eines Prozessors. Es dient zur Zwischenspeicherung von Befehlen, bis die Abarbeitung beendet ist.

BEFEHLSSATZ (engl. instruction set). Alle verfügbaren Befehle eines Prozessors, Betriebssystems, Anwendungsprogramms oder einer Programmiersprache.

BEFEHLSTASTE (engl. control key). Mit STRG oder CTRL (vgl. dort) beschriftete Taste zur Auslösung von Sonderfunktionen.

BEFEHLSVORRAT (engl. instruction set). Synonyme Bezeichnung für Befehlssatz (vgl. dort).

BEFEHLSZÄHLER (engl. instruction counter). Register des Steuerwerks eines Prozessors. Dient zur Speicherung der Adresse des nächsten zu bearbeitenden Befehls.

BEFEHLSZEILE (engl. command line). Gliederungseinheit eines Programms. Je nach Programmiersprache ist die Befehlszeile entweder gleichzeitig die kleinste Einheit eines Programms (nur eine Anweisung pro Zeile erlaubt) oder läßt sich noch weiter unterteilen (mehrere Anweisungen pro Zeile erlaubt wie z.B. in BASIC). Ob Befehlszeilen mit Zeilennummern versehen werden müssen, ist ebenfalls von der jeweiligen Programmiersprache abhängig.

BEFEHLSZYKLUS (engl. instruction cycle). Schrittfolge, die notwendig ist, um einen Befehl im Prozessor abzuarbeiten. Der Befehlszyklus beinhaltet im allgemeinen folgende Komponenten: Befehl aus dem Arbeitsspeicher holen, Befehl durch das Steuerwerk entschlüsseln lassen, Operanden (nach eventueller Adreßbestimmung) holen, Befehl ausführen.

BEGIN...END Turbo-Pascal-Anweisung, auch Verbundanweisung ge-

BEIDSEITIGER DRUCK

nannt. Alle Anweisungen, die zwischen BEGIN und END aufgeführt sind, werden auch in dieser Reihenfolge ausgeführt.

BEIDSEITIGER DRUCK (engl. duplex printing). Bedrucken von Papier auf der Vorder- und Rückseite in einem Druckdurchlauf. Diese Drucktechnik ist erst seit 1989 verfügbar und zwar bei einigen Laserdruckern von Hewlett Packard und Cannon. Ohne entsprechende Drucker ist der beidseitige Druck nur mit erheblichem Mehraufwand zu realisieren. Erster Durchlauf: Bedrucken der Papiervorderseite (alle ungeradziffrigen Seiten). Zweiter Durchlauf: Umdrehen des Papierstapels und Bedrucken der Papierrückseite (alle geradziffrigen Seiten).

BEL Bell (Glocke). Drucker-Steuerzeichen mit dem ASCII-Code 07. Erzeugt einen Piepston.

BELEGLESER (engl. document reader). Dateneingabegerät, welches in der Lage ist, Vorlagen, die in einer maschinenlesbaren Schrift (z.B. OCR-A) erstellt wurden, direkt in den Rechner zur Weiterverarbeitung einzulesen. Funktioniert in der Regel nach dem optischen Prinzip (Erkennung von Hell-/Dunkelwerten). Vgl. Scanner.

BELL 103A Amerikanisches Standardformat zur Datenfernübertragung per Modem/Akustikkoppler bei Übertragungsgeschwindigkeiten bis 300 Baud (= Bit/s).

BELL 212A Amerikanisches Standardformat zur Datenfernübertragung per Modem/Akustikkoppler bei Übertragungsgeschwindigkeiten von 1200 Baud (= Bit/s).

BELL TELEPHONE LABORATORIES Tochterfirma der amerikanischen Firma AT&T (vgl. dort), die primär mit Forschungsprojekten auf dem Gebiet der Telekommunikation beschäftigt ist.

BENCHMARK Englische Bezeichnung für den Vergleich der Leistung unterschiedlicher Prozessoren anhand von speziellen Testroutinen.

BENUTZERFÜHRUNG (engl. user guide). Spezielle Benutzeroberfläche in Anwenderprogrammen, welche dem Anwender online die Bedienung erklärt bzw. erleichtert. Beispiel: Auf dem Bildschirm wird ein Menü (vgl. dort) aufgebaut, in welchem die verfügbaren Funktionen (z.B. Drucken, Speichern etc.) aufgelistet sind und mit Hilfe der Cursortasten (oder einer Maus) angewählt werden können. Nach Anwahl erhält der Benutzer einen kurzen Hinweis, welchen Prozeß eine Aktivierung der angewählten Funktion auslöst, so daß er jederzeit im voraus über den nächsten Funktionsschritt Bescheid weiß und gegebenenfalls die Auswahl (meist durch Betätigen der ESC-Taste) wieder rückgängig machen kann.

BENUTZERKONTROLLE (engl. user control). Aus dem Bundesdatenschutzgesetz: Die Benutzung von

Datenverarbeitungssystemen, aus denen oder in die personenbezogene Daten durch selbsttätige Einrichtungen übermittelt werden, durch unbefugte Personen ist zu verhindern.

BENUTZEROBERFLÄCHE (engl. user surface oder user interface). Verbindungsglied zwischen System- und Anwendersoftware. Dient dazu, dem Anwender den Umgang mit dem System (z.B. durch Menüs, Eingabehilfen, Pictogramme) zu erleichtern.

BENUTZERSCHNITTSTELLE (engl. user interface). Schnittstelle zwischen Mensch und Maschine. Tastatur, Bildschirm, aber auch Dialogboxen in Programmen oder komplette Benutzeroberflächen werden als solche Übergangsstellen betrachtet.

BEREITSCHAFTSZEICHEN (engl. prompt). Anforderungszeichen von MS-DOS und MS-OS/2. Im Normalfall das " > "-Zeichen. Wenn das Bereitschaftszeichen bzw. Prompt am Bildschirm sichtbar wird, ist das System bereit für Tastatureingaben. Es steht gewöhnlich zwischen Laufwerkskennbuchstaben und Cursor (A:>_). Vgl. auch Bereitschaftszustand.

BEREITSCHAFTSZUSTAND (engl. ready state). Bezeichnet den Zustand eines Rechners, in dem er Benutzereingaben aufnehmen und verarbeiten kann. Unter MS-DOS zeigt das Vorhandensein des Prompt-Zeichens (= Bereitschaftszeichen), z.B. "C:\ >", bzw. des (blinkenden) Cursors (= Schreibmarke) den Bereitschaftszustand an. Innerhalb von Programmen (z.b. Programmiersprachen) erscheint oft die Meldung READY, um die Bereitschaft des Programms und des Systems zu signalisieren.

BERICHTIGUNGSPLICHT (engl. obligation to correction). Aus dem Bundesdatenschutzgesetz: Personenbezogene Daten müssen berichtigt werden, wenn sie unrichtig sind.

BERNSTEINMONITOR (engl. amber monitor). Monochromer Monitor mit spezieller Phosphorbeschichtung, durch welche die Zeichen bernsteinfarbig auf schwarzem Hintergrund (oder umgekehrt) wiedergegeben werden.

BERÜHRUNGSBILDSCHIRM (engl. touch screen). Bildschirm, über dessen Oberfläche sich ein Gitter von Lichtschranken befindet. Berührt man mit dem Finger eine Stelle auf der Oberfläche, kann deren Koordinate aufgrund der Unterbrechung der jeweiligen Lichtschranken in X- und Y-Richtung bestimmt werden. Auf diese Weise lassen sich (speziell dafür ausgelegte) Programme durch Antippen von Bildschirmsymbolen mit dem Finger bedienen.

BESCHLEUNIGERKARTE (engl. speed board). Zusatzkarte für PCs zur Steigerung der Verarbeitungsgeschwindigkeit. Dabei wird der vorhandene langsame Prozessor (8088 bzw. 80286) durch einen schnelleren Prozessor (80286 bzw. 80386) ersetzt. In der Praxis sieht das so aus,

BESCHNEIDEN

daß der vorhandene Prozessor aus seinem Sockel von der Platine entfernt wird. Anschließend verbindet man den leeren Sockel per (mitgeliefertem Kabel) mit der Beschleunigerkarte, auf welcher sich der neue Prozessor (und oft auch die RAM-Bausteine mit der nun notwendigen niedrigen Zugriffszeit) befindet. Obwohl sich hierdurch beachtliche Steigerungen hinsichtlich der reinen Rechengeschwindigkeit erzielen lassen, bleibt zu beachten, daß das externe Bussystem, etwa der Datenbus oder die Erweiterungssteckplätze mit den Kontrollerkarten, gleich breit geblieben ist (z.B. 8 Bit beim 8088-Prozesor), so daß der Durchsatz des gesamten Systems deutlich niedriger liegt als bei einem echten 80286- bzw. 80386-Computer.

BESCHNEIDEN (engl. crop). Zurechtschneiden einer Graphik auf die erforderliche Größe durch das Abschneiden überstehender Ränder.

BETRIEBSART (engl. operating mode). Art und Weise, wie ein Rechnersystem zur Lösung bestimmter Aufgaben eingesetzt wird. Beispiele: Indirekte und direkte Datenfernverarbeitung, Stapelverarbeitung, Echtzeitverarbeitung, Multitasking (= Mehrprogramm-Verarbeitung) oder Multiusing (Mehrbenutzerverarbeitung). Vgl. jeweils dort. Auch bei den Peripheriegeräten lassen sich verschiedene Betriebsarten realisieren wie z.B. Textmodus bzw. Graphikmodus (in verschiedenen Auflösungsvarianten) bei Druckern und Bildschirmen.

BETRIEBSSYSTEM (engl. operating system). Definition nach DIN 44300: Programme eines digitalen Rechnersystems, die zusammen mit den Eigenschaften dieser Rechenanlage die Basis aller möglichen Betriebsarten dieses Systems bilden und insbesondere die Abwicklung von Programmen steuern und überwachen.

BETRIEBSSYSTEM (engl. operating system). Vereinfacht stellt das Betriebssystem das Bindeglied zwischen Hardware (Computer und Peripherie) und Software (Anwenderprogramme etc.) dar. Da es meist selbst in Form eines oder mehrerer Programme auf Diskette vorliegt, wird es auch als Systemsoftware bezeichnet. Dabei muß zwischen zwei grundsätzlichen Komponenten eines jeden Betriebssystems unterschieden werden: Der organisatorische Teil ermöglicht das Arbeiten am Computer an sich und besteht aus mindestens drei Komponenten: der Ein/Ausgabesteuerung (Kontrolle der Kanäle und des Ein/Ausgabewerks), dem Jobmanager (Steuerung und Optimierung der Programmabläufe) und dem Dateizugriffssystem (Disk Operating System zur Verwaltung der externen Speichermedien, wie Diskettenlaufwerk oder Festplatte). Die zweite grundsätzliche Komponente, Utilities und Zusatzprogramme, erleichtern die Arbeit am Computer, z.B. mit Kopierroutinen oder Programmen zum Einstellen von Uhrzeit und Datum. Manche Betriebssysteme enthalten zusätzlich noch Programmierutilities, Übersetzungsprogramme wie Assembler, Interpreter oder Compiler, die allerdings nur für den Softwareentwickler von Interesse sind.

BEWEGUNGSDATEN (engl. transaction data). Daten, die sich laufend ändern und in der Regel nur für einen spezifischen Arbeitsprozeß benötigt werden. Beispiele: Datum, Uhrzeit, Liefermengen, Kontobestände.

BIBLIOTHEK (engl. library). Programmierung: Sammlung von Unterprogrammen, Routinen auf externen Speichern (Festplatte, Diskette), die bei Bedarf aufgerufen und in ein zu erstellendes Programm eingebunden werden. Graphik: Sammlung von Graphikbausteinen (z.B. Einrichtungsgegenstände für Innenarchitekten; Schaltsymbole für Ingenieure etc.) auf externen Speichern, die beliebig oft in eine bestehende Zeichnung kopiert werden können.

BIDIREKTIONAL (engl. bidirectional) Drucktechnik: Beim bidirektionalen Drucken wird sowohl von links nach rechts als auch von rechts nach links gedruckt. Es erfolgt also kein zeitraubender Wagenrücklauf ohne Drucken. Datenübertragung: Schnittstelle, über die ein Datenaustausch in beiden Richtungen möglich ist. Gegensatz: Unidirektional.

BILD-TASTE Sondertasten (BILD ↑ und BILD ↓) auf PC-Tastaturen. Auf amerikanischen Tastaturen mit Page-Up bzw. PageDown (vgl. dort) beschriftet.

BILDSCHIRMABSCHALTER

BILDFREQUENZ (engl. video frequency). Die Wiederholrate, d.h. die Häufigkeit mit der ein Bild pro Zeiteinheit auf dem Bildschirm aufgebaut wird. Je höher diese (vertikale) Bildfrequenz, desto flimmerfreier ist das dargestellte Bild.

BILDPUNKT (engl. pixel oder dot). Bildschirm: Kleinstes, darstellbares Element auf einem Computerbildschirm (Bildschirmpunkt). 1 Bildpunkt belegt 1 Bit Speicherplatz bei monochromer Darstellung. Drucker: Kleinstes, ausdruckbares Zeichen. Vgl. auch Auflösung.

BILDSCHIRM (engl. cathode ray tube oder display) Datensichtgerät mit monochromer oder farbiger Darstellung. Vgl. Monitor.

BILDSCHIRM-EDITOR (engl. screen editor) Spezielles Programm zum Erstellen, Verändern, Korrigieren, Laden und Abspeichern von Dateien für Texte, Programme oder Daten, normalerweise im ASCII-Format. Reine Editoren werden vor allem in der Programmentwicklung oder während der Testphase benutzt. Textverarbeitungsprogramme, die im Grunde Editoren mit erweiterten Möglichkeiten wie Textformatierung, Auswahl von Zeichenattributen und Schriftarten etc. sind, können hierfür jedoch auch genutzt werden, sofern sie über die Möglichkeit verfügen, Dateien im ASCII-Format abzuspeichern. Vgl. auch Editor.

BILDSCHIRMABSCHALTER (engl. screen saver) Software-Utility,

BILDSCHIRMANSCHLUSS

mit deren Hilfe der Bildschirm nach einer frei einstellbaren Minutenzahl dunkel geschaltet wird, um Einbrennspuren zu vermeiden, die entstehen können, wenn ein Bildschirminhalt (Text, Graphik) lange unverändert auf dem Bildschirm bleibt. Ein beliebiger Tastendruck bringt den originalen Bildschirminhalt wieder zurück. Die Utility wird als Dienstprogramm zu vielen EGA- und VGA-Graphikkarten mitgeliefert.

BILDSCHIRMANSCHLUSS (engl. video port). Der Anschluß an der Graphikkarte eines PCs erfolgt in der Regel entweder über einen 9-poligen Sub-D-Stecker bei TTL-Monitoren oder einen 15-poligen Sub-D-Stecker bei Analogmonitoren. Im Endeffekt ist dies jedoch von den (nicht einheitlichen) Buchsen auf den Graphikkarten abhängig. Zur Steckerbelegung vgl. CGA-, EGA-, VGA- und Hercules-Karte.

BILDSCHIRMARBEITSPLATZ (engl. terminal workstation). Bezeichnet jede Art von Arbeitsplatz, an welchem an einem Arbeitsplatzrechner oder Terminal (vgl. jeweils dort) Daten eingegeben oder gepflegt werden.

BILDSCHIRMATTRIBUT (engl. screen attribute) Form, in welcher Zeichen auf dem Bildschirm im Textmodus dargestellt werden: blinkend, fett, unterstrichen, halbe/volle Intensität, invers. Die Bildschirmattribute können unter MS-DOS mit dem PROMPT-Befehl und der Verwendung der ANSI-Escape-sequenzen (vgl. jeweils dort) geändert werden.

BILDSCHIRMAUFLÖSUNG (engl. screen resolution) Bezeichnet die maximale Anzahl von Bildpunkten (vgl. dort), die auf einem Sichtgerät horizontal und vertikal dargestellt werden können. Vgl. Auflösung.

BILDSCHIRMDIAGONALE (engl. screen diagonal). Bezeichnet die Größe eines Bildschirms durch Angabe der Diagonalenlänge in Zoll (1 Zoll = 25.4 mm) bei einem Seitenverhältnis von 4:3. Üblich sind Diagonalen von 12, 14, 16, 19, 20, 21 Zoll bei Tischgeräten sowie 5 und 9 Zoll bei Monitoren, die in tragbare Computer eingebaut sind.

BILDSCHIRMFARBEN (engl. screen colors) Die Anzahl der zu Verfügung stehenden Bildschirmfarben hängt von der verwendeten Farbgraphikkarte ab und reicht von 2 (CGA) über 16 (EGA) bis 256 (VGA).

BILDSCHIRMFARBEN ÄNDERN Unter MS-DOS lassen sich bei integriertem ANSI-Treiber (vgl. ANSI.SYS) mit Hilfe des Promptbefehls die verfügbaren Bildschirmfarben nahezu beliebig ändern. Das Schema ist dabei folgendes:

```
prompt $e[n;....;nm
```

wobei für „n" der oder die Codes der Bildschirmfarben bzw. Zeichenattribute angegeben werden. Es können mehrere Codes, jeweils

ANSI-ESCAPE-SEQUENZEN ZUR BILDSCHIRMDARSTELLUNG

ESC[n;...;nm Aktivierung verschiedener Graphikattribute, wobei n in beliebigen Kombinationen eingesetzt werden kann.
Für n sind diese Werte möglich:

0	Keine Attribute
1	Fettschrift
4	Unterstreichen (bei Monochrombildschirm)
5	Blinken ein
7	Reverse Darstellung
8	Keine Anzeige
30	Vordergrundfarbe:Schwarz
31	Vordergrundfarbe:Rot
32	Vordergrundfarbe:Grün
33	Vordergrundfarbe:Gelb
34	Vordergrundfarbe:Blau
35	Vordergrundfarbe:Violett (Magenta)
36	Vordergrundfarbe:Blau (Cyan)
37	Vordergrundfarbe:Weiß
40	Hintergrundfarbe:Schwarz
41	Hintergrundfarbe:Rot
42	Hintergrundfarbe:Grün
43	Hintergrundfarbe:Gelb
44	Hintergrundfarbe:Blau
45	Hintergrundfarbe:Violett (Magenta)
46	Hintergrundfarbe:Blau (Cyan)
47	Hintergrundfarbe:Weiß

voneinander getrennt durch ein Semikolon, benutzt werden. Als letztes Zeichen ist immer das „m" anzugeben. Die Kombination

```
prompt $e[1;34;47m
```

würde z.B. eine blaue Schrift (= Vordergrund) auf weißem Hintergrund bewirken, wobei die Zeichen in Fettschrift dargestellt würden. Es empfiehlt sich, den Prompt-Befehl in eine Batch-Datei (z.b. AUTOEXEC.BAT) einzubinden, damit er nach Systemstart nicht jedesmal neu eingegeben werden braucht.

BILDSCHIRMFORMAT (engl. screen format). Bezeichnet die Größe eines Bildschirms (Frontseite der Bildröhre) unter Angabe der Länge der Bildschirmdiagonalen (vgl. dort).

BILDSCHIRMMASKE (engl. screen mask). Ähnlich wie bei der Druckmaske (vgl. dort) wird eine Bildschirmmaske immer dann benötigt, wenn Daten auf bestimmten Positionen (z.B. in Formulardarstellung) am Bildschirm ein- oder ausgegeben werden sollen. Das „leere Formular", in welches die Daten (z.B. Personalangaben) eingegeben oder (z.B. bei Suchvorgängen) vom Programm ausgegeben werden, nennt man Bildschirmmaske.

BILDSCHIRMSTRAHLUNG (engl. screen radiation). Jeder Computerbildschirm mit Kathodenröhre gibt im eingeschalteten Zustand 3 Arten von Strahlung ab: Röntgenstrahlung, die beim Auftreffen des Kathodenstrahls auf die Röhre entsteht, Magnetfelder, da der Kathodenstrahl magnetisch abgelenkt wird, und elektrostatische Felder, bedingt durch die zur Kathodenstrahlbeschleunigung notwendige, hohe Spannung.

BILDSCHIRMSYMBOL (engl. icon) Symbol, mit dessen Hilfe sich durch Anklicken mit der Maus eine

BILDSCHIRMTEXT

Funktion auslösen läßt. Beispiel: Auf dem Bildschirm sind die Abbildungen der beiden vorhandenen Diskettenlaufwerke des Systems zu sehen. Klickt man eines der Laufwerkspiktogramme an, wird das Inhaltsverzeichnis der Diskette, die sich gerade im angeklickten Laufwerksicon befindet, am Bildschirm angezeigt. Piktogramme werden in graphischen Benutzeroberflächen wie GEM oder Windows verwendet.

BILDSCHIRMTEXT (engl. videotext). Kommunikationsdienst der Bundespost. Vgl. BTX.

BILDSCHIRMZEICHENSATZ (engl. screen font). Kompletter Satz von Zeichen (Buchstaben, Ziffern, Sonderzeichen) zur Darstellung auf dem Bildschirm. Kann entweder hardwaremäßig auf der Graphikkarte vorliegen (= residenter bzw. fester Zeichensatz) oder softwaremäßig als Datei (= zuladbarer Zeichensatz oder Soft-Font). Je nach Graphikkartentyp (CGA, EGA, VGA etc.) stehen entweder einer oder mehrere feste Zeichensätze zur Verfügung. Die Anzahl der Soft-Fonts ist variabel und hängt vom Anwendungsprogramm ab.

BILDSPEICHER (engl. frame buffer) Ist auf der Graphikkarte integriert und enthält den Inhalt des Bildschirms in Form von Bitmustern. Der Graphikkontroller wandelt die Bildinformationen des Bildspeichers in Videosignale um und erzeugt so ein sichtbares Bild auf dem Monitor. Da die Bildpunkte eine extrem kurze Nachleuchtdauer auf der Bildschirmoberfläche haben (das Bild würde nur ganz kurz sichtbar sein), muß das Bild mehrmals in der Sekunde auf dem Bildschirm erzeugt werden. In der Regel geschieht dies (in Abhängigkeit von Monitor und Graphikkarte) mit einer Frequenz von 50 bis 80 Hz, das heißt 50 bis 80mal pro Sekunde.

BILDWIEDERHOLRATE (engl. video frequency) Um auf einem Computermonitor ein flimmerfreies Bild zu erhalten, muß die Bildinformation möglichst oft innerhalb einer Zeiteinheit aus dem Bildwiederholspeicher auf den Bildschirm gebracht werden. In der Regel geschieht dies mit einer Frequenz von 50 bis 80 Hz (= 50 bis 80mal in der Sekunde). Je höher die Frequenz, desto flimmerfreier das Bild.

BIN Reservierte Dateikennung (= Extension) unter MS-DOS für Binärdateien.

BINÄRE ADDITION (engl. binary addition) „Grundrechenart" eines jeden Computers. Wie bei der Addition im Dezimalsystem werden jeweils von rechts beginnend zwei Ziffern zusammengezählt, wobei im binären System der Übertrag auf die nächste Stelle bereits erfolgt, wenn der Wert 1 (im Dezimalsystem Wert 9) überschritten wird. Somit ergibt sich dieses Schema:

BINÄRE FUNKTION

Dezimal	Binär
9	1001
+13	+1101
22	10110

Bei der ersten und letzten Teiladdition ergibt sich jeweils ein Übertrag nach dem Schema: 1+1=0 mit Übertrag 1 auf die nächste Stelle. Addiert man mehr als zwei Dualzahlen, muß man darauf achten, daß pro Stelle mehrere Überträge auftreten können. Beispiel:

	Binär
	1001
	1101
	0110
	1111
	1011
Übertrag 1	11111
Übertrag 2	1111
Übertrag 3	1
	110100

Für je zwei Einsen, die in einer Spalte auftreten, findet ein Übertrag statt.

BINÄRE DIVISION (engl. binary division) Arbeitet gemäß den Regeln der Division im Dezimalsystem. Beispiel:

Dezimal	Binär
15:5 = 3	1111:101=11
	101
	0101

Zunächst wird dividiert, dann der Restwert durch Subtraktion ermittelt (hier:0101), wieder dividiert usw. Eine Division kann allerdings auch über wiederholte Subtraktion durchgeführt werden (notwendig bei Prozessoren, welche den Divisionsbefehl nicht kennen). Schema: 15:5 entspricht 15-5-5-5 (Ergebnis:3, da dreimal subtrahiert wurde) bzw. 1111-101-101-101 ergibt 0011.

BINÄRE FUNKTION (engl. binary operation). Logische Operation innerhalb von Programmen (Programmiersprachen), die als Ergebnis eine 1 (True bzw. Wahr) oder eine 0 (False bzw. Unwahr) liefert.

BINÄRE MULTIPLIKATION (engl. binary multiplication) Die Multiplikation von Binärzahlen erfolgt exakt nach den Multiplikationsregeln des Dezimalsystems. Sie ist sogar einfacher, da nur 2 Ziffern (0 und 1) benutzt werden. Beispiel:

Dezimal	Binär
14x12	1110x1100
14	1110
28	1110
168	0000
	0000
	10101000

Die bei der binären Multiplikation entstehenden Zwischenwerte sind gemäß den Regeln der binären Addition (vgl. dort) zu addieren. Die binäre Multiplikation kann allerdings

BINÄRE SUBTRAKTION

auch über wiederholte Addition durchgeführt werden (notwendig bei Prozessoren, welche den Multiplikationsbefehl nicht kennen). Schema: 15x3 entspricht 15+15+15 bzw. 1111x011 entspricht 1111+1111+1111.

BINÄRE SUBTRAKTION (engl. binary subtraction) Arbeitet gemäß den Regeln der Subtraktion im Dezimalsystem mit den Unterschieden, daß der Übertrag bereits beim Überschreiten des Wertes 1 erfolgt (Dezimal: 9) und daß für den Fall, falls bedingt durch einen Übertrag an der nächsten Stelle zwei Einsen vorhanden wären, diese wegfallen und dafür eine Eins an die übernächste Stelle übertragen wird. Beispiele:

Dezimal	Binär	Dezimal	Binär
14	1110	8	1000
-9	-1001	-6	-0110
--	-----	--	-----
5	0101	2	0010

Im ersten Beispiel wird (beginnend von rechts) analog zum Dezimalsystem so gerechnet: 1+1=0 mit Übertrag 1; 1+0=1; 0+1=1 und 1+0=1. Im zweiten Beispiel ergibt sich folgendes: 0+0=0; 1+1=0 mit Übertrag 1; da an der dritten Stelle bereits eine 1 vorhanden ist, werden beide Einsen gelöscht und dafür eine 1 an die nächste, 4. Stelle gesetzt, somit ergibt sich 0+0=0; 1(= Übertrag)+0=1.

BINÄRER ZUSTAND (engl. binary state). Auch: Zweiwertiger Zustand. Bezeichnet das Verarbeitungsprinzip von DV-Anlagen, nach welchem entweder Strom fließt (Zustand 1) oder kein Strom fließt (Zustand 0). Entsprechend dieser beiden möglichen Zuständen arbeitet ein Rechner intern nur mit den binären Werten 0 und 1, die auch als Binärziffern oder Dualziffern bezeichnet werden. Vgl. Dualsystem.

BINÄRSYSTEM (engl. binary system) Zahlensystem auf Stellenwertbasis mit 2 Ziffern (0 und 1). Vgl. Dualsystem.

BINÄRZIFFER (engl. binary digit). Besitzt entweder den Wert 0 oder den Wert 1. Vgl. Dualsystem.

BIOS Akronym für Basic Input/Output System oder elementares Ein-/Ausgabesystem eines Computers. Darunter versteht man einen Grundstock an Ein-/Ausgabebefehlen, die zum einen fest in einem ROM-, PROM- oder EPROM-Baustein verankert sind (ROS), zum anderen bei Systemstart von Diskette/Festplatte geladen werden (IO.SYS), und auf die von allen anderen Systemprogrammen, wie etwa Betriebssystemroutinen, zugegriffen wird. Durch dieses Prinzip wird erreicht, daß sich neue Betriebssysteme an die verschiedensten Computertypen anpassen lassen, indem man einfach das BIOS für die entsprechende Hardware umprogrammiert. Nach Systemstart führt das ROM-BIOS (bei MS-DOS-Rechnern) eine Reihe

BIOS-INTERRUPT

von Tests durch (Überprüfen des Speichers, der Laufwerke, Schnittstellen etc.), anschließend wird der erste Sektor der Systemdiskette (Festplatte) gelesen. Das dort befindliche Urladeprogramm (das sich teilweise auch im BIOS befindet) lädt dann die Programme zur Ein-/Ausgabe-Steuerung und das Disk Operating System (DOS).

Hauptaufgabe des BIOS ist jedoch die Steuerung der Ein-/Ausgabe-Kanäle, wobei sich das Betriebssystem (wie z.b. MS-DOS) dieser vorgegebenen Routinen bedient. Das ROM-BIOS ist also praktisch das Bindeglied zwischen Hardware und Betriebssystem. Erteilt das Betriebssystem z.b. einen Befehl zum Laden eines Programms, dann spricht es die Hardware (in diesem Fall das Laufwerk) nicht direkt an, sondern aktiviert die entsprechende BIOS-Routine, die für die Ausführung des Befehls sorgt.

Weiterhin ist das BIOS für die Bildschirmeingabe und -ausgabe verantwortlich. So kennt es z.b. sieben verschiedene Bildschirmmodi (0-6). Damit einer dieser Modi gesetzt werden kann, muß das Anwendungsprogramm in das Prozessorregister AH den Wert 0 schreiben, in Register AL die erforderliche Modusnummer und Interrupt 10 auslösen. Dieses kleine Beispiel mag das Zusammenspiel zwischen BIOS und Programmen verdeutlichen.

Schließlich zeichnet das BIOS noch verantwortlich für Tastatureingaben, Druckerausgaben, Zeitgeberfunktionen und Schnittstellensteuerung.

BIOS-INTERRUPT (engl. BIOS interrupt). Das BIOS eines jeden IBM-kompatiblen PCs enthält eine Reihe von Interruptroutinen folgender Bedeutung:

INTERRUPT	BEDEUTUNG
10	Bildschirmoperationen (z.b. Cursor setzen, Video-Modus auswählen, Bildschirm rollen).
11	Systemkonfiguration lesen
12	Größe des Arbeitsspeichers feststellen
13	Laufwerksoperationen (z.B. Fehlerabfrage, Sektoren lesen/schreiben, defekte Zylinder ausklammern)
14	Serielle Schnittstelle (z.b. Empfangen, Senden)
15	Timer und Joystick
16	Tastaturabfrage
17	Parallele Schnittstelle (z.B. Zeichenausgabe)
18	Start des ROM-BASIC (nur IBM)
19	Systemneustart auslösen
1A	Systemuhr (z.B. Zeit einstellen/lesen)
1B	CTRL/BREAK-Behandlung
1C	Timerfunktionen
1D	Graphikkontroller (z.B. Ändern der Bildschirmdarstellung)
1E	Laufwerkskontrolle

Die BIOS-Interrupts können in eigenen Programmen (Assembler oder Hochsprachen) genutzt werden.
BIT BIT ist das Akronym von Binary Digit und bezeichnet die kleinste Informationseinheit eines Computers, in welche alle Daten zerlegt werden. Diese Darstellungsform ist insofern stark hardwarebezogen, als für Computer nur zwei unterschiedliche Zustände existieren: Stromfluß — kein Stromfluß. Daran orientiert sich die binäre Schreibweise und bezeichnet ein Bit als gesetzt (Darstel-

lungsform: 1), wenn Strom fließt, und als nicht gesetzt (Darstellungsform: 0), falls kein Strom fließt. Im Endeffekt bestehen also alle Programme und Daten aus lauter Nullen und Einsen, der sogenannten Maschinensprache.

BIT-MAP (engl. bit map). Graphikformat, in dem der Bildaufbau durch die Anzahl und Anordnung gesetzter bzw. nichtgesetzter Punkte bestimmt ist. Das Format wird von den meisten „Paint"-Programmen verwendet (vgl. auch Line-Art).

BITCODE (engl. binary code). Andere Bezeichnung für Dualcode. Vgl. Dualsystem.

BITEL Abkürzung für Bildtelephon. Telephon, bei welchem im ISDN-Netz sowohl Ton- als auch Bildinformationen übertragen werden können.

BITORIENTIERTER ZEICHENSATZ (engl. bitstream font). Zeichensatz für Laserdrucker, bei dem sich die Zeichen aus einzelnen Punkten, einem Bitmuster, zusammensetzen. Die Zeichen lassen sich deshalb nicht vergrößern oder verkleinern, d.h. soll eine Schriftart (z.B. Times Roman) in verschiedenen Größen gedruckt werden können, muß für jede Größe der komplette Zeichensatz auf Festplatte vorhanden sein (von wo er vor dem Ausdruck in den Laserdrucker geladen wird). Das gleiche gilt für Schriftattribute wie Fett, Unterstrichen, Kursiv etc. Vorteil: Schneller Textdruck (da die Zeichensätze nicht skaliert werden müssen).

Nachteil: Die Zeichensätze belegen viel Speicherplatz auf der Festplatte und im Drucker. Vgl. auch Outline Font.

BITPARALLEL (engl. bit-parallel). Art der Datenübertragung, wobei die Datenbits nebeneinander (parallel) auf mehreren Leitungen übertragen werden. Normalerweise geschieht dies über 8 Leitungen, so daß gleichzeitig 8 Bit, also 1 Byte, übertragen werden kann. Vgl. auch Parallele Schnittstelle.

BITSERIELL (engl. bit-serial). Art der Datenübertragung bzw. Datenaufzeichnung, wobei die Daten hintereinander (seriell) Bit für Bit auf einer Leitung/Spur übertragen/aufgezeichnet werden.

BITSTREAM FONT Englische Bezeichnung für einen Laserdruckerzeichensatz, bei dem sich die Zeichen aus einzelnen Punkten, einem Bitmuster, zusammensetzen. Die Zeichen lassen sich deshalb nicht vergrößern oder verkleinern, d.h. soll eine Schriftart (z.B. Times Roman) in verschiedenen Größen gedruckt werden können, muß für jede Größe der komplette Zeichensatz auf Festplatte vorhanden sein (von wo er vor dem Ausdruck in den Laserdrucker geladen wird). Das gleiche gilt für Schriftattribute wie Fett, Unterstrichen, Kursiv etc. Vorteil: Schneller Textdruck (da die Zeichensätze nicht skaliert werden müssen). Nachteil: Die Zeichensätze belegen viel Speicherplatz auf der Festplatte und im Drucker. Vgl. Outline Font.

BITWEISE OPERATION (bit by bit operation). Mit Hilfe der logischen Operatoren (AND, OR, XOR) ist es möglich, Bytes auf ein bestimmtes Bitmuster abzufragen. Dies geschieht durch jeweilige logische Verknüpfung der einzelnen Bits. Verknüpft man z.b. die Werte 12 und 14 mit AND, dann ergibt sich:

```
12 AND 14 = 12
```

Dieses auf den ersten Blick etwas ungewöhnliche Resultat erklärt sich leicht, wenn man sich die Arbeitsweise des AND- Operators vergegenwärtigt, denn bei einer AND-Verknüpfung ist das Ergebnis nur dann WAHR (1), wenn beide Eingaben WAHR (1) sind. Somit ergibt sich für obiges Beispiel:

	Dezimal	Binär
Eingabe 1:	12	01100
Eingabe 2:	14	01110
	12	01100

Würde man 12 und 14 mit OR verknüpfen, würde das Ergebnis dementsprechend 14 (bzw. 01110) lauten, da hier als Ergebnis jeweils 1 geliefert wird, wenn eine oder beide Eingaben eine 1 sind. Die XOR-Verknüpfung würde schließlich das Resultat 2 (bzw. 00010) liefern, da hier jeweils eine 1 als Ergebnis geliefert wird, wenn eine der Eingaben (aber nicht beide) eine 1 ist.

BIU Akronym für Bus Interface Unit. Verwaltet den Zugang zu den Bussen eines Computers und ist Bestandteil des Prozessors.

BLACK-WRITE-VERFAHREN (engl. black write technique). Begriff aus der Drucktechnik. Im Gegensatz zum White-Write-Verfahren (vgl. dort) wird hier bei Laserdruckern eine Druckseite so erzeugt: Der Laserstrahl lädt die elektrisch neutrale Phototrommel an den Stellen negativ, an denen das Tonerpulver haften soll, „schreibt" also praktisch die Zeichen spiegelverkehrt in Form negativer Ladungen auf die Trommel.

BLANK Englischer Begriff für Leerstelle bzw. Leerzeichen. Es besitzt den ASCII-Code 32.

BLOAD GW-BASIC-Befehl. Lädt Binärdateien in den Arbeitsspeicher. Anzugeben sind der Dateiname und der Offset. Fehlt letzterer, wird die Datei ab der Adresse in den Arbeitsspeicher geladen, ab der sie mit BSAVE (vgl. dort) abgespeichert wurde. Wird ein Offset-Wert (0 — 65535) angegeben, errechnet sich die Arbeitsspeicher-Adresse, ab der geladen wird, aus der Offset-Ziffer plus der zuletzt mit DEF SEG (vgl. dort) angegebenen Adresse. Eingabe:

```
BLOAD "Name",Offset
```

Für NAME ist der Programmname, für OFFSET die relative Adresse anzugeben.

BLOCK

Beispiel:

```
10 DEF SEG=&HA000
20 BLOAD"PROGRAMM",100
```

Lädt die Datei PROGRAMM ab Adresse A064 in den Arbeitsspeicher, da die Dezimalzahl 100 in hexadezimaler Schreibweise 64 ergibt.

BLOCK (engl. block oder physical record). Zusammengehörige Anzahl hintereinanderliegender Datensätze auf einem Magnetband. Da für die Start-/Stopphasen des Bandes zwischen den Bereichen, welche Daten enthalten, datenfreie Leerräume eingefügt werden müssen, faßt man mehrere Datensätze zu Blocks zusammen, um die speicherplatzverschwendende Anzahl der Leerräume zu verringern.

BLOCKGRAPHIK (engl. block graphics). Graphik, deren einzelne Elemente in Form von Graphikzeichen im Zeichensatz eines Computers vorhanden sind, sich also wie jedes andere Zeichen (Buchstabe, Ziffer) direkt auf Tastendruck erzeugen lassen. Beim erweiterten ASCII-Zeichensatz besitzen diese Zeichen Werte zwischen 176 und 223 (vgl. Anhang 1) und lassen sich unter MS-DOS erzeugen, indem man die ALT-Taste gedrückt hält, den Zahlencode über den Ziffernblock eingibt und die ALT-Taste wieder losläßt. Beispiel: ASCII-Wert 200 ergibt das Zeichen " ╚ ".

BLOCKLÄNGE (engl. block length). Länge eines Datenblocks auf einem externen Speicher (Band, Diskette, Festplatte). Beträgt je nach Speichermedium 128, 256 oder 512 Byte.

BLOCKREAD Turbo-Pascal-Prozedur. Dient zum Einlesen von Datensätzen aus einer Datei in eine Variable. Eingabe:

```
BlockRead(File,Variable1,Anzahl,Variable2);
```

FILE bezeichnet die Datei-Variable der Datei, aus der gelesen wird, VARIABLE1 die Variable (beliebiger Typ), in die eingelesen wird, und ANZAHL (Datentyp: Word) die Zahl der zu lesenden Datensätze. Die optionale VARIABLE2 (Typ: Word) gibt die Anzahl der vollständig eingelesenen Datensätze wieder.

BLOCKSATZ (engl. justification). Begriff aus der Textverarbeitung. Alle Zeilen werden durch Vergabe unterschiedlicher Wortzwischenräume links- und rechtsbündig und damit gleich lang.

BLOCKUNG (engl. blocking). Beim Abspeichern von Daten auf Magnetband werden Datensätze jeweils zu sogenannten Blocks zusammengefaßt, wobei jeder Block als eine Einheit behandelt wird. Die einzelnen Blocks werden jeweils durch Freiräume, die sogenannten Klüfte, voneinander abgetrennt.

BLOCKUNGSFAKTOR (engl. blocking factor). Gibt an, wie viele Datensätze beim Abspeichern von

Daten auf Magnetband zu einem Block zusammengefaßt werden.

BLOCKWRITE Turbo-Pascal-Prozedur. Dient zum Schreiben von Datensätzen aus einer Variablen in eine Datei. Eingabe:

```
BlockWrite(File,Variable1,Anzahl,Variable2);
```

FILE bezeichnet die Datei-Variable der Datei, in die geschrieben wird, VARIABLE1 die Variable (beliebiger Typ), aus der gelesen wird, und ANZAHL (Datentyp: Word) die Zahl der zu schreibenden Datensätze. Die optionale VARIABLE2 (Typ: Word) gibt die Anzahl der geschriebenen Datensätze wieder.

BOILERPLATE Englischer Begriff für einen Textbaustein, der unverändert immer wieder in Texten benutzt wird (Bankverbindung, Anredefloskeln etc.).

BOLD Englische Bezeichnung für Schriftattribut „Fett". Die Buchstaben werden stärker gedruckt als bei Normalschrift. Bei Zeichen-/Zeilendruckern wird dies durch zweimaliges, leicht versetztes Drucken der Zeichen erreicht, bei Laserdruckern liegen die Zeichensätze bereits komplett in den verschiedenen Attributen (normal, fett, kursiv) vor.

BOOKMAN Schriftart mit Serifen.

BOOLESCHE VARIABLE (engl. boolean variable). Variable, die nur einen von zwei Werten (WAHR oder FALSCH) annehmen kann. Dieser Variablentyp ist in Programmiersprachen wie Algol, Modula oder Pascal verfügbar.

BOOT-LAUFWERK (engl. boot drive). Externer Massenspeicher (Diskettenlaufwerk, Festplatte), von welchem nach dem Systemstart automatisch das Betriebssystem geladen wird. Unter MS-DOS wird zunächst immer versucht, das System vom Diskettenlaufwerk A zu laden. Befindet sich keine Diskette in diesem Laufwerk, wird als nächstes die Festplatte angesprochen (bei einigen BIOS-Typen zunächst noch Laufwerk B). Ist diese defekt oder nicht vorhanden bzw. befindet sich in Laufwerk A eine Diskette ohne Betriebssystem, erfolgt eine Fehlermeldung mit der Aufforderung, eine Systemdiskette in Laufwerk A einzulegen.

BOOT-RECORD Englische Bezeich-

Beschreibung	Byte
Adresse der Bootroutine	0 − 2
Name des Datenträgers	3 − 10
Zahl der Bytes/Sektor	11 - 12
Zahl der Sektoren/Cluster	13
Zahl der Boot-Record Sektoren	14 − 15
Zahl der FAT-Kopien	16
Zahl der Directory-Einträge	17 − 18
Zahl der Sektoren	19 − 20
ID-Code des Laufwerks	21
Zahl der FAT-Sektoren	22 − 23
Zahl der Sektoren/Spur	24 − 25
Zahl der Oberflächen	26 − 27
Zahl der reservierten Sektoren	28 − 29

Tabelle: Inhalt des Boot-Record unter MS-DOS

BOOT-ROM

nung für Startroutine. Der Boot-Record befindt sich unter MS-DOS im Bootsektor (Spur 0, Sektor 0) jeder Systemdiskette bzw. Festplatte mit Betriebssystem. Er enthält neben der Routine zum Laden des Betriebssystems Informationen über den Datenträger. Bei Systemstart (nach Einschalten bzw. Reset) versucht das ROM-BIOS zehnmal den Boot-Record zu laden. Ist kein Ladeversuch erfolgreich, erscheint die Fehlermeldung "Systemdiskette einlegen".

BOOT-ROM Nach dem Systemstart wäre ein Computer praktisch eine „tote" Maschine, wenn nicht automatisch das BOOT-ROM aktiviert würde. Die im Boot-ROM integrierten Minimalroutinen sorgen dafür, daß die Grundfunktionen in Gang gesetzt werden. Dazu gehören bei PCs u.a.: Starten des Urlade-Programms: Dieses befindet sich teilweise im BIOS (ROS) und teilweise auf Spur 0 von Systemdisketten oder Boot-Partitions von Festplatten (Boot-Record). Nacheinander werden die Laufwerke C und A (eventuell auch B) abgefragt; befindet sich eine Systemdiskette in einem dieser Laufwerke, dann wird das Betriebssystem geladen, ansonsten erfolgt eine Fehlermeldung wie "Systemdiskette einlegen, dann eine Taste betätigen".Zeichenausgabe: Der im ROM des Computers (Graphikkarte) integrierte Zeichengenerator wird aktiviert. Erst dadurch ist es möglich, daß direkt nach dem Einschalten des Gerätes schon Meldungen auf dem Bildschirm erscheinen können.

Testroutinen: Nach dem Systemstart werden eine Reihe von Hardwaretests durchgeführt, um ein einwandfreies Funktionieren des Computers zu gewährleisten. Diese Tests sind je nach BIOS-Typ unterschiedlich, beinhalten jedoch im allgemeinen: RAM-Tests: hierbei werden die RAM-Bausteine des Arbeitsspeichers ein- bis zweimal durchgecheckt, beim Finden eines Hardwarefehlers wird die Adresse ausgegeben, Controllertest: Disketten- und Festplattenkontroller werden auf einwandfreie Funktion überprüft, Schnittstellentests: Überprüfung der eingebauten Karten für serielle und/oder parallele Datenübertragung. Bei manchen BIOS-Versionen werden hierbei auch die durch die Karten belegten Adressen angezeigt, so daß ein eventueller Adressenkonflikt schnell beseitigt werden kann. Weiterhin erfolgt noch ein Tastaturtest: Kontrolle, ob eine richtige, korrekt arbeitende Tastatur angeschlossen ist.Das BOOT-ROM ist bei den meisten Computertypen als steckbarer EPROM vorhanden, so daß es im Bedarfsfall leicht ausgebaut, umprogrammiert (EPROM-Brenner notwendig) und wieder eingesetzt werden kann.

BOOTEN Eingedeutschter Begriff (englisch: boot) für den (Neu-)Start des Rechners mit Laden des Betriebssystems.

BOOTSTRAP Englische Bezeichnung für die (Neu-)Initialisierung des Computers mit Aktivierung des

Urladeprogramms und Durchführung von Testroutinen (RAM, Tastatur, Bildschirm, Erweiterungen).

BORDCOMPUTER (engl. board computer). Sammelbezeichnung für alle Computer, die in Fahrzeugen eingesetzt werden. Sie dienen in erster Linie zu Steuerzwecken (z.b. Anti-Blockiersystem) und Meßzwecken (z.b. Berechnung von momentanem und durchschnittlichem Kraftstoffverbrauch.

BORLAND Amerikanisches Softwarehaus. Bekannteste Produkte: Die „Turbo"-Programmiersprachen, wie Turbo Pascal, Turbo Prolog, Turbo Basic, Turbo C etc. und das Deskmanagementprogramm Sidekick Plus.

BOTTOM-UP-METHODE (engl. bottom-up method). Programmierung: Vorgehensweise, bei welcher zunächst die Algorithmen für Einzelprobleme erstellt werden, welche zusammengefügt später das komplette Programm ergeben.

BPB Akronym für BIOS Parameter Block. Datenblock zum Zugriff auf Gerätetreiber (Block Device Driver) zum Einbinden von Peripheriegeräten in ein PC-System.

BPI Akronym für Bit per Inch (Zoll). Mit dieser Maßzahl wird die Speicherdichte magnetischer Datenträger angegeben. Bei einem Magnetband bedeutet z.? . die Angabe 10000 BPI, daß auf einem Bandabschnitt von einem Zoll Länge (= 2,54 cm) 10000 Bit gespeichert werden können.

BPS Akronym für Bit per Second. Maßzahl für die Übertragungsgeschwindigkeit von Daten.

BR Akronym für Befehlsregister. Bestandteil des Steuerwerks eines Prozessors. Es dient zur Zwischenspeicherung von Befehlen, bis die Abarbeitung beendet ist.

BRANCH Englische Bezeichnung für die Verzweigung in einem Programm. In Abhängigkeit von der Erfüllung bzw. Nichterfüllung einer Bedingung wird mit Hilfe eines Sprungbefehls zu einem bestimmten Programmteil verzweigt. Das Programm wird also nicht linear (vgl. Lineares Programm) abgearbeitet (Beispiel: vgl. GOTO).

BREAK Internes MS-DOS- und MS-OS/2-Kommando (MS-DOS 3, MS-DOS 4, MS-OS/2 (R+P)) zum Aktivieren des Abbruchmodus. Im Netzwerk verwendbar. Mit dem Kommando wird der Break-Modus zu-/abgeschaltet. Bei aktivem Break-Zustand erfolgt ein Programmabbruch mittels CTRL/C nicht nur beim Lesen von der Tastatur oder beim Schreiben auf Bildschirm bzw. Drucker, sondern auch bei anderen Funktionen wie etwa bei Schreib-/Lesevorgängen auf Diskette/Platte. Beispiel:

```
break on
```

BREAKPOINT

Zuschalten des Break-Modus. Parameter OFF dient zum Abschalten.

BREAKPOINT Englische Bezeichnung für die Stelle eines Programms, an der der normale Programmablauf angehalten wird. Die Breakpoints werden von Programmierern während der Programmentwicklungsphase gesetzt, um Fehler lokalisieren zu können. In BASIC dient z.b. der Befehl STOP zum Setzen eines Breakpoints.

BROKEN CHARACTER Begriff aus der Texterkennung. Zeichen, das aufgrund eines Druckfehlers aus zwei Teilen besteht und so vom Texterkennungsprogramm (vgl. dort) nicht identifiziert werden kann.

BRUTTOKAPAZITÄT (engl. unformatted capacity). Speicherkapazität eines externen Massenspeichers vor dem Formatieren. Vgl. auch Speicherkapazität, Spur 0. Zwischen Brutto- und Nettokapazität kann ein beträchtlicher Unterschied bestehen. Eine 3 1/2"-Diskette mit 1 MByte Bruttokapazität besitzt z.b. nach dem Formatieren noch eine Nettokapazität von ca. 720 KByte, was einen „Speicherverlust" von ca. 304 KByte bedeutet.

BS Akronym für Backspace. Drucker-Steuerzeichen. ASCII-Wert 08. Bewegt den Druckkopf einen Schritt zurück.

BS/2 IBM-interne Bezeichnung für die auf die eigenen Rechner angepaßte Version des neuen Multitasking-Betriebssystems MS-OS/2 (vgl. dort) für PCs.

BS2000 Betriebssystem für Siemens-Großrechner mit Möglichkeiten zum Time-Sharing-Betrieb.

BSAVE GW-BASIC-Befehl. Speichert den Inhalt des Hauptspeichers in der spezifizierten Länge ab der durch Offset definierten Adresse in Form einer binären Datei ab. Eingabe:

```
BSAVE "Name",Offset,Länge
```

Für NAME ist der Programmname, für OFFSET die relative Adresse und für LÄNGE die Dateilänge (jeweils hexadezimal) anzugeben. Beispiel:

```
10 DEG SEG=&HA000
20 BSAVE"Programm",100,&H1000
```

Speichert die Binärdatei PROGRAMM mit 4 KByte Länge (= hexadezimal 1000) ab Adresse A064 ab (vgl. auch BLOAD und DEF SEG).

BSC Akronym für Binary Synchronous Communications. Protokoll zur binären, synchronen Datenübertragung.

BTX Akronym für Bildschirmtext. Informationsdienst der Bundespost zur Verbindungsaufnahme und zum Datenaustausch mit dem Postrechner oder über diesen mit anderen Rechnern. Computer vorausgesetzt, wird ein postzugelassenes Modem

(8 DM Miete/Monat) bzw. ein Akustikkoppler sowie eine BTX-Karte oder ein spezielles Programm (= Software-Decoder) für den Rechner benötigt. Die Gebühren werden nach dem Ortstarif berechnet.

BTX-LEITZENTRALE Zentraler BTX-Rechner der Bundespost in Ulm, in welchem alle angebotenen BTX-Seiten gespeichert sind.

BTX-SEITE Besteht aus 20 bis 24 Zeilen mit je 40 Zeichen oder Graphikkomponenten.

BUBBLE SORT Sortieralgorithmus. Bei diesem speziellen Sortierverfahren wird eine beliebige Anzahl von Zahlen nach folgendem Schema sortiert: Man vergleicht zunächst die erste und zweite Zahl der Liste. Ist die zweite Zahl kleiner als die erste, werden beide vertauscht. Dann vergleicht man die zweite und dritte Zahl, vertauscht gegebenenfalls wieder, nimmt die dritte und vierte Zahl usw. Nach einem kompletten Durchlauf kann man sicher sein, daß die größte Zahl am Ende der Liste steht. Jetzt erfolgt der zweite Durchlauf, nach dessen Durchführung die zweitgrößte Zahl an zweitletzter Stelle in der Liste steht. Es folgt der nächste Durchlauf usw. Die Anzahl der notwendigen Durchläufe entspricht dabei der Zahl der zu vergleichenden Ziffern minus 1.

BUBBLE VERFAHREN Begriff aus der Drucktechnik. Bei Tintenstrahldruckern, die nach diesem Prinzip arbeiten, wird die Tinte in der Leitung, die zum Druckkopf führt, sehr schnell erhitzt, es entsteht ein Gasbläschen (Bubble), welches ein Tintentröpfchen aus der Leitungsöffnung auf das Papier jagt (vgl. auch Piezo-Verfahren).

BUFFER Englische Bezeichnung für Puffer. Reservierter Speicherbereich zur Ablage oder Weiterverarbeitung von Daten.

BUFFERS Konfigurationsbefehl von MS-DOS 3, MS-DOS 4 und MS-OS/2 (R) zur Bestimmung der Anzahl der Disketten-/Plattenpuffer. BUFFERS bestimmt die Anzahl der Puffer, die das Betriebssystem zur Zwischenspeicherung von Daten bei Schreib-/Lesevorgängen benutzen darf. Die Anzahl der anzugebenden Puffer hängt von der Systemkonfiguration (Speichergröße; Anzahl der Verzeichnisse auf der Festplatte) und der verwendeten Software ab. Angemessen sind Werte zwischen 2 und 40. Die Maximalzahl beträgt 99. Um für das eigene System die optimalen Werte zu finden, hilft meist nur das Experimentieren mit unterschiedlichen Werten. Zu beachten ist, daß jeder Puffer 512 Byte Speicher belegt.
Eingabe:

```
buffers=n      (MS-DOS 3 und MS-OS/2)
```

Angabe der Pufferzahl. Für n ist eine Zahl von 1 bis 99 erlaubt.

```
buffers=n(,1/x)   (MS-DOS 4)
```

BUG

Angabe der Pufferzahl (1-99), wahlweise der Sektoren, die während eines I/O-Vorgangs gelesen werden sollen (1-8) und wahlweise Angabe (Parameter X), ob die Puffer ins Extended Memory gelegt werden sollen, wobei dann maximal 10000 Puffer erlaubt sind. Beispiel:

```
buffers=200,5/x
```

Hier werden 200 Puffer im Extended Memory angelegt, mit 5 Sektoren pro Schreib-/Lesevorgang. Parameter:

> X   Puffer werden im Extended Memory angelegt. Der Parameter ist nur unter MS-DOS 4 verfügbar.

BUG   Englische Bezeichnung für einen Fehler in einem Computerprogramm. Daher auch der Name Debugger für Tools, die Fehler in Programmen aufspüren helfen.

BUND   (engl. gutter margin). Innerer Rand einer Seite. Muß auf geraden und ungeraden Seiten unterschiedlich breit sein, falls das Manuskript gebunden werden soll.

BUS   (engl. bus). Parallel verlaufende Leitungen (z.B. zwischen Prozessor und Arbeitsspeicher), die für Adressen, Steuersignale und Arbeitsdaten als Transportmedium dienen. Entsprechend die Bezeichnungen: Adreßbus, Steuerbus, Datenbus. Je nach Zahl der Leitungen (8, 16 ,24, 32) spricht man von 8-Bit-Bus, 16-Bit-Bus, 24-Bit-Bus, 32-Bit-Bus.

BUS-MAUS   (engl. bus mouse). Maus (vgl. dort), die nicht an einer seriellen Schnittstelle angeschlossen ist, sondern per mitgelieferter Steckkarte direkt am Rechnerbus angekoppelt wird.

BUS-SCHNITTSTELLE   (engl. bus interface). Direkte Anschlußmöglichkeit von Peripheriegeräten und Erweiterungen auf Kartenbasis an den Rechnerbus. Bei PCs in Form der sogenannten Erweiterungssteckplätze (vgl. dort) realisiert.

BUS-TOPOLOGIE   (engl. bus topology). Begriff aus der Netzwerktechnik. Die vernetzten Rechner sind nacheinander an einem durchgehenden Übertragungskabel angeschlossen, das an beiden Enden erweiter-

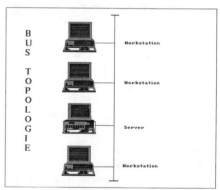

Bild 9: Bus-Topologie

bar und durch Abschlußwiderstände begrenzt ist. In einem Netz mit Bustopologie lassen sich (in Abhängigkeit von der verwendeten Netzwerksoftware) beliebig viele Server (vgl. dort) installieren.

BUSBREITE (engl. bus width). Bezeichnet die Anzahl der parallel verlaufenden Leitungen eines Busses (vgl. dort).

BUSY Druckersignal. Der Drucker kann keine Daten empfangen, wenn dieses Signal auf HIGH liegt, z.B. wenn der Puffer voll ist, der Drucker Offline geschaltet ist oder ein Fehler vorliegt.

BYTE Maßzahl für Speichergröße. Unter dem Begriff BYTE wird eine bestimmte Anzahl von Bits, nämlich 8, zusammengefaßt. Dies kommt u.a. daher, daß anfangs weitgehend sogenannte 8-Bit-Rechner verwendet wurden, die prozessorinterne Verdrahtung und die Verbindungen zwischen Prozessor, Speicher, Ein-/Ausgabewerk bestanden aus acht Leitungen, so daß in einem Rechenzyklus exakt 1 Byte (= 1 Wort) verarbeitet werden konnte. Inzwischen haben sich die 16-Bit-Rechner etabliert, welche gleichzeitig 2 Byte verarbeiten. Man unterteilt diese 16 Bit (= 1 Langword) hier in ein Lowbyte und ein Highbyte. Die Kapazität der internen und externen Speicher wird ebenfalls in Byte angegeben (eine Speicherzelle des Arbeitsspeichers faßt z.B. genau 1 Byte), wobei der Umrechnungsfaktor in größere Maßeinheiten im Gegensatz zu konventionellen Umrechnungen nicht 1000, sondern 1024 beträgt (ergibt sich aus der Art der Umrechnung auf der Basis 2 mit dem Exponenten 10):

1024 Byte = 2^{10} Byte = 1 Kilobyte
1024 Kilobyte = 2^{10} Kilobyte = 1 Megabyte
1024 Megabyte = 2^{10} Megabyte = 1 Gigabyte

BYTESERIELL (engl. byte-serial). Art der Datenübertragung oder Datenaufzeichnung, wobei die Daten gleichzeitig auf 8 Leitungen bzw. Spuren (1 Bit pro Leitung/Spur) übertragen/aufgezeichnet werden. Auch als parallele Datenübertragung bezeichnet.

BZR Akronym für Befehlszählregister. Bestandteil des Steuerwerks eines Prozessors. Dient zur Speicherung der Adresse des nächsten zu bearbeitenden Befehls.

C

C Programmiersprache, die sich vor allem durch hohe Ausführungsgeschwindigkeit und Portabilität (Übertragbarkeit auf andere Rechnersysteme) auszeichnet. Sie wurde in den Bell Laboratories (USA) Anfang der 70er Jahre auf Basis der Sprache B (von Digital Equipment) entwickelt. Viele Betriebssysteme z.b. UNIX oder MS-OS/2 sind in C geschrieben. Einige Merkmale: Stark strukturierter Programmaufbau, besondere Unterstützung von Zeigeroperationen, Inkrement-, Dekrementbefehle, wenige Anweisungen, zahlreiche (mitgelieferte) Bibliotheksroutinen, Makrounterstützung, freie Definition von Variablentypen.

C Ziffer des hexadezimalen Zahlensystems. Entspricht dem Dezimalwert 12.

C-128 D Homecomputer von Commodore (Weiterentwicklung des C-64) mit abgesetzter Tastatur. Arbeitet in drei Betriebsarten, dem C-64-Modus, in welchem er sich wie ein C-64-Computer (vgl. dort) verhält, dem C-128-Modus mit erweiterten Möglichkeiten wie 80 Zeichen-Darstellung und dem CP/M-Modus, in welchem er (durch seinen Z80-Zusatzprozessor) Programme, die für das Betriebssystem CP/M (= Vorläufer von MS-DOS) entwickelt wurden, verarbeiten kann.

Merkmale: 2 Prozessoren (8502 und Z80), 72 KByte ROM, 128 KByte Arbeitsspeicher, Graphik: maximal 620x200 Punkte (16 Farben) bzw. 25 Zeilen à 80 Zeichen zur Textdarstellung, Diskettenlaufwerk mit Kapazitäten von 170 KByte (C-64-Modus), 340 KByte (C-128-Modus) und 410 KByte (CP/M-Modus). Anschlüsse: Wie C-64, zusätzlich RGB-Monitor.

C-64 Homecomputer von Commodore mit 8-Bit-Prozessor (6510), 20 KByte ROM-Speicher und 64 KByte RAM-Speicher, von dem maximal 52 KByte für Anwendungen zur Verfügung stehen. Graphik: 320x200 Punkte (16 Farben) bzw. 25 Zeilen à 40 Zeichen für Text. Anschlüsse: 2x Joystick bzw. Maus, Kassettenrekorder, Diskettenlaufwerk, Drucker, Fernsehgerät bzw. Monitor (jeweils nur 40-Zeichendarstellung möglich), Userport, Modulsteckplatz. Die Tastatur ist in die Zentraleinheit integriert. Das Gerät ist nicht als Bürocomputer geeignet.

CACHE (engl. cache). Ein Laufwerks-Cache funktioniert vom Speicherprinzip ähnlich wie eine RAM-Disk. Hier werden die zuletzt von der Festplatte gelesenen Daten automatisch in dem als Cache definierten RAM-Bereich abgelegt und werden beim nächsten Lesevorgang nicht von der Festplatte geholt, sondern direkt aus dem RAM-Cache. Mit dieser Methode läßt sich die Schreib-/Lesegeschwindigkeit einer Festplatte um den Faktor 3 bis 5 beschleunigen.

CACHE-INSTALLATION

CACHE-INSTALLATION Ab MS-DOS 4.0 wird SMARTDRV.SYS, ein Treiber zum Anlegen eines Cache (vgl. dort), mitgeliefert. Ein gleichnamiger Treiber ist übrigens auch im Lieferumfang jeder MS-Windows Version enthalten. Er kann zwar nicht für MS-DOS 4, jedoch für alle anderen MS-DOS Versionen bis einschließlich 3.31 verwendet werden. SMARTDRV.SYS arbeitet nur mit Extended bzw. Expanded Memory, so daß das System zumindest über 1 MByte Speicher verfügen muß. Der Treiber wird in die Datei CONFIG.SYS nach diesem Schema eingebunden:

```
device=(Pfad)smartdrv.sys Größe (/a)
```

Nach eventuell notwendiger Angabe von Laufwerk und Verzeichnis, in welchen der Treiber abgespeichert ist (entfällt bei Hauptverzeichnis des Boot-Laufwerks), wird der Treibername eingetragen, anschließend die Cache-Größe in KByte und der Parameter A, falls Expanded Memory benutzt werden soll. Wird A nicht angegeben, legt SMARTDRV.SYS den Cache im Extended Memory an. Fehlt die Größenangabe, werden bei Extended Memory 256 KByte reserviert, bei Expanded Memory der gesamte Erweiterungsspeicher. Beispiel:

```
device=c:smartdrv.sys 1024 /a
```

SMARTDRV wird vom Hauptverzeichnis der Festplatte C geladen! die Größe beträgt 1024 KByte (= 1 MByte) im Expanded Memory. Zur Aktivierung des CACHE ist ein Neustart des Systems erforderlich.

CAD CAD oder Computer Aided Design hat sich aufgrund leistungsfähiger und kostengünstiger Hardware sowie ausgereifter CAD-Programme stürmisch entwickelt. Die verbreitetste CAD-Anwendung ist inzwischen AutoCAD, für das auf Grund seines Bekanntheitsgrades viele Zusatzapplikationen wie z.B. Symbolbibliotheken für die verschiedenen Berufszweige, Animationsmodule für bewegte Bilder oder Schattierungseinrichtungen für das Ausfüllen von Drahtgittermodellen programmiert wurden, und das sich so zu einem Standardprogramm im CAD-Bereich entwickelt hat. In einer konventionellen CAD-Konfiguration ersetzt der Bildschirm das Zeichenbrett, Maus, Digitalisierstift oder Zeichentablett haben den Stift des technischen Zeichners abgelöst. Die Vorteile von CAD liegen auf der Hand: Zeichnungen können jederzeit, sehr schnell am Bildschirm verändert und auf Drucker oder Plotter ausgegeben werden, während bei der konventionellen Methode Zeichnungen selbst bei kleineren Änderungen oder nachträglich entdeckten Fehlern mühevoll komplett neu erstellt werden müssen.

Aber auch das eigentliche Anfertigen von Zeichnungen wird wesentlich erleichtert: Die Layertechnik ermöglicht das Erstellen von Zeichnungen auf verschiedenen Ebenen (z.B. Layer 1 für Beschriftungen, Layer 2 für Gebäudegrundriß, Layer 3 für Innenausstattung usw.), abschließend wieder übereinandergelegt erhält man die fertige Zeichnung. Berufsspezifische Bibliotheksmodule können entweder selbst angefertigt oder gekauft und bei Bedarf jederzeit in die Graphik integriert werden (z.b. Möbelstücke für Innenarchitekten oder Schaltungssymbole für Elektroniker). Linien werden auf Befehl automatisch zu exakten Tangenten eines Kreises, Konstruktionen lassen sich vollautomatisch bemaßen, wobei eine Angleichung bei Maßstabsänderungen erfolgt, verdeckte Linien bei 3D-Konstruktionen werden auf Knopfdruck unsichtbar, Koordinatenangaben erlauben eine exakte Ausrichtung, Flächen lassen sich automatisch schraffieren, dreidimensionale Objekte können beliebig am Bildschirm gedreht und so von allen Seiten begutachtet werden. Die Palette der Vorteile ließe sich fast beliebig fortsetzen.

Da CAD-Programme zudem nicht nach dem Bit-Map-Verfahren, sondern mit Vektorgraphik arbeiten, lassen sich mathematisch äußerst genaue Ergebnisse erzielen, wobei vollkommen unabhängig von den Peripheriegeräten gearbeitet werden kann, da vor der Ausgabe eine Anpassung durch Umrechnung erfolgt.

CAE Akronym für Computer Aided Engineering. Computerunterstützte Entwicklung.

CAI Akronym für Computer Assisted Instruction. Computerunterstützter Unterricht.

CALL GW-BASIC-Anweisung. Aufruf eines Unterprogramms in Maschinensprache, wobei wahlweise Parameter übergeben werden können.
Eingabe:

```
CALL V1[(V2,V3...)]
```

V1 ist eine numerische Variable und bezeichnet die Startadresse (= Wert von V1 plus Basissegmentadresse; vgl. DEF SEG). Die optionalen Variablen V1, V2 usw. sind vom Typ beliebig und dienen zur Parameterübergabe an das Unterprogramm.
Beispiel:

```
10 DEF SEG = &HA000
20 AD = &H6EA
30 CALL AD(B$,A)
```

Ruft das zuvor mit BLOAD geladene Programm auf und führt es ab Adresse A000:6EA aus. Die (zuvor zu definierenden) Werte von B$ und A werden an das Programm übergeben.

CALL Interner Stapelbefehl von MS-DOS und MS-OS/2 (MS-DOS 3, MS-DOS 4, MS-OS/2) zum Aufruf von Stapeldateien aus Stapeldateien. Im Netzwerk verwendbar. Mit diesem Befehl lassen sich weitere Stapeldateien während des Ablaufs einer Stapeldatei aufrufen. Nach Abarbeitung der so aktivierten Stapeldatei wird mit der Abarbeitung der Befehle der ersten Stapeldatei fortgefahren. Eingabe:

```
call (Pfad)dateiname
```

Aufruf einer zweiten Stapeldatei. Für Dateiname steht der Name der zweiten Stapeldatei oder einer Kommandodatei (Extension COM bzw EXE) bzw. ein MS-DOS-Kommando.
Beispiel:

```
call text.bat
```

Aufruf der Stapeldatei TEXT.BAT aus einer Stapeldatei heraus.

CAM Akronym für Computer Aided Manufacturing. Computer-unterstützte Fertigung.

CANCEL Englische Bezeichnung für das Abbrechen einer Funktion. Eventuelle Änderungen werden nicht berücksichtigt.

CAPS Englische Bezeichnung für Großbuchstaben.

CAPSLOCK Sondertaste auf der PC-Tastatur. Dient zum permanenten Umschalten auf die zweite Belegungsebene. Wirkt (in Abhängigkeit vom verwendeten Tastaturtreiber) entweder nur auf Buchstaben (= Großbuchstaben) oder auf alle Zeichen. Abschalten der Funktion: CapsLock- oder Shift-Taste.

CAQ Akronym für Computer Aided Quality. Computer-unterstützte Qualitätskontrolle.

CARRIAGE RETURN Englische Bezeichnung für Wagenrücklauf. Drucker: Setzen des Druckkopfes auf die äußerst linke Position. Bildschirm: Setzen des Cursors in die erste Bildschirmspalte.

CARRIER Begriff aus der DFÜ. Trägerton. Signalisiert Sende- oder Empfangsbereitschaft eines Geräts (z.B. Modems).

CARRY Übertrag eines Wertes auf die nächsthöhere Stelle bei Additionen oder Subtraktionen in Stellenwertsystemen (z.B. Dezimalsystem, Dualsystem, Hexadezimalsystem), falls der höchstmögliche Wert einer Stelle überschritten wird. So bedeutet etwa die Anweisung ADD WITH CARRY: Addiere mit Übertrag. Beispiele: Bei der dezimalen Addition von 9+3 erhält man als Ergebnis 12, d.h. es erfolgt ein Übertrag von 1 auf die zweite Stelle, da der höchstmögliche Wert (9) von der ersten Stelle überschritten wurde. Bei der binären Addition von 1+1 heißt das Ergebnis 10, d.h. Eins addiert mit Eins ergibt Null, wobei eine Eins auf die zweite Stelle übertragen wird. Vgl. auch Überlauf.

CARRY-FLAG Zeigt den Überlauf bei einer binären Rechenoperation an.

CASE Akronym für Computer Aided Software Engineering. Computer-unterstützte Programmerstellung.

CASE Turbo-Pascal-Anweisung. Besteht eine Bedingung aus mehreren Alternativen, wird nicht die IF, sondern die Case-Anweisung verwendet. Optional kann sie wie IF mit ELSE verbunden werden.

Schema:

```
CASE Bedingung Of
  Alternative 1: Ausführen
  Alternative 2: Ausführen
  ..
  ELSE
    Ausführen
```

Entspricht Alternative 1 der Bedingung, wird sie ausgeführt, das gleiche gilt für alle anderen, eventuell angegebenen Alternativen. Ist keine erfüllt, wird die nach ELSE definierte Anweisung ausgeführt.

CAV-Verfahren Akronym für Constant Angular Velocity. Verfahren zum Lesen bzw. Schreiben von optischen Platten und Magnetplatten. Die Winkel- bzw. Drehgeschwindigkeit bleibt im Unterschied zum CLV-Verfahren (vgl. dort) beim Zugriff auf die unterschiedlichen Spuren konstant. Vorteil: Relative kurze Zugriffszeiten. Nachteil: Die Sektorenzahlen pro Spur müssen konstant sein, d.h. es wird Speicherplatz verschenkt, da auf den äußeren (längeren) Spuren theoretisch mehr Sektoren untergebracht werden könnten als auf den kürzeren inneren Spuren.

CBT Akronym für Computer Based Training. Computerunterstützer Unterricht, bei dem die Lerninhalte mittels interaktiver Lernprogramme vermittelt werden.

CCC Akronym für Chaos Computer Club. Hamburger Computer Club, dessen Mitglieder sich (rein hobbymäßig) vor allem mit der Datenfernübertragung beschäftigen und durch einige (unerlaubte) Datenbankzugriffe die unzulänglichen Sicherheitseinrichtungen mancher Datenbanksysteme nachgewiesen haben.

CCITT Akronym für Commité Consultatif International Télégraphique et Téléphonique. Vereinigung zur Normierung von Datenfernübertragungen. Alle CCITT-Normen bestehen aus Großbuchstaben und Ziffern (z.B. V.24 für das serielle Schnittstellenprotokoll nach CCITT-Norm), wobei das V bei Datenübertragungsnormen durch das Fernsprechnetz verwendet wird und X bei Übertragungen über öffentliche Datennetze (z.B. X.25 für Datex-P).

CCP Akronym für Consol Command Program. Kommandoprozessor. Bestandteil des Betriebssystems CP/M zur Interpretation von Kommandoeingaben über Tastatur.

CD Akronym für Carrier Detect. Trägerton-Prüfung.

CD-ROM Akronym für Compact Disc Read Only Memory. Optisches Speichermedium, das nur gelesen werden kann. Die Platte ist nur auf einer Seite beschichtet, kann darauf jedoch bei einem Durchmesser von 12 cm ca. 600 Millionen Zeichen speichern. In die Plattenoberfläche wird bei der Herstellung eine spiralförmige Spur gezogen, in welche in bestimmten Abständen Vertiefungen eingebrannt sind. Beim Lesen tastet ein scharf gebündelter Laserstrahl diese Spur ab, trifft er auf eine

CDBL

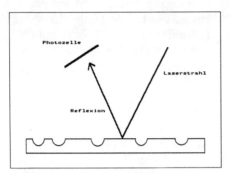

Bild 10: Lesen eines CD-ROMs

Vertiefung, erfolgt eine Absorption (entspricht 1), trifft er auf keine Vertiefung, auf ein sogenanntes PIT, wird der Strahl reflektiert (entspricht 0) und von einer Photozelle registriert.

CDBL GW-BASIC-Funktion. Wandelt einen numerischen Ausdruck in eine Zahl doppelter Genauigkeit um.

Beispiel:

```
10 X=SQR(3)
20 PRINT X
30 PRINT CDBL(X)
```

In Zeile 20 wird der Wert der Quadratwurzel von 3 mit einfacher Genauigkeit ausgegeben (1.732051), während die Ausgabe in Zeile 30 mit doppelter Genauigkeit erfolgt (1.732050776481628).

CEBIT Abkürzung für Welt-Centrum Büro Information Telekommunikation. Weltgrößte Computerfachmesse, die jedes Jahr (meist im März) für eine Woche in Hannover stattfindet.

CENTRAL PROCESSING UNIT Abkürzung CPU. Englische Bezeichnung für den Hauptprozessor eines Computers.

CENTRONICS Hardwarefirma, die in erster Linie Drucker herstellt und die Centronics-Schnittstelle entwickelte, die sich inzwischen zu einer Standardschnittstelle, der parallelen Schnittstelle (vgl. dort), etabliert hat.

CENTRONICS INTERFACE Englische Bezeichnung für Centronics-Schnittstelle. Vgl. Parallele Schnittstelle

CEPT Akronym für Conférence Européenne des Administrations des Postes et des Télécommunications. Vereinigung der (west-) europäischen Postanstalten.

CEPT-STANDARD Europäischer Standard (gemäß den Richtlinien der CEPT) für die Datenfernübertragung (Text und Graphik) im BTX-Netz.

CGA-KARTE Akronym für Color Graphics Adapter. Farbgraphikkarte. Sie ermöglicht bei Verwendung eines RGB-Monitors eine Bildauflösung von 640x200 Punkten bei 2 Farben bzw. 320x200 Punkten mit 4 (aus 16) Farben. Die Belegung der 9-poligen Buchse:

1	Masse
2	Masse
3	Rot
4	Grün
5	Blau

CHCP

6 Luminiszenz
7 Nicht benutzt
8 Horizontale Synchronisation
9 Vertikale Synchronisation

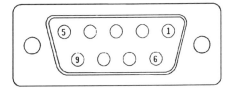

Bild 11: Anschlußbuchse der CGA-Karte

CHAIN GW-BASIC-Anweisung. Aufruf eines weiteren Programms mit Übergabe der Variablen des Ursprungsprogramms.
Eingabe:

```
CHAIN [MERGE] "Name"[,Zeilennummer,ALL,DELETE]
```

Für Name ist der Programmname anzugeben. Durch die Zusatzoptionen MERGE (hängt zweites Programm an Ursprungsprogramm an), Angabe einer Zeilennummer (startet aufgerufenes Programm ab diesem Punkt), ALL (übergibt alle Variableninhalte des Ursprungsprogramms an das zweite Programm) und DELETE mit Bereichsangabe (löscht einen Teil des zweiten Programms vor dem Hinzuladen) werden weitere Optionen möglich.
Beispiel:

```
10 CHAIN MERGE "PROGRAMM2",100,ALL
```

Hängt PROGRAMM2 an das Ursprungsprogramm an, die Ausführung beginnt ab Zeile 100 und alle Variableninhalte des Ursprungsprogramms werden an PROGRAMM2 übergeben. Das aufzurufende Programm muß eine ASCII-Datei, d.h. zuvor mit der A-Option abgespeichert worden sein. Fehlt der ALL-Parameter, müssen die zu übergebenden Variablen mit der COMMON-Anweisung (vgl. dort) bestimmt worden sein.

CHANNEL Englischer Begriff für Datenkanal.

CHARACTER Englischer Begriff für Zeichen. Umfaßt alle Arten von Zeichen wie Buchstaben (alphabetische Zeichen), Zahlen (numerische Zeichen), Sonderzeichen (z.B. $ @) und Graphikzeichen (¶ Æ Õ etc.).

CHARACTER SET Englische Bezeichnung für Zeichensatz. Menge aller verfügbaren Zeichen.

CHART Graphikprogramm von Microsoft mit Mausunterstützung zum Anfertigen von 3-D-Präsentationsgraphiken aus Zahlenwerten. Problemloser Datenaustausch mit Lotus 1-2-3, dBase, Multiplan und anderen Programmen ist möglich.

CHCP Internes MS-DOS- und MS-OS/2-Kommando (MS-DOS 3, MS-DOS 4, MS-OS/2) zum Aktivieren von Zeichentabellen. Kann im Netzwerk verwendet werden. Mit dem Befehl CHANGE CODE PAGE werden die Zeichentabellen angezeigt bzw. verändert, die für das

CHDIR

Betriebssystem und Peripheriegeräte Drucker etc.) in der CONFIG.SYS-Datei installiert wurden.
Eingabe:

```
chcp tabellencode
```

Anzeige der aktiven Tabelle bzw. Änderung bei zusätzlicher Codeangabe (437, 850, 860, 863, 865).
Beispiel:

```
chcp 437
```

Aktivierung der Tabelle mit dem Code 437 (Deutschland).

CHDIR GW-BASIC-Befehl. Macht ein anzugebendes Verzeichnis zum aktuellen Verzeichnis (vgl. auch den gleichnamigen MS-DOS-Befehl).
Eingabe:

```
CHDIR "[Laufwerk:]\VZ1[VZ2...]"
```

Für LAUFWERK ist gegebenenfalls der Kennbuchstabe des Laufwerks anzugeben. Für VZ1, VZ2 usw. sind die Verzeichnisnamen einzutragen.
Beispiel:

```
CHDIR "\BASIC"
```

Macht das Unterverzeichnis BASIC zum aktuellen Verzeichnis, d.h. z.B. nach Anwendung des FILES-Kommandos werden die Dateien dieses Verzeichnisses aufgelistet.

CHDIR Internes MS-DOS- und MS-OS/2-Kommando (MS-DOS 3, MS-DOS 4, MS-OS/2 (R+P)) zum Umschalten auf ein anderes Verzeichnis. Kann im Netzwerk verwendet werden. Mit CHDIR, abgekürzt CD, wird auf ein anderes Inhaltsverzeichnis umgeschaltet. Besonders bei Festplatten wäre nämlich ein einziges Verzeichnis für die Vielzahl der Dateien zu unübersichtlich. Deshalb kann man neben dem Hauptverzeichnis mit MKDIR (vgl. dort) noch Unterverzeichnisse anlegen, in diesen Unterverzeichnissen wieder Unterverzeichnisse usw. Um Dateien, die dort abgelegt sind, einsehen oder starten zu können, wird mit CD dorthin gesprungen.
Beispiel:

```
C> cd \graphik\bilder
```

Wechselt in das Unterverzeichnis BILDER, das sich seinerseits im Unterverzeichnis GRAPHIK auf Laufwerk C befindet.

CHDIR Turbo-Pascal-Prozedur. Dient zum Wechsel des Default-Verzeichnisses bzw. des Laufwerks.
Eingabe:

```
ChDir('Laufwerk:Verzeichnis');
```

Wechselt zu dem angegeben Verzeichnis und/oder Laufwerk.

CHECKBIT Englische Bezeichnung für Prüfbit. Das Checkbit überprüft aufgrund der vereinbarten Parität (Quersumme der Datenbits gerade oder ungerade Zahl — Prüfbit 0 oder 1) die Korrektheit der Datenübertragung. Beispiel: Angenommen, zwischen Sender und Empfänger wurde gerade Parität vereinbart (d.h. die Anzahl der auf 1 gesetzten Datenbits plus Prüfbit muß eine gerade Zahl ergeben) und der Buchstabe A soll übertragen werden. Dieser Buchstabe besitzt nun den Code 01000001, d.h. damit man eine gerade Anzahl von gesetzten Bits erhält, muß das Prüfbit 0 sein. Die Bitfolge des Zeichens (01000001) und das Prüfbit (0) werden nun an den Empfänger gesendet. Ändert sich jetzt aufgrund eines Übertragungsfehlers eines der Datenbits, so daß z.B. 01000011 empfangen wird, ergibt sich mit Prüfbit (0) eine ungerade Anzahl gesetzter Bits, und der Fehler wird erkannt. Vgl. auch VRC und LRC.

CHECKSUMME (engl. check sum). Englische Bezeichnung für Prüfsumme. Sie wird berechnet, um z.B. Fehler bei der Datenübertragung zu entdecken. Zur Checksummenbildung werden die unterschiedlichsten Verfahren verwendet. Man addiert z.B. die ASCII-Codes der Zeichen eines übertragenen Datenblocks und berechnet die Prüfsumme nach einem Modulo-Verfahren (Division mit Restwertermittlung). Vgl. auch Prüfbit, Modulo-11-Verfahren.

CHILD-PROCESS Englische Bezeichnung für Task bzw. Programm, das innerhalb eines anderen Programms aufgerufen und abgearbeitet wird. Anschließend wird das aufrufende Programm weiter bearbeitet.

CHIP Halbleiterbaustein auf Siliziumbasis, auf welchem eine Vielzahl von Schaltungen (bis zur Größenordnung von Millionen) integriert ist. Der Chip ist Grundbaustein für alle modernen Rechnertechnologien (Prozessorchip, Speicherchip, Steuerchip etc.).

CHKDSK Externes MS-DOS- und MS-OS/2-Kommando (MS-DOS 3, MS-DOS 4, MS-OS/2 (R+P)) zur Überprüfung/Korrektur von Dateien auf Diskette oder Festplatte. Darf im Netzwerk nicht verwendet werden. Zusätzlich werden Informationen über Disketten- und RAM-Speicherplatz sowie Art und Umfang der Dateien angezeigt.
Eingabe:

```
C> chkdsk (LW:)(PFAD)(DATEI)
/PARAMETER)
```

Nach Kommandoeingabe können zusätzlich Laufwerk, Pfad, Dateiname und spezielle Parameter eingegeben werden.
Beispiel:

```
chkdsk a:/V
```

Überprüft die Dateien auf der Diskette in Laufwerk A und listet sie am Bildschirm auf.
Parameter:

F   Fehlerhafte Blocks werden entfernt.
V   Auflistung der untersuchten Dateien am Bildschirm.

CHR Turbo-Pascal-Funktion. Liefert das Zeichen, dessen ASCII-Code angegeben wurde.

CHR$

Eingabe:

Chr(ASCII-Code)

Liefert das Zeichen, dessen ASCII-Code in Klammern angegeben wurde.

CHR$ GW-BASIC-Funktion. Wandelt einen anzugebenden dezimalen ASCII-Code in das zugehörige Zeichen um.
Eingabe:

PRINT CHR$(x)

Für x ist jede Ziffer von 0-255 erlaubt. Beispiel:

PRINT CHR$(65)

Die Ausgabe ist hier „A", da dieses Zeichen den ASCII-Code 65 besitzt.

CICERO Typographische Maßeinheit. Ein Cicero entspricht zwölf Punkten bzw. 4,5 Millimeter.

CIM Akronym für Computer Integrated Manufacturing. Computer-integrierte Fertigung.

CINT GW-BASIC-Funktion. Umwandeln von Dezimalzahlen in den nächsthöheren Integer-Wert (= Aufrunden).
Beispiel:

PRINT CINT(5.99)

Das Ergebnis ist hier 6, die nächsthöhere Ganzzahl.

CIRCLE GW-BASIC-Anweisung. Zeichnen von Kreisen, Ellipsen und Winkeln.
Eingabe:

CIRCLE(X,Y),R[,F,S,E,AV]

X und Y legen die Mittelpunktskoordinaten fest, R den Radius. Optional können mit F die Farbe, mit S und E die Start- und Endwinkel im Bogenmaß (-2PI bis +2PI) und mit AV das Achsenverhältnis (X-Radius zu Y-Radius) bestimmt werden.

Beispiel:

10 SCREEN 9
20 CIRCLE(240,150),100,4,,,2/4

Zeichnet eine Ellipse im EGA-Farbmodus (SCREEN 9) in der Farbe Rot, mit den Mittelpunktskoordinaten 240 und 150, dem Radius 100 und einem Radienverhältnis von 2:4.

CIRCLE Turbo-Pascal-Prozedur (Unit: Graph). Dient zum Zeichnen eines Kreises in der gesetzten Farbe.
Eingabe:

Circle(x,y,Radius);

Zeichnet einen Kreis mit den Mittelpunktskoordinaten X,Y (Typ: Integer) und dem angegebenen Radius (Typ: Word).

CISC Akronym für Complex Instruction Set Code. Prozessortyp, der mit einem großen Befehlssatz arbeitet, dafür in der Ausführung — verglichen mit RISC-Prozessoren — langsam ist. CISC-Prozessoren werden beispielsweise in allen IBM-kompatiblen PCs eingesetzt. Vgl. auch RISC.

CKSM Abkürzung für Checksumme. Prüfsumme (vgl. dort).

CLEAR GW-BASIC-Befehl. Löscht alle Daten im Arbeitsspeicher sowie alle Variablen, setzt ON ERROR-Abfrage außer Kraft, gibt alle Platten-/Diskettenpuffer frei, schließt alle Dateien. Optional läßt sich die höchste Adresse des Arbeitsspeichers und die Stackgröße festlegen.
Eingabe:

```
CLEAR[,x,y]
```

Für x bzw. y sind Werte von 0 bis 65535 erlaubt. X legt die Obergrenze des Speichers fest, y die Stackgröße.
Beispiel:

```
CLEAR,16384,256
```

Führt alle genannten Optionen aus und setzt die Obergrenze des Arbeitsspeichers auf Adresse 16384 sowie die Stackgröße auf 256 Bytes.

CLEARDEVICE Turbo-Pascal-Prozedur (Unit: Graph). Bildschirmlöschen und den aktuellen Cursor an Position (0,0) im Graphikfenster setzen.
Eingabe:

```
ClearDevice;
```

Falls ein Graphikmodus gesetzt wurde, werden obige Funktionen ausgeführt.

CLEARVIEWPORT Turbo-Pascal-Prozedur (Unit: Graph). Löscht den Inhalt eines gesetzten Graphikfensters.
Eingabe:

```
ClearViewPort;
```

Löscht gesetztes Fenster, wenn Graphikmodus aktiviert war.

CLI Akronym für Command Line Interpreter. Kommandozeilen-Interpreter. Bezeichnet die Tatsache, daß die Systemkommandos über Tastatur in eine Kommandozeile eingegeben und nach Betätigen der RETURN-Taste vom Interpreter ausgewertet werden. MS-DOS arbeitet z.B. defaultmäßig nach diesem Schema. Der Interpreter heißt dort COMMAND.COM. Gegenbeispiel: Graphische Benutzeroberfläche, wo die Befehle z.B. durch Anklicken von Symbolen mit der Maus ausgelöst werden.

CLIPBOARD Englische Bezeichnung für eine „unsichtbare" Ablagefläche im Computerspeicher, auf der Texte und Graphiken bis zur Weiterverarbeitung in der gleichen bzw. zum Einfügen in andere Anwendungen (z.B. Graphik aus einem Zeichenprogramm in den Text eines Textverarbeitungsprogamms) zwischengelagert werden können.

CLK Abkürzung für Clock. Uhr.

75

CLOCK GENERATOR

CLOCK GENERATOR Englische Bezeichnung für Taktgeber.

CLONE Nachbau. Englischer Begriff für Nachbauten von Hardware, in erster Linie Computern.

CLOSE GW-BASIC-Anweisung. Schließt den Ein-/Ausgabekanal zu Dateien oder Peripheriegeräten. Ohne Kanalnummer-Angabe werden alle offenen Kanäle geschlossen.
Eingabe:

```
CLOSE [#DATEINR.X][,DATEINR.Y...]
```

Schließt die Datei(en) mit der angegebenen Nummer. CLOSE ohne Zusatzangaben schließt alle offenen Dateien und Kanäle.
Beispiel:

```
100 CLOSE #1,#2
```

Schließt die Dateien, die unter den Kanalnummern 1 und 2 eröffnet wurden.

CLOSE Turbo-Pascal-Prozedur. Schließt eine zuvor eröffnete Datei.
Eingabe:

```
Close(v);
```

V ist eine Dateivariable (Typ: Beliebig), die zuvor mit einer Datei verbunden wurde (vgl. ASSIGN).

CLOSE BOX Englische Bezeichnung für Schließfenster. Dient in graphischen Benutzeroberflächen (z.B. GEM) zum Schließen von Bildschirmfenstern.

CLOSED-SHOP-ZUSTAND Rechnerbetriebsart (z.B. bei der Stapelverarbeitung) in der keine Kommunikation mit dem Operator (Bediener) möglich ist.

CLOSEGRAPH Turbo-Pascal-Prozedur (Unit: Graph). Entfernt den mit InitGraph installierten Graphiktreiber.
Eingabe:

```
CloseGraph;
```

Rückkehr zum vorher eingestellten Textmodus von Turbo-Pascal.

CLREOL Turbo-Pascal-Prozedur (Unit: Crt). Löscht Zeichen ab Cursorposition bis zum Zeilenende.
Eingabe:

```
ClrEol;
```

Die Löschung erfolgt durch Überschreiben mit der Hintergrundfarbe. Diese sollte daher auf Schwarz gesetzt sein.

CLRSCR Turbo-Pascal-Prozedur (Unit: Crt). Löscht den Bildschirm und setzt den Cursor in Home-Position (Zeile 1, Spalte 1).
Eingabe:

```
ClrScr;
```

Das Löschen erfolgt wie bei ClrEol durch Überschreiben mit der Hintergrundfarbe.

CLS GW-BASIC-Anweisung. Löscht den Bildschirm ganz (ohne Parameter oder teilweise, d.h. das Graphik- (Parameter: 1) bzw. das Textfenster (Parameter: 2)). Beispiel:

```
CLS
```

Löscht den Bildschirm und setzt den Cursor auf Position 1,1.

CLS Internes MS-DOS- (MS-DOS 3, MS-DOS 4) und MS-OS/2-Kommando (R+P) zum Löschen des Bildschirms. Das Promptzeichen steht anschließend in der ersten Bildschirmzeile. Kann im Netzwerk verwendet werden.

CLUSTER Um den Dateienzugriff zu vereinfachen und zu beschleunigen, werden unter MS-DOS mehrere Sektoren jeweils zu einer größeren Einheit, dem Cluster, zusammengefaßt. Ein Cluster besteht immer aus 2^n Sektoren, also aus mindestens 512 Byte (= 1 Sektor). Ab MS-DOS Version 3 bestehen die Cluster einer Festplatte aus jeweils 4 Sektoren (= 2048 Byte), bei Disketten ist die Clustergröße vom Format abhängig: 360- und 720-KByte-Disketten (1 Cluster = 2 Sektoren), 1.2- und 1.44-MByte-Disketten (1 Cluster = 1 Sektor). Da ein Cluster die kleinste Speichereinheit darstellt, nimmt mit zunehmender Clustergröße auch der unbenutzt bleibende Plattenraum zu, denn ein kompletter Cluster wird als belegt gekennzeichnet, sobald nur ein einziges Byte darin abgespeichert ist.

CLV Akronym für Constant Linear Velocity. Verfahren zum Lesen bzw. Beschreiben von optischen Platten. Die Drehgeschwindigkeit bleibt im Unterschied zum CAV-Verfahren (vgl. dort) beim Zugriff auf die unterschiedlichen Spuren nicht konstant, sondern ist auf den äußeren Spuren höher als auf den inneren. Vorteil: Die Sektorenzahlen pro Spur sind variabel, d.h. auf den äußeren (längeren) Spuren befinden sich mehr Sektoren als auf den kürzeren inneren Spuren; man erhält mehr Speicherplatz. Nachteil: Relative lange Zugriffszeiten, da die Drehgeschwindigkeit von Spur zu Spur unterschiedlich ist und laufend angepaßt werden muß.

CMC-7 Akronym für Caractäre magnetique code à 7 bâtonnets. Magnetschrift bestehend aus Ziffern, Großbuchstaben und einigen Sonderzeichen. Vgl. Magnetschriftbeleg.

CMD Abkürzung für Command. Befehl.

CMD Externes MS-OS/2-Kommando (P). Kann im Netzwerk verwendet werden. Im Protected Mode von MS-OS/2 wird mit diesem Befehl ein neuer Kommando-Prozessor (ebenfalls im Protected Mode) gestartet (entspricht dem COMMAND-Befehl im Real Mode und unter MS-DOS). Mit dem Befehl EXIT kann der zweite Kommando-Prozessor wieder verlassen werden. Eingabe:

```
cmd (LW:)(Pfad) /parameter kommando
```

CMOS

Start eines zweiten Kommandoprozessors mit Befehlsübergabe. Für KOMMANDO ist jeweils ein Befehl anzugeben.
Beispiel:

```
cmd /c chkdsk a:
```

Während des momentanen Programmablaufs wird ein zweiter Kommandoprozessor gestartet, der den Befehl CHKDSK auf Laufwerk A ausführt.
Parameter:

```
C   Nach Ausführung des angegebenen
    Befehls erfolgt automatisch der
    Rücksprung zum ersten Kommando-
    prozessor.
K   Der zweite Kommandoprozessor
    bleibt nach Befehlsausführung ak-
    tiv.
```

CMOS Akronym für Complementary Metal Oxid Semiconductor. Halbleiterbausteine (z.B. RAMs, CPUs) mit n- und p-leitender Übertragung. Sie besitzen einen sehr niedrigen Energieverbrauch und eine hohe Empfindlichkeit gegenüber statischer Energie.

CMOS-RAM Akronym für Complementary Metal Oxid Semiconductor Random Access Memory. Es enthält die Konfigurationsdaten des Computers (Speichergröße, Anzahl der Laufwerke, Art der Festplatte etc.), die mit Hilfe von Akkus permanent gespeichert werden.

CNC Akronym für Computerized Numeric Control. Numerische Steuerung per Computer. CNC-Computer werden vor allem zur Steuerung von Werkzeugmaschinen eingesetzt, so daß sich z.b. Blechteile computergesteuert ausstanzen oder biegen lassen.

COBOL Akronym für Common Business Oriented Language. In den 60er Jahren von verschiedenen Computerherstellern und dem amerikanischen Verteidigungsministerium entwickelte Programmiersprache für den Geschäfts- und Verwaltungsbereich. Die Vorteile der Sprache liegen in der leichten Erlern- und Lesbarkeit (Cobol-Anweisungen ähneln Sätzen einer normalen Sprache) und der flexiblen Verwaltung größerer Datenmengen. Für rechenintensive Programme ist Cobol hingegen ungeeignet. Jedes Cobol-Programm gliedert sich in vier Komponenten, dem Erkennungsteil mit Programmnamen und weiteren Programminformationen, dem Maschinenteil mit Einzelheiten über das Computersystem und Anweisungen für die Programmausführung, dem Datenteil mit Beschreibung der Datensätze, Dateien, Ein-/Ausgabeformate sowie dem Prozedurteil mit den Algorithmen.

CODE Bezeichnet allgemein die Vorschrift, nach der Zeichen eines Systems (z.B. Dezimalzahlen) in die eines anderen Systems umgewandelt werden (z.B. in Dualzahlen).

CODE PAGE Definierter Satz von alphanumerischen Zeichen, sowie Graphik- und Kontrollzeichen.

CODIERUNGSMÖGLICHKEITEN

Sie dient unter MS-DOS zur Installation der landesspezifischen Zeichensätze.

CODEPAGE Konfigurationsbefehl von MS-OS/2 (R+P) zur Bestimmung der Codepages. Wird in der CONFIG.SYS Datei keine Codepage spezifiziert, dann werden beim Systemstart die Defaultwerte (USA) übernommen. Die Codepage selbst ist eine Tabelle, welche den spezifischen Zeichensatz des jeweils angegebenen Landes enthält z.b. die Umlaute (ä, ö, ü) in der deutschen Version.
Eingabe:

```
codepage=nnn(,mmm)
```

Angabe der Codepage mit primärem (und sekundärem) Landescode.
Beispiel:

```
codepage=850,437
```

Lädt die internationale Zeichentabelle (auch für Deutschland zuständig) und stellt die Tabelle der USA zum Wechsel mit dem CHCP-Kommando zur Verfügung.

Tabellen

437	USA
850	International
860	Portugal
863	Kanada/Frankreich
865	Skandinavien

CODEWORT (engl. password). Auch Paßwort. Es dient dazu, den unbefugten Zugang zu Daten zu verhindern. Ein Paßwortschutz läßt sich auf verschiedenen Ebenen realisieren. So muß etwa ein Paßwort eingegeben werden, um den Rechner überhaupt starten zu können, ein Programm laden zu können oder innerhalb einer Datenbank auf Dateien zugreifen zu können. Das Schutzsystem läßt sich auch hierarchisch aufbauen: Masterpaßwort (entspricht einem Zentralschlüssel) erlaubt Zugriff auf alle Daten; Paßworte unterschiedlicher Priorität gestatten den Zugriff auf immer kleinere Datenbereiche.

CODIERUNG (engl. coding). Umsetzen einer Problemlösung (eines Algorithmus) in ein Computerprogramm bzw. Umwandlung eines Wertes eines Systems in den eines anderen wie z.B. einer Zahl vom dezimalen Zahlensystem ins hexazimale Zahlensystem oder eines Zeichens vom ASCII-Code in den EBCDI-Code.

CODIERUNGSMÖGLICHKEITEN Die Anzahl der verfügbaren Codierungsmöglichkeiten im Dualsystem hängt von der Bitzahl ab, die pro Zeichen verwendet wird. Nimmt man die Anzahl der Bits als Exponenten (zur Basis 2) so gibt der Potenzwert die Anzahl der Codierungsmöglichkeiten wieder. Beispiel: Für die Zeichendarstellung werden 7 Bit verwendet, damit stehen $2^7 = 128$ Kombinationsmöglichkeiten zur Verfügung, d.h. mit einem 7-Bit-Code lassen sich 128 Zeichen darstellen (codieren). Bei einem 8-Bit Code wären es $2^8 = 256$ Möglichkeiten usw.

COLOR GW-BASIC-Anweisung. Farbauswahl für Vordergrund, Hintergrund und Rand. Welche und wieviele Farben angegeben werden können, hängt vom ausgewählten SCREEN (vgl. dort) ab.
Beispiel:

```
COLOR 7,4
```

Erzeugt weiße Vordergrundfarbe auf rotem Hintergrund.
Farbtabelle:

```
0=Schwarz    8=Grau
1=Blau       9=Hellblau
2=Grün      10=Hellgrün
3=Cyan      11=H-Cyan
4=Rot       12=Hellrot
5=Magenta   13=H-Magenta
6=Gelb      14=Hellgelb
7=Weiß      15=H-Weiß.
```

Für den Vordergrund stehen alle Farben, für den Hintergrund die Farben 0-7 (im Color-Modus) zur Verfügung.

COLOR DISPLAY Englische Bezeichnung für Farbbildschirm. Bezeichnet in der Regel einen IBM-kompatiblen Monitor, der nach dem TTL-Prinzip arbeitet und 16 Farben darstellen kann. Auch als RGBI-Monitor (Rot-Grün-Blau-Intensität) bezeichnet.

COLOR-GRAPHIK-KARTE (engl. color graphics board) Die Bezeichnung wird gewöhnlich für eine 8-Bit-Graphikerweiterungskarte für PCs zur Ansteuerung eines Farbmonitors verwendet (vgl. CGA), manchmal jedoch auch generell für alle Farbgraphikkarten (CGA, EGA, VGA).

COM Akronym für Computer Output to Microfilm. Datenausgabe auf Mikrofilm. Die Daten werden im Computer aufbereitet und an ein separates COM-System weitergegeben, das die Filme oder Filmkarten (Mikrofiches) erzeugt.

COM Von MS-DOS reservierte Dateikennung (= Extension) für ausführbare Programmdateien.

COM ON,OFF,STOP GW-BASIC-Anweisungen. Aktivierung (ON) bzw. Deaktivierung (OFF) der Abfrage der angegebenen seriellen Schnittstelle.
Beispiel:

```
COM(1) ON
```

Aktiviert die Abfrage für die serielle Schnittstelle COM1. Während durch den Parameter OFF die Abfrage wieder vollständig ausgeschaltet wird, wird durch STOP eine Datenübertragung weiterhin festgestellt, es findet jedoch keine Abfrage statt.

COM.SYS Gerätetreiber für MS-OS/2 (R+P) zur Konfiguration der seriellen Schnittstellen. Mit dem Treiber COM.SYS können die

Parameter für die seriellen Schnittstellen COM1 bis COM8 zur asynchronen Datenübertragung eingestellt werden.
Eingabe:

```
device = (LW:)(Pfad)com.sys(/comN:baud,
    parität,datenbits,stopbits,
    ebuffer,sbuffer,p)
```

Installation des Treibers COM.SYS aus dem angegebenen Verzeichnis und Laufwerk.
Beispiel:

```
device=c:\dos\com.sys /com1:
    300,n,8,1,,,p
```

Installiert den Treiber für die serielle Schnittstelle COM1. Die Baudrate wird auf 300 gesetzt, die Parität auf No, die Zahl der Datenbits beträgt 8, die der Stoppbits 1 und das Timeout ist abgeschaltet.
Parameter:
Die nachfolgenden Parameter müssen in der aufgeführten Reihenfolge angegeben werden. Wird ein Parameter nicht benötigt, ist ein Komma zu setzen.

N	Angabe der Schnittstelle. Für n sind Werte von 1-8 erlaubt.
Baud	Übertragungsgeschwindigkeit. Für BAUD sind folgende Werte möglich: 110, 150, 300, 600, 1200, 2400, 4800, 9600, 19200.
Parität	Erlaubt sind e (= even), m (= mark), n (= no), o (= odd), s (= space).
Datenbits	Anzahl der Datenbits auf 5, 6, 7 oder 8 setzen.
Stopbits	Erlaubte Werte sind 1 (1 Stopbit), 2 (2 Stopbits) und 5 (1 1/2 Stopbits).
Ebuffer	Größe des Empfangspuffers in Bytes.
Sbuffer	Größe des Sendepuffers in Bytes.
P	Wenn der Parameter P gesetzt wird, ist das Timeout für RLS, CTS und DSR deaktiviert.

COM: Reservierter Gerätename unter MS-DOS. Bezeichnet in Verbindung mit einer Ziffer (1-8) die seriellen Schnittstellen. Bis MS-DOS 3.3 werden vom System zwei dieser Schnittstellen unterstützt, unter MS-DOS 4.xx sind es vier und bei MS-OS/2 acht (COM1 bis COM8).

COMAL Akronym für Common Algorithmic Language. Aus BASIC (vgl. dort) weiterentwickelte, höhere Programmiersprache, die, ähnlich wie Pascal, eine strukturierte Programmierung erlaubt.

COMMAND Externes MS-DOS- und MS-OS/2-Kommando (MS-DOS 3, MS-DOS 4, MS-OS/2 (R)) zum Start eines Kommandoprozessors. Kann im Netzwerk verwendet werden. Unter MS-DOS und im Real Mode von MS-OS/2 wird mit diesem Befehl ein neuer Kommando-Prozessor (ebenfalls im Real Mode) gestartet (entspricht dem CMD-Befehl im Protected Mode von MS-OS/2). Mit dem Befehl EXIT kann der zweite Kommando-Prozessor wieder verlassen werden.
Eingabe:

```
C>command (LW:)(Pfad) /parameter
```

COMMAND.COM

Start eines zweiten Kommandoprozessors.
Beispiel:

```
C> command /c chkdsk a:
```

Es wird ein zweiter Kommandoprozessor gestartet, der den Befehl CHKDSK auf Laufwerk A ausführt.
Parameter:

C	Nach Ausführung des nachfolgend angegebenen Befehls erfolgt automatisch der Rücksprung zum ersten Kommando-Prozessor.
E:nnnn	Mit E wird die Befehlsumgebung des Prozessors vergrößert, wobei für nnnn Werte von 160 bis 32768 (Byte) angegeben werden können. Der Standardwert beträgt 160 Byte.
P	Der zweite Kommandoprozessor bleibt aktiv und kann auch mit EXIT nicht verlassen werden.

COMMAND.COM Kommando-Prozessor des Betriebssystems MS-DOS mit dreiteiligem Aufbau. Installationskomponente: Sie wird nur beim ersten Aufruf bei Systemstart initialisiert und sorgt für die Ausführung der Stapeldatei AUTOEXEC.BAT sowie für die korrekte Ablage der beiden anderen Komponenten im Speicher. Residente Komponente: Sie verbleibt immer im Arbeitsspeicher und enthält unter anderem alle Fehlerbehandlungsroutinen und eine Routine zum Laden des transienten Teils. Transiente Komponente: Sie enthält alle residenten MS-DOS-Befehle (COPY, TYPE, DIR etc.) und Stapelverarbeitungsroutinen und kann zeitweise aus dem Speicher entfernt werden, wenn der Platz von einem Anwendungsprogramm benötigt wird. Das erneute Nachladen nach Beenden des Anwendungsprogramms wird automatisch vom residenten Teil des Kommandoprozessors übernommen.

COMMON GW-BASIC-Anweisung. Übergibt Variablen an ein mit CHAIN (vgl. dort) aufgerufenes zweites Programm.
Beispiel:

```
10 COMMON A(),B,C$
20 CHAIN "TEXT"
```

Übergibt das Array A, die numerische Variable B und die Stringvariable C an das anschließend mittels CHAIN aufgerufene Programm TEXT.

COMP Externes MS-DOS- und MS-OS/2-Kommando (MS-DOS 3, MS-DOS 4, MS-OS/2 (R+P)) zum Vergleich von Dateien. Im Netzwerk einsetzbar. Mit dem COMP-Kommando lassen sich zwei oder eine Gruppe von Dateien in unterschiedlichen Verzeichnissen/Laufwerken vergleichen. Die Dateien müssen gleich groß sein.
Eingabe:

```
comp (LW1:)(Pfad)(dateiname)
     (LW2:)(Pfad)(dateiname)
```

Aufruf von COMP mit Angabe von

COMPUTER KIT

Laufwerk, Pfad und Dateiname(n). Wird kein Dateiname angegeben, setzt das Programm "*.*" für alle Dateien im angegebenen Verzeichnis.
Beispiel:

```
comp a:\dos\command.com c:command.com
```

Vergleicht die beiden gleichnamigen Dateien COMMAND.COM im Unterverzeichnis DOS auf Laufwerk A und im Hauptverzeichnis der Festplatte C.

COMPILER Dienstprogramm, welches Programme einer höheren Programmiersprache (Pascal, C etc.), den sogenannten Source-Code bzw. das Quellprogramm, in Maschinensprache, den Objekt-Code, übersetzt. Das so erzeugte Maschinenprogamm ist direkt ablauffähig und bis zu 1000mal schneller als ein Interpreter-Programm, das jeweils während der Ausführung neu übersetzt werden muß.

COMPOSITE VIDEO Signal zur Ansteuerung eines Bildschirms. Im PC-Bereich arbeiten in der Regel nur noch die CGA-Adapter wahlweise nach diesem Prinzip. Das Signal setzt sich aus Bild-, Austast- und Synchronsignal zusammen, daher auch BAS-Prinzip. Bei der Ansteuerung von Farbbildschirmen kommt noch das Farbsignal hinzu (FBAS-Prinzip). Die Signalübertragung erfolgt über eine Cinch-Buchse. Bildschirme, die nach dem (F)BAS-Prinzip arbeiten, können im Textmodus nur 40 Zeichen pro Zeile darstellen.

COMPUTER Abgeleitet von dem lateinischen Verb „computare" (= rechnen). Bezeichnung für alle Rechner, die frei programmierbar sind.

COMPUTER KIT Englische Bezeichnung für einen Rechnerbausatz mit allen notwendigen Einzelteilen wie Gehäuse, Tastatur, Laufwerke, Netzteil, Platinen, Kabel, LEDs, Schalter, Buchsen und Stecker,

Bild 12: Computer-Kit

aus denen sich relativ preisgünstig ein Computer zusammenbauen läßt. Technische Kenntnisse und handwerkliche Fertigkeiten (Löten) werden vorausgesetzt.

COMPUTER-STANDFUSS

COMPUTER-STANDFUSS (engl. floor stand). Zubehör, um einen konventionellen Tischcomputer senkrecht und damit platzsparend auf dem Boden aufstellen zu können. Die elektronischen und mechanischen Komponenten (Laufwerke etc.) werden hierdurch in ihrer Funktionsfähigkeit nicht beeinflußt.

COMPUTER-VIRUS (engl. computer virus). Spezielles Computerprogramm, das sich in andere Programme einnistet und diese in ihrem Ablauf beeinträchtigen bzw. zerstören kann. Durch die Fähigkeit, sich selbst zu kopieren, d.h. zu vermehren, kann der Inhalt eines kompletten Datenträgers (Festplatte etc.) „verseucht" werden. Die Übertragung auf andere Datenträger erfolgt durch das Kopieren befallener Programme (meist Raubkopien). Gegenmaßnahme: Spezielle Virenschutzprogramme, die allerdings meist nur auf eine spezifische Virusart reagieren.

COMPUTERGEHÄUSE (engl. cabinet oder case). Beinhaltet die Zentraleinheit und die Laufwerke eines Rechners. Für künftige Erweiterungen ist es wichtig zu wissen, wieviele Laufwerkseinschübe (2-7) ein Gehäuse besitzt. Die Gehäuse sind in verschieden Formen erhältlich: Tower (vgl. dort), zum Aufstellen auf dem Boden, Desktop mit Abmessungen von ca. 16x50x42 cm (HxBxT), Baby-Gehäuse mit Abmessungen von ca. 16 x 43 x 42 cm (H x B x T),

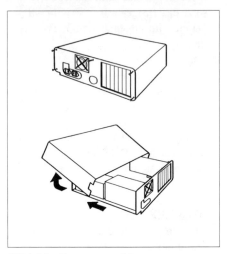

Bild 13: Computergehäuse

beide zum Aufstellen auf dem Schreibtisch. Die Gehäuse sind entweder nach dem Flip-Top-Prinzip konstruiert, d.h. sie lassen sich einfach nach oben aufklappen, oder sie sind fest verschraubt. In diesem Fall sind bei der Desktop-Ausführung (vgl. Abbildung) fünf Schrauben an der Gehäuserückseite zu lösen, danach läßt sich das Gehäuse entweder nach vorne oder hinten komplett herausschieben.

CON Reservierter Gerätename unter MS-DOS. Bezeichnet die Konsole, also Tastatur und Bildschirm. Der Gerätename kann in Verbindung mit Kommandos benutzt werden. Beispiel:

```
copy angebot.dat con:
```

Kopiert die Datei ANGEBOT.DAT zum Bildschirm, das heißt sie wird dort angezeigt.

CONCAT Turbo-Pascal-Prozedur. Dient zur Verkettung von Zeichenketten (Strings). Eingabe:

```
Concat('String1','String2',....);
```

Verbindet die angegebenen Zeichenketten zu einer einzigen.

CONCATENATION Verkettung von Zeichenketten.
Beispiel in GW-BASIC:

```
10 A$="Brief"
20 B$="marke"
30 C$=A$+B$
40 PRINT C$
```

Die Verkettung findet in Zeile 30 statt. Der Inhalt von C$ wird als „Briefmarke" ausgegeben.

CONCURRENT DOS 386 Von Digital Research entwickeltes Multiuser-/Multitasking- Betriebssystem, das nur auf Maschinen mit dem Intel-Prozessor 80386 ablauffähig ist. Da die Möglichkeiten des Prozessors voll genutzt werden (u.a. können 4 Gigabyte Speicher adressiert werden), ist es besonders für Mehrplatzsysteme geeignet.

CONDITIONAL BRANCH Englische Bezeichnung für eine bedingte Verzweigung (vgl. dort).

CONFIG.SYS Konfigurationsdatei von MS-DOS. Sie muß im Hauptverzeichnis des Bootlaufwerks abgespeichert sein und enthält Treiber (z.b. zur Bildschirmsteuerung oder Benutzung zusätzlicher Peripheriegeräte wie Maus, Bandlaufwerk etc.), die bei Systemstart automatisch aktiviert werden. Die Datei läßt sich vom Anwender mit Hilfe eines Editors auf das jeweilige System anpassen. Wurde MS-DOS 4.01 automatisch eingerichtet, sieht die CONFIG.SYS in etwa so aus (die Zeilennummern dienen hier nur zur Orientierung und sind nicht Bestandteil der Datei):

```
1   BREAK=ON
2   COUNTRY=49,850,C:\DOS4\COUNTRY.SYS
3   BUFFERS=25,8
4   FCBS=20,8
5   FILES=20
6   LASTDRIVE=E
7   SHELL=C:\DOS4\COMMAND.COM
    /P /E:256
8   DEVICE=C:\DOS4\ANSI.SYS /X
9   DEVICE=C:\DOS4\DISPLAY.SYS
    CON=(EGA,437,1)
10  INSTALL=C:\DOS4\KEYB.COM
    US,,C:\DOS4\KEYBOARD.SYS
11  INSTALL=C:\DOS4\FASTOPEN.EXE
    C:=(150,150)
12  INSTALL=C:\DOS4\NLSFUNC.EXE
    C:\DOS4\COUNTRY.SYS
```

Die einzelnen Einträge der CONFIG.SYS haben folgende Funktionen: BREAK=ON (1) sorgt dafür, daß durch die Tastenkombination CTRL+C nicht nur Lese- und Schreibvorgänge von/auf Tastatur, Bildschirm oder Drucker abgebrochen werden können, sondern auch Diskettenoperationen.

Mit COUNTRY (2) werden landessspezifische Gegebenheiten installiert, wie etwa das Dezimaltrennzeichen, Währungs-, Uhrzeit- oder Datumsformat. Deutschland besitzt den Landescode 049.

Mit Buffers (3) wird die Anzahl der Puffer festgelegt. Dies sind reservierte Speicherbereiche, die das Betriebssystem zur Zwischenspeicherung von Daten bei Schreib-/Lesevorgängen benutzen darf. Angemessen sind Werte zwischen 2 und 40.

Die Zeilen 4 und 5 dienen dazu, dem System mitzuteilen, wieviele Dateien gleichzeitig geöffnet sein dürfen. Beide Befehle unterscheiden sich insofern, als FILES das Öffnen der Dateien über sogenannte File Handels vollzieht, während FCBS dazu File Control Blocks verwendet.

Zeile 6 legt die maximale Anzahl der Laufwerke fest, die im System angesprochen werden können. Bei LASTDRIVE=E sind dies 5, da Laufwerke beginnend mit dem Kennbuchstaben A gezählt werden.

Zeile 7 ist nur notwendig, wenn der Kommandoprozessor COMMAND.COM nicht im Hauptverzeichnis des Boot-Laufwerks abgespeichert ist, sondern wie hier in einem Unterverzeichnis. Das Kommando zeigt dem System nämlich u.a. den Weg zum Kommandoprozessor.

Der ANSI.SYS-Treiber (8) ist Voraussetzung zur Nutzung vieler Funktionen zur Bildschirmausgabe oder des Prompt-Befehls. Der Parameter X bewirkt, daß bei MFM-Tastaturen (101 Tasten oder mehr) die Tasten, welche doppelt vorkommen (z.B. HOME, END, CURSOR-Tasten) codemäßig unterschieden werden.

Zeile 9 beinhaltet mit DISPLAY.SYS wiederum einen Treiber, diesmal zur Vorbereitung des Bildschirms zur Codepage-Umschaltung.

In Zeile 10 wird der amerikanische Tastaturtreiber KEYB.COM US geladen.

Zeile 11 beinhaltet den FAST-OPEN-Befehl, der die Zugriffspfade von Dateien oder Inhaltsverzeichnissen speichert, so daß ein erneuter Zugriff darauf wesentlich schneller erfolgen kann.

Zeile 12, schließlich, sorgt dafür, daß der National Language Support für die Codepageunterstützung aktiviert wird.

CONNECTIVITY Englische Bezeichnung für die Möglichkeit der Verbindung unterschiedlicher Computersysteme zu einem gemeinsamen Datenverbund unter gemeinsamer Ausnutzung der Peripheriegeräte.

CONT GW-BASIC-Befehl. Setzt die Programmausführung nach einer Unterbrechung mit END, STOP oder CTRL-C ab dem Unterbrechungspunkt wieder fort.

CONTINUOUS FORM Englische Bezeichnung für Endlospapier für Drucker mit Traktorbetrieb.

CONTROL-TASTE (engl. control key). Taste auf der Computertastatur (Beschriftung: CTRL oder STRG), die, gleichzeitig betätigt mit anderen Buchstabentasten, bestimmte

COPY

Funktionen auslöst. So werden etwa nach gleichzeitigem Betätigen der Tasten CTRL und P alle Daten, die auf dem Bildschirm erscheinen, auch auf dem Drucker ausgegeben.

COPROCESSOR Englische Bezeichnung für den Koprozessor eines Rechners. In der Regel wird damit der mathematische Koprozessor bezeichnet, der den Hauptprozessor bei Gleitkommaberechnungen entlastet. Im PC-Bereich werden, mit Ausnahme der Weitek-Prozessoren, in der Regel Intel-Versionen verwendet (8 Bit: 8087, 16 Bit: 80287, 32 Bit: 80387) sowie der neue 80287-kompatible IIT 2C87 der Firma Integrated Information Technology. Weitere Koprozessoren können zur Unterstützung der Ein-/Ausgabesteuerung oder zur Datenübertragung in Netzwerken eingesetzt werden.

COPY Internes MS-DOS- und MS-OS/2-Kommando (MS-DOS 3, MS-DOS 4, MS-OS/2 (R+P)) zum Kopieren von Dateien. In Netzwerken einsetzbar. Der Befehl dient zum Kopieren von Dateien zwischen den Massenspeichern oder auf andere Geräte wie Bildschirm oder Drucker. Durch Verwendung von Wildcards (* und ?) lassen sich auch mehrere Dateien in einem Durchlauf übertragen.
Eingaben:

```
copy (LW:)(Pfad)quelldatei(/parameter
      (LW:)(Pfad)(zieldatei)(/parame-
ter)
```

Die Quelldatei wird vom angegebenen Laufwerk (und Unterverzeichnis) auf das Ziellaufwerk kopiert. Die Zieldatei kann den gleichen Namen wie die Quelldatei besitzen oder einen anderen. Zusätzlich lassen sich sowohl bei Quell- als auch bei Zieldateien Zusatzparameter verwenden.

```
copy (LW:)(Pfad)quelldatei1(/parameter)
     +quelldatei2 (/parameter)+(LW:)
     (Pfad)(zieldatei)(/Parameter)
```

Mit dem Copy-Befehl können auch mehrere Teildateien zu einer einzigen Zieldatei verschmolzen werden.

```
copy (GERÄT)datei (GERÄT:)
```

Eine Datei wird von einem oder auf ein Peripheriegerät kopiert.
Beispiele:

```
copy a:command.com b:
```

Das Programm COMMAND.COM wird von Laufwerk A nach Laufwerk B kopiert.

```
copy program1.bin+program2.bin
b:pro-
    gram.exe
```

Die beiden Teilprogramme PROGRAM1.BIN und PROGRAM2.BIN auf C werden verschmolzen und auf Laufwerk B als Datei PROGRAM.EXE abgespeichert.

```
copy test.txt lpt1:
```

Die Datei TEST.TXT wird auf das Peripheriegerät LPT1: (= Drucker an Parallelschnittstelle 1) kopiert,

87

COPY

d.h. sie wird ausgedruckt.
Parameter:

A Nur bei Quelldatei erlaubt. Die Datei wird als ASCII-Datei behandelt. Sobald ein EOF-Zeichen (CTRL/Z) gefunden wird, ist der Übertragungsprozeß beendet.

B Nur bei Quelldatei: Übertragung in voller Länge laut Angabe im Inhaltsverzeichnis.

A Nur bei Zieldatei: Ein EOF-Zeichen (End of File) wird ans Ende des Files angehängt.

B Nur bei Zieldatei: EOF-Zeichen wird nicht erzeugt.

V Eventuelle Übertragungsfehler werden angezeigt.

COPY Turbo-Pascal-Funktion. Liefert Teilbereiche einer Zeichenkette zurück.
Eingabe:

```
Copy(String,Anfang,Anzahl);
```

STRING ist die Zeichenkette aus der ab der Position ANFANG (Typ: Integer) die angegebene ANZAHL (Typ: Integer) von Zeichen geliefert wird.

COS GW-BASIC-Funktion. Liefert den Kosinus eines numerischen Ausdrucks bzw. einer Zahl.
Beispiel:

```
PRINT COS(0.5)
```

Als Ergebnis wird der Kosinus von 0.5 also 0.8775826 angezeigt.

COS Turbo-Pascal-Funktion. Liefert den Kosinus eines numerischen Ausdrucks bzw. einer Zahl.
Eingabe:

```
Cos(X);
```

Liefert den Kosinus des in Klammern angegebenen Arguments (Typ: Real).

COUNTRY Konfigurationsbefehl von MS-DOS 3, MS-DOS 4 und MS-OS/2 (R+P) zur Auswahl des Zeit-/Datums-/Währungsformats. Mit COUNTRY werden die spezifischen Formate des angegebenen Landes hinsichtlich Uhrzeit (z.B. 12/24 Stunden Anzeigen), Datum (TT.MM.JJ oder MM.TT.JJ) und Währung aktiviert. Defaulteinstellung sind die Werte der USA.
Eingabe:

```
country=nnn (Nur MS-OS/2)
```

Angabe des dreistelligen Landescodes

```
contry=nnn(,mmm(,Pfad:)(dateiname))
```

Angabe des dreistelligen Landescodes (nnn), der Codepage des Landes (mmm), sowie Pfad und Dateinamen des Files, welches die landesspezifischen Informationen enthält.
Beispiel:

```
country=049,437,c:\dos\country.sys
```

Angabe des Landescodes für Deutschland, der internationalen (auch für Deutschland zuständigen) Codepage, sowie die Angabe, daß

CP/M-86

CODE	CODEPAGES	LAND	DOS3	DOS4	OS/2
001	437, 850	USA	x	x	x
002	863, 850	Kanada	x	x	x
003	437, 850	Latein-amerika	x	x	x
031	437, 850	Niederlande	x	x	x
032	437, 850	Belgien	x	x	x
033	437, 850	Frankreich	x	x	x
034	437, 850	Spanien	x	x	x
039	437, 850	Italien	x	x	x
041	437, 850	Schweiz	x	x	x
044	437, 850	Großbritannien	x	x	x
045	865, 850	Dänemark	x	x	x
046	437, 850	Schweden	x	x	x
047	865, 850	Norwegen	x	x	x
049	437, 850	Deutschland	x	x	x
061	437, 850	Australien	x	x	x
081	932, 437, 850	Japan		x	x
082	934, 437, 850	Korea		x	x
086	936, 437, 850	Volksrep. China		x	x
088	938, 43337, 850	Taiwan		x	x
099		Asien			x
351	860, 850	Portugal	x	x	x
358	437, 850	Finnland	x	x	x
785	437	Arabische Länder		x	x
972	437	Israel	x	x	x

die Datei mit den notwendigen Informationen COUNTRY.SYS heißt und im Verzeichnis DOS auf Laufwerk C gespeichert ist.

COURIER Schriftart mit Serifen. Ist bei praktisch allen Druckern als Primärschrift vorhanden.

CP/M Akronym für Control Program for Microcomputers. Betriebssystem der Firma Digital Research für 8-Bit-Rechner. Vorläufer von MS-DOS. CP/M spielt heute im kommerziellen EDV-Bereich praktisch keine Rolle mehr.

CP/M-86 CP/M-Version (vgl. dort) der Firma Digital Research für 16-Bit-Rechner.

CPI Akronym für Characters per inch (Zeichen pro Zoll). Auch als Pitch bezeichnet. Gibt an, wieviele Zeichen eines Zeichensatzes horizontal auf einem Zoll Länge Platz finden.

CPS Akronym für Central Processing System. Zentrales Rechnersystem.

CPS Akronym für Characters per Second. Zeichen pro Sekunde. Wird häufig zur Bewertung der Ausgabegeschwindigkeit eines Druckers herangezogen.

CPU Akronym für Central Processing Unit. Englische Bezeichnung für den Hauptprozessor eines Computers.

CR Akronym für Carriage Return (Wagenrücklauf). Häufig als Symbol zum Betätigen der RETURN-Taste (= Wagenrücklauftaste) verwendet. CR wird auch als Druckersteuerzeichen (ASCII-Wert 0D), als Befehl zum Rücktransport des Druckkopfes verwendet.

CRC Akronym für Cyclical Redundancy Check. Verfahren zur Fehlererkennung beim Schreiben von Daten auf Festplatte, Diskette oder Magnetband.

CRF Reservierte Dateikennung (= Extension) unter MS-DOS für Cross-Reference-Dateien.

CROP Englischer Ausdruck für das Zurechtschneiden einer Graphik auf die erforderliche Größe durch das Abschneiden überstehender Ränder.

CROSS ASSEMBLER Übersetzungsprogramm (vgl. Assembler), mit dessen Hilfe auf einem Computer Maschinenprogramme für andere, nicht-kompatible Rechner mit unterschiedlichen Prozessoren entwickelt werden können. Dabei wird das Quellprogramm anhand von Übersetzungstabellen (mit dem Befehlssatz des jeweiligen Zielprozessors) in den Objektcode übersetzt.

CRT Akronym für Cathode Ray Tube. Kathodenstrahlröhre. Oft als Abkürzung für das Ausgabegerät Bildschirm verwendet.

CRTC Akronym für Cathode Ray Tube Controller. Spezieller Chip auf Graphikkarten, der den (bei Monochrom-Monitor) oder die Elektronenstrahl(en) (bei Farbmonitor) zum Erzeugen von Bildpunkten auf dem Monitor steuert.

CSEG Turbo-Pascal-Funktion. Ermittelt die Adresse des gegenwärtigen Codesegments.
Eingabe:

```
CSeg;
```

Die Adresse wird aus dem Prozessorregister CS geholt.

CSMA/CD Akronym für Carrier Sense Multiple Access with Collision Detection. Verfahren, das in lokalen Netzwerken mit BUS-Topologie den Datenfluß insofern regelt, als dafür gesorgt wird, daß zwei Computer nicht gleichzeitig Daten ins Netz schicken können.

CSNG GW-BASIC-Funktion. Umwandlung eines numerischen Ausdrucks in eine Zahl einfacher Genauigkeit.
Beispiel:

```
10 A=2.123456789#
20 PRINT CSNG(A)
```

Als Ergebnis wird der Wert in einfacher Genauigkeit (2.123457) ausgegeben.

CSRLIN GW-BASIC-Variable. Beinhaltet die aktuelle Zeilenposition des Cursors.
Beispiel:

```
PRINT CSRLIN
```

Als Ergebnis wird die Zeilenzahl (z.B. 10) ausgegeben, an der sich der Cursor zur Zeit der Befehlsausführung befand.

CTRL-TASTE (engl. control key). Sondertaste auf der PC-Tastatur. Auf deutschen Tastaturen mit STRG (Steuerung) bezeichnet. Sie dient zum Auslösen von Sonderfunktionen in Verbindung mit einer anderen Taste. So führt die Eingabe von CTRL+C (gleichzeitiges Betätigen beider Tasten) unter MS-DOS normalerweise zu einem Programmabbruch, CTRL+P gibt Zeichen parallel auf dem Bildschirm und dem Drucker aus.

CTS Akronym für Clear to Send. Anzeige der Sendebereitschaft eines Gerätes.

CTTY Interner MS-DOS-Befehl (MS-DOS 3, MS-DOS 4). Im Netzwerk verwendbar. Hiermit kann der Ein-/Ausgabe-Kanal des Systems (Default ist die Konsole CON) gewechselt werden.
Beispiel:

```
ctty com1
```

Die serielle Schnittstelle wird (anstelle der Tastatur) als Eingabekanal benutzt.
Kanäle:

AUX   Hilfskanal.
COM1   Serielle Schnittstelle 1.
COM2   Serielle Schnittstelle 2.
CON   Konsole (Tastatur)

CURSOR Englische Bezeichnung für Bildschirmmarke (Lichtmarke), die anzeigt, an welcher Stelle des Bildschirms das nächste eingegebene Zeichen dargestellt wird, bzw. auf welches Zeichen Editierfunktionen wie Löschen etc. angewandt werden. Das Aussehen (Unterstrich, ausgefülltes Quadrat etc.) der Lichtmarke hängt dabei vom jeweiligen Programm ab. Der Cursor läßt sich mithilfe spezieller Tasten (und der Maus) über den Bildschirm bewegen. Auf dem PC-Sektor ist bei den neueren MF-Tastaturen dafür ein spezieller Tastenblock vorhanden, während bei den kleineren PC-Tastaturen der doppelt belegte Ziffernblock zunächst mit der NumLock-

CURSORTASTEN

Taste umgeschaltet werden muß. Ob und inwieweit die Cursorbewegung möglich ist, hängt vom jeweiligen Anwendungsprogramm ab. Die vier Pfeiltasten bewegen den Cursor jeweils um eine Position in die angezeigte Richtung, die HOME-Taste setzt ihn normalerweise in die linke obere, die END-Taste in die linke untere Bildschirmecke. Wie gesagt, dies ist programmabhängig, auf MS-DOS-Ebene kann der Cursor z.B. in der vertikalen überhaupt nicht bewegt werden, in der Textverarbeitung WORD bewegt HOME den Cursor auf Zeilenanfang, END setzt ihn auf Zeilenende. Die Tasten PageUp und PageDown bewegen den Cursor (zumeist in Textprogrammen) jeweils um eine Bildschirmseite nach oben bzw. nach unten.

CURSORTASTEN (engl. cursor control keys). Sie dienen zum Bewegen des Cursors (vgl. dort) über den Bildschirm, sind auf jeder Tastatur vierfach vorhanden und mit einem Pfeil (nach oben, unten, links rechts) beschriftet, der jeweils die Richtung anzeigt, in welche der Cursor bei Tastendruck bewegt wird. Bei konventionellen PC-Tastaturen befinden sich die Cursortasten im Ziffernblock und sind nur aktiv, wenn die NumLock-LED nicht leuchtet (die Tasten des Ziffernblocks sind doppelt belegt; zwischen den Belegungsebenen wird mittels der NumLock-Taste hin und her geschaltet). Bei den sogenannten MF-Tastaturen (vgl. dort) befindet sich zwischen Haupttastaturfeld und Ziffernblock ein separater Cursorblock.

Diese Cursortasten sind immer aktiv. Auf MS-DOS Kommandoebene läßt sich der Cursor nur (bedingt) innerhalb der Kommandozeile bewegen.

CUT & PASTE Englische Bezeichnung für Ausschneiden und Wiedereinfügen. Cut & Paste ist eine Funktion vieler Anwenderprogramme, die im Graphikmodus arbeiten. Dabei wird ein Teil des Bildschirms markiert, ausgeschnitten (Cut) und an anderer Stelle wieder eingefügt (Paste). Dieser Vorgang kann auch zwischen unterschiedlichen Programmen stattfinden: Ausschneiden einer Graphik im Zeichenprogramm und Einfügen innerhalb eines Textprogramms zur Illustration des Textes.

CVD, CVI, CVS GW-BASIC-Funktionen (Umkehrfunktionen zu MKD$, MKI$, MKS$). Umwandlung von Strings in numerische Werte. Ist z.B. im Zusammenhang mit Random-Access-Dateien (wahlfreier Zugriff) notwendig, da dort nur Zeichenfolgen, aber keine Zahlen abgelegt werden können. Dabei verwandelt CVD eine 8-Byte-Zeichenfolge in eine Zahl doppelter Genauigkeit, CVI eine 2-Byte-Zeichenfolge in eine Ganzzahl (Integer) und CVS eine 4-Byte-Zeichenfolge in eine Zahl einfacher Genauigkeit.
Beispiel:

```
10 A=1.123456789
20 A$=MKS$(A)
30 PRINT CVS(A$)
```

Hier wird die numerische Variable

A durch die MKS$-Funktion (= Umkehrfunktion zu CVS) in eine Stringvariable konvertiert. CVS wandelt diese Stringvariable schließlich wieder in eine numerische Variable einfacher Genauigkeit (1.123457) um.

D

D Ziffer des hexadezimalen Zahlensystems. Entspricht dem Dezimalwert 13.

D-KANAL Steuerkanal im ISDN-Netz mit einer Übertragungsgeschwindigkeit von 16 KBit/s.

D/A-WANDLER (engl. digital-to-analog converter). Digital/Analog-Wandler. Peripheriegerät, das digitale Daten in analoge Signale umwandelt. Der D/A-Wandler wird u.a. in der Steuer- und Regeltechnik verwendet, z.b. um Maschinen per Computer steuern zu können.

DAISY CHAINING Englische Bezeichnung für den Zusammenschluß zweier oder mehrerer Geräte zu einem Verbund.

DAISY WHEEL PRINTER Englischer Begriff für Typenraddrucker, einem Zeichendrucker mit mechanischem Anschlag. Entspricht einer Typenradschreibmaschine mit Schnittstelle (meist seriell) zum Anschluß an einen Computer. Wie dort werden die Buchstaben (Typen) erzeugt, indem die einzelnen Typen durch Drehung des Typenrades in Position gebracht und dann gegen das Farbband auf das Papier geschlagen werden.

DAM Akronym für Direct Access Method. Direkte Zugriffsmethode (z.B. auf den Arbeitsspeicher eines Rechners unter Umgehung des Prozessors).

DASD Akronym für Direct Access Storage Device. Direktzugriffsspeicher (vgl. dort), wie z.b. Arbeitsspeicher, Festplatte oder Diskette.

DATA GW-BASIC-Anweisung. In DATA-Zeilen lassen sich numerische und alphanumerische Konstanten ablegen, die mit der READ-Anweisung zur Verarbeitung eingelesen werden können.
Beispiel:

```
10 DATA "Hans Huber","Hauptstraße
   12","8000 München"
20 DATA "Gerd Nagel","Setzgasse
   20","8700 Würzburg"
30 FOR I = 1 to 6
40 READ A$(I)
50 PRINT A$(I)
60 NEXT I
```

Hier werden, bedingt durch die Schleife (Zeilen 30 - 60), alle sechs Konstanten der DATA-Zeilen eingelesen (40) und am Bildschirm angezeigt (50).

DATA 1-8 Datenleitungen der parallelen Schnittstelle. Beim Anschluß eines Druckers wird der Datenempfang über diese Leitungen durch das Strobe-Signal synchronisiert. Datenimpulse müssen dabei innerhalb von 0.5 Sekunden vor und nach dem Strobe-Signal anliegen.

DATABASE

DATABASE Englischer Begriff für Datenbank. Hierarchisches Datensystem, welches mehrere Dateien enthält. So würde man z.b. ein Programm, das Adreßdaten, Artikeldaten, Fakturierungsdaten usw. in unterschiedlichen Dateien zur Bearbeitung (Eingabe, Pflege, Ausgabe) enthält, als Datenbank bezeichnen.

DATE Internes MS-DOS- und MS-OS/2-Kommando (MS-DOS 3, MS-DOS 4, MS-OS/2 (R+P)). Im Netzwerk verwendbar. Mit diesem Kommando läßt sich das Datum abfragen und einstellen. Bei AT-Computern, die alle mit einer Hardwareuhr ausgestattet sind, erfolgt das Einstellen auch über das Setup-Programm. Das verwendete Datumsformat (z.B. TT-MM-JJ) ist von der installierten Code-Page abhängig.
Eingabe:

```
date
```

Abfrage des Datums (anschließend kann das Datum im Dialog eingestellt werden).

DATE$ GW-BASIC-Variable und Anweisung. Erlaubt die Eingabe und/oder Übernahme des Tagesdatums.
Beispiel:

```
10 date$="07-22-1989"
20 print date$
```

In Zeile 10 wird das korrekte Datum (MM-TT-JJJJ) eingegeben und in der internen Uhr (falls vorhanden) permanent gespeichert. Zeile 20 zeigt das Datum am Bildschirm.

DATEI (engl. data file). Eine Datei besteht aus einer Ansammlung inhaltlich zusammengehöriger Informationseinheiten bzw. einer definierten Anzahl gleichartiger Datensätze, die auf einem externen Speichermedium abgelegt sind. So besteht z.B. eine Adreßdatei aus einer bestimmten Anzahl von Datensätzen, die jeweils Angaben über eine bestimmte Person enthalten. Dateien können auch unstrukturiert sein, wie z.B. eine Textdatei. Die Kategorisierung von Dateien kann nach verschiedenen Kriterien erfolgen z.b. nach Funktion: Programm-, Datendatei oder nach Zugriffsart: sequentielle oder Direktzugriffsdatei.

DATEI Aus dem Bundesdatenschutzgesetz: Eine gleichartig aufgebaute Sammlung von Daten, die nach bestimmten Merkmalen erfaßt und geordnet, nach anderen bestimmten Merkmalen umgeordnet und ausgewertet werden kann, ungeachtet der dabei angewendeten Verfahren.

DATEI-ATTRIBUT (engl. file attribute). Unter MS-DOS besitzt jede Datei bestimmte Attribute, die vom Betriebssystem vergeben werden und u.a festlegen, ob es sich um eine Systemdatei (system) oder eine versteckte (hidden) Datei handelt, ob die Datei seit dem letzten Sicherungslauf verändert wurde oder neu auf dem Datenträger hinzugekommen ist (archive) bzw. ob sie schreibgeschützt ist (read only).

DATEISPERRE

Dateiattribute unter MS-DOS	
Wert	Funktion
00	Konventionelle Datei
01	Read-Only-Attribut (Datei kann nur gelesen werden)
02	Hidden-Attribut (keine Anzeige bei DIR-Kommando)
04	System-Attribut (keine Anzeige bei DIR-Kommando)
08	Attribut für Datenträgerbezeichnung
10	Attribut für Unterverzeichnisse
20	Archiv-Attribut. Wird bei Dateiänderungen gesetzt.

Die Dateiattribute sind in Byte 0B des Inhaltsverzeichnisses (vgl. dort) aber z.B. auch im siebten Byte von erweiterten FCBs (vgl. dort) eingetragen.

DATEIBEZEICHNUNG (engl. file name). Eindeutige Namengebung einer Datei. Besteht unter MS-DOS aus maximal acht erlaubten Zeichen (= Dateiname), dem Punkt als Separator und der maximal dreistelligen Extension.
Beispiel:

```
BASIC.COM
```

Außer Leerstellen dürfen weiterhin nicht verwendet werden:

" * ? . : , ; = + < > [ ] / \ |

DATEIENFRAGMENTIERUNG (engl. file fragmentation). Beschreibt man einen externen Speicher zum ersten Mal mit Daten, dann werden die einzelnen Dateien jeweils komplett hintereinander abgelegt. Löscht man später einzelne Dateien vom Datenträger und speichert anschließend wieder welche darauf ab, so werden die durch das Löschen entstandenen Lücken zur optimalen Nutzung des Speichers wieder aufgefüllt. Dabei kann es passieren, daß ein längeres Programm auf mehrere dieser Lücken verteilt werden muß. Dies ist vollkommen ungefährlich, nur dauert das Laden dieser fragmentierten Programme etwas länger. Deshalb sollte man, besonders bei der Arbeit mit Festplatten, von Zeit zu Zeit ein sogenanntes Diskoptimizer-Programm einsetzen, das diese Fragmentierung wieder rückgängig macht.

DATEINAME (engl. file name). Besteht unter MS-DOS aus maximal acht erlaubten Zeichen. Vgl. auch Dateibezeichnung.

DATEINAMENSUFFIX (engl. extension). Besteht unter MS-DOS aus maximal drei erlaubten Zeichen. Vgl. auch Extension, Dateibezeichnung.

DATEISPERRE (engl. file locking). Verhindert den Zugriff auf eine Datei innerhalb einer Datenbank, wenn auf diese momentan schon zugegriffen wird. Eine solche Sperrung ist z.B. in vernetzten Systemen mit Multiuserbetrieb notwendig, damit nicht mehrere Benutzer gleichzeitig auf eine Datenbank zugreifen. Diese Art der Zugriffsbeschränkung ist zwar programmtechnisch leicht zu realisieren, aber ineffektiv.

DATEL

Vorzuziehen wäre eine Datensatzsperre (vgl. dort).

DATEL Abkürzung für Data Telecommunication. Der Begriff bezeichnet alle Dienste der Post, die der Datenübertragung über ein Leitungsnetz dienen. Beispiele: Telex, Teletex, Telefax, BTX, Datex, (Bild-) Telefon.

DATEN (engl. data). Alle Zeichenelemente, die von einem Computer in irgendeiner Weise verarbeitet werden können (erzeugen, verarbeiten, speichern, ausgeben etc.). Daten an sich brauchen keinen Informationsgehalt zu besitzen (vgl. Information).

DATENBANK (engl. database). Hierarchisches Datensystem, welches mehrere Dateien enthält. So würde man z.B. ein Programm, das Adreßdaten, Artikeldaten, Fakturierungsdaten usw. in unterschiedlichen Dateien zur Bearbeitung (Eingabe, Pflege, Ausgabe) enthält, als Datenbank bezeichnen.

DATENBUS (engl. data bus). Parallele Leitungen zum Transport der Daten vom/zum Arbeitsspeicher. Je höher die Leitungszahl (8, 16, 32), desto schneller der Transport.

DATENDISKETTE (engl. data disk). Diskette (vgl. dort), auf der Daten (Texte, Dateien, Graphiken etc.) abgespeichert sind. Von Datendisketten sollte immer eine Sicherungskopie (vgl. dort) angefertigt werden. Gegensatz: Programmdiskette.

DATENENDGERÄT (engl. data terminal). Bezeichnet alle Geräte, die der Dateneingabe und Datenausgabe dienen. Beispiele: Terminal (= Tastatur und Bildschirm), Telefax, Fernschreiber.

DATENERFASSUNG (engl. data collection, data gathering oder data recording). Der Begriff bezeichnet alle Methoden, nach denen bereits vorliegende Daten (z.B. Rechnungen, Personalakten, Tabellen etc.) derart erfaßt werden, daß sie maschinell lesbar sind. Hinsichtlich der unterschiedlichen Methoden unterscheidet man u.a.: direkte Datenerfassung (z.B. die Eingabe der Daten über Tastatur, das direkte Einlesen in den Arbeitsspeicher mit einem Lesegerät), indirekte Datenerfassung (die Daten werden auf einem maschinenlesbaren Datenträger erfaßt, von dem die Daten zur Weiterverarbeitung in die DVA eingelesen werden), zentrale Datenerfassung (alle Daten werden über eine Datenerfassungsstelle eingegeben), dezentrale Datenerfassung (die Dateneingabe erfolgt über mehrere Terminals, meist vor Ort, d.h. dort wo die Daten anfallen), mobile Datenerfassung (Daten werden mit Hilfe von mobilen Erfassungsgeräten direkt am Entstehungsort erfaßt), simultane Datenerfassung (die Daten werden gleichzeitig auf zwei verschiedenen Datenträgern erfaßt).

DATENFLUSSPLAN

DATENFELD (engl. data field oder array). Element eines Datensatzes. In einem Adreßdatensatz sind z.b. die Eintragungen NAME, STRASSE oder ORT Felder. Jedes Feld ist eindeutig definiert durch seinen Namen, die Länge in Zeichen, die Position des Feldbeginns, den Typ (numerisch, alphanumerisch) und den Inhalt.

DATENFERNÜBERTRAGUNG (engl. long distance data transmission). Unter dem Terminus Datenfernübertragung werden generell alle Betriebsarten eines Rechners verstanden, unter denen er mit anderen Rechnern Daten austauscht. Dies kann über eine Direktverbindung via RS232-Kabel über die seriellen Schnittstellen geschehen (interne Leitung). Meist jedoch sind beide Rechner soweit voneinander entfernt, daß entweder eine Standleitung (von der Post gemietet) oder das öffentliche Telephonnetz (Wählleitung) benutzt werden muß.

DATENFERNVERARBEITUNG (engl. teleprocessing oder remote data processing). Verarbeitung von Daten, bei der Enstehungsort und Verarbeitungsort räumlich voneinander getrennt sind. Man unterscheidet zwischen direkter Datenfernverarbeitung (vgl. dort), die vorliegt, wenn die Datenübertragung direkt über ein Leitungsnetz erfolgt, und indirekter Datenfernverarbeitung (vgl. dort), wenn der Datentransfer auf konventionellem Weg (z.B. Versand von Disketten auf dem Postweg) abläuft.

DATENFLUSSPLAN (engl. data flowchart). Graphische Darstellung der verwendeten Geräte und des Informationsverlaufs in EDV-Systemen. Die benutzten graphischen Symbole sind nach DIN 66001 genormt und haben folgende Bedeutung (zeilenweise von links nach rechts):

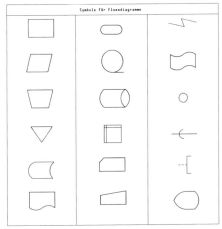

Bild 14: Symbole von Datenflußplänen

Verarbeitung, Grenzstelle, Datenübertragung, Daten allgemein, sequentiell gespeicherte Daten, Daten auf Lochstreifen, manuelle Verarbeitung, wahlfrei gespeicherte Daten, Konnektor, manuell zu verarbeitende Daten, Daten im Arbeitsspeicher, Detaildarstellung, von der DV zu verarbeitende Daten, Daten auf Lochkarte, Bemerkung anfügen, Daten auf Dokument, manuelle Eingabedaten, von der DVA erzeugte Daten.

DATENGEHEIMNIS

DATENGEHEIMNIS (engl. data security). Aus dem Bundesdatenschutzgesetz: Den bei der Datenverarbeitung beschäftigten Personen ist untersagt, geschützte personenbezogene Daten unbefugt zu einem anderen als dem zur jeweiligen rechtmäßigen Aufgabenerfüllung gehörenden Zwecke zu verarbeiten, bekanntzugeben, zugänglich zu machen oder sonst zu nutzen.

DATENHIERARCHIE (engl. data hierarchy). Logischer Zusammenhang zwischen den Begriffen Zeichen, Datenfeld, Datensatz, Datei, Datenbank, wobei sich jeder aus den Vorhergehenden aufbaut: Datenfeld besteht aus Zeichen, Datensatz aus Datenfeldern, Datei aus Datensätzen, Datenbank aus Dateien.

DATENKASSE (engl. point of sale). Vgl. POS-Kasse.

DATENKONVERTIERUNG (engl. data conversion). Bedingt durch die Tatsache, daß Anwendungsprogramme in der Regel jeweils ein eigenes Datenformat verwenden, entsteht bei einem Wechsel des Anwendungsprogramms häufig das Problem, daß bereits vorhandene Daten nicht weiterverwendet werden können. Da die notwendige Neueingabe der Daten sehr zeitaufwendig wäre, gibt es spezielle Konvertierungsprogramme, die die Datenstruktur von einem Anwendungsprogramm auf das andere anpassen. Beispiele: Anpassung von Steuer- und Formatzeichen (Fettschrift etc.) in Texten oder der Satzstruktur in Adreßdateien von Datenbanken.

DATENREGISTER Aus dem Bundesdatenschutzgesetz: Beim Bundesbeauftragten für den Datenschutz wird ein Register aller automatisiert betriebenen Dateien der Bundesverwaltung geführt, das von jedem eingesehen werden kann.

DATENSATZ (engl. record). Jeder Datensatz besteht aus einem Satz zusammengehöriger Datenfelder. So bilden etwa Vorname, Name, Straße und Ort einer bestimmten Person einen Datensatz innerhalb einer Adreßdatei, die Angaben über eine zweite Person würden den zweiten Datensatz ergeben usw. Alle Datensätze (Records) der gleichen Datei müssen dieselbe Struktur aufweisen, d.h. die gleiche Feldanzahl, Feldlänge, Feldposition und gleiche Datentypen (numerisch, alphanumerisch) innerhalb der Felder besitzen.

DATENSATZSPERRE (engl. record locking). Sie verhindert den Zugriff auf einen Datensatz, wenn auf diesen momentan schon zugegriffen wird. Eine solche Sperre ist in vernetzten Systemen mit Multiuserbetrieb notwendig, damit nicht mehrere Benutzer gleichzeitig auf einen Datensatz zugreifen können und so den Inhalt verfälschen bzw. zerstören. Da jeweils nur Datensätze gesperrt werden, können die Benutzer jedoch gleichzeitig mit derselben Datei arbeiten (vgl. Dateisperre). Beispiel: Eine Lagerdatei wird von mehreren Anwendern bearbeitet, ein einzelner Datensatz (= ein Lagerartikel) kann jeweils nur von einem Anwender gepflegt werden, die anderen Anwender können jedoch zum gleichen Zeitpunkt andere Artikel bearbeiten.

DATENSCHUTZ (engl. protection of data privacy). Der Begriff beinhaltet alle gesetzlichen Regelungen und Vorschriften, welche die Verarbeitung personenbezogener Daten überwachen. Zweck des Datenschutzes ist die Bewahrung der Bürger vor nachteiligen Folgen der Datenverarbeitung.

DATENSCHUTZBEAUFTRAGTER (engl. data protection officer). Aus dem Bundesdatenschutzgesetz: Der Bundesdatenschutzbeauftragte (BDSB) wird vom Bundespräsidenten für fünf Jahre ernannt. Darüber hinaus sind alle Unternehmen, die personenbezogene Daten verarbeiten, verpflichtet, einen Datenschutzbeauftragten zu bestellen, wenn mindestens 5 (bei automatisierter Verarbeitung) bzw. 20 (bei nicht automatisierter Verarbeitung) Personen ständig mit der Verarbeitung personenbezogener Daten beschäftigt sind.

DATENSCHUTZGESETZ (engl. data protection act). Aufgrund der zunehmenden Automatisierung der Datenverabeitung entstand die Notwendigkeit, gesetzliche Maßnahmen zu treffen, um den einzelnen vor der mißbräuchlichen Verwendung der ihn betreffenden Daten, den personenbezogenen Daten, zu schützen.

So wurde im Februar 1977 das Bundesdatenschutzgesetz verabschiedet, das im wesentlichen folgende Aspekte beinhaltet:
— Aufklärung des Betroffenen bei der Datenerhebung
— Recht auf Auskunft, Löschung, Berichtigung oder Sperrung unter bestimmten Voraussetzungen
— Zulässigkeit der Datenübermittlung
— Umfang und Zulässigkeit der Datenspeicherung
— Allgemeine Sicherungen gegen Mißbrauch
— Kontrolle durch Datenschutzbeauftragte
— Einrichtung eines Datenschutzregisters

Neben dem Bundesdatenschutzgesetz, haben auch die einzelnen Länder ihre Datenschutzgesetze verabschiedet. Ergänzend sorgen andere gesetzliche Bestimmungen (Geheimnisschutz des Strafgesetzbuches; Sozialgeheimnis des Sozialgesetzbuches; Steuergeheimnis etc.) dafür, daß der Datenschutz weitgehend gewährleistet ist.

DATENSCHUTZVERLETZUNG (engl. data protection crime). Im Sinne des Bundesdatenschutzgesetzes (BDSG) werden zwei Arten von Vergehen unterschieden: Straftaten (z.B. unbefugte Übermittlung, Veränderung, Abrufung, Beschaffung personenbezogener Daten), die mit Geldstrafe oder bis zu zwei Jahren Freiheitsentzug geahndet werden und Ordnungswidrigkeiten (z.B. keine Benachrichtigung von Betroffenen, keine oder verspätete Bestellung

DATENSICHERUNG

eines Datenschutzbeauftragten), die mit Geldbußen bis zu 50000 DM bestraft werden können.

DATENSICHERUNG (engl. data security). Da Datenverluste oder Datenverfälschungen immer mit einem hohen Zeit- und Kostenaufwand verbunden sind, ist eine konsequente und gewissenhafte Datensicherung Grundvoraussetzung für ein risikoloses Arbeiten mit DV-Anlagen. Grundsätzlich werden hier drei Sicherungskategorien unterschieden:

Maschinenorientierte Sicherung
- Automatische Überprüfung aller Schreib-/Lesevorgänge durch das System, z.B. durch Prüfbits (vgl. dort).
- Prüfziffernverfahren: Hier sollen Fehler bei der Eingabe numerischer Daten unterbunden werden. An jede Ziffernfolge wird eine zusätzliche Prüfziffer angehängt. Stimmen eingegebene und vom Programm errechnete Prüfziffer nicht überein, erfolgt eine Fehlermeldung.
- Formatkontrolle: Sie erlaubt bei der Eingabe nur zulässige Datentypen. So können z.B. in Rechenfelder nur Ziffern und Rechenzeichen eingegeben werden. Dadurch wird etwa eine Verwechslung der Ziffer 0 und des Buchstabens O ausgeschlossen. Weiterhin kann durch die Formatkontrolle die Länge der Eingabefelder begrenzt werden, so daß nur soviele Zeichen, wie erlaubt, eingetippt werden können.
- Plausibilitätskontrolle: Sie soll logische Eingabefehler verhindern. So weist ein mit dieser Sicherung ausgestattetes Programm z.B. Datumseingaben der Art 30.14.1989 automatisch als falsch zurück.

Anwenderorientierte Sicherung
- Regelmäßiges Anfertigen von Sicherungskopien (Backup, Generationenprinzip).
- Nutzung von Schreibschutzeinrichtungen (z.B. Schreibring).
- Markierung der Datenträger (Kennsätze, Aufkleber).
- Sachgemäße Handhabung von Datenträgern.
- Sachgemäße und sichere Aufbewahrung von Datenträgern.
- Ausbildung des Bedienungspersonals.
- Zugangskontrollen (z.B. durch Paßwort).
- Zutrittskontrolle (nur legitimierte Personen haben Zugang zur EDV-Anlage).
- Anlegen von Protokolldateien.

Technische Sicherung
- Verwendung von Spiegelplatten
- Installation von Spannungsfiltern
- Verwendung von Netzausfallsicherungen
- Regelmäßige technische Wartung der Anlage

DATENSTATION (engl. data station). Bezeichnung für eine Datenendeinrichtung (z.B. Terminal) oder eine Datenübertragungseinrichtung (z.B. Teletex).

DATENTELEFON (engl. data telephone). Spezielles Telefon, welches neben seiner eigentlichen Funktion auch zur Datenübertragung an Computer benutzt werden kann. Hierzu sind neben den Zifferntasten noch Buchstaben- und Sondertasten vorhanden. Wegen der geringen Übertragungsgeschwindigkeit und zeitaufwendigen Eingabe nicht mehr gebräuchlich.

DATENTRÄGER (engl. data medium oder storage device). Der Begriff umfaßt jedes Medium, das Daten in irgendeiner Form enthält. Dazu zählen Festplatten, Disketten, Magnetbänder, Lochkarten, aber auch Notizzettel, Bücher etc. Relevant für die DV sind allerdings nur die maschinenlesbaren Datenträger, von denen die Information direkt in den Rechner zur Verarbeitung übertragen werden kann.

DATENTYP (engl. data type). Daten lassen sich je nach Kategorisierungsschema in verschiedene Typengruppen unterteilen. Einteilung nach Zeichen: Alphabetische Daten (Buchstaben), numerische Daten (Zahlen) und alphanumerische Daten (Buchstaben, Zahlen, Sonderzeichen. Einteilung nach Funktion: Ordnungsdaten (z.B. Artikelnummern), Rechendaten (z.B. 15%), Steuerungsdaten (z.B. Befehl zum Drucken). Einteilung nach Veränderungshäufigkeit: Stammdaten z.B. Geburtsdatum), Bewegungsdaten (z.B. Rechnungsnummer). Einteilung nach Stellung im Arbeitsablauf: Eingabedaten, Verarbeitungsdaten, Ausgabedaten.

DATENÜBERTRAGUNG (engl. data transmission). Der Begriff bezeichnet entweder die Übertragung von Daten über die Kanäle zwischen Peripheriegeräten (Diskette, Festplatte etc.) und Arbeitsspeicher oder rechnerintern über den Datenbus (Prozessor — Speicher) oder zwischen zwei DV-Anlagen, hier entweder direkt über Kabel oder über das Leitungsnetz der Post (= Datenfernübertragung).

DATENÜBERTRAGUNGSLEITUNG (engl. data transmission line). Bei direkter Verbindung zwischen Computern erfolgt die Übertragung entweder über ein Koaxialkabel (z.B. im Thin Ethernet) oder ein Rundkabel (Belegung vgl. Serielle Schnittstelle). Bei der Datenfernübertragung durch das Postnetz unterscheidet man zwischen Telefonnetz, Telexnetz und Datexnetz, die entweder als Standleitung (ständige Direktverbindung) oder Wählleitung (Anwahl zum Herstellen beliebiger Verbindungen) konzipiert sind.

DATENVERBUND (engl. data interlocking). Netzwerkvariante zum Zweck der gemeinsamen Nutzung einmalig vorhandener Datenbestände.

DATENVERLUST (engl. data loss). Bezeichnet die Tatsache, daß Daten unwiderruflich verloren gehen. Die Ursache hierfür kann in Bedienungsfehlern (z.B. versehentliches Löschen), Gerätefehlern (z.B. Plattenausfall) oder Programmfehlern (Rechnerabsturz) liegen. Da Daten-

DATEX

verluste zwar zu erwarten, jedoch nicht vorausberechenbar sind, ist eine vorsorgliche Datensicherung (vgl. dort) in der EDV unabdingbar.

DATEX Abkürzung für Data Exchange. Datex-P bzw. Datex-L sind Verbindungsnetze der Post. Beim teuereren L-Betrieb werden die Daten direkt und damit schneller übertragen, obwohl die maximale Übertragungsrate mit 9600 Baud niedriger ausfällt. Beim P-Betrieb erfolgt der Transfer paketweise in 512-Bit-Blöcken über gerade freie Knotenpunkte (Vermittlungsstellen). Die maximale Geschwindigkeit zwischen den Knoten beträgt 48000 Baud.
Hier erfolgt die Abrechnung nicht nach Zeit und/oder Entfernung, sondern nach Datenmenge.

DATUM (engl. data item). Singular (Einzahl) von Daten.

DBASE IV Im PC-Bereich weitverbreitetes Datenbanksystem der Firma Ashton Tate mit eigener Programmiersprache und SQL-Fähigkeit. Durch optionalen Compiler können selbstentwickelte Datenbankanwendungen als Runtime-Versionen (EXE-Files) erzeugt werden.

DCB Akronym für Data Control Block. Datenkontrollblock.

DD Akronym für Double Density. DD-Disketten können mit doppelter Dichte formatiert werden.

DDL Akronym für Data Definition Language. Datendefinitionssprache. Sprache zum Aufbau von Datenstrukturen in Datenbanken.

DDL Akronym für Document Description Language. Seitenbeschreibungssprache (für Drucker) der Firma Imagen.

DDP Akronym für Distributed Data Processing. Dezentrale Datenverarbeitung, d.h. es stehen separate DV-Anlagen für die Abarbeitung unterschiedlicher Programme zur Verfügung.

DEADLOCK Bezeichnet den inaktiven Zustand eines Systems, der auftritt, wenn sich zwei Prozesse gegenseitig blockieren.

DEBUG Dienstprogramm von MS-DOS. Kann zur Fehlerbeseitigung in oder zur Verbesserung von bestehenden Programmen oder zum Schreiben kleinerer Maschinenprogramme verwendet werden.

DEBUGGER Englische Bezeichnung für Ablaufverfolger. Wörtlich: Entwanzer. Dienstprogramm, mit dem sich Bugs (= Syntax-Fehler) in Computerprogrammen auffinden und beseitigen lassen. Logische Fehler werden nicht erkannt. Der Debugger kann auch zur Programmoptimierung bzw. zum Schreiben kleiner Maschinenprogramme benutzt werden. Im Lieferumfang von MS-DOS ist ein solcher Debugger (DEBUG.COM) enthalten.

DEBUGGING Bezeichnet den Vorgang der sehr zeitintensiven Fehlersuche und deren Beseitigung (benötigt oft mehr als 50% der gesamten Entwicklungszeit eines Programms) nach der Codierung während der Programmentwicklungsphase. Vgl. auch Debugger.

DEC Akronym für Digital Equipment Corporation (vgl. dort).

DEC Turbo-Pascal-Prozedur. Vermindert eine ordinale Variable um den angebenenen Integer-Wert. Eingabe:

```
Dec(x,n);
```

Vermindert den Wert der Variablen X um den Betrag n. Fehlt der Parameter n, wird um 1 erniedrigt.

DEDICATED SERVER File-Server (Computer), der in Netzwerken ausschließlich zur Verwaltung des Netzes und zur Bereitstellung seiner Peripheriegeräte genutzt wird. Er kann also nicht als zusätzlicher Arbeitsplatzrechner eingesetzt werden.

DEDIZIERTER COMPUTER (engl. dedicated computer). Rechner, der nur für ein bestimmtes Aufgabengebiet eingesetzt wird oder aufgrund seiner Hardware- und Softwarevoraussetzungen eingesetzt werden kann. Beispiele: Rechner, die in Netzwerken nur für die Verwaltung der Datenübertragung oder der Drucker zuständig sind. Computer, der nur für Textverarbeitungszwecke eingesetzt werden kann, da das Textverarbeitungsprogramm fest in den Speicherbausteinen des Computers verankert ist, und andere Programme nicht geladen werden können.

DEDUKTION (engl. deduction). Art der logischen Schlußfolgerung, wie sie z.B. in Expertensystemen (vgl. dort) verwendet wird. Ausgehend von einer Gesetzmäßigkeit oder allgemein gültigen Regel wird die Richtigkeit eines Einzelfalles bewiesen. Gegensatz: Induktion.

DEE Akronym für Datenendeinrichtung wie z.B. Terminal oder Computer.

DEF FN GW-BASIC-Anweisung. Dient zum Definieren eigener Funktionen. Eingabe:

```
DEF FN Name[(V1,V2)]=Funktion
```

Für NAME ist ein selbstgewählter Variablenname (als Funktionsbezeichnung) zu setzen. Die optionalen Variablen V1 und V2 beinhalten die Werte, die beim Aufruf der Funktion gemäß der definierten Funktionsvorschrift berechnet werden. Für FUNKTION ist die Funktionsvorschrift zu setzen. Beispiel:

```
10 INPUT"1. Wert: ",A
20 INPUT"2. Wert: ",B
30 DEF FNP(X,Y)=SQR(X+Y)
40 E=FNP(A,B)
50 PRINT E
```

In Zeile 30 erfolgt die Definition der Funktion P. Nach FN ist immer

DEF SEG

der Funktionsname anzugeben, in Klammern sind die Variablenbezeichnungen anzugeben, die ersetzt werden sollen, und anschließend wird die neue Funktion angegeben. In Zeile 40 wird die Wurzel der Summe der in 10 und 20 eingegebenen Werte berechnet.

DEF SEG GW-BASIC-Anweisung. Zuweisung der Segmentadresse für die Befehle BLOAD, BSAVE, CALL, PEEK, POKE, USR.
Beispiel:

```
10 DEF SEG=&HA000
```

Setzt die Segmentadresse auf hexadezimal A000.

DEF USR GW-BASIC-Anweisung. Definition der Startadresse eines Unterprogramms für den Aufruf mit der USR-Funktion. Der Segmentbereich ist zuvor mit DEF SEG zu bestimmen.
Beispiel:

```
10 DEF SEG=&HB800
20 DEF USR0=100
```

In Zeile 10 wird die Segmentadresse gesetzt, in Zeile 20 der Offset. Jede DEF USR-Anweisung ist durch eine Ziffer (0-9) zu kennzeichnen.

DEFAULT Jederzeit veränderbare Standardeinstellung bzw. Grundeinstellung eines Gerätes oder Programms. So bezeichnet man z.B. die Tatsache, daß nach Systemstart die Zeichen am Farbbildschirm Weiß auf Schwarz dargestellt werden als Default.

DEFAULT DRIVE Standardlaufwerk (vgl. dort), auf welches bei Schreib-/Leseoperationen automatisch zugegriffen wird. Unter MS-DOS wird der Default Drive immer im Systemprompt (z.B. A > für Laufwerk A) angezeigt.

DEFAULT-WERTE (engl. default values). Grundwerte (z.B. Schriftart, Schriftgröße, Schnittstellenkonfiguration), die — einmal eingestellt — immer wieder vom System übernommen werden. Die Default-Werte können vom Anwender jederzeit verändert werden.

DEFDBL DEFINT DEFSNG DEFSTR GW-BASIC-Anweisungen. Definiert eine Variable als Variable doppelter Genauigkeit (DEFDBL), als ganzzahlige Variable (DEFINT), als Variable einfacher Genauigkeit (DEFSNG) und als Stringvariable. Dabei ist in alphabetischer Rangfolge der betroffene Variablenbereich anzugeben.
Beispiel:

```
DEFDBL B-M
```

Definiert alle Variablen, deren Name mit B bis M beginnt und die nicht anderweitig ($,!,#) definiert sind, als Variablen doppelter Genauigkeit.

DEKLARATION (engl. declaration). Festlegung des Aufbaus und Typs von Datenfeldern (z.B. Länge,

Position, numerisch) bzw. des Typs von Variablen (String, Integer, Real etc.).

DEKLARATIVE PROGRAMMIERSPRACHE (engl. declarative programming language). Im Gegensatz zur prozeduralen Programmiersprache (vgl. dort) wird hier der Programmablauf nicht in Form eines genau definierten Algorithmus vorgegeben, sondern das Programm besteht praktisch aus einem Gefüge von Befehlen (Vergleichen und Verknüpfungen) und Funktionen, anhand derer die Daten bearbeitet werden, so daß als Programmoutput nur diejenigen Daten relevant sind, die den Programmregeln entsprechen. Bekanntester Vertreter: Prolog.

DEKODIERER (engl. decoder). Bezeichnet entweder einen Baustein, der digitale in analoge Impulse umwandelt, oder Ausgänge in Abhängigkeit von einem Eingangssignal schaltet.

DEKREMENT (engl. decrement). Einen Wert um eine Stufe (in der Regel eine Ganzzahl) erniedrigen. Gegensatz: Inkrement.

DEL-TASTE (engl. delete key). Auch DELETE- oder ENTF-Taste. Sondertaste auf Computertastaturen zum Löschen von Zeichen. Dabei wird bei jedem Betätigen der DELETE-Taste jeweils das Zeichen gelöscht, welches sich gerade unter dem Cursor befindet.

DELAY Turbo-Pascal-Prozedur (Unit: Crt). Verzögert den Programmablauf um die angegebene Anzahl von Millisekunden. Eingabe:

```
Delay(ms);
```

Für ms (Typ: Word) ist die gewünschte Wartezeit in Millisekunden anzugeben.

DELETE GW-BASIC-Befehl. Löscht Programmzeilen oder Zeilenbereiche.
Beispiele:

```
DELETE 20
DELETE 50-60
DELETE 10-
DELETE -100
```

Löscht die Zeile 20, die Zeilen 50-60, alle Zeilen ab 10, alle Zeilen bis 100.

DELETE Internes MS-DOS- und MS-OS/2-Kommando (MS-DOS 3, MS-DOS 4, MS-OS/2 (R+P)). Im Netzwerk verwendbar. Mit den beiden identischen Kommandos DELETE (oder DEL) bzw. ERASE können einzelne Dateien oder Dateigruppen vom Speichermedium gelöscht werden. Die Verwendung von Wildcards (* ?)ist erlaubt.
Eingabe:

```
erase (LW:)(Pfad)(datei) (/parameter)
```

DELETE

Nach eventueller Angabe von Laufwerk und Pfad wird die zu löschende Datei angegeben. Bei Angabe von P als Parameter erfolgt vor jedem Löschen eine Sicherheitsabfrage (nur bei MS-DOS 4).
Beispiel:

```
delete a:test.com
```

Die Datei TEST.COM auf Laufwerk A wird gelöscht.
Parameter:

    P   Stellt vor jedem Löschen eine Sicherheitsabfrage, ob wirklich gelöscht werden soll (nur MS-DOS 4).

DELETE Turbo-Pascal-Prozedur. Löscht Teilbereiche einer Zeichenkette.
Eingabe:

```
Delete(String,Anfang,Anzahl);
```

STRING ist die Zeichenkette aus der ab der Position ANFANG (Typ: Integer) die angegebene ANZAHL (Typ: Integer) von Zeichen gelöscht wird.

DELLINE Turbo-Pascal-Prozedur (Unit: Crt). Löscht die Zeile, in der sich der Cursor befindet, vom Bildschirm.
Eingabe:

```
DelLine;
```

Darunter liegende Zeilen werden nach dem Löschen um eine Zeile nach oben verschoben.

DEMODULATOR (engl. demodulator). Gerät, das digitale Signale in analoge Impulse umwandelt (vgl. Modem).

DENSITY Aufzeichnungsdichte (vgl. dort) auf einem Datenträger wie Magnetband oder Magnetplatte.

DESCENDER Unterer Teil von Kleinbuchstaben (g, j, p), die unter dem Grundkörper liegen.

DESKRIPTIVE PROGRAMMIERSPRACHE (engl. descriptive programming language). Auch: deklarative Programmiersprache. Im Gegensatz zur prozeduralen Programmiersprache (vgl. dort), wird hier der Programmablauf nicht in Form eines genau definierten Algorithmus vorgegeben, sondern das Programm besteht praktisch aus einem Gefüge von Befehlen (Vergleichen und Verknüpfungen) und Funktionen, anhand derer die Daten bearbeitet werden, so daß als Programmoutput nur diejenigen Daten relevant sind, die den Programmregeln entsprechen. Bekanntester Vertreter: Prolog.

DESKTOP Englische Bezeichnung für Schreibtisch. Wird entweder zur Bezeichnung graphischer Benutzeroberflächen verwendet, da hier praktisch durch Verwendung von Symbolen für Aktenordner, Notizblock etc. ein elektronischer Schreibtisch simuliert wird, oder für Tischcomputer (Gegensatz: Laptop; vgl. dort).

DEVICE

DESKTOP PUBLISHING Vorgehensweise zum Erstellen reproduktionsreifer Dokumente (Texte und Graphik) mittels Computer und speziellem Programm.

DESKTOP-COMPUTER „Schreibtisch"-Computer. Gegensatz: Laptop (= tragbarer Computer).

DETACH Interner MS-OS/2-Befehl (P). Im Netzwerk verwendbar. Mittels DETACH lassen sich Programm- oder Kommandoabläufe (im Protected Mode) in den Hintergrund verlegen, solange keine Eingaben über die Tastatur erwartet werden.
Beispiel:

```
detach dir | sort>inhalt.dat
```

Erzeugt ein sortiertes Inhaltsverzeichnis des aktuellen Directory und speichert es in der Datei INHALT.DAT ab. Während dieser Zeit kann ein anderes Programm im Vordergrund ablaufen.

DETECTGRAPH Turbo-Pascal-Prozedur (Unit: Graph). Stellt aufgrund der Hardware fest, welcher Graphiktreiber und Graphikmodus verwendet werden kann.
Eingabe:

```
DetectGraph(Driver,Mode);
```

Driver und Mode sind Variablen vom Integer-Typ.

DEVICE Englische Bezeichnung für Gerät, also eines Bestandteils der Hardware, meist jedoch eines Peripheriegeräts wie Plotter, Drucker, Maus, Bildschirm etc.

DEVICE Konfigurationsbefehl von MS-DOS 3, MS-DOS 4 und MS-OS /2 (R+P) zur Installation von Gerätetreibern. DEVICE installiert zusätzliche Gerätetreiber. Diese Treiber sind entweder im Lieferumfang von MS-DOS enthalten, werden von Geräteherstellern geliefert oder sind selbst zu programmieren. Hinweis: Die MS-DOS-Treiber COUNTRY.SYS und KEYBOARD.SYS dürfen nicht mit dem DEVICE-Kommando geladen werden.
Eingabe:

```
device=treibername /parameter
```

Installation eines Treibers. Die Parameter variieren mit den Treibern.
Beispiel:

```
device=ansi.sys /x
```

Lädt den Treiber zur Unterstützung der ANSI-Sequenzen ins Extended Memory. Treiber:

	MS-DOS 3	MS-DOS 4	MS-OS/2
ANSI.SYS	x	x	x
COM.SYS			x
DISPLAY.SYS	x	x	
DRIVER.SYS	x	x	
EGA.SYS			x
EXTDSKDD.SYS			x
MOUSEAxx.SYS			x
POINTDD.SYS			x
PRINTER.SYS	x	x	
RAMDRIVE.SYS		x	
SMARTDRV.SYS	x		
VDISK.SYS	x	x	

DEVINFO

DEVINFO Konfigurationsbefehl von MS-OS/2 (R+P), um ein Gerät für die Codepage-Umschaltung vorzubereiten. Mit dem DEVINFO-Befehl werden unter MS-OS/2 Geräte (Tastatur, Bildschirm, Drucker) für das Code-Page-Switching vorbereitet. Eingabe:

```
devinfo=gerät,typ,(LW:)(Pfad)tabelle
```

Angabe des Gerätes, des Typs und der zugehörigen Code-Page-Tabelle.

Beispiel:

```
devinfo=kbd,gr,c:\bin\keyboard.dcp
```

Vorbereitung des Gerätes TASTATUR (KBD) für die deutschen Zeichen (GR). Die zugehörige Code-Page-Tabelle befindet sich im Verzeichnis BIN auf C. Parameter:

	Tastatur	Bildschirm	Drucker
Gerät	KBD	SCR	PRN, LPT1, LPT2, LPT3
Typ	Tastatur-code	EGA, VGA, LCD	4201, 5202
Tabelle	KEY-BOARD.DCP	VIOTBL.DCP	4201.DCP 5202.DCP

Für TASTATURCODE werden die Kürzel für die landesspezifischen Zeichensätze, z.B. GR für Deutschland, verwendet (vgl. KEYB.COM).

DEZENTRALE DATENERFASSUNG (engl. distributed data recording). Die Datenerfassung und Dateneingabe erfolgt parallel über mehrere Terminals, meist vor Ort, d.h. dort wo die Daten anfallen. Vgl. auch Datenerfassung.

DEZENTRALE DATENVERARBEITUNG (engl. distributed data processing). Die Verarbeitung aller anfallenden Aufgaben wird nicht auf einer Anlage durchgeführt, sondern es stehen separate DV-Anlagen für die Abarbeitung unterschiedlicher Programme zur Verfügung.

DEZIMAL-BINÄR-CODE (engl. decimal to binary conversion). Umrechnungsvorschrift für die Umwandlung von Dezimalzahlen in Binärzahlen. Vgl. Dualsystem.

DEZIMALPUNKT (engl. decimal point). Wird im angelsächsischen Sprachraum (und damit in vielen Computerprogrammen) anstelle des deutschen Dezimalkommas verwendet.

DEZIMALSYSTEM (engl. decimal system). Zahlensystem bzw. Stellenwertsystem (vgl. dort) mit der Basiszahl 10 und den Ziffern 0 bis 9. Die Wertigkeit einer Ziffer ergibt sich aus der Potenz mit der Basis 10 und dem Exponenten welcher der Stelle der Ziffer in der Zahl entspricht (Zählung beginnt bei 0). Beispiel: Die Wertigkeit der Ziffer 1 in der Zahl 100 ist 10^2 bzw. 100, in der Zahl 1000 ist sie 10^3 bzw. 1000 usw. Vgl. auch Dualsystem, Hexadezimalsystem.

DIALOGFENSTER

DFÜ Akronym für Datenfernübertragung (vgl. dort). Direkte Datenübertragung zwischen Computern, die räumlich voneinander entfernt sind.

DFV Akronym für Datenfernverarbeitung (vgl. dort). Die Datenerfassung und Datenverarbeitung erfolgt an räumlich voneinander entfernten Stellen.

DIAGRAMM (engl. chart oder diagram). Bezeichnet allgemein eine graphische Darstellung von Zahlenwerten oder Ablaufprozessen. So werden z.B. innerhalb von Tabellenkalkulationen (vgl. dort) Diagramme zur Darstellung von Zahlenkolonnen (Statistiken, Bilanzen etc.) verwendet, bei der Programmentwicklung verwendet man Programmablaufpläne und Datenflußpläne, um die Abläufe (vor der eigentlichen Programmierung) transparenter zu machen.

DIAGRAMMSYMBOL (engl. flowchart symbol). Symbol zur Veranschaulichung eines Verarbeitungsprozesses innerhalb von Programmablaufplänen und Datenflußplänen (vgl. jeweils dort). Die Diagrammsymbole sind nach DIN 66001 genormt.

DIALEKT (engl. dialect). Variation einer Programmiersprache, die meist aufgrund von Anpassungen auf verschiedenen Computertypen oder Verbesserungen wie Erweiterung des Befehlsvorrats entstand. Die Programmiersprache BASIC existiert inzwischen z.B. in unzähligen Dialekten. Vorteil: Ständige Weiterentwicklung der Sprache. Nachteil: Kompatibilitätsprobleme.

DIALOGFELD (engl. dialog field). Bezeichnung für ein Feld in Dialogfenstern von Anwendungsprogrammen, über das der Benutzer mit dem Programm oder System kommunizieren kann. Beispiel: Man möchte eine Datei mit einem bestimmten Attribut versehen und aktiviert die entsprechende Funktion in einem Menü. Daraufhin erscheint auf dem Bildschirm ein Dialogfeld, in welchem die verfügbaren Attribute angeboten werden und durch Anwahl aktiviert werden können. Kenntnisse von speziellen Systemkommandos sind also nicht erforderlich.

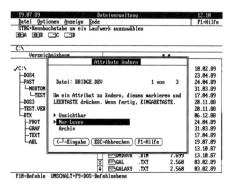

Bild 15: Dialogfeld

DIALOGFENSTER (engl. dialog box). Bestandteil der meisten DTP-Programme. Die Boxen fungieren als Kommunikationsmedium zwischen Anwender und Programm (Eingabe benötigter Zusatzinformationen etc.). Vgl. auch Dialogfeld.

DIALOGGERÄT

DIALOGGERÄT (engl. interactive device). Alle Peripheriegeräte, die mit der Zentraleinheit betriebsbereit verbunden sind und gleichzeitig zur Dateneingabe und Datenausgabe dienen. Beispiele: Festplatten, Diskettenlaufwerke, Modems, Terminals.

DIALOGSTATION (engl. interactive terminal). Der Begriff wird oft synonym für Dialoggerät verwendet, bezeichnet speziell aber auch Terminals (vgl. dort).

DIALOGVERARBEITUNG (engl. interactive mode). Art der Datenverarbeitung, bei der anfallende Daten sofort verarbeitet werden.
Beispiel: Eingehende Rechnungen werden sofort am Rechner bearbeitet (fakturiert). Vorteil: Die Daten befinden sich immer auf dem aktuellen Stand. Nachteil: Die Gerätekonfiguration (Drucker etc.) muß eventuell häufig an die nacheinander ablaufenden Programme angepaßt werden. Gegenteil: Stapelverarbeitung.

DICKTE (engl. width). Bezeichnet die Breite eines Buchstabens inklusive des Leerraums links (= Vorbreite) und rechts (= Nachbreite).

DIDOT-SYSTEM Deutsch-französische, typographische Maße. Bestehen aus Ciceros und Punkten (vgl. dort).

DIENSTPROGRAMM (engl. utility oder tool). Softwarehilfen zum Kopieren, Löschen etc. von Programmen, Einrichtung von Paßwort- und Benutzersystem, Bibliotheksverwaltung etc.

DIGITAL (engl. digital). Bedeutet allgemein „Ziffernverwendung" und ist abgeleitet von Digis (= Ziffer). Beispiel: Digitaluhr, Digitalrechner.

DIGITAL EQUIPMENT CORPORATION Akronym: DEC. Amerikanische Computerfirma, die insbesondere im Bereich der Mini-Computer aktiv ist und schon Ende der 70er Jahre einen 32-Bit Supermini, die VAX produzierte. Andere bekannte Maschinentypen von DEC: DECmate II, MicroVAX.

DIGITAL RESEARCH Bekannte amerikanische Softwarefirma, die u.a. die Betriebssysteme CP/M und DOS-Plus entwickelte oder die graphische Benutzeroberfläche GEM.

DIGITALER FARBMONITOR (engl. digital color monitor). Das Gerät kann im Gegensatz zum analogen Monitor nur eine begrenzte Anzahl von Farben darstellen, da jede Farbe nicht stufenlos vom Helligkeitswert 0 bis 100 wiedergegeben werden kann, sondern nur nach dem Schema Farbe ein — Farbe aus, was bei zwei Helligkeitstufen maximal 16 Farben ergibt.

DIGITALISIERTABLETT (engl. digitizer). Elektronisches Zeichengerät, bestehend aus einem Zeichenbrett und einem daran angeschlossenen Stift (Stylus). Unter der Brettoberfläche befinden sich (zumeist druckempfindliche oder elektro-magnetische) Sensoren. Bewegt man den Stift auf der Oberfläche, übertragen diese Sensoren die Stiftbewegungen (Zeichnungen) direkt auf den Bildschirm. Anstelle des Stiftes kann auch ein Fadenkreuzcursor (oft mit Lupe) verwendet werden, mit der sich Zeichnungen (Pläne etc.) abfahren und übertragen lassen. Der Anschluß am Computer erfolgt in der Regel an der seriellen Schnittstelle.

DIGITALRECHNER (engl. digital computer). Rechner, der im Unterschied zum Analogcomputer nicht mit analogen Werten, sondern nach dem binären Prinzip arbeitet. Alle Personal Computer arbeiten nach diesem Prinzip.

DIM GW-BASIC-Anweisung. Legt die Anzahl der Felder (Arrays) fest und reserviert den benötigten Platz im Variablenspeicher.
Eingabe:

```
DIM V1(I1[,I2])[,V2(I1[,I2]),
V3(I1[,I2])]
```

Dimensioniert eine oder mehrere Variablen. Die Variablen (V1, V2, V3 etc.) besitzen jeweils in Klammern einen oder zwei Indices und sind jeweils durch Kommata voneinander abzutrennen.
Beispiel:

```
10 DIM A(20,3)
```

Dem zweidimensionalen Feld A werden 60 Felder zugewiesen. Die Indizierung im Programm (z.B. A(2,1)) darf die hier definierten Werte nicht übersteigen. Der kleinste Index beträgt entweder 0 oder 1 (vgl. OPTION BASE).

DIN Akronym für Deutsches Institut für Normen. Auch für die unterschiedlichen Bereiche der Datenverarbeitung existieren sehr viele DIN-Normen wie z.B.: DIN 66001 für die Symbole in Programmablauf- und Datenflußplänen, DIN 2139 für die Tastenanordnung auf alphanumerischen Tastaturen, DIN 33400 über die ergonomischen Anforderungen bei DV-Systemen oder DIN 66256 für die Programmiersprache Pascal.

DIP SWITCHES Akronym für Dual Inline Package. Kleine Schalter auf Platinen, in parallelen Reihen angeordnet. Sie dienen zum Einstellen von Adressen, Interrupt etc. Durch die richtige Stellung (Ein/Aus)

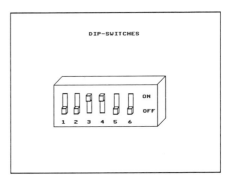

Bild 16: DIP Switches

dieser Schalter lassen sich z.B. Erweiterungskarten in ein System einpassen, ohne daß es zu Adressenkonflikten mit der vorhandenen Hardware kommt.

DIR

DIR Internes MS-DOS- und MS-OS/2-Kommando (MS-DOS 3, MS-DOS 4, MS-OS/2 (R+P)). Im Netzwerk einsetzbar. Anzeige des Inhaltsverzeichnisses (= Directory) eines Massenspeichers, wobei die Dateibezeichnungen, Dateilängen sowie Uhrzeit und Datum des letzten Abspeicherns angezeigt werden.
Eingabe:

```
dir (LW:)(Pfad)(/Parameter)
```

Nach dem Kommando können Laufwerk, Pfad und Parameter angegeben werden.
Beispiel:

```
dir/w
```

Das Hauptverzeichnis des aktuellen Laufwerks wird vierspaltig angezeigt.
Parameter:

  P   Inhaltsverzeichnis wird seitenweise aufgelistet.
  W   Inhaltsverzeichnis wird vierspaltig angezeigt.

DIRECTORY Englische Bezeichnung für das Inhaltsverzeichnis einer Diskette, Festplatte oder einer otpischen Platte. Das leere Directory wird beim Formatieren angelegt. Beim Abspeichern einer Datei, wird deren Name (und andere Werte wie Länge, Datum etc.) im Directory automatisch eingetragen. Das Inhaltsverzeichnis kann unter MS-DOS mit dem DIR-Kommando eingesehen werden. Vgl. auch Inhaltsverzeichnis.

DIREKTE ADRESSIERUNG (engl. direct addressing). Hier werden die Speicherstellen (Adressen) eines Mediums (interner oder externer Speicher) direkt angesprochen. Beispiel: In einer Datei werden Kundenadressen abgespeichert. Dabei entspricht die Kundennummer direkt der Speicherstelle, ab welcher der Datensatz z.B. auf Festplatte abgespeichert ist. Der Datensatz des Kunden 2561106 wäre demnach auf Zylinder 256, Spur 11 und Sektor 6 auf der Festplatte abgelegt.

DIREKTE DATENERFASSUNG (engl. direct data recording). Die Daten gelangen bei dieser Methode unmittelbar zur Verarbeitung in den Rechner, d.h. die Erfassung erfolgt entweder über Tastatur oder über Lesegeräte von maschinenlesbaren Datenträgern. Vgl. auch Datenerfassung.

DIREKTE DATENFERNVERARBEITUNG (engl. direct remote data processing). Sie liegt vor, wenn die Daten vom Eingabegerät oder vom Rechner auf direktem Weg zum verarbeitenden Rechner geschickt, dort verarbeitet und direkt wieder zum Eingabegerät bzw. Rechner zurückgeschickt werden.

DIREKTMODUS GW-BASIC. Befehle wie PRINT, LOAD, SAVE können im Direktmodus direkt (ohne Zeilennummern) eingegeben und ausgeführt werden, d.h. sie müssen nicht Bestandteil eines Programms sein.

DIREKTZUGRIFF (engl. random access oder direct access). Die Datensätze einer Datei (mit wahlfreiem Zugriff) können direkt zur Verarbeitung vom externen Speichermedium eingelesen werden. Dies ist nur möglich auf Datenträgern mit wahlfreiem Zugriff wie Diskette oder Festplatte. Gegensatz: Indirekter Zugriff wie z.B. beim Magnetband. Hier müssen zunächst alle Datensätze gelesen werden, bis der gewünschte gefunden ist.

DIREKTZUGRIFFSSPEICHER (engl. random access memory). Speichermedium, bei dem auf jede Informationseinheit direkt zugegriffen werden kann. Intern: Der Arbeitsspeicher eines jeden Computers arbeitet nach diesem Prinzip, da jede Speicherzelle eine Adresse besitzt und somit direkt ansprechbar ist. Extern: Festplatte, optische Platte, Diskettenlaufwerk, da hier bedingt durch Plattendrehung und Bewegung der Schreib-/Leseköpfe jeder Punkt der Plattenoberfläche (und somit jedes Datum) direkt erreichbar ist.

DISASSEMBLER Programm, das Maschinensprache wieder in Assemblersprache zurückübersetzt. Es wird z.B. benötigt, wenn ein Programm geändert werden soll, von dem kein Quellcode (vgl. dort) vorliegt.

DISJUNKTION (engl. disjunction). Logische Verknüpfung unter Verwendung des Operators OR. Vgl. OR-Gatter.

DISK CACHING (engl. disk caching). Hardware- oder softwaremäßige Beschleunigung von Festplattenzugriffen durch Verwendung eines Datenpuffers im Arbeitsspeicher oder auf der Laufwerkskontrollerkarte. Vgl. Cache.

DISK OPERATING SYSTEM Abgekürzt DOS. Dateiverwaltungssystem. Hauptbestandteil eines jeden modernen Betriebssystems zur Kontrolle und Verwaltung aller Dateioperationen (Öffnen, Schließen, Laden, Speichern etc.).

DISKCACHE Konfigurationsbefehl von MS-OS/2 (R+P) zur Installation eines Diskcaches. Reserviert einen Speicherbereich zum Anlegen eines Diskcaches zum Beschleunigen von Schreib-/Lesevorgängen auf der Festplatte.
Eingabe:

    diskcache=n

Speicherzuweisung für den Diskcache, wobei n die Kilobytezahl angibt und von 64 bis 7200 variieren kann.
Beispiel:

    diskcache=1024

Legt einen Diskcache von 1 MByte (= 1024 KByte) Größe an.

DISKCOMP Externes MS-DOS- und MS-OS/2-Kommando (MS-DOS 3, MS-DOS 4, MS-OS/2 (R+P)). Im Netzwerk nicht verwendbar. Das Kommando DISKCOMP vergleicht

DISKCOPY

den Inhalt zweier Disketten auf Übereinstimmung (z.B. Original und Kopie). Dabei wird jeweils Spur für Spur verglichen. Festplatten und RAM-Disks können nicht verwendet werden, ebensowenig lassen sich einzelne Dateien vergleichen. Falls mit nur einem Laufwerk gearbeitet wird, fordert DISKCOMP zum Diskettenwechsel auf.
Eingabe:

```
diskcomp LW1: LW2:(/parameter)
```

Vergleicht die Disketteninhalte zweier Laufwerke.
Beispiel:

```
diskcomp a: b:
```

Vergleich der Disketten in Laufwerk A und B.
Parameter:

1   Vergleicht nur die erste Seite von Disketten.
8   Es werden nur 8 Sektoren pro Spur verglichen.

DISKCOPY Externes MS-DOS- und MS-OS/2-Kommando (MS-DOS 3, MS-DOS 4, MS-OS/2 (R+P)). Im Netzwerk nicht verwendbar. DISKCOPY führt eine 1:1 Kopie von Disketten durch, d.h., alle Bits des Originals werden kopiert und stehen auf der Kopie an der gleichen Stelle. Das bedeutet, daß selbst Hidden-Files und Systemfiles, und damit auch ein eventuell vorhandenes Betriebssystem (MS-DOS) mit übertragen werden. Ist die Zieldiskette nicht formatiert, wird automatisch vor dem Kopiervorgang eine Formatierung durchgeführt. Auf Laufwerke mit unterschiedlichem Diskettenformat (z.B. 1.2 MByte und 720 KByte) oder Festplatten und RAM-Disks ist Diskcopy nicht anwendbar.
Eingabe:

```
diskcopy LW1: LW2:(/parameter)
```

Kopiert den Inhalt von Diskette 1 auf Diskette 2.
Beispiel:

```
diskcopy a: b:
```

Kopiert Diskette in Laufwerk A komplett auf Diskette in Laufwerk B.
Parameter:

1   Kopiert nur eine Diskettenseite.

DISKETTE (engl. floppy disk). Flexible Plastikscheibe mit magnetisch beschichteten Oberflächen in einer Schutzhülle. Sie dient zur Speicherung von Daten und muß vor dem ersten Gebrauch formatiert werden (vgl. dort). Dabei werden u.a. die magnetischen Spuren und Sektoren sowie das Inhaltsverzeichnis erzeugt. Eine konventionelle 5 1/4-Zoll-Diskette besitzt diesen Aufbau: Eine Hülle aus kartonähnlichem Material, innen mit Reinigungsvlies ausgelegt. Eine Magnetscheibe, die sich in der Hülle dreht, und auf welcher die Daten gespeichert werden. Das Mittelloch mit Verstärkungsring (hier wird die Magnetscheibe festgeklemmt, so daß sie durch den Motor in der Hülle gedreht werden kann).

DISKETTENLAUFWERK

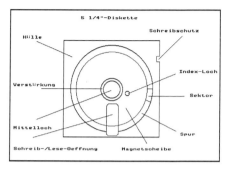

Bild 17: 5 1/4"-Diskette

Schreib-/Leseöffnung, entlang derer sich die Schreib-/Leseköpfe zum Anfahren der einzelnen Spuren bewegen. Eine Schreibschutzkerbe, die überklebt wird, wenn die Diskette vor Schreibvorgängen (Löschen) geschützt werden soll. Das Index-Loch, das zur Erkennung von Sektor 0 in der Spur dient. Spur, die beim Formatieren erzeugt wird (in der Regel 40 oder 80 Spuren pro Seite). Sektor, der beim Formatieren erzeugt wird (je nach Laufwerkstyp 9, 15, 18 Sektoren pro Spur). Vgl. auch Speicherkapazität, Spur 0.

DISKETTEN-BOX (engl. disk storage box). Auch Diskettensarg genannt. Abschließbarer Kunststoffbehälter mit durchsichtigem, aufklappbarem Deckel zur staubfreien Archivierung von 50 bis 100 5 1/4"- oder 3 1/2"-Disketten.

DISKETTEN-VERSANDBOX Stabile, schlagfeste Plastikbox (ca. 15x15x1 cm) zum sicheren Versand (von ca. 5) der empfindlichen 5 1/4"-Disketten.

DISKETTEN-VERSANDTASCHE Dient zum sicheren Versand einer 5 1/4"-Diskette und besteht aus stabilem Karton, der innen mit einem antistatischen Material beschichtet ist.

DISKETTENFORMAT (engl. disk format). Einteilung der Diskette in Spuren und Sektoren/Spur (vgl. hierzu auch Speicherkapazität). Unter MS-DOS werden hauptsächlich verwendet: 360 KByte-Format (40 Spuren, 9 Sektoren), 720 KByte-Format (80 Spuren, 9 Sektoren), 1.2 MByte Format (80 Spuren, 15 Sektoren) und 1.44 MByte-Format (80 Spuren, 18 Sektoren). Allerdings stehen nicht alle verfügbaren Spuren zur Datenaufnahme zur Verfügung. Spur 0 ist teilweise für die Bootinformationen, das Inhaltsverzeichnis und die Dateizuordnungstabelle reserviert (vgl. auch Spur 0).

DISKETTENLAUFWERK (engl. disk drive). Peripheriegerät (Speicher, Ein-/Ausgabegerät) zur permanenten Speicherung von Daten auf Magnetscheiben (Disketten). Je nach Typ besitzt das Gerät einen oder zwei Schreib-/Leseköpfe, wobei im ersten Fall nur eine Diskettenoberfläche genutzt wird, und ansonsten jeder der beiden Köpfe für eine der beiden Oberflächen zuständig ist. Diskettenlaufwerke arbeiten nach dem Prinzip des wahlfreien Zugriffs, d.h jeder Punkt auf der Diskettenoberfläche kann direkt erreicht

DISKETTENLAUFWERKSKONTROLLER

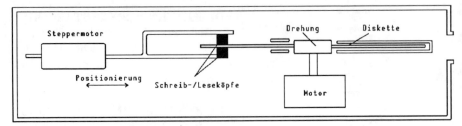

Bild 18: Aufbau eines Diskettenlaufwerks

werden. Das Prinzip ist dabei folgendes: Die Diskette wird durch einen Motor (Direktantrieb oder über Riemen) mit einer konstanten Geschwindigkeit (ca. 300 U/min) in ihrer Hülle gedreht (Y-Richtung). Ein zweiter Motor, meist ein Steppermotor, bewegt die Köpfe, die starr an einer Leiste befestigt sind, in Richtung Diskettenmittelpunkt bzw. davon weg (X-Richtung). Durch die X-Bewegung kann somit jede Diskettenspur, durch die Y-Bewegung jeder Diskettensektor (auf der jeweiligen Spur) erreicht werden. Da die Schreib-/Leseköpfe bei allen Diskettenlaufwerken direkt auf der Magnetschicht aufliegen, und so Schmutz von der Diskette aufnehmen, sollten sie regelmäßig, z.B. mit Hilfe von Reinigungsdisketten, gereinigt werden.

DISKETTENLAUFWERKSKON-TROLLER (engl. floppy disk controller). Erweiterungssteckkarte zur Steuerung von (gewöhnlich zwei Diskettenlaufwerken. Bei der XT-Version (8-Bit) können in der Regel nur 360- und 720-Kbyte-Laufwerke angeschlossen werden, die AT-Version (8- oder 16-Bit) bietet Anschlußmöglichkeiten für Laufwerke mit Kapazitäten von 360 KByte, 720 KByte, 1.2 MByte und 1.44 MByte. Sehr häufig ist der Kontroller für die Diskettenlaufwerke bei AT-Computern direkt auf dem Festplattenkontroller integriert (Einsparung eines Steckplatzes).

DISKETTENSTIFT Spezialfaserstift zur Beschriftung von 5 1/4"-Disketten. Besitzt eine sehr weiche Spitze, um Beschädigungen der empfindlichen Magnetschicht zu vermeiden.

DISKETTENVERSCHLEISS (engl. abrasion). Die Lebensdauer einer Diskette wird in Millionen Kopfdurchläufen pro Spur angegeben, ohne daß das Signalverhalten um mehr als 20 Prozent unterschritten wird. Durchschnittlich beträgt die Lebensdauer einer Diskette bei sachgemäßer Handhabung je nach Qualitätsstufe 35 — 75 Millionen Kopfdurchläufe pro Spur

DISKETTENVERZEICHNIS (engl. disk directory). Inhaltsverzeichnis (vgl. dort) einer Diskette mit Angaben über Dateinamen, Dateilängen, Uhrzeit und Datum der letzten Dateiänderung. Das (leere) Verzeichnis wird beim Formatieren der Diskette angelegt.

DISKFREE Turbo-Pascal-Funktion (Unit: Dos). Zeigt den freien Speicherplatz des angegebenen Laufwerks in Bytes.
Eingabe:

```
DiskFree(1);
```

Anstelle von 1 (Typ: Word) wird die Laufwerksbezeichnung in Form einer Zahl angegeben, wobei Laufwerk A = 1, Laufwerk B = 2, Laufwerk C = 3 usw. ist. 0 ist das momentan aktuelle Laufwerk.

DISKLESS WORKSTATION Begriff aus der Netzwerktechnik. Bezeichnet einen Arbeitsplatzrechner ohne eigene Massenspeicher wie Diskettenlaufwerk oder Festplatte. Das Betriebssystem ist in einem Festspeicher (EPROM) integriert und steht sofort nach Einschalten des Rechners zur Verfügung oder wird über das Netzwerk von der Festplatte des Servers geladen. Anwendungsprogramme und Daten werden ebenfalls über das Netz geladen.

DISKMONITOR Dienstprogramm, mit welchem die Inhalte der Sektoren einer Diskette auf den Bildschirm geholt, byteweise verändert und wieder zurückgeschrieben werden können.

DISKOPTIMIZER (engl. disk optimizer). Hilfsprogramm zur Neuordnung von Dateien auf Festplatte. Wenn auf Festplatten oft Dateien gelöscht und wieder neue Dateien dazu kopiert werden, kommt es zur sogenannten Dateienfragmentierung. Diese "Zerstückelung" einer Datei erfolgt immer dann, wenn die Datei aus Platzgründen nicht in einem Stück, sondern in mehreren kleineren, freien Bereichen der Platte abgespeichert wird. Diese Methode ist zwar vollkommen ungefährlich, jedoch dauert das Laden eines solchen Programmes länger, da die Schreib-/Leseköpfe dann die Programmteile auf den verschiedenen Spuren suchen müssen. Ein Optimizerprogramm fügt nun die einzelnen Teile dieser Programme wieder zusammen. Resultat: Höhere Ladegeschwindigkeit.

DISKSIZE Turbo-Pascal-Funktion (Unit: Dos). Zeigt die Speicherkapazität des angegebenen Laufwerks in Bytes.
Eingabe:

```
DiskSize(1);
```

Anstelle von 1 (Typ: Word) wird die Laufwerksbezeichnung in Form einer Zahl angegeben, wobei Laufwerk A = 1, Laufwerk B = 2, Laufwerk C = 3 usw. ist. 0 ist das momentan aktuelle Laufwerk.

DISPLAY

DISPLAY Englischer Begriff für Anzeige bzw. Sichtgerät.
Beispiele: Monitor, LCD-Anzeige.

DISPLAY.SYS Gerätetreiber für MS-DOS 3 und MS-DOS 4 zum Code-Page-Switching für Tastatur/Bildschirm. Normalerweise ist die im System verwendete Zeichentabelle in Form einer Hardwaretabelle auf der Graphikkarte fest installiert. DISPLAY.SYS erlaubt nun den Wechsel zu anderen Hard- oder Softwaretabellen, die jedoch zuvor mit dem Kommando MODE CODE-PAGE PREPARE vorbereitet worden sein müssen.
Eingabe:

    device=(LW:)(Pfad)display.sys
    con(:)=(typ,hwcp,n,m)

Installation des Treibers DISPLAY.SYS vom angegebenen Laufwerk und Verzeichnis mit Angabe von Kartentyp, Hardware-Codepage, zusätzlichen Codepages und Zeichensätzen.
Beispiel:

    device=c:display.sys con:=(ega,437,2)

Installation des Treibers aus dem Hauptverzeichnis der Festplatte C. Der verwendete Graphikadapter ist eine EGA-Karte mit der Hardware-Codepage der USA (437), wobei die Möglichkeit zur Verwendung zweier weiterer Codepages gegeben ist.
Parameter:

  Typ   Mögliche Eingaben sind hier: CGA, EGA, LCD (MS-DOS 4) und MONO. Ist der Typ nicht angegeben, untersucht DISPLAY die Hardware und wählt selbst den aktiven Graphikadapter. Bei Angabe von EGA wird auch VGA unterstützt.

  Hwcp Hardware-Codepage der Graphikkarte. Erlaubt sind 437 (USA), 850 (international), 860 (Portugal), 863 (Franz. Kanada) und 865 (Norwegen).

  N   Anzahl der zusätzlich von der Karte unterstützten Zeichentabellen. Ist bei Mono- und CGA-Karten 0, bei LCD-Displays 1 und bei EGA-Karten maximal 2.

  M   Anzahl (0-2) der Zeichensätze, die von den Zeichentabellen unterstützt werden. Bei Mono- und CGA-Karten muß der Wert 0 sein.

DISPOSE Turbo-Pascal-Prozedur. Stellt den Speicherplatz einer dynamischen Variablen wieder zur Verfügung.
Eingabe:

    Dispose(v);

Freigabe des Speicherplatzes der Zeigervariablen v (Typ: Beliebig).

DISTANZADRESSE (engl. displacement address). Adresse, aus welcher sich durch Addition mit der Basisadresse die tatsächliche, physikalische Adresse einer Speicherstelle ergibt.

DITHERING Englische Bezeichnung für ein Rasterungsverfahren zur Erzeugung von Halbtonvorlagen (z.B. von einem eingescannten Photo).

DL/1 Akronym für Data Language One (1). Datenbanksystem von IBM.

DMA Akronym für Direkt Memory Access. Direkter Speicherzugriff unter Umgehung des Prozessors.

DMA-KONTROLLER (engl. DMA controller). Spezieller Chip (8237) in PCs, der die CPU von Speicherübertragungsarbeiten (z.b. Kopien vom Arbeitsspeicher ins Video-RAM oder Ladeprozeduren vom externen Speicher in den Arbeitsspeicher und jeweils umgekehrt) entlastet.

DML Akronym für Data Manipulation Language. Datenmanipulationssprache. Sprache zum Ändern (z.b. Löschen, Erweitern, Updaten) von Datenbeständen in Datenbanken.

DMP Akronym für Dot Matrix Printer. Matrixdrucker (wie Nadeldrucker oder Tintenstrahldrucker), bei welchem die einzelnen Zeichen aus einzelnen Punkten, der sogenannten Matrix, aufgebaut sind.

DOKUMENTATION (engl. documentation). Beschreibung einer Hardware- oder Softwarekomponente. Eine gute Programm-Dokumentation sollte aus mindestens drei Teilen bestehen, dem Tutorial (Beschreibung der Befehle in der Reihenfolge, wie man sie für Problemlösungen braucht; mit Beispielen), der Anleitung (systematische, z.B. alphabetische Beschreibung) und dem Reference Manual (mit Erläuterungen, die mehr den technischen Aspekt betreffen, wie Programminstallation, Speicherverwaltung des Programms, Anpassung der Software an verschiedene Systeme etc.).

DONGLE Englische Bezeichnung für einen Hardwarekopierschutz in Form eines Steckers. Um ein Programm starten zu können, welches mit Hilfe eines Dongles geschützt ist, muß dieser auf die Druckerschnittstelle gesteckt werden. Da der Dongle durchgeschleift ist, läßt sich der Drucker weiterhin an dieser Schnittstelle betreiben. Bei Programmstart wird die im Dongle enthaltene, programmspezifische Coderoutine abgefragt. Fehlt der Dongle, läßt sich das Programm nicht starten. Vorteil: Man kann beliebige Sicherheitskopien des Programms anfertigen. Nachteil: Bei Verwendung mehrerer Programme auf dem gleichen Rechner, die mit Dongleschutz arbeiten, müssen die Dongles laufend ausgewechselt werden.

DOPPELDRUCK (engl. overprinting). Dieses Prinzip wird bei Nadeldruckern verwendet, um entweder ein stärkeres Druckbild zu erzielen (jedes Zeichen wird zweimal gedruckt) oder um Zeichen zu erzeugen, die im Zeichensatz des Druckers nicht enthalten sind, wie z.B. das "ê". Hier wird im ersten Druckgang der Buchstabe e gedruckt, dann der Druckkopf um eine Position zurückgesetzt und abschließend wird der Hochpfeil darüber gesetzt.

DOPPELKLICK

DOPPELKLICK (engl. double-click). Zweimaliges, schnelles Drücken einer Maustaste zum Auslösen von spezifischen Funktionen in graphischen Benutzeroberflächen.

DOPPELSCHACHT (engl. double bin cut sheed feeder). Zusatzgerät mit zwei Papierschächten für Drucker zum automatischen Einzug von Einzelblättern. Vgl. Papierschacht.

DOPPELSEITE Gegenüberliegende Seiten einer Publikation (links mit gerader, rechts mit ungerader Numerierung).

DOPPELTE GENAUIGKEIT (engl. double precision). Bei der Berechnung von Kommazahlen wird auf ca. doppelt soviele Nachkommastellen wie normal (= einfache Genauigkeit) gerechnet. Unter GW-BASIC werden z.B. einer doppelt genauen Variablen oder Konstanten maximal 17 (anstatt 7) Stellen zugewiesen. Damit läßt sich die Gefahr von Rundungsfehlern minimieren, der Rechenaufwand ist allerdings höher.

DOS Akronym für Disk Operating System. Zusammengehörige Gruppe von Dienstprogrammen, welche die Dateien- und Laufwerksverwaltung sowie primäre Bedienungsfunktionen übernehmen.

DOS-FEHLERCODES (engl. DOS error codes). Unter MS-DOS können über den DOS-Interrupt 21 (Funktion 59) beim Auftreten eines Fehlers die erweiterten Fehlercodes abgefragt werden. Die Ausgabe der Fehlercodes erfolgt im Prozessorregister AX. Vgl. Fehlercodes.

DOS-INTERRUPT (engl. DOS interrupt). Unter MS-DOS stehen folgende Interrupts zur Verfügung:

Interrupt	Funktion
20h	Programm beenden
21h	Aufruf von Funktionen
22h	Adresse bei Programmende
23h	Adresse bei Abbruch mit CTRL/C
24h	Adresse bei Abbruch durch Fehler
25h	Diskettensektor lesen
26h	Diskettensektor schreiben
27h	Programm beenden und im Speicher halten
2F	Multiplexer-Steuerung

Der Aufruf von MS-DOS-Interrupts erfolgt über die Assembler-Anweisung INT.

DOS-PLUS Nahezu MS-DOS-kompatibles Betriebssystem von der Firma Digital Research, unter dem auch CP/M-Programme ablauffähig sind.

DOSEXITCODE Turbo-Pascal-Funktion (Unit: Dos). Liefert den DOS-Exit-Code eines aufgerufenen Programms.
Eingabe:

```
DosExitCode;
```

Das höherwertige Byte des zurückgelieferten Codes kann folgende Werte annehmen:

0 = Normal, 1 = Programmabbruch durch CTRL/C bzw. CTRL/BREAK, 2 = Abbruch aufgrund eines Gerätefehlers, 3 = Abbruch durch KEEP-Prozedur von Pascal.

DOT Englische Bezeichnung für Graphikpunkt. Wird wie die Bezeichnung Pixel (vgl. dort) verwendet, um die Auflösungsfähigkeit eines Bildschirms oder Druckers anzugeben.

DOWNLOAD Bezeichnet entweder den Vorgang der Datenübertragung von einem Großrechner auf einen kleineren Computer bzw. allgemein in der Datenfernübertragung vom entfernten zum lokalen Computer (= Gerät, an dem man arbeitet) oder den Prozeß des Ladens von Zeichen(-sätzen) in den Speicher eines Druckers, um die für den Ausdruck benötigten Schriften zur Verfügung zu haben.

DPATH MS-OS/2-Kommando. Im Netzwerk verwendbar. Mit dem DPATH-Kommando lassen sich im Protected Mode Laufwerke und/oder Verzeichnisse angeben, die nach Anwendungen bzw. Dateien mit anderen Extensionen als EXE, COM, BAT und CMD durchsucht werden sollen. Entspricht in etwa dem APPEND-Kommando unter MS-DOS.
Eingabe:

```
dpath (LW:)(Pfad);(LW:)(Pfad)
```

Aufnahme der angegebenen Laufwerke/Verzeichnisse (jeweils getrennt durch Semikolon) in den Pfad.
Beispiel:

```
dpath a:;c:; c:\dos;
```

Nimmt die Hauptverzeichnisse von Laufwerk A und C sowie das Unterverzeichnis DOS auf C in den Pfad auf.

DPI Akronym für Dots per Inch (Punkte pro Zoll). Maßzahl für die Auflösungsfähigkeit von Druckern. So besitzt ein Laserdrucker in der Regel eine Auflösung von 300x300 dpi, d.h. auf einem Quadratzoll können 300x300=90000 Punkte gedruckt werden.

DRAFT Englische Bezeichnung für die Entwurfsschrift bei Druckern, die über einen Schönschriftmodus verfügen. Bei 24-Nadel-Druckern wird z.B. im Draft-Modus nur mit 9 Nadeln gedruckt. Vorteil: Schnellerer Ausdruck. Nachteil: Mäßige Schriftqualität.

DRAG Englische Bezeichnung für das Verschieben von Bildschirmsymbolen in graphischen Benutzeroberflächen bei gedrückter Maustaste.

DRAHTMODELL (engl. wire frame). Dreidimensionaler Körper in Graphiken, bei dem die Hidden Lines (vgl. dort), also die versteckten Linien bzw. Kanten, noch sichtbar und die Flächen nicht ausgefüllt sind.

DRAM

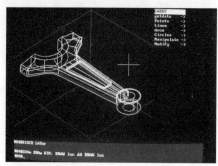

Bild 19: Drahtmodell

DRAM Akronym für Dynamic Random Access Memory. Dynamischer Halbleiterspeicher (vgl. dort).

DRAW GW-BASIC-Anweisung. Sie dient zum Zeichnen von Linien. Folgende Optionen stehen zur Verfügung (für n ist jeweils eine Zahl zu setzen):

```
Dn    nach unten      Un    nach oben
Ln    nach links      Rn    nach rechts
Fn    rechts unten    En    rechts oben
Gn    links unten     Hn    links oben
B     Bewegung ohne Zeichnen
N     Bewegung und Rückkehr zum Start-
      punkt
Mn,nZeichnet Linie zur angebenen Posi-
      tion
An    Winkel setzen (0 = 0 Grad,
                     1 = 90 Grad,
                     2 = 180 Grad,
                     3 = 270 Grad)
TAn   Drehen um angegebenen Winkel
Cn    Farbe bestimmen
Sn    Skalierungsfaktor setzen
```

Beispiel:

```
10 SCREEN 9
20 DRAW "C4;D100;R100;U100;L100"
```

Das Programm zeichnet ein Quadrat mit der Seitenlänge 100 und in der Farbe Rot auf einem EGA-Bildschirm.

DRAWPOLY Turbo-Pascal-Prozedur (Unit: Graph). Dient zum Zeichnen eines Polygons.
Eingabe:

```
DrawPoly(Ecken,Koord);
```

Für Ecken ist die Anzahl der Polygonecken zu setzen. Die Variable Koord enthält die Koordinatenpaare der Eckpunkte und ist meist als Array vom Typ PointType definiert. Da Anfangs- und Endpunkt des Polygons identisch sind, muß dieses Koordinatenpaar doppelt aufgeführt sein.

DREH-/SCHWENKFUSS (engl. tilt/swivel stand). Untergestell für Computermonitore, das sich in beide Richtungen drehen und nach vorne/hinten neigen läßt, so daß der Monitor auf die optimale Arbeitsposition eingestellt werden kann.

DREHFUSS (engl. swivel stand). Untergestell für Computermonitore, das sich in beide Richtungen drehen läßt, so daß der Monitor auf den richtigen Blickwinkel eingestellt werden kann.

DRIVER.SYS

DRIVE Englische Bezeichnung für Laufwerk, z.B. Disk Drive = Diskettenlaufwerk.

DRIVER.SYS Gerätetreiber für MS-DOS 3 und MS-DOS 4 zur Unterstützung logischer Laufwerke. Mit DRIVER.SYS kann ein vorhandenes Diskettenlaufwerk (keine Festplatte; vgl. dazu SUBST) unter einem anderen logischen Namen angesprochen werden. Diesem zweiten, logischen Laufwerk lassen sich andere Parameter zuordnen, so daß dieses Laufwerk, beispielsweise bei Verwendung der physikalischen Bezeichnung, Disketten auf 1.44 MByte formatiert, bei Verwendung der logischen Bezeichnung aber auf 720 KByte (vorausgesetzt das Laufwerk unterstützt diese Formate). Die logischen Laufwerksbezeichnungen werden von DRIVER.SYS automatisch zugeteilt, wobei der nächste freie Kennbuchstabe verwendet wird. Weiterhin können mit dem Treiber externe Diskettenlaufwerke ins System integriert werden.
Eingabe:

> device=(LW:)(PFAD)driver.sys /d:LW(/parameter)

Installation von DRIVER.SYS aus dem angegebenen Verzeichnis und Laufwerk mit Angabe der Laufwerksnummer und eventueller Zusatzparameter.
Beispiel:

> device=driver.sys /d:1/f:2/t:80/s:9

Hier erfolgt die Installation des Treibers aus dem Hauptverzeichnis des Bootlaufwerks. Physikalisches Laufwerk, auf das Bezug genommen wird, ist Laufwerk B (d:1). Die automatisch zugeteilte, logische Bezeichnung ist der nächste freie Kennbuchstabe (in einem System mit einer Festplatte C wäre dies dann D). Das Format des Laufwerks beträgt 720 KB (f:2), die Zahl der Spuren pro Seite beläuft sich auf 80 (t:80), die der Sektoren pro Spur auf 9 (s:9). Angenommen, das physikalische Laufwerk ist ein 1.44-MB-Laufwerk (3 1/2 Zoll) und man hat ihm obige Werte zugeordnet, dann wird bei Eingabe des Kommandos FORMAT B: auf 1.44 MByte formatiert, bei Eingabe von FORMAT D: (bzw. einem anderen zugeteilten Kennbuchstaben) jedoch auf 720 KByte.
Parameter:

D:LW   Physikalische Laufwerksnummer (0-127), wobei Laufwerk A die Nummer 0, Laufwerk B die Nummer 1 trägt. Das erste (externe) Disklaufwerk hat die Nummer 3 usw.

C   Unterstützung der Doorlock-Funktion bei Laufwerken, die selbst hardwaremäßig erkennen, wenn die Laufwerkstür geöffnet ist (= keine Diskette im Laufwerk).

F:n   Laufwerkstyp. Defaultwert: 2. Für n sind folgende Werte erlaubt:
0   160/180- u. 320/360-KByte-Laufwerk. 1   1.2-MByte-Laufwerk. 2   720-KByte-Laufwerk (3 1/2"). 7   1.44-MByte-Laufwerk (3 1/2").

H:nn   Anzahl der Schreib-/Leseköpfe (0-99) festlegen. Defaultwert: 2.

N   Anzeige einer "Non-removable"-Geräteeinheit, also eines festinstallierten Gerätes (Gegensatz wäre z.B. Wech-

125

DRIVPARM

S:nn selplatte). Unter MS-DOS 4 nicht verfügbar.
Angabe der Sektorenzahl (0-99) pro Spur. Defaultwert:9.T:nnn Angabe der Spurenzahl (0-999) pro Seite. Defaultwert ist 80.

DRIVPARM Konfigurationsbefehl von MS-DOS 4 zum Ändern von Laufwerksparametern. Mit DRIVPARM lassen sich die defaultmäßigen Laufwerksparameter von MS-DOS abändern. So kann dem System z.B. mitgeteilt werden, daß das Diskettenlaufwerk B kein 1.2 MByte- sondern ein 1.44 MByte-Laufwerk ist. Sollen einem physikalischen Laufwerk mehrere unterschiedliche Parametergruppen zugeordnet werden, dann ist der Gerätetreiber DRIVER.SYS zu installieren. Eingabe:

```
drivparm=/d:LW(/parameter)
```

Zuordnung neuer Parameter für das angegebene Laufwerk.
Beispiel:

```
drivparm=/d:0/f:7/h:2/t:80/s:18
```

Diese Eingabezeile bestimmt für Laufwerk A folgende Werte: 3 1/2-Zoll-Laufwerk mit 1.44 MB Kapazität, 2 Schreib-/Leseköpfe, 80 Spuren und 18 Sektoren pro Spur.
Parameter:

D:LW Physikalische Laufwerksnummer (0-255), wobei Laufwerk A die Nummer 0, Laufwerk B die Nummer 1 usw. trägt.

C Unterstützung der Doorlock-Funktion bei Laufwerken, die selbst hardwaremäßig erkennen, wenn die Laufwerkstür geöffnet ist (= keine Diskette im Laufwerk).

F:n Laufwerkstyp. Defaulteinstellung: 2. Für n sind folgende Werte erlaubt:
0 160/180- und 320/360-KByte-Laufwerk. 1 1.2-MByte-Laufwerk.
2 720-KByte-Laufwerk (3 1/2 Zoll).
5 Festplatte. 6 Bandlaufwerk.
7 1.44-MByte-Laufwerk (3 1/2").

H:nn Anzahl der Schreib-/Leseköpfe (0-99) festlegen. Defaultwert: 2.

I Anzeige, daß ein 3 1/2"-Diskettenlaufwerk benutzt wird. Notwendig bei BIOS-Versionen, die 3 1/2"-Laufwerke nicht unterstützen.

N Anzeige einer "Non-removable"-Geräteeinheit, also eines festinstallierten Gerätes (wie Festplatte).

S:nn Angabe der Sektorenzahl (0-99) pro Spur. Default: 9.

T:nnn Angabe der Spurenzahl (0-999) pro Seite. Defaultwert ist 80.

DROPOUT Signalausfall auf Magnetbändern infolge von Fehlern in der Magnetbeschichtung. Ein Dropout führt zu Datenverlusten, falls die schadhaften Stellen nicht per Software von der Benutzung ausgeklammert werden.

DROPDOWN-MENÜ (engl. dropdown menu). Unter einem Menü (innerhalb einer graphischen Benutzeroberfläche) versteht man zunächst einmal eine Auswahltafel auf dem Bildschirm, auf der sich programmspezifische Optionen aktivieren lassen. Der Begriff „Dropdown" besagt, daß diese Tafel praktisch aufgerollt unter einer Leiste, der Menüleiste, am oberen Bildschirmrand liegt

DRUCKER

Bild 20: Dropdown-Menü

Codes 128 bis 255 beim Epsonzeichensatz nicht mit Graphikzeichen, sondern mit Kursivschrift belegt sind.

Drucker verfügen in der Regel über eine parallele (Centronics) und/oder serielle (RS 232) Schnittstelle. Während sich der Anschluß an den Computer über die Parallelschnittstelle auf das Anschließen des Kabels beschränkt, müssen bei der

und sich automatisch nach unten aufrollt, wenn die Leiste mit dem Mauszeiger berührt oder angeklickt wird. Gegensatz: Pulldown-Menü.

DRUCK Sondertaste auf der PC-Tastatur zum Auslösen einer Bildschirm-Hardcopy. Sie ist auf amerikanischen Tastaturen mit PRINT-SCREEN (vgl. dort) beschriftet.

Bild 21: Nadeldrucker

DRUCKER (engl. printer). Drucker zählen mit zu den wichtigsten Peripheriegeräten in der EDV. Entsprechend groß ist die Vielzahl der Anbieter wie Modelle und der Anwender hat oft Probleme, den richtigen Drucker für seinen Computer zu finden.

In der PC-Welt gilt IBM als Standard. Dementsprechend sind dort Drucker mit IBM-Zeichensatz problemlos zu verwenden. Verfügt das Gerät nur über den Epson-Zeichensatz, dann werden die deutschen Sonderzeichen (Umlaute, Eszett) oft nicht korrekt wiedergegeben. Ein Ausdruck von Blockgraphik ist ebenfalls nicht möglich, weil die ASCII-

seriellen Variante zusätzlich Softwareeinstellungen (über das MS-DOS-Kommando MODE) vorgenommen werden. Hinsichtlich des Druckertyps haben sich heute im wesentlichen vier Kategorien herausgebildet:

— Zeilendrucker mit mechanischem Anschlag:
Bei diesen Geräten werden die Zeichen einer Zeile immer gleichzeitig ausgedruckt. Vorteile: Sehr hohe Geschwindigkeit, Durchschläge möglich. Nachteile: Größe der Geräte, hoher Geräuschpegel. Beispiele: Trommeldrucker, Kettendrucker.

— Zeichendrucker mit mechanischem Anschlag:

DRUCKERANSCHLUSS

Hierzu zählen die bekanntesten Druckertypen wie Nadeldrucker oder Typenraddrucker. Die Zeichen werden nacheinander erzeugt. Vorteile: Preisgünstig, kaum Wartungsarbeiten, Durchschläge möglich. Nachteile: Relativ langsam, laut.

— Zeichendrucker ohne mechanischen Anschlag:
Bei Thermodruckern oder Tintenstrahldruckern werden die Zeichen ebenfalls einzeln erzeugt. Vorteile: Preisgünstig, sehr leise. Nachteile: Keine Durchschläge, spezielles Verbrauchsmaterial erforderlich.

— Seitendrucker ohne mechanischen Anschlag
Der Laserdrucker als bekanntester Vertreter dieser Gattung arbeitet nach dem elektrostatischen Prinzip. Dabei werden auf der Bildtrommel alle Stellen elektrisch aufgeladen, an denen später der Toner für die Zeichen einer kompletten Seite haften soll. Daher die Bezeichnung Seitendrucker. Vorteile: Sehr gutes Schriftbild, leise. Nachteile: Wartungsanfällig, relativ teuer.

DRUCKERANSCHLUSS (engl. printer connector oder printer port). Der Druckeranschluß an PCs erfolgt in der Regel an der parallelen Schnittstelle, seltener an der seriellen Schnittstelle. Im zweiten Fall müssen die Übertragungsparameter der Schnittstelle mit dem MODE-Befehl (vgl. dort) an den Drucker angepaßt werden.

DRUCKEREMULATION (engl. printer emulation). Fähigkeit eines Druckers, sich wie ein anderer Drucker zu verhalten, d.h. dessen Steuersignale zu verstehen und in Druckwerte umzusetzen. Beispiel: Ein Laserdrucker besitzt die Emulationen Diablo 630 und IBM Graphicsprinter. Dies bedeutet, daß er anstelle eines Typendraddruckers, nämlich des Diablo 630, oder eines IBM-Nadeldruckers eingesetzt werden kann. Vorteil: Der Laser kann auch als Ausgabegerät für Programme verwendet werden, die nur Treiber für Typenrad- oder Matrixdrucker, aber nicht für Laserdrucker besitzen. Nachteil: Die Fähigkeiten des Lasers werden eingegrenzt auf diejenigen des Druckers, den er emuliert.

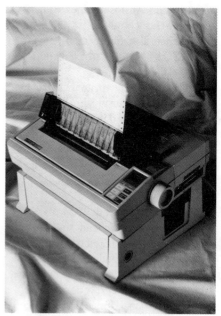

Bild 22: Druckerständer

DRUCKERSTÄNDER (engl. printer stand). Zubehör zur Aufnahme von Endlospapier (vgl. dort). Der Ständer wird platzsparend unter den Drucker gestellt und kann ca. 500 Blatt Papier aufnehmen. Der Drucker zieht bei Betrieb das benötigte Papier selbständig vom Druckerständer ein.

DRUCKERZEICHENSATZ (engl. printer font). Zeichensatz (alle Zeichen einer Schriftart in einer bestimmten Größe und mit einem bestimmten Attribut wie Normal, Fett oder Kursiv), den ein Drucker zum Ausdruck verwendet. Der Zeichensatz kann entweder resident vorliegen, d.h. er ist fest in den ROMs des Gerätes bzw. optionalen Fontkarten verankert, oder er wird als zuladbarer Zeichensatz vor dem Ausdrucken von Festplatte in den Druckerspeicher geladen. Je nach Druckgerät stehen unterschiedlich viel residente und zuladbare Sätze zur Verfügung, wobei für Laserdrucker die Auswahl am größten ist.

DRUCKKOPF (engl. print head). Hauptbestandteil jedes Zeichendruckers. Je nach Gerätetyp ist der Kopf anders konstruiert. Typenraddrucker: Typenrad, auf dem die Zeichen rundum (wie kleine Stempel) angebracht sind und durch Drehung des Typenrades in Druckposition gebracht werden. Matrixdrucker: Am Kopf befinden sich senkrecht untereinander soviele Nadeln (bzw. Düsen), wie der Drucker vertikal zum Druck eines Zeichens benötigt (als 9, 18, 24 oder 48). Je höher die Anzahl, desto feiner das Schriftbild. Bei Matrixdruckern ist der Druckkopf das anfälligste Bauteil und wird z.B. bei Tintenstrahldruckern in der Regel bei jedem Wechsel der Tintenpatrone mit ausgetauscht, bei Nadeldruckern nach jeweils ca. 100-400 Millionen Zeichen.

DRUCKKOSTEN (printing costs). Sie berechnen sich aus den Faktoren Lebensdauer und Anschaffungskosten des Geräts (fixe Kosten) sowie den laufenden Kosten wie Reparaturen, Verbrauchsmaterial (Papier, Farbe, Strom, Ersatzteile). Bei einem Laserdrucker liegen die laufenden Kosten pro Druckseite (ohne Papier) z.B. im Durchschnitt bei 0.04 bis 0.08 DM.

DRUCKMASKE (engl. print mask). Analog zur Bildschirmmaske (vgl. dort) wird eine Druckmaske immer dann benötigt, wenn Daten auf bestimmten Positionen (z.B. in Formularen) ausgedruckt werden sollen. Bei Bildschirmausdrucken (Hardcopies) können Bildschirmmaske und Druckmaske oft übereinstimmen, bei konventionellen Ausdrucken (z.B. einer Rechnung) müssen jedoch Eingabepositionen am Bildschirm und Ausgabepositionen auf dem Papier u.a. aufgrund der unterschiedlichen Formate im Programm umgerechnet und als Druckmaske definiert werden.

DRUCKPUFFER (engl. print buffer). Softwaremäßig reservierter Speicherbereich eines Computers, in welchem die Daten zur Weiterverarbeitung durch den Drucker zwischengespeichert werden. Während des Ausdrucks kann am Computer weitergearbeitet werden. Vgl auch Printer-Puffer, Spooler.

DRUCKVORLAGE Endgültige Fassung einer Dokumentenseite vor dem Ausdruck.

DRUCKWEGOPTIMIERUNG (engl. logic-seek printing). Verfahren, um die Druckzeit von Zeichendruckern (z.B. Nadeldruckern) zu reduzieren. Dazu zählt z.B. der bidirektionale Druck (Druck in beiden Richtungen) und das Überspringen von Leerstellen. Beides ist nur möglich, wenn die Zeichen (mindestens) der jeweils nächsten Zeile im voraus berechnet sind.

DRUM STORAGE Englische Bezeichnung für Magnettrommelspeicher (vgl. dort).

DRV Abkürzung für Drive. Laufwerk.

DS/DD Akronym für Double Sided/Double Density. Englische Bezeichnung für Disketten, die auf beiden Seiten mit doppelter Dichte bespielbar sind. Gewöhnlich werden diese Disketten auf PCs mit 360-KByte-Laufwerken verwendet. Kapazität: 360 Kilobyte.

DS/HD Akronym für Double Sided/High Density. Englische Bezeichnung für Disketten, die auf beiden Seiten mit hoher Dichte bespielbar sind. Diese Art von Disketten kann nur in den HD-Laufwerken von AT-Computern verwendet werden und besitzt eine Kapazität von ca. 1.2 MByte (5 1/4"-Format) bzw. ca. 1.44 MByte (3 1/2"-Format).

DSEG Turbo-Pascal-Funktion. Ermittelt die Adresse des gegenwärtigen Datensegments (mit den globalen Variablen). Eingabe:

```
DSeg;
```

Die Adresse wird aus dem Prozessorregister DS geholt.

DSR Akronym für Device Status Report. Zustandsmeldung von Geräten.

DTE Akronym für Datentransfereinrichtung wie Modem oder Akustikkoppler.

DTR Akronym für Data Terminal Ready. Signal, welches anzeigt, daß Sender bzw. Empfänger bereit sind.

DUAL INLINE PACKAGE Abkürzung: DIP. Bezeichnung für eine Gehäusekonstruktion elektronischer Bauteile, bei der die Anschlüsse in Form von zwei Reihen parallel verlaufender Pins (Beinchen) am Gehäuseboden verlaufen.

DUALCODE (engl. binary code). Stellenwertsystem (Zahlensystem) mit der Basis zwei und ebensovielen Ziffern (vgl. Dualsystem).

DUALSYSTEM (engl. binary system). Auch Dualcode. Stellenwert-

DUPLIKAT

Beispiel:
    13:2 = 6 Rest 1
    6:2 = 3 Rest 0
    3:2 = 1 Rest 1
    1:2 = 0 Rest 1

Da der letzte Restwert immer als höchste Dualziffer (= Binärziffer) genommen wird, erhält man die Dualzahl 1101.

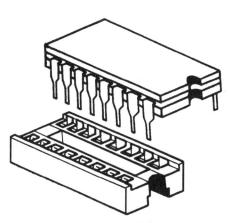

Bild 23: Chip im DIP-Gehäuse

system mit der Basis 2 und den Ziffern 0 und 1. Die Umrechnung vom Dualsystem ins Dezimalsystem erfolgt durch Zuordnung und anschließende Addition der entsprechenden dezimalen Stellenwerte.
Beispiel:

Dualzahl: 1   1   0   1
Stellenwert: 2^3 2^2 2^1 2^0
Addition: $1 \times 2^3 + 1 \times 2^2 + 0 \times 2^1 + 1 \times 2^0$

Da 2^0 laut Definition immer 1 ergibt, erhält man als dezimalen Wert die Zahl 13. Die Umrechnung vom dezimalen ins duale System erfolgt nach der sogenannten Restmethode. Die Dezimalzahl wird jeweils durch 2 dividiert, wobei die jeweiligen Divisionsreste die Dualzahl ergeben.

DUMMY Bezeichnung für das Probelayout einer Seite mit beliebigem Text und Graphik um sich ein Bild von der Aufmachung und Anordnung machen zu können bzw. für Zeichen ohne Bedeutungsgehalt (Füllzeichen oder Platzhalter).

DUMP Ausgabe des Speicherinhalts (oder Teilbereichen davon) eines Computers auf Bildschirm oder Drucker. Gewöhnlich wird der Dump in hexadezimaler Notation ausgegeben. Manchmal werden zusätzlich noch die ASCII-Werte aufgeführt.

DUPLEX (engl. duplex). Betriebsart in der Datenübertragung. Vgl. Vollduplex.

DUPLIKAT (engl. duplicate). 1:1 Kopie eines Datenträgers. Insbesondere bei der Arbeit mit Magnetplatten sollten im Sinne der Datensicherung täglich Duplikate der vorhandenen Datenbestände angefertigt werden, damit bei Ausfall oder Beschädigung des Originaldatenträgers kein Datenverlust entsteht.

DURCHSATZ (engl. throughput). Bezeichnet die Höhe der Übertragungsrate zwischen externem Speicher (Festplatte, Diskette) und Arbeitsspeicher, gemessen in KByte pro Sekunde.

DURCHSCHUSS (engl. leading). Abstand zwischen zwei Textzeilen und zwar zwischen Kegeloberkante und Kegelunterkante.

DV Akronym für Datenverarbeitung.

DVA Akronym für Datenverarbeitungsanlage.

DYNAMISCHER HALBLEITERSPEICHER (engl. dynamic semiconductor memory). In diesen Speichern beinhaltet jedes Speicherelement einen Kondensator, der aufgeladen werden kann. Die binären Zustände 0 und 1 lassen sich dabei durch den Ladezustand des Kondensators darstellen. Da sich Kondensatoren von selbst wieder entladen, muß ein solcher Baustein in regelmäßigen Abständen wieder „aufgefrischt" werden, was die Zugriffszeiten erhöht. In der Regel sind die RAM-Bausteine im Arbeitsspeicher eines Computers dynamische Speicher. Liegt keine Spannung mehr an (z.B. nach Abschalten des Computers), gehen die gespeicherten Informationen verloren.(vgl. statischer Halbleiterspeicher).

DYNAMISCHER PARAMETER (engl. dynamic parameter). Parameter, der nicht vom Anwender eingegeben wird, sondern während des Programmablaufs (z.B. durch Berechnungen) selbständig erzeugt wird und von Folgeroutinen weiterverarbeitet werden kann.

DYNAMISCHES LINKEN (engl. dynamic linking). Programmteile, die zur Ausführung eines Programms notwendig sind (z.B. Ein-/Ausgaberoutinen), werden beim dynamischen Linken erst direkt vor dem Laden eines Programms oder der Programmausführung an das Programm angehängt.

DYNAMISCHES RAM (engl. dynamic RAM). Arbeitsspeicher eines Computers, der aus dynamischen Halbleiterbausteinen (vgl. dort) aufgebaut ist.

E

E Ziffer des hexadezimalen Zahlensystems. Entspricht dem Dezimalwert 14.

E-13-B In den USA entwickelte Magnetschrift bestehend aus den 10 Ziffern und Steuerzeichen. Die E-13-B-Schrift ist auch vom Menschen direkt lesbar. Die einzelnen Zeichen bestehen aus einer eisenhaltigen Farbe und können so von Magnetschriftlesern entziffert werden. Heute kaum mehr gebräuchlich.

E/A-BEREICH (engl. I/O area). Ein-/Ausgabebereich. Speziell für Ein-/Ausgabeoperationen reservierter Bereich des Arbeitsspeichers, der meist direkt (DMA-Verfahren), ohne zeitraubenden Umweg über den Prozessor, angesprochen werden kann.

EAN-CODE Akronym für Europäischer Artikel-Nummern Code. Variante des Strichcodes. Der Code wird zumeist zur Beschriftung von Waren verwendet und besteht aus 13 senkrechten Strichen, von denen die ersten beiden das Herkunftsland angeben, die nächsten fünf die Betriebsnummer des Herstellers, weitere fünf die Artikelnummer. Der letzte Strich wird als Prüfziffer verwendet.

Bild 24: EAN-Code

EBCDI-CODE Akronym für Extended Binary Coded Decimal Interchange Code (erweiterter, binär verschlüsselter, dezimaler Austauschcode). Der EBCDI-Code besteht aus 8 Bit, aufgeteilt in zwei Tetraden, den Zonen- und Ziffernteil zu je 4 Bit. Insgesamt lassen sich 256 Zeichen darstellen. So hat z.B. der Buchstabe A im EBCDI-Code den Hexadezimalwert C1 und den binären Wert 1100 0001 (vgl. Tabelle). Im PC-Bereich findet der EBCDI-Code kaum Anwendung, er ist vielmehr im Bereich der mittleren Datentechnik üblich und wird auch dort mehr und mehr vom ASCII-Code abgelöst. Zur Verschlüsselung von alphabetischen Zeichen und der Sonderzeichen wird jeweils ein komplettes Byte benötigt. Man spricht dann von der ungepackten Speicherung. Ziffern können sowohl ungepackt als auch gepackt gespeichert werden. Letzteres ist deshalb möglich, weil der Zonenteil immer gleich bleibt, nämlich F_H bzw. 1111 in binärer Schreibweise,

ECC

und somit für die Darstellung einer zweiten Ziffer genutzt werden kann.
Beispiel:

Ungepackte Speicherung der Zahl 16:

1		6	
Zonenteil	Ziffernteil	Zonenteil	Ziffernteil
1111	0001	1111	0110

Gepackte Speicherung der Zahl 16:

1	6
Zonenteil	Ziffernteil
0001	0110

Durch die gepackte Speicherung numerischer Daten läßt sich neben der Speicherplatzersparnis (man benötigt nur ein Halbbyte statt eines Bytes zur Zeichendarstellung) auch eine rechnerinterne Geschwindigkeitserhöhung erzielen.

ECC Akronym für Error Checking and Correction. Fehlerkontrolle und Fehlerbeseitigung.

ECHO Interner Stapelbefehl (MS-DOS 3, MS-DOS 4, MS-OS/2). Im Netzwerk verwendbar. Innerhalb von Batch-Dateien werden Kommandos normalerweise am Bildschirm angezeigt. Mit dem ECHO-Kommando läßt sich diese Ausgabe beliebig ab- und zuschalten.
Eingabe:

```
echo on oder echo off
```

Ein- bzw. Ausschalten des Bildschirmechos.

Beispiel:

```
@echo off
echo Diese Zeile wird angezeigt
echo Diese Zeile ebenfalls
call word.bat
```

Abschalten des Echos, die Zeilen 2 und 3 werden aufgrund des ECHO-Befehls zu Zeilenbeginn angezeigt, Zeile 4 hingegen nicht. Die erste Zeile wird ebenfalls angezeigt, da ECHO OFF erst auf die Folgezeilen wirkt. Daher setzt man für diesen Fall das @-Zeichen, welches bewirkt, daß eine einzelne Zeile nicht angezeigt wird (Gegenstück zu ECHO).

ECHTZEITANIMATION (engl. realtime animation). Darstellung bewegter Graphik auf einem Sichtgerät, wobei (die Bildberechnung und) die Darstellung in Echtzeit erfolgt, d.h. so wie der Bewegungsablauf auch in der Realität erfolgt. Echtzeitanimation wird in Simulatoren verwendet (z.B. Flugzeugsimulatoren der Lufthansa), wo Darstellungsänderungen sofort und in direkter Abhängigkeit von Eingaben des Bedieners (z.B. Lenkmanöver des Piloten) erfolgen müssen. Vgl. auch Animation.

ECHTZEITVERARBEITUNG

(engl. realtime processing). Art der Datenverarbeitung, bei der anfallende Daten sofort verarbeitet werden (vgl. Dialogverarbeitung). Gegensatz: Stapelverarbeitung.

ECMA Akronym für European Computer Manufacturers Association. Normengremium der europäischen Computerhersteller, insbesondere für den Bereich der (magnetischen) Datenträger.

EDIT GW-BASIC-Befehl. Ruft die angegebene Zeile zum Editieren (Korrigieren) auf.
Beispiele:

```
EDIT 100
EDIT .
```

Im ersten Beispiel wird die Zeile 100 zum Editieren aufgerufen, im zweiten Fall die aktuelle Zeile.

EDITIEREN (engl. edit). Vorgang des Korrigierns (Ändern, Löschen, Hinzufügen etc.) eines Dokuments (Text, Quellprogramm) mit Hilfe eines speziellen Programms, des sogenannten Editors (vgl. dort).

EDITOR (engl. editor). Programm zum Erstellen, Korrigieren, Laden und Abspeichern von Dateien für Texte, Programme oder Daten, normalerweise im ASCII-Format. Reine Editoren werden vor allem in der Programmentwicklung oder während der Testphase benutzt. Textverarbeitungsprogramme, die im Grunde Editoren mit erweiterten Möglichkeiten wie Textformatierung, Auswahl von Zeichenattributen und Schriftarten etc. sind, können hierfür jedoch auch genutzt werden, sofern sie über die Möglichkeit verfügen, Dateien im ASCII-Format abzuspeichern. Anfänglich arbeiteten alle Editoren zeilenorientiert, d.h., man konnte jeweils nur eine Textzeile bearbeiten, dann zur nächsten übergehen usw. Sollte eine bereits eingegebene Zeile korrigiert (editiert) werden, mußte sie erneut durch Eingabe der Zeilennummer aufgerufen werden. Die Editoren ED (CP/M) bzw. EDLIN (vgl. dort), der zum Lieferumfang von MS-DOS gehört, sind Beispiele für diese veraltete Art von Editoren, die nur die notwendigsten Befehle zum Bearbeiten von Text enthalten. Moderne Programmeditoren arbeiten hingegen seitenorientiert, d.h., man kann den Cursor frei über den Bildschirm bewegen, direkt die zu bearbeitende Textstelle anfahren und editieren. Auch der Befehlsumfang ist wesentlich höher, 100 und mehr Befehle sind keine Seltenheit. Hierdurch lassen sich praktisch alle Textmanipulationen durchführen. Aufgrund einer oft vorhandenen Menütechnik braucht man sich die Masse der Befehle nicht zu merken,

EDLIN

sondern kann sie direkt am Bildschirm anwählen.

EDLIN Zeilenorientierter Editor, der, obwohl veraltet und unkomfortabel im Lieferumfang aller

---

BEFEHLSSATZ DES EDITORS EDLIN

Textdarstellung
List	Auflisten von Textzeilen
Page	Seitenweises Auflisten

Textänderung
Copy	Kopieren von Zeilen
Delete	Löschen von Zeilen
Edit	Korrigieren von Zeilen
Insert	Einfügen von Zeilen
Move	Verschieben von Zeilen
Transfer	Text von Diskette einfügen
Zeilennummer	Angegebene Zeile editieren

Suchen/Ersetzen
Search	Sucht Zeichenfolge
Replace	Ersetzt Zeichenfolge durch andere

Allg. Befehle
Append	Textzeilen von Diskette nachladen
End	Editieren beenden mit Abspeichern
Quit	Editieren beenden ohne Abspeichern
Write	Bestimmte Zeilen abspeichern

MS-DOS-Versionen enthalten ist. EDLIN eignet sich höchstens zum Erstellen und/oder Editieren einfacher, kurzer Dateien (Stapeldateien etc.).

EDP Akronym für Electronic Data Processing. Elektronische Datenverarbeitung.

EDV Akronym für Elektronische Datenverarbeitung.

EEPROM Akronym für Electric Erasable Programmable Read-Only Memory. Speicherbaustein, der mit Hilfe von speziellen Geräten (Eprom-Brenner) mit Informationen (Programmen, Daten etc.) bestückt werden kann. Anschließend verhält er sich wie ein Nur-Lese-Speicher (ROM). Das EEPROM kann nur durch elektrischen Strom wieder gelöscht werden.

EGA-KARTE Akronym für Enhanced Graphics Adapter. Graphikkarte, mit der bei Verwendung eines EGA-Monitors eine Farbwiedergabe mit 640x350 Bildpunkten bei gleichzeitiger Darstellung von 16 aus 64 möglichen Farben realisierbar ist. Durch spezielle Treibersoftware kann die Auflösung auf 800x600 Punkte erhöht werden. Das Übertragungsprinzip ist digital (TTL). Die Pinbelegung der 9poligen Buchse ergibt sich wie folgt:

1	Masse
2	Rot (sekundär)
3	Rot (primär)
4	Grün (primär)
5	Blau (primär)
6	Grün (sekundär)
7	Blau (sekundär)
8	Horizontale Synchronisation
9	Vertikale Synchronisation

EINADRESSBEFEHL

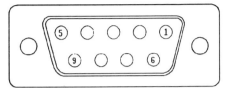

Bild 25: Anschlußbuchse der EGA-Karte

EGA.SYS Gerätetreiber von MS-OS/2 (R) zur Mausunterstützung für EGA-Graphikmodi. EGA.SYS bietet Mausunterstützung für verschiedene Graphikmodi des EGA-Adapters. EGA.SYS muß für Applikationen installiert werden, die das EGA-Register Interface benutzen. Folgende Modi werden unterstützt:
320x200 (256 Farben)
640x200 (16 Farben)
640x350 (16 Farben)
640x350 (Monochrom)
640x480 (256 Farben)
640x480 (16 Farben)
640x480 (2 Farben)
1024x768 (256 Farben)
1024x768 (16 Farben)

Eingabe:

```
device=(LW:)(Pfad)ega.sys
```

Installation des Treibers EGA.SYS aus dem angegebenen Laufwerk und Verzeichnis.
Beispiel:

```
device=c:\dos\ega.sys
```

Dieses Beispiel installiert EGA.SYS aus Verzeichnis DOS der Festplatte C.

EIA Akronym für Electronic Industry Association. Amerikanisches Normengremium u.a. für Schnittstellen. EIA-Schnittstellnormen erkennt man an den Buchstaben RS wie z.B. RS 232 C, RS 449.

EIN-/AUSGABEBEREICH (engl. input/output area). Spezieller Teil des internen Speichers, der für den Datenaustausch mit externen Geräten (z.B. Festplatte) reserviert ist.

EIN-/AUSGABEWERK (engl. input/output unit). Stellt die Verbindung zur "Außenwelt", den Peripheriegeräten (Laufwerke, Drucker, Modems etc.), her und regelt die Übertragung der Daten. Dies geschieht über die sogenannten Schnittstellen. Auch hier ist hinsichtlich der Geschwindigkeit wichtig zu wissen, ob die Busbreite 8, 16 oder 32 Bit beträgt.

EIN-CHIP-COMPUTER (engl. single chip computer). Mikrocomputer, dessen Bauteile (Prozessor mit Rechenwerk und Steuerwerk, Speicherwerk, Ein-/Ausgabewerk) auf einem einzigen Chip integriert sind.

EINADRESSBEFEHL (engl. single address instruction). Maschinenbefehl, der außer dem Operationscode nur eine Adresse bzw. einen Operanden enthält. Bei Prozessoren, die nur Einadreßbefehle kennen, sind zur Ausführung einer Operation mehr Einzelschritte notwendig als bei

EINBAURAHMEN

Verwendung von Zweiadreßbefehlen. Beispiel: Beim Verschieben eines Speicherinhalts von Adresse X nach Adresse Y muß beim Einadreßbefehl eine Zwischenspeicherung in einem Register erfolgen (Schema: Bewege Inhalt von X ins Register; bewege Registerinhalt nach Y), während die Verschiebung beim Zweiadreßbefehl (Schema: Bewege Inhalt von Adresse X nach Adresse Y) direkt erfolgen kann.

EINBAURAHMEN (engl. chassis). Da sich die 3 1/2"-Diskettenlaufwerke im PC-Bereich immer mehr als Standard durchsetzen, beim Nachrüsten vorhandener Anlagen jedoch das Problem entsteht, daß die für 5 1/4"-Laufwerke

Bild 26: Einbaurahmen

vorgesehenen Einschubschächte zu groß sind, werden von den Laufwerksherstellern sogenannte Einbaurahmen mit den Abmessungen von 5 1/4"-Laufwerken angeboten, in welche die 3 1/2"-Laufwerke eingebaut werden können.

EINF-TASTE (engl. insert key). Sondertaste auf der PC-Tastatur. Sie ist auf amerikanischen Tastaturen mit INSERT (vgl. dort) beschriftet.

EINFACHE ALTERNATIVE Programmierung: Programmverzweigung, welche zwei unterschiedliche Verarbeitungswege ermöglicht.

EINFACHE GENAUIGKEIT (engl. single precision). Um Speicherplatz zu sparen, wird innerhalb höherer Programmiersprachen standardmäßig mit einfacher Genauigkeit gerechnet, d.h, einer Variablen oder Konstanten wird nur eine begrenzte Anzahl von Stellen zugewiesen (bei GW-BASIC sind es z.B. 7 Stellen). Dies kann unter Umständen zu Rundungsfehlern führen. Deshalb besteht außerdem die Option, mit doppelter Genauigkeit (vgl. dort) rechnen zu lassen.

EINFÜGEMODUS (engl. insert mode). Begriff aus der Textverarbeitung. Befindet sich das Textprogramm im Einfügemodus, so können in einen Text nachträglich Zeichen eingefügt werden. Der an dieser Stelle bereits vorhandene Text wird automatisch nach rechts bzw. in die nächste Zeile verschoben. Der Einfügemodus wird in den meisten Textprogrammen durch die INSERT-Taste ein- bzw. abgeschaltet. Gegenteil: Überschreibmodus.

EINGABEBEFEHL (engl. input instruction). Jede Anweisung, die für das Einlesen von Daten von externen Speichern (Festplatte, Diskette etc.) oder Eingabegeräten (Tastatur,

Belegleser etc.) in den Arbeitsspeicher sorgt.

EINGABEDATEN (engl. input data). Alle Daten, die auf irgendeine Weise (über Tastatur, von Diskette, Festplatte mittels Lesegeräten etc.) in einen Computer zur Verarbeitung eingegeben werden.

EINGABEGERÄTE (engl. input devices). Alle Geräte, mit denen Daten zur Verarbeitung in eine Computeranlage eingegeben werden können. Dazu zählen Tastatur, Festplatte, Diskettenstation, Bandlaufwerk, Modem, Scanner, Belegleser.

EINGABEKONTROLLE (engl. input control). Aus dem Bundesdatenschutzgesetz: Es ist zu gewährleisten, daß nachträglich überprüft und festgestellt werden kann, welche personenbezogenen Daten zu welcher Zeit von wem in Datenverarbeitungssysteme eingegeben worden sind.

EINGABETASTE (engl. enter key). Auch RETURN- bzw. ENTER-TASTE. Auf Kommandoebene werden Befehle erst ausgeführt, nachdem die Return-Taste betätigt wurde. In Textverarbeitungsprogrammen erzeugt das Betätigen der Return-Taste eine neue Zeile bzw. einen neuen Absatz. Weitere Bezeichnungen: Eingabe-, Wagenrücklauf-, Enter-, Return-Taste.

EINPLATZSYSTEM (engl. single user system). Computeranlage, die nur aus einem einzigen Rechner mit allen notwendigen Geräten (Zentraleinheit, externe Speicher, Drucker etc.) besteht und an welcher jeweils nur ein Benutzer arbeiten kann.

EINPROGRAMMBETRIEB (engl. singleprogramming oder singletasking). Rechnerbetriebsart, in der zu einem Zeitpunkt jeweils nur ein Programm bearbeitet werden kann. Gegensatz: Mehrprogrammbetrieb bzw. Multitasking oder Multiprogramming. Die Betriebsart ist in erster Linie vom verwendeten Betriebssystem abhängig. Unter MS-DOS z.B. ist nur Einprogrammbetrieb möglich.

EINSCHALTTEST (engl. power up diagnose). Nach jedem Systemstart werden bei PCs eine Reihe von Hardwaretests durchgeführt, um ein einwandfreies Funktionieren des Computers zu gewährleisten. Diese Tests sind je nach verwendetem BIOS etwas unterschiedlich, beinhalten jedoch im allgemeinen:

RAM-Tests:
Hierbei werden die RAM-Bausteine des Arbeitsspeichers ein- bis zweimal durchgecheckt, bei Entdeckung eines Hardwarefehlers wird die zugehörige Adresse ausgegeben.

Kontrollertest:
Disketten- und Festplattenkontroller werden auf einwandfreie Funktion überprüft.

Schnittstellentests:
Überprüfung der eingebauten Karten für serielle und/oder parallele Datenübertragung. Bei manchen BIOS-Versionen werden hierbei auch die durch die Karten belegten Adressen angezeigt, so daß ein eventueller Adressenkonflikt schnell beseitigt werden kann.

EINSEITIG BESCHREIBBAR

Tastaturtest:
Kontrolle, ob eine richtige, korrekt arbeitende Tastatur angeschlossen ist. Auch viele Peripheriegeräte (z.B. Drucker) führen Selbsttests durch.

EINSEITIG BESCHREIBBAR (engl. single sided). Diskette, die nur auf einer Seite (Oberfläche) Daten enthalten kann.

EINSPRUNGPUNKT (engl. entry point). Genau definierte Stelle in einem Programm, zu der vom gleichen oder einem anderen Programm verzweigt wird.

EINZELBLATTSCHACHT (engl. cut sheet feeder). Zusatzgerät für Drucker zum automatischen Einzug von Einzelblättern. Vgl. Papierschacht.

EINZELBLATTZUFUHR (engl. cut sheet feeding). Art des Papiertransports bei Druckern. Die Zufuhr erfolgt entweder manuell (Einspannen des Blattes und Drehen des Transportkopfes), halbautomatisch (Einlegen des jeweils benötigten Blattes, Betätigung der Paperfeed-Taste am Drucker, worauf das Blatt automatisch eingezogen wird) oder vollautomatisch (spezieller Schacht mit ca. 100 Blatt Kapazität, aus welchem Blatt für Blatt bei Bedarf automatisch eingezogen wird).

EINZELSCHACHT (engl. single bin cut sheed feeder). Zusatzgerät mit einem Papierschacht für Drucker zum automatischen Einzug von Einzelblättern. Vgl. Papierschacht.

EINZELSCHRITTVERARBEITUNG (engl. single step operation). Begriff aus der Programmentwicklung. Ein Programm wird nicht kontinuierlich, sondern schrittweise, Befehl für Befehl, abgearbeitet, um eventuelle Programmfehler leichter entdecken zu können.

EINZUG (engl. indent). Einrücken der ersten Zeile eines Absatzes bzw. des kompletten Absatzes (am linken oder rechten Rand) um eine vom Anwender bestimmbare Zeichenzahl.

EISA Akronym für Extended Industry Standard Architecture. Neuartiges Buskonzept für Erweiterungskarten, welches das bisherige ISA-Prinzip ablösen soll und für Rechner mit 80386 bzw. 80486 Prozessor ausgelegt ist. Merkmale und Vorteile: Keine Lizenzrechte, Adress- und Datenbus mit 32 Bit Breite, was eine Übertragung bis zu 32 MByte/s erlaubt, direkte Speicherzugriffe (DMA) und Bus-Master-Unterstützung ebenfalls in 32-Bit-Breite, Burst-Betrieb möglich, softwaremäßige Kartenkonfiguration, asynchroner Betrieb, d.h. unabhängig vom Prozessortakt. Maximal 15 Steckplätze möglich. Kompatibel zum ISA-Bus, d.h. herkömmliche 8- und 16-Bit-Erweiterungskarten können weiterverwendet werden. Die Abbildung zeigt (von oben nach unten) eine herkömmliche 16-Bit-ISA-Karte, eine (unbestückte) EISA-Karte sowie den neuen EISA-Steckplatz. Wie zu erkennen, besteht die doppelt so hohe Kontaktleiste der EISA-Karte aus 2 übereinanderliegenden Anschlußreihen, von denen die untere mit 5 Einrastkerben ausgestattet ist, so daß sie sich vollkommen in den EISA-Steckplatz mit seinen 5 Einsatzsperren hineindrücken läßt. Nur in dieser Position ist der 32-Bit-EISA-Betrieb möglich. Eine ISA-Karte kann, aufgrund der fehlenden Einrastkerben nur halb in den Steckplatz gedrückt werden und arbeitet demzufolge im 8/l6-Bit-ISA-Modus. Vgl. auch Microchannel.

Bild 27: EISA-Bus mit Karte

ELAN Programmiersprache auf Compilerbasis. Mitte der 70er Jahre in Deutschland aus Algol und Pascal entwickelt.

ELECTRONIC MAIL Englische Bezeichnung für Elektronische Post. Bezeichnet alle Formen der Nachrichtenübermittlung per Computer über ein Leitungsnetz.

ELECTRONIC PUBLISHING Auch Desktop-Publishing. Erstellen reproduktionsreifer Dokumente (Texte und Graphik) mittels Computer und speziellem Programm.

ELEKTRONISCHE DATENVERARBEITUNG (engl. electronic data processing). Datenverarbeitung unter Verwendung technischer Hilfsmittel, wobei der Verarbeitungsprozeß, programmgesteuert, automatisch abläuft.

ELEKTROSTATISCHER DRUCKER (engl. electrostatic printer). Drucker, bei denen ein elektrostatisches Feld verwendet wird, um die Druckerschwärze (Toner) auf Phototrommel bzw. Papier richtig zu positionieren. Vgl. Laserdrucker.

ELEMENTARE DATEN (engl. basic data). Grunddatenform, bestehend aus Zahlen und Zeichen.

ELLIPSE Turbo-Pascal-Prozedur (Unit: Graph). Zeichnet eine Ellipse oder einen Ausschnitt davon. Eingabe:

```
Ellipse(X,Y,Startwinkel,Endwinkel,XRadius,YRadius);
```

X und Y (Integer-Typ) legen die Mittelpunktskoordinaten fest, Startwinkel und Endwinkel den Anfangs- bzw. Endwinkel der Radien des zu zeichnenden Ellipsenausschnitts (Radius horizontal rechts vom Mittelpunkt = 0 Grad), entgegen dem Uhrzeigersinn gemessen. XRadius (Typ: Word) gibt die Länge des Radius in X-Richtung, YRadius (Typ: Word) die Radienlänge in Y-Richtung an.

ELOD

ELOD Akronym für Erasable Laser Optical Disk. Löschbare optische Platte. Vgl. Löschbarer optischer Speicher.

ELSE Bestandteil der IF..THEN.. ELSE-Anweisung (vgl. dort). Führt zu einer alternativen Verarbeitung, falls die mit IF gestellte Bedingung nicht erfüllt ist.

EMULATIONSMODUS (engl. emulation mode). Zustand eines Gerätes (Computer, Drucker etc.) in dem es sich wie ein anderes Gerät verhält, d.h. dessen Steuerbefehle versteht und ausführt. Vgl. Druckeremulation.

EMULATOR (engl. emulator). Programm, das einen Rechner auf einem anderen, nicht-kompatiblen Rechner simuliert. Dadurch lassen sich Programme für solche Rechner entwickeln und testen, die überhaupt nicht zur Verfügung stehen.

END GW-BASIC-Anweisung. Programmabbruch bzw. Programmende. Offene Dateien werden geschlossen. Beispiel:

```
10 A=0
20 A=A+1
30 PRINT A
40 IF A=100 GOTO 60
50 GOTO 20
60 END
```

Wenn der Wert von A 100 erreicht erfolgt ein Sprung zu Zeile 60 und das Programm wird beendet. Die END-Anweisung muß nicht unbedingt am Programmende stehen und kann mehrmals verwendet werden.

ENDE-TASTE (engl. end key). Sondertaste auf PC-Tastaturen. Sie ist auf deutschen Tastaturen mit ENDE beschriftet. Die Ende-Taste hat auf MS-DOS-Kommandoebene keine Wirkung und in Anwendungen programmspezifische Funktionen (Bewegen des Cursors auf Zeilenende, Textende, letzte Bildschirmzeile etc.).

ENDLOCAL Interner Stapelbefehl von MS-OS/2. In Netzwerken verwendbar. Das Batch-Kommando macht die lokalen, d.h. die für Batch-Dateien mit dem Befehl SETLOCAL (vgl. dort) definierten Umgebungsvariablen sowie lokale Laufwerke und Verzeichnisse wieder rückgängig.
Eingabe:

```
endlocal
```

Macht alle Zuordnungen von SETLOCAL am Ende der Batchdatei rückgängig.
Beispiel:

```
setlocal
path d:\graphik
.
.
endlocal
path d:\graphik
```

Der mit SETLOCAL für den Batch-Ablauf gesetzte Pfad wird wieder aufgehoben, d.h. er hat nur Gültigkeit für Befehle, die innerhalb der Batch-Datei zwischen den

SET-/ENDLOCAL-Zeilen stehen.

ENDLOSETIKETTEN (engl. fanfold labels). Etiketten (ein-, zwei-, oder vierbahnig), die auf beiden Seiten (abtrennbare) Ränder mit Führungslöchern für Druckertraktoren besitzen. Vgl. Endlospapier.

ENDLOSPAPIER (engl. fanfold paper). Spezielles Papier von 8 1/4 Zoll bzw. 14 Zoll Breite (21 cm bzw. 35.56 cm) und 11 bzw. 12 Zoll (30,48 cm) Länge für Drucker, die mit einem Traktor ausgerüstet sind. Endlospapier besitzt an beiden Rändern Führungslöcher, in welche die Stachelwalze des Traktors zum Weitertransport des Papiers greift. Ein Stapel Endlospapier ist praktisch ein einzelnes, sehr langes Blatt, das in gleichen Abständen (11 bzw. 12 Zoll) gefaltet ist (= Leporellofalzung). An diesen Faltstellen besitzt es zusätzlich eine Perforation, so daß ein beschriebenes Blatt nach dem Druck vom Endlosstapel abgerissen werden kann.

ENDLOSPOSTKARTEN (engl. fanfold postcards). Postkarten, die auf beiden Seiten (abtrennbare) Ränder mit Führungslöchern für Druckertraktoren besitzen. Vgl. Endlospapier.

ENDLOSSCHLEIFE (engl. infinite loop). Programmteil, der aufgrund eines Programmierfehlers oder einer nicht erfüllten Abbruchbedingung endlos wiederholt wird. Das Programm kann in seltenen Fällen durch gleichzeitiges Betätigen der beiden Tasten CTRL+C bzw. CTRL+BREAK unterbrochen werden. Oft hilft auch nur ein Neustart des Systems.

ENIAC Akronym für Electronic Numerical Integrator and Computer. Bezeichnung des ersten amerikanischen Rechners, der mit Röhren arbeitete. 1945 von Mauchly und Mitarbeitern fertigentwickelt und gebaut.

ENTER-TASTE Eingabetaste. Befehle werden erst ausgeführt, nachdem die ENTER-Taste betätigt wurde. Weitere Bezeichnungen: Eingabe-, Wagenrücklauf-, RETURN-Taste.

ENTF-TASTE (engl. delete key). Sondertaste auf der PC-Tastatur zum Löschen von Zeichen. Sie ist auf amerikanischen Tastaturen mit DEL (vgl. dort) beschriftet.

ENTFLECHTEN Begriff aus der Leiterplattenentwicklung. Hier werden zunächst am Bildschirm die Baugruppen plaziert und durch Leiterbahnen direkt verbunden. Da sich diese Leiterbahnen jedoch auf der späteren Platine nicht kreuzen dürfen, müssen sie noch entflochten, d.h. so geführt werden, daß keine Kreuzungspunkte entstehen. Die bei komplexen Schaltungen oft sehr schwierige Entflechtung wird von speziellen Autorouting-Routinen des CAD-Programms automatisch durchgeführt.

ENTPRELLT (engl. debounced). Eine Tastatur wird als entprellt

ENVIRON

bezeichnet, wenn durch die Tastenkonstruktion sichergestellt ist, daß beim einmaligen Antippen einer Taste das zugeordnete Zeichen nicht mehrmals am Bildschirm ausgegeben wird.

ENVIRON   GW-BASIC-Anweisung. Setzt Werte für die Umgebung des Kommandoprozessors (entspricht dem MS-DOS-Befehl SET).
Beispiel:

```
ENVIRON "PATH=C:\DOS;D:\"
```

Dieses Beispiel setzt den Suchpfad für Programmdateien auf das Unterverzeichnis DOS auf Festplatte C und das Hauptverzeichnis der Festplatte D.

ENVIRON$ GW-BASIC-Funktion. Sie ermöglicht die Anzeige der mit ENVIRON gesetzten Umgebungstabelle. In Klammern ist entweder eine Ziffer (1-255) anzugeben oder eine Suchzeichenkette.
Beispiele:

```
PRINT ENVIRON$(2)
PRINT ENVIRON$("PATH")
```

Zeigt den zweiten Eintrag der Tabelle bzw. denjenigen der eine PATH-Anweisung enthält.

EOF   Akronym für End of File. Kennsatz. Zeigt bei Textdateien das Ende einer Datei an.

EOF   GW-BASIC-Funktion. Dient zur Abfrage des Dateiendes. In Klammern ist die Nummer der geöffneten Datei anzugeben. Wird das Dateiende gefunden, liefert EOF den Wert -1.
Beispiel:

```
10 OPEN"I",#1,"LAGER.DAT"
20 IF NOT EOF(1) THEN 40
30 GOTO 60
40 INPUT#1,ARTIKEL$
50 GOTO 20
60 CLOSE#1
70 END
```

Die Routine liest solange Artikelbezeichnung (Zeile 40) aus der Datei LAGER.DAT ein, bis das Dateiende erreicht ist.

EOF   Turbo-Pascal-Funktion. Überprüfung beim Lesen einer Datei auf Dateiende.
Eingabe:

```
Eof(v);V
```

kann sowohl Datei-Variable für typisierte, untypisierte Dateien wie auch Textdateien sein.

EOLN   Turbo-Pascal-Funktion. Überprüft beim Lesen einer Datei, ob der Zeiger auf Zeilenende steht.
Eingabe:

```
Eoln(v);
```

V ist eine Datei-Variable für Textdateien.

EOT   Akronym für End of Tape. Bezeichnet eine Markierung auf Magnetband zur Erkennung des Bandendes durch das Laufwerk.

ERASE

EOT Akronym für End of Transmission. Bezeichnet das Ende einer Datenübertragung.

EOV Akronym für End of Volume. Bandkennsatz, der bei Magnetbändern das Bandende (letzter Datensatz) anzeigt.

EPROM Akronym für Erasable Programmable Read-Only Memory. Speicherbaustein, der mit Hilfe von speziellen Geräten (Eprom-Brenner) mit Informationen (Programmen, Daten etc.) bestückt werden kann. Anschließend verhält er sich wie ein Nur-Lese-Speicher (ROM). Das Löschen erfolgt durch UV-Licht in speziellen EPROM-Löschgeräten.

EPROM-BRENNER (engl. eprom programmer). Gerät zum Übertragen

Bild 28: Eprombrenner

von Programmen auf Eproms. Es ist entweder als Stand-Alone-Version oder Peripheriegerät auf Steckkartenbasis für PCs verfügbar. Mit einem Eprom-Brenner können selbstentwickelte oder käufliche erworbene Standardprogramme auf EPROMs (vgl. dort) übertragen werden. Die mitgelieferte Software erlaubt es, längere Programme auf mehrere Eproms zu verteilen, Testroutinen zur Überprüfung der erfolgreichen Übertragung durchzuführen etc.

EPROM-KARTE (engl. eprom card). Erweiterungskarte für PCs mit Fassungen für EPROMs (mit insgesamt bis zu 1-2 MByte Speicherkapazität). Durch die mitgelieferte Steuersoftware kann die EPROM-Karte wie ein konventionelles Laufwerk angesprochen werden, d.h. man kann ein Inhaltsverzeichnis aufrufen und die in den EPROMs gespeicherten Programme wie von Festplatte aufrufen.

EQV Äquivalenz. Logischer Operator, der als Ergebnis den Wert WAHR (= 1) erzeugt, wenn beide Eingaben WAHR oder FALSCH sind.
Beispiel:

Eingabe 1	Eingabe 2	Ausgabe
1	1	1
0	0	1
1	0	0
0	1	0

ERASABLE OPTICAL DISK Englische Bezeichnung für eine löschbare, optische Platte (vgl. löschbarer optischer Speicher).

ERASE GW-BASIC-Anweisung. Löscht dimensionierte Felder (Arrays).

ERASE

Eingabe:

```
ERASE V1[,V2,V3...]
```

Löscht die angegebenen Feldvariablen V1, V2, V3 usw. und gibt den reservierten Speicherplatz wieder frei.
Beispiel:

```
10 DIM A(20,3)
20 ERASE A
30 DIM A(100)
```

Das zweidimensionale Feld A wird gelöscht und kann somit neu dimensioniert werden.

ERASE MS-DOS-Kommando zum Löschen von Dateien. Identisch mit DELETE (vgl. dort).

ERASE Turbo-Pascal-Prozedur. Löscht Dateien von externen Speichermedien. Eingabe:

```
Erase(v);
```

V ist eine Datei-Variable (Typ: Beliebig), der mit ASSIGN eine externe Datei zugewiesen wurde.

**ERDEV ERDEV$** GW-BASIC-Variablen. Sie enthalten bei Gerätefehlern den Fehlercode (ERDEV) bzw. den Gerätenamen (ERDEV$). Beispiel: Angenommen, man versucht etwas bei ausgeschaltetem Drucker auszudrucken, dann beinhaltet ERDEV den Wert -32767 und ERDEV$ den Namen LPT1 (wenn der Druckversuch über die erste parallele Schnittstelle ablief).

ERL ERR GW-BASIC-Variablen. Sie enthalten die Zeilenummer der Zeile, in der ein Fehler auftrat (ERL) bzw. den Fehlercode (ERR).

ERLL Akronym für Enhanced Run-Length Limited. Auch (2,7) RLL. Spezielles Verfahren zur Datenspeicherung auf Festplatten. Ergibt ca. 50 Prozent mehr Plattenkapazität als beim konventionellen MFM-Verfahren (eine Festplatte mit 21 MByte Nettokapazität erhält so ca. 33 MByte). Spezielle ERLL-Kontroller und Festplatten sind notwendig. Vgl. auch ARLL, RLL, MFM.

ERROR GW-BASIC-Anweisung. Sie dient zur Definition eigener Fehlercodes bzw. Zuweisung von Fehlercodes (0-255) an die Variable ERR.
Beispiel:

```
10 ON ERROR GOTO 40
20 INPUT"Bitte Zahl ungleich 100
   eingeben",Z
30 IF Z=100 THEN ERROR 80
40 IF ERR=80 THEN PRINT "Falsche
   Eingabe"
50 IF ERR=80 THEN RESUME 20
```

Das Beispiel zeigt die Definition einer eigenen Fehlermeldung mit Zuweisung an die Variable ERR und eine Fehlerbehandlungsroutine. Eigene Fehlercodes müssen größer sein als die von GW-BASIC verwendeten, also zwischen 77 und 255 liegen.

ERSETZEN (engl. replace). Funktion vieler Textverarbeitungsprogramme zum Ersetzen von Zeichenfolgen.

ERWEITERUNGSSTECKPLATZ

durch andere Zeichenfolgen. Vgl. Suchen und Ersetzen.

ERSTE SPUR (engl. primary track). Äußerste Spur eines magnetischen Datenträgers mit wahlfreiem Zugriff (Diskette, Festplatte). Sie enthält unter MS-DOS den Bootsektor, das Root-Directory (Haupt-Inhaltsverzeichnis) und die FAT (Dateizuordnungstabelle). Vgl. auch Spur 0.

ERWEITERTE PARTITION (engl. extended partition). Da unter MS-DOS (bis einschließlich 3.3) nur Festplatten bis zu einer Maximalgröße von 32 MByte verwaltet werden konnten, wurden größere Festplatten in Teilbereiche, sog. Partitionen unterteilt. In der ersten Partition (engl. primary partition) befindet sich das Betriebssystem zum Booten des Rechners, alle weiteren Plattenbereiche werden als erweiterte Partitionen bezeichnnet. Diesen Partitionen werden logische Laufwerkskennzeichnungen zugeteilt (z.B. D:, E: usw.), unter denen sie wie tatsächlich vorhandene Festplatten angesprochen werden können.

ERWEITERUNGSSTECKKARTE (engl. add-in board oder plug-in board). Leiterplatine mit 8-, 16- oder 32-Bit-Steckkontakten, welche in den Erweiterungsbus (Erweiterungssteckplatz) eines PC geschoben wird und zum Anschluß zusätzlicher Peripheriegeräte oder zur Systemerweiterung dient.

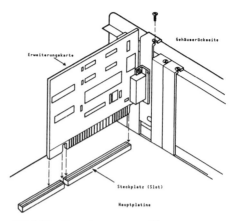

Bild 29: Erweiterungssteckkarte

Beispiele: Graphikkarten, Kontrollerkarten für Festplatte, Diskettenlaufwerk, Streamer, Schnittstellenkarten (seriell und parallel), Speichererweiterungskarten. Die Karten sind jederzeit austauschbar. Die Anzahl der gleichzeitig verwendbaren Karten ist lediglich durch die Anzahl der Erweiterungssteckplätze begrenzt.

ERWEITERUNGSSTECKPLATZ (engl. expansion slot). In der Regel sind in einem PC sieben oder acht Erweiterungssteckplätze vorhanden. Sie sind bei PCs 8 Bit, bei ATs 8 und 16 Bit breit, dienen zur Systemerweiterung mit Hilfe von Steckkarten und haben folgende Belegung:

Der 8-Bit-Slot

Die 8-Bit-Slots stellen 8 Datenbits und 20 Adressbits zur Verfügung und besitzen jeweils 62 Pins durchnumeriert von A1-A31 (linke Pinreihe) und B1-B31 (rechte Pinreihe):

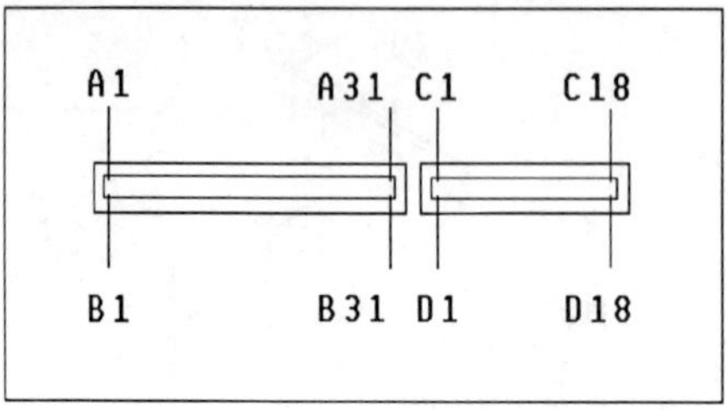

Bild 30: Erweiterungssteckplatz

Pin	Signal	I/O	Pin	Signal	I/O
A1	GND	Ground	B1	I/O CHCK	I
A2	Reset DRV	O	B2	D7	I/O
A3	+5V	Power	B3	D6	I/O
A4	IRQ9	I	B4	D5	I/O
A5	-5V	Power	B5	D4	I/O
A6	DRQ2	I	B6	D3	I/O
A7	-12V	Power	B7	D2	I/O
A8	SRDY	I	B8	D1	I/O
A9	+12V	Power	B9	D0	I/O
A10	GND	Ground	B10	I/O CHRDY	I
A11	MEMW	O	B11	AEN	O
A12	MEMR	O	B12	A19	I/O
A13	IOWC	O	B13	A18	I/O
A14	IORC	O	B14	A17	I/O
A15	DACK3	O	B15	A16	I/O
A16	DRQ3	I	B16	A15	I/O
A17	DACK1	O	B17	A14	I/O
A18	DRQ1	I	B18	A13	I/O
A19	MEMRefresh	I/O	B19	A12	I/O
A20	SYSCLK	O	B20	A11	I/O
A21	IRQ7	I	B21	A10	I/O
A22	IRQ6	I	B22	A9	I/O
A23	IRQ5	I	B23	A8	I/O
A24	IRQ4	I	B24	A7	I/O
A25	IRQ3	I	B25	A6	I/O
A26	DACK2	O	B26	A5	I/O
A27	TC	O	B27	A4	I/O
A28	BUSALE	O	B28	A3	I/O
A29	+5V	Power	B29	A2	I/O
A30	OSC	O	B30	A1	I/O
A31	GND	Ground	B31	A0	I/O

ESDI

Der 16-Bit-Slot

Die 16-Bit-Slots bieten 16 Datenbits und 24 Adressbits. Sie haben je 98 Pins, von denen die ersten 62 (A1-A31 und B1-B31) mit denen der 8-Bit Slots identisch sind. Die verbleibenden 36 Pins sind von C1-C18 (linke Stiftreihe) bzw. D1-D18 (rechte) Stiftreihe) beschriftet:

Pin	Signal	I/O	Pin	Signal	I/O
C1	MEM CS16	I	D1	SBHE	I/O
C2	I/O CS16	I	D2	A23	I/O
C3	IRQ 10	I	D3	A22	I/O
C4	IRQ 11	I	D4	A21	I/O
C5	IRQ 12	I	D5	A20	I/O
C6	IRQ 15	I	D6	A19	I/O
C7	IRQ 14	I	D7	A18	I/O
C8	DACK0	O	D8	A17	I/O
C9	DRQ0	I	D9	MEMR	I/O
C10	DACK5	O	D10	MEMW	I/O
C11	DRQ5	I	D11	D8	I/O
C12	DACK6	O	D12	D9	I/O
C13	DRQ6	I	D13	D10	I/O
C14	DACK7	O	D14	D11	I/O
C15	DRQ7	I	D15	D12	I/O
C16	+5V	Power	D16	D13	I/O
C17	MASTER	I	D17	D14	I/O
C18	GND	Ground	D18	D15	I/O

ESC-TASTE (engl. escape key). Sondertaste auf der PC-Tastatur. Ein Betätigen der Taste löscht die aktuelle Kommandozeile aus dem Tastatur-Puffer. Innerhalb von Anwendungsprogrammen lassen sich mit der ESC-Taste meist laufende Funktionen abbrechen oder von Untermenüs in übergeordnete Menüs zurückspringen.

ESCAPE SEQUENZ (engl. escape sequence). Sequenz, die eine Befehlsfolge für Peripheriegeräte einleitet. Alle auf die Escapesequenz folgenden Zeichen werden vom Peripheriegerät nicht als Daten, sondern als Steuerbefehle interpretiert.

ESDI Akronym für Enhanced Small Disk Interface. Neuere Standardschnittstelle für Festplatten, welche gemeinsam von allen namhaften

ETHERNET

Plattenherstellern entwickelt wurde und eine Datenübertragungsrate von bis zu 10 MBit/s erlaubt. Spezielle ESDI-Kontroller und ESDI-Festplatten sind erforderlich. Vgl. auch SCSI, ST-506.

ETHERNET Variante eines lokalen Netzwerks (LAN). Von den Firmen DEC, Intel und Rank Xerox entwickeltes Netzwerksystem mit Bus-Topologie. Im Ethernet können bis zu 1024 Rechner angeschlossen werden. Als Übertragungsprotokoll wird CSMA/CD eingesetzt.

ETX Akronym für End of Text. Steuerzeichen mit dem ASCII-Code 03.

EUROPA-KARTE Leiterplatte mit genormten Abmessungen von 16x10 cm bzw. 16x20 cm (= Europa-Doppelkarte).

EUROPA-SKALA Nach DIN (16538, 16539) genormte Farbskala für die einzelnen Farbtöne.

EVA-PRINZIP Akronym für Eingabe-Verarbeitung-Ausgabe. Grundprinzip der elektronischen Datenverarbeitung. In einem ersten Schritt werden die Daten erfaßt, d.h. in den Computer eingegeben (= Input). Dann werden sie verarbeitet, sortiert, kategorisiert, geändert etc. (= Processing). Und schließlich werden sie in menschenlesbarer (z.B. als Ausdruck) oder maschinenlesbarer Form (z.B. auf Festplatte, Diskette) ausgegeben (= Output).

EXCEL Tabellenkalkulationsprogramm von Microsoft mit Datenbankeigenschaften. Excel arbeitet unter der graphischen Benutzeroberfläche MS-Windows.

EXE Von MS-DOS reservierte Dateikennung (= Extension) für ausführbare Programmdateien.

EXE2BIN Externes MS-DOS-Kommando (MS-DOS 3, MS-DOS 4) zur Umwandlung von EXE-Dateien in COM- oder BIN-Dateien. Im Netzwerk verwendbar. Die Ausgangsdatei muß eine von MS-LINK erzeugte EXE-Datei ohne Stapelsegment mit weniger als 64 KByte Befehlen und Daten sein. Ist der Zeiger im Befehlssegment nicht eingestellt, erfolgt eine rein binäre Umwandlung. Falls der Zeiger auf 100H gesetzt ist, werden die ersten 100 Byte der Datei gelöscht und es erfolgt die Umwandlung in eine COM-Datei, die ab 100H läuft.
Eingabe:

```
exe2bin (LW:)datei1.exe (LW:)datei2(.com)
```

Erzeugt aus der EXE-Datei DATEI1.EXE die COM-Datei DATEI2.COM. Fehlen Laufwerksangaben, wird immer das Defaultlaufwerk genommen. Fehlt bei der Zieldatei die Extension COM, setzt das Programm automatisch BIN als Extension. Beispiel:

```
exe2bin test.exe test.com
```

Umwandlung der Datei TEST.EXE in das File TEST.COM.

EXEC Turbo-Pascal-Prozedur (Unit: Dos). Sie dient zur Ausführung von MS-DOS-Programmen mit Parameterübergabe an die Kommandozeile.
Eingabe:

```
Exec(Programm,Parameter);
```

Für Programm ist der Name des auszuführenden Programms inklusive Dateikennung und Pfad anzugeben. Die Parameterangabe ist optional (Angabe eines Leerstrings), außer bei Programmen die über COMMAND.COM laufen (z.B. DIR). In diesem Fall ist COMMAND.COM als Programm anzugeben und '/C Programm2' als Parameter, wobei Programm2 das über COMMAND.COM ausgeführte Programm ist.

EXFCB Akronym für Extended File Control Block. Erweiterter File Control Block. Vgl. FCB.

EXIT Internes MS-DOS- und MS-OS/2-Kommando (MS-DOS 3, MS-DOS 4, MS-OS/2). Im Netzwerk verwendbar. In vielen Anwenderprogrammen, die über einen eigenen Befehlsprozessor verfügen, kann vom Programm aus auf die MS-DOS-Ebene (zum primären Befehlsprozessor COMMAND.COM) zurückgesprungen werden, z.B. um MS-DOS-Befehle auszuführen. Das Anwenderprogramm bleibt hierbei aktiv. Um wieder zu diesem Anwenderprogramm zurückzukehren, wird auf MS-DOS-Ebene der Befehl EXIT eingegeben. Das gleiche gilt für zusätzliche Befehlsprozessoren, die mit den Befehlen COMMAND oder CMD (MS-OS/2 Protected Mode) aktiviert wurden.
Beispiel:

```
exit
```

Rücksprung zum primären Kommandoprozessor bzw. zum Anwendungsprogramm.

EXIT Turbo-Pascal-Prozedur. Führt innerhalb des Hauptprogramms zum Programmende und innerhalb eines Unterprogramms zum Rücksprung in den aufrufenden Programmteil.
Eingabe:

```
Exit;
```

EXP GW-BASIC-Funktion. Sie liefert den Wert des natürlichen Logarithmus. In Klammern wird der Exponent angegeben, der kleiner 88.02969 sein muß.
Beispiel:

```
PRINT EXP(2)
```

Das Beispiel liefert hier den Wert (7.389056) der Funktion e^2.

EXP Turbo-Pascal-Funktion. Liefert den Wert des natürlichen Logarithmus. In Klammern wird der Exponent angegeben, der vom Real-Typ sein muß.
Eingabe:

```
Exp(x);
```

Liefert den Wert der Funktion e^x.

EXPANDED MEMORY

EXPANDED MEMORY Englische Bezeichnung für den PC-Erweiterungsspeicher oberhalb von 640 KByte. Expanded Memory kann von Programmen (die speziell dafür programmiert wurden) als Arbeitsspeicher genutzt werden. Da unter MS-DOS nur 640 KByte Speicher direkt zur Programmausführung adressiert werden können, bedient man sich eines Tricks und holt sich den Erweiterungsspeicher über ein „Fenster" seitenweise (je 64 KByte) in den adressierbaren Bereich.

EXPANSION SLOT Englische Bezeichnung für den Erweiterungssteckplatz (vgl. dort) eines PC.

EXPERTENSYSTEM (engl. expert system). Meist in Verbindung mit KI (künstlicher Intelligenz) eingesetzt. In Expertensystemen soll der Computer dazu gebracht werden, Problemlösungen auch nach menschlichen Aspekten (Erfahrungswerte, Improvisation etc.) zu finden. Dazu stehen ihm alle Verfahrensweisen, Fakten, Methoden des betreffenden Spezialgebiets in Form von Daten zur Verfügung. Prinzipiell ist jedes Expertensystem aus zwei Komponenten aufgebaut, der Wissensbasis (vgl. dort), in welcher alle für das jeweilige Gebiet relevanten Wissensdaten enthalten sind, und dem Inferenzmodul, das die Regeln enthält, nach denen die Daten verarbeitet werden.

EXPONENT (engl. exponent). Hochzahl einer Potenz. In der Potenz 10^5 ist z.B. 5 der Exponent und 10 die Basis.

EXTDSKDD.SYS Gerätetreiber von MS-OS/2 (R+P) zur Unterstützung externer/logischer Laufwerke. Der EXTDSKDD-Treiber ist das Gegenstück zum MS-DOS-Treiber DRIVER.SYS (vgl. dort) und hat genau wie dort die Funktion, externe Laufwerke ins System einzubinden bzw. vorhandene Laufwerke unter einer anderen, logischen Gerätebezeichnung anzusprechen.
Eingabe:

```
device=(LW:)(Pfad)extdskdd.sys
/d:LW(/parameter)
```

Installation von EXTDSKDD.SYS aus dem angegebenen Verzeichnis und Laufwerk mit Angabe der Laufwerksnummer und eventueller Zusatzparameter.
Beispiel:

```
device=extdskdd.sys /d:3
```

Die Beispieleingabe installiert ein externes Diskettenlaufwerk und teilt ihm einen Laufwerksbuchstaben zu, wobei der nächste freie Buchstabe (z.B. D) verwendet wird.

Parameter:

D:LW	Physikalische Laufwerksnummer (0-255), wobei Laufwerk A die Nummer 0, Laufwerk B die Ziffer 1 besitzt. Das erste (externe) Disklaufwerk hat die Nummer 3 usw.
C	Unterstützung der Doorlock-Funktion bei Laufwerken, die selbst hardwaremäßig erkennen, wenn die Laufwerkstür geöffnet ist (= keine Diskette im Laufwerk).

EXTERNER SPEICHER

F:n　Laufwerkstyp. Der Defaultwert ist 2. Für n sind folgende Werte erlaubt:
0　160/180- u. 320/360-KByte-Laufwerk. 1　1.2-MByte-Laufwerk.
2　720-KByte-Laufwerk (3 1/2").

H:nn　Anzahl der Schreib-/Leseköpfe (0-99) festlegen. Defaultwert: 2.

N　Anzeige einer "Non-removable"-Geräteeinheit, also eines festinstallierten Gerätes.

S:nn　Angabe der Sektorenzahl (0-99) pro Spur. Der Defaultwert ist 9.

T:nnn　Angabe der Spurenzahl (0-999) pro Seite. Defaultwert ist 80.

EXTENDED MEMORY Englische Bezeichnung für den PC-Erweiterungsspeicher oberhalb von 1 MByte. Extended Memory kann unter MS-DOS (außer für RAM-Disks und Disk-Caches) nicht für Anwendungsprogramme genutzt werden. Erst im sogenannten Protected Mode der Intel-Prozessoren 80286, 80386, 80486, der unter dem Betriebssystem MS-OS/2 genutzt wird, steht das Extended Memory uneingeschränkt als Speicher zur Verfügung.

EXTENDED PARTITION Da unter MS-DOS (bis einschließlich 3.3) nur Festplatten bis zu einer Maximalgröße von 32 MByte verwaltet werden konnten, wurde größere Festplatten in Teilbereiche, sog. Partitionen, unterteilt. In der ersten Partition (primary partition) befindet sich das Betriebssystem zum Booten des Rechners, alle weiteren Plattenbereiche werden als extended Partitions bezeichnnet. Diesen extended Partitions werden logische Laufwerkskennzeichnungen zugeteilt (z.B. D:, E:

usw.), unter denen sie wie tatsächlich vorhandene Festplatten angesprochen werden können.

EXTENSION Auch Extender. Englische Bezeichnung für die Dateikennung oder das Dateinamensuffix. Die Extension wird, getrennt durch einen Punkt (den Separator), an den Dateinamen angehängt und besteht aus maximal drei Zeichen. Beispiel: BRIEF.TXT. Die Extensionen COM, EXE, BAT, SYS sind unter MS-DOS obligatorisch.

EXTERNE DATENVERARBEITUNG (engl. external data processing). Bezeichnet die Tatsache, daß die Datenverarbeitung nicht firmenintern erfolgt, sondern per Datenfernübertragung durch ein Rechenzentrum abgewickelt wird. Gegensatz: Interne Datenverarbeitung.

EXTERNE KOMMANDOS (engl. external commands). Auch transiente Kommandos. Systembefehle, die in Form von Kommandodateien zur Verfügung stehen, vor jeder Ausführung erst von externen Speichern geladen werden müssen und nur während der Ausführungsphase im Arbeitsspeicher verbleiben (z.B. DISKCOPY, FORMAT, MODE).

EXTERNER SPEICHER (engl. auxiliary storage). Nicht-flüchtiges Speichermedium, das kein direkter Bestandteil der Zentraleinheit eines Computers ist, von diesem jedoch (über steckbare Kontrollerkarten) verwaltet wird. Zu den externen Speichern zählen Diskettenlaufwerke,

EXTERR

Festplatten, Wechselplatten, optische Platten, Bandlaufwerke und Kassettenlaufwerke.

EXTERR GW-BASIC-Funktion. Sie dient zur Ausgabe erweiterter Fehlerinformation von MS-DOS ab Version 3.0.
Eingabe:

```
EXTERR(x)
```

Für x ist ein Wert (0-3) mit folgender Bedeutung anzugeben:

0 Erweiterter Code
1 Erweiterte Klasse
2 Hilfe zur Fehlerbehebung
3 Fehlerort

Beispiel:

```
PRINT EXTERR(0)
```

Ausgabe des erweiterten Fehlercodes. Ist kein Fehler aufgetreten, enthält EXTERR den Wert 0.

EXTPROC Interner Stapelbefehl von MS-OS/2. Im Netzwerk verwendbar. EXTPROC definiert für den Ablauf einer Stapeldatei einen zweiten Kommandoprozessor. Der Befehl muß in der ersten Zeile der Stapeldatei aufgeführt sein.
Beispiel:

```
extproc shell.exe
```

Aufruf des Kommandoprozessors TEST.EXE. Die nachfolgende Batchdatei läuft unter diesem Prozessor. Anschließend wird wieder der Primärprozessor (z.B. COMMAND.COM) aufgerufen.

EXZENTRIZITÄT (engl. eccentricity). Unrundlaufen einer Diskette z.b. bedingt durch einen Herstellungsfehler (Mittelloch liegt außerhalb des Zentrums). Diese Fehlfunktion kann zu Datenverlusten führen.

F

F Ziffer des hexadezimalen Zahlensystems. Entspricht dem Dezimalwert 15.

FACE-DOWN-TECHNIK Art der Papierablage von Druckern. Das bedruckte Einzelblattpapier wird so abgelegt (mit der bedruckten Seite nach unten), daß die Seiten anschließend bezüglich der Seitennummern in der richtigen Reihenfolge vorliegen und nicht umsortiert werden müssen wie bei der Face-Up-Technik (bedruckte Seite nach oben). Während hauptsächlich Seitendrucker (z.B. Laserdrucker) nach diesem Prinzip arbeiten, verwenden die meisten Zeichendrucker (z.B. Nadeldrucker) die Face-Up-Methode.

FACE-UP-TECHNIK Art der Papierablage von Druckern. Vgl. Face-Down-Technik.

FADENKREUZ (engl. reticule oder crosshairs). Spezieller Cursor in Graphik- oder DTP-Programmen in Form eines Kreuzes, das sich meist über den gesamten Bildschirmbereich erstreckt, so daß anhand der an den Bildschirmrändern integrierten Lineale die exakte Position abgelesen werden kann.

FAKSIMILIE (engl. facsimile). Originalgetreue Reproduktion einer Originalvorlage wie z.B. durch Einscannen (vgl. Scanner) eines Dokuments und anschließenden Ausdruck über einen Laserdrucker.

FALTUNG Indirekte Adressierungsmethode auf externen Speichern zur Speicherplatzeinsparung. Beispiel anhand einer Kundendatei: Bei der direkten Adressierung ist z.b. die Kundennummer so konzipiert, daß sie der Speicherposition auf der Festplatte entspricht. Die Nummer 120531 könnte so dem Sektor 12 auf Plattenoberfläche 05 in Zylinder 31 entsprechen. Der Nachteil dieser Methode liegt darin, daß z.B. bei 100000 Kunden ebensoviele Speicherplätze auf der Platte reserviert werden müßten. Bedient man sich jedoch des Umrechnungsverfahrens der Faltung, d.h. teilt man die Adresse in einzelne Bestandteile auf und addiert diese wieder, benötigt man wesentlich weniger reservierten Speicherplatz. Bei unserem Beispiel würde dies so aussehen

$$12+05+31=48$$

so daß maximal

$$99+99+99=297$$

Speicherstellen reserviert werden müßten. Der Datensatz besitzt hier die Adresse 48, aus welcher dann der tatsächliche Speicherplatz errechnet wird. Nachteil: Es kann zu Überschneidungen kommen (05+12+31 ergibt z.B. ebenfalls 48), die durch spezielle Prüfroutinen unterbunden werden müssen.

FANFOLD-PAPER

FANFOLD-PAPER Englische Bezeichnung für Endlospapier (vgl. dort).

FARBBAND (engl. ribbon). Bei allen Druckern mit mechanischem Anschlag (z.B. Typenrad-, Nadeldrucker) wird zur Erzeugung der Zeichen ein Farbband verwendet, das zwischen Druckkopf und Papierführung eingesetzt wird. Normalerweise werden Gewebebänder verwendet, die eine Druckleistung von 2 bis 15 Millionen Zeichen erbringen. Bei Mehrfarbbändern (Farbdrucker), kann die Kapazität (bei häufigem Druck hochauflösender Farbgraphiken) allerdings schon nach relativ kurzer Zeit (ca. 40 Ganzseitengraphiken) erschöpft sein, zumal wenn bevorzugt eine der verfügbaren Farben verwendet wird. Bei Verwendung von Karbonbändern (vgl. dort), erhält man zwar ein sehr exaktes Druckbild, das Band ist jedoch nach einem Durchlauf verbraucht.

FARBGRAPHIKKARTE (engl. color graphics board). Übernimmt die Darstellung von (farbigen) Texten und Graphiken auf dem Bildschirm. Vgl. Graphikkarte, CGA, EGA, VGA.

FARBMISCHUNG Mischung von farbigem Licht zu den einzelnen Farben (additive Farbmischung; vgl. dort) bzw. Separation von weißem Licht zu den Farben (subtraktive Farbmischung; vgl. dort).

FARBMONITOR (engl. color display). Sichtgerät zur Darstellung von Texten und Graphiken in Farbe. Die Anzahl der darstellbaren Farben und die Auflösung (vgl. dort) hängt zum einen vom Gerät selbst ab, z.b. vom Lochmaskenabstand, der horizontalen Ablenkfrequenz oder dem Verarbeitungsprinzip (FBAS, RGB-Digital, RGB-Analog), zum anderen jedoch im gleichen Maße von der verwendeten Graphikkarte (vgl. CGA, EGA, VGA).

FASTOPEN Externes MS-DOS-Kommando (MS-DOS 3, MS-DOS 4) zur Zugriffsbeschleunigung auf Dateien und Verzeichnisse. Im Netzwerk nicht verwendbar. FASTOPEN speichert die Zugriffspfade von Dateien oder Inhaltsverzeichnissen, so daß ein erneuter Zugriff wesentlich schneller erfolgen kann. Kann nur bei Festplattenlaufwerken verwendet werden, auf die nicht bereits die Befehle ASSIGN, JOIN oder SUBST angewandt wurden. FASTOPEN kann nur einmal aktiviert werden, deshalb müssen beim ersten Aufruf alle gewünschten Laufwerke angegeben sein. Die Maximalzahl der anzugebenden Zugriffspfade aller Laufwerke beträgt 999.
Eingabe:

```
fastopen LW1:(=Zahl);(LW2:(=ZAHL)
(/parameter)
```

Nach dem Kommando erfolgen eine oder mehrere Laufwerksangaben jeweils mit der Anzahl der zu speichernden Zugriffspfade. Wird keine Ziffer angegeben, setzt FASTOPEN den Defaultwert 10.

Beispiel:

```
fastopen C:=100;d:=200;e:
```

Für Laufwerk C werden 100 Suchpfade, für Festplatte D 200 und für Platte E die standardmäßigen 10 Pfade gespeichert.

Parameter:

X   Der für FASTOPEN reservierte Speicher wird ins Expanded Memory (LIM 4.0) verlegt (nur MS-DOS 4).

FAT Akronym für File Allocation Table. Dateizuordnungstabelle. Die FAT enthält unter MS-DOS u.a. Informationen darüber, in welchen Sektoren einer Diskette bzw. Festplatte bereits Daten abgespeichert und welche Sektoren beschädigt und damit für die Datenspeicherung unbrauchbar sind. Aufgrund ihrer Wichtigkeit (ohne FAT könnten keine Dateien mehr gelesen werden), ist die FAT z.B. auf Festplatten zweifach vorhanden.

FAX Akronym von Faksimile. Fernkopierer zur Übertragung von Texten und Graphiken. Per Fax lassen sich über das normale Telefonnetz Texte und Graphiken praktisch ohne nennenswerten Zeitverlust an andere Telefaxteilnehmer versenden. Vgl. Telefax.

FBAS Akronym für Farbbildaustastsynchronsignal. Das FBAS-Prinzip wird von CGA-Graphikkarten (Anschluß über Cinch-Buchse) verwendet, um konventionelle Farbmonitore (maximal 40 Zeichen/Zeile darstellbar) anzusteuern.

FC Externes MS-DOS-Kommando (MS-DOS 4) zum Vergleich von Dateien. Im Netzwerk verwendbar. FC vergleicht den Inhalt von 2 oder einer Gruppe von Dateien. Im Gegensatz zum COMP-Befehl dürfen die Dateien unterschiedlicher Länge sein, Unterschiede werden aufgezeigt.
Eingabe:

```
fc /parameter/nnnn (LW1:)(Pfad)datei1
               (LW2:)(Pfad)datei2
```

Vergleicht die Dateien DATEI1 und DATEI2 in den angegebenen Laufwerken und Verzeichnissen.
Beispiel:

```
fc /a brief.txt angebot.txt
```

Vergleicht die Dateien BRIEF.TXT und ANGEBOT.TXT (beide im Hauptverzeichnis von C). Der Parameter A bewirkt, daß nur jeweils die erste und letzte Zeile von unterschiedlichen Blöcken angezeigt wird.
Parameter:

A   Nicht alle Zeilen, die sich unterscheiden, werden angezeigt, sondern jeweils nur die erste und letzte Zeile eines unterschiedlichen Blocks.

B   Erzwingt einen binären Vergleich der Dateien mit Adreßangabe. Wird automatisch gesetzt bei Dateien mit den Extensionen COM, EXE, SYS, OBJ, LIB, BIN.

C   Groß-/Kleinschreibung bleibt unberücksichtigt.

FCB

L		Erzwingt Vergleich im ASCII-Modus. Wird automatisch gesetzt bei Dateien, die nicht die bei B aufgeführten Extensionen besitzen.
Ln		Setzt den internen Zeilenpuffer (Default:100) auf die mit n angegebene Zeilenzahl.
N		Anzeige der Zeilennummer bei ASCII-Vergleichen.
T		Tabulatoren werden nicht als (8) Leerzeichen behandelt.
W		Tabulatoren und Leerstellen werden unterdrückt.
nnnn		Angabe der Zeilen, die übereinstimmen müssen, damit FC einen Unterschied feststellt. Der Defaultwert ist 2.

FCB Akronym für File Control Block. FCBs werden vom Betriebssystem MS-DOS verwendet, um offene Dateien zu kontrollieren

Aufbau eines File Control Blocks

Byte	Inhalt
00	Laufwerksbezeichnung (1-4)
01 – 08	Dateiname
09 – 0B	Dateikennung
0C – 0D	Datenblocknummer
0E – 0F	Datensatzlänge (in Byte)
10 – 13	Dateilänge (in Byte)
14 – 15	Datum der letzten Änderung
16 – 17	Uhrzeit der letzten Änderung
18 – 1F	Nicht benutzt
20	Datensatznummer (innerhalb des Blocks)
20 – 24	Datensatznummer (bezogen auf Dateianfang)

FCBs Enthalten alle Dateiinformationen wie Name, Länge, Aufbau etc. Ab MS-DOS 2.xx können auch erweiterte FCBs (EXFCB) verwendet werden, in welchen zusätzlich die Dateiattribute integriert sind. Enthält nämlich das erste Byte den Wert FF, dann sieht die Belegung so aus: Byte 1 (FF), Byte 2-6 (nicht benutzt), Byte 7 (Attribut). An diese Bytes werden die Bytes des konventionellen FCBs einfach angehängt.

FCBS Konfigurationsbefehl von MS-DOS 3, MS-DOS 4 und MS-OS/2 (R) zur Festlegung der Anzahl der FCBS. FCBS bestimmt die Anzahl der Files, die gleichzeitig durch die File Control Blocks geöffnet werden bzw. nicht geschlossen werden dürfen. Diese Methode wird meist nur von älteren Programmen unter MS-DOS benutzt (normalerweise erfolgt dies durch Handles; vgl. FILES), und sollte dort deswegen auch nur bei Verwendung solcher Programme eingesetzt werden. Die FCBS-Defaultwerte sind 4 bzw. 0.

Eingabe:

```
fcbs=n,m
```

Setzen der File-Control-Blocks, wobei n die Anzahl (1-255) der gleichzeitig geöffneten Dateien angibt und m die Anzahl (0-255) der Dateien, die nicht automatisch geschlossen werden dürfen.

Beispiel:

```
fcbs=20,4
```

Hier können maximal 20 Dateien über File-Control-Blocks geöffnet werden, 4 dürfen nicht geschlossen werden. Wird versucht, eine 21. Datei zu öffnen, dann schließt MS-DOS die 5. Datei usw.

FDISK

FD Akronym für Floppy Disk bzw. Diskettenlaufwerk (vgl. dort).

FD/HD-KONTROLLER-KARTE (engl. winchester and floppy disk controller card). Akronym für Floppy Disk/Hard Disk. Erweiterungssteckkarte zur Inbetriebnahme und Steuerung von maximal 2 Diskettenlaufwerken und zwei Festplatten.

FDDI Akronym für Fiber Distributed Data Interface. Netzwerksystem nach dem Token-Passing-Verfahren mit doppeltem Ring. Durch die Verwendung von Lichtwellenkabeln können Übertragungsgeschwindigkeiten bis 100 MBit/s erreicht werden.

FDISK Externes MS-DOS- und MS-OS/2-Kommando (MS-DOS 3, MS-DOS 4, MS-OS/2) zur Einteilung der Festplatte in Bereiche. Im Netzwerk nicht verwendbar. Bevor eine Festplatte mit dem Kommando FORMAT endgültig zur Datenaufnahme vorbereitet werden kann, muß sie u.a. mit FDISK in Bereiche eingeteilt werden (selbst wenn es sich nur um einen einzigen Bereich handelt). Weiterhin werden den einzelnen Partitionen logische Laufwerksbezeichnungen zugeteilt.
Beispiel:

```
fdisk
```

Aufruf des Kommandos FDISK. Ist keine Festplatte vorhanden, erfolgt eine Fehlermeldung. Nach Aktivierung erscheint ein Menü mit folgenden Wahlmöglichkeiten:

1. MS-DOS-Partition anlegen
2. Aktive Partition wechseln
3. MS-DOS-Partition streichen
4. Partitionen auflisten
5. Nächste Festplatte auswählen

Punkt 5 dient zur Auswahl des Laufwerks, auf das FDISK angewandt werden soll (nur von Bedeutung bei 2 oder mehr Festplatten), Punkt 4 zeigt Ihnen an, ob und welche Partitionen bereits existieren, Punkt 3 löscht bereits bestehende Bereiche, während Punkt 2 die aktive Partition wechselt. Letzteres ist von Bedeutung, wenn man mit verschiedenen Betriebssystemen in den unterschiedlichen Bereichen arbeitet. Von dem jeweils aktiven wird nämlich gebootet. Punkt 1 dient zur eigentlichen Partitionierung der Festplatte und zeigt nach Aktivierung folgendes Untermenü:

1. Primäre MS-DOS-Partition anlegen
2. Erweiterte MS-DOS-Partition anlegen
3. Logische Laufwerke in der erweiterten MS-DOS-Partition anlegen

Zunächst muß immer eine primäre Partition erzeugt werden. Beim Compaq DOS 3.31 und MS/PC-DOS 4.0 darf diese Partition bis zu 512 MByte groß sein, bei anderen 3.3 DOS Versionen maximal 32 MByte. Besitzen Sie eine Festplatte 33 MByte, dann beantworten Sie die Anfrage "Möchten Sie die Partition so groß wie möglich anlegen" mit Ja, verlassen FDISK und können

FEHLERBEHANDLUNG

Ihre Platte mit FORMAT formatieren. Ist die Plattenkapazität >32 MByte z.B. 80, dann können unter Compaq DOS 3.31 bzw. MS-DOS 4.0 die gesamtem 80 MByte als primäre Partition verwendet werden, allerdings funktionieren dann einige (ältere) Plattenutilities (Cache-Programme etc.) nicht. Bei anderen DOS 3.3 Versionen muß die primäre Partition auf 32 MByte beschränkt werden. Für die restlichen 48 MByte wählt man Punkt 2 im Untermenü und legt zusätzlich dafür eine erweiterte Partition an. Abschließend läßt man der erweiterten Partition unter Anwahl von Untermenüpunkt 3 noch einen logischen Laufwerksnamen geben. Für weitere Festplatten im System müssen ebenfalls erweiterte Partitionen zugeteilt werden.

FEHLERBEHANDLUNG (engl. error handling). Bezeichnet die Fähigkeit eines Betriebssystems oder Anwendungsprogramms, auftretende Fehler (z.B. Ausfall eines Peripheriegerätes) entweder selbständig oder im Dialog mit dem Benutzer zu beseitigen, ohne daß es zu einem Programm- oder Systemabsturz kommt. Dies erfordert vom Programmierer eine weite Voraussicht, da er a priori alle möglichen Fehlerquellen durch Programmroutinen zur Fehlerbehandlung berücksichtigen muß.

FEHLERCODES (engl. error codes). Unter MS-DOS können über den DOS-Interrupt 21 (Funktion 59) beim Auftreten eines Fehlers die erweiterten Fehlercodes abgefragt werden. Folgende hexadezimalen Codes werden verwendet:

CODE	BEDEUTUNG
00	kein Fehler aufgetreten
01	unzulässige Funktion
02	Datei wurde nicht gefunden
03	Verzeichnis wurde nicht gefunden
04	zu wenig File Handles vorhanden
05	kein Zugriff möglich
06	unzulässige Dateinummer
07	Dateikontrollblock defekt
08	zu wenig Arbeitsspeicher
09	falsche Adresse
0A	falsche Umgebung
0B	falsches Format
0C	falscher Zugriffscode
0D	falsche Daten
0E	(nicht benutzt)
0F	falsche Laufwerkskennung
10	aktuelles Verzeichnis nicht löschbar
11	Gerätetypen passen nicht zusammen
12	keine weiteren Dateien vorhanden
13	Diskette ist schreibgeschützt
14	Laufwerk fehlerhaft
15	Laufwerk nicht bereit
16	falsches Laufwerkskommando
17	CRC-Fehler
18	Sektorlänge falsch
19	Suchfehler
1A	Diskette/Platte nicht im DOS-Format
1B	Sektor nicht gefunden
1C	Papierende
1D	Schreibfehler
1E	Lesefehler
1F	allgemeiner Fehler
20	Dateisperre
21	Datensatzsperre
22	unzulässiger Diskettenwechsel
23	File Control Block nicht verfügbar
24	Pufferüberlauf
25-31	(nicht benutzt)

FENSTERTECHNIK

32	keine Netzwerkunterstützung für Aufruf
33	Remote-Computer (im Netz) nicht bereit
34	doppelter Name im Netzwerk
35	Netzwerkname nicht vorhanden
36	Netzwerk beschäftigt
37	logisches Netzwerkgerät nicht mehr vorhanden
38	Befehl zu groß für Netz-BIOS
39	Hardwarefehler auf Netzwerkkarte
3A	Netzwerk antwortet falsch
3B	nicht erwarteter Netzwerkfehler
3C	inkompatible Netzwerkkarte im Remote-Computer
3D	Druckerschlange voll
3E	Druckerschlange nicht voll
3F	Druckdatei zu groß
40	Netzwerkname gelöscht
41	kein Zugriff möglich
42	falscher Gerätetyp im Netz
43	Netzwerkname nicht gefunden
44	Netzwerkname zu lang
45	Sitzungszeit wurde überschritten
46	Pause
47	Aufruf wurde nicht akzeptiert
48	Laufwerks-/Druckerumleitung zeitweise unterbrochen
49-4F	(nicht benutzt)
50	Datei bereits vorhanden
51	(nicht benutzt)
52	kein MAKE möglich
53	Fehler INTR 24
54	falsche Struktur
55	Zuweisung schon vorhanden
56	falsche Paßwort
57	falscher Parameter
58	Schreibfehler im Netzwerk

Das Auftreten eines Fehlers wird von DOS durch das Setzen des Carry-Flags angezeigt. Die Ausgabe der Fehlercodes erfolgt im Prozessorregister AX.

FEHLERERKENNUNG (engl. error detection). Die Fehlererkennung spielt außer bei Hardwaredefekten primär bei der Datenübertragung eine Rolle, um Datenfehler von vorneherein auszuschließen. Eine verbreitete Methode ist hierbei das Prüfbitverfahren, bei dem jedes Byte durch ein angehängtes Prüfbit auf korrekte Übertragung kontrolliert wird. Vgl. Prüfbit.

FEHLERMELDUNG (engl. error message). Zwischen Fehlererkennung und Fehlerbehandlung (vgl. jeweils dort) wird vom Betriebssystem bzw. Anwendungsprogramm in der Regel eine Fehlermeldung in Form einer Codeziffer oder im Klartext ausgegeben (z.B. device not ready), die dem Anwender hilft, die richtigen Gegenmaßnahmen zu treffen (z.b. den Drucker auf online zu schalten).

FELD (engl. array oder field). Vgl. Datenfeld; Indizierte Variable.

FELDVARIABLE (engl. array). Vgl. Indizierte Variable; Array.

FENSTER (engl. window). Speziell gekennzeichneter Bildschirmausschnitt in Anwenderprogrammen oder graphischen Benutzeroberflächen.

FENSTERTECHNIK (engl. windowing). Art der Bedienerführung bzw. Programmablaufgestaltung. Dabei wird der Bildschirm während der

FERNKOPIERER

Programmausführungsphase (je nach Bedarf) in einen oder mehrere Teilbereiche (Fenster) unterteilt. Bei Mehrprogramm-Betriebssystemen können in den verschiedenen Fenstern gleichzeitig unterschiedliche Programme abgearbeitet werden, in Einprogrammsystemen (z.B. MS-DOS) kann der Anwender zwischen den Fenstern hin und her schalten, wobei jeweils nur das Programm im gerade aktiven Fenster ausgeführt wird.

FERNKOPIERER (engl. telecopier). Auch Telefax. Gerät zur Nutzung eines der Datenübertragungsdienste der Post. Per Telefax lassen sich über das normale Telefonnetz Texte und Graphiken praktisch ohne nennenswerten Zeitverlust an andere Telefaxteilnehmer versenden. Die Vorlage wird dabei von einem optischen Lesegerät (Scanner) abgetastet, nach der Signalumwandlung erfolgt die Verschickung. Ankommende Telefaxe werden über einen eingebauten Thermodrucker sofort ausgedruckt. Telefaxgeräte werden in Gruppe 2 und Gruppe 3 Geräte eingeteilt. Bei ersteren beträgt die Übertragungsdauer einer DIN A4 Seite ca. 3 Minuten, bei letzteren ca. 1 Minute. Inzwischen lassen sich Telefax-Geräte (auf Steckkartenbasis) auch in Computeranlagen integrieren. Dabei dient ein Scanner als Eingabe- und der Systemdrucker als Ausgabegerät.

FERNSCHREIBCODE (engl. international telegraph code). 5-Bit-Code, d.h. jedes Zeichen wird durch 5 Bit repräsentiert. Normalerweise lassen sich mit einem 5-Bit-Code nur $2^5 = 32$ Zeichen darstellen. Da für ein Fernschreiben jedoch mehr Zeichen benötigt werden, wird mit Hilfe eines speziellen Umschaltzeichens für Buchstaben (11111) sowie Ziffern und Sonderzeichen (11011) praktisch die doppelte Anzahl von Kombinationen erreicht.

FERNSCHREIBER (engl. teletypewriter). Auch Telex. Fernschreibdienst der Bundespost. Der verfügbare Zeichenvorrat ist im wesentlichen auf Kleinbuchstaben (ohne Sonderzeichen wie Umlaute), Ziffern und Steuerzeichen (insgesamt 59) begrenzt. Die Übertragungsgeschwindigkeit liegt bei 50 Bit/s, was ca. 5 Minuten Übertragungsdauer für eine DIN-A4-Seite entspricht.

FERNWARTUNG (engl. remote maintenance). Servicekonzept, bei dem der Kundendienst in vielen Fällen via Telephonleitung durchgeführt werden kann. Dabei ist die DV-Anlage des Kunden über Modem mit der Serviceanlage des Kundendienstes verbunden, der dann bei Problemen direkt, kostensparend und praktisch ohne Zeitverlust mit Hilfe einer systemspezifischen Software Systemdiagnosen (Hardware und Software) durchführen kann.

FESTER ZEICHENABSTAND (engl. even spacing). Jedes Zeichen erhält, gleichgültig wie breit es ist, beim Ausdruck gleichviel Platz auf Papier. Gegensatz: Proportionaler Zeichenabstand.

FESTPLATTE

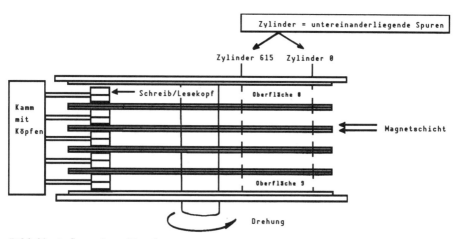

Bild 31: *Aufbau einer Festplatte*

FESTER ZEICHENSATZ (engl. internal font). Zeichensatz (Font), der nicht von Diskette/Festplatte geladen wird (= Soft-Font), sondern in den Speicherbausteinen des Druckers oder der Computergraphikkarte fest verankert ist.

FESTKOMMAZAHL (engl. fixed point number). Kommazahl mit einer fest angegebenen Anzahl von Nachkommastellen, z.B. 3.14 oder 42.2356. Gegensatz: Gleitkommazahl.

FESTPLATTE (engl. harddisk). Peripheriegerät (Speicher, Ein-/Ausgabegerät) zur permanenten Speicherung von Daten auf Magnetplatten. Je nach Typ (Speicherkapazität) besitzt das Gerät zwei oder mehr Platten, die übereinander an einer Achse befestigt sind (= Magnetplattenstapel). Für jede der Plattenoberflächen ist ein Schreib-/Lesekopf zuständig. Diese Köpfe sind starr an einer Leiste, dem sogenannten Kamm, befestigt und können daher nur gemeinsam bewegt werden. Festplatten arbeiten nach dem Prinzip des wahlfreien Zugriffs, d.h jeder Punkt auf den Plattenoberflächen kann direkt erreicht werden. Das Prinzip ist dabei folgendes: Der Plattenstapel wird durch einen Direktantriebsmotor mit konstanter Geschwindigkeit

FESTPLATTEN-KARTE

Bild 32: Festplatte

(ca. 3000 U/min) bewegt (Y-Richtung). Ein zweiter Motor, meist ein Steppermotor, bewegt den Zugriffskamm mit den Köpfen in Richtung Achsenmittelpunkt bzw. davon weg (X-Richtung). Durch die X-Bewegung kann somit jede Plattenspur, durch die Y-Bewegung jeder Plattensektor (auf der jeweiligen Spur) erreicht werden. Die verbleibende Z-Richtung (Wechsel von einer Platte des Stapels zur anderen) wird durch elektrisches Umschalten von einem Schreib-/Lesekopf zum anderen erreicht.

Um unnötige, zeitintensive Kammbewegungen zu vermeiden, sind Plattenstapel in sogenannte Zylinder (vgl. dort) unterteilt. Im Gegensatz zum Diskettenlaufwerk liegen bei der Magnetplatte die Köpfe nicht auf den Oberflächen auf, sondern schweben auf einem Luftpolster, welches durch die schnelle Plattendrehung erzeugt wird. Landet ein Kopf dennoch einmal während der Betriebsphase auf der Oberfläche (z.B. durch äußere Gewalteinwirkung), spricht man von einem Headcrash,

der zumeist Datenverluste zur Folge hat, aber auch die Köpfe zerstören kann.

FESTPLATTEN-KARTE (engl. filecard). Festplatte auf Steckkartenbasis (vgl. Erweiterungssteckkarte). Die gesamte Elektronik (inklusive Kontroller) sowie der Plattenstapel sind auf einer Karte integriert. Festplatten-Karten besitzen Speicherkapazitäten von bis zu 60 MB. Vorteile dieser Technologie: Einfache Installation (Karte muß nur in einen Erweiterungsteckplatz eingeschoben werden; keinerlei sonstige Anpassung notwendig), belegt keinen Einschub, so daß z.B. eine zusätzliche Festplatte genutzt werden kann, selbst wenn im Gehäuse kein Einschub für konventionelle Festplatten mehr frei ist. Nachteile: Begrenzte Speicherkapazität, benötigt (bedingt durch ihre Breite) in der Regel den Raum von zwei Erweiterungssteckplätzen.

FESTPLATTEN-KONTROLLER-KARTE (engl. harddisk controller card). Steckkarte zur Steuerung von 1-2 Festplattenlaufwerken mit ST-506-Interface. Die Karte ist in XT- (8-Bit) und AT-Version (16-Bit) erhältlich. Bei der AT-Version ist auf der Karte häufig zusätzlich der Kontroller zur Steuerung von zwei Diskettenlaufwerken (wahlweise 360 KByte, 720 KByte, 1.2 MByte, 1.44 MByte) integriert.

FESTWERTSPEICHER (engl. nonvolatile memory). Bezeichnung für alle Speicherarten (EEPROM,

FILE SERVER

EPROM, PROM, ROM), von denen Daten nach der erstmaligen Beschreibung nur gelesen werden können. Zuweilen auch zur Bezeichnung externer Speicher (Festplatte, Diskette, optische Speicher) verwendet. Der Speicherinhalt bleibt auch nach Abschalten der Stromversorgung erhalten.

FETT (engl. bold). Schriftattribut. Die Buchstaben werden stärker gedruckt als bei Normalschrift. Bei Zeichen-/Zeilendruckern wird dies durch zweimaliges, leicht versetztes Drucken der Zeichen erreicht, bei Laserdruckern liegen die Zeichensätze bereits komplett in den verschiedenen Attributen (normal, fett, kursiv) vor.

FF Akronym für Formular Feed. Drucker-Steuerzeichen mit dem ASCII-Wert 0C. FF erzeugt einen Seitenvorschub.

FIELD GW-BASIC-Anweisung. Zuweisung von Pufferspeicher für Random-Access-Dateien. FIELD bestimmt die Feldlänge der einzelnen Datenfelder eines Datensatzes. Die Gesamtsumme der Feldlängen darf dabei nicht größer sein, als die im OPEN-Befehl spezifizierte Dateilänge. Die Dateinummer ist anzugeben. Eingabe:

FIELD #Dateinummer,Länge AS V1[,Länge AS V2...]

Für DATEINUMMER ist die Nummer anzugeben, unter welcher die Datei eröffnet wurde. V1, V2 usw.

bezeichnen die Variablen, denen die mit LÄNGE angegebene Feldlänge zugewiesen wird.
Beispiel:

    100 FIELD #1, 10 AS A$, 20 AS B$

Der Variablen A$ wird eine Feldlänge von 10 Bytes, der Variablen B$ eine Feldlänge von 20 Bytes zugewiesen.

FIFO Akronym für First in first out. Prinzip, nach dem Daten, die als erste in einen Speicher geschrieben wurden, auch als erste wieder daraus gelesen werden.

FILE Englische Bezeichnung für Datei. Man unterscheidet Programmfiles (z.B. ein Graphikprogramm) und Datenfiles (z.B. eine Zeichnung). Programmfiles besitzen unter MS-DOS immer die hierfür reservierte Dateikennung COM oder EXE.

FILE LOCKING Verhindert den Zugriff auf eine Datei innerhalb einer Datenbank, wenn auf diese momentan schon zugegriffen wird. Eine solche Sperrung ist z.B. in vernetzten Systemen mit Multiuserbetrieb notwendig, damit nicht mehrere Benutzer gleichzeitig auf eine Datenbank zugreifen. Diese Art der Zugriffsbeschränkung ist zwar programmtechnisch leicht zu realisieren, aber ineffektiv. Vorzuziehen wäre ein Record Locking (vgl. dort).

FILE SERVER Englische Bezeichnung für einen Rechner in einem Netzwerkverbund, der die Daten-

165

FILE TRANSFER

übertragungen koordiniert und seine Peripherie (Drucker, Festplatten etc.) den im Netz angeschlossenen Workstations (Rechnern) zur gemeinsamen Nutzung zur Verfügung stellt. Man unterscheidet dedicated (dedizierte) und non-dedicated (nicht dezidierte) Server. Erstere können gleichzeitig auch als Arbeitsstation genutzt werden (arbeiten dadurch allerdings auch langsamer), während letztere nur für das Netz zuständig sind.

FILE TRANSFER Englische Bezeichnung für Datenübertragung (vgl. dort).

FILE-ATTRIBUT (engl. file attribute). Jede Datei besitzt unter MS-DOS spezielle Attribute, die z.B. die Zugriffsmethoden (Lesen, Schreiben etc.) regeln. Vgl. Datei-Attribut.

FILEPOS Turbo-Pascal-Funktion. Sie liefert die Position des Zeigers innerhalb einer Datei.
Eingabe:

```
FilePos(v);
```

V ist eine typisierte oder untypisierte Datei-Variable, der die externe Datei zugewiesen wurde. Die Funktion kann nicht auf Textdateien angewandt werden.

FILES GW-BASIC-Befehl. Er dient zur Anzeige des Inhaltsverzeichnisses einer Festplatte oder Diskette (und entspricht damit dem MS-DOS-Kommando DIR).
Eingabe:

```
FILES ["Pfad:Auswahl"]
```

Für PFAD sind, falls notwendig, Laufwerk und Verzeichnis anzugeben. Für AUSWAHL können die Wildcards (* ?) benutzt werden. Fehlt jede Zusatzangabe, werden die Dateien des aktuellen Verzeichnisses gezeigt.
Beispiel:

```
FILES "A:*.BAS"
```

Listet alle Dateien mit der Kennung BAS im Hauptverzeichnis der Diskette A auf.

FILES Konfigurationsbefehl von MS-DOS 3 und MS-DOS 4 zur Bestimmung der Anzahl der gleichzeitig geöffneten Dateien. FILES bestimmt die Anzahl der Dateien, die gleichzeitig über File Handles (nicht über FCBS) geöffnet werden können.
Eingabe:

```
files=n
```

Festlegen der Anzahl der gleichzeitig geöffneten Dateien, wobei n Werte von 5 bis 255 annehmen kann. Der Standardwert ist 8.
Beispiel:

```
files=20
```

Erlaubt MS-DOS, 20 Files gleichzeitig zu öffnen. Sollte ein Programm eine Fehlermeldung ausgeben, daß nicht genügend Dateien geöfnet werden können, ist die Zahl entsprechend zu erhöhen.

FILESERVER Computer, der in Netzwerken zur Verwaltung des Netzes eingesetzt wird und dessen Peripheriegeräte (Festplatten, Drucker etc.) von allen Rechnern im Netzwerk genutzt werden können. Wird der Server zusätzlich als Workstation (Arbeitsplatzrechner) benutzt, spricht man von non-dedicated Server, ansonsten von dedicated Server. Welche Einsatzart möglich ist, hängt zum einen von der Bustopologie (vgl. dort) zum anderen von der verwendeten Netzwerksoftware ab.

FILESIZE Turbo-Pascal-Funktion. Gibt die Größe einer Datei (Anzahl der Datenelemente) an.
Eingabe:

```
FileSize(v);
```

V ist eine typisierte oder untypisierte Datei-Variable, der die externe Datei zugewiesen wurde. Die Funktion kann nicht auf Textdateien angewandt werden.

FILLCHAR Turbo-Pascal-Prozedur. Füllt eine bestimmte Anzahl von Bytes einer Variablen mit einem bestimmten Wert bzw. Zeichen.
Eingabe:

```
FillChar(x,Anzahl,Wert);
```

Füllt die Variable x (Typ: Beliebig) mit der angegebenen Anzahl (Typ: Word) des eingetragenen Wertes (Typ: Char oder Byte).

FILLPOLY Turbo-Pascal-Prozedur. (Unit: Graph). Zeichnet ein Polygon und füllt die Fläche mit dem durch SetFillStyle oder SetFillPattern bestimmten Muster.
Eingabe:

```
FillPoly(Ecken,Koord);
```

Für Ecken ist die Anzahl der Polygonecken zu setzen. Die Variable Koord enthält die Koordinatenpaare der Eckpunkte und ist meist als Array vom Typ PointType definiert. Da Anfangs- und Endpunkt identisch sind, muß dieses Koordinatenpaar doppelt aufgeführt sein.

FILTERPROGRAMM (engl. filter programme). Programm, das zumeist Textdateien nach bestimmten Zeichen durchsucht und diese entweder entfernt oder verändert. Beispiele: Entfernen von programmspezifischen Steuerzeichen (TAB, Hyphen etc.) aus einem Text, Entfernung unnötiger Leerzeichen.

FIND Externes MS-DOS- und MS-OS/2-Kommando (MS-DOS 3, MS-DOS 4, MS-OS/2 (R+P)) zum Auffinden von Zeichenketten. Im Netzwerk verwendbar. Mit dem Filterbefehl FIND können eine oder mehrere Dateien nach anzugebenden Zeichenketten durchsucht werden. Die Laufwerke, auf denen sich diese Dateien befinden, sollten nicht schreibgeschützt sein, da Zwischendateien erzeugt werden müssen.
Eingabe:

```
find(/Parameter) "Zeichenkette"
(Datei1 Datei2.....)
```

FINDFIRST

Sucht die angegebene Zeichenkette, die innerhalb von Anführungszeichen stehen muß, in den angegebenen Dateien.
Beispiel:

```
find "text" test.txt anhang.doc
```

Sucht die Zeichenkette TEXT in den Dateien TEST.TXT und ANHANG.DOC unter Auflistung aller Zeilen, welche die Zeichenfolge enthalten.
Parameter:

```
C   Anzeige der Zeilenzahl jeder Da-
    tei, in denen die angegebene Zei-
    chenfolge vorkommt.
N   Anzeige von Zeilennummer und Zei-
    lentext der Zeile, in welcher die
    Zeichenfolge enthalten ist.
V   Angabe aller Zeilen, in denen die
    Zeichenfolge nicht enthalten ist.
```

FINDFIRST Turbo-Pascal-Prozedur (Unit: Dos). Sucht im spezifizierten Verzeichnis den ersten Dateinamen, welcher der Vorgabe entspricht.
Eingabe:

```
FindFirst('Datei',Attr,SearchRec);
```

Für Datei ist die Dateibezeichnung, falls nötig mit Pfad, der zu suchenden Datei anzugeben. Für Attr ist eines der erlaubten Dateiattribute (ReadOnly, Hidden, SysFile) zu setzen. Das Ergebnis wird in einer Variablen vom Typ SearchRec zurückgeliefert.

FINDNEXT Turbo-Pascal-Prozedur (Unit: Dos). Kann nur nach einem vorherigen Aufruf von FindFirst verwendet werden.
Eingabe:

```
FindNext(SearchRec);
```

FindNext sucht den nächsten Dateieintrag, der den in FindFirst spezifizierten Vorgaben entspricht und liefert das Ergebnis in einer Variablen vom Typ SearchRec zurück.

FIRMWARE Englische Bezeichnung für ein Programm oder Programme, die zur Hardware eines Computers gehören und in seinen Speicherbausteinen (ROMs, EPROMs) fest verankert sind.

FIRST IN/FIRST OUT Abkürzung: FIFO. Prinzip, nach dem Daten, die als erste in einen Speicher geschrieben wurden, auch als erste wieder daraus gelesen werden.

FIX GW-BASIC-Funktion. Dient zur Umwandlung von Kommazahlen in Ganzzahlen. Es erfolgt im Unterschied zur INT-Funktion keine Rundung auf die nächstniedrigere Zahl.
Beispiel:

```
PRINT FIX(-2.8)
```

Als Ergebnis wird -2 geliefert, d.h. die Nachkommastellen werden einfach abgeschnitten. INT würde hier den Wert -3 liefern.

FIXED DISK Englische Bezeichnung für Festplatte (vgl. dort).

FLIESSKOMMAZAHL

FIXPUNKTTECHNIK (engl. checkpoint technique). In periodischen Zeitabständen werden der komplette Arbeitsspeicherinhalt eines Rechners sowie die Inhalte der Prozessorregister automatisch auf ein externes Speichermedium (Festplatte) übertragen, so daß in einem Notfall (Strom-, Rechnerausfall) keine Datenverluste entstehen und die Arbeit am Unterbrechungspunkt wieder aufgenommen werden kann.

FLACHBETTPLOTTER (engl. flatbed plotter). Plotter (vgl. dort), bei dem das Medium, auf welches geplottet werden soll (Papier, Folie etc.), flach auf der Unterlage liegt.

Einlesen von Graphik und Text in den Computer, wobei die Vorlage (Papier, Folie etc.) flach im Gerät liegt und mittels eines beweglichen Schlittens, an welchem die Leuchtdioden befestigt sind, abgetastet wird. Vgl. Scanner.

FLACHBILDSCHIRM (engl. flat screen). Bildschirm, der keinerlei Wölbung aufweist. Verzerrungen, insbesondere in den Randbereichen, werden ausgeschaltet. Alle LCD- und LED-Bildschirme sind nach diesem Prinzip konstruiert. Neuerdings werden auch zunehmend konventionelle Monitore mit flacher Bildröhre hergestellt.

Bild 33: Flachbettplotter

Das Zeichnen erfolgt mit Hilfe eines Schlittens, an dem der Stift befestigt ist. Der Stift bewegt sich in Y-Richtung entlang des Schlittens und dieser wiederum in X-Richtung, so daß jeder Punkt des Mediums erreicht werden kann.

FLACHBETTSCANNER (engl. flatbed scanner). Optisches Gerät zum

FLAG Zeichen oder Bit, welches einen bestimmten Zustand anzeigt. So zeigt z.B. das Carry Flag des Statusregisters (vgl. dort) an, ob bei einer arithmetischen Operation ein Übertrag stattgefunden hat.

FLATTERSATZ (engl. unjustified text). Normalerweise linksbündige aber auch rechtsbündige Ausrichtung eines Textes. Die einzelnen Zeilen sind nicht gleich lang (vgl. auch Blocksatz).

FLIESSKOMMAZAHL (engl. floating point number). Die Fließkommazahl besteht aus Mantisse und Exponent (zur Basis 10), z.B. 2,345671 E3. Die Umrechnung in eine konventionelle Festkommazahl erfolgt nach der Formel Mantisse x Exponent, in obigem Beispiel also $2{,}345671 \times 10^3 = 2345{,}671$.

FLIESSTEXT

Wie zu erkennen, wird durch diese Operation lediglich der Dezimalpunkt um soviele Stellen verschoben wie der Exponent angibt. Daher der Begriff Fließkommazahl. Gegensatz: Festkommazahl.

FLIESSTEXT (engl. flow text). Normaler Text (body text) eines Dokuments in einer Schriftgröße und Schriftart.

FLIP-FLOP (engl. flip flop). Bistabiler elektronischer Baustein (= kann zwei stabile Zustände annehmen) bestehend aus zwei NAND-Gattern, der ein Bit an Informationen speichern kann.

FLIPTOP-GEHÄUSE (engl. fliptop case). Servicefreundliches Computergehäuse, welches nicht fest verschraubt ist, sondern sich durch Scharniere nach oben aufklappen läßt.

FLOATING POINT vgl. Gleitkommazahl.

FLOODFILL Turbo-Pascal-Prozedur (Unit: Graph). Dient zum Ausfüllen eines geschlossenen Bereichs mit momentan gewähltem Muster.
Eingabe:

```
FloodFill(x,y,Farbe);
```

X,Y gibt die Startkoordinaten an. Für Farbe ist die Farbziffer (Typ: Word) der Umrahmung anzugeben, die als Abgrenzung dienen soll.

FLOP Akronym für Floating Point Operation. Fließ- bzw. Gleitkommaberechnung.

FLOPPY DISK Andere Bezeichnung für eine Diskette mit kartonähnlicher Schutzhülle.

FLOPPY-STREAMER Bandlaufwerk (vgl. Streamer), welches über den Kontroller der Diskettenlaufwerke gesteuert wird.

FLOWCHART Englischer Begriff für Flußdiagramm. Vgl. Datenflußplan.

FLOWLINES Pfeile in einem Flußdiagramm, welche die Ablaufrichtung eines Programms anzeigen.

FLÜCHTIGER SPEICHER (engl. volatile memory). Bezeichnet alle Speicher, bei denen der Inhalt nach Abschalten der Stromversorgung verloren geht, wie z.B. beim Arbeitsspeicher (RAM-Speicher) eines Computers. Gegensatz: Festwertspeicher.

FLUSH Turbo-Pascal-Prozedur. Schreibt den Inhalt des Dateipuffers in eine Textdatei.
Eingabe:

```
Flush(v);
```

V ist die Dateivariable, welcher die Textdatei zugeordnet wurde.

FLÜSSIGKRISTALLANZEIGE (engl. liquid crystal display).

Auch LCD. LCD-Bildschirme werden (neben den Plasmabildschirmen) vorwiegend bei Laptop-Computern eingesetzt.

FLUSSDIAGRAMM (engl. flowchart). Veranschaulicht den Datenfluß und die hierzu benötigten Geräte. Vgl. Datenflußplan.

FOLDER Ordner. Unterverzeichnis für Dateien in graphischen Benutzeroberflächen.

FOLIENTASTATUR (engl. touch sensitive keyboard). Spezielle Computertastatur, bei der die Tasten nicht gegen einen Federwiderstand nach unten gedrückt werden müssen. Da die Tasten so nicht mechanisch bewegt werden, kann das komplette Tastenfeld plan gehalten und mit einer Folie überzogen werden. Vorteil: Einsatz in schmutz- und staubintensiven Bereichen. Nachteil: Kein ergonisches Schreiben möglich, da beim Schreiben schlecht "erfühlt" werden kann, ob eine Taste betätigt wurde.

FONT Zeichensatz in einer Schriftart und Schriftgröße. Man unterscheidet zwischen Bildschirmfont zur Anzeige der Zeichen am Bildschirm und Druckfont zum Ausdrucken der Zeichen. Während Bildschirmfonts meist im Lieferumfang des jeweiligen Programms enthalten sind, müssen die Druckfonts (zumindest für Laserdrucker) in der Regel separat erworben werden, sind dann allerdings auch für alle Standardprogramme verwendbar.

FONT-CARTRIDGE Auswechselbare Erweiterungskarte für Drucker (insbesondere Laserdrucker) im Kassettenformat, die einen oder mehrere Zeichensätze enthält, die optional zu den fest eingebauten Zeichensätzen verwendet werden können.

FONT-DISKETTE Diskette, auf welcher Zeichensätze entweder für die Bildschirmdarstellung oder zum Ausdruck per Laserdrucker (vgl. Soft-Font) abgespeichert sind.

FONT-EDITOR Programm, mit welchem sich Bildschirm- oder Druckerzeichensätze ändern bzw. neu erstellen lassen.

FONT-KARTE (engl. font card). Auswechselbare Erweiterungskarte für Drucker (oft im Scheckkartenformat), die einen oder mehrere Zeichensätze enthält, die optional zu den fest eingebauten Zeichensätzen verwendet werden können.

FOR Interner Stapelbefehl (MS-DOS 3, MS-DOS 4, MS-OS/2) zur Befehlswiederholung für Variable. Im Netzwerk verwendbar. Innerhalb von Stapeldateien läßt sich mit FOR ein Befehl auf eine Liste angegebener Dateien anwenden.
Eingabe:

```
for %%variable in (liste) do befehl
variable
```

Für VARIABLE ist jedes unter MS-DOS erlaubte Zeichen (außer den Ziffern 0-9) erlaubt. Für LISTE sind ein oder mehrere Dateinamen zu

FOR...DO

setzen. Für BEFEHL wird das Kommando angegeben, das auf die angegebenen Dateien angewendet werden soll. Verwendet man FOR im Direktmodus, wird nur ein einfaches Prozentzeichen (%) gesetzt.
Beispiel:

```
for %%a in (*.txt) do copy %%a c:
```

Kopiert alle Dateien mit der Kennung TXT auf Laufwerk C.

FOR...DO Turbo-Pascal-Anweisung. Dient zur wiederholten Ausführung einer bestimmten Anzahl von Anweisungen.
Schema:

```
FOR Variable := Anfang to (downto) Ende DO Anweisung
```

Die Anzahl der Ausführungen der Anweisung wird durch die Werte ANFANG und ENDE bestimmt. Nach jeder Ausführung wird die Zählvariable (beginnend mit dem Anfangswert) um eins erhöht (to) bzw. erniedrigt (downto) bis der Endwert erreicht ist.

FOR...NEXT GW-BASIC-Anweisung. Erzeugt eine Schleife mit einer bestimmten Anzahl von Durchläufen.

Eingabe:

```
FOR VARIABLE=ANFANGSWERT TO ENDWERT
(STEP SCHRITTWEITE)
... NEXT VARIABLE
```

In der FOR-Anweisung wird zunächst mit Hilfe einer numerischen Variablen die Anzahl der Durchläufe definiert, sowie wahlweise die Schrittweite (STEP). Diese ist normalerweise 1, kann aber jeden beliebigen Wert annehmen (z.B. -1 zum Rückwärtszählen). In der NEXT-Anweisung wird der Zähler jeweils um einen Wert erhöht.
Beispiel:

```
10 FOR X = 1 TO 20
20 PRINT"TESTZEILE"
30 NEXT X
```

Hier wird 20mal das Wort TESTZEILE ausgedruckt, anschließend wird im Programm fortgefahren.

FORM FEED Befehl an den Drucker, einen Seitenvorschub durchzuführen, so daß anschließend der Druckkopf exakt am oberen Rand des nächsten Blattes steht.

FORMAT Definition des Ausehens einer Seite (vgl. auch Aufmachung).

FORMAT Externes MS-DOS- und MS-OS/2-Kommando (MS-DOS 3, MS-DOS 4, MS-OS/2 (R+P)). Im Netzwerk verwendbar. Bevor eine Diskette/Festplatte Daten aufnehmen kann, muß sie formatiert werden. Dabei werden magnetische Spuren und Sektoren, ein Inhaltsverzeichnis und die Dateizuordnungstabelle (FAT) erzeugt. Werden bereits formatierte Datenträger nochmals formatiert, werden alle gespeicherten Programme und Dateien gelöscht.
Eingabe:

```
format LW:(/Parameter)
```

Formatieren des anzugebenden Laufwerks.
Beispiel:

    format a:/s

Formatiert die Diskette in Laufwerk A und überträgt das Betriebssystem.
Parameter:
1 Disketten werden nur einseitig formatiert (nicht für MS-OS/2).
4 Formatiert 360-KByte-Disketten in einem 1.2 MByte Laufwerk.
8 Pro Spur wird mit 8 Sektoren formatiert (nicht für MS- OS/2).
B Beim Formatieren wird Platz für das Betriebssystem gelassen, das nachträglich mit dem SYS-Kommando übertragen werden kann (nicht für MS-OS/2).
N Der Parameter mit Zahlenangabe (z.B. N:9) bewirkt eine Formatierung mit der angegebenen Sektorenzahl pro Spur. Maximal 9 bei 360-KByte-Disketten, höchstens 15 bei 1.2-MByte-Disketten und 18 bei 1.44-MByte-Disketten.
T Analog gibt T mit Zahlenangabe die Spurenzahl der Diskette an. Maximal 40 für 360-KByte-Disketten und 80 für 720-KB/1.2 MB-/1.44-MB- Disketten. Unter Verwendung der Parameter N und T läßt sich beispielsweise eine Diskette in einem 1.44-MByte-Laufwerk auf 720 KByte formatieren (N:9 und T:80).
S Überträgt nach dem Formatieren das Betriebssystem von der Quelldiskette.
V Dem Datenträger kann nach dem Formatieren ein Name gegeben werden.
F: nnnn Angabe der Speicherkapazität (in KByte) der zu formatierenden Diskette: Für nnnn können die Werte 160, 180, 320, 360, 720, 1200, 1440 verwendet werden.Nicht erlaubt in Verbindung mit den Parametern N und T (nur für MS-DOS 4).

FORMAT-RECOVER Dienstprogramm zum Wiederherstellen der Festplatte nach versehentlichem Formatieren. Bei den meisten Formatierroutinen (z.b. aller MS-DOS Versionen) bleiben beim Formatieren die Daten auf der Festplatte erhalten, lediglich FAT und Directory werden gelöscht. Das Format-Recover-Programm kopiert FAT- und Directoryeinträge auf einen anderen Speicher z.B. Diskette und ist dadurch in der Lage, die Struktur der Festplatte wieder aufzubauen, so daß die Daten wieder genutzt werden können.

FORMATIEREN (engl. format). Anwenden des MS-DOS-Kommandos FORMAT zur Vorbereitung von Datenträgern für die Datenaufnahme.

FORMATKONTROLLE (engl. format control). Programmierte Datensicherung. Die Formatkontrolle erlaubt bei der Eingabe nur zulässige Datentypen. So können z.B. in Rechenfelder nur Ziffern und Rechenzeichen eingegeben werden. Dadurch wird etwa eine Verwechslung der Ziffer 0 und des Buchstabens O ausgeschlossen. Weiterhin kann durch die Formatkontrolle die Länge der Eingabefelder begrenzt werden, so daß nur soviele Zeichen, wie maximal erlaubt, eingetippt werden können.

FORMSATZ Gruppieren von Texten um eine Graphik (Text umfließt Graphik).

FORTH Strukturierte, sehr schnelle Programmiersprache. Von Charles

FORTRAN

Moore und Elisabeth Rather Ende der 60er Jahre entwickelt. Forth arbeitet in jedem Zahlensystem, bedient sich der polnischen Notation und der Befehlsvorrat kann vom Anwender beliebig erweitert werden, wobei ein Befehl, ein sogenanntes Wort zunächst definiert und in das Forth-Wörterbuch eingetragen wird. Von dort kann es dann jederzeit aufgerufen und wie die konventionellen Forth-Anweisungen benutzt werden.

FORTRAN Abkürzung für Formula Translation. Programmiersprache. Ende der 50er Jahre von IBM entwickelt. Eignet sich insbesondere für rechenintensive Anwendungen.

FRAC Turbo-Pascal-Funktion. Sie liefert den Nachkommateil einer Realzahl.
Eingabe:

```
Frac(x);
```

Als Ergebnis werden die Nachkommastellen der Zahl x (Typ: Real) ausgegeben.

FRE GW-BASIC-Funktion. Die Funktion ermittelt den freien Speicherplatz. In Klammern ist ein beliebiges Argument (Dummy-Funktion) anzugeben. Lediglich ("") hat eine besondere Bedeutung und führt eine Garbage Collection (Neuorganisation des Speichers) durch.
Beispiel:

```
PRINT FRE(0)
```

Zeigt den momentan zur Verfügung stehenden Arbeitsspeicher in Bytes an.

FREAK Computeranwender, der sich hobbymäßig sehr intensiv mit Computern beschäftigt.

FREEMEM Turbo-Pascal-Prozedur. Macht den Speicherplatz einer Zeigervariablen auf dem Heap wieder frei.

Eingabe:

```
FreeMem(v,Größe);
```

V ist eine beliebige Zeigervariable, Größe (Typ: Word) muß genau die Speichergröße der Variablen v angeben.

FREEWARE Andere Bezeichnung für Public-Domain-Software. Vgl. Public Domain.

FREQUENZ (engl. frequency). Bezeichnet allgemein periodisch innerhalb einer konstanten Zeitspanne ablaufende Ereignisse, wie z.B. Schwingungen. Hier ist die physikalische Maßzahl Hz (= 1 Schwingung/Sekunde, kHz (= 1000 Schwingungen/Sekunde) bzw. MHz (= 1000000 Schwingungen pro Sekunde).

FRIKTIONSANTRIEB (engl. friction feed). Art des Papiertransports bei Druckern. Das Papier, in der Regel Einzelblattpapier, wird zwischen zwei sich gegeneinander drehenden Walzen vorwärts geschoben. Vorteil:

Verwendung von Einzelblattpapier. Nachteile: kein Rückwärtstransport des Papiers möglich, Papierführung nicht sehr exakt. Gegensatz: Traktorantrieb.

FTZ Akronym für Fernmeldetechnisches Zentralamt. Vgl. ZZF.

FUNKTIONALE PROGRAMMIERSPRACHE (engl. functional programming language). Programmiersprache, deren Programme mathematischen Funktionen vergleichbar sind, mit deren Hilfe aus den Eingabedaten die Ausgabedaten berechnet werden. Die Programme reduzieren sich im wesentlichen auf Reihung, Wiederholung und Rekursion und arbeiten ohne Variablen. Bekanntester Vertreter: LISP.

FUNKTIONSTASTE (engl. function key). Bestandteil der Computertastatur. Bei konventionellen Tastaturen sind 10 Funktionstasten (F1-F10) links neben dem Haupttastaturblock angeordnet, bei MF-Tastaturen sind 12 Funktionstasten über dem Haupttastaturblock vorhanden. Sie sind frei programmierbar und lösen in Anwenderprogrammen spezifische Funktionen aus. Unter MS-DOS haben sie folgende Bedeutung:

F1	Kopiert 1 Zeichen vom Template in die neue Zeile.
F2	Kopiert alle Zeichen bis zu dem nach F2 angegebenen Zeichen in die neue Zeile.
F3	Kopiert alle Zeichen des Templates in die neue Zeile.
F4	Überspringt alle Zeichen im Template bis zu dem nach F4 angegebenen.
F5	Kopiert die neue Zeile ins Template.

Mit dem Begriff Template hat es folgende Bewandtnis: Unter MS-DOS wird die letzte Eingabezeile immer in einen speziellen Speicherbereich geschrieben, wo auf sie jederzeit wieder zugegriffen werden kann. Dieser spezielle Pufferspeicher heißt Template.

FUNKUHREN-KARTE Erweiterungskarte (mit Zubehör) für PCs mit deren Hilfe über Funk das Zeitzeichen der Cäsium-Atomuhr der Physikalischen Bundesanstalt in Mainflingen empfangen wird. Die rechnerinterne Uhr kann so jederzeit extrem genau eingestellt werden (Ganggenauigkeit: 1 Sekunde Abweichung in 300 000 Jahren).

FUSSNOTE (engl. footnote). Bemerkungen am unteren Rand einer Seite bzw. am Ende eines Textes.

FUSSZEILE (engl. footer). Text, der immer wiederkehrend am unteren Rand einer Seite erscheint (z.B. die Bankverbindung).

G

GALLEY PROOF Auch Proof. Englischer Ausdruck für Korrekturfahne. Erste Fassung eines Manuskripts, die als Probeausdruck bzw. zum Korrekturlesen verwendet wird.

GAMEPORT Englische Bezeichnung für eine Schnittstelle zum Anschluß eines Joysticks (vgl. dort) an einen PC.

GAN Akronym für Global Area Network. Netzwerk für die Rechnerkommunikation über Satellitenverbindungen.

GANZSEITENDARSTELLUNG (engl. full screen display).Der komplette Inhalt einer DIN-A4-Seite kann in Originalgröße (ohne Bildschirmrollen) direkt am Bildschirm dargestellt werden. Vgl. auch Greek.

GANZSEITENMONITOR (engl. full screen display). Sichtgerät, auf dem sich der komplette Inhalt einer DIN-A4-Seite darstellen läßt. Dazu ist die Bildröhre meist um 90 Grad gedreht, um das richtige Höhen-/Breitenverhältnis zu erzielen.

GAP Englischer Begriff für Kluft (vgl. dort), einem Freiraum zwischen den Datenblöcken auf Magnetband.

Bild 34: Ganzseitenmonitor

GARBAGE COLLECTION Englische Bezeichnung für Speicherbereinigung. Viele Programmiersprachen auf Interpreter-Basis (Basic, Lisp) etc. weisen den Daten (Variablen) während eines Programmablaufs einen eigenen Bereich des Arbeitsspeichers zu. Reicht dieser Speicherplatz nicht mehr aus, versucht das System, nicht mehr benötigte Daten daraus zu entfernen (= garbage collection). Dieser Vorgang kann, je nach Rechnertyp, sehr zeitaufwendig sein und einige Minuten in Anspruch nehmen.

GASPLASMABILDSCHIRM (engl. plasma display). Flachbildschirm (von nur einigen Zentimetern Tiefe

GATEWAY

und ohne gewölbte Oberfläche, der in erster Linie in Laptop-Computern (tragbare Geräte) eingesetzt wird. Zwischen zwei Glasplatten befindet sich ein Gas (das Plasma) sowie ein feines Drahtgitter. Wird an einem der Kreuzungspunkte des Gitters Spannung angelegt, leuchtet das Gas an der entsprechenden Stelle. Vorteil: Gute Darstellung. Nachteil: Verbraucht viel Strom, daher können Plasma-Laptops nicht mit Akkus betrieben werden.

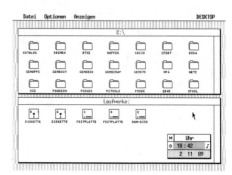

Bild 35: GEM-Oberfläche

GATEWAY Bezeichnet einen Rechner innerhalb eines lokalen Netzwerks, der die Verbindung zu einem weiteren Netzwerk oder einer Großrechenanlage herstellt und für die korrekte Kommunikation (inkl. Code- und Formatumwandlung) verantwortlich ist.

GBYTE Abkürzung von Gigabyte. Maßzahl für die Speicherkapazität eines Massenspeichers. Entspricht 1024 Megabyte, 1024^2 Kilobyte bzw. 1024^3 Byte.

GEHEIMHALTUNGSPFLICHT (engl. secrecy). Aus dem Bundesdatenschutzgesetz: Alle bei der Datenverarbeitung beschäftigten Personen sind zur Wahrung des Datengeheimnisses verpflichtet.

GEM Akronym für Graphics Environmental Manager. Graphische Benutzeroberfläche, die das Bedienen von Programmen erleichtert. Anwendungsprogramme (z.B. Ventura Publisher) müssen speziell hierfür programmiert sein.

GEMEINE (engl. minuscule). Kleinbuchstaben des Alphabets (auch Minuskel).

GENERATIONENPRINZIP (engl. generation principle). Auch 3-Generationenprinzip. Verfahren bei der Datensicherung auf Magnetband. Dabei werden drei Bänder (Großvater, Vater, Sohn) verwendet. Erst wenn die Daten erfolgreich auf dem Sohnband gesichert sind, wird das Großvaterband gelöscht. Damit ist sichergestellt, daß bei Fehlern jederzeit entweder aus dem Vater- oder Großvaterband ein neues Sohnband erstellt werden kann. Das gelöschte Großvaterband wird beim nächsten Sicherungslauf zum Sohnband, das Vaterband zum Großvaterband und das Sohnband zum Vaterband.

GENLOCK Peripheriegerät, mit dessen Hilfe Computer- und Videobilder gemischt werden können.

GET

GESCHÄFTSGRAPHIK (engl. business graphics). Graphische Veranschaulichung von Zahlenmaterial auf dem Bildschirm oder Drucker. Vgl. Präsentationsgraphik.

GESCHLOSSENES SYSTEM (engl. closed system). Bezeichnet Rechner, die über kein herausgeführtes Bussystem (Steckplätze) verfügen, und deshalb nicht ausbaufähig sind. Gegensatz: Offenes System.

GESOCKELT (engl. mounted). Bezeichnet die Tatsache, daß (Speicher-) Bausteine nicht fest auf der Platine verlötet sind, sondern in einem Sockel stecken. Vorteil: Leichte Austauschbarkeit. Nachteil: Kontaktunterbrechungen möglich.

GET GW-BASIC-Anweisung. Dient zum Einlesen eines Datensatzes aus einer Random-Access-Datei in den Datenpuffer, von wo er mit INPUT# bzw. LINE INPUT# geholt werden kann. Anzugeben sind die Nummer der Datei und die Satznummer (1-16777215).
Eingabe:

```
GET #Dateinummer[,Satz]
```

Für Dateinummer, ist die Nummer anzugeben, unter welcher die Datei eröffnet wurde, für SATZ die Satznummer. Fehlt diese, wird der nächste Datensatz gelesen.
Beispiel:

```
100 GET #1,10
```

Liest den zehnten Datensatz der Random-Acess-Datei 1 in den Puffer.

GET GW-BASIC-Anweisung. Sie überträgt Graphik vom Bildschirm in ein Array (Feld).
Eingabe:

```
GET (x1,y1)-(x2,y2),FELD
```

X1,Y1 bezeichnen die linke, obere Ecke der Graphik, X2,Y2 die rechte untere Ecke. Für Feld ist die Arraybezeichnung anzugeben. Vor Ausführung von GET ist mit WINDOW (vgl. dort) ein Graphikfenster zu definieren.
Beispiel:

```
10 DIM A(1500)
20 SCREEN 9
30 WINDOW SCREEN (0,0)-(640,350)
40 LINE (200,200)-(300,300),2,B
50 GET (200,200)-(300,300),A
60 FOR X = 1 TO 100 STEP 5
70 PUT (100+X,100+X),A,PSET
80 NEXT X
```

In Zeile 10 wird das Array für die Aufnahme der Graphik erzeugt, Zeile 20 schaltet in den Graphikmodus (EGA) um, in Zeile 30 wird das Grapikfenster definiert und anschließend ein Rechteck gezeichnet (Zeile 40). Mit der GET Anweisung wird die Graphik in das Array übertragen und anschließend mit der PUT-Anweisung (vgl. dort) wieder auf den Bildschirm gebracht.

GETARCCOORDS

GETARCCOORDS Turbo-Pascal-Prozedur (Unit: Graph). Die Prozedur liefert die Daten des zuletzt mit ARC gezeichneten Bogens in einer Variablen zurück.
Eingabe:

```
GetArcCoords(v);
```

V ist eine Variable des Typs ArcCoordsType, der in der Unit Graph folgendermaßen definiert ist: X,Y = Mittelpunkt, XSTART,YSTART = Anfangspunkt, XEnd,YEnd = Endpunkt.

GETASPECTRATIO Turbo-Pascal-Prozedur (Unit: Graph). Sie ermittelt die Aspect Ratio (Höhen-/Seitenrelation) des Bildschirms.
Eingabe:

```
GetAspectRatio(XAsp,YAsp);
```

Die Variablen XAsp und YAsp sind vom Typ Word.

GETBKCOLOR Turbo-Pascal-Funktion (Unit: Graph). Die Funktion liefert die Hintergrundfarbe in Form der Ziffer (0-15) zurück, unter der die Farbe in der Palette, die für die Hintergrundfarbe gesetzt wurde, eingetragen ist.
Eingabe:

```
GetBkColor;
```

GETCOLOR Turbo-Pascal-Funktion (Unit: Graph). Die Funktion liefert die Zeichenfarbe in Form der Ziffer (0-15) zurück, unter der die Farbe in der Palette, die für die Zeichenfarbe gesetzt wurde, eingetragen ist.
Eingabe:

```
GetColor;
```

GETDATE Turbo-Pascal-Prozedur (Unit: Dos). GETDATE stellt das Systemdatum zur Verfügung.
Eingabe:

```
GetDate(Year,Month,Day,DayofWeek);
```

Liefert jeweils in Ziffern das Jahr, den Monat, den Tag und den Wochentag (Montag=1, Dienstag=2 usw.).

GETDIR Turbo-Pascal-Prozedur. Sie zeigt das aktuelle Verzeichnis des angegebenen Laufwerks an.
Eingabe:

```
GetDir(Laufwerk,v);
```

Für Laufwerk (Typ: Byte) ist die Laufwerksziffer anzugeben (Laufwerk A = 0, B = 1, C = 2 usw.). Das Verzeichnis wird in der Variablen v (Typ: String) zurückgeliefert.

GETEILTER BILDSCHIRM (engl. split Screen). Der Begriff bezeichnet die Tatsache, daß die Bildschirmoberfläche sofwaremäßig in zwei oder mehrere Bereiche (Fenster) unterteilt ist, in denen z.B. gleichzeitig unterschiedliche Daten dargestellt oder (in Multitasking-Betriebssystemen) mehrere Programme gleichzeitig ablaufen können.

GETFATTR Turbo-Pascal-Prozedur (Unit: Dos). Die Prozedur ermittelt die Fileattribute einer Datei.
Eingabe:

```
GetFAttr(v,a);
```

V ist eine Dateivariable, welcher die in Frage kommende Datei zugewiesen wurde. Die Attribute werden in der Variablen a (Typ: Word) zurückgeliefert.

GETFILLSETTINGS Turbo-Pascal-Prozedur (Unit: Graph). Sie liefert die Daten des zuletzt benutzten Füllmusters sowie der Farbe in einer Variablen zurück.
Eingabe:

```
GetFillSettings(v);
```

V ist eine Variable des Typs FillSettingsType, die in der Unit Graph folgendermaßen definiert ist: Color (Typ: Word) enthält die Farbziffer (0-15), Pattern (Typ: Word) beinhaltet das Bitmuster des Füllmusters.

GETFTIME Turbo-Pascal-Prozedur (Unit: Dos). Die Prozedur liefert das Datum und die Uhrzeit, zu welcher die angegebene Datei zuletzt geändert wurde.
Eingabe:

```
GetFTime(v,t);
```

V ist eine beliebige Dateivariable, der die entsprechende Datei zugewiesen wurde. In der Variablen t, vom Typ DateTime (in Unit Dos definiert), wird die Uhrzeit geliefert, die zur Konvertierung noch an Unpack-Time (vgl. dort) übergeben werden muß.

GETGRAPHMODE Turbo-Pascal-Funktion (Unit: Graph). Die Funktion liefert den aktuellen Graphikmodus in Form eines Wertes.
Eingabe:

```
GetGraphMode;
```

Der zurückgelieferte Wert bewegt sich zwischen 0 und 3, und bezieht sich je nach Graphikkarte (CGA, Hercules, EGA, VGA) auf einen anderen Modus.

GETIMAGE Turbo-Pascal-Prozedur (Unit: Graph). GETIMAGE speichert den Teil einer Graphik in einer Variablen.
Eingabe:

```
GetImage(x1,y1,x2,y2,Größe);
```

X1,y1 legen die linke obere, x2,y2 die rechte untere Ecke des Ausschnitts fest. Größe bestimmt die Größe der Variablen, in welcher die Graphikdaten gespeichert werden und sollte mit ImageSize (vgl. dort) bestimmt werden.

GETINTVEC Turbo-Pascal-Prozedur (Unit: Dos). Die Prozedur liefert die Speicheradresse in einem Interrupt-Vektor.
Eingabe:

```
GetIntVec(Nummer,v);
```

Für Nummer (Type: Byte) ist die

GETMAXX

Nummer (0-255) des gewünschten Interrupts zu setzen. Die Zeigervariable v (Typ: Pointer) enthält die in diesem Interruptvektor abgelegte Adresse.

GETMAXX Turbo-Pascal-Funktion (Unit: Graph). Die Funktion liefert die in Abhängigkeit von Graphikkarte und Graphikmodus höchstmögliche Bildschirmkoordinate in X-Richtung.
Eingabe:

```
GetMaxX
```

Bei einer VGA-Karte (640x480) wäre dies im hochauflösenden Modus z.B. 479.

GETMAXY Turbo-Pascal-Funktion (Unit: Graph). Die Funktion liefert die in Abhängigkeit von Graphikkarte und Graphikmodus höchstmögliche Bildschirmkoordinate in Y-Richtung.
Eingabe:

```
GetMaxY
```

Bei einer VGA-Karte (640x480) wäre dies im hochauflösenden Modus z.B. 639.

GETMEM Turbo-Pascal-Prozedur (Unit: Graph). Sie erzeugt eine dynamische Variable.
Eingabe:

```
GetMem(v,Größe);
```

V ist eine Zeigervariable (Typ: beliebig), der die Startadresse des durch Größe (Typ: Word) bestimmten Speicherblocks zugewiesen wird.

GETPALETTE Turbo-Pascal-Prozedur (Unit: Graph). Die Prozedur liefert die Länge und den Inhalt der aktuellen Farb-Palette.
Eingabe:

```
GetPalette(v);
```

In der Variablen v werden die Werte zurückgeliefert. Sie ist als Typ PaletteType im Unit Graph so definiert: Size (enthält Anzahl der Pallette-Einträge, Colors (Array mit den vorhandenen Einträgen).

GETPIXEL Turbo-Pascal-Funktion (Unit: Graph). Die Funktion ermittelt die Farbnummer (laut Palette) eines Bildschirmpunktes.
Eingabe:

```
GetPixel(x,y);
```

X,Y (Typ: Integer) bestimmen die Koordinaten des Punktes.

GETTEXTSETTINGS Turbo-Pascal-Prozedur (Unit: Graph). Sie liefert in der Variablen v die mit SetTextJustify und SetTextStyle gesetzten Textattribute im Graphikmodus.
Eingabe:

```
GetTextSettings(v);
```

V ist eine Variable des Typs TextsettingsType, der in der Unit Graph so definiert ist: Font, Direction, Charsize, Horiz, Vert (alle vom Typ Word).

GETTIME Turbo-Pascal-Prozedur (Unit: Dos). Sie stellt die Systemzeit zur Verfügung.
Eingabe:

    GetTime(Hour,Min,Second,Sec100);

Liefert jeweils in Ziffern die Stunden, Minuten, Sekunden und Hundertstel-Sekunden.

GETVIEWSETTINGS Turbo-Pascal-Prozedur (Unit: Graph). Sie liefert in der Variablen v Koordinaten und Clipping-Zustand des aktuellen Graphikfensters.
Eingabe:

    GetViewSettings(v);

Die Variable v ist vom Typ ViewPortType, der in der Unit Graph so definiert ist: x1,y1 (linke obere Ecke, x2,y2 (rechte untere Ecke), Clip (Typ: Boolean; bei True ist das Clipping aktiviert).

GETX Turbo-Pascal-Funktion (Unit: Graph). Die Funktion ermittelt die X-Koordinate des Graphikcursors.
Eingabe:

    GetX;

Die Koordinaten sind relativ, d.h. beziehen sich auf das aktive Fenster.
GETY Turbo-Pascal-Funktion (Unit: Graph). Die Funktion ermittelt die Y-Koordinate des Graphikcursors.
Eingabe:

    GetY;

Die Koordinaten sind relativ, d.h. beziehen sich auf das aktive Fenster.

GEWEBEFARBBAND (engl. textile ribbon). Farbband für Drucker, bei dem das Band aus einem Textilmaterial besteht, das mit der Druckfarbe getränkt ist. Vorteil: das Band kann mehrfach genutzt werden. Nachteil: das Druckbild ist nicht gestochen scharf. Vgl. auch Karbonfarbband.

GIGABYTE Maßzahl für die Speicherkapazität eines Massenspeichers. Entspricht 1024 Megabyte, 1024^2 Kilobyte bzw. 1024^3 Byte.

GIGO Akronym für Garbage in Garbage out. Etwas sarkastische Bezeichnung für die Tatsache, daß das Ergebnis, welches ein Computer ausgibt, nicht besser sein kann, als das was ihm als Eingabe zur Verfügung gestellt wurde, wird also Unsinn eingegeben kann nur Unsinn als Ergebnis herauskommen.

GITTERNETZ (engl. grid). Das Gitternetz wird häufig in Graphik- und CAD-Programmen verwendet, um ein exaktes Zeichnen zu ermöglichen. Es besteht aus parallelen, waagerechten und senkrechten Hilfslinien, deren Abstand meist frei gewählt werden kann, und die als Orientierung beim Zeichnen (z.B. von Parallelen oder Diagonalen) dienen. Das Netz kann wahlweise mit ausgedruckt werden. Verfügt das Programm über eine Snap-Funktion, dann kann man zusätzlich erreichen, daß ein gezeichnetes Objekt (z.B. eine Linie) automatisch auf die jeweils

GLASFASERKABEL

nächstliegenden Kreuzungspunkte des Gitters gezogen wird.

GLASFASERKABEL (engl. optical fibre cable). Glasfaserkabel dienen zur Übertragung von Daten, insbesondere über weite Strecken. Im Gegensatz zum konventionellen Kupferkabel erfolgt der Signalfluß nicht über Elektronen sondern Photonen. Die Vorteile von Lichtwellenleitern liegen in der hohen Datenübertragungsrate (bis ca. 100 MByte/s) und der großen Reichweite (mehr als 25 km ohne Verstärker).

GLEITKOMMAZAHL (engl. floating point number). Die Gleitkommazahl besteht aus Mantisse und Exponent (zur Basis 10), z.B. 2,345671 E3. Die Umrechnung in eine konventionelle Festkommazahl erfolgt nach der Formel Mantisse x Exponent, in obigem Beispiel also 2,345671 x 10^3 = 2345,671. Wie zu erkennen ist, wird durch diese Operation lediglich der Dezimalpunkt um soviele Stellen verschoben wie der Exponent angibt. Daher der Begriff Gleitkommazahl. Gegensatz: Festkommazahl.

GLOBALE VARIABLE (engl. global variable). Variable, die für das gesamte Programm definiert wurde und ihren jeweiligen Wert überall (auch in Unterprogrammen) behält. Gegensatz: Lokale Variable.

GND Abkürzung für Ground. Masse.

GOSUB...RETURN GW-BASIC-Anweisung. Anweisung zur Verzweigung zu einem Unterprogramm (und Rückkehr zum Hauptprogramm). Fehlt bei der RETURN-Anweisung eine Zeilenangabe, wird in die Zeile gesprungen, die der GOSUB-Zeile folgt, ansonsten in die angegebene Zeile.
Beispiel:

```
10 INPUT"Bitte Zahl eingeben",A
20 GOSUB 100
30 PRINT P
40 END
100 P=SQR(A)
110 RETURN
```

Hier wird nach Eingabe einer Zahl A zur Wurzelberechnung in das Unterprogramm ab Zeile 100 gesprungen. Anschließend erfolgt der Rücksprung zu Zeile 30, Anzeige des Ergebnisses und Programmende.

GOTO GW-BASIC-Anweisung. Erlaubt den Sprung zu einer anzugebenden Zeilennummer.
Beispiel:

```
10 INPUT "Zahl kleiner 100 einge-
   ben",Z
20 IF Z>99 GOTO 10
30 PRINT Z
```

Ist die angebene Zahl größer 99 wird wieder zur Eingabezeile 10 gesprungen, ansonsten wird die Zahl am Bildschirm angezeigt (Zeile 30).

GOTO Interner Stapelbefehl (MS-DOS 3, MS-DOS 4, MS-OS/2 (R+P)). Im Netzwerk verwendbar. Mit GOTO kann, ähnlich wie in höheren Programmiersprachen, zu ei-

nem angegebenen Label gesprungen werden, um die Befehle in den nachfolgenden Zeilen auszuführen.
Eingabe:

```
goto label
```

Springt zum angegebenen Label, wobei die Labelbezeichnung hinter einem Doppelpunkt stehen muß und alle unter MS-DOS erlaubten Zeichen sowie Leerzeichen enthalten darf. Die in den Folgezeilen stehenden Befehle werden entweder bis zum Dateiende oder bis zum nächsten GOTO-Befehl abgearbeitet.
Beispiel:

```
goto kopieren
.
(weitere Befehle)
.
:kopieren
copy *.* c:
```

Hier erfolgt ein Sprung zum Label KOPIEREN und die Ausführung der nächsten Kommandozeile COPY *.* C:.

GOTO Turbo-Pascal-Anweisung. Erlaubt einen Sprung zum angegebenen Label. Das Label, zu dem gesprungen wird, muß sich im selben Anweisungsblock befinden.

GOTOXY Turbo-Pascal-Prozedur (Unit: Crt). Die Prozedur setzt den Cursor im Textmodus auf die angegebene Position.
Eingabe:

```
GotoXY(Spalte,Zeile);
```

Setzt den Cursor auf die angegebene Spalte und Zeile (Typen: Byte).

GPIB Akronym für General Purpose Interface Bus. Genormte Computerschnittstelle mit 5 Steuerleitungen, 3 Quittungsleitungen und 8 Datenleitungen.

GRAFTABL Externes MS-DOS- und MS-OS/2-Kommando (MS-DOS 3, MS-DOS 4, MS-OS/2 (R)) zum Laden eines Zeichensatzes. Im Netzwerk verwendbar. Sollen bei Verwendung eines CGA-Adapters im Vollgraphikmodus auch ASCII-Zeichen mit einem Code über 127 angezeigt werden, wie z.B. internationale Zeichen, dann ist das Kommando GRAFTABL zu verwenden. Hierdurch wird ca. ein KByte Speicherplatz belegt.
Eingabe:

```
graftabl (Parameter)
```

Zeigt die geladene Zeichensatztabelle (bzw. lädt Zeichensatztabelle in den Speicher.
Beispiel:

```
graftabl 437
```

Lädt den internationalen US-Zeichensatz.
Parameter:
? Auflistung aller Parameter.
/STA Anzeige der geladenen Zeichentabelle.
437 Zeichensatz USA laden.
860 Zeichensatz Portugal laden.
863 Zeichensatz Frankreich laden.
865 Zeichensatz Dänemark/Norwegen laden.

GRAPHERRORMSG

GRAPHERRORMSG Turbo-Pascal-Funktion (Unit: Graph). Die Funktion gibt Fehlercodes der Unit Graph im Klartext aus.
Eingabe:

```
GraphErrorMsg(Zahl);
```

Liefert die Fehlermeldung des durch Zahl (Typ: Integer) angegebenen Codes (vgl. auch GraphResult).

GRAPHICS Externes MS-DOS-Kommando (MS-DOS 3, MS-DOS 4). Im Netzwerk verwendbar. Nach Laden von GRAPHICS kann der Bildschirminhalt unter Verwendung diverser Parameter auf einem Drucker durch Betätigen der Taste PRINT SCREEN ausgegeben werden. Bei Bildschirmauflösungen von 640x350 und 640x200 Punkten erfolgt der Ausdruck um 90 Grad gedreht. Graphics braucht nur einmal geladen zu werden und belegt ca. 2 KByte Hauptspeicher. Unterstützt werden EGA-, VGA- und 8514/A-Adapter.
Eingabe:

```
graphics Drucker (/Parameter)
```

Gibt den Bildschirminhalt auf dem anzugebenden Drucker aus. Für „Drucker" sind folgende Eingaben möglich:

GRAPHICS	für	IBM-Graphikdrucker, IBM-Proprinter
COLOR1	für	IBM-Farbdrucker mit schwarzem Band
COLOR4	für	IBM-Farbdrucker mit RGB-Band
COLOR8	für	IBM-Farbdrucker mit CMY-Band
GRAPHICS-WIDE		IBM-Graphikdrucker (A3) (ab MS-DOS 4)
THERMAL	für	IBM-Thermodrucker (ab MS-DOS 4)

Beispiel:

```
graphics graphics
```

Ausdruck des Bildschirms auf einem IBM-Graphikdrucker.
Parameter:

B	Bewirkt bei den Druckern COLOR4 und COLOR8, daß eine Hintergrundfarbe gedruckt wird.
R	Erzeugt ein reverses Druckbild (weiß auf schwarzem Hintergrund).
LCD	Ausdruck unter Berücksichtigung des Höhen- und Breiten- verhältnisses eines LCD-Bildschirms (ab MS-DOS 4).

GRAPHIKAUFLÖSUNG (engl. graphic resolution). Der Begriff bezeichnet die maximale Anzahl von Punkten, die auf einem Sichtgerät horizontal und vertikal dargestellt bzw. von einem Drucker pro Flächeneinheit gedruckt werden können. Vgl. Auflösung.

GRAPHIKCURSOR (engl. graphic cursor). Schreibmarke im Graphikmodus. Viele Anwendungsprogramme arbeiten sowohl im Text- als auch im Graphikmodus. Für jeden dieser Modi steht ein separater Cursor (vgl. dort) zur Verfügung, der vollkommen autark arbeitet.

GRAPHIKDRUCKER (engl. graphics printer). Bezeichnung für alle

GRAPHIKTABLETT

Drucker, die in der Lage sind, neben alphanumerischen Zeichen und Blockgraphik auch hochauflösendene Graphiken (Zeichnungen etc.) zu drucken. Beispiele: Matrixdrucker, Laserdrucker. Gegenbeispiel: Typenraddrucker.

GRAPHIKKARTE (engl. graphics board). Auch Videokarte. Sie ist für die Darstellung von Zeichen und/oder Graphiken auf dem Bildschirm zuständig. Je nach Ausstattung besitzt ein Computer entweder

Bild 36: Graphikkarte

einen Hercules-, CGA-, AGA-, EGA- oder VGA-Adapter. Jede Graphikkarte besitzt einen eigenen Bildspeicher (je nach Kartentyp 32-1024 KByte), in welchem die Daten vor der Darstellung auf dem Bildschirm aufbereitet werden.

GRAPHIKPROZESSOR (engl. pixel processor). Ein Zusatzprozessor zur Entlastung des Hauptprozessors bei Graphikanwendungen. Der Graphikprozessor ist in der Regel auf einer eigenen Graphikkarte mit (bis zu 8 MByte) Bildspeicher integriert und verfügt über spezielle Graphikbefehle, wie zum Zeichnen von Bögen, Kreisen, Ellipsen, Rechtecken etc, oder zum Ausfüllen von Flächen in bestimmten Farben und Mustern. Der Hauptprozessor übergibt dem Graphikprozessor nur die notwendigen Daten (z.B. Mittelpunkt und Radius eines Kreises), alle weiteren Arbeitsschritte werden vom Graphikprozessor ausgeführt.

GRAPHIKSPEICHER (engl. video memory oder frame buffer). Auch Videospeicher. Speicher auf einer Graphikkarte. Er enthält alle notwendigen Bildinformationen. Ist der Videospeicher größer als für den Aufbau eines Bildinhalts benötigt wird, können zusätzlich zum sichtbaren Bild noch Informationen für weitere Bilder darin abgelegt werden (= virtueller Video-Speicher). Durch schnelles Umschalten zwischen den Speicherbereichen und den darin enthaltenen Bildinformationen läßt sich so z.B. ein Bewegungseffekt erzielen.

GRAPHIKTABLETT (engl. digitizer). Bezeichnung für ein elektronisches Zeichengerät, bestehend aus einem Zeichenbrett und einem daran

GRAPHISCHE BENUTZEROBERFLÄCHE

angeschlossenen Stift (Stylus). Unter der Brettoberfläche befinden sich (zumeist druckempfindliche oder elektro-magnetische) Sensoren. Bewegt man den Stift auf der Oberfläche, übertragen diese Sensoren die Stiftbewegungen (Zeichnungen) direkt auf den Bildschirm. Anstelle des Stiftes kann auch ein Fadenkreuzcursor (oft mit Lupe) verwendet werden, mit dem sich Zeichnungen (Pläne etc.) abfahren und übertragen lassen. Der Anschluß am Computer erfolgt in der Regel an der seriellen Schnittstelle.

Bild 37: Graphiktablett

können viele Funktionen ohne jegliche Kenntnis von Systembefehlen ausgelöst werden.

Bild 38: Graphische Benutzeroberfläche

Beispiele: Ein Anklicken des Laufwerkssymbols zeigt den Inhalt des Datenträgers. Das Ziehen einer Karteikarte über den Papierkorb bewirkt das Löschen der Datei. Ein Ziehen des Laufwerksymbols A auf Laufwerksymbol B kopiert die komplette Diskette A auf Diskette B. Im MS-DOS-Bereich existieren zahlreiche graphische Benutzeroberflächen mit unterschiedlichen Funktionsmöglichkeiten. Bekannteste Vertreter sind GEM von Digital Research und WINDOWS von Microsoft.

GRAPHISCHE BENUTZEROBERFLÄCHE (engl. graphical user interface). Bezeichnet eine Art der Bedienerführung, bei der mit graphischen Symbolen und einer Maus als Bedienungsgerät gearbeitet wird. Der Bildschirm zeigt dabei einen stilisierten Schreibtisch mit Symbolen für die Laufwerke, Papierkorb, Karteikästen, Notizblock etc. Durch Anklicken der Symbole mit der Maus

GRAPHRESULT Turbo-Pascal-Funktion (Unit: Graph). Die Funktion gibt den Fehlercode einer Graphik-Aktion aus.
Eingabe:

```
GraphResult;
```

Die Codes sind in der Unit Graph als Konstante definiert.

GREEK Begriff aus dem Desktop-Publishing. Da auf den meisten Monitoren keine komplette Druckseite darstellbar ist, werden die einzelnen Worte im Greek-Modus nur noch als verschieden lange Linien dargestellt. Dadurch kann eine Textseite soweit verkleinert werden, daß sie komplett auf den Bildschirm paßt. Der Text ist zwar kaum oder nicht mehr lesbar, aber das Textlayout (Anordnung des Textes auf der Seite) läßt sich so gut kontrollieren.

GRUNDLINIE (engl. baseline). Imaginäre Linie, auf welcher die Buchstaben einer Zeile liegen.

GRUNDSCHRIFT (engl. body text). Schriftart und Schriftgröße des normalen Textes (also nicht von Überschriften etc.) eines Dokuments.

GRÜNMONITOR (engl. green monitor). Monochromer Monitor mit spezieller Phosphorbeschichtung, durch welche die Zeichen in grüner Farbe auf schwarzem Hintergrund (oder umgekehrt) wiedergegeben werden.

GUI Akronym für Graphical User Interface. Graphische Benutzeroberfläche. Vgl. dort

GUTTER Englische Bezeichnung für Zwischenschlag. Leerraum zwischen Textspalten.

GUTTER MARGIN Innerer, zusätzlicher Rand einer Seite, der für das Binden des Dokuments benötigt wird (= Bund). Er befindet sich auf ungeraden Seiten links und auf geraden Seiten rechts.

GW-BASIC Von der Firma Microsoft entwickelte BASIC-Version. Sie ist im Lieferumfang des Betriebssystems MS-DOS enthalten. Die momentan neueste Version ist 3.23.

H

HAARLINIE (engl. hairline). Der Ausdruck bezeichnet innerhalb von Graphikprogrammen die in der dünnsten Stärke verfügbare Linie.

HACKER Bezeichnung für Computeranwender, die über Datenfernleitungen per Modem oder Akustikoppler in fremde Rechnersysteme (meist Großdatenbanken) eindringen. Die Bezeichnung rührt daher, daß der Zugang zu diesen Rechnersystemen durch ein Codewort geschützt ist, welches oft durch reines Probieren („Herumhacken" auf der Tastatur zum Eingeben der möglichen Codebegriffe) herausgefunden wird. Obwohl dieses Vorgehen strafbar ist, wird es von vielen, insbesondere Jugendlichen als eine Art „Computersport" betrieben.

HALBADDIERER (engl. half adder). Logische Schaltung, die für binäre Additionen verwendet wird. Bei zwei Eingangssignalen (Additionswerten) sind folgende Ausgangswerte (Summe und Übertrag) möglich:

Eingabe 1	Eingabe 2	Summe	Übertrag
1	1	0	1
0	0	0	0
1	0	1	0
0	1	1	0

Zwei Halbaddierer können zu einem Volladdierer (vgl. dort) geschaltet werden.

HALBAUTOMATISCHE PAPIERZUFUHR (engl. semi-automatic paper feed). Art der Einzelblattzuführung bei Druckern. Das Blatt wird jeweils manuell in den Zuführschacht eingelegt und nach Tastendruck am Bedienpanel des Druckers automatisch soweit eingezogen, daß die Papieroberkante direkt über dem Druckkopf liegt, so daß die erste Zeile ca 0.5 cm unterhalb des oberen Blattrandes gedruckt wird. Das Anhalten des Druckvorgangs zur Ausführung des jeweils notwendigen Papierwechsels erfolgt programmgesteuert.

HALBBYTE (engl. nibble). Vier-Bit-Gruppe, auch als Tetrade bezeichnet. Jedes Byte besteht demnach aus 2 Tetraden.

HALBDUPLEX (engl. half duplex). Begriff aus der Datenfernübertragung. Bei Halbduplexbetrieb ist die Datenübertragung abwechselnd in beide Richtungen möglich. Beispiel: Wechselsprechanlage, Funkgerät.

HALBLEITERBAUSTEIN (engl. semiconductor oder flip chip). Elektronischer Baustein auf Siliziumbasis, auf welchem eine Vielzahl von Schaltungen (bis zur Größenordnung von Millionen) integriert ist. Halbleiter sind die Grundbausteine für alle modernen Rechnertechnologien

HALBLEITERSPEICHER

(Prozessorchip, Speicherchip, Steuerchip etc.).

HALBLEITERSPEICHER (engl. semiconductor memory). Auch als mikroelektronischer Speicher bezeichnet. Man unterscheidet dabei dynamische Halbleiterspeicher (vgl. dort), deren Inhalt in bestimmten Zyklen immer wieder aufgefrischt werden muß, und statische Halbleiterspeicher (vgl. dort), die ihren Inhalt behalten, solange Spannung anliegt. Ohne Halbleiterspeicherchips wäre die komplette EDV undenkbar. Jeder Computer ist z.B. mit ROM- und RAM-Bausteinen ausgerüstet. Daneben gibt es noch eine Vielzahl weiterer Speicherchip-Typen. Die wichtigsten davon sind:

EEPROM (Electric Erasable PROM) Speicherbaustein, der mit Hilfe von speziellen Geräten (Eprom-Brenner) mit Informationen (Programmen, Daten etc.) bestückt werden kann. Anschließend verhält er sich wie ein Nur-Lese-Speicher (ROM). Das EEPROM kann nur durch elektrischen Strom wieder gelöscht werden.

EPROM (Erasable PROM) Der Unterschied zum EEPROM besteht darin, daß das Löschen durch UV-Licht in speziellen Löschgeräten erfolgt.

PROM (Programmable Read Only Memory) Wie EEPROM und EPROM, allerdings ist nur ein einmaliges Programmieren möglich, da das PROM nicht mehr gelöscht werden kann.

RAM (Random-Access-Memory) Schreib-Lese-Speicher. Diese Speicherchips können beliebig oft (und ohne spezielle Zusatzgeräte) beschrieben und gelesen werden. Deshalb sind die Arbeitsspeicher von Computern mit RAM-Bausteinen bestückt. Es handelt sich weiterhin um einen sogenannten flüchtigen Speicher, d.h. der Inhalt geht verloren, sobald keine Spannung mehr anliegt, wie z.B. nach Ausschalten des Computers. Übliche Größen sind Chips mit 64 KBit (= 8 KByte), 256 KBIT (= 32 KByte) oder 1 MBIT (128 KByte) Speicherkapazität.

ROM (Read-Only-Memory) Speicherbaustein, der nur gelesen werden kann. Der Inhalt bleibt permanent erhalten, also auch nach Abschalten des Computers. Dementsprechend sind alle Funktionen eines Computers, die sofort nach dem Einschalten verfügbar sein müssen (z.B. Systemtest, Zeichenausgabe auf dem Bildschirm etc.) in ROM-Bausteinen (alternativ auch in EPROMs) enthalten.

HALBTON (engl. halftone). Grauwert zwischen Schwarz und Weiß. Die unterschiedlichen Grauwerte, werden beim Ausdruck (hier stehen ja nur die Farben Schwarz und Weiß zur Verfügung) durch verschieden starke Rasterpunkte erzeugt.

HALT Turbo-Pascal-Prozedur. Sie führt zur sofortigen Beendigung eines Programms.
Eingabe:

HANDSCHRIFTLESER

`Halt;`

Bricht das Programm ab und kehrt in die übergeordnete Ebene zurück.

HANDBUCH (engl. manual). Es enthält die Dokumentation (vgl. dort) eines Gerätes oder Programms.

HANDHELD-COMPUTER (engl. hand-held computer). Bezeichnet einen Computer mit geringen äußeren Abmessungen (=Aktentaschencomputer). Der Handheld-Computer ist meist mit einem sehr kleinen LCD-Bildschirm mit ca. 10 Zeilen Darstellung ausgestattet und besitzt keine Laufwerke. Als externes Speichermedium dienen stattdessen RAM-Cartridges (auswechselbare Speichermodule im Scheckkartenformat).

HANDLESEGERÄT (engl. hand-held scanner). Auch Handscanner. Das gerät wird in Form von Lesepistolen oder Lesestiften bei der mobilen Datenerfassung oder an Kassenterminals zum Einlesen von maschinenlesbaren Belegen (Strichcodes etc.) verwendet.

HANDSCANNER (engl. hand-held scanner). Spezielle Konstruktion eines Scanners zum direkten Einlesen von Daten in den Computer, wobei eine Text- oder Graphikvorlage von konventionellen Datenträgern (Papier, Folie) abgetastet und in den Computerspeicher übertragen wird. Der Handscanner läßt sich im Gegensatz zu Flachbettscannern per Hand zum

Bild 39: Handscanner

Abtasten über die Vorlage bewegen. Nachteil: Geringe Abtastbreite (ca. 10 cm).

HANDSCHRIFTLESER (engl. handwriting reader). Gerät, mit dessen Hilfe handschriftlich verfaßte Dokumente in den Computer zur Weiterverarbeitung eingelesen werden können. Damit das Gerät die Handschriften entziffern kann, müssen die Zeichen bestimmten Vorgaben entsprechen, d.h. die Person, welche die Dokumente verfaßt, muß speziell darauf trainiert werden. Zudem ist der Zeichenvorrat stark eingegrenzt. Das Verfahren wird heute

HÄNGENDER EINZUG

kaum noch benutzt. Vgl. auch Texterkennungsprogramm.

HÄNGENDER EINZUG (engl. hanging indent). Begriff aus der Textverarbeitung. Bei diesem Absatzformat sind alle Zeilen eines Absatzes außer der ersten eingerückt.

HARDCOPY Bildschirmausdruck. Bezeichnet die Ausgabe des sichtbaren Bildschirmhalts auf einem Drucker. Die Hardcopy wird unter MS-DOS im Textmodus durch Betätigen der PrintScreen-Taste ausgelöst, im Graphikmodus ist vorher der Treiber GRAPHICS zu laden. Bei EGA- oder VGA-Wiedergabe sind in der Regel spezielle Treiber notwendig.

HARDDISK Englischer Begriff für Magnetplatte bzw. Festplatte (vgl. dort).

HARDWARE Alle physikalischen, sichtbaren Bestandteile eines Computers, wie Platinen, Speicherbausteine etc. Gegensatz: Software. Bei IBM-kompatiblen Geräten (MS-DOS-Rechner) besteht der Hardware-Kern in der Regel aus folgenden Komponenten:Hauptplatine (auch: Motherboard). Sie bildet das Kernstück eines jeden Computers und beinhaltet im wesentlichen: Mikroprozessor: 8088 bzw. 8086 bei 16-Bit-XTs, 80286 bei 16-Bit ATs und 80386 (demnächst auch 80486) bei 32-Bit-AT-Computern.

Arithmetischer Coprozessor (optional): 8087, 80287, 80387

Bild 40: Hauptplatine eines 80386-Systems

und Weitek-Coprozessor. Der Coprozessor sollte mit der gleichen Taktfrequenz arbeiten wie der Hauptprozessor.

Quarze: Sie geben die Taktfrequenz(en) für die Prozessorgeschwindigkeit(en) vor.

RAM-Speicher: Fassungen für dynamische RAM-Speicherbausteine der Typen 4164 (64 KBit = 8 KByte) und 41256 (256 KBit = 32 KByte) sowie 1 Megabit Chips (= 128 KByte). Bei XTs sind in der Regel Fassungen für 640 KByte Arbeitsspeicher vorgesehen (512 KByte mit 41256 RAMs und 128 KByte mit 4164 RAMs). ATs besitzen Fassungen für 1-2 MByte-Speicher (mit 41256 RAMs) bzw. 1-8 MByte (mit Megabit-Chips). Durch Zusatzkarten lassen sich AT-Speicher bis 16 MByte ausbauen.

BIOS: zwei Fassungen zur Aufnahme der BIOS-Bausteine (8 bzw. 16 KByte ROMs, PROMs oder EPROMs).

HARDWARE-UHR

CMOS-RAM (nur bei ATs), in dem die Konfigurationsdaten (Speichergröße, Anzahl der Laufwerke, Art der Festplatte etc.) mit Hilfe von Akkus permanent gespeichert sind.

Hardware-Uhr (nur bei ATs): Uhrzeit und Datum bleiben auch nach Abschalten der Stromversorgung korrekt erhalten.

Tastaturbuchse: zum Anschluß einer genormtem Standardtastatur oder MF-Tastatur mit getrenntem Cursor- und Ziffernblock.

Erweiterungssteckplätze (Slots): in der Regel 7 oder 8. Sie sind bei XTs 8 Bit, bei ATs 8 und 16 Bit breit. Dienen zur Systemerweiterung mit Hilfe von Steckkarten.

Neben der Hauptplatine finden sich in einem Standard-PC zusätzlich folgende Komponenten:

FD/HD-Kontroller-Karte: Sie dient zur Inbetriebnahme und Steuerung von maximal zwei Diskettenlaufwerken und zwei Festplatten.

Graphikkarte: Zur Zeichen- und Graphikdarstellung. Je nach Ausstattung entweder als Hercules-, CGA-, AGA-, EGA- oder VGA-Adapter vorhanden.

Schnittstellenkarte(n): In der Regel seriell und parallel zum Anschluß von Peripheriegeräten wie Drucker, Maus, Modem etc.

Netzteil: 150 — 220 Watt. Je höher die Watt-Zahl, desto mehr Erweiterungen können angeschlossen werden, ohne daß das System überlastet wird.

Laufwerke: Festplatten von 10 MByte bis ca. 750 MByte Kapazität. 5 1/4"-Diskettenlaufwerke mit 360 KByte (XTs) und 1.2 MByte (ATs) Fassungsvermögen. 3 1/2"-Laufwerke mit 720 KByte bzw. 1.44 MByte Speicherplatz.

Tastatur: Genormte Tastatur mit oder ohne separatem Ziffern- und Cursorblock, Tastaturklick, deutscher bzw. amerikanischer Beschriftung. Die Art des Zeichensatzes (amerikanisch, deutsch etc.) ist nicht von der Tastatur abhängig, sondern von den Softwaretreibern des Betriebssystems.

Monitor: Je nach verwendeter Graphikkarte Monochrom- bzw. Farbmonitor mit TTL-Anschluß (Hercules, CGA, EGA), mit Analog-Anschluß (VGA) oder BAS-Anschluß (CGA).

Daneben zählen zur Hardware alle Peripheriegeräte, die sich mittels Schnittstellen bzw. über die Erweiterungssteckplätze an das System anschließen lassen (Drucker, Plotter, Maschinen, Meßgeräte usw.)

HARDWARE-UHR (engl. hardware clock). Uhrzeit und Datum bleiben auch nach Abschalten der Stromversorgung korrekt erhalten, da sie in einem speziellen Baustein erzeugt werden, der aufgrund seiner Stromversorgung durch Batterie oder Akku

HARDWAREVERBUND

auch nach Abschalten der Netzspannung weiterarbeitet.

HARDWAREVERBUND (engl. hardware interlocking). Netzwerkvariante zum Zweck der gemeinsamen Ausnutzung der im Netz verfügbaren Peripheriegeräte (Festplatten, Drucker etc.) durch alle Rechner.

HARTSEKTORIERUNG (engl. hard-sectoring). Im Gegensatz zur Soft-Sektorierung (vgl. dort) einer Diskette wird hier die Position und Länge der einzelnen Sektoren innerhalb der Spuren hardwaremäßig durch kleine Löcher auf der innersten Spur der Diskette festgelegt und mit Hilfe einer Lichtschranke erkannt.

HASH-DATEI (engl. hash file). Datei, auf deren Sätze direkt über Schlüssel zugegriffen werden kann. Der Schlüssel kann entweder mit der Satzadresse identisch sein, z.B. Spur- und Sektornummer bei Zugriff auf externem Speicher oder Indexnummer, falls die Datensätze in Arrays im Arbeitsspeicher abgelegt sind, oder aber die Adresse wird über bestimmte Umrechnungsverfahren ermittelt. Vgl. Faltung.

HAUPTMENÜ (engl. main menu). Zusammengehörige Auswahlfelder zur Aktivierung programmspezifischer Funktionen, die sich innerhalb der Menüstruktur auf der ersten Ebene befinden. Vgl. Menü.

HAUPTSPEICHER (engl. main memory). Derjenige Teilbereich eines Computerspeichers, der für die Verarbeitung von Programmen und Daten genutzt wird. Vgl. Zentralspeicher, Zentraleinheit.

HAYES-BEFEHLSSATZ Kommandosprache zur Datenfernübertragung mit Hayes-kompatiblen Modems:

BEFEHL	BESCHREIBUNG
AT	Leitet alle Befehle ein
A/	Letzten Befehl wiederholen
+++	Wechsel von On-Line zum Kommandomodus
D	Telefonnummer wählen
P	Pulston-Wählverfahren
T	Touchton-Wählverfahren
,	Pause
!	Flash
/	1/8 Sekunde warten
@	Warten auf Pause nach Rufton
W	Warten auf zweiten Rufton
;	Rückkehr zum Kommandomodus nach Wählen
R	Anruf eines Modems im Originate-Modus
A	Anruf ohne Warten auf Klingeln beantworten
B/B0	CCITT V.22 Modus
C/C0	Transmit carrier aus
C1	Carrier ein
E/E0	Bildschirmecho aus
E1	Bildschirmecho an
F/F0	Halbduplex-Betrieb
F1	Vollduplex-Betrieb
H/H0	Verbindung beenden ("aufhängen")
H1	Abnehmen Line und AUX
H2	Abnehmen nur Line
I/I0	Produkt ID Code
I1	Firmware Revisions Nummer
I2	Speichertest

HEADLINE

L/L1	Lautsprecher leise
L2	Lautsprecher halblaut
L3	Lautsprecher laut
M/M0	Lautsprecher immer aus
M1	Lautsprecher ein bis zum Carrier detect
M2	Lautsprecher immer ein
O	Auf Online schalten
O1	Remote digital loopback
O2	Remote digital loopback request
Q/Q0	Anzeige von Meldungen am Bildschirm
Q1	Keine Anzeige von Meldungen
Sr?	Erfragt momentanen Status von Register R
Sr=n	Setzt Register R auf den Wert N
V/V0	Ergebnisse in Codes
V1	Ergebnisse in Klarmeldungen
X/X0	Kompatibilität mit Hayes 300 Modems
X1	Connect 2000 aktiviert
X2	Wählton-Erkennung
X3	Besetztzeichen-Erkennung
X4	Funktion von X3 und X4 zusammen
Y/Y0	Ferngespräch
Y1	Ferngespräch trennen
Z	Software-Reset

HAYES-MODEM Modemtyp mit charakteristischen Eigenschaften wie automatischem Erkennen der Baudrate, des Originate-/Answermodus, mit automatischer Anrufannahme und Anwahl. Übertragungsgeschwindigkeiten bei Vollduplexbetrieb: 300, 600, 1200, 2400 Baud. Hayes-Modems verwenden eine eigene Kommandosprache (AT) zur Befehlsübermittlung, die sich im Modembereich zum Standard entwickelt.

HD Akronym für Hard Disk bzw. Festplatte (vgl. dort).

HD-DISKETTE Akronym für High Density. Bezeichnung für eine Diskette, die aufgrund einer speziellen Beschichtung (kobalt-dotiertes Gamma-Eisenoxid) beidseitig in hoher Dichte bespielbar ist und so eine formatierte Speicherkapazität von ca. 1.2 MByte (5 1/2"-Version) bzw. 1.44 MByte (3 1/2"-Version) erreicht.

HDLC Akronym für High Level Data Link Control. Bezeichnet ein Datenübertragungsprotokoll in Paketnetzen (X.25).

HDR Akronym für Header Label. Dateikennsatz. Er zeigt den Dateibeginn an und beschreibt die Datei (Dateiname, Dateilänge etc.).

HEADCRASH Englischer Ausdruck für das Aufsetzen des Schreib-/Lesekopfes einer Festplatte auf der Plattenoberfläche, bedingt durch äußere Gewalteinwirkung (Stoß etc.). Ein Headcrash führt in der Regel zu Datenverlusten durch Beschädigung der Oberfläche. Meist wird auch der Kopf selbst beschädigt.

HEADER Englische Bezeichnung für den Dateivorspann mit Informationen über Länge, Anzahl der Datensätze, Erstellungsdatum etc.

HEADLINE Englische Bezeichnung für Überschrift. Sie unterscheidet sich zumeist in Schriftart und Schriftgröße von dem Fließtext und den Zwischenüberschriften.

197

HEAP

HEAP Turbo Pascal: Teil des dynamischen Speichers zur Verwaltung von Zeigervariablen.

HEFTRAND (engl. binding). Zusätzlicher linker Rand (bzw. auch rechter Rand bei Doppelseiten) zum Binden eines Dokuments.

HELPMSG MS-OS/2-Kommando. Im Netzwerk verwendbar. Erklärt Warn- oder Fehlermeldungen von MS-OS/2 und gibt Hinweise zur Fehlerbeseitigung.
Eingabe:

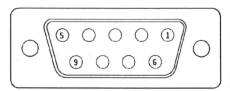

Bild 41: Anschlußbuchse der Hercules-Karte

```
helpmsg fehlernummer
```

Hilfsanzeige für die anzugebende Fehlernummer.

HELVETICA Serifenlose Schriftart. Sie eignet sich besonders für größere Zeichen wie z.B. für Überschriften.

HERCULES-KARTE (MGA-Karte) Graphikkarte. Die Hercules-Karte oder andere kompatible Monochrome Graphics Adapter sind graphikfähige, monochrome Videokarten (TTL-Prinzip) mit einer Maximalauflösung von 720x348 Bildpunkten. Die 9-polige Buchse hat folgende Belegung:
1   Masse
2   Masse
3   Nicht benutzt
4   Nicht benutzt
5   Nicht benutzt
6   Intensität
7   Video
8   Horizontale Synchronisation
9   Vertikale Synchronisation

HEWLETT PACKARD Akronym: HP. Computerfirma, die sich insbesondere auf den Sektoren der Laserdrucker (HP-Laserjet-Serie) und der wissenschaftlichen Taschenrechner einen Namen gemacht hat.

HEX Von MS-DOS reservierte Dateikennung (= Extension) für Dateien im Hexadezimalformat.

HEX$ GW-BASIC-Funktion. Sie dient zur Umwandlung von Dezimalzahlen in Hexadezimalwerte. Die Dezimalzahl ist in Klammern als Argument anzugeben und wird vor der Umwandlung gegebenenfalls auf eine Ganzzahl aufgerundet.
Beispiel:

```
10 INPUT"Dezimalzahl",D
20 H$=HEX$(D)
30 PRINT H$
```

Umwandlung der Dezimalzahl D in eine Hexadezimalzahl (Zeile 20) und

Ausgabe auf dem Bildschirm (Zeile 30).

HEX-CODE (engl. hexadecimal code). Abkürzung für Hexadezimalcode. Vgl. Hexadezimalsystem.

HEXADEZIMALSYSTEM (engl. hexadecimal system). Das hexadezimale oder sedezimale Zahlensystem wird in der EDV häufig dem dezimalen System vorgezogen, da die notwendige Umwandlung ins computereigene Binärsystem einfacher und schneller ist. Jeweils vier Binärziffern können nämlich durch eine Hexadezimalzahl dargestellt werden. Da der Mensch jedoch an das Dezimalsystem gewohnt ist, und Umrechnungen zeitaufwendig sind, greift man in der Programmierung auf vorgefertigte Umrechnungstabellen (vgl. Anhang 3) zurück, wobei die Zuordnung nach diesem Schema erfolgt:

DEZ:
1 2 3 4 5 6 7 8 9 10 11 12 13 14 15 16 17 32
HEX:
1 2 3 4 5 6 7 8 9 A B C D E F 10 11 20

Wie sich erkennen und der Name unschwer vermuten läßt, besteht das Hexadezimalsystem aus den 16 Ziffern 1 bis F. Die Umrechnung in das Dezimalsystem erfolgt nach diesem Prinzip:

```
Stelle:....         5    4    3    2   1
Stellenwert: .....  16⁴  16³  16²  16¹ 16⁰
Dezimalwert: ...  65563 4096 256  16   1
```

Entsprechend ließe sich die Sedezimalzahl 1A2 so umrechnen:

$2 \times 16^0 + A \times 16^1 + 1 \times 16^2$
$= 2 + 160 + 256 = 418_D$

Aufgrund der oben angesprochenen Zuordnung von je vier Bit zu einer Hexadezimalzahl, gestaltet sich die Umrechnung ins Binärsystem recht einfach (Beispiel mit gleicher Zahl):

```
Hexadezimal:    1     A      2
Binär:         0001  01010  00010
```

Wie letztem Beispiel zu entnehmen ist, können durch eine Hexadezimalzahl jeweils vier Bit bzw. durch zwei Hexzahlen ein komplettes Byte dargestellt werden. Aus diesem Grund arbeiten maschinenorientierte Programmiersprachen wie Assembler in der Regel nur mit Hexadezimalzahlen.

HEXDUMP Ausgabe einer Datei auf Bildschirm oder Drucker, wobei alle Zeichen in hexadezimaler Schreibweise wiedergegeben werden.

HI Turbo-Pascal-Funktion. Die Funktion liefert das Highbyte eines Ausdrucks.
Eingabe:

```
Hi(x);
```

Liefert das Highbyte von x (Typ: Integer oder Word).

HIDDEN LINES Englische Bezeichnung für verdeckte Linien. Hidden

HIERARCHISCHES DATEIENSYSTEM

Lines spielen vor allem im CAD-Bereich eine Rolle, wo bei der Konstruktion eines dreidimensionalen Körpers zunächst

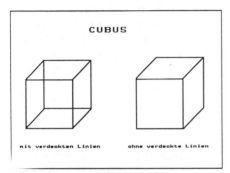

Bild 42: Cubus mit/ohne hidden Lines

alle Linien eingezeichnet werden müssen (= Drahtmodell). Zur späteren realistischen Darstellung müssen die versteckten Linien (bei nicht durchsichtigen Körpern) vom Programm wieder entfernt werden (= Volumenmodell).

HIERARCHISCHES DATEIENSYSTEM (engl. hierarchic data system). Der Begriff bezeichnet die Fähigkeit eines Betriebssystems (wie z.B. MS-DOS), Dateien innerhalb eines baumartig strukturierten Verzeichnissystems zu verwalten. Ausgehend von einem Hauptverzeichnis (root) lassen sich nahezu beliebig viele Unterverzeichnisse anlegen, die wiederum Unterverzeichnisse enthalten können usw.

HIGH Binärer Zustand. Er bezeichnet in der Schaltungstechnik eine positive Spannung bzw. Stromfluß und entspricht dem logischen Binärzustand 1.

HIGH-DOS-MEMORY Bezeichnet den freien Speicherbereich zwischen dem Ende des Speichers, der durch den Videoadapter belegt wird (normalerweise C0000h) und dem Beginn des ROM-BIOS (normalerweise FE000h). Das High-DOS-Memory kann mithilfe spezieller Dienstprogramm als Speicher für residente Programme (Tastaturtreiber etc.) benutzt werden, falls das System über mindestens 1 MByte RAM verfügt.

HINTERGRUNDPROGRAMM (engl. background programme). Programm, das in Singletasking-Systemen ständig im Hintergrund, d.h. unbemerkt vom Anwender, abläuft und von diesem nicht beeinflußt werden kann. Unter MS-DOS arbeiten z.B. Tastaturtreiber (laufende Abfrage der Tastatur auf Benutzereingaben) oder die Uhr ständig im Hintergrund. In Multitasking-Systemen wie z.B. MS-OS/2 können konventionelle Anwendungsprogramme im Hintergrund laufen und vom Anwender jederzeit in den Vordergrund geholt und bearbeitet werden.

HISTOGRAMM (engl. histogram). Graphische Darstellung von Zahlenwerten in einem Balkendiagramm, wobei die Länge der jeweiligen Balken in proportionalem Verhältnis zum jeweils zugehörigen Zahlenwert steht.

HOCHFAHREN (engl. startup). Bezeichnet den Boot-Vorgang eines

Rechners (Selbsttest, Laden des Betriebssystems etc.). Vgl. Boot-ROM.

HOCHFORMAT (engl. portrait). Druckrichtung, bei der die Vorlage in der Ausrichtung bedruckt wird, daß die Höhe größer ist als die Breite (= Standarddruckrichtung). Vgl. auch Querformat.

HOCHSPRACHE (engl. high level programming language). Maschinenorientierte Sprachen (wie Assembler) erzeugen zwar sehr schnelle Programme, sind aber immer noch sehr schwer zu erlernen. Daher entwickelte man die sogenannten Hochsprachen, oder besser die problemorientierten Sprachen (Basic, Pascal, Fortran, Modula etc.), welche prozessorunabhängig arbeiten und in der Syntax stark an den menschlichen Sprachgebrauch angelehnt sind. Der Übersetzungsvorgang zurück in Bitfolgen ist hier allerdings wesentlich komplexer und zeitaufwendiger, die Programme laufen daher deutlich langsamer. Je nach Art dieser Rückübersetzung teilt man die Hochsprachen in Interpreter- und Compilersprachen ein. Während bei der ersten Kategorie das Programm während des Ablaufs jedesmal Zeile für Zeile zurückverwandelt wird, muß ein Compilerprogramm vor dem ersten Ablauf nur einmal umcodiert werden. Anschließend kann es immer direkt in der umgewandelten Form ablaufen. Compilierte Programme sind daher wesentlich schneller als Interpreterprogramme. Ihr Nachteil besteht darin, daß sie nicht mehr direkt verändert werden können, man muß dann wieder auf das nicht-compilierte Programm (den Source-Code) zurückgreifen, erneut compilieren, Testläufe durchführen usw., was bei Programmentwicklungen sehr mühsam sein kann. Interpreterprogramme liegen immer im Sourcecode vor, können also jederzeit direkt verändert und ohne vorherige Compilierung durchgetestet werden. Um die Vorteile beider Varianten zu vereinigen, gibt es inzwischen für viele Interpretersprachen zusätzliche Compiler. Man kann somit ein Programm zunächst in der Interpreterversion entwickeln und alle Fehler beseitigen, um es abschließend zu compilieren und dadurch schneller zu machen. Beispiele für Hochsprachen: ADA, Algol, APL, Basic, C, Cobol, Fortran, Forth, Lisp, Modula-2, Pascal, Prolog (vgl jeweils dort).

HÖHERE PROGRAMMIERSPRACHE (engl. high level programming language). Alternative Bezeichnung für Hochsprache (vgl. dort).

HOLLERITH-CODE Code, gemäß dem Zeichen auf Lochkarten (in Form von Lochmustern) dargestellt werden. Benannt nach Hermann Hollerith (1860-1929), der im Jahre 1890 die Lochkarte als Medium der Datenverarbeitung einführte.

HOME BANKING Begriff aus BTX. Er bezeichnet die Möglichkeit, per BTX Überweisungen und Kontostandsabfragen bei der eigenen Bank durchzuführen. Der Zugang ist durch Paßwortvergabe geschützt.

HOME-POSITION

HOME-POSITION Positionierung des Cursors in der linken, oberen Bildschirmecke (Zeile 0, Spalte 0).

HOME-TASTE (engl. home key). Sondertaste auf PC-Tastaturen. Sie ist auf deutschen Tastaturen mit POS1 beschriftet, hat auf MS-DOS-Kommandoebene keine Wirkung und in Anwendungen programmspezifische Funktionen (Bewegen des Cursors auf Zeilenanfang, Textanfang oder linke, obere Bildschirmecke etc.)

HORIZONTALFREQUENZ (engl. horizontal frequency). Gibt bei Computermonitoren die Geschwindigkeit an, mit der eine Zeile vom Kathodenstrahl abgetastet wird. Je höher die Frequenz, desto besser die Auflösungsqualität des Sichtgerätes.

HORNER-SCHEMA Methode zum Umwandeln von Dualzahlen in Dezimalzahlen. Dabei wird unter jede Ziffer der Dualzahl (außer der ersten Ziffer rechts) eine 2 geschrieben. Dann wird beginnend von links jeweils das Produkt aus Dualziffer und 2 gebildet, das Ergebnis notiert und dann zur nächsten Dualziffer addiert, die Summe wieder mit 2 multipliziert, Ergebnis notiert, wieder addiert usw. Abschließend wird die zuletzt notierte Ziffer mit der verbleibenden Dualziffer (unter der keine 2 steht) zur Dezimalzahl aufaddiert. Beispiel:

```
1 1 0 1
  2 2 2
  2 6 12
```

Vorgehensweise: 1x2=2; (2+1)x2=6; (6+0)x2=12; 12+1 =13. Die Dualzahl 1101 entspricht somit der Dezimalzahl 13.

HOST Englische Bezeichnung für Gastgeber. Begriff für einen Großrechner, der als „Gastgeber" für angeschlossene PCs arbeitet und ihnen seine Rechnerkapazität und Daten zur Verfügung stellt.

HOTLINE Dienstleistung der meisten Softwarefirmen. Anwender, die Probleme mit oder Fragen zu einem Programm haben, können unter einer bestimmten Telefonnummer einen Spezialisten erreichen, der ihnen weiterhilft. Dieser Dienst ist entweder kostenlos oder nur gegen eine vertraglich festgesetzte Gebühr erhältlich.

HP Akronym für Hewlett Packard. Vgl. dort.

HPGL Akronym für Hewlett Packard Graphics Language. Von Hewlett Packard entwickelte, weit verbreitete Sprache zur Steuerung von Plottern.

HT Akronym für Horizontal Tab. Horizontaler Tabulator.

HUB Aktiv oder passiv arbeitende Netzwerkkomponenten, die eine Weiterleitung der Daten (über Verzweigungen) ermöglichen.

HUBRING (engl. hardhole). Auch Verstärkungsring. Beidseitig am Mittelloch einer Diskette angebrachte Plastikverstärkung, um Verschleißerscheinungen zu minimieren, die durch das für das Drehen notwendige Festklemmen der Diskette entstehen.

HUFFMANN-ALGORITHMUS Methode zur Datenkomprimierung auf externen Speichern.

HURENKIND (engl. orphan). Umbruchfehler. Einzelne Zeile am Anfang einer Textspalte, die nicht vollgeschrieben ist.

HYBRIDRECHNER (engl. hybrid computer). Rechner, der sich aus Einheiten aufbaut, die nach dem digitalen und analogen Prinzip arbeiten.

HYPHENATION Englischer Begriff für (automatische) Silbentrennung, eine Funktion, die in sehr vielen Textverarbeitungsprogrammen integriert ist.

I

I/O Abkürzung für Input/Output bzw. Eingabe/Ausgabe.

I/O-BEREICH (engl. I/O area). Ein-/Ausgabebereich. Speziell für Ein-/Ausgabeoperationen reservierter Bereich des Arbeitsspeichers, der meist direkt (DMA-Verfahren), ohne zeitraubenden Umweg über den Prozessor, angesprochen werden kann.

IBM Akronym für International Business Machines. Einer der weltgrößten Computerhersteller auf dem PC-Sektor und im Bereich der mittleren Datentechnik.

IBM-KOMPATIBEL (IBM compatible). Bezeichnung für Personal Computer, die hardwaremäßig und softwaremäßig (BIOS) so konzipiert sind, daß sie alle Programme verarbeiten können, die für IBM-Rechner und die zugehörigen Betriebssysteme (MS-DOS, MS-OS/2) entwickelt wurden.

IBMBIO.COM Bestandteil des BIOS, der unter dem Betriebssystem PC-DOS bei jedem Systemstart von Diskette geladen wird. Vgl. IO.SYS.

IBMDOS.COM Systemfile von PC-DOS. Wird bei jedem Systemneustart von Systemdiskette bzw. Festplatte geladen und enthält den Systemkern des Betriebssystems PC-DOS. Unter MS-DOS mit MSDOS.SYS bezeichnet.

IC (engl. Integrated Circuit). Integrierter Schaltkreis.

ICON Englische Bezeichnung für Bildschirmsymbol, mit dessen Hilfe sich durch Anklicken mit der Maus eine Funktion auslösen läßt.
Beispiel:
Auf dem Bildschirm sind die Abbildungen der beiden vorhandenen Diskettenlaufwerke des Systems zu sehen. Klickt man eines der Piktogramme an, wird das Inhaltsverzeichnis der Diskette, die sich gerade im angeklickten Laufwerks-Icon befindet, am Bildschirm angezeigt. Piktogramme werden in graphischen Benutzeroberflächen wie GEM oder Windows verwendet.

IEC Akronym für International Electrotechnical Commission. Internationale Normenbehörde für den elektrotechnischen Bereich.

IEC-BUS Genormtes, paralleles Bussystem mit acht Datenleitungen. Es wurde Anfang der 70er Jahre von Hewlett Packard entwickelt. Am IEC-Bus können maximal 15 Geräte mit unterschiedlichen Übetragungsgeschwindigkeiten betrieben werden.

IEEE Akronym für Institute of Electrical and Electronic Engineers. Verband der Elektro- und Elektronik-Ingenieure (der USA).

IEEE 802.3 Norm für Netzwerk-Bussysteme auf Basis- oder Breitband-

IEEE 802.4

grundlage, die nach dem CSMA/ CD-Verfahren arbeiten (z.B. Ethernet).

IEEE 802.4 Norm für Netzwerk-Bussysteme auf Basis- oder Breitbandgrundlage, die nach dem Token-Bus-Verfahren arbeiten

IEEE 802.5 Norm für Netzwerksysteme auf Basisbandgrundlage, die nach dem Token-Ring-Verfahren arbeiten.

IF Interner Stapelbefehl (MS-DOS 3, MS-DOS 4, MS-OS/2 (R+P)) zur Kommandoverzweigung. Im Netzwerk verwendbar. Mit dem IF-Kommando können in Stapeldateien nachfolgende Befehlsausführungen von der Erfüllung bzw. Nichterfüllung einer angegebenen Bedingung abhängig gemacht werden.
Eingabe:

```
if (not) zeichenfolge ==
zeichenfolge2
```

Die Bedingung ist wahr (erfüllt), wenn beide Zeichenfolgen identisch (bei Verwendung von NOT nicht identisch) sind.

```
if (not) errorlevel ziffer
```

Die Bedingung ist wahr, wenn der vorangegangene Befehl einen Abschlußcode größer/gleich (bzw. bei NOT kleiner/gleich) ZIFFER ausgegeben hat.

```
if (not) exist (LW:)(Pfad)datei
```

Die Bedingung ist wahr, wenn die angegebene Datei existiert (nicht existiert).
Beispiel:

```
if not exist briefe.dat echo datei
nicht vorhanden
```

Wenn die Datei BRIEFE.DAT nicht existiert, wird die Meldung DATEI NICHT VORHANDEN ausgegeben.

IF..THEN..ELSE GW-BASIC-Anweisung. In Abhängigkeit von der Erfüllung bzw. Nichterfüllung einer mit IF gestellten Bedingung erfolgt der weitere Programmablauf.
Eingabe:

```
IF Bedingung THEN Anweisung
                    (ELSE Anweisung)
IF Bedingung GOTO Zeile
                    (ELSE Anweisung)
```

Ist die Bedingung erfüllt, wird die Anweisung nach THEN ausgeführt (bzw. in die angegebene Zeile gesprungen), ansonsten die Anweisung nach ELSE. Fehlt ELSE wird bei Nichterfüllung der Bedingung mit der Programmabarbeitung in der nächsten Zeile fortgefahren.
Beispiel:

```
10 INPUT"Zahl eingeben: ",Z
20 S=Z/10
30 IF S<1 THEN PRINT
   "Ergebnis < 1" ELSE PRINT
   "Ergebnis >=1"
```

Wenn das Ergebnis der Berechnung in Zeile 20 kleiner 1 ist (d.h. die Bedingung ist erfüllt), dann wird

"Ergebnis < 1„ angezeigt, ansonsten "Ergebnis >= 1".

IF..THEN..ELSE Turbo-Pascal-Anweisung. Ist die IF-Bedingung erfüllt, dann wird die Anweisung nach THEN verarbeitet ansonsten die nach ELSE. Sollen nach IF, THEN oder ELSE mehrere Anweisungen durchgeführt werden, muß man sie zwischen einen BEGIN-END-Verbund setzen.

IIT 2C87 Mathematischer Koprozessor der Firma Integrated Information Technology, der zum 80287-Koprozessor der Firma Intel kompatibel ist, darüber hinaus jedoch mit bis zu 20 MHz Taktfrequenz betrieben werden kann (und dadurch um einiges schneller arbeitet), mehr Register besitzt und über die trigonometrischen und logarithmischen Funktionen des 80387-Koprozessors verfügt.

IMAGESIZE Turbo-Pascal-Funktion (Unit: Graph). Die Funktion ermittelt den Speicherbedarf zur Speicherung eines Graphikbereichs (durch GetImage) in einer Variablen. Eingabe:

```
ImageSize(x1,y1,x2,y2);
```

X1,y1 enthalten die Koordinaten der linken obere Ecke, x2,y2 diejenigen der rechten unteren Ecke (alle vom Typ Word).

IMP Implikation. Logischer Operator, der als Ergebnis nur dann den Wert FALSCH (= 0) erzeugt, wenn die zweite Eingabe FALSCH ist.

Beispiel:

Eingabe 1	Eingabe 2	Ausgabe
1	1	1
0	0	1
1	0	0
0	1	1

IMPACT PRINTER Englische Bezeichnung für Drucker, bei denen die Zeichen durch mechanischen Anschlag erzeugt werden. Beispiele: Typenraddrucker, Nadeldrucker, Kettendrucker.

IMPLEMENTIERUNG (engl. implementation). Bezeichnet die Einbindung von Geräten in eine bestehende Konfiguration bzw. die Integration von Software-Modulen in ein Programm.

INC Turbo-Pascal-Prozedur. Sie erhöht eine ordinale Variable um den angebenenen Integer-Wert. Eingabe:

```
Inc(x,n);
```

Erhöht den Wert der Variablen X um den Betrag n. Fehlt der Parameter n, wird um 1 erhöht.

INCH Englische Maßeinheit (= Zoll). Entspricht 25.4 mm.

INCLUDE-DATEI Teilprogramme in Turbo-Pascal, die während des Compilierens des Hauptprogramms in dieses eingebunden werden.

INDEX-SEQUENTIELLE SPEICHERUNG

INDEX-SEQUENTIELLE SPEICHERUNG (engl. indexed sequential storage). Speicherungsprinzip auf Datenträgern mit wahlfreiem Zugriff (z.B. Diskette, Festplatte). Während bei der reinen sequentiellen Speicherung Datenblock für Datenblock nacheinander, unadressiert auf dem Speichermedium abgelegt wird, so daß beim Lesen der Daten wieder Block für Block in den Arbeitsspeicher eingeladen werden muß bis der gewünschte Datensatz gefunden ist, erhält bei der index-sequentiellen Speicherung jeder Datensatz zusätzlich eine Nummer, welcher die Adresse (Spur-, Sektor-, evtl. Zylindernummer) zugeordnet ist, unter der er auf dem Speicher zu finden ist. Nummer und zugeordnete Adresse sind in einer separaten Indexdatei gespeichert. Soll nun ein bestimmter Datensatz geladen werden, wird zunächst über die Indexdatei seine Adresse ermittelt, anschließend kann direkt auf ihn zugegriffen werden.

INDEXDATEI (engl. index file). Datei, welche die Indizes von Datensätzen enthält (vgl. index-sequentielle Speicherung).

INDEXLOCH (engl. index hole). Kleines Loch auf Disketten (jeweils in Hülle und Magnetscheibe), anhand dessen bei der Soft-Sektorierung (vgl. dort) mit Hilfe einer Lichtschranke erkannt wird, wo sich der Anfang einer Spur (Sektor 0) befindet.

INDEXREGISTER (engl. index register). Prozessorregister, welches die Operandenadresse eines Maschinenbefehls enthält.

INDIREKTE ADDRESSIERUNG (engl. indirect addressing). Bei der indirekten Adressierung erfolgt die Adressenangabe eines Befehls nicht direkt durch Verwendung der in Hexadezimalzahlen angegebenen Adresse der angesprochenen Speicherstelle, sondern durch Angabe einer Variablen bzw. des Offset.

INDIREKTE DATENERFASSUNG (engl. indirect data recording). Die Daten gelangen nur mittelbar zur Verarbeitung in den Rechner. Zunächst werden die Daten von einem nicht-maschinenlesbaren Datenträger (z.B. Eingangsrechnung) auf einen maschinenlesbaren Datenträger (Diskette, Magnetschriftbeleg etc.) übertragen und von dort in die Zentraleinheit weitergegeben. Vgl. auch Datenerfassung.

INDIREKTE DATENFERNVERARBEITUNG (engl. indirect remote data processing). Indirekte Datenfernverarbeitung liegt vor, wenn die Daten nach der Eingabe zunächst auf einem Datenträger (z.B. Diskette, Magnetband) zwischengespeichert werden, dieser auf konventionellem Weg (Post, Kurier etc.) zum verarbeitenden Rechner geschickt wird und, nachdem die Daten dort verarbeitet und abgespeichert wurden, auf dem selben Weg wieder zurückkommt.

INDIREKTE PROGRAMMIERUNG (engl. indirect programming). Art der Programmierung, die nicht direkt in Maschinensprache erfolgt, sondern sich des Umwegs über eine höhere Programmiersprache bedient, wo das Quellprogramm zunächst durch Interpreter oder Compiler in ein ausführbares Objektprogramm transformiert werden muß.

INDIZIERTE ADRESSIERUNG (engl. indexed addressing). Vgl. indizierte Variable.

INDIZIERTE VARIABLE (engl. subscripted variable). Feldvariable bzw. Array, in welchem die einzelnen Elemente eindeutig durch einen Index definiert und adressierbar sind.
Beispiel:
Das Array A(4,5) besteht aus einer Matrix von 4 Zeilen und 5 Spalten und somit aus 20 Feldern. Durch die Indizierung kann jedes Feld direkt angesprochen werden. A(2,3) würde beispielsweise das Element in der 2. Zeile und 3. Spalte betreffen.

INDUKTION (engl. induction). Art der logischen Schlußfolgerung, wie sie z.B. in Expertensystemen (vgl. dort) verwendet wird. Aus einigen Einzelfällen wird eine Gesetzmäßigkeit abgeleitet. Gegensatz: Deduktion.

INFERENZ Bestandteil von Expertensystemen. Enthält alle Regeln, nach denen die in der Wissensbasis (vgl. dort) enthaltenen Daten verarbeitet werden.

INFORMATIK (engl. computer science). Der Begriff entstand aus Information und Technik und bezeichnet generell die Wissenschaft der Datenverarbeitung speziell unter Verwendung von elektronischen Systemen.

INFORMATION (engl. information). Informationen sind alle Daten, die zusätzlich einen direkten Bedeutungsinhalt für den Menschen besitzen.
Beispiel:
Die Datenfolge 089156723 wird dann zur Information, wenn man erkennt, daß sich dahinter z.B. eine Telefonnummer verbirgt.

INHALTSVERZEICHNIS (engl. directory). Verzeichnis auf einer Diskette, Festplatte oder einem Band. Das leere Directory wird unter MS-DOS beim Formatieren angelegt. Beim Abspeichern

Aufbau eines Verzeichniseintrags	
Byte	Inhalt
0 - 7	Dateiname
8 - 0A	Dateikennung
0B	Dateiattribut
0C - 15	Nicht benutzt
16 - 17	Uhrzeit der letzten Änderung
18 - 19	Datum der letzten Änderung
1A - 1B	Erster Cluster der Datei
1C - 1F	Dateilänge (in Bytes)

einer neuen oder geänderten Datei wird deren Name (und andere Werte; vgl. Tabelle) im Directory auto-

INHOUSE NET

matisch eingetragen. Das Inhaltsverzeichnis kann unter MS-DOS mit dem DIR-Kommando (vgl. dort) eingesehen werden.

INHOUSE NET Alternative Bezeichnung für lokales Netzwerk. Vgl. dort.

INITGRAPH Turbo-Pascal-Prozedur (Unit: Graph). Dient zur Auswahl des Graphiksystems und zum Setzen des Graphikmodus.
Eingabe:

```
InitGraph(GraphDriver,Graph
Mode,'Pfad');
```

Die Variable GraphDriver bestimmt den Graphiktreiber, GraphMode den Graphikmodus und Pfad gibt das Laufwerk/Verzeichnis an, aus dem der Treiber geladen wird. Ist GraphDriver die Konstante Detect zugeordnet, muß Graphmode nicht initialisiert werden, da Treiber und Modus dann nach einem Hardware-Check automatisch gesetzt werden.

INITIAL (engl. initial letter). Großbuchstabe (meist über die Höhe von zwei oder drei Zeilen an Text- oder Kapitelanfang).

INITIALISIERUNG (engl. initializing). Der Begriff bezeichnet entweder die Vorformatierung (vgl. dort) einer Festplatte (manchmal auch als Alternativbegriff für das Formatieren einer Diskette verwendet) oder das Zuweisen eines Anfangswertes an eine Variable.

INK JET PRINTER Englische Bezeichnung für den Tintenstrahldrucker (vgl. dort).

INKEY$ GW-BASIC-Variable. Sie enthält das erste Zeichen des Tastaturpuffers als Stringvariable. Ist dem Zeichen kein ASCII-Code zugeordnet (z.B. bei Steuerzeichen), dann wird ein Zeichen von 2 Byte Länge erzeugt, wobei das erste Byte 0 ist, und das zweite Byte den Scan-Code der gedrückten Tastenkombination enthält.
Beispiel:

```
10 A$=INKEY$
20 IF A$=" " GOTO 10
30 PRINT "Taste wurde betätigt"
```

Die Programmausführung wird solange unterbrochen, bis eine beliebige Taste betätigt wird.

INKOMPATIBEL (engl. incompatible). Begriff für Geräte und/oder Programme, die mit anderen Geräten und/oder Programmen nicht zusammenarbeiten können.

INKREMENT (engl. increment). Bedeutet, einen Wert um eine Stufe (z.B. eine Ganzzahl) erhöhen. Gegensatz: Dekrement.

INP GW-BASIC-Funktion. Dient zum Empfang eines Bytes an dem als Argument in Klammern angegebenen Eingabekanal.
Beispiel:

```
INP(1)
```

Empfängt ein Byte am Eingabekanal 1. Erlaubt sind Werte von 1 bis 65535.

INPUT GW-BASIC-Anweisung. Erlaubt Tastatureingaben durch den Benutzer während des Programmablaufs.
Eingabe:

```
INPUT("Text",)V1,V2...
```

Nach der INPUT-Anweisung kann optional ein Aufforderungstext angegeben werden, der während der Programmausführung am Bildschirm angezeigt wird. V1, V2 usw. sind numerische oder alphanumerische Variablen. Wird anstelle des Kommas nach dem optionalen Text ein Semikolon verwendet, erscheint bei der Eingabe ein Fragezeichen am Bildschirm.
Beispiel:

```
10 INPUT"Bitte Ihren Namen
   eingeben",N$
20 PRINT"Ihr Name ist "N$
```

Angenommen, Sie hätten Kurt Meier eingegeben, dann würde „Ihr Name ist Kurt Meier" als Ausgabe erfolgen, da die Eingabe in die Variable N$ geschrieben wurde.

INPUT Jegliche Information, die in den Computer eingegeben wird, sei es über Tastatur, optische Lesegeräte, Telefonleitung, Diskettenlaufwerke oder andere Geräte.

INPUT # GW-BASIC-Anweisung. Dient zum Einlesen von Daten aus sequentiellen Dateien in Variablen.
Eingabe:

```
INPUT #Dateinummer,V1(,V2...)
```

Für Dateinummer ist die Nummer anzugeben, unter der die Datei eröffnet wurde. V1, V2 usw. bezeichnen die Variable(n), in welche die Daten eingelesen werden.
Beispiel:

```
10 PEN "I",#2,"ADRESS.DAT
20 FOR X = 1 TO 10
30 INPUT #2,K$(X)
40 NEXT X
```

In Zeile 10 wird die Datei ADRESS.DAT (mit der Dateinummer 2) zum Dateneinlesen eröffnet. In Zeile 30 erfolgt das Einlesen der Datenfelder in die Stringvariable K$. Insgesamt werden, bedingt durch die Schleife (Zeile 20 und 40), zehn Felder gelesen.

INPUT$ GW-BASIC-Funktion. Die Funktion liest eine bestimmte Anzahl von Zeichen aus einer Datei oder von der Tastatur.
Eingabe:

```
INPUT(Anzahl,#Nummer)
```

Für ANZAHL ist die Zahl der einzulesenden Zeichen anzugeben, für NUMMER, die Nummer der Datei, aus welcher gelesen werden soll. Ist keine Dateinummer angegeben, wird von der Tastatur eingelesen.

INSERT

Beispiel:

```
10 PRINT "Programm abbrechen?
   (J/N)"
20 ANTW$=INPUT$(1)
30 IF ANTW$="J" GOTO 50
40 IF ANTW$="N" GOTO 200
50 REM Hier wird im Programm fortge-
   fahren
.
200 END
```

In Zeile 20 wird festgelegt, daß ein Zeichen von der Tastatur gelesen werden soll. Der weitere Programmverlauf (Weitermachen oder Abbrechen) hängt von der Art dieses Zeichens (J oder N) ab.

INSERT   Turbo-Pascal-Prozedur. Dient zum Einfügen einer Zeichenkette in eine Zeichenkette.
Eingabe:

```
Insert('Zeichen',v,Stelle);
```

Fügt den String ZEICHEN in den String v ein und zwar ab der durch STELLE (Typ: Integer) angegebenen Position.

INSERT-TASTE   (engl. insert key). Sondertaste auf der PC-Tastatur. Sie ist auf deutschen Tastaturen mit EINF beschriftet und schaltet zwischen Überschreib- und Einfügemodus um. Während im Überschreibmodus Zeichen, die sich bereits an der Cursorposition befinden, durch die neuen Zeichen überschrieben werden, werden sie im Insert-Modus nach rechts verschoben.

INSLINE   Turbo-Pascal-Prozedur (Unit: Crt). Dient zum Einfügen einer Zeile ab Cursorposition.
Eingabe:

```
InsLine;
```

Einfügen einer Leerzeile ab Cursorposition.

INSTALL   Konfigurationsbefehl von MS-DOS 4 zur Ausführung von bestimmten MS-DOS-Befehlen. Mit dem Install-Befehl lassen sich die MS-DOS-Kommandos FASTOPEN, KEYB, NLSFUNC und SHARE auch in der CONFIG.SYS-Datei aufrufen. Damit kann verhindert werden, daß diese Befehle mehrmals aufgerufen werden, was möglich wäre, wenn sie in der AUTOEXEC.BAT stünden.
Eingabe:

```
install=(LW:)(Pfad)kommando
```

Installation eines erlaubten MS-DOS-Kommandos in der CONFIG.SYS-Datei.
Beispiel:

```
install=c:\dos\share
```

Aktiviert den SHARE-Befehl, der sich im Unterverzeichnis DOS auf Laufwerk C befindet.

INSTALLATION   (engl. installation oder setup). Hardware: Einbau und Einrichtung eines Gerätes, so daß es in der vorhandenen Anlage fehlerfrei arbeitet. Software: Einrichtung (z.B. Kopieren der Teilprogramme auf

Festplatte) und Einstellung (z.b. Auswahl der korrekten Treiber für Bildschirm, Drucker etc.) zum fehlerfreien und optimalen Einsatz auf der vorhandenen Hardware.

INSTALLATIONSDISKETTE (engl. setup disk). Diskette, auf welcher das Installationsprogramm zum Einrichten eines Softwareprodukts (notwendig zur Anpassung der Software an die Hardware vor der Erstbenutzung) abgespeichert ist. Die Installationsdiskette muß in der Regel in Laufwerk A eingelegt werden, das Installationsprogramm wird gewöhnlich mit SETUP oder INSTALL aufgerufen.

INSTR GW-BASIC-Funktion. INSTR sucht eine Teilzeichenkette innerhalb einer Zeichenkette und gibt deren Position an.
Eingabe:

```
INSTR(Zahl,A$,B$)
```

Ermittelt den Beginn der Zeichenfolge B$ in A$. Für den optionalen Parameter ZAHL kann eine Ziffer gesetzt werden, die angibt, ab dem wievielten Zeichen in A$ gesucht werden soll.
Beispiel:

```
10  A$="AUTOBAHN"
20  B$="BA"
30  PRINT INSTR(A$,B$)
```

Als Ergebnis wird die Zahl 5 geliefert, da BA ab der 5. Position in AUTOBAHN beginnt.

INSTRUCTION SET Englische Bezeichnung für Befehlssatz. Bezeichnet alle verfügbaren Befehle eines Prozessors, Betriebssystems, Anwendungsprogramms oder einer Programmiersprache.

INT GW-BASIC-Funktion. Erzeugt eine Integer-Zahl durch das Abschneiden der Nachkommastellen. Bei negativen Zahlen wird auf die kleinere Zahl gerundet.
Eingabe:

```
Int(x);
```

Liefert den ganzzahligen Wert der Zahl x.
Beispiel:

```
10  A=2.76
20  B=-3.23
30  PRINT INT(A),INT(B)
```

Als Ergebnis wird 2 bzw -4 ausgegeben, d.h. es findet bei positiven Zahlen keine Rundung und bei negativen Zahlen eine Rundung zum kleineren Wert statt.

INT Turbo-Pascal-Funktion. Erzeugt eine Integer-Zahl durch das Abschneiden der Nachkommastellen.
Eingabe:

```
Int(x);
```

Liefert den ganzzahligen Wert der Zahl x (Typ: Real).

INTEGER Begriff für ganze Zahlen wie 1, 2, 0, -5 etc. Der gültige

INTEGRIERTE SCHALTUNG

Zahlenbereich ist meist auf -32768 bis + 32767 beschränkt.

INTEGRIERTE SCHALTUNG (engl. integrated circuit). Eine Anzahl miteinander verbundener und auf einem Halbleiter (Chip) integrierter Schaltelemente meist mit Transistorfunktion. Je nach der Packungsdichte unterscheidet man zwischen SSI (Small Scale Integration), MSI (Medium Scale Integration), LSI (Large Scale Integration) und VLSI (Very Large Scale Integration).

INTEGRIERTES PAKET (engl. integrated software package). Bezeichnet Programme, die aus einzelnen Modulen aufgebaut sind (= Programmpaket), wobei jede dieser Einzelkomponenten einen bestimmten Anwendungsbereich, wie Textverarbeitung, Dateiverwaltung, Kalkulation etc., abdeckt.

Zum einen ist ein solches Programmpaket kostengünstiger als separate Programme, zum anderen ergeben sich keine Komplikationen beim Datenaustausch zwischen den Modulen, d.h., man kann problemlos Daten aus der Datenbank in die Textverarbeitung übernehmen (Serienbrieferstellung etc.) oder Zahlenkolonnen aus dem Kalkulationsmodul in den Graphikteil zur Erstellung von Präsentationsgraphiken. Der Nachteil liegt meist darin, daß die Module nicht die gleiche Leistungsfähigkeit wie die speziellen Einzelprogramme erreichen. Dementsprechend gibt es auch nicht das perfekte Integrierte Paket schlechthin. Beim einen weist die Textverarbeitung einige Unzulänglichkeiten auf, beim anderen die Dateiverwaltung oder ein anderes Modul. Trotzdem läßt sich mit einem guten Paket folgendes realisieren:

TEXTVERARBEITUNG: Text- und Serienbrieferstellung. Alle Funktionen, wie sie von einem Standard-Textprogramm zu erwarten sind: Einfügen, Verschieben, Ersetzen oder Kopieren von Text, Suchen (und Ersetzen) bestimmter Passagen, Textformatierung, Auswahl verschiedener Schriften, Textformatierung, Blocksatz, Proportionalschrift etc.

DATENBANK: Zum Erstellen und Bearbeiten beliebiger Dateien: Adressen, Kunden, Lager etc. Sie ist meist Kernstück eines Integrierten Pakets, daher sehr komplex, oft relational aufgebaut und mit eigener Programmiersprache ausgestattet. Freies Erstellen beliebiger Eingabemasken, komplexe Datenpflege, Suchen mit zahlreichen Schlüsseln, Sortieren nach diversen Selektionskriterien, Verknüpfung von Einzeldateien sind nur einige der möglichen Funktionsmerkmale.

KALKULATION: Anfertigen elektronischer Rechenblätter zu Kalkulationszwecken: Ist-Soll-Vergleiche, Wenn-Dann-Berechnungen, Angebotserstellung unter Berücksichtigung unterschiedlicher Ausgangswerte usw.

GRAPHIK: Automatisches Anfertigen von Graphiken, wie Kuchen, Balken, Linien, Diagramm, zu

Präsentationszwecken oder zu Text-veranschaulichungen, wobei die Zahlenwerte aus Datei- oder Kalkulationsmodulen übernommen werden können.

KOMMUNIKATION: Datenfernübertragungsmodul zum Senden von Informationen an andere Computer (entweder direkt oder via Modem/ Akustikkoppler über die Telefonleitung).

INTEL Firma, die in erster Linie Mikrochips herstellt, insbesondere die Prozessoren 8086, 8088, 80186, 80286, 80386, 80486, welche als CPUs in allen PCs und Kompatiblen eingesetzt werden.

INTELLIGENTES TERMINAL (engl. intelligent terminal). Bezeichnet eine Arbeitsstation in einem Netzwerk oder Rechnerverbund, das einen eigenen Prozessor und Arbeitsspeicher besitzt und auch außerhalb des Netzes bzw. Verbundes als Arbeitsplatzrechner eingesetzt werden kann.

INTERFACE Englische Bezeichnung für eine Schnittstelle zum Anschluß von Peripheriegeräten.

INTERLACED MODE Englische Bezeichnung für Zeilensprungverfahren. Bei Bildschirmkarten, die nach diesem Verfahren arbeiten, baut sich ein Bild auf dem Monitor jeweils aus zwei Halbbildern auf, da zunächst immer die ungeraden Zeilen (1, 3, 5 etc.) dann die geraden Zeilen (2, 4, 6 usw.) dargestellt werden.

Das Resultat ist meist nicht befriedigend, da das Bild leicht flimmert und unscharf wirkt. Der Interlaced Modus wird von Karten in der Regel in den höchsten Auflösungsstufen verwendet, wenn für die non-interlaced Darstellung nicht mehr genügend Bildspeicher zur Verfügung steht.

INTERLEAVEFAKTOR (engl. interleave factor). Versetzungsfaktor. Beim Lesen einer Disketten-oder Plattenspur können aufgrund der schnellen Drehung oft nicht alle hintereinander liegenden Sektoren direkt in einer Umdrehung gelesen werden. Deshalb werden die Sektoren innerhalb einer Spur um einen bestimmten Faktor versetzt. Indirekt besagt der Interleavefaktor nun nichts anderes als die Anzahl der Plattenumdrehungen, die benötigt wird, um alle Sektoren einer Spur zu lesen. Optimal wäre natürlich ein Interleave von 1:1, alle Sektoren einer Spur könnten so innerhalb einer Umdrehung gelesen werden. Leider ist die Verarbeitungsgeschwindigkeit der Kontroller dazu meist zu gering, d.h. während die Daten von Sektor 1 noch verarbeitet werden, ist Sektor 2 durch die schnelle Plattendrehung schon am Schreib-/Lesekopf vorbei, was wiederum bedeutet, daß die Platte eine zweite komplette Umdrehung benötigt, um diesen zweiten Sektor wieder zum Kopf zu bringen. Bei 17 Sektoren pro Spur wären somit 17 Umdrehungen zum Lesen aller Sektoren nötig. Dies ist natürlich nicht tragbar. Daher werden die Sektoren bei der Low-Level-Formatierung der Platte versetzt angeordnet. Bei einem

INTERNE DATENVERARBEITUNG

Interleavefaktor 2:1 sähe die Anordnung demnach so aus:

1 10 2 11 3 12 4 13 5 14 - 6 15 7 16 8 17 9

Während des Lesens von Sektor 1 würde der nächste Sektor nun zwar ebenfalls am Lesekopf vorbeifahren, was jedoch nicht mehr relevant ist, da es sich nun um den Sektor 10 handelt, der bei der zweiten Umdrehung gelesen wird. Während XT-Kontroller maximal einen Interleavefaktor von 3:1 verkraften, ist mit AT-Kontrollern ein Interleavefaktor von 1:1 zu erreichen.

INTERNE DATENVERARBEITUNG (engl. inhouse data processing). Bezeichnet die Tatsache, daß die Datenverarbeitung firmenintern erfolgt und nicht durch ein Rechenzentrum, z.B. per Datenfernverarbeitung. Gegensatz: Externe Datenverarbeitung.

INTERNE KOMMANDOS (engl. internal commands). Auch residente Kommandos. Systembefehle, die jederzeit zur Verfügung stehen, und nicht erst von externen Speichern geladen werden müssen. Unter MS-DOS sind folgende Kommandos resident: BREAK, CHDIR, CLS, COPY, CTTY, DATE, DEL, DIR, ERASE, EXIT, MKDIR, PATH, PROMPT, REM, REN, RMDIR, SET, TIME, TYPE, VER, VERIFY, VOL. Diese Befehle befinden sich im transienten Teil des Kommandoprozessors COMMAND.COM

(vgl. dort). Gegensatz: Externe Kommandos.

INTERNER SPEICHER (engl. main memory). Anderer Begriff für RAM-Speicher bzw. Arbeitsspeicher eines Computers. Vgl. Zentralspeicher, Zentraleinheit.

INTERPRETER Im Gegensatz zu einem Compiler (vgl. dort) übersetzt ein Interpreter ein Quellprogramm bei jedem Programmablauf Anweisung für Anweisung in den ausführbaren Objektcode. Nachteile: Langsame Verarbeitung, das Programm ist nur in Verbindung mit dem Interpreter ausführbar. Vorteile: Kein Compilerlauf erforderlich, eine Fehlerbehandlung ist direkt während des Ablaufs möglich.

INTERRUPT Englischer Begriff für Unterbrechung. Viele Peripheriegeräte (Tastatur, Monitor etc.) sowie interne Hardwarekomponenten oder Routinen benötigen entweder regelmäßig oder zu bestimmten Anlässen die Kapazität des Prozessors. Sie senden deshalb ein Signal über eine definierte Leitung an die CPU. Diese unterbricht daraufhin ihre momentane Tätigkeit, speichert die Daten zur Wiederaufnahme auf dem Stack, verzweigt zu der Adresse, welche die für das Gerät benötigte Routine, die Interruptroutine enthält, führt diese aus und nimmt die ursprüngliche Tätigkeit wieder auf. Diesen gesamten Prozeß nennt man Interrupt. Im Normalfall führt eine CPU laufend solche Interrupts durch, da dies jedoch jeweils nur Sekundenbruchteile in Anspruch nimmt, werden zur selben Zeit ausgeführte Programme dadurch nicht merklich verlangsamt. Insbesondere beim Mehrprogrammbetrieb (vgl. dort) müssen laufend Interrupts durchgeführt werden, damit jedes einzelne Programm im schnellen Wechsel Rechenzeit erhalten und damit bearbeitet werden kann. Die Verwaltung der Interrupts wird in PCs durch einen speziellen Kontroller-Baustein (8259) gesteuert. Vgl. auch NMI und INTR.

INTR Akronym für Interrupt Request. Englische Bezeichnung für Unterbrechungsanforderung. Im Gegensatz zum NMI (Nicht maskierbarer Interrupt) wird der INTR immer durch ein Programm aufgerufen und dient zur Auslösung bestimmter Systemroutinen.

INTR Turbo-Pascal-Prozedur (Unit: Dos). Dient zum Auslösen eines internen Software-Interrupts.
Eingabe:

```
Intr(Nummer,Register);
```

Mit NUMMER (Typ: Byte) wird die Nummer des Interrupts (0-255) angegeben. Die Variable REGISTER, vom Typ Register, der in der Unit Dos definiert ist, liefert die Registerinhalte vor dem Interrupt und erhält sie danach zurück.

INVERS-DARSTELLUNG (engl. reverse video). Auch Revers-Darstellung. Bezeichnet die invertierte

(vgl. dort) Wiedergabe von Text und Graphik auf einem Sichtgerät.

INVERTIERT (engl. reverse). Negativdarstellung von Text oder Graphik, d.h. weiße Bildpunkte werden schwarz dargestellt und umgekehrt.

IO.SYS Unter MS-DOS ist IO.SYS derjenige Bestandteil des BIOS, welcher als versteckte Datei auf Diskette bzw. Festplatte ausgelagert ist und die verbleibenden BIOS-Routinen enthält (die übrigen befinden sich im ROM-BIOS) sowie die Block-Device-Treiber für die unterstützten Peripheriegeräte (Laufwerke etc.). Unter PC-DOS heißt die Datei IBM-BIO.COM.

IOC Akronym für Input-/Output-Controller. Ein-/Ausgabe-Kontroller.

IOPL Konfigurationsbefehl von MS-OS/2 (P) zur Erteilung von Ein-/Ausgabe-Privilegien. Normalerweise ist Programmen das I/O-Privileg der Stufe 3 zugeteilt, d.h. sie können zwar Routinen aufrufen, die auf anderen Stufen ablaufen, jedoch nur auf ihre eigenen Code- und Datensegmente zugreifen sowie keine eigenen Ein-/Ausgabe-Operation durchführen. Wird IOPL aktiviert, so erhalten Programme die Stufe 2 und können z.B. direkt Befehle an Peripheriegeräte senden oder von dort empfangen.
Eingabe:

```
iopl=yes bzw. iopl=no
```

IORESULT

Die Defaulteinstellung ist NO. IOPL sollte nur auf YES gesetzt werden, wenn es von einem Programm benötigt wird (meist ältere Programme).

IORESULT Turbo-Pascal-Funktion. Dient der Ermittlung des Fehlerstatus der letzten I/O-Operation. Eingabe:

```
IOResult;
```

Trat kein Fehler auf, dann ist IOResult gleich 0.

IPL Akronym für Initial Programm Loader. Urlader (vgl. auch Boot-ROM).

IPS Akronym für Inch per second (Zoll pro Sekunde). Diese Maßeinheit wird z.b. für die Geschwindigkeitsangabe von Magnetbändern benutzt.

IRQ Akronym für Interrupt Request. Englische Bezeichnung für Unterbrechungsanforderung. Auch INTR.

ISA Akronym für Industry Standard Architecture. Erweiterungsbusprinzip für XT und AT Rechner mit 8- oder 16-Bit Datenbus. Bei ATs ist der Erweiterungsbus mit 8 MHz getaktet. Arbeitet die CPU mit einer höheren Taktfrequenz (z.B. 12 MHz), muß ihre Geschwindigkeit beim Zugriff auf die Erweiterungskarten abgebremst werden. Vgl. auch EISA, Microchannel.

ISAM Akronym für Indexed Sequential Access Method. Index-sequentielle Zugriffsmethode.

ISDN Akronym für Integrated Services Digital Network. Neuestes, schnelles Verbindungsnetz der Post auf digitaler Basis, welches auch die Übertragung von Sprache oder Bildern erlaubt. Modem bzw. Akustikkoppler und eventuelle Zusatzgeräte sind für die Sonderfunktionen notwendig. Die Übertragungsgeschwindigkeit im ISDN-Netz liegt bei 64 KBit/s (Datenkanal) bzw. 16 KBit/s (Steuerkanal).

ISO Akronym für International Standard Organisation. Organisation mit Sitz in Genf zur Schaffung allgemeiner Normen, vor allem auf dem EDV-Sektor und dort im Datenübertragungsbereich.

ISO-1 7-BIT-CODE Auch ASCII-Code. Standardisierter 7-Bit-Darstellungscode ohne programmspezifische Formatierungszeichen. ASCII-Texte können deshalb von den meisten Text/DTP-Programmen übernommen und direkt verarbeitet werden. Vgl. ASCII-Zeichensatz.

IST-ANALYSE (engl. actual state analysis). Einer der Hauptbestandteile der Systemanalyse (vgl. dort), in welchem die momentanen Zustände (organisatorischer Aufbau, Arbeitsprozesse, Datenmengen, Datenverlauf etc.) erarbeitet und fixiert werden.

ITALICS Englische Bezeichnung für das Schriftattribut „Kursiv". Italics-

Zeichen sind leicht nach rechts geneigt.

ITERATION (engl. iteration). Wiederholung von Berechnungen, Anweisungen oder kompletten Programmstrukturen. Die Iteration wird programmiertechnisch meist in Form einer Schleife realisiert.

J

JACKET Englische Bezeichnung für die Hülle einer Diskette.

JOB MANAGEMENT Englische Bezeichnung für Aufgabensteuerung. Spezielle Steuerungsprogramme (oft Bestandteil des Betriebssystems) überwachen und regeln bei der Stapelverarbeitung (vgl. dort) die Reihenfolge der Programmbearbeitung. Je nach Betriebssystem (Einprogramm- bzw. Mehrprogrammbetrieb) werden die in einer Warteschlange stehenden Tasks nacheinander (sequentiell) oder parallel verarbeitet, wobei im letzten Fall eine der Aufgaben des Steuerungsprogramms darin besteht, die Anzahl und Auswahl der zu bearbeitenden Programme jeweils gemäß der momentan zur Verfügung stehenden Rechnerkapazität zu treffen.

JOIN Externes MS-DOS- und MS-OS/2-Kommando (MS-DOS 3, MS-DOS 4, MS-OS/2 (R)) zur Zusammenlegung von Laufwerken. Im Netzwerk verwendbar. Mit dem JOIN-Kommando kann ein komplettes Laufwerk mit allen Verzeichnissen einem anderen Laufwerk zugeordnet werden, was den Datenzugriff erleichtern kann. Das zugewiesene Laufwerk kann nach Aufruf von JOIN nicht mehr über seine Laufwerksbezeichnung benutzt werden. JOIN bleibt aktiv, bis der Rechner abgeschaltet wird.
Eingabe:

```
join LW1: LW2 \ Verzeichnis(/Parameter)
```

Laufwerk 1 mit allen Dateien wird Laufwerk 2 zugewiesen und kann über das angegebene Verzeichnis angesprochen werden.
Beispiel:

```
join a: c: \ LAUFW_A
```

Laufwerk A wird hier der Festplatte C zugewiesen und ist durch Anwahl des Unterverzeichnisses LAUFW__A ansprechbar.
Parameter:

    D Hebt die Laufwerkszuordnung wieder auf.

JOKER (engl. wildcard). Bezeichnet spezielle Zeichen (* ?) innerhalb von Dateinamen, welche unter MS-DOS beliebige andere Zeichen ersetzen. So ersetzt das Fragezeichen jeweils ein beliebiges Zeichen, während der Asterisk (Stern) alle Zeichen ersetzt.
Beispiele:

```
erase *.bat   erase t??t.com
```

Im ersten Beispiel werden alle Dateien gelöscht, welche die Kennung BAT besitzen, gleichgültig welchen Dateinamen sie haben. Im zweiten Fall werden alle Dateien mit der Kennung COM entfernt, deren Dateiname mit einem T beginnt und endet. Beide Joker-Zeichen dürfen auch innerhalb einer Dateibezeichnung kombiniert werden.

221

JOYSTICK

JOYSTICK Englische Bezeichnung für einen Steuerknüppel, der fast ausschließlich zur Bedienung von Computerspielen verwendet wird. Hauptkomponenten eines Joysticks sind ein Hebel, der sich frei in alle Richtungen bewegen läßt, und ein bis zwei Knöpfe zur Auslösung von Funktionen. Je nach dem, wie der Anwender den Joystick bewegt, finden die Bewegungen der Spielfiguren bzw. des Cursors auf dem Bildschirm statt. Vgl. auch Paddle.

JOYSTICK-KARTE (engl. joystick card). 8-Bit-Erweiterungskarte für XTs und ATs zum Anschluß von 1-2 analoger Joysticks.

JUMP Englische Bezeichnung für Sprung bzw. Sprungbefehl (vgl. dort) innerhalb eines Programms.

JUMPER Englische Bezeichnung für Steckbrücken auf Computerplatinen, mit denen sich durch einfaches Umstecken gewünschte Verbindungen (zur Konfiguration) herstellen lassen.

JUMPER BOX Dient zum Austesten der Pinbelegungen serieller Schnittstellen. Da die Belegung serieller Schnittstellen je nach Hersteller und Anwendung unterschiedlich ausfallen kann, die im Handel erhältlichen Kabel jedoch Standardbelegungen aufweisen, gibt es oft Anpassungsprobleme. In der Testphase wird die Jumperbox, die auf beiden Seiten einen seriellen Schnittstellenstecker (bzw. Buchse) besitzt, zwischen Computer und Peripheriegerät eingeschleift. Die Anschlußstifte auf der Rückseite der Box-Stecker lassen sich durch mitgelieferte Kabel mit integrierten Steckkontakten beliebig und problemlos (ohne Löten) in den verschiedensten Variationen verbinden. Hat man so die richtige Belegung herausgefunden, kann das passende Kabel konfektioniert (gelötet) werden.

JUSTIERUNG Ausrichtung einer Zeile: Links-, rechtsbündig, Blocksatz, zentriert.

JUSTIFICATION Englischer Begriff für Blocksatz, bei dem alle Zeilen eines Textes durch Vergabe unterschiedlicher Wortzwischenräume links- und rechtsbündig und damit gleich lang werden.

K

K Steht für die Größenbezeichnung 10^2 bzw. 1024 wie z.B. in KByte (1 KByte = 1024 Byte).

KALKULATIONSPROGRAMM (engl. spreadsheet programme). Vgl. Tabellenkalkulation.

KALTSTART (engl. cold start oder cold boot). (Neu-)Start eines Computersystems z.B. nach Einschalten der Stromzufuhr oder Betätigen der RESET-Taste. Nach einem Kaltstart werden zunächst Testroutinen zur Überpüfung des Systems durchgeführt, anschließend wird das Betriebssystem geladen. Vgl. auch Warmstart.

KANAL (engl. bus oder channel). Datenübertragungsleitungen innerhalb der Zentraleinheit bzw. zwischen Zentraleinheit und Peripheriegeräten (Drucker etc.). Vgl. auch Bus, Multiplexkanal, Selektorkanal, parallele und serielle Schnittstelle.

KANALLEISTUNG (engl. channel capacity). Bezeichnet entweder die Datenübertragungsgeschwindigkeit, die auf einem Kanal realisierbar ist, bzw. die Anzahl der Peripheriegeräte, die von einem Kanal bedient werden können. Vgl. auch Bus, Multiplexkanal, Selektorkanal, parallele und serielle Schnittstelle.

KAPAZITÄT (engl. capacity). Rechenleistung (vgl. dort) eines Prozessors bzw. Fassungsvermögen eines Speichers (vgl. Speicherkapazität).

KAPITÄLCHEN (engl. small caps). Großbuchstaben, welche die Höhe von Kleinbuchstaben besitzen, wie z.B. in diesem satz.

KAPSTANANTRIEB (engl. capstan drive). Bandantriebsmechanismus für Magnetbänder, bei der das Band zwischen zwei Gummirollen geführt wird, was einen sehr genauen Transport erlaubt.

KARBONFARBBAND (engl. carbon ribbon). Farbband für Drucker, bei dem sich eine Kohleschicht auf einem Trägermaterial aus Kunststoff befindet. Vorteil: Sehr präzises Druckbild. Nachteil: Farbband ist nach einem Durchlauf verbraucht. Vgl. auch Gewebefarbband.

KASSENTERMINAL (engl. point of sale terminal). Elektronische Registrierkasse, die online mit einer Rechneranlage (zur Datenübermittlung) verbunden ist. Vgl. auch POS-Kasse.

KBIT Maßeinheit für die Speicherkapazität. Ein KBit besteht aus 1024 Bit.

KBYTE Abkürzung von Kilobyte. Maßeinheit für die Speicherkapazität. Ein KByte besteht aus 1024 Byte.

KEEP Turbo-Pascal-Prozedur (Unit: Dos). Sie beendet ein Programm, beläßt es jedoch, im Unterschied zu Halt, im Speicher.

KEGELHÖHE Bezeichnet die Gesamthöhe eines Buchstabens, eventuell mit Unterlänge wie beim „g".

KELLERSPEICHER (engl. stack). Auch Stapelspeicher. Spezieller Speicher innerhalb der CPU (Register) oder im RAM (abhängig vom Mikroprozessor), in welchem die für einen Programmablauf wichtigen Informationen zwischengespeichert werden, wie z.B. Rücksprungadressen bei Sprungbefehlen.

KENNSATZ (engl. label record). Datensatz zur Identifizierung, Abgrenzung oder Beschreibung von Dateien oder magnetischen Datenträgern (Bandlaufwerken). Kennsätze stehen am Anfang und Ende von Dateien bzw. Datenträgern. Entsprechend wird unterteilt in Band-Anfangskennsatz (VOL), Band-Endekennsatz (EOV), Datei-Anfangskennsatz (HDR) und Datei-Endekennsatz (EOF).

KERNING Englischer Ausdruck für „Unterschneiden". Hierbei wird der etwas zu große Abstand zwischen bestimmten Zeichen verringert, um ein einheitliches Schriftbild zu erhalten. So wird z.B. im Wort „Tag" das „a" nach links unter das Dach des „T" verschoben.

KETTENDRUCKER (engl. chain printer). Bezeichnet einen Zeilendrucker mit mechanischem Anschlag (Impact-Drucker), bei dem die Drucktypen auf einer rotierenden Kette angebracht sind. Bedingt durch die Tatsache, daß die Drucktypen

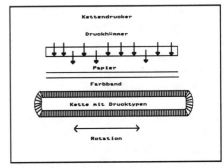

Bild 43: Druckprinzip des Kettendruckers

(Buchstaben etc.) mehrfach auf der Kette vorhanden sind, ist eine hohe Druckgeschwindigkeit gewährleistet. Prinzip: Druckhämmer schlagen von hinten auf das Papier, welches über das Farbband gegen die Typen gepreßt wird.

KEY Englischer Begriff für Schlüssel bzw. Taste.

KEY GW-BASIC-Anweisung. Dient zur Belegung einer Funktionstaste mit einem String.
Eingabe:

```
KEY NUMMER,"STRING"+CHR$(13)
```

Für NUMMER ist die Ziffer der Funktionstaste (1-20) anzugeben, für STRING eine beliebige Zeichenfolge mit maximal 15 Zeichen. Optional kann durch Anfügen von CHR$(13)

KEYB

ein RETURN-Zeichen erzeugt werden. Die standardmäßigen Funktionstastenbelegungen werden hierdurch überschrieben.
Beispiel:

```
KEY 1,"FILES"+CHR$(13)
```

Diese Eingabe belegt die Taste F1 mit der Kette FILES (zum Anzeigen des Inhaltsverzeichnisses) und einem RETURN-Signal. Mit KEY LIST läßt sich die Belegung aller Funktionstasten anzeigen. KEY OFF schaltet die Anzeige am unteren Bildschirmrand ab, KEY ON schaltet sie wieder zu.

KEY(n) ON, OFF, STOP GW-BASIC-Anweisungen. Dienen zum Ein- bzw. Abschalten der Abfrage einer Taste. Falls die Abfrage eingeschaltet ist, überprüft BASIC vor der Ausführung jeder Anweisung, ob diese Taste betätigt wurde und verzweigt im positiven Fall zu der mit ON KEY(n) GOSUB (vgl. dort) angegebenen Zeilennummer.
Eingabe:

```
KEY(n) ON    KEY(n) OFF    KEY(n) STOP
```

Schaltet die Abfrage der Taste n ein (on) bzw. aus (off). Bei Stop wird die Abfrage zwar abgeschaltet, jedoch gespeichert und bei nachträglicher Aktivierung von KEY(n) ON abgearbeitet. Für n gilt: 1-10 Funktionstasten, 11-14 Cursortasten.
Beispiel:

```
10 KEY(10) ON
20 ON KEY(10) GOSUB 100
```

```
30 PRINT "WARTEN"
40 GOTO 30
100 PRINT "ENDE"
```

Das Programm gibt solange „WARTEN" auf dem Bildschirm aus, was die Endlosschleife in den Zeilen 30-40 übernimmt, bis die Taste F10 betätigt wird.

KEYB Externes MS-DOS- und MS-OS/2-Kommando (MS-DOS 3, MS-DOS 4, MS-OS/2 (R+P)) zum Laden des Tastaturtreibers. Im Netzwerk verwendbar. Unter MS-DOS ist die Belegung der Tastatur frei wählbar. Um z.B. die deutschen Umlaute benutzen zu können, muß der deutsche Tastaturtreiber geladen werden, die französichen Sonderzeichen benötigen den französischen Treiber usw.. Ältere Tastaturtreiber (MS-DOS 3.2 etc.) werden von MS-DOS 3.3 nicht mehr unterstützt.
Eingabe:

```
keyb Code,Tabelle,LW:Definitionsdatei
(/Parameter)
```

Lädt einen Tastaturtreiber. Anzugeben sind der Tastaturcode und die Zeichentabelle des entsprechenden Landes, sowie Laufwerk, Verzeichnis und Name der Tastaturdefinitionsdatei (im Regelfall KEYBOARD.SYS).

CODETABELLE (MS-DOS 3 und MS-OS/2)

BE	Belgien
CF	Kanada/Franreich
DK	Dänemark
FR	Frankreich
GR	Deutschland

KEYBOARD

IT Italien
LA Lateinamerika
NL Niederlande
NO Norwegen
PO Portugal
SF Schweiz/Französisch
SG Schweiz/Deutsch
SV Schweden
SU Finnland
UK Großbritannien
US USA/Australien

Unter MS-DOS 4 werden abweichend/zusätzlich verwendet:

DF   Dänemark
FR/120   Frankreich
IT/142   Italien
SP   Spanien
UK/168   Großbritannien

ZEICHENTABELLE

437 USA
850 Mehrsprachig
860 Portugal
863 Franko-kanadisch
865 Norwegen

Beispiel:

```
keyb gr,850,c:\dos:\keyboard.sys
```

Lädt den Tastaturtreiber für die deutsche Tastatur. Die Tastaturdefinitionsdatei KEYBOARD.SYS befindet sich hier auf Laufwerk C im Unterverzeichnis DOS.

KEYBOARD Englischer Begriff für die Tastatur (vgl. dort) eines Computers.

KEYPRESSED Turbo-Pascal-Funktion. Dient zur Überprüfung auf Tastatureingaben.
Eingabe:

```
KeyPressed;
```

Die Funktion liefert den Wert True, wenn eine Taste gedrückt wurde, und False, falls keine Taste betätigt wurde.

KI Akronym für Künstliche Intelligenz. Bekannteste KI-Programmiersprache: LISP.

KI-SPRACHE (engl. AI language). Programmiersprache, wie z.B. LISP, die im Bereich der Künstlichen Intelligenz eingesetzt wird.

KILL GW-BASIC-Befehl. KILL Löscht eine Datei von Festplatte oder Diskette.
Eingabe:

```
KILL "PFAD:DATEI"
```

Falls nötig, ist der Pfad (Laufwerk und Verzeichnis) anzugeben. Für DATEI wird der Dateiname mit Extension gesetzt.
Beispiel:

```
KILL "C:\PROG\DEMO.BAS"
```

Löscht auf Festplatte C im Verzeichnis PROG die Datei DEMO.BAS.

KILO Bestandteil von Maßbezeichnungen. Abgekürzt k oder K. Je nach Klein- oder Großschreibung steht Kilo für 1000 (1 kHz =

1000 Hz) bzw. 1024 (1 KByte = 1024 Byte).

KILOBAUD Maßeinheit aus der Datenfernübertragung. Gibt an, wieviel Bit pro Sekunde übertragen werden. 1 Kilobaud = 1024 Bit/s.

KILOBYTE Maßbezeichnung für Speicherbausteine. 1 Kilobyte entspricht 1024 Byte.

KIPS Akronym für Kilo Instructions per Second. Maßeinheit zur Bewertung der Prozessorleistung. Vgl. MIPS.

KLAMMERAFFE (engl. at-sign). Bezeichnet das Sonderzeichen "@" (vgl. ECHO) und wird auf einer PC-Tastatur meist (abhängig vom Tastaturtreiber) durch gleichzeitiges Betätigen der Tasten CTRL-ALT-2 erzeugt.

KLAPPGEHÄUSE (engl. fliptop case). Servicefreundliches Computergehäuse, welches nicht fest verschraubt ist, sondern sich durch Scharniere nach oben aufklappen läßt.

KLARSCHRIFTBELEG (engl. plain text document). Beleg mit maschinenlesbarer Schrift (z.B. OCR-A). Die Zeichen bestehen hier aus einer fest vorgegebenen Form und werden von speziellen Lesegeräten (Scannern) aufgrund der unterschiedlichen Hell-/Dunkelwerte erkannt.

KLICKEN (engl. click). Auslösen einer Funktion in graphischen Benutzeroberflächen durch einmaliges Betätigen einer oder mehrerer Maustasten.

KLON (engl. clone). Nachbau von Hardware, in erster Linie von Computern.

KLUFT (engl. gap). Bei der Datenspeicherung auf Magnetband müssen zwischen den einzelnen Datenblöcken Leerräume, die Klüfte, eingefügt werden. Diese sind notwendig, damit bei den Start- bzw. Stop-Phasen des Bandes keine Daten verloren gehen.

KNACKEN (engl. crack). Allgemein: Einen Code (z.B. Paßwort, Datenverschlüsselung) lösen. Datenträger: Den Kopierschutz eines Softwareproduktes (Programm) entdecken und entfernen, so daß die Software anschließend mit konventionellen Mitteln, den Kopierbefehlen des Betriebssystems, kopierbar ist. Dabei handelt es sich um eine strafbare Handlung.

KNOTEN (engl. node). Bezeichnung für einen Rechner (Workstation oder Server) in einem lokalen Netzwerk bzw. Rechnerverbund.

KOAXIALKABEL (engl. coaxial cable). Spezielles Kabel mit einem Innen-/Außenleiter (Zwei-Leiter-Kabel). Der Außenleiter dient gleichzeitig als Abschirmmantel. Das Koaxialkabel wird zur Verbindung von Rechnern in den meisten Netzwerken verwendet. Vom Aufbau ist es identisch mit einem 50-Ohm-Antennenkabel.

KOLUMNENTITEL (engl. running headline). Kapitelbezeichnung am Kopf oder Fuß einer jeden Seite.

KOMMANDOEBENE (engl. command mode). Betriebsebene, auf welcher der Anwender in direkten Dialog mit dem Betriebssystem treten, d.h. Systemkommandos eingeben kann. Unter MS-DOS erkennt man die Kommandoebene am Systemprompt (vgl. Prompt). Der Dialog kann auch indirekt über dazwischengeschaltete, graphische Benutzeroberflächen (Windows, GEM) etc. erfolgen.

KOMMANDOEINGABE (engl. command input). Sie erfolgt entweder auf Kommandoebene (Systemkommandos) oder innerhalb von Anwendungsprogrammen (anwendungsspezifische Kommandos). Die Eingabe erfolgt in der Regel über Tastatur oder mit der Maus, ist jedoch prinzipiell über jedes beliebige vom System bzw. Programm unterstützte Eingabegerät möglich (z.B. Digitalisiertablett, Touch-Screen, Joystick, Trackball, Diskette, Festplatte, Lesegerät usw.).

KOMMANDOPROZESSOR (engl. command processor). Der Komandoprozessor ist ein Teil des Betriebssystems, welcher die Benutzereingaben auf Systemkommandos auswertet und diese gegebenenfalls zur Ausführung bringt. Unter MS-DOS ist der Kommandoprozessor als separate Datei konzipiert, die bei Systemstart geladen wird. Vgl. COMMAND.COM.

KOMMENTAR (engl. comment oder annotation). Bemerkung(en), die in ein Programm eingefügt werden, um die Funktion bestimmter Anweisungen oder Prozeduren bzw. die Programmstruktur transparent zu machen. Vgl. REM.

KOMMUNIKATION (engl. communication). Datenaustausch im Dialog zwischen Mensch und Maschine oder zwischen Maschinen bzw. Menschen.

KOMMUNIKATIONSSERVER (engl. communication server). Begriff aus der Netzwerktechnik. Werden zwei lokale Netzwerke miteinander verbunden, übernimmt dieser Server die Kontrolle des Datenaustauschs.

KOMMUNIKATIONSVERBUND (engl. communication interlocking). Netzwerkvariante zum Zweck des Datenaustauschs zwischen den einzelnen Rechnern. Oft erfolgt die Vernetzung hier über das Leitungsnetz der Post.

KOMPATIBEL (engl. compatible). Begriff für Geräte und/oder Programme, die mit anderen Geräten und/oder Programmen zusammenarbeiten können.

KONFEKTIONIERT Bezeichnet die Tatsache, daß ein Computerverbindungskabel bereits komplett mit den für den vorgesehenen Anwendungszweck benötigten Buchsen/Steckern versehen ist.

KONFIGURATION (engl. configuration). Hardware: Spezifische Zusammenstellung bestimmter Geräteeinheiten zu einer kompletten EDV-Anlage, bzw. korrektes Einstellen eines Gerätes, so daß es mit anderen Geräteeinheiten zusammenarbeitet. Software: Anpassung von Programmen (z.b. durch Auswahl der korrekten Bildschirm- und Druckertreiber) an die vorhandene Hardware.

KONNEKTOR (engl. connector). Symbol (kleiner Kreis mit Ziffer) in Flußdiagrammen. Wird in komplexen Diagrammen am Ende von Blöcken und am Anfang von Folgeblöcken verwendet, um die richtige Darstellungsreihenfolge sicherzustellen.

KONSOLE (engl. console). Ein-/Ausgabeeinheit. Die Konsole kann ein Computerterminal ohne eigene Intelligenz sein. Bei Rechnern mit eigener Intelligenz bezeichnet Konsole die Komponenten Tastatur und Bildschirm.

KONSTANTE (engl. constant). Alphabetische, alphanumerische oder numerische Daten, die nach ihrer Definition (bei den meisten Programmiersprachen ist nicht einmal eine Definition notwendig) während eines Programmablaufs immer (oder bis zu einer Neudefinition) gleich bleiben. Gegensatz: Variable. Beispiel in BASIC:

```
10 PRINT 5*3
20 PRINT "TEST 2"
```

Zeile 10: Die numerischen Konstanten 5 und 3 werden miteinander multipliziert, das Ergebnis wird am Bildschirm angezeigt. Zeile 20: Die alphanumerische Konstante TEST wird am Bildschirm angezeigt.

KONTAKTBILDSCHIRM (engl. touch screen). Bezeichnet einen Bildschirm, über dessen Oberfläche sich ein Gitter von Lichtschranken befindet. Berührt man mit dem Finger eine Stelle auf der Oberfläche, kann deren Koordinate aufgrund der Unterbrechung der jeweiligen Lichtschranken in X- und Y-Richtung bestimmt werden. Auf diese Weise lassen sich (speziell dafür ausgelegte) Programme durch Antippen von Bildschirmsymbolen mit dem Finger bedienen.

KONTROLLBIT (engl. check bit). Das Kontrollbit überprüft Korrektheit von Datenübertragungen. Vgl. Prüfbit.

KONTROLLTASTE (engl. control key). Sondertaste auf einer PC-Tastatur. Sie ist auf deutschen Tastaturen mit STRG (Steuerung), auf amerikanischen Tastaturen mit CTRL bezeichnet und dient unter MS-DOS zum Auslösen von Sonderfunktionen in Verbindung mit einer anderen Taste. So führt CTRL+C (gleichzeitiges Betätigen beider Tasten) unter MS-DOS normalerweise zu einem Programmabbruch, CTRL+P gibt Zeichen parallel auf dem Bildschirm und dem Drucker aus.

KONVERTIERUNG (engl. conversion). Bezeichnet die Umwandlung von Daten in ein anderes Format (z.B. vom EBCDI- zum ASCII-Code) bzw. die Übertragung von Daten zwischen nichtkompatiblen Datenträgern des gleichen Typs, z.B. zwischen Disketten mit völlig unterschiedlicher Spur- und Sektor-Anordnung.

KOPFFENSTER (engl. head window). Alternative Bezeichnung für die Schreib-/Leseöffnung in der Schutzhülle einer Diskette.

KOPFZEILE (engl. heading). Text, der immer wiederkehrend am oberen Rand einer Seite erscheint (z.B. die Firmenanschrift).

KOPIEREN (engl. copy). Vervielfältigen von Dateien von einem externen Speicher auf einen anderen externen Speicher ohne jede inhaltliche Änderung.

KOPIERSCHUTZ (engl. copy protection). Der Kopierschutz dient dazu, illegales Vervielfältigen von urheberrechtlich geschützten Programmen zu verhindern. Die Schutzmethoden sind ebenso vielfältig wie die Programme, mit denen sich der Schutz wieder aufheben läßt. Am gebräuchlichsten sind der Hardwareschutz mittels Dongle (vgl. dort) oder durch beabsichtigtes Beschädigen der Diskette (dabei wird in irgendeinem Sektor der Oberfläche ein Loch gebrannt, dessen Vorhandensein von einer Programmroutine überprüft wird) und der Softwareschutz z.B. durch Verwendung atypischer oder unregelmäßiger Sektorenzahlen pro Spur, die ohne den zugehörigen Entschlüsselungsalgorithmus vom Laufwerkskontroller nicht verarbeitet werden können, oder die Verwendung zusätzlicher Spuren, denn die Diskettenlaufwerke sind mechanisch in der Lage, mehr als die standardmäßigen 40 bzw. 80 Spuren zu formatieren. Diesen Umstand machen sich die Softwarefirmen zunutze, und legen z.B. Informationen in den Spuren 41 oder 81 ab. Da jedoch jeder Schutz früher oder später entfernt, „geknackt", werden kann, wählen viele Softwarehäuser die „sanfte Methode", d.h. der Anwender muß bei der erstmaligen Installation seinen Namen eintragen, der dann während des Programmablaufs am Bildschirm gezeigt wird, so daß man sich hüten wird, ein solches Programm unerlaubt weiterzugeben.

KOPROZESSOR (engl. coprocessor). Bezeichnet in der Regel einen mathematischen Hilfsprozessor zur Entlastung des Hauptprozessors bei Fließkommaberechnungen. Im PC-Bereich werden, mit Ausnahme der Weitek-Prozessoren, in der Regel Intel-Versionen verwendet (8 Bit: 8087, 16 Bit: 80287, 32 Bit: 80387) sowie der neue 80287-kompatible IIT 2C87 der Firma Integrated Information Technologie. Weitere Koprozessoren können zur Unterstützung der Ein-/Ausgabesteuerung oder zur Datenübertragung in Netzwerken eingesetzt werden.

KORREKTURFAHNE (engl. proof oder galley proof). Bezeichnet die erste Fassung eines Manuskripts, die als Probeausdruck bzw. zum Korrekturlesen verwendet wird.

KORREKTURTASTE (engl. correction key). Sie dient zum Löschen von Zeichen. Auf einer PC-Tastatur sind dafür zwei Tasten zuständig: Die BACKSAPCE-Taste löscht jeweils das Zeichen, das sich links von der Schreibmarke (Cursor) befindet, während die DELETE- bzw. ENTF-Taste das Zeichen unter dem Cursor löscht.

KORRESPONDENZDRUCKER (engl. letter quality printer). Erzeugt ein korrespondenzfähiges Schriftbild. Zu den Schönschriftdruckern zählen: Typenraddrucker, Laserdrucker und alle Matrixdrucker (Nadeldrucker, Tintendrucker), bei denen die Matrix eines Zeichens durch Verwendung von 24 oder mehr Nadeln bzw. Düsen sehr fein strukturiert ist.

KREISDIAGRAMM (engl. pie chart). Zweidimensionale Veranschaulichung von Zahlenwerten in Form eines Kreises, wobei jeder Zahlenwert durch einen in der Größe dem jeweiligen Wert entsprechenden Kreissektor repräsentiert wird.

KREUZ-ASSEMBLER (engl. cross-assembler). Übersetzungsprogramm (vgl. Assembler), mit dessen Hilfe auf einem Computer Maschinenprogramme für andere, nicht-kompatible Rechner mit unterschiedlichen Prozessoren entwickelt werden können. Dabei wird das Quellprogramm anhand von Übersetzungstabellen (mit dem Befehlssatz des jeweiligen Zielprozessors) in den Objektcode übersetzt.

KREUZSICHERUNG (engl. cross checking). Verfahren, um das korrekte Abspeichern von Daten unter Verwendung eines Längs- und Querprüfbits zu überprüfen. Vgl. LRC und VRC.

KRYPTOGRAPHIE (engl. cryptography). Bezeichnung für Methoden zur Verschlüsselung (Chiffrierung) von Daten. Die Chiffrierung wird entweder vor dem Sichern der Daten oder vor der Datenfernübertragung angewandt und soll vor mißbräuchlichem bzw. unbefugtem Zugriff schützen. Bei sehr wichtigen Daten werden Spezialrechner zur Verschlüsselung eingesetzt.

KUGELKOPFDRUCKER Kugelkopfschreibmaschine mit Schnittstelle zum Anschluß an einen Computer. Vorteile: Sauberes Schriftbild, Durchschläge möglich. Nachteile: Laut, langsam, nicht graphikfähig.

KURSIV (engl. italics). Schriftattribut. Kursivzeichen sind leicht nach rechts geneigt.

KYBERNETIK (engl. cybernetics). Wissenschaft der Ablaufsteuerung und Regelungsmechanismen in maschinellen und biologischen Systemen. Der Begriff, abgeleitet von dem griechischen Wort Kybernetes = Steuermann, wurde Ende der 40er Jahre erstmals von dem amerikanischen Wissenschaftler Norbert Wiener verwendet.

L

LABEL Englische Bezeichnung für den Kennsatz eines Datenträgers (mit Identifizierungscode, damit das System einen Wechsel des Datenträgers erkennt) oder einer Datei (mit Angaben über Erstellungsdatum, Satzlänge etc.).

LABEL Externes MS-DOS- und MS-OS/2-Kommando (MS-DOS 3, MS-DOS 4, MS-OS/2 (R+P). Im Netzwerk verwendbar. Mit diesem Kommando lassen sich Namen von Datenträgern (Diskette, Festplatte) erzeugen, ändern, abfragen und löschen.
Beispiel:

```
label c:
```

Anzeige des Festplattenlabels C mit der Möglichkeit zu löschen oder eine neue Labelbezeichnung anzugeben. Das Label kann bis zu elf Zeichen lang sein.

LABEL Sprungmarke. Sie findet z.B. in höheren Programmiersprachen, die ohne Zeilennummern arbeiten, in Verbindung mit Sprungbefehlen (Goto, Gosub) Anwendung.
Beispiel:
Zunächst wird ein Label (z.B. Ausgabe) definiert, welches ein Unterprogramm einleitet, anschließend kann man mit

GOTO AUSGABE

zu dem definierten Label springen.

LADBARER ZEICHENSATZ (engl. soft font). Bezeichnet einen Zeichensatz für (Laser-)Drucker, der als Datei auf Festplatte abgelegt ist und bei Bedarf vor dem Ausdruck von dort in den Drucker geladen wird.

LADEADRESSE (engl. load address). Adresse, ab der ein Programm in den Arbeitsspeicher eines Rechners geladen wird. Diese kann entweder fest vorgegeben sein (z.B. 100h bei COM-Dateien unter MS-DOS) oder sie wird im Ladebefehl angegeben.

LADECOROTRON Bestandteil eines Laserdruckers, das die Photoleitertrommel vor jedem Druck negativ auflädt.

LADEN (engl. load). Programm von einem externen Massenspeicher (Platte, Diskette) in den Arbeitsspeicher eines Computers übertragen, von wo aus es gestartet werden kann.

LAN Akronym für Local Area Network. Lokales Netzwerk (vgl. dort), zur Verbindung von Computern, um die Hardware (Festplatten, Drucker etc.) und Software gemeinsam nutzen zu können. Nicht eindeutig normiert. Bekannteste Topologien: Ring, Bus und Stern.

LANDEZONE (engl. landing zone). Begriff aus der Festplattentechnik.

LANDSCAPE

Während der Betriebszeit schweben die Schreib-/Leseköpfe einer Festplatte auf einem Luftpolster über der Plattenoberfläche. Schaltet man die Stromversorgung ab, senken sich die Köpfe und landen auf der Plattenoberfläche. Um nun Datenverlusten durch ein eventuelles Beschädigen der Oberfläche beim Aufsetzen der Köpfe vorzubeugen, werden die Köpfe auf eine bestimmte Spur, die Landezone, gebracht, die keine Daten enthält. Die Landezone befindet sich meist auf der innersten Spur der Platte. Dieses Parken der Köpfe geschieht (je nach Plattentyp) entweder automatisch oder muß vor dem Abschalten durch ein spezielles Parkprogramm ausgelöst werden.

LANDSCAPE Englische Bezeichnung für den Ausdruck einer Seite im Querformat (vgl. auch Portrait).

LÄNGSPRÜFBITVERFAHREN (engl. longitudinal parity check). Paritätskontrolle bei der Datenübertragung. Vgl. VRC.

LAPTOP Englische Bezeichnung für einen tragbaren Computer, meist mit autarker Stromversorgung (Akkus), der entweder mit einem LCD- oder Plasmabildschirm ausgerüstet ist. Von der Leistungsfähigkeit sind Laptops durchaus mit konventionellen Desktopgeräten vergleichbar. So existieren Version mit den Intelprozessoren 8088 (16-Bit), 80286 (16-Bit), 80386 (32-Bit). Die Kapazität des Arbeitsspeichers ist bis auf 8 MByte erweiterbar, das 3 1/2"-Diskettenlaufwerk hat ein Speichervolumen

Bild 44: Laptop

von 1.44 MByte und die 3 1/2"-Festplatten erreichen inzwischen Speichervolumina von bis zu 100 MByte. Anschlüsse für zusätzliche Peripheriegeräte (MF-Tastatur, Farbbildschirm, 5 1/4"-Laufwerk, Drucker, Maus etc.) sind in der Regel ebenfalls vorhanden. Der Unterschied zwischen Laptop und Portable (vgl. dort) besteht hauptsächlich in den kleineren Anmessungen und Gewicht, der geringeren Anzahl von Erweiterungssteckplätzen (meist nur einer für Karten halber Baulänge), dem (teilweise möglichen) Akkubetrieb und der Tatsache, daß für Portables Standardbauteile (von Desktop-Computern) verwendet werden können, während für Laptops (aufgrund der Miniaturisierung) spezielle Entwicklungen (Platinen etc.) notwendig waren, was auch den deutlichen Preisunterschied erklärt.

LASER Akronym für Light Amplification by Stimulated Emmision of Radiation. Lichtverstärkung durch Anregung von Strahlungsemmision. Gerät zur Erzeugung stark gebündelten, kohärenten Lichts.

LASERDRUCKER (engl. laser printer). Seitendrucker, der nach dem Prinzip eines Photokopiergerätes arbeitet und ein qualitativ hochwertiges Druckbild mit 300x300 dpi, 600x300 dpi oder 600x600 dpi (dpi = dots per inch bzw. Punkte pro Zoll) erzeugt. Die Arbeitsweise ist dabei folgende: Im Drucker dreht sich eine elektrisch neutrale Photoleitertrommel, die vor dem Druck durch das Ladecorotron stark negativ (ca. 900 V) aufgeladen wird. Diese Ladung wird dann mit Hilfe eines Laserstrahls, der über ein Linsen- und Spiegelsystem auf die Trommel gelenkt wird, an den Stellen wieder entfernt, an denen später

Bild 45: Laserdrucker mit zwei Papierschächten

der (ebenfalls negativ geladene) Toner, das Farbpulver, haften soll. Der Laser erzeugt also ein spiegelverkehrtes Druckbild in Form von neutralen Punkten und Flächen. Die so behandelte Trommel dreht sich dann entlang der Entwicklerstation, die das Tonerpulver an die neutralen Stellen abgibt. Von der beschichteten Trommel wird der negative Toner dann auf das positiv geladene Papier übertragen. Im nachfolgenden Fixierprozeß schmelzen zwei Rollen unter Hitzeeinwirkung den Toner fest auf das durchlaufende Papier. Nach jedem Druck wird die Phototrommel wieder entladen und gesäubert, die verbleibenden Tonerreste werden in einem Auffangbehälter gesammelt.

LAST IN/FIRST OUT Abkürzung: LIFO. Zugriffs- oder Speicherprinzip, nach dem die zuletzt geschriebenen Daten als erste wieder gelesen werden.

LASTDRIVE Konfigurationsbefehl von MS-DOS 3 und MS-DOS 4 zur Festlegung der höchsten Laufwerksbezeichnung. Mit LASTDRIVE wird die Maximalzahl der Laufwerke festgelegt, die von MS-DOS angesprochen werden können. Dies geschieht durch Angabe des höchsten verwendeten Laufwerkskennbuchstabens, maximal Z. Standardeinstellung ist E.
Eingabe:

```
lastdrive=x
```

Festlegen des höchsten Laufwerkskennbuchstabens, wobei für x mindestens der höchste Kennbuchstabe der tatsächlich vorhandenen Laufwerke gesetzt sein muß (1=A, 2=B usw.), der höchste Kennbuchstabe ist Z. Somit sind maximal 26 Laufwerke ansprechbar, es sollten jedoch nicht

LASTVERBUND

mehr Laufwerke als notwendig gesetzt werden. Mit dem Treiber DRIVER.SYS erzeugte Laufwerkskennungen sind von LASTDRIVE nicht betroffen.
Beispiel:

```
lastdrive=h
```

Setzt die Anzahl der von MS-DOS ansprechbaren Laufwerke auf 8 fest.

LASTVERBUND (engl. load interlocking). Netzwerkvariante zum Zweck der gleichmäßigen Arbeitsverteilung auf alle angeschlossenen Geräte. Fällt ein Rechner aus, werden seine Aufgaben von einem anderen übernommen.

LATENZZEIT (engl. latency time). Zeit, die vergeht, bis ein Sektor auf der Spur einer Diskette oder Festplatte durch Drehung zum Schreib-/Lesekopf gelangt.

LAUFWERK (engl. drive). Sammelbezeichnung für alle externen Speichermedien mit mechanischem Antrieb: Festplatten-, Disketten-, Band-, Kassetten-, optisches Laufwerk.

LAUFWERKSKENNUNG (engl. drive letter). Jedes Laufwerk (Diskettenstation, Festplatte etc.) muß vom Betriebssystem zur Ausführung von Befehlen, wie etwa dem Laden von Programmen, identifiziert und angesprochen werden können. Deshalb ist jedem dieser Laufwerke unter MS-DOS ein eigener Kennbuchstabe zugeteilt. Diskettenlaufwerke erhalten die Kennungen A und B, Festplatten die Kennbuchstaben C und höher, RAM-Disks die Kennungen C und höher, falls keine Festplatte existiert, bzw. solche, die höher als die der Festplatten liegen.

LAUFWERKSVERRIEGELUNG (engl. door lock). Nachdem eine Diskette ins Laufwerk geschoben wurde, muß sie verriegelt werden. Bei diesem Vorgang werden im Laufwerk zwei Greifringe von oben und unten auf den Rand des Mittellochs der Diskette gepresst, die sich bei Ansprechen des Laufwerks drehen und damit die Diskette ebenfalls (in ihrer Hülle) in Drehbewegung versetzen. Bei 5 1/4"-Laufwerken erfolgt die Verriegelung durch Umlegen eines Hebels, bei 3 1/2"-Disketten gewöhnlich automatisch bei Eindrücken der Diskette (gegen einen leichten Widerstand) ins Laufwerk.

LAUFZEIT (engl. run time). Zeit, die benötigt wird, um ein einzelnes Programm auf einer Datenverarbeitungsanlage ablaufen zu lassen.

LAYOUT Die Anordnung von Graphiken, Überschriften und Fließtext auf einer Seite.

LAYOUTSTRUKTUR (engl. thumbnail). Verkleinerte Ausgabe eines Seitenlayouts, das zur Kontrolle ausgedruckt werden kann.

LCD Akronym für Liquid Crystal Display. Englische Bezeichnung für Flüssigkristallanzeige. LCD-Bildschirme werden (neben den Plasmabildschirmen) meist bei Laptop-Computern eingesetzt.

LEADING Englische Bezeichnung für Durchschuß. Abstand zwischen zwei Textzeilen und zwar zwischen Kegeloberkante und Kegelunterkante.

LED Akronym für Light Emitting Diode. Englische Bezeichnung für Leuchtdiode. LEDs werden u.a. zur Zeichendarstellung bei Taschenrechnern benutzt.

LEERBIT (engl. dummy bit). Bit ohne Informationsgehalt. Leerbits werden oft verwendet, um eine ausgeglichene Datenstruktur zu erhalten.

LEERRAUM (engl. blank oder space). Leeraum zwischen den einzelnen Zeichen auf dem Bildschirm oder beim Ausdruck. Ist er jeweils gleich groß, spricht man von festem Zeichenabstand (fixed spacing), sind die Zwischenräume variable, heißt er proportionaler Zeichenabstand (proportional spacing). Vgl. Zwischenraum, Leerstelle.

LEERSTELLE (engl. blank oder space). Man unterscheidet zwischen weichen und harten Leerstellen. Bei letzteren werden die angrenzenden Worte beim Zeilenumbruch nicht auseinandergerissen. Vgl. auch Leerraum.

LEFT$ GW-BASIC-Funktion. Sie liefert den linken Teil einer Zeichenkette.

Eingabe:

```
LEFT$(A$,n)
```

Liefert den linken Teil von A$ mit einer Länge von n Zeichen. Beispiel:

```
10 A$="COMPUTERGRAPHIK"
20 PRINT LEFT$(A$,8)
```

Als Ergebnis wird COMPUTER ausgegeben, also die ersten acht Zeichen von A$.

LEITERBAHN (engl. conductor path). Sie verbindet elektronische Bauteile auf einer Platine (vgl. dort). Das Problem bei der Konzeption von Platinen besteht darin, daß sich die Leiterbahnen nicht kreuzen dürfen, was bei der Entwicklung komplexer Schaltungen dazu geführt hat, daß die Platinen aus mehreren Schichten aufgebaut werden, in denen jeweils Leiterbahnen verlaufen können.

LEITERPLATTE (engl. printed circuit board). Leiterplatte mit gedruckten Schaltungen und elektronischen Bauteilen. In der einfachsten Form befinden sich auf der einen Seite (Bestückungsseite) die Bauelemente, auf der anderen Seite (Verdrahtungsseite) die Leiterbahnen, wobei der Kontakt zwischen Bauteilen und Bahnen durch Bohrlöcher hergestellt wird. Bei komplexen Leiterplatten, z.B. den Hauptplatinen von Computern, reicht der Platz für die Vielzahl der Leitungen nicht mehr aus.

LEITSEITE

Daher wurde die Multi-Layer-Technik entwickelt. Eine solche Platine baut sich aus mehreren Schichten auf, in denen jeweils Leiterbahnen verlaufen können.

LEITSEITE (engl. leading videotext page). Erste Seite eines BTX-Anbieters. Die Leitseite enthält meist ein Menü, durch welches sich weitere Seiten direkt über Zifferneingabe anwählen lassen.

LEITWERK (engl. control unit). Aufgabe des Leitwerks (auch: Steuerwerk) eines Prozessors ist die Entschlüsselung der Befehle, die Steuerung der Reihenfolge der Verarbeitung und ihre Umsetzung in Steuersignale und Weitergabe an das Rechenwerk. Dieses führt den eigentlichen Berechnungsprozeß aufgrund logischer und arithmetischer Operationen durch.

LEN GW-BASIC-Funktion. Sie ermittelt die Länge einer Zeichenkette (= Anzahl der Zeichen).
Eingabe:

```
LEN(A$)
```

Die Zeichenzahl der Variablen A$ wird ermittelt.
Beispiel:

```
10 A$="TEST"
20 PRINT LEN(A$)
```

Als Ergebnis wird 4, die Anzahl der Zeichen im Wort TEST, geliefert.

LENGTH Turbo-Pascal-Funktion. Sie ermittelt die Länge einer Zeichenkette.
Eingabe:

```
Length(v);V
```

ist eine Variable (Typ: String), deren Länge in Zeichen ermittelt wird.

LEPORELLOFALZUNG (engl. fanfolding). Faltungsmethode von Endlospapier. Vgl. dort.

LESBARKEIT (engl. readability). Hinsichtlich der Lesbarkeit von Daten wird unterschieden zwischen nur vom Menschen lesbaren Daten (z.B. handschriftlicher Beleg), maschinenlesbaren Daten (z.B. von magnetischen, optischen Datenträgern) und Daten, die sowohl vom Menschen als auch maschinenlesbar sind (z.B. Magnetschrift, Klarschrift).

LESEFEHLER (engl. read error). Ein Lesefehler wird gemeldet, wenn beim Einladen der Daten vom externen Speicher ein Übertragungsfehler festgestellt wird. Lesefehler können verschiedene Ursachen haben: Materialfehler am Gerät oder Datenträger (z.B. Schreib-Leseköpfe dejustiert), keine Diskette im Laufwerk, Laufwerk nicht verriegelt, Datenträger nicht, fehlerhaft oder in falschem Format formatiert, Fehler in der Datenstruktur etc.

LESEGESCHWINDIGKEIT (engl. reading rate). Bei RAM-Speicher: die Zeit für das Anwählen einer Adresse und das Lesen des Speicherinhalts. Plattenspeicher: die Zeit, die benötigt wird, um einen Datenblock zu lesen. Sie setzt sich hier zusammen aus der Positionierungszeit, der Latenzzeit (vgl. dort) und der Zeit zum Lesen/Schreiben der Daten. Die Lesegeschwindigkeit wird in KBit/s oder MBIT/s gemessen.

LESEKOPF (engl. read head). Dient bei magnetischen Datenträgern zum Lesen (Laden) von Daten. Bei Magnetplattengeräten immer als Kombikopf (zum Lesen und Schreiben), bei Magnetbandgeräten entweder als Kombikopf oder als separater Schreibkopf und Lesekopf ausgelegt. Bei Diskettenlaufwerk und Festplatte ist für jede vorhandene Oberfläche ein separater Schreib-/Lesekopf zuständig. Vgl. Zugriffskamm.

LESEN (engl. read). Bezeichnet den Vorgang der Datenentnahme von einem internen (Arbeitsspeicher) oder externen (Festplatte, Diskette, Magnetband etc.) Speicher.

LESEPISTOLE (engl. hand-held reader). Eingabegerät auf der Basis eines Scanners (vgl. dort) zum Abtasten von Strichcodes.

LET GW-BASIC-Anweisung. Sie weist einer Variablen einen Wert zu. In neueren GW-BASIC Versionen ist LET nicht mehr erforderlich, es genügt ein Gleichheitszeichen zur Zuweisung.
Eingabe:

```
LET A=WERT bzw.  A=WERT
```

Weist der Variablen A den angegebenen Wert zu.
Beispiel:

```
10 LET A=10
20 LET B=2*A
30 PRINT A+B
```

Zunächst wird der Variablen A der Wert 10 zugewiesen, dann der Variablen B der Wert 20 (= 2*A), als Ergebnis wird die Summe (30) ausgegeben.

LETTER QUALITY Bezeichnet das Schriftbild von Druckern, welches dem einer Typenradschreibmaschine gleicht. Vgl. LQ.

LF Akronym für Linefeed. Druckersteuerzeichen mit dem ASCII-Wert 0A. LF erzeugt einen Zeilenvorschub.

LIB Reservierte Dateikennung (= Extension) unter MS-DOS für Bibliotheksdateien.

LIBPATH Konfigurationsbefehl von MS-OS/2 (P) zum Festlegen des Pfades für dynamische Link-Dateien. Mit LIBPATH wird der Pfad für die dynamischen Linkmodule von MS-OS/2 festgelegt. Im Gegensatz zum konventionellen PATH-Befehl, wird das aktuelle Verzeichnis nicht automatisch als erstes durchsucht. Ist kein LIBPATH-Kommando angegeben, durchsucht MS-OS/2 nur das Hauptverzeichnis.
Eingabe:

```
libpath=LW:Pfad(;LW:Pfad; ...)
```

LIBRARY

Setzen des oder der Pfade für dynamische Link-Dateien. Unterschiedliche Pfadangaben sind jeweils durch ein Semikolon zu trennen. Beispiel:

```
libpath=c:\lib;d:\lib
```

Durchsucht die Verzeichnisse LIB auf Festplatte C und D nach dynamischen Link-Dateien.

LIBRARY Englischer Begriff für Bibliothek (vgl. dort).

LICHTGRIFFEL (engl. lightpen). Elektronischer Stift, mit dem sich in Verbindung mit Programmen, welche dieses Eingabegerät unterstützen, direkt auf dem Bildschirm zeichnen läßt.

LICHTSCHRANKE (engl. light barrier). Die meisten Diskettenlaufwerke besitzen eine Lichtschranke (manche einen mechanischen Fühler) zur Überprüfung des Schreibschutzes. Ist bei einer 5 1/4-Zoll-Diskette die Schreibschutzkerbe überklebt, dann wird der Lichtstrahl unterbrochen und dem Laufwerkskontroller mitgeteilt, daß auf diese Diskette keine Schreibvorgänge (Speichern, Löschen) angewandt werden dürfen. Bei der mechanischen Variante befindet sich im Laufwerk an der Stelle, an der sich die Schreibschutzkerbe einer eingelegten Diskette befindet, ein Stift, der bei überklebtem Schreibschutz nach unten gedrückt wird und so einen Kontakt schließt.

LICHTWELLENLEITER (engl. optical wave guide). Lichtwellenleiter dienen in Form von Glasfaserkabeln zur Übertragung von Daten, insbesondere über weite Strecken. Im Gegensatz zum konventionellen Kupferkabel erfolgt der Signalfluß nicht über Elektronen sondern Photonen. Die Vorteile von Lichtwellenleitern liegen in der hohen Datenübertragungsrate (bis ca. 100 MByte/s) und der großen Reichweite (mehr als 25 km ohne Verstärker).

LIFO Akronym für Last in First out. Zugriffs- oder Speicherprinzip, nach dem die zuletzt geschriebenen Daten als erste wieder gelesen werden.

LIFT-OFF-MECHANISMUS (engl. lift-off mechanism). Begriff aus der Festplattentechnik. Um Beschädigungen der Schreib-/Leseköpfe und der Plattenoberflächen zu vermeiden, besitzen bessere Festplatten einen Lift-Off-Mechanismus, der bewirkt, daß die Köpfe nach dem Abschalten der Stromversorgung nicht auf die Plattenoberfläche absinken, sondern darüber arretiert werden.

LIM-SPECIFICATION (engl. LIM specification). Auch EMS. Ein von den Firmen Lotus, Intel und Microsoft entwickelter Standard, der die Nutzung von mehr als 640 KByte Arbeitsspeicher erlaubt. Dieser Erweiterungsspeicher (Expanded Memory) wird blockweise (zu je 64 KByte) über ein Fenster in den Hauptspeicher eingeblendet.

LINE INPUT

LINE GW-BASIC-Anweisung. Dient zum Zeichnen von Linien, Rechtecken oder ausgefüllten Rechtecken. Eingabe:

```
LINE (x1,y1)-(x2,y2)[,Farbe,BF,Stil]
```

Zeichnet eine Linie von den Koordinaten x1,y1 nach x2,y2. Für Farbe kann eine Farbziffer (vgl. COLOR) angegeben werden. Ist der Parameter B gesetzt, wird ein Rechteck gezeichnet, wobei x1,y1 die linke obere und x2,y2 die linke untere Ecke festlegen. Ist F angegeben wird das Rechteck in der gesetzten Farbe ausgefüllt. Für Style kann ein Linienmuster angegeben werden (nicht in Verbindung mit B).
Beispiel:

```
10 SCREEN 9
20 LINE (10,100)-(150-200),4,,&HAAA
```

Schaltet auf den Graphikbildschirm 9 (EGA) und zeichnet eine rote Linie (Farbziffer 4) zwischen den angegebenen Punkten in dem hexadezimal angegebenen Muster (&HAAA).

LINE Turbo-Pascal-Prozedur (Unit: Graph). Dient zum Ziehen einer Linie zwischen zwei Punkten. Eingabe:

```
Line(x1,y1,x2,y2);
```

X1,y1 bezeichnen die Koordinaten des Startpunktes, x2,y2 die des Endpunktes (Typen: Integer). Der Graphikcursor bleibt auf seiner ursprünglichen Position.

LINE ART vgl. Vektorgraphik.

LINE FEED Befehl an den Drucker, das Papier um eine Zeile nach oben zu verschieben. Der Befehl wird entweder vom Programm gesendet oder kann im Offline-Zustand des Druckers vom Anwender über das Bedienpanel ausgelöst werden.

LINE INPUT GW-BASIC-Anweisung. Sie entspricht der INPUT-Anweisung (vgl. dort) mit der Ausnahme, daß auch Sonderzeichen wie das Komma akzeptiert werden.

LINE INPUT # GW-BASIC-Anweisung. Dient zum Einlesen von kompletten Datenzeilen aus einer sequentiellen Datei in Variablen. Eingabe:

```
INPUT #Dateinummer,V1(,V2...)
```

Für Dateinummer ist die Nummer anzugeben, unter welcher die Datei eröffnet wurde. V1, V2 usw. bezeichnen die Variable(n), in welche die Daten eingelesen werden.
Beispiel:

```
10 DIM K$(20)
20 OPEN "I",#2,"ADRESS.DAT
30 FOR X = 1 TO 20
40 INPUT #2,K$(X)
50 NEXT X
```

Nach der Dimensionierung des Arrays in Zeile 10 wird die Datei ADRESS.DAT (mit der Dateinummer 2) zum Dateneinlesen eröffnet. In Zeile 40 erfolgt das Einlesen der Daten in die Stringvariable K$.

LINE SPACING

Insgesamt werden, bedingt durch die Schleife in Zeile 30 und 50, 20 Felder belegt.

LINE SPACING Englische Bezeichnung für den vertikalen Abstand zwischen zwei aufeinanderfolgenden Druckzeilen. Der Abstand wird indirekt in Lines per Inch (Zeilen pro Zoll) angegeben und beträgt in der Regel 1/6 Zoll.

LINEAL (engl. ruler). Waagerechte und senkrechte Lineale dienen in DTP-Programmen als Orientierung zum millimetergenauen Einpassen von Graphiken und Texten. Vgl. ruler.

LINEARES PROGRAMM (engl. sequential programme). Programm, bei welchem die Anweisungen in der Reihenfolge abgearbeitet werden, in der sie im Programm aufgeführt sind. Verzweigungen und Schleifen (vgl. jeweils dort) sind nicht vorhanden.

LINEREL Turbo-Pascal-Prozedur (Unit: Graph). Sie dient zum Zeichnen einer Linie ab Cursorposition. Eingabe:

```
LineRel(x,y);
```

Zeichnet eine Linie. Startpunkt ist die Cursorposition, Endpunkt die durch x und y angegebene Entfernung vom Startpunkt.

LINETO Turbo-Pascal-Prozedur (Unit: Graph). Zeichnet eine Linie ab Cursorposition. Eingabe:

```
LineTo(x,y);
```

Zeichnet eine Linie. Startpunkt ist die Cursorposition, Endpunkt die durch x und y bestimmten Koordinaten.

LINKER Englische Bezeichnung für Programmbinder. Der Linker ist ein Dienstprogramm mit dem einzelne zuvor assemblierte oder compilierte Programmodule zu einem Gesamtprogramm verbunden werden.

LINKSBÜNDIG (engl. left justified). Satz, bei dem die Zeilen ungleich lang und nur am linken Seitenrand bündig sind (= linker Randausgleich).

LIPS Akronym für Logical Interferences per Second. Bezeichnet die Anzahl der logischen Verknüpfungen, die ein Expertensystem pro Sekunde leistet.

LISP Abkürzung für List Processor. Programmiersprache auf Interpreterbasis. LISP wurde Anfang der 60er Jahre von John McCarthy am MIT (vgl. dort) entwickelt, eignet sich vor allem zur Bearbeitung komplexer Datenstrukturen und wird insbesondere auf dem Sektor der KI (Künstliche Intelligenz) eingesetzt.

LIST GW-BASIC-Befehl. LIST gibt den Inhalt, die Zeilen eines Programms (= alle Anweisungen) auf Bildschirm, Datei oder Drucker aus. Der Begriff wird auch im all-

gemeinen DV-Sprachgebrauch verwendet: Ein Inhaltsverzeichnis listen (= die Verzeichniseinträge am Bildschirm aufzeigen lassen).
Eingabe:

```
LIST ANFANG-ENDE,"ZIEL"
```

Zeigt den durch ANFANG und ENDE festgelegten Zeilenbereich am Bildschirm oder dem durch ZIEL spezifizierten Gerät/Datei an. Fehlen ANFANG bzw. Ende (z.b. LIST ANFANG-) wird entweder ab ANFANG bis Programmende oder von aktueller Zeile bis ENDE angezeigt.
Beispiele:

```
LIST 20-100
LIST 100-,"INHALT.DAT"
LIST -100,"LPT1:"
```

Zeigt die Zeilen 20 bis 100 am Bildschirm, speichert die Zeilen 100 bis Programmende in der Datei INHALT.DAT, gibt die Zeilen bis 100 am Drucker (an der ersten parallelen Schnittstelle) aus.

LISTING Ausgabe des Quelltextes eines Programmcodes auf Bildschirm oder Drucker.

LITERAL (engl. literal). Synonym für Konstante (vgl. dort).

LIZENZ (engl. licence). Erlaubnis des Inhabers eines Patent- oder Urheberrechts (= Copyright) an Dritte, das geschützte Produkt nachzubauen (z.B. Hardware) oder zu verkaufen bzw. zu nutzen (z.B. Software). Vgl. Softwarelizenz.

LLIST BASIC-Befehl. LLIST gibt den Programmcode, die Zeilen eines Programms (= alle Anweisungen), auf dem angeschlossenen Drucker aus. Ansonsten entspricht er dem LIST-Befehl.

LN Turbo-Pascal-Funktion. Die Funktion berechnet den natürlichen Logarithmus eines Ausdrucks.
Eingabe:

```
Ln(x);
```

Der Ausdruck x ist vom Typ Real.

LO Turbo-Pascal-Funktion. Sie liefert das Low-Byte eines Ausdrucks.
Eingabe:

```
Lo(x);
```

Liefert das Low-Byte von x (Typ: Integer oder Word).

LOAD GW-BASIC-Befehl. Lädt eine Datei von Festplatte oder Diskette.
Eingabe:

```
LOAD"PFAD:DATEI"
```

Lädt die angegebene Datei in der Arbeitsspeicher. Eventuell ist der Pfad (Laufwerk und Verzeichnis) anzugeben.
Beispiel:

```
LOAD"B:\PROGS\TEST.BAS"
```

Lädt die Datei TEST.BAS aus dem Verzeichnis PROGS in Diskettenlaufwerk B.

243

LOC

LOC Akronym für Lines of Code (Programmzeilen). LOC dient zur Bestimmung der Länge eines Programms bzw. der Arbeitsleistung eines Programmierers.

LOC GW-BASIC-Funktion. Sie liefert bei Random-Access-Dateien die Nummer des Datensatzes, der zuletzt mit GET gelesen bzw. mit PUT geschrieben wurde.
Eingabe:

```
LOC(X)
```

Liefert die aktuelle Zeigerposition in der Datei mit der anzugebenden Nummer X.
Beispiel:

```
10 IF LOC(2)>100 THEN PRINT "
Mehr als 100 Sätze gelesen"
```

Wenn der Zeiger hinter dem 100. Datensatz steht, soll die angegebene Meldung erscheinen.

LOCATE GW-BASIC-Anweisung. Sie positioniert den Cursor für nachfolgende Ausgabeoperationen, bestimmt die Cursorhöhe bzw. schaltet den Cursor an oder ab.
Eingabe:

```
LOCATE ZEILE,SPALTE,MODUS,ANFANG,ENDE
```

Setzt den Cursor im Textmodus in die angegebene Zeile und Spalte. Wird für MODUS der Parameter 1 gesetzt, ist der Cursor sichtbar (Default), bei 0 wird er unsichtbar. Für ANFANG und ENDE sind Werte von 0-7 erlaubt, welche die Höhe des Cursors in der Zeile bestimmen (0 ist unterste Punktreihe einer Zeile, 7 die oberste).
Beispiel:

```
LOCATE 10,20,1,3,7
```

Setzt den Cursor in Zeile 10, Spalte 20 und schaltet ihn ein, wobei er in den Punktreihen 3-7 der Zeile sichtbar ist.

LOCHKARTE (engl. punched card). Maschinenlesbarer Datenträger, auf dem die Daten in Form von Lochungen enthalten sind. In der Regel enthält eine Lochkarte 80 Spalten und kann ebensoviele Zeichen aufnehmen. Vorteil: Die Lochkarte kann zusätzlich als konventionelle Karteikarte verwendet werden, wobei der Klartext am oberen Kartenrand steht. Heute kaum noch gebräuchlich.

LOCHKARTENLESER (engl. punched card reader). Gerät zum Einlesen von auf Lochkarten abgespeicherten Informationen. Das Lesen erfolgt nach dem Prinzip der optischen Abtastung mit Hilfe von Lichtschranken.

LOCHKARTENSTANZER (engl. card punch). Gerät, welches Löcher in die Lochkarten stanzt und zwar in den dem verwendeten Code entsprechenden Kombinationen.

LOCHMASKENABSTAND (engl. dot pitch). Der Begriff bezeichnet den Abstand benachbarten Punkte in der Lochmaske eines Bildschirms.

Je geringer der Pixelabstand, desto klarer die Darstellung. Gute Farbmonitore arbeiten mit einem Pixelabstand von 0.26 mm.

LOCHSTREIFEN (engl. punched tape). Maschinenlesbarer Datenträger. Das Prinzip entspricht dem der Lochkarte, jedoch lassen sich aufgrund der Länge (200-400 m) wesentlich mehr Daten speichern. Heute kaum noch gebräuchlich.

LOCK GW-BASIC-Anweisung. Dient zum Sperren von Dateien oder Datensätzen für Netzwerk-Anwendungen.
Eingabe:

```
LOCK #Nummer[,Anfang TO Ende]
```

Für NUMMER ist die Ziffer anzugeben, unter welcher die Datei eröffnet wurde. Ohne Zusatzangaben wird die gesamte Datei gesperrt. Alternativ lassen sich durch Angabe der ersten (ANFANG) und letzten (ENDE) Satznummer auch gezielt Datensätze sperren.

LOF GW-BASIC-Funktion. Sie gibt die Länge einer Datei in Bytes an.
Eingabe:

```
LOF (Nummer)
```

Für NUMMER ist die Ziffer zu setzen, unter der die Datei eröffnet wurde.

LOG GW-BASIC-Funktion. Die Funktion berechnet den natürlichen Logarithmus eines Ausdrucks.

LOGISCHES LAUFWERK

Eingabe:

```
LOG(X)
```

Berechnet den natürlichen Logarithmus von X (muß >0 sein).
Beispiel:

```
10 INPUT "X-Wert eingeben: ",X
20 Y = LOG(X)
30 PRINT Y
```

Berechnet den natürlichen Logarithmus eines angegebenen Wertes X mit einfacher Genauigkeit. LOG-DATEI (engl. log file). Datei, in welcher alle Abläufe oder Veränderungen hinsichtlich einer Datenbestandsänderung (z.B. bei Backup-Vorgängen) festgehalten werden, so daß eine nachträgliche Überprüfung bzw. Rekonstruktion möglich ist.

LOGIN Auch Logon. Vorgang des Einloggens (= Verbindung herstellen) in ein anderes Rechnersystem, z.B. ein Netzwerk, Großrechner oder eine externe Datenbank.

LOGISCHER OPERATOR (engl. logical operator). Zu den logischen Operatoren gehören alle Vergleichsoperatoren (=, ≥ ≤, <, >, < >) und alle Verknüpfungsoperatoren (AND, OR, XOR, NOR, NOT, EQU, IMP).

LOGISCHES LAUFWERK (engl. logical drive). Während z.B. eine Festplatte ein physikalisches Laufwerk darstellt, versteht man unter einem logischen Laufwerk, einen spezifischen Teil einer Platte (= Parti-

245

LOGO

tion), der vom Betriebssystem wie ein physikalisches Laufwerk behandelt wird, d.h., er besitzt eine eigene Laufwerkskennung wie D, E, F usw. (vgl. Partition). Auch RAM-Disks, reservierte Hauptspeicherbereiche, die per Programm wie ein Laufwerk verwaltet und benutzt werden, werden als logisches Laufwerk bezeichnet.

LOGO Graphiksymbol oder Kleingraphik zur Verwendung als Firmen- oder Markenzeichen.

LOGO Leicht erlernbare Programmiersprache auf Interpreterbasis mit Schwerpunkt Graphik (Turtle Graphic). Logo wurde ursprünglich von Seymour Papert entwickelt, um Kindern das einfache Erlernen einer Programmiersprache zu ermöglichen.

LOGOUT Auch Logoff. Bedeutet, die Verbindung zu einem anderen Rechnersystem ordnungsgemäß abzubrechen.

LOKALE VARIABLE (engl. local variable). Parameter (Variable), der nur für einen bestimmten Programmteil (z.B. ein Unterprogramm) definiert wurde, und auch nur dort verwendet werden kann. Gegensatz: Globale Variable.

LOKALES NETZWERK (engl. local area network). Abkürzung LAN. Bezeichnet einen Rechnerverbund, in welchem die Rechner direkt über Kabel miteinander verbunden sind. Alle Rechner müssen über eigene Intelligenz (Prozessor) und Arbeitsspeicher verfügen, was in der Praxis bedeutet, daß jeder Arbeitsplatz nur so schnell arbeitet, wie es die eigene Kapazität erlaubt. Ein Computer, der Server (vgl. dort), übernimmt die Steuerung und Koordination des Datenflusses. Von seiner Leistungsfähigkeit hängt u.a. die Geschwindigkeit des ganzen Netzes ab. Er stellt auch dem Netz, d.h. den einzelnen Arbeitsplatzrechnern (= Workstations), seine Peripheriegeräte, Festplatten, Drucker etc.) zur gemeinsamen Nutzung zur Verfügung. Ein Server, der nur Verwaltungsaufgaben übernimmt, wird als Dedicated Server bezeichnet, nutzt man ihn parallel auch als Arbeitsplatzrechner, trägt er die Bezeichnung Non-dedicated Server. Jeder Rechner eines Netzes besitzt eine spezielle Netzwerkkarte über die er per Kabel mit den anderen Rechnern verbunden ist. Je nach Art dieser Verkabelung spricht man von Bus-, Ring- oder Sterntopologie

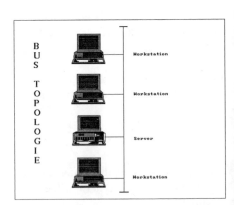

Bild 46: Lokales Netz mit Bustopologie

(vgl. jeweils dort), je nach Protokoll, d.h. der Art und Weise wie die einzelnen Stationen Daten senden und empfangen, vom Token-Verfahren (Beispiel: Token-Ring von IBM) oder CSMA/CD-Verfahren) (Beispiel: Ethernet). Softwaremäßig wird das Netz durch ein spezielles Netzwerkbetriebssystem (NOS) verwaltet. Vorteile: Einsparung von Hardware und Software (gemeinsamer Zugriff auf Peripheriegeräte und Programme sowie Daten möglich), jederzeit aktueller Datenstand. Nachteil: Im Vergleich zu Multiuser-Systemen relativ hoher Hardwareaufwand, da keine Terminals verwendet werden können. Vgl. auch Netzwerk.

LONGITUDINALAUFZEICHNUNG (engl. longitudinal recording). Aufzeichnungsverfahren für magnetische Datenträger, bei der die Magnetisierungsrichtung parallel zur Beschichtungsebene liegt. Vgl. auch Vertikalaufzeichnung.

LOOP Englischer Begriff für (Programm)Schleife: Zusammengehörige Befehlsfolge, die ein- oder mehrmals wiederholt wird, bis eine gegebene Bedingung erfüllt bzw. eine vorgegebene Anzahl von Durchläufen erreicht ist.(vgl. Schleife).

LÖSCHBARER OPTISCHER SPEICHER (engl. erasable optical memory). Optische Platte, vergleichbar einem CD-ROM, mit dem Unterschied, daß Daten beliebig oft geschrieben (und gelesen) werden können. Die Platte besitzt eine spezielle magnetische Oberfläche die zum Schreiben bzw. Löschen zunächst durch einen starken Schreiblaser erhitzt wird. Mithilfe einer Magnetspule kann dann die Ladung der einzelnen Magnetteilchen umgepolt werden, und zwar nur dort, wo die Oberfläche zuvor

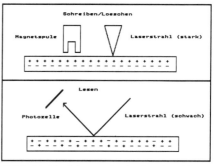

Bild 47: Funktionsprinzip des löschbaren optischen Speichers

erhitzt wurde. Zum Lesen wird ein schwächerer Laser verwendet. Durch den sogenannten Kerr-Effekt läßt sich unterscheiden, ob der Strahl von einem positiv oder negativ geladenen Teilchen auf die Photozelle reflektiert wurde. Die Kapazität eines solchen Speichers, der abgesehen von der langsameren Zugriffszeit, als wirkliche Alternative zur Festplatte betrachtet werden kann, liegt zwischen 0.5 und 2 Gigabyte.

LÖSCHEN (engl. erase oder delete). Daten permanent aus einem Speicher entfernen. Interner Speicher: Ein Programm wird unter MS-DOS durch das Laden eines weiteren Programms automatisch aus dem Arbeitsspeicher gelöscht. Die Daten werden über das jeweilige Anwendungsprogramm entfernt. Externer Speicher: Dateien werden unter MS-DOS mit den Kommandos DELETE

LÖSCHEN

bzw. ERASE, FORMAT und DISK-COPY (vgl. jeweils dort) direkt oder indirekt gelöscht.

LÖSCHEN Aus dem Bundesdatenschutzgesetz: Das Unkenntlichmachen gespeicherter Daten, ungeachtet der dabei angewendeten Verfahren.

LÖSCHSCHUTZ (engl. write protection). Bezeichnet allgemein jede Vorrichtung in der Datenverarbeitung, die ein Schreiben von Daten auf einen externen Datenträger (Festplatte, Band, Diskette etc.) verhindert und damit auch ein Löschen von Daten. Der Schutz kann hardwaremäßig realisiert werden (z.b. durch einen Schreibring) oder softwaremäßig (z.b. durch Zuweisung des Nur-Lese-Attributs; vgl. ATTRIB).

LÖSCHUNGSPFLICHT engl. obligation to deletion&. Aus dem Bundesdatenschutzgesetz: Personenbezogene Daten sind zu löschen, wenn die Speicherung unzulässig war, ihre Kenntnis nicht mehr erforderlich ist, ihre Richtigkeit nicht bewiesen werden kann.

LOTUS 1-2-3 Intergriertes Softwarepaket der Firma Lotus Development Inc. Es besteht aus den Modulen Tabellenkalkulation, Datenbank und Präsentationsgraphik. Problemloser Datenaustausch zwischen den einzelnen Komponenten ist möglich.

LOW Binärer Zustand. Bezeichnet in der Schaltungstechnik eine negative Spannung bzw. keinen Stromfluß und entspricht dem logischen Binärzustand 0.

LOW-DOS-MEMORY Speicherbereich zwischen dem Ende des konventionellen Arbeitsspeichers ab Adressse A0000h und dem Speicher, der durch den Videoadapter belegt wird. Die Größe des Low-Dos-Memory hängt vom verwendeten Adapter ab und beträgt bei EGA und VGA 0 KBytes (da diese den Speicher schon ab A0000h belegen), bei MGA/MDA-Adaptern 64 KByte (Belegung ab Adresse B0000) und bei CGA-Adaptern 96 KByte (Belegung ab Adresse B8000). Diese Tatsache machen sich verschiedene Dienstprogramme zunutze und erweitern so (falls das System 1 MByte RAM besitzt) den Arbeitsspeicher auf 704 KByte (bei Verwendung von MDA/MGA-Adaptern) bzw. 736 KByte (bei CGA-Adaptern).

LOWERCASE Im Zusammenhang mit Zeichen: Kleinbuchstaben.

LOWVIDEO Turbo-Pascal-Prozedur (Unit: Crt). Sie setzt die Textfarben 8-15 auf halbe Helligkeit.
Eingabe:

```
LowVideo;
```

Sie entsprechen damit den Farben 0-7 (= Farben 8-15 in halber Helligkeit).

LP Akronym für Lineprinter (Zeilendrucker; vgl. dort).

LSET

LPI Akronym für Lines per Inch. Zeilen pro Zoll. Standardausdrucke erfolgen mit 6 LPI.

LPOS GW-BASIC-Funktion. Sie liefert die Zeigerposition im Druckerpuffer, d.h. wieviele Zeichen nach dem letzten Zeilenvorschub gedruckt wurden.
Eingabe:

```
LPOS(X)
```

Der Parameter X ist ein Scheinargument, d.h., er wird immer als X gesetzt.

LPRINT GW-BASIC-Anweisung. LPRINT ist praktisch identisch mit der PRINT-Anweisung (vgl. dort), nur daß die Ausgabe nicht am Bildschirm, sondern auf dem Drucker erfolgt.

LPRINT USING GW-BASIC-Anweisung. Sie ist nahezu identisch mit der PRINT USING-Anweisung (vgl. dort), nur daß die Ausgabe nicht am Bildschirm, sondern auf dem Drucker erfolgt.

LPS Akronym für Lines per Second (Zeilen pro Sekunde). Gibt die Druckleistung von Zeilendruckern (vgl. dort) an.

LPT: Reservierter Gerätename unter MS-DOS. LPT in Verbindung mit einer Ziffer (z.B. LPT1:) bezeichnet die parallelen Schnittstellen eines Computers. Gewöhnlich werden drei parallele Schnittstellen unterstützt.

LQ Akronym für Letter Quality. Bezeichnet die Schriftqualität (Schönschrift) von Matrixdruckern mit 24 Nadeln (oder Düsen). Durch den gleichzeitigen Einsatz der 24-Nadeln kann — im Gegensatz zur NLQ bei 9-Nadel-Druckern — eine Zeile in einem Durchgang erzeugt werden, was Geschwindigkeiten bis ungefähr 100 Zeichen/Sekunde gestattet, das Schriftbild ist zudem wesentlich exakter als im NLQ-Betrieb und ähnelt dem einer Typenradschreibmaschine.

LRC Akronym für Longitudinal Redundancy Check. Englische Bezeichnung für Längsprüfbitverfahren. Methode zur Erkennung von Übertragungsfehlern bei der Byte-seriellen Speicherung (z.B. auf Magnetband). In jede der (normalerweise 8) Datenspuren wird am Ende eines Datenblocks ein Prüfbit dermaßen (0 oder 1) gesetzt, daß Prüfbit und aufaddierte Datenbits des Datenblocks in dieser Spur einen vereinbarten, normalerweise ungeraden Wert ergeben (vgl. auch VRC).

LSB Akronym für Least Significant Bit. Niederwertiges Bit.

LSET GW-BASIC-Anweisung. Sie legt eine Zeichenkette (String) linksbündig in der Puffer-Variablen einer Random-Access-Dateien ab.
Eingabe:

```
LSET V=Zeichenkette
```

Legt die angegebene Zeichenkette in

der Variablen V (Array oder String) linksbündig ab.
Beispiel:

```
10 A$="Nachher"
20 PUFFER$="Vorher"
30 PRINT PUFFER$
40 LSET PUFFER$=A$
50 PRINT PUFFER$
```

nischen Mathematiker Jan Lukasiewicz im Jahre 1951 entwickelte algebraische Schreibweise, bei der keine Klammern gesetzt werden müssen. Vgl. umgekehrte polnische Notation.

Hier wird zunächst VORHER angezeigt (Zeile 20) und nach der Zuweisung NACHHER (Zeile 50). Die Länge des Strings (hier: A$) muß mindestens ebenso groß sein wie die der Puffervariablen, sonst werden Zeichen abgeschnitten. Die Anweisung RSET hat den gleichen Effekt, nur werden die Zeichen rechtsbündig in der Puffervariablen abgelegt.

LSI-CHIP Akronym für Large Scale Integrated Chip. Integrierter Chip mit mehr als 600 Schaltungen.

LST Reservierte Dateikennung (= Extension) unter MS-DOS für Ausgabelisten des Assemblers.

LÜCKE (engl. gap). Freiraum zwischen Datenblöcken auf Magnetband für die Start-/Stoppphasen des Bandes. Vgl. Kluft.

LUFTSPALT (engl. head gap). Bezeichnet entweder den Abstand der Schreib-/Leseköpfe einer Festplatte von der Plattenoberfläche während der Betriebsphase oder die Öffnung im Schreib-/Lesekopf selbst.

LUKASIEWICZ-NOTATION (engl. Lukasiewicz notation). Von dem pol-

M

MAGNETBAND (engl. magnetic tape). Maschinenlesbarer Datenträger. Das Band ist in mehrere Informationsspuren, acht zumeist jedoch neun, unterteilt, so daß jeweils acht Bit (und ein Prüfbit) abgespeichert werden können. Vor der erstmaligen Verwendung muß ein Magnetband wie eine Diskette oder Festplatte zunächst formatiert (vgl. dort) werden. Die Zeichen sind meist im ASCII- oder EBCDI-Code dargestellt, die Speicherung selbst erfolgt sequentiell, d.h. hintereinander. Das hat den nachteiligen Effekt, daß beim Lesen der Daten zunächst alle Datensätze, die vor dem gesuchten liegen, ebenfalls gelesen werden müssen.

MAGNETBANDKASSETTE (engl. magnetic tape cassette). Maschinenlesbarer Datenträger. Die Zeichen sind meist im ASCII- oder EBCDI-Code dargestellt, die Speicherung selbst erfolgt sequentiell, d.h. hintereinander. Man unterscheidet prinzipiell drei Arten von Kassetten: die konventionelle Kassette, wie sie auch im Audiobereich verwendet wird (Musikkassete), mit einem 1/6 Zoll breitem Band und einer Aufzeichnungsdichte von 800 bpi (Bit pro Zoll), die Datenkassette mit einer Breite von 1/4 Zoll und einer Aufzeichnungsdichte von 1600 bpi und die Bandkassette mit einer Breite von 1/2 Zoll sowie einer Aufzeichnungsdichte von 19456 bpi. Die Speicherkapazitäten reichen von ca. 320 Kbyte bis zu ca. 6.6 GByte.

MAGNETBANDLAUFWERK (engl. magnetic tape drive). Gerät zum Schreiben und Lesen von Daten auf Magnetband. Man unterscheidet zwei Verfahren. Die Streaming-Methode (vgl. Streamer), bei welcher sich das Band bei Schreib-/Lesevorgängen kontinuierlich bewegt und die Start-Stopp-Methode, bei welcher das Band, nach jedem Lesen-/Schreiben eines Datenblockes, angehalten und neu gestartet wird. Die Bandbereiche (= Kluft; vgl. dort), die während der Start-/Stoppphasen am Schreib-/Lesekopf vorbeibewegt werden, können nicht zur Aufnahme von Daten verwendet werden. Um die empfindlichen Bänder durch die relativ hohen Zugbewegungen beim Start-/Stoppverfahren nicht zu zerstören, nehmen Vakuumkammern die beim Starten und Stoppen entstehenden Bandschleifen kurzfristig auf, eine Elektronik sorgt dafür, daß sie schonend auf die Spule aufgewickelt werden. Die Datenübertragungsraten liegen je nach Gerätetyp und Speicherdichte zwischen ca. 100 KByte/s und 2000 KByte/s.

MAGNETDISKETTE (engl. magnetic disk). Magnetisch beschichtetes Speichermedium mit wahlfreiem Zugriff. Vgl. Diskette.

MAGNETKERNSPEICHER (engl. magnetic core storage). Bei diesem Speichertyp sind eine Vielzahl von

Ferritkernen (ein magnetisierbares Material) zu einer Matrix zusammengeschaltet. Jeder Kern kann ein Bit an Information speichern und wird durch Stromzufuhr magnetisiert, wobei die Magnetisierungsrichtung die beiden binären Zustände 0 und 1 repräsentiert. Da die Kerne auch nach Abschalten der Stromzufuhr magnetisch sind, bleiben die darin enthaltenen Informationen permanent erhalten.

MAGNETKOPF (engl. magnetic head). Er dient bei magnetischen Datenträgern zum Schreiben (Speichern) bzw. Lesen (Laden) von Daten. Bei Magnetbandgeräten ist er entweder als Kombikopf oder als separater Schreibkopf und Lesekopf vorhanden. Bei Diskettenlaufwerk und Festplatte ist für jede vorhandene Oberfläche ein separater Schreib-/Lesekopf zuständig. Vgl. auch Zugriffskamm.

MAGNETO-OPTISCHER SPEICHER (engl. magneto-optical storage). Wiederbeschreibbarer, optischer Speicher (vgl. dort).

MAGNETPLATTE (engl. magnetic disk). Externes Speichermedium mit wahlfreiem Zugriff und hoher Speicherkapazität. Vgl. Festplatte.

MAGNETPLATTENSTAPEL (engl. magnetic disk pack). Bezeichnung für die übereinanderliegenden Magnetplatten einer Festplatte (vgl. dort). Die Anzahl der Platten steht im direkten Verhältnis zur Speicherkapazität des Mediums.

MAGNETSCHRIFTBELEG (engl. magnetic ink document). Maschinenlesbarer Datenträger (z.B. E-13-B oder CMC-7) in Klarschrift. Er ist daher auch vom Menschen direkt lesbar. Die einzelnen Zeichen bestehen aus einer eisenhaltigen Farbe und können so von Magnetschriftlesern entziffert werden. Heute kaum mehr gebräuchlich.

MAGNETSPUR (engl. magnetic track). Beim Formatieren auf magnetischem Weg erzeugte Spur zur Aufnahme von Daten. Vgl. Spur.

MAGNETTEILCHEN (engl. magnetic particles). Sie bilden die Oberfläche von magnetischen Datenträgern und sind durch spezielle Bindemittel voneinander getrennt, wobei die Teilchengröße bei weniger als einem Mikrometer liegt. Die Teilchen werden entlang ihrer Längsachse analog zur jeweiligen Richtung des durch den Schreibkopf erzeugten Magnetfeldes ausgerichtet.

MAGNETTROMMELSPEICHER (engl. magnetic drum storage). Magnetspeicher im wahlfreiem Zugriff. Heute nicht mehr gebräuchlich. Auf der magnetisch beschichteten Oberfläche der Trommel befinden sich die kreisförmigen Spuren, unterteilt in Sektoren. Die Trommel dreht sich um ihre Achse und die Daten werden von den fest installierten Schreib-/Leseköpfen (je einer pro Spur zuständig) gelesen bzw. geschrieben. Da bei dieser Speicherungsart die Positionierungszeit der Köpfe entfällt, sind die Zugriffszeiten

MANAGEMENT-INFORMATIONSSYSTEM

sehr kurz. Die maximale Speicherkapazität einer Trommel liegt jedoch mit 2-6 MByte relativ niedrig.

MAILBOX Englische Bezeichnung für Briefkasten. Ein solcher elektronischer Briefkasten ist in vielen Datenbanken integriert. Man kann im Gegensatz zur konventionellen Datenbank beim Mailbox-Betrieb nicht nur Informationen abrufen, sondern auch Nachrichten hinterlassen, die entweder allen anderen Teilnehmern abrufbereit zugänglich sind, oder aber nur nach Eingabe eines Passwortes eingesehen werden können. Unter BTX können z.B. „elektronische Briefe" in der Mailbox des Empfängers abgelegt und nur von diesem gelesen werden.

MAILMERGE Englische Bezeichnung für die Erstellung von Serienbriefen (vgl. dort).

MAINBOARD Auch Motherboard. Englische Bezeichnung für die Hauptplatine eines Computers. Vgl. Hardware.

MAINFRAME Amerikanischer Sammelbegriff für jede Art von Großrechner.

MAKRO (engl. macro). Befehl, der sich aus unterschiedlich vielen Einzelbefehlen zusammensetzt. Makros werden sowohl in der Programmierung als auch in der Anwendung verwendet und entlasten von Routineeingaben. Beispiel: Um in einem Textverarbeitungsprogramm einen Text in einem bestimmten Format zu drucken, müssen zunächst manuell die Ränder, die Textausrichtung, der Zeilenabstand etc. eingestellt werden. All die hierzu nötigen Tastatureingaben kann man (falls das Textverarbeitungsprogramm dafür eingerichtet ist) jedoch zusammenfassen und durch einen einzigen Befehl, den Macro auslösen. Bedingt durch die Tatsache, daß man sich beliebig viele Makros erstellen kann, lassen sich viele Einzelfunktionen zusammenfassen und automatisieren.

MAKROAUFZEICHNER (engl. macro recorder). Routine in Anwendungsprogrammen, welche die einfache Erstellung von Makros (vgl. dort) erlaubt. Er arbeitet prinzipiell wie ein Kassettenrekorder, d.h. man schaltet den Makrorekorder durch eine bestimmte Tastenkombination „zur Aufnahme" ein, führt die zur Ausführung einer Befehlssequenz notwendigen Tastatureingaben durch und schaltet den Makrorekorder wieder ab. Die so aufgezeichneten Tastatursequenzen lassen sich nun unter einem frei wählbaren Namen speichern und können unter diesem Namen jederzeit wie ein konventioneller Befehl aufgerufen werden, wobei alle in dem Makro enthaltenen Tastatureingaben automatisch ausgeführt werden.

MANAGEMENT-INFORMATIONSSYSTEM (engl. management information system). Datenbank, die von ihrer Struktur und Funktionsweise derart ausgerichtet ist, daß sie jederzeit die für die Führungsspitze eines Unternehmens notwendigen Daten

253

MANIPULATIONSSPRACHE

(Bilanz, Liquidität, Investitionen, Personalstand etc.) in der für den jeweiligen Entscheidungsfall notwendigen Konstellation liefert.

MANIPULATIONSSPRACHE (engl. query language). Bezeichnung für eine Datenbanksprache, mit deren Hilfe sich Datenbestände ändern und pflegen (sortieren, auswählen, erweitern, aktualisieren, löschen etc.) lassen. Vgl. SQL.

MANNJAHR (engl. man year). Maßeinheit für die Arbeitsleistung. Beispiel: Angenommen für die Entwicklung eines Programms wurden zehn Mannjahre benötigt, dann heißt dies, daß bildlich gesprochen, eine Person 10 Jahre daran gearbeitet hat, bzw. 10 Leute je ein Jahr. Ein Mannjahr läßt sich analog zu konventionellen Zeitangaben in Mannmonate und Manntage unterteilen.

MANTISSE (engl. mantissa). Zahlenteil bei Gleitkommazahlen. Diese bestehen aus Mantisse und Exponent (zur Basis 10), z.B. 2.345671 E3. Die Zahl 2.345671 wäre hier die Mantisse. Die Umrechnung in eine konventionelle Festkommazahl erfolgt nach der Formel Mantisse x Exponent, in obigem Beispiel also $2.345671 \times 10^3 = 2345.671$.

MANUAL Englischer Ausdruck für eine Beschreibung (vgl. Dokumentation) in Form eines Buches oder Programms zur Funktionserläuterung von Hardware und/oder Software.

MANUELLE DATENVERARBEITUNG (engl. manual data processing). Datenverarbeitung ohne jegliche technische Hilfsmittel wie z.B. mit Hilfe von Karteikästen.

MAP Reservierte Dateikennung (= Extension) unter MS-DOS für Listen des Linkers.

MARK Turbo-Pascal-Prozedur. Dient zur Zuweisung des Heapzeigers an eine Variable.
Eingabe:

    Mark(v);

V ist eine Variable vom Typ Pointer.

MARKIERUNGSBELEG (engl. mark sheet). Maschinenlesbarer Datenträger. Der Beleg gleicht einem gewöhnlichen Formular mit Kästchen zum Markieren. Da die Anordnung und Bedeutung der Kästchen jedoch programmspezifisch definiert ist, lassen sich diese Formulare maschinell lesen.

MASCHINE (engl. machine). Insider-Bezeichnung für einen Computer.

MASCHINENBELEG (engl. machine-readable document). Maschinell lesbarer Datenträger wie Lochkarte, Lochstreifen, Klarsichtbeleg, Strichcodes, Magnetschriftbeleg, Diskette, Magnetplatte, Magnetband.

MASCHINENCODE (engl. machine code). Binäre Form, in der alle Programme verarbeitet werden. Vgl. Maschinensprache.

MASCHINENORIENTIERTE SPRACHE (engl. machine-oriented programming language). Vgl. Assemblersprache, Maschinensprache.

MASCHINENORIENTIERTES PROGRAMM (engl. machine dependent programme). Programm, welches entweder in reiner Maschinensprache (vgl. dort) oder Assemblersprache (vgl. dort) geschrieben wurde.

MASCHINENSPRACHE (engl. machine language). Programm, das in rein binärer Form (Maschinencode) vorliegt, und so direkt (ohne jede Zwischenübersetzung wie Compilierung, Assemblierung) vom System verarbeitet werden kann. In Maschinensprache wird heute kaum mehr programmiert. Stattdessen verwendet man Übersetzungsprogramme (Assembler, Compiler, Interpreter; vgl. jeweils dort), welche das in einer symbolischen Programmiersprache erstellte Quellprogramm in den Maschinencode umwandeln.

MASCHINENTEST (engl. machine test). Begriff aus der Softwareentwicklung. Nach der Codierung (Erstellen des Quellcodes in einer Programmiersprache) und eventuellen Compilierung wird das Programm vor der endgültigen Freigabe auf dem Computer unter Verwendung praxisgerechter Daten getestet, wobei eventuelle Fehler beseitigt werden.

MASKE (engl. mask). Spezielle Art des Bildschirmaufbaus (Bildschirmmaske) insbesondere zur Dateneingabe oder Datenausgabe. Der Schirm ist mit einer Art Schablone

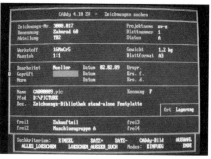

Bild 48: Bildschirmmaske

vergleichbar, auf der die Daten automatisch nur an den vorgegebenen Stellen eingegeben bzw. ausgegeben werden können. Dadurch ist eine übersichtliche Darstellung gewährleistet.

MASKENGENERATOR (engl. screen format generator). Hilfsprogramm für Programmiersprachen oder Anwendungsprogramme, mit welchem sich schnell und einfach Bildschirmmasken zur Eingabe oder Ausgabe von Daten erzeugen lassen. Vgl. auch Programmgenerator.

MASTER Bezeichnet einen Computer, der als File-Server (vgl. dort) in einem Netzwerk arbeitet.

MASTERPAGE Englische Bezeichnung für die Seite eines DTP-Programms, auf der das Format aller Manuskriptseiten vordefiniert wird.

MASTERPASSWORT (engl. master password). Codewort höchster Priorität, das innerhalb von Datenbanksystemen den Zugriff auf alle Daten erlaubt. Vgl. auch Zugriffsebene.

MATCHCODE Englische Bezeichnung für Abgleichcode. Er dient bei der Abfrage von Datenbanken zum schnellen Auffinden bestimmter Datensätze. Je nach Definition ist er unterschiedlich strukturiert und kann z.B. in einer Adreßdatei so gestaltet sein, daß er aus den ersten drei Buchstaben des Nachnamens besteht.

MATRIX (engl. matrix). Raster von Punkten, aus denen sich die Zeichen auf Bildschirm oder Papier (vgl. Matrixdrucker) aufbauen. Je feiner das Raster, d.h. je mehr Zeilen und Spalten auf gleicher Fläche zur Verfügung stehen, desto besser wird die Auflösung.

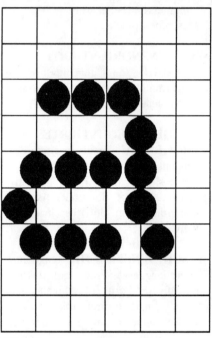

Bild 49: Matrix eines Zeichens

MATRIXDRUCKER (engl. dot matrix printer oder mosaic printer). Bezeichnet alle Drucker mit oder ohne mechanischem Anschlag, bei denen sich die Zeichen aus einzelnen Punkten, einer Matrix, aufbauen. Beispiele: Nadeldrucker, Tintenstrahldrucker. Gegenbeispiel: Typenraddrucker. Vgl. Nadeldrucker.

MAUS (engl. mouse). Spezielles Eingabegerät, das sich besonders für Graphikprogramme oder die Bedienung graphischer Benutzeroberflächen (GEM, WINDOWS) eignet. Angeschlossen wird das Gerät entweder an einer speziell dafür vorgesehenen Buchse (z.B. Atari ST), an der seriellen Schnittstelle (PCs) oder an einer mitgelieferten Karte (Busmaus), die in den Computer eingesteckt wird. Die Maus ist im Prinzip ein kleines Kästchen mit einer Kugel an der Unterseite und zwei bzw. drei Drucktasten auf der Oberseite. Bewegt man die Maus über die Tischoberfläche, dreht sich die Kugel im

Bild 50: Mäuse

Gehäuse. Diese Drehung wird auf zwei senkrecht zueinander stehende Rollen (= X/Y-Richtung) im Gehäuseinneren übertragen und in Impulse umgewandelt, die von der Treibersoftware verarbeitet werden können. Diese Software sorgt dafür, daß auf dem Bildschirm ein Pfeil gezeichnet wird, der sich analog zu den Bewegungen der Maus auf der Tischoberfläche auf dem Bildschirm bewegt. Je höher die Auflösungsfähigkeit einer Maus ist (üblich sind 200 DPI), desto kürzer ist der Weg, den die Maus über die Unterlage bewegt werden muß, um den Mauszeiger von einer Bildschirmseite zur anderen zu bewegen. Bei den sogenannten optischen Mäusen ist die Rollkugel durch Leuchtdioden (Infrarot) ersetzt, wobei sich die Mausbewegung aus der Reflexion der ausgesandten Infrarotstrahlen an einem speziell gerasterten Tablett errechnet, auf dem die Maus bewegt wird. Die Maustasten sind zur Auslösung bestimmter Funktionen vorgesehen. Da Mäuse nur in Verbindung mit Softwareprodukten eingesetzt werden können, die hierfür programmiert wurden, findet man in diesen Programmen auf dem Bildschirm spezifische Bildsymbole (= Pictogramme). Bewegt man den Mauszeiger auf eines dieser

MAUSANSCHLUSS

Symbole und betätigt eine Taste (= Anklicken), wird eine spezielle Funktion ausgelöst. So wird etwa beim Anklicken eines Diskettensymbols das Inhaltverzeichnis der Diskette gezeigt. In Graphikprogrammen läßt sich mit der Maus sehr gut zeichnen, wobei der Mauszeiger die Funktion eines Farbstiftes übernimmt.

MAUSANSCHLUSS (engl. mouse connector). Der Anschluß einer Maus erfolgt entweder an einer der vorhandenen seriellen Schnittstellen (serielle Maus) oder an dem Anschluß einer mitgelieferten Steckkarte, die in den Rechner zu integrieren ist (Bus-Maus).

MAUSGARAGE Kleines Plastikgehäuse, das per doppelseitigem Klebeband seitlich am Monitor befestigt wird. Wird die Maus nicht benötigt, kann sie in die Garage gesteckt werden, und der Platz auf der Tischoberfläche wird frei.

MAUSUNTERLAGE (engl. mouse pad). Bei glatten Tischoberflächen kann es vorkommen, daß sich die Kugel in der Unterseite der Maus (vgl. dort) nicht richtig dreht. Daher benutzt man oft eine Unterlage aus rutschfestem, gummiartigem Material (ca. 23x19 cm), auf dem die Maus optimal bewegt werden kann.

MAXAVAIL Turbo-Pascal-Funktion. Sie ermittelt den größten freien Bereich des Heap.

Eingabe:

```
MaxAvail;
```

MAXI-DISKETTE (engl. maxi disk). Alternative Bezeichnung für eine 8"-Diskette.

MAXWAIT Konfigurationsbefehl von MS-OS/2 (P) zum Festlegen der Wartezeit eines Prozesses. Mit MAXWAIT wird die maximale Zeit festgelegt, welche ein Prozess vor seiner Ausführung warten muß. Eingabe:

```
maxwait=n
```

Festlegen der Wartezeit auf n Sekunden. Erlaubte Werte: 1-255. Beispiel:

```
maxwait=3
```

Kommt ein aktiver Prozess nicht innerhalb von 3 Sekunden zur Ausführung, wird seine Priorität für die Zeit eines Ausführungszyklus (time slice) angehoben.

MBYTE Abkürzung für Megabyte. Maßzahl für die Speichergröße. Entspricht 1024 KByte bzw. 1048576 (= 1024x1024) Byte.

MCA Akronym für Microchannel Architecture. Neuartiges Erweiterungsbussystem von IBM (vgl. Microchannel).

MCB Akronym für Memory Control Block. Unter MS-DOS werden MCBs dazu benutzt, Bereiche des Arbeitsspeichers als frei oder belegt zu kennzeichnen.

MCU Akronym für Micro Control Unit. Leitwerk (vgl. dort) eines Mikroprozessors.

MDA Akronym für Monochrome Display Adapter. Monochrome, nicht graphikfähige Videokarte, die nach dem TTL-Prinzip (digital) arbeitet. Heute kaum noch gebräuchlich.

MECHANISCHE DATENVERARBEITUNG (engl. mechanical data processing). Datenverarbeitung mit technischen Hilfsmitteln wie Schreibmaschine, Taschenrechner etc. Der Verarbeitungsprozeß erfolgt nicht automatisch, z.B. per Computerprogramm.

MEGABIT-CHIP Neu entwickelter Speicherbaustein mit 1024^2 Speicherstellen und einer Speicherkapazität von 128 KByte, was einem Aufnahmevermögen von 131 072 Zeichen entspricht.

MEGABYTE Maßzahl für die Speichergröße. Entspricht 1024 Kilobyte bzw. 1048576 (= 1024x1024) Byte.

MEHRFACHANWEISUNG (engl. compound statement). Programmierung: Zusammenfassung mehrerer Einzelanweisungen zu einem Block. In Pascal wird z.B. jeder Anweisungsblock durch BEGIN eingeleitet und durch END abgeschlossen.

MEHRFACHAUSWAHL (engl. multiple selection). Begriff aus der Programmierung. Vgl. Mehrfache Alternative.

MEHRFACHE ALTERNATIVE (engl. multiple selection). Programmierung. Verzweigungen, welche mehr als zwei Verarbeitungen in Abhängigkeit von gestellten Bedingungen erlauben.
Beispiel in BASIC:

```
10  INPUT"Bitte Zahl (1-4) angeben",Z
20  ON Z GOTO 100,200,300,400
100 Print"Sie haben eine 1 angege-
    ben":GOTO 500
200 Print"Sie haben eine
    2 angegeben":GOTO 500
300 Print"Sie haben eine
    3 angegeben":GOTO 500
400 Print"Sie haben eine
    4 angegeben":GOTO 500
500 Print"Hier wird das Hauptprogramm
    fortgesetzt"
```

Springt in Abhängigkeit von der Eingabe (1-4) in eines der Unterprogramme (100-400). Diese Unterprogramme können beliebige Routinen enthalten, nach deren Abarbeitung im Hauptprogramm fortgefahren wird.

MEHRPLATZSYSTEM (engl. multi user system). In einem Mehrplatzsystem ist eine leistungsfähige, zentrale Recheneinheit mit allen notwendigen Kapazitäten wie Prozessor, Speicher, Laufwerke, Peripheriegeräte vorhanden, an die mehrere Terminals, also nur Tastatur mit Bildschirm ohne eigene Intelligenz, angeschlossen sind.

MEHRPROGRAMMBETRIEB

An allen Terminals kann gleichzeitig mit unterschiedlichen Programmen gearbeitet werden. Deshalb muß das Betriebssystem des Zentralrechners mehrprogramm- und mehrbenutzerfähig sein (wie z.B. UNIX). Der Begriff wird auch oft verwendet, wenn mehrere eigenständige Rechner über ein lokales Netzwerk miteinander verbunden sind.

MEHRPROGRAMMBETRIEB (engl. multiprogramming oder multitasking). Mehrere Programme werden scheinbar gleichzeitig von einem Prozessor bearbeitet. Sobald bei einem Programm eine Ein- oder Ausgabe erfolgt, die von der I/O-Steuerung übernommen wird, ist die Prozessorkapazität frei zur Abarbeitung des nächsten Programms usw. Erfolgt hier eine Ein-/Ausgabe, wird wieder weitergeschaltet usw. Echter Mehrprogrammbetrieb läßt sich allerdings nur über Parallelrechner mit mehreren Prozessoren realisieren.

MEHRPROZESSORBETRIEB (engl. multiprocessing). Beim Mehrprozessorbetrieb teilen sich mehrere Rechner den gemeinsamen Arbeitsspeicher und die Peripheriegeräte. Vgl. Multiprocessing.

MEM Externes MS-DOS-Kommando (MS-DOS 4) zur Anzeige der Speicherbelegung. Im Netzwerk verwendbar. Durch das Memory-Kommando MEM werden benutzter und freier Speicher angezeigt inklusive vorhandenem EMS-Speicher (LIM 4.0 und Extended Memory). Weiterhin lassen sich durch die Zusatzparameter PROGRAM und DEBUG die Adressen und Größen bereits geladener Programme/Gerätetreiber anzeigen.
Eingabe:

```
mem (/parameter)
```

Anzeige der Speicherbelegung.
Beispiel:

```
mem /program
```

Zeigt zusätzlich zur Speicherbelegung die Programme, die sich bereits im Speicher befinden.
Parameter:

Program	Zusätzliche Anzeige der bereits in den Speicher geladenen Programme mit Längen und Adressangabe.
Debug	Zusätzliche Angabe von Programmen und Systemgerätetreibern.

MEMAVAIL Turbo-Pascal-Funktion. Ermittelt den gesamten freien Bereich des Heap.
Eingabe:

```
MemAvail;
```

MEMMAN Konfigurationsbefehl von MS-OS/2 (P) für das Memory Management. Dient zum Festlegen der Optionen für das Speichermanagment, wie z.B. das temporäre Auslagern von Speicherbereichen in ein File.
Eingabe:

```
memman=p1,p2
```

Aktivierung des Speichermanagement wobei für P1 SWAP bzw. NOSWAP und für P2 MOVE oder NOMOVE gesetzt werden kann. Defaulteinstellung bei Festplatten als Boot-Laufwerk ist SWAP,MOVE bei Diskettenlaufwerken NOSWAP, MOVE.
Beispiel:

```
memman=swap,move
```

Aktivierung des Speichermanagements. SWAP bewirkt, daß beim Ablauf zweier oder mehrerer Prozesse Daten des einen Prozesses in ein temporäres File auf dem externen Massenspeicher geschrieben werden, um zusätzlichen freien Arbeitsspeicher für den nächsten Prozeß zu schaffen. MOVE dient zum Relocieren der Datensegmente.

MEMORY Englische Bezeichnung für den (rechnerinternen) Speicher.

MEMORY-REFRESH-ZYKLUS (engl. memory refresh cycle). Verwendet man dynamische Halbleiterbausteine (vgl. dort) als Arbeitsspeicher, so müssen diese regelmäßig mit Spannung „aufgefrischt" werden, ansonsten würden sie ihre Informationen verlieren. Dieser Refresh-Zyklus läuft mehrmals in der Sekunde ab und wird bei PCs von einem speziellen Timerbaustein (8253) gesteuert.

MENÜ (engl. menu). Nahezu jedes Anwenderprogramm beinhaltet zahlreiche Funktionen, die irgendwie angewählt werden müssen. Im Sinne einer benutzerfreundlichen Bedienung geschieht dies heutzutage in der Regel mit Hilfe von Menüs. Darunter versteht man eine vorgegebene Auswahlliste, aus welcher der gewünschte Punkt durch Ziffern- bzw. Buchstabeneingabe, Anwahl mit den Cursortasten oder Anklicken mit der Maus aktiviert werden kann. Prinzipiell unterscheidet man zwei Arten von Menüs, abhängig von der jeweiligen Benutzeroberfläche. Bei einer konventionellen Oberfläche (MS-Word, Multiplan etc.) ist der Menüaufbau einer Baumstruktur gleichzusetzen, d.h., man hat eine Liste mit Oberbegriffen auf dem Bildschirm (das Hauptmenü) und sobald man einen dieser Hauptbegriffe anwählt, erscheint eine zweite Liste mit Unterpunkten auf dem Bildschirm (das Untermenü), die jeweils wiederum eigene Listen beinhalten. Diese Verschachtelung ließe sich nahezu beliebig fortsetzen, aus Übersichtlichkeitsgründen ist die Struktur jedoch im allgemeinen auf drei bis vier Ebenen beschränkt. Im Unterschied dazu werden bei graphischen Benutzeroberflächen, die in der Regel per Maus bedient werden, sogenannte Drop-Down-, Pull-Down- oder Pop-Up-Menüs verwendet. Dazu befindet sich am oberen Bildschirmrand ein Menübalken mit nebeneinander liegenden Funktionseinträgen. Sobald man, bei der Dropdown-Technik, einen dieser Einträge mit dem Mauszeiger berührt, "fällt" das Menü nach unten, d.h. ein Fenster öffnet sich, und man kann einen der darin enthaltenen Funktionen durch Mausklick aktivieren.

MENU BAR

Das Pull-Down-Verfahren ist hierzu fast identisch, nur öffnet sich das Fenster nicht durch Berührung, sondern der Eintrag in der Leiste muß angeklickt werden und das Fenster bleibt normalerweise nur solange geöffnet, wie man die Maustaste gedrückt hält. Bei der Pop-Up-Technik schließlich fehlt eine Menüleiste und das Fenster öffnet sich (durch Anklicken mit der rechten Maustaste) direkt an der Stelle auf dem Bildschirm, an welcher sich gerade der Mauszeiger befindet.

MENU BAR Englische Bezeichnung für Menüleiste. Sie befindet sich in graphischen Benutzeroberflächen am oberen Bildschirmrand und enthält die Menübezeichnungen. Durch ein Anklicken dieser Menübezeichnungen öffnet sich das entsprechende Menü.

MENÜBALKEN (engl. menu bar). Er enthält in graphischen Benutzeroberflächen die Bezeichnungen der integrierten Menüs, die sich dann durch Berühren oder Anklicken der Bezeichnung mit dem Mauszeiger öffnen (vgl. Menü).

MERGE GW-BASIC-Befehl. Verbindet ein Programm oder einen Programmteil von Festplatte/Diskette mit einem Programm(teil) im Arbeitsspeicher. Gleiche Zeilennummern sind zu vermeiden (eventuell sind die Zeilennummern vorher mit RENUM neu zu numerieren). Eingabe:

```
MERGE "Pfad:Dateiname"
```

Für Dateiname ist der Programmname des hinzuzuladenden Programms anzugeben (das im ASCII-Modus abgespeichert sein muß). Für Pfad sind ggf. Laufwerk und Verzeichnis anzugeben, in dem das Programm gespeichert ist.

MF-TASTATUR (engl. enhanced keyboard). Erweiterte PC-Tastatur mit separatem Cursor- und Ziffernblock sowie den Funktionstasten oberhalb des Haupttastaturblocks. MF-Tastaturen gehören standardmäßig zum Lieferumfang von AT-Computern. Vgl. Tastatur.

MFM Akronym für Modified Frequency Modulation. Bezeichnet ein herkömmliches Aufzeichnungsverfahren für Festplatten. Die von den Plattenherstellern angegebenen Speicherkapazitäten beziehen sich auf Platten, die nach diesem Verfahren eingerichtet wurden. Vgl. auch ARLL, ERLL, RLL.

MGA Akronym für Monochrome Graphics Adapter. Monochrome, graphikfähige Videokarte, die nach dem TTL-Prinzip (digital) arbeitet. Maximale Auflösung: 720x348 Bildpunkte (horizontal/vertikal). Bekanntester MGA-Adapter: Hercules-Karte.

MICROCHANNEL Neuartige Erweiterungsbuskonstruktion von IBM, die nicht zum bisherigen Standard kompatibel ist. Die Erweiterungssteckplätze sind kleiner, die Kontakte anders belegt. Neuerungen und Vorteile: Steckkarten werden vom System erkannt, die Konfiguration kann automatisch vorgenommen werden. Der Adress- und Datenbus ist 32 Bit breit, was eine Übertragungsrate von bis zu 20 MByte/s gestattet. Der Microchannel arbeitet im Gegensatz zum herkömmlichen ISA-Bus asynchron, d.h. unabhängig vom Prozessortakt. Nachteile: Er ist nicht kompatibel zu bisherigen Erweiterungskarten. Die Lizenz liegt bei einem Hersteller (IBM). Es sind nur maximal 8 Steckplätze möglich. Vgl. auch EISA.

MICROSOFT Eine der weltgrößten Softwarefirmen, 1975 von William Gates und Paul Allen gegründet. Bekannteste Produkte: Das Betriebssystem MS-DOS, XENIX, MS-BASIC, Multiplan, Word, Excel, Windows.

MID$ GW-BASIC-Anweisung. Sie ersetzt einen Teil einer Zeichenkette durch andere Zeichen.
Eingabe:

```
MID$(A$,ANFANG,ANZAHL) = B$
```

Ersetzt in der Zeichenkette A$ die angegebene Anzahl von Zeichen ab der aufgeführten Position mit dem Inhalt der Zeichenkette B$.
Beispiel:

```
10 A$="Dateneingabe"
20 B$="aus"
30 MID$(A$,6,3)=B$
40 PRINT A$
```

Hier würden in A$ drei Zeichen ab der sechsten Position durch den Inhalt von B$ ersetzt, das Ergebnis von Zeile 30-40 wäre somit: Datenausgabe.

MID$ GW-BASIC-Funktion. Sie liefert den mittleren Teil einer Zeichenkette.
Eingabe:

```
MID$(A$,POS,ANZAHL)
```

Liefert den mittleren Teil von A$ mit einer Länge von ANZAHL ab der Position POS.
Beispiel:

```
10 A$="COMPUTERFARBGRAPHIK"
20 PRINT MID$(A$,9,4)
```

Als Ergebnis würde FARB ausgegeben werden, also vier Zeichen ab der neunten Position in A$.

MIDI Akronym für Musical Instrument Digital Interface. Bezeichnet die Schnittstelle eines Computers zum Anschluß von elektronischen Musikinstrumenten.

MIKRO-DISKETTE (engl. micro disk). Alternative Bezeichnung für 3 1/2"-Diskette (vgl. dort).

MIKROCOMPUTER (engl. micro computer). Computer, dessen zentrale Recheneinheit aus einem einzigen IC (Chip), dem Mikroprozessor besteht. Alle gemeinhin als PCs bezeichneten Geräte fallen in diese Kategorie. Unterstützt normalerweise einen Anwender.

MIKROFICHE (engl. microfiche). Speichermedium auf Mikrofilmbasis

MIKROPROGRAMM

in Postkartengröße. Zur Übertragung der Daten von der DV-Anlage auf Mikrofilm ist eine spezielle COM-Einheit (Computer Output to Microfilm) erforderlich.

MIKROPROGRAMM (engl. micro programme). Das in einem Prozessor fest integrierte Programm, welches die Maschinenbefehle bearbeitet.

MIKROPROZESSOR (engl. microprocessor). Vgl. Prozessor, Zentraleinheit.

MIKROSEKUNDE (engl. microsecond). 1/1000 Millisekunde bzw. 1/1000000 Sekunde.

MILLISEKUNDE (engl. millisecond). 1/1000 Sekunde.

MINI-DISKETTE (engl. mini disk). Alternative Bezeichnung für 5 1/4"-Diskette (vgl. dort).

MINICOMPUTER (engl mini computer). Der Minicomputer ist leistungsmäßig zwischen Mikrocomputer und Großrechner anzusiedeln und wird in der mittleren Datentechnik eingesetzt. Je nach Leistungsfähigkeit können bis zu 100 Anwender gleichzeitig an diesem Gerät arbeiten.

MIPS Akronym für Mega-Instructions per Second. Maßeinheit zur Bewertung der Prozessorleistung. 1 MIPS bedeutet, daß der Prozessor pro Sekunde eine Million Rechenbefehle (70% Additionen, 30% Multiplikationen) durchführen kann.

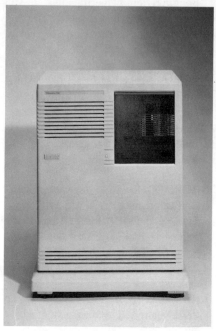

Bild 51: Minicomputer

Die Leistung hängt im wesentlichen von drei Faktoren ab, nämlich der Taktfrequenz, der Anzahl der gleichzeitig verarbeitbaren Bits (Busbreite) und den physikalischen Abmessungen des Prozessorchips (Länge der Leiterbahnen).

MIS Akronym für Management-Informationssystem. Vgl. dort.

MIT Akronym für Massachusetts Institute of Technology. Technische Hochschule in den USA, die sich vor allem mit Rechnerentwicklungen beschäftigt.

MKDIR

MITTIG (engl. centered). Zeilenausrichtung, bei welcher der Text gleichen Abstand zum linken wie rechten Rand einhält.

MITTLERE ZUGRIFFSZEIT (engl. mean access time). Bezeichnet den Zeitraum (in Milllisekunden), der durchschnittlich benötigt wird, um die Schreib-/Leseköpfe eines Laufwerks mit wahlfreiem Zugriff (Diskette, Festplatte, optische Disk) von einer beliebigen Spur zu einer beliebigen anderen Spur zu bringen. Sie beträgt z.B. bei Festplatten je nach Typ zwischen 15 und 65 ms.

MIXED HARDWARE Englische Bezeichnung für eine Computeranlage, bei der die Hardwarekomponenten nicht von einem Hersteller stammen.

MKD, MKI, MKS GW-BASIC-Funktionen (Umkehrfunktionen zu CVD, CVI, CVS). Sie dienen zur Umwandlung von numerischen Werten in Strings. Dies ist z.B. im Zusammenhang mit Random-Access-Dateien (wahlfreier Zugriff) notwendig, da dort nur Zeichenfolgen, aber keine Zahlen abgelegt werden können. Dabei verwandelt MKD eine Zahl doppelter Genauigkeit in eine 8-Byte-Zeichenfolge, MKI eine Ganzzahl (Integer)in eine 2-Byte-Zeichenfolge und MKS eine Zahl einfacher Genauigkeit in eine 4-Byte-Zeichenfolge.
Beispiel:

```
10 A=1.123456789
20 A$=MKS$(A)
30 PRINT CVS(A$)
```

Hier wird die numerische Variable A durch die MKS$-Funktion (= Umkehrfunktion zu CVS) in eine Stringvariable konvertiert. CVS wandelt diese Stringvariable schließlich wieder in eine numerische Variable einfacher Genauigkeit (1.123457) um.

MKDIR GW-BASIC-Befehl. Legt ein neues Verzeichnis auf Festplatte oder Diskette an.
Eingabe:

```
MKDIR "Laufwerk:Verzeichnis"
```

Erzeugt das angegebene Verzeichnis im aufgeführten Laufwerk.
Beispiele:

```
MKDIR"DOS"    MKDIR"B:\DOS\BIN"
```

Legt das Verzeichnis DOS im Hauptverzeichnis des aktuellen Laufwerks an bzw. erzeugt das Verzeichnis BIN, welches sich im bereits existierenden Verzeichnis DOS auf Laufwerk B befindet.

MKDIR Internes MS-DOS- und MS-OS/2-Kommando (MS-DOS 3, MS-DOS 4, MS-OS/2 (R+P)) zum Anlegen von Unterverzeichnissen. Im Netzwerk verwendbar. Der residente Befehl MKDIR oder MD erlaubt das Anlegen von Unterverzeichnissen auf Diskette oder Festplatte. Die Verzeichnisse können nahezu beliebig tief geschachtelt sein, allerdings darf der Pfadname nicht mehr als 63 Zeichen beinhalten.
Beispiel:

```
md \VZ1
```

265

MKDIR

Legt das Unterverzeichnis VZ1 im Hauptverzeichnis der Festplatte an.

MKDIR Turbo-Pascal-Prozedur. Legt ein neues Verzeichnis auf Festplatte oder Diskette an.
Eingabe:

```
MkDir('Name');
```

Name enthält den Verzeichnisnamen eventuell mit Laufwerksangabe, also z.B. C:\Pascal.

MMU Akronym für Memory Management Unit. Speicherverwaltungseinheit. Sie ist unter anderem zuständig für die Umrechnung virtueller Adressen in physikalische Adressen.

MNEMONIK (engl. mnemonics). Merkfähige Abkürzungen (z.B. in Assembler) für einen binären Maschinenbefehl. Beispiel: Der Maschinenbefehl zum Laden des Akkumulators lautet z.B. 1010 1101, das entsprechende Mnemonik in Assembler hingegen LDA.

MOBILE DATENERFASSUNG (engl. mobile data collection). Die Daten werden mit Hilfe von mobilen Erfassungsgeräten (z.B. tragbaren Computern) direkt am Entstehungsort erfaßt. Vgl. auch Datenerfassung.

MOD GW-BASIC-Funktion. Die Funktion ermittelt den Restwert einer Division.

Eingabe:

```
Dividend MOD Divisor
```

MOD wird anstelle des Divisionszeichens (/) verwendet.
Beispiel:

```
10 A=7
20 B=3
30 C=A MOD B
40 PRINT C
```

Die Ausgabe (Zeile 40) erbringt den Restwert der Division (7:3=2 Rest 1), also 1.

MODE Englischer Ausdruck für Modus. Betriebsart (vgl. dort) eines Rechners oder Peripheriegerätes.

MODE Externes MS-DOS- und MS-OS/2-Kommando (MS-DOS 3, MS-DOS 4, MS-OS/2 (R+P)). Im Netzwerk verwendbar. Es dient zur Einstellung von Codepages, Schnittstellen und Peripheriegeräten wie etwa Bildschirm oder Drucker. Funktionsbeispiele:

MODE CODEPAGE PREPARE Aktivierung von Zeichentabellen für bestimmte Geräte wie Bildschirm oder Drucker.
Eingabe:

```
mode Gerät cp prep=(Tabelle,LW:
Infodatei)
```

Bereitet Zeichentabellen für das angegebene Gerät vor. Für GERÄT werden folgende Bezeichnungen verwendet:

MODE CRT

```
CON   Terminal (Bildschirm)
PRN   Drucker
LPT1  Parallele Schnittstelle 1
LPT2  Parallele Schnittstelle 2
LPT3  Parallele Schnittstelle 3
```

Anstelle von TABELLE verwendet man die Codes für die verschiedenen Zeichentabellen (vgl. KEYB-Kommando) 437, 850, 860, 863 865. Es können auch mehrere Codes, abgetrennt durch Kommata, angegeben werden. Für INFODATEI gibt man schließlich den Namen der Informationsdatei für das entsprechende Gerät an:

```
4201.CPI   IBM Proprinter II
5202.CPI   IBM Quietwriter II
EGA.CPI    EGA-Graphikkarte
```

Beispiel:

```
C>mode con cp
prep=((437,850)ega.cpi)
```

Die beiden Zeichentabellen 437 und 850 werden für den EGA-Bildschirm aktiviert.

MODE COM Dient zum Einstellen der Parameter für die serielle Schnittstelle (z.B. für den Anschluß eines Modems, seriellen Druckers etc.).
Eingabe:

```
mode comn: Baudrate (,Parität, Bits,
Stoppbits,p)
```

Konfigurierung der seriellen Schnittstelle. Für N ist 1 oder 2 zu setzen, für BAUDRATE der Parameter der Übertragungsgeschwindigkeit, für BITS die Anzahl der Datenbits und für STOPPBITS die Zahl der Stoppbits. Der Parameter P verhindert, daß die Übertragung bei einem nicht-bereiten Gerät abgebrochen wird.

```
Baudraten:  11 15 30 60 12 24 48 96
Datenbits:  7 8
Stoppbits:  1 2
Parität:    E (= gerade) O (= ungerade)
            N (= keine)
```
Beispiel:

```
C >mode com1: 30,E,8,2
```

Die serielle Schnittstelle 1 wird auf eine Übertragungsgeschwindigkeit von 300 Baud eingestellt bei gerader Parität, 8 Datenbits und 2 Stoppbits.

MODE CRT Dient zum Einstellen des Bildschirmmodus und der Bildbreite.
Eingabe:

```
mode modus(,x,y,t)
```

Stellt den Bildschirmmodus und wahlweise die Bildschirmbreite ein. Für X sind folgende Eingaben möglich:

```
40     40 Zeichen pro Zeile
80     80 Zeichen pro Zeile
BW40   Umschaltung auf Farbkarte (40 Z)
       ohne BAS-Signal
BW80   Umschaltung auf Farbkarte (80 Z)
       ohne BAS-Signal
CO40   Umschaltung auf Farbkarte
       (40 Zeichen)
```

MODE LPT

CO80   Umschaltung auf Farbkarte
(80 Zeichen)
MONO   Umschaltung auf Monochromkarte
(80 Zeichen)

Für Y können Sie entweder R oder L eingeben, der Bildschirm verschiebt sich dann jeweils um ein Zeichen nach rechts oder nach links. Wenn zusätzlich T eingegeben wurde, kann die Verschiebung anhand eines Testbildes direkt beobachtet werden.
Beispiel:

```
mode co80,r
```

Schaltet auf die Farbkarte und 80-Zeichendarstellung um. Zusätzlich verschiebt sich der Bildschirm um ein Zeichen nach rechts.

MODE LPT   Dient zum Einstellen des Druckers, der an die angegebene parallele Schnittstelle angeschlossen ist, und zur Umleitung der Ausgabe von einer parallelen Schnittstelle auf eine andere bzw. auf die serielle Schnittstelle.
Eingabe:

```
mode lptn:(x,y,p)
```

Einstellen der Parameter für die parallele Schnittstelle. Zu setzen sind für:

  n   Druckernummer: 1, 2 oder 3
  x   Zeichen pro Zeile: 80 oder 132
  y   Zeilen pro Zoll: 6 oder 8
  p   Abfangen von Timeout-Fehlern: p

Eingabe:

```
mode lptm:=comn:
mode lptm:=lptn:
```

Umleitung der Ausgabe von Parallelschnittstelle M (= 1,2 oder 3) an serielle Schnittstelle N (= 1, 2, 3,4) bzw. Umleitung von einer Parallelschnittstelle an die andere.
Beispiel:

```
mode lpt1:132,8,p
```

Die Parallelschnittstelle LPT1 wird auf 132 Zeichen/Zeile und 8 Zeilen/Zoll eingestellt. Timeout-Fehler werden abgefangen. MODE bietet neben diesen wichtigen, grundsätzlichen Funktionen noch eine Vielzahl weiterer Möglichkeiten. Hierzu muß auf spezielles MS-DOS-Handbuch verwiesen werden.

MODEM   Akronym für Modulator/Demodulator. Gerät, das die digitalen Daten von Computern in Tonsignale umwandelt, die über das konventionelle Telefonnetz geschickt werden können (Modulation), bzw. die über die Telefonleitung ankommenden Signale wieder in Digitalimpulse zurückverwandelt (Demodulation). Modems können vom Aufbau bzw. Anschlußprinzip in zwei Kategorien eingeteilt werden: Galvanisch gekoppelte Modems: Die Modems sind grundsätzlich (noch) posteigen, d.h., die Geräte werden von der Post direkt am Telefonnetz installiert und können nur von ihr gemietet werden. Diese Modemart ist direkt über die serielle Schnittstelle mit dem

Computer verbunden. Die Vorteile liegen in der Übertragungssicherheit, der Möglichkeit der Direktwahl per Computer und des Stand-by-Betriebes, d.h., der Computer kann unbeaufsichtigt jederzeit Daten empfangen. Nachteilig sind die teilweise (je nach Modemart) sehr hohen Mietkosten. Akustikkoppler: Er ist technisch identisch mit dem Modem, benutzt jedoch ein anderes Anschlußprinzip. Die Geräte werden ebenfalls über die serielle Schnittstelle mit dem Computer verbunden, der Zugang zum Telefonnetz erfolgt aber mit Hilfe eines konventionellen Telefonapparates, wobei der Hörer fest in die Gummimuffen des Kopplers gepresst wird. Nachteilig sind hier die hohe Störanfälligkeit durch Umweltgeräusche, die Tatsache, daß manuell per Telefon gewählt werden muß und kein Stand-by-Betrieb realisierbar ist. Die Vorzüge sind in der Portabilität zu sehen (man kann ihn überall mithinnehmen; in manche tragbaren Computer sind sogar Akustikkoppler eingebaut) und im relativ niedrigen Preis.

MODULA-2 Von Niklaus Wirth entwickelte Programmiersprache. Modula-2 ist eine Weiterentwicklung von Pascal, die insbesondere das modulare Programmieren unterstützt. Einige Unterschiede zu Pascal: Berücksichtigung von Groß-/Kleinschreibung, separates Compilieren von Modulen und Linken direkt vor der Ausführung, gleichzeitige Abarbeitung unterschiedlicher Tasks nach dem Timesharing-Verfahren.

MODULATOR (engl. modulator). Gerät, welches analoge Impulse in digitale Signale umwandelt (vgl. Modem).

MODULO Abkürzung MOD. Restwert einer Division. Vgl. auch Modulo-11-Verfahren.

MODULO-11-VERFAHREN (engl. modulo-11 method). Spezielles, häufig verwendetes Prüfziffernverfahren (Ermittlung einer Kontrollzahl) zur Vermeidung von Eingabefehlern bei Zahlen. Dabei wird (links beginnend) jede Ziffer der eingegebenen Zahl mit 2, 3, 4, 5 usw. multipliziert, die Ergebnisse werden addiert, durch die Primzahl 11 geteilt und der Restwert als Prüfziffer an die Zahl angehängt.
Beispiel:

Ziffer:	6	8	3	2
Faktor	2	3	4	5
Ergebnis	12	24	12	10
Summe/11	58/11=5 Rest 3			

Die Prüfziffer dieser Zahl wäre also 3. Sie wird der Zahl zugeordnet und mit ihr gespeichert. Bei jeder erneuten Eingabe dieser Zahl (z.B. eine Kontonummer, Personalnummer etc.) wird die Prüfziffer erneut berechnet. Hat man sich vertippt, stimmen gespeicherte und aktuelle Prüfziffer nicht überein. Es erfolgt eine Fehlermeldung.

MODULO-ARITHMETIK (engl. modulo arithmetic). Rechenverfahren

MODULO-PRÜFUNG

nach der Restwertmethode. Die einzelnen Moduloverfahren sind nach dem jeweils verwendeten Divisor benannt z.b. Modulo-2-Verfahren, Modulo-11-Verfahren (vgl. dort) usw.

MODULO-PRÜFUNG (engl. modulo check). Methode zur Überprüfung der korrekten Dateneingabe oder Datenübertragung. Vgl. Modulo -11-Verfahren.

MODUS (engl. mode). Betriebsart (vgl. dort) eines Rechners oder Peripheriegerätes.

MONITOR (engl. display). Datensichtgerät zur Darstellung von Texten und Graphiken. Eine Kategorisierung erfolgt hauptsächlich nach den Kriterien:

Größe:
Bildschirmdiagonalen von 12 bis21 Zoll.

Darstellungsart:
Farbe, Schwarz/Weiß, Bernstein, Grün.

Anschlußprinzip:
TTL (z.B. zum Anschluß an Hercules- oder EGA-Graphikkarten) oder Analog (für VGA-Graphikkarten).

Maximale Auflösung:
640x200 bis 1280x1280 Bildpunkte.

Darstellbare Auflösung:
Festfrequenz-Monitor mit einer einzigen horizontalen Ablenkfrequenz

Bild 52: Computer-Monitor

und damit nur einer Auflösung sowie Multisync- bzw. Multiscanmonitor, der sich automatisch an die verschiedenen Frequenzen, die eine Graphikkarte zur Bilddarstellung liefert, anpaßt und daher unterschiedliche Auflösungen (Anzahl der horizontal wie vertikal darstellbaren Punkte) wiedergeben kann.

MONITORANSCHLUSS (engl. monitor connector). Der Anschluß an der Graphikkarte eines PCs erfolgt in der Regel entweder über einen 9poligen Sub-D-Stecker bei TTL-Monitoren oder einen 15poligen Sub-D-Stecker bei Analogmonitoren. Im Endeffekt ist dies jedoch von den (nicht einheitlichen) Buchsen auf den Graphikkarten abhängig. Zur Steckerbelegung vgl. CGA-, EGA-, VGA- und Hercules-Karte.

MONOCHROM-GRAPHIK-KARTE (engl. monochrome graphics board). 8-Bit-Graphikerweiterungskarte für PCs zur „zweifarbigen" (Hintergrund/Vordergrund) Darstellung von Texten und Graphiken.

Vgl. Monochrom-Monitor, Hercules-Karte.

MONOCHROM-MONITOR (engl. monochrome display). Computersichtgerät ohne (echte) Farbdarstellungsmöglichkeit. Je nach Version erfolgt die Darstellung (Hintergrund/Zeichen) in Schwarz/Weiß, Schwarz/Grün oder Schwarz/Bernstein. Manche Geräte erlauben auch eine reverse Darstellung (Weiß/Schwarz etc.) bzw. stellen Farben in bis zu 64 Graustufen dar.

MONOPROGRAMMING Englische Bezeichnung für den Einprogrammbetrieb. Vgl. dort.

MORE Externes MS-DOS- und MS-OS/2-Kommando (MS-DOS 3, MS-DOS 4, MS-OS/2 (R+P)). Im Netzwerk verwendbar. Das Kommando MORE erlaubt die seitenweise Auflistung von Dateien am Bildschirm. Auf Tastendruck wird jeweils die Folgeseite angezeigt. Ein Abbrechen der Ausgabe ist jederzeit durch CTRL/C möglich. Da MORE temporäre Dateien anlegt, darf die Diskette im angesprochenen Laufwerk nicht schreibgeschützt sein. Beispiel:

```
more test.bat  oder  type test.bat | more
```

Seitenweises Auflisten der Datei TEST.BAT. Das Pipezeichen (|) kann, falls auf Ihrer Tastatur nicht vorhanden, durch ALT 124 erzeugt werden (bei der Eingabe der Ziffern über den Zehnerblock muß die ALT-Taste gedrückt bleiben).

MOS Akronym für Metal Oxid Semiconductor. Halbleiterbaustein.

MOTHERBOARD Englische Bezeichnung für die Hauptplatine eines Computers. Auch mit Mainboard bezeichnet.

MOTOROLA Firma, die primär Mikrochips entwickelt und produziert. Bekannteste Chips: 68000, 68010, 68020, 68030. Diese 16- bzw. 32-Bit-Prozessoren werden z.B. in Computern von Commodore (Amiga), Atari (Atari ST) und Apple (Macintosh) eingesetzt.

MOUSE Englische Bezeichnung für das Eingabegerät Maus. Vgl. dort.

MOUSEAxx.SYS Gerätetreiber von MS-OS/2 (R+P) zur Mausunterstützung. Für die verschiedenen Maustypen stehen jeweils ein separater Treiber zur Verfügung, der sowohl im Real- als auch im Protected Mode arbeitet:

```
MOUSEA00.SYS  Serielle PC Maus
              (Mouse Systems)
MOUSEA01.SYS  Serielle Visi-On Maus
MOUSEA02.SYS  Serielle Microsoft-
              Maus
MOUSEA03.SYS  Microsoft Bus-Maus
MOUSEA04.SYS  Microsoft InPort-Maus
```

Zusätzlich zu diesem Treiber muß noch der Gerätetreiber POINTDD.SYS installiert werden. Eingabe:

```
device=(LW:)(Pfad)mouseaxx.sys
(,serial=n,mode=m,qsize=z)
```

MOVE

Installation des geeigneten Maustreibers aus dem angegebenen Laufwerk und Verzeichnis unter Angabe von Parametern.
Beispiel:

```
device=mousea00.sys,serial=com1,
mode=b
```

Installation des Maustreibers für die serielle PC Maus. Die verwendete Schnittstelle ist COM1, die Maus wird im Real- und im Protected Mode unterstützt.
Parameter:

Serial=n
Für n sind die Eingaben COM1 bis COM8 erlaubt. Der Parameter kann nur für serielle Mäuse verwendet werden. Defaulteinstellung ist COM1.

Mode=m
Für m können die Parameter P, R, B gesetzt werden. Dementsprechend erfolgt Mausunterstützung für Protected Mode, Real Mode oder beide Modi (= Default).

Qsize=z
Angabe der Queue-Länge. Z kann Werte von 1 bis 100 annehmen. Default-Wert ist 10.

MOVE Turbo-Pascal-Prozedur. Sie bewegt eine anzugebende Anzahl von Bytes im Speicher.
Eingabe:

```
Move(Von,Bis,Anzahl)
```

VON und BIS (Typ: Beliebig) geben die Ausgangs- bzw. Zieladresse an. ANZAHL (Typ: Word) bestimmt, wieviele Bytes bewegt werden.

MOVEREL Turbo-Pascal-Prozedur (Unit: Graph). Dient zum Versetzen des Cursors im Graphikmodus.
Eingabe:

```
MoveRel(x,y);
```

Versetzt den Cursor um x,y Einheiten (Typ: Integer) relativ zu seiner momentanen Position.

MOVETO Turbo-Pascal-Prozedur. Dient zum Versetzen des Cursors im Graphikmodus.
Eingabe:

```
MoveTo(x,y);
```

Bewegt den Cursor auf die durch x,y (Typ: Integer) angegebenen Koordinaten.

MS-CHART Graphikprogramm von Microsoft mit Mausunterstützung zum Anfertigen von 3-D-Präsentationsgraphiken aus Zahlenwerten. Ein Datenaustausch mit Lotus 1-2-3, dBase, Multiplan und anderen Programmen ist möglich.

MS-DOS (PC-DOS) Akronym für Microsoft Disk Operatimg System. Betriebssystem von Microsoft bzw. IBM (= PC-DOS) in den Versionen 2.0, 2.11, 3.0, 3.1, 3.2, 3.3, 4.0 und 4.01. Die Versionen sind aufwärtskompatibel, d.h. Programme, welche für niedrigere Versionen geschrieben wurden, laufen auch auf den höheren Versionen. Unterstützt werden die Intel-Prozessoren 8088, 8086, 80286, 80386 (und demnächst 80486). Multitasking und Multiuserbetrieb sind nicht möglich. Der direkt adressierbare Arbeitsspeicher beläuft sich auf 640 KByte.

MS-DOS-FEHLERCODES (engl. MS-DOS error codes). Unter MS-DOS können über den DOS-Interrupt 21 (Funktion 59) beim Auftreten eines Fehlers die erweiterten Fehlercodes abgefragt werden. Die Ausgabe der Fehlercodes erfolgt im Prozessorregister AX. Vgl. Fehlercodes.

MS-DOS-INTERRUPT (engl. MS-DOS interrupt). Vgl. DOS-Interrupt.

MS-EXCEL Tabellenkalkulationsprogramm von Microsoft mit Datenbankeigenschaften. Excel arbeitet unter der graphischen Benutzeroberfläche MS-Windows.

MS-MULTIPLAN Tabellenkalkulationsprogramm der Firma Microsoft mit rudimentären Datenbankeigenschaften.

MS-NET Netzwerkbetriebssystem der Firma Microsoft, das mit MS-DOS Versionen ab 3.0 zusammenarbeitet.

MS-OS/2 MS-OS/2 bzw. BS/2 (IBM-Bezeichnung) besteht aus zwei Komponenten: In der sogenannten Compatibility-Box können Programme, die für MS-DOS programmiert wurden, benutzt werden.Die eigentlichen Vorteile des Systems zeigen sich erst im OS/2 Modus, dem Protected Mode. Hier werden die Stärken der unterstützten Prozessoren 80286 und 80386 (also keine PCs mit 8088 oder 8086 Prozessor!) erst richtig genutzt: Mehrprogrammbetrieb, mindestens 16 MByte adressierbarer Speicher, Geschwindigkeitsoptimierung.

MS-WINDOWS Graphische Benutzeroberfläche der Firma Microsoft, die das Bedienen von Programmen erleichtert. Windows wird als komplettes Paket mit Textverarbeitung, Zeichenprogramm, Utilities (Notizblock, Uhr, Kalender etc.) geliefert. Anwenderprogramme, die unter Windows arbeiten sollen (z.B. PageMaker), müssen speziell hierfür programmiert sein. In der 386er-Version ist Windows multitaskingfähig.

MS-WORD Textverarbeitungsprogramm der Firma Microsoft mit Mausunterstützung, das sich aufgrund seiner Konzeption für alle Anwendungsbereiche, insbesondere jedoch für Autoren (automatische Gliederung, Stichwortverzeichnis, Rechtschreibungsprüfung, Thesaurus, etc.) einsetzen läßt.

MS-WORKS Integriertes Softwarepaket der Firma Microsoft mit Mausunterstützung. Works enthält die Module Textverarbeitung, Tabellenkalkulation, Datenbank, Präsentationsgraphik sowie Datenfernübertragung.

MSB Akronym für Most Significant Bit. Höherwertiges Bit.

MSDOS Turbo-Pascal-Prozedur. Gestattet Funktionsaufrufe des Interrupts $21 von MS-DOS.
Eingabe:

```
Intr(Register);
```

Die Variable REGISTER, vom Typ Register, der in der Unit Dos definiert ist, liefert die Registerinhalte vor dem Interrupt und erhält sie danach zurück.

MSDOS.SYS Systemfile von MS-DOS. Es wird bei jedem Systemneustart von Systemdiskette bzw. Festplatte geladen und enthält den Systemkern des Betriebssystems MS-DOS. Unter PC-DOS ist die Datei mit IBMDOS.COM bezeichnet.

MSI-CHIP Akronym für Medium Scale Integrated Chip. Integrierter Chip mit ca. 50-600 Schaltungen.

MTBF Akronym für Mean Time Between Failure (Durchschnittszeit zwischen Fehlern). Die Bezeichnung wird bei Hardware-Komponenten, z.B. Festplatten, verwendet und gibt an, nach welcher Zeit (meist gemessen in Betriebsstunden) im Durchschnitt ein Hardwarefehler zu erwarten ist.

MTTR Akronym für Mean Time to Repair. Zeit, die durchschnittlich zur Reparatur einer DV-Anlage oder eines Gerätes benötigt wird.

MULTI-I/O-KARTE 8-Bit-Erweiterungskarte für XTs und ATs, die mindestens mit einer parallelen und einer seriellen Schnittstelle ausgestattet ist. Meist ist als Option eine zweite serielle Schnittstelle integriert (Chipsatz und Anschlußkabel müssen nachgerüstet werden). Bei einigen Versionen ist zusätzlich ein Gameport zum Anschluß eines Joysticks (vgl. dort) vorhanden.

MULTIFUNKTIONSKARTE (engl. multifunctional board). Erweiterungskarte für XTs (8-Bit) oder ATs (16-Bit) mit unterschiedlicher Ausstattung. In der Regel beinhaltet die Karte eine serielle und parallele Schnittstelle, Joystickanschluß, Hardware-Uhr (nur XT) und eventuell Fassungen für Speicherchips (zur Speichererweiterung).

MULTILAYERTECHNIK (engl. multilayer technique). Technik zur Herstellung mehrschichtiger Platinen. Vgl. Platine.

MULTIPLAN Tabellenkalkulationsprogramm der Firma Microsoft mit rudimentären Datenbankeigenschaften.

MULTIPLEXER (engl. multiplexer). Baustein, der im Multiplexkanal die Signale, die auf verschiedenen Kanälen ankommen, auf einen Kanal umsetzt und umgekehrt.

MULTIPLEXKANAL (engl. multiplex channel). Ein Multiplexkanal ist in der Lage, mehrere angeschlossene Geräte praktisch gleichzeitig zu bedienen. Dies geschieht durch sehr schnelles Umschalten von einem Gerät zum anderen, wobei diese zum

Zeitpunkt der Verbindung Daten empfangen oder senden können. Da diese Vorgänge sehr zeitkritisch sind, können nur relativ langsame Peripheriegeräte, wie Drucker, angeschlossen werden. Für schnelle periphäre Einheiten ist der Selektorkanal zu verwenden.

MULTIPROCESSING Englische Bezeichnung für Mehrprozessorbetrieb. Beim Multiprocessing-Betrieb teilen sich mehrere Rechner den gemeinsamen Arbeitsspeicher und die Peripheriegeräte wie Festplatten, Drucker etc. Multiprocessing-Systeme sind sowohl multiusing- als auch multitaskingfähig. Weiterhin können Teilfunktionen eines Programms auf die einzelnen Rechner verteilt werden, so daß eine höhere Verarbeitungsgeschwindigkeit erzielt wird.

MULTIPROGRAMMING Betriebsart, bei der mehrere Programme scheinbar gleichzeitig bearbeitet werden können. Vgl. Mehrprogrammbetrieb.

MULTIPROZESSORSYSTEM vgl. Multiprocessing.

MULTISCAN-MONITOR (engl. multi-frequency display). Monitor, der mit unterschiedlichen Ablenkfrequenzen arbeitet. Vgl. Multisync-Monitor.

MULTISERVER-ARCHITEKTUR (eng. multi-server architecture). Sie ermöglicht ein paralleles Arbeiten mehrerer Datenbankserver an einer Datenbank. Hierdurch wird die Lastverteilung wesentlich optimiert.

MULTISYNC-MONITOR (engl. multi-frequency display). Auch Autosync-Monitor. Computermonitor, der sich automatisch an die unterschiedlichen Frequenzen, die eine Graphikkarte zur Bilddarstellung liefert, anpaßt. Er kann damit unterschiedliche Auflösungen (Anzahl der horizontal wie vertikal darstellbaren Punkte) wiedergeben.

MULTITASKING Auch Multiprogramming oder Mehrprogrammbetrieb (vgl. dort). Fähigkeit eines Betriebssystems, z.B. MS-OS/2 oder UNIX, mehrere Programme gleichzeitig zu bearbeiten. Den einzelnen Programmen (Tasks) können unterschiedliche Prioritäten zugeordnet werden, aufgrund derer ihnen mehr oder weniger Rechenzeit zugeteilt wird.

MULTIUSING Englische Bezeichnung für Mehrbenutzerbetrieb. Mehrere Anwender können gleichzeitig an Terminals (ohne eigene Intelligenz), die an einer Zentraleinheit angeschlossen sind, unterschiedliche Programme bearbeiten. Multiusing-Systeme sind in der Regel auch multitaskingfähig. Bekanntes Multiusing-Betriebssystem: UNIX.

MUX Akronym für Multiplexer. Vgl. dort.

N

NACHFOLGENDE BEDINGUNGS-PRÜFUNG Programmierung. Die Überprüfung findet nach Ablauf des zugehörigen Verarbeitungsteils (z.b. nach Abarbeitung einer Schleife) statt. Beispiel in BASIC:

```
10 INPUT "Summanden eingeben: ",Z
20 S=S+Z
30 J=J+1
40 IF S 100000 GOTO 20
50 PRINT "Die Summe 100000 wurde"
60 PRINT " nach"J"Additionen
   erreicht"
100 END
```

In diesem einfachen Beispiel würde ein Summand (Schleife in Zeilen 20-30) mit sich selbst addiert, solange eine (in Zeile 40) als Abbruchbedingung definierte Endsumme nicht erreicht ist. Als Ergebnis würde die Anzahl der dazu benötigten Additionen ausgegeben. Die Abbruchbedingung steht nach der Schleife, die nur nochmals durchlaufen wird, wenn die Bedingung erfüllt ist.

NADELDRUCKER (engl. wire printer). Weitverbreiteter Zeichendrucker mit mechanischem Anschlag aus der Familie der Matrixdrucker. Der Druckkopf enthält eine senkrechte Reihe von (9 bis 24) Nadeln, die einzeln angesteuert werden können. Um einen Punkt zu erzeugen, wird die jeweilige Nadel nach vorne geschossen und drückt das Farbband gegen das Papier. Eine senkrechte Linie wird z.b. erzeugt, indem alle Nadeln den Befehl erhalten nach vorne zu schießen. Jedes Zeichen setzt sich demgemäß aus einer Vielzahl von Punkten, einer Matrix zusammen. Der Buchstabe A wird z.b. bei einem 9-Nadel-Drucker nach folgendem Schema erzeugt:

Nadel	Phase 123456789
1	xxxxxxxx
2	x x
3	x x
4	xxxxxxxx
5	x x
6	x x
7	x x
8	
9	

In Phase 1 erhalten die oberen sieben Nadeln den Befehl, nach vorne zu schießen, danach wird der Druckkopf einen Schritt nach rechts bewegt. In Phase 2 treten die Nadeln 1 und 4 in Aktion, der Druckkopf wird wieder nach rechts bewegt usw. Die Nadeln 8 und 9 werden zum Erzeugen von Unterlängen (wie z.B. beim Buchstben „g") benötigt. Vorteile: Preisgünstig, kaum Wartungsarbeiten, Durchschläge möglich. Nachteile: Relativ langsam, laut.

NAK Akronym für Negative Acknowledgement. Quittungssignal vom Empfänger an den Sender, das anzeigt, daß der Empfänger nicht be-

NAME...AS

reit oder ein Übertragungsfehler aufgetreten ist. Vgl. auch ACK.

NAME...AS GW-BASIC- Befehl. Dient zum Umbenennen von Dateien auf Platte oder Diskette.
Eingabe:

```
NAME "Pfad:Alt" AS "Pfad:Neu"
```

Benennt die Datei ALT in die datei NEU um. Falls nötig, ist der Pfad (Laufwerk und Verzeichnis) anzugeben, der bei ALT und NEU identisch sein muß.
Beispiel:

```
NAME "B:\PROG\TEST.BAS"
AS "B:\PROG\KALK.DAT"
```

Benennt die Datei TEST.BAS im Verzeichnis PROG auf Laufwerk B in KALK.DAT um.

NAND-GATTER (engl. nand gate). Kunstwort aus NOT und AND. Bezeichnet einen Schaltkreis, der als Ausgabe den Wert WAHR (= 1) erzeugt, wenn beide Eingaben FALSCH (= 0) sind und umgekehrt.
Beispiel:

Eingabe 1	Eingabe 2	Ausgabe
1	1	0
0	0	1

NANOSEKUNDE (engl. nanosecond). 1/1000 Mikrosekunde bzw. 1/1 000 000 000 Sekunde.

NATIONAL SEMICONDUCTOR 32332 32-Bit Prozessor von National Semiconductor mit ca. 100 000 Transistorfunktionen. Die Taktfrequenz beträgt 10-15 MHz. Adreß- und Datenbus sind gemultiplext. ALU mit Adreßaddierer, Barrelshifter, 8 Arbeitsregistern (32 Bit) und 8 spezifischen Registern.

NEGATIVE LOGIK (engl. negative logic). Schaltungstechnik. Bei der negativen Logik wird dem logischen Zustand 0 der positive Spannungswert und Zustand 1 der negative Spannungswert zugeordnet. Gegensatz: Positive Logik.

NEGATIVSCHRIFT (engl. reverse type). Helle Schrift auf dunklem Hintergrund. Sie ist Defaultdarstellung auf monchromen Monitoren (vgl. dort).

NENNKAPAZITÄT (engl. formatted capacity). Tatsächliche Speicherkapazität eines externen Massenspeichers nach dem Formatieren. Da z.B. bei der Festplatte während des Vorformatierens defekte Plattenzylinder ausgeklammert werden, ist die Nennkapazität auch bei gleichen Plattentypen unterschiedlich groß und beträgt z.B. bei 20 MByte Festplatten ca. 21.4 MByte, bei 40 MByte Platten ungefähr 42.7 MByte. Vgl. auch Speicherkapazität, Spur 0.

NETBIOS Erweiterung des Betriebssystems eines IBM-PC auf Firmware-Basis (d.h. in Festwertspeichern) zur Einbindung der Rechner ins Netzwerk.

NETTOKAPAZITÄT (engl. formatted capacity). Speicherkapazität eines externen Massenspeichers nach dem Formatieren. Vgl. auch Speicherkapazität, Spur 0.

NETWARE Netzwerkbetriebssystem der Firma Novell. Kann für fast alle Netzwerkvarianten (Ethernet etc.) verwendet werden.

NETZAUSFALLSICHERUNG (engl. power failure protection). Sie verhindert den Ausfall des Rechnersystems (und somit Datenverlust) bei Stromausfall. Die Notstromgeräte sind zwischen DV-Anlage und Stromnetz geschaltet und schalten bei Stromausfall innerhalb maximal 0.1 Millisekunden auf Batteriestromversorgung um. Je nach Aggregatkapazität und Anlagengröße können Ausfallzeiten zwischen 10 Minuten und 2 Stunden überbrückt werden. Vgl. auch Netzfilter.

NETZFILTER (engl. surge protector). Spannungsschwankungen im Stromnetz, können zu Systemzusammenbrüchen mit Datenverlust und zu Hardwareschäden führen. Ein Netzfilter, der zwischen Stromnetz und DV-Anlage geschaltet wird, gleicht eventuelle Über- und Unterspannungen permanent aus. Vgl. auch Notstromversorgung.

NETZTEIL (engl. power supply). Das Netzteil wandelt die Netzspannung von 220 V in Spannungen von 5 und 12 Volt um. Die Leistungsaufnahme beträgt 150 bis 220 Watt. Je höher die Watt-Zahl, desto mehr Erweiterungen können angeschlossen werden, ohne daß das System überlastet wird.

NETZUHR (engl. frequency clock). Systemuhr, die in XT-Rechnern eingesetzt wird. Über einen Taktgeber wird auf Grundlage der Netzfrequenz die Uhrzeit erzeugt. Eine Systemroutine zählt die Uhrzeit laufend hoch, und berechnet auf dieser Basis auch die Datumswechsel. Nach Ausschalten des Rechners gehen diese Informationen jedoch wieder verloren und müssen in MS-DOS-Systemen mit den Kommandos TIME bzw. DATE wieder auf den korrekten Anfangswert gesetzt werden.

NETZWERK (engl. network). Auch Rechnerverbund. Verbindung mehrerer Rechner entweder direkt über Kabel oder über das Leitungsnetz der Post. Ein Netzwerk kann zu folgenden Zwecken (einzeln oder kombiniert) aufgebaut werden: die Rechner bearbeiten alle Aufgaben gemeinsam (Lastverbund), die Rechner greifen auf einen gemeinsamen Datenbestand zu (Datenverbund), Rechner benutzen gemeinsam ihre Peripheriegeräte (Hardwareverbund), die Rechner sind nur zum Zwecke des Datenaustauschs verbunden (Kommunikationsverbund). Vgl. auch Lokales Netzwerk.

NETZWERKKARTE (engl. network board). Notwendige Hard-

NETZWERKTOPOLOGIE

wareerweiterung auf Steckkartenbasis, die in jeden Rechner eingebaut werden muß, der in ein Netzwerk integriert werden soll. Die Karte übernimmt die Kommunikation zwischen Rechner und Netz auf

Bild 53: Netzwerkkarte

Hardwareebene und ist als 8-Bit oder 16-Bit-Version mit unterschiedlich großen Pufferspeichern erhältlich. Der Kabelanschluß erfolgt in der Regel über BNC-Buchsen und BNC-Stecker.

NETZWERKTOPOLOGIE (engl. network topology). Darunter wird die Struktur verstanden, nach der ein lokales Netzwerk aufgebaut ist (vgl. Bus-, Ring-, Sterntopologie).

NEW GW-BASIC-Befehl. Löscht das komplette Programm (und alle Variablen) aus dem Arbeitsspeicher. Eingabe: NEW.

NEW Turbo-Pascal-Prozedur. Erzeugt eine dynamische Variable.

Eingabe:

New(v);

V ist eine Zeigervariable (Typ: Pointer). Die reservierte Speichergröße auf dem Heap ergibt sich aus Größe der Bezugsvariablen v∧.

NEWCENTURYSCHLBK Schriftart mit Serifen. Sie wird der Roman-Schriftenfamilie zugerechnet.

NEXT Anweisung, die in vielen höheren Programmiersprachen das Ende eines Schleifendurchlaufs anzeigt (vgl. FOR..NEXT).

NIBBLE Halbbyte bzw. 4 Bit. Auch als Tetrade bezeichnet.

NLQ Akronym für Near Letter Quality. Während bei der konventionellen Schnellschrift die Buchstaben einer Zeile in einem Durchgang erzeugt werden, was relativ hohe Geschwindigkeiten erlaubt, wird bei der NLQ-Schrift jede Zeile doppelt gedruckt. Das so durch das (leicht horizontal und vertikal) versetzte Drucken der einzelnen Zeichen entstandene Schriftbild ist qualitativ wesentlich besser als die Draftschrift.

NLSFUNC Externes MS-DOS-Kommando (MS-DOS 3, MS-DOS 4) zum Laden länderspezifischer Informationsdateien. Im Netzwerk verwendbar. Um Zeichentabellen unter MS-DOS ab Version 3.3 aktivieren (CHCP) oder wechseln zu können, muß zunächst das Kommando

NLSFUNC (= National language Support) geladen werden.
Eingabe:

    nlsfunc (LW:)(Pfad)Datei

Aktivierung von NLSFUNC vom angegebenen Laufwerk und Pfad unter Angabe der länderspezifischen Informationsdatei (normalerweise COUNTRY.SYS).
Beispiel:

    nlsfunc c:\dos\country.sys

NLSFUNC wird aktiviert. Die länderspezifische Informationsdatei heißt COUNTRY.SYS und befindet sich im Verzeichnis DOS auf Laufwerk C.

NMI Akronym für Non Maskable Interrupt. Nicht maskierbarer Interrupt. Der Begriff „Maskierbar" bedeutet in diesem Zusammenhang, daß keinerlei Kontrolle (z.B. per Programm) darüber möglich ist, ob der Interrupt ausgelöst wird oder nicht. NMIs sind in der Regel für das System reserviert und werden z.B. ausgelöst, um erkannte Hardwarefehler (Plattendefekt etc.) abzufangen.

NMOS Akronym für Negative Metal Oxide Semiconductor. Halbleiterbaustein mit n-leitender Übertragung.

NODE Englische Bezeichnung für Netzwerk-Knoten. Bezeichnet einen einzelnen Rechner in einem lokalen Netzwerk.

NON-DEDICATED SERVER Englische Bezeichnung für einen nichtdedizierten File-Server in Netzwerken, der neben seinen Verwaltungsaufgaben im Netz gleichzeitig auch als Workstation (Arbeitsplatzrechner) genutzt werden kann.

NON-IMPACT-PRINTER Englische Bezeichnung für Drucker, bei denen die Zeichen nicht durch mechanischen Anschlag erzeugt werden.
Beispiele: Laserdrucker, Thermotransferdrucker, Tintenstrahldrucker.

NON-INTERLACED MODE Englische Bezeichnung für die Art der Bildaufbereitung durch Graphikkarten ohne Zeilensprung. Vgl. Interlaced Modus.

NON-RETURN TO ZERO Bezeichnet eine Aufzeichnungsmethode bei magnetischen Datenträgern. Vgl. NRZ-Verfahren.

NOR-GATTER (engl. nor gate). Schaltkreis, der als Ausgabe den Wert FALSCH (= 0) erzeugt, wenn eine oder beide Eingaben WAHR (= 1) sind.
Beispiel:

Eingabe 1	Eingabe 2	Ausgabe
1	1	0
0	0	1
1	0	0
0	1	0

NORMVIDEO

NORMVIDEO Turbo-Pascal-Prozedur (Unit: CRT). Sie setzt die Textzeichenattribute (z.B. fett, unterstrichen) zurück auf die Anfangswerte. Eingabe:

```
NormVideo;
```

Zurücksetzen der Textattribute auf die Werte bei Programmstart.

NORTON FAKTOR Die Norton Utilities (vgl. dort) beinhalten u.a. ein Benchmark-Programm, mit dem sich die Rechnerleistung (mit/ohne Festplattenzugriffe) bestimmen läßt. Das Ergebnis wird in Form eines Faktors angegeben (z.B. 2.6), wobei als Basis ein IBM XT mit 4.77 MHz Taktfrequenz herangezogen wird. Ein Norton Faktor 2.6 besagt somit, daß der getestete Rechner 2.6 mal schneller arbeitet als ein IBM XT.

NORTON UTILITIES Sammlung von Dienstprogrammen, die den Umgang mit dem Betriebssystem vereinfachen. Dazu zählen: Programm zum Wiederherstellen gelöschter Dateien, Schutz vor Formatieren der Festplatte, Reparieren defekter Disketten und Festplatten, erweiterte Stapelbefehle, Diskoptimizer, schnelles Auffinden von Zeichenketten, komfortabler Editor u.a.

NOS Akronym für Network Operating System. Betriebssystem eines lokalen Netzwerks.

NOSOUND Turbo-Pascal-Prozedur (Unit: Crt). Dient zum Abschalten des Tons. Eingabe:

```
NoSound;
```

Schaltet einen mit Sound erzeugten Ton wieder ab.

NOT-GATTER (engl. not gate). Schaltkreis, der als Ausgabe den Wert WAHR (= 1) erzeugt, wenn die Eingabe FALSCH (= 0) ist und umgekehrt. Beispiel:

Eingabe	Ausgabe
1	0
0	1

Die in der Programmierung benutzte NOT-Funktion arbeitet nach dem gleichen Schema: WENN NICHT A=0, DANN...In diesem Beispiel muß A ungleich Null (= Falsch) sein, damit die DANN-Anweisung ausgeführt wird.

NOTATION Beschreibung der Syntax einer Programmiersprache, d.h. welche Befehle in welcher Form (z.B. Groß-/Kleinschreibung, Klammerverwendung) benutzt werden.

NOTSTROMVERSORGUNG (engl. emergency power supply). Sie verhindert den Ausfall des Rechnersystems (und somit Datenverlust) bei Stromausfall. Die Notstromgeräte sind zwischen DV-Anlage und Stromnetz geschaltet und schalten bei Stromausfall innerhalb maximal 0.1 Millisekunden auf Batteriestromversorgung um. Je nach Aggregatkapazität und Anlagengröße können Ausfallzeiten von 10 Minuten bis 2 Stunden überbrückt werden. Vgl. auch Netzfilter.

NOVELL Softwarefirma, welche die gleichnamige, sehr verbreitete Netzwerksoftware (auf Etherboardbasis) entwickelte und vertreibt.

NRZ-VERFAHREN Akronym für Non Return to Zero. Art der Datenaufzeichnung auf 9spurigen Magnetbändern mit einer Aufzeichnungsdichte von 320 Byte pro Zentimeter. Bei dieser Methode wird, im Unterschied zum PE-Verfahren (vgl. dort), die Magnetisierungsrichtung nur beim Abspeichern einer

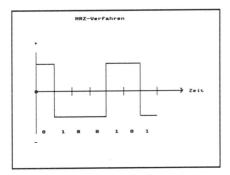

Bild 54: NRZ-Verfahren

binären 1 geändert. Beim Abspeichern binärer Nullen bleibt die Magnetisierungsrichtung gleich. Die Anzahl der hintereinanderliegenden binären Nullen kann durch den Zeitfaktor ermittelt werden.

NUA Akronym für Network User Address. Telefonnummer, unter der ein Rechner im Datex-P-Netz der Post angewählt werden kann.

NUI Akronym für Network User Identity. Teilnehmerkennung für die Benutzung des Datex-P-Netzes. Sie muß bei der Post beantragt werden.

NULLENUNTERDRÜCKUNG (engl. zero compression). Dient der Einsparung von Speicherplatz durch Entfernen der (nicht relevanten) führenden Nullen in Daten vor dem Abspeichern.

NULLMODEM Bezeichnet die direkte Verbindung zweier Computer per Kabel über die serielle Schnittstelle, ohne daß Modems dazwischengeschaltet sind. Die Leitungen für das Senden (TXD) und Empfangen (RXD) von Daten müssen dabei gekreuzt werden (vgl. serielle Schnittstelle).

NUMBER CRUNCHER Insiderbezeichnung für Großcomputer, die aufgrund ihrer Leistungsfähigkeit in der Lage sind, Berechnungen extrem schnell durchzuführen.

NUMERISCHE DATEN (engl. numerical data). Werte, die ausschließlich aus Ziffern, Vorzeichen (+/-) und Dezimalpunkt (Dezimalkomma) bestehen.

NUMLOCK Sondertaste auf der PC-Tastatur. Sie dient zum Umschalten zwischen primärer und sekundärer Belegung des Ziffernblocks,

NUR-LESE-SPEICHER

d.h. wenn die NumLock-LED leuchtet, können über den Ziffernblock Zahlen eingegeben werden, ansonsten sind die Richtungstasten aktiv.

NUR-LESE-SPEICHER (engl. read-only memory). Bezeichnet alle Speicherarten (EEPROM, EPROM, PROM, ROM), von denen Daten nach der erstmaligen Beschreibung nur gelesen werden können. Der Speicherinhalt bleibt auch nach Abschalten der Stromversorgung erhalten.

NVR Akronym für Non Volatile RAM. Nicht-flüchtiges RAM. Dieser RAM-Typ wird bei verschiedenen PC-Typen zur Speicherung von Systeminformationen wie Uhrzeit und Datum genutzt. Dieser RAM-Bereich ist akkugepuffert, d.h. die Daten bleiben auch nach Abschalten der Stromversorgung erhalten.

O

OASIS Akronym für Online Application System Interactive Software. Betriebssystem, das von der Firma Phase-One Systems entwickelt wurde.

OBJ Reservierte Dateikennung (= Extension) unter MS-DOS für Objektprogramme eines Assemblers.

OBJEKT-ORIENTIERT (engl. object-oriented). Im Gegensatz zu pixelorientierten Graphiken (vgl. dort), wo jeder Punkt einer Zeichnung (Linie etc.) einem Bildschirmpunkt entspricht, werden bei dieser Methode die Graphiken in Grundobjekte (Linien, Bögen etc.) zerlegt, diese wiederum in Vektorform (also praktisch als Formel) abgespeichert. Jedes dieser Objekte besteht daher theoretisch aus unendlich vielen Punkten, auch wenn diese Auflösung auf dem Bildschirm nicht darstellbar ist. Daher entstehen auch beim Vergrößern von Objekten keine Unschärfen. Die Qualität eines Ausdruckes hängt auch nicht mehr von der Bildschirmauflösung ab (wie bei der pixelorientierten Methode), sondern rein vom Auflösungsvermögen des Druckers bzw. Plotters.

OBJEKTPROGRAMM (engl. object programme). Quellprogramm, welches von einem Compiler in Maschinencode übersetzt wurde.

OCR Akronym für Optical Character Recognititon. Optische Zeichenerkennung. Vgl. Texterkennung.

OCR-A Genormte (DIN 66008), maschinenlesbare Schrift (mit Ziffern, Großbuchstaben, Sonderzeichen), wie sie z.B. von Banken auf Schecks verwendet wird. Die Daten in OCR-A Schrift können mit einem Klarschriftleser direkt vom Dokument in die DV-Anlage eingelesen werden und sind auch vom Menschen lesbar.

OCR-B Genormte (DIN 66009), maschinenlesbare Schrift (mit Ziffern, Großbuchstaben, Kleinbuchstaben, Sonderzeichen). Die OCR-B Schrift kann mit einem Klarschriftleser direkt vom Dokument in die DV-Anlage eingelesen werden und ist auch vom Menschen lesbar.

OCT$ GW-BASIC-Funktion. Dient zur Umwandlung eines Dezimalwertes in einen Oktalwert, wobei die Dezimalzahl vorher aufgerundet wird.
Eingabe:

```
OCT$(X)
```

X ist ein numerischer Ausdruck, der ins Oktalformat in Form eines Strings umgewandelt wird.
Beispiel:

```
10 X=12
20 PRINT OCT$(X)
```

Umwandlung der Dezimalzahl 12 in den oktalen String 14.

ODD Turbo-Pascal-Prozedur. Dient zur Überprüfung, ob ein Ausdruck ungerade ist.
Eingabe:

```
Odd(x);
```

Überprüft, ob x ungerade ist (True) oder nicht (False).

ODER-GATTER (engl. or gate). Schaltkreis, der als Ausgabe den Wert WAHR (= 1) erzeugt, wenn eine oder beide Eingaben WAHR sind (vgl. OR-Gatter).

OEM Akronym für Original Equipment Manufacturer. Bezeichnung für Unternehmen, welche die Hardwareprodukte anderer Firmen (z.B. Drucker oder Computer) unter ihrem eigenen Namen vertreiben.

OFF-LINE-PERIPHERIE (engl. off-line devices). Alle Geräte, die nicht direkt mit der Zentraleinheit einer DV-Anlage verbunden sind. Der Datenaustausch erfolgt indirekt über Datenträger (Diskette, Band etc.).

OFFENES NETZ (engl. open network). Lokales Netzwerk, das über eine Schnittstelle mit anderen Netzen oder über die Postdienste (Telefon, Telex etc.) mit anderen Rechnern oder Datenendgeräten kommunizieren kann.

OFFENES SYSTEM (engl. open system). Bezeichnet Rechner (wie z.B. alle PCs), die über ein herausgeführtes Bussystem (Steckplätze) verfügen, und so durch Zusatzkarten beliebig ausbaufähig sind.

OFFLINE-DATENFERNVERARBEITUNG (engl. off-line teleprocessing). Auch indirekte Datenfernverarbeitung. Sie liegt vor, wenn die Daten nach der Eingabe zunächst auf einem Datenträger (z.B. Diskette, Magnetband) zwischengespeichert werden, dieser auf konventionellem Weg (Post, Kurier etc.) zum verarbeitenden Rechner geschickt wird und, nachdem die Daten dort verarbeitet und abgespeichert wurden, auf selbem Weg wieder zurückkommt.

OFFSET-DRUCK (engl. offset printing). Photochemisches Flachdruckverfahren, bei dem eine Lithographie von der Vorlage angefertigt wird. Die Druckvorlage muß in Form seitenverkehrter Filme angefertigt werden.

OFS Turbo-Pascal-Funktion. Die Funktion liefert den Offset einer Adresse.
Eingabe:

```
Ofs(x);
```

Liefert den Offset der Adresse der Variablen x (Typ: Beliebig).

OKTALSYSTEM (engl. octal number system). Stellenwertsystem (Zahlensystem) mit der Basis acht und ebensovielen Ziffern. Es wird im Gegensatz zum Dual- und Hexadezimalsystem (vgl. dort) im PC-Bereich kaum eingesetzt.

ON COM(N) GOSUB

GW-BASIC-Anweisung. Verzweigt in Abhängigkeit davon, ob an der angegebenen seriellen Schnittstelle Daten anliegen, in ein Unterprogramm.
Eingabe:

```
ON COM(n) GOSUB ZEILE
```

Verzweigt beim Anliegen von Daten an der n-ten seriellen Schnittstelle zur angegebenen Zeilennummer. Die Abfrage muß mit COM(n) ON (vgl. dort) aktiviert worden sein.

ON ERROR GOTO

GW-BASIC-Anweisung. Veranlaßt beim Auftreten eines Fehlers einen Sprung in die angegebene Zeile, wo der Fehler abgefangen und somit ein Rücksprung in den Direktmodus verhindert werden kann.
Eingabe:

```
ON ERROR GOTO ZEILE
```

Springt beim Auftreten eines Fehlers in die angegebene Zeile.
Beispiel:

```
10 ON ERROR GOTO 40
20 INPUT"Bitte Zahl ungleich
   100 eingeben",Z
30 IF Z=100 THEN ERROR 80
40 IF ERR=80 THEN PRINT
   "Falsche Eingabe"
50 IF ERR=80 THEN RESUME 20
```

Erfolgt in Zeile 20 eine falsche Eingabe (100), wird zur Fehlerbehandlung in Zeile 40 gesprungen.

ON KEY(n) GOSUB

GW-BASIC-Anweisung. Verzweigt in Abhängigkeit vom Betätigen einer Taste in ein Unterprogramm. Zuvor muß die KEY(n) ON Anweisung (vgl. dort) durchgeführt worden sein.
Eingabe:

```
ON KEY(n) GOSUB ZEILE
```

Springt zur angegebenen Zeile, wenn die Taste mit der Nummer n betätigt wurde.
Beispiel:

```
10 KEY(10) ON
20 ON KEY(10) GOSUB 100
30 PRINT "WARTEN"
40 GOTO 30
100 PRINT "ENDE"
```

Das Programm gibt solange „WARTEN" auf dem Bildschirm aus (Endlosschleife in Zeilen 30-40) bis die Taste F10 betätigt wird.

ON PLAY(n) GOSUB

GW-BASIC-Anweisung. Löst eine Verzweigung in ein Unterprogramm aus, wenn sich die Anzahl der Noten im Musikhintergrundpuffer um eine Note verringert. Die Anweisung PLAY ON muß ebenfalls aktiviert sein.
Eingabe:

```
ON PLAY(N) GOSUB ZEILE
```

Verzweigt zur angegebenen Zeile. Für n sind Werte von 1 bis 32 erlaubt.

ON STRIG(n) GOSUB

GW-BASIC-Anweisung. Sie löst nach Betätigen

ON TIMER(n) GOSUB

eines Joystick-Knopfes eine Verzweigung in ein Unterprogramm aus. Die Anweisung STRIG ON muß ebenfalls aktiviert sein.
Eingabe:

```
ON STRIG(N) GOSUB ZEILE
```

Verzweigt zur angegebenen Zeile, wenn ein Joystick-Knopf betätigt wurde. Für N gilt: 0 (1. Joystick, 1. Knopf), 2 (2. Joystick, 1. Knopf), 4 (1. Joystick, 2. Knopf), 6 (2. Joystick, 2. Knopf).

ON TIMER(n) GOSUB GW-BASIC-Anweisung. Löst nach einer angegebenen Sekundenzahl eine Verzweigung in ein Unterprogramm aus. Die Anweisung TIMER ON muß ebenfalls aktiviert sein.
Eingabe:

```
ON TIMER(N) GOSUB ZEILE
```

Verzweigt nach der mit N festgelegten Sekundenzahl zur angegebenen Zeile.

ON-LINE-DATENFERNVERARBEITUNG (engl. on-line teleprocessing). Auch direkte Datenfernverarbeitung. Sie liegt vor, wenn die Daten vom Eingabegerät oder vom Rechner auf direktem Weg zum verarbeitenden Rechner geschickt, dort verarbeitet, und direkt wieder zum Eingabegerät bzw. Rechner zurückgeschickt werden.

ON-LINE-PERIPHERIE (engl. on-line devices). Alle Geräte, die direkt mit der Zentraleinheit eines Computers verbunden sind und von ihr jederzeit (zur Ausführung von Aufgaben) angesprochen werden können.

ON-LINE-WARTUNG (engl. on-line maintenance). Servicekonzept, bei dem der Kundendienst in vielen Fällen via Telephonleitung durchgeführt werden kann. Dabei ist die DV-Anlage des Kunden über Modem mit der Serviceanlage des Kundendienstes verbunden, der dann bei Problemen direkt, kostensparend und praktisch ohne Zeitverlust mit Hilfe einer systemspezifischen Software Systemdiagnosen (Hardware und Software) durchführen kann. Der Rechner läßt sich praktisch fernbedienen.

ON...GOSUB GW-BASIC-Anweisung. Verzweigt in Abhängigkeit von Werten (zwischen 0 und 255) in Unterprogramme.
Eingabe:

```
ON Wert GOSUB Zeile, Zeile ....
```

Springt in Abhängigkeit vom eingegebenen Wert in die spezifizierte Zeile. Ist der Wert z.B. 2, wird zur zweiten der angegebenen Zeilennummern gesprungen usw.
Beispiel:

```
10  INPUT"Bitte Zahl (1-4) angeben",Z
20  ON Z GOSUB 100,200,300,400
50  END
100 Print"Sie haben eine 1 angegeben":RETURN
200 Print"Sie haben eine 2 angegeben":RETURN
```

```
300 Print"Sie haben eine 3
   angegeben":RETURN
400 Print"Sie haben eine 4
   angegeben":RETURN
```

Springt in Abhängigkeit von der Eingabe (1-4) in eines der Unterprogramme (100-400).

ON...GOTO.. GW-BASIC-Anweisung. Sie ist praktisch identisch mit ON..GOSUB, nur daß nicht zu einem Unterprogramm, sondern zu einer Zeilennummer gesprungen wird (was von der Auswirkung her vollkommen gleich sein kann).

OPCODE (engl. opcode). Abkürzung für Operation Code. Bezeichnet den Operatorteil eines Maschinenbefehls (der sich wiederum aus Operator und Operand zusammensetzt).

OPEN GW-BASIC-Anweisung. Sie öffnet eine Datei oder ein Peripheriegerät zum Lesen bzw. Schreiben. Eingabe für sequentielle Dateien:

```
OPEN "PARAMETER",#Dateinummer,
"Dateiname"
```
oder
```
OPEN "Dateiname" FOR Art AS
#Dateinummer
```

Für PARAMETER wird gesetzt: I (zum Lesen von Daten aus der Datei), O (zum Schreiben von Daten in die Datei), A (um Datensätze anzuhängen). Für DATEINUMMER ist eine Zahl zu setzen, unter der die Datei geöffnet wird. Für DATEINAME ist der Name der Datei anzugeben. Bei der zweiten Eingabemöglichkeit ist für ART zu setzen: INPUT, OUTPUT oder APPEND (die Funktionen entsprechen I, O, A). Eingabe für wahlfreie (Random Access) Dateien:

```
OPEN "R",#Dateinummer,
"Dateiname",Satzlänge
```
oder
```
OPEN "Dateiname" AS #Dateinummer
LEN=Satzlänge
```

Für Dateiname und Dateinummer gilt gleiches wie oben. Für Satzlänge ist die Länge eines Datensatzes in Byte anzugeben (errechnet sich aus der Summe der Feldlängen). Fehlt die Angabe, wird die Länge auf 128 Byte gesetzt. Bei wahlfreien Dateien wird bei der Eröffnung nicht zwischen Ein- und Ausgabe (I, O etc.) unterschieden. Beispiel:

```
OPEN "I",#2,"KUNDEN.DAT"
```

Öffnet die sequentielle Datei KUNDEN.DAT, um Datensätze daraus zu lesen.

OPEN ACCESS II Integriertes Softwarepaket der Firma Software Products International (SPI) mit eigener Programmiersprache und Makrofunktionen. Es enthält Softwaremodule mit den Funktionen Textverarbeitung, relationale Datenbank, Tabellenkalkulation, Präsentationsgraphik, Datenfernübertragung, Terminplaner.

OPEN COM

OPEN COM GW-BASIC-Anweisung. Öffnet die angegebene serielle Schnittstelle zum Senden bzw. Empfangen von Daten.
Eingabe:

```
OPEN "COMn:Baud,Parität,
Datenbits,Stoppbits"
AS #Dateinummer LEN=Anzahl
```

Für n ist die Schnittstellennummer (1-2) zu setzen, Baud bezeichnet die Übertragungsgeschwindigkeit (75, 110, 150, 300, 600, 1200, 2400, 4800, 9600), für Parität kann S (Space), M (Mark), E (Even), O (Odd) oder N (None) gesetzt werden, für Datenbits sind die Werte 4, 5, 6, 7, 8 zulässig, für Stoppbits die Werte 1 oder 2, für Dateinummer ist eine Zahl von 1 bis 15 zu setzen, mit Anzahl wird die maximale Bytezahl für einen Schreib- oder Lesevorgang festgelegt.
Beispiel:

```
OPEN "COM1:9600,O,7,1" AS #1
LEN=100
```

Öffnet die erste serielle Schnittstelle bei einer Übertragungsrate von 9600 Baud, ungerader (odd) Parität, 7 Datenbits, 1 Stoppbit mit der Dateinummer 1 und einer Zeichenzahl von 100.

OPERAND (engl. operand). Bezeichnet innerhalb von Instruktionen den Datenteil bzw. Adressenteil, auf den sich der Befehl (Operator) bezieht (vgl. auch Operator).

OPERATIONSZEIT (engl. operation time). Bezeichnet die Zeit, die zur Ausführung eines kompletten Befehlszyklus (vgl. dort) durch den Prozessor benötigt wird.

OPERATOR (engl. operator). Bezeichnung für den Bediener einer DV-Anlage. Der Operator ist primär für den einwandfreien Funktionsablauf der Anlage verantwortlich. Genaue Hardware- und Betriebssystemkenntnisse werden vorausgesetzt.

OPERATOR (engl. operator). Gibt innerhalb von Instruktionen die Art der auszuführenden Operation an. Innerhalb von arithmetischen Berechnungen wären z.B. +,-,*,/ arithmetische Operatoren. Bei der Assemblerprogrammierung verwendet man für den Operatorteil Befehlskürzel.
Beispiel:

```
LDA      $200
Operator Operand
```

Hier würde der Operand (= Adressenteil der Instruktion) durch den Operator LDA (= Load Accumulator) in die Adresse $200 geladen.

OPTION (engl. option). Bezeichnet die Auswahlmöglichkeit innerhalb von Menüs (vgl. dort) bzw. Zusatzfunktionen (= Parameter) bei Befehlen.

OPTION BASE GW-BASIC-Anweisung. Sie setzt den kleinsten Wert für den Index eines Feldes auf 0 (= Standard) oder 1.
Eingabe:

```
OPTION BASE n
```

Für n ist entweder 0 oder 1 zu setzen (vgl. DIM).

OPTISCHE MAUS (engl. optical mouse). Eine optische Maus arbeitet im Gegensatz zu einer konventionellen, mechanischen Maus nicht mit einer Rollkugel, sondern mit Dioden, die infrarotes Licht aussenden. Dieses Licht wird von einer speziellen, gerasterten Unterlage reflektiert. Der Reflexionsstrahl wird von der Maus wieder aufgenommen und in die Bildschirmkoordinaten umgerechnet. Optische Mäuse arbeiten genauer als mechanische Mäuse.

OPTISCHE SPEICHER (engl. optical storage). Bezeichnet alle Speichermedien, bei denen die Daten nicht per konventionellem Schreib-/Lesekopf gelesen bzw. geschrieben werden, sondern auf optischem Weg, d.h. mit Hilfe von Laserstrahlen. Man unterscheidet: CD-ROM (nur lesbar), WORM (einmal beschreibbar, beliebig oft lesbar) und die löschbaren optischen Speicher, die beliebig oft gelesen bzw. beschrieben werden können.

OPTISCHES SPEICHERKARTEN-SYSTEM Neuartiges, von Canon entwickeltes Speichersystem, bei welchem der wiederbeschreibbare Datenträger einer Scheckkarte ähnelt. Pro Karte können 2 MByte Daten auf einer Fläche von 35x85 mm gespeichert werden. Die Schreib-/Lesegeschwindigkeit liegt bei 15.3 bzw. 100 KB/s bei einer durchschnittlichen Zugriffsgeschwindigkeit von 1 Sekunde. Vorteil: Leichte, sichere Archivierung großer Datenmengen, kein mechanischer Verschleiß des Datenträgers, kostengünstig. Nachteil: Langsame Zugriffszeiten.

Bild 55: Optisches Speicherkartengerät

OR-GATTER (engl. or gate). Schaltkreis, der als Ausgabe den Wert WAHR (= 1) erzeugt, wenn ein oder beide Eingaben WAHR ind. Beispiel:

Eingabe 1	Eingabe 2	Ausgabe
1	1	1
0	0	0
1	0	1
0	1	1

Die in der Programmierung benutzte OR-Funktion arbeitet nach dem gleichen Schema: WENN A=0 OR B=0, DANN...In diesem Beispiel muß entweder A Null sein oder B oder beide, damit die DANN-Anweisung ausgeführt wird.

ORACLE Relationales Datenbanksystem. Wurde ursprünglich für Großrechner und das Betriebssystem Unix entwickelt, ist aber inzwischen auch für PCs unter MS-DOS verfügbar. Oracle benutzt die Abfragesprache SQL (vgl. dort).

ORD Turbo-Pascal-Funktion. Sie liefert die Ordinalzahl eines Ausdrucks.
Eingabe:

```
Ord(x);
```

Liefert eine Ordinalzahl von x (Typ: Ordinal).

ORDINATE (engl. ordinate). Y-Achse. Senkrechte Achse des Koordinatensystems.

ORDNUNGSDATEN (engl. key data). Alle Daten, mit deren Hilfe ein Ordnungsprinzip geschaffen werden kann. Beispiele: Postleitzahl bei Adressdateien, Artikelnummer in Lagerdateien.

ORGANISATIONSKONTROLLE (engl. organization supervision). Aus dem Bundesdatenschutzgesetz: Die innerbehördliche oder innerbetriebliche Organisation ist so zu gestalten, daß sie den besonderen Anforderungen des Datenschutzgesetzes gerecht wird.

ORIENTIERUNG (engl. orientation). Gibt die Ausrichtung beim Druck an: Hochformat (portrait) bzw. Querformat (landscape).

ORIGINALBELEG (engl. original voucher). Beleg, auf welchem Daten zum ersten Mal erfaßt wurden. Vgl. Urbeleg.

OROM Akronym für Optical Read Only Memory. Optischer Nur-Lese-Speicher (vgl. CD-ROM).

ORPHAN Auch Hurenkind. Umbruchfehler. Einzelne Zeile am Anfang einer Textspalte, die nicht vollgeschrieben ist.

ORTHOGRAPHIE vgl. Rechtschreibprüfung.

OS Akronym für Operating System (Betriebssystem).

OS/2 Das jüngste Mitglied der PC-Betriebssystemfamilie MS-OS/2 (oder IBMs PS/2) ist ein Versuch, die Schwächen von MS-DOS zu eliminieren und gleichzeitig die Kompatibilität zu den bereits vorhandenen Programmen zu wahren. Dementsprechend besteht OS/2 aus zwei Komponenten: In der sogenannten Compatibility-Box können Programme, die für MS-DOS programmiert wurden, gefahren werden, wobei ca. 95 Prozent funktionieren. Für den Anwender besteht praktisch kein erkennbarer Unterschied zu MS-DOS, außer daß kein Erweiterungsspeicher benutzt werden kann. Die eigentlichen Vorteile des Systems zeigen sich erst im OS/2-Modus, dem Protected Mode. Hier werden die Stärken der unterstützten Prozessoren (80286, 80386, 80486; also keine PCs mit 8088 oder 8086 Prozessor!) erst richtig genutzt: Mehrprogrammbetrieb, mindestens 16 MByte adressierbarer Speicher, Geschwindigkeitsoptimierung. MS-DOS-Programme funktionieren in diesem Modus nicht. Die Benutzeroberfläche (der Presentation Manager) ist graphisch gestaltet und stark an MS-Windows angelehnt. Um einigermaßen effektiv mit OS/2 arbeiten zu können, sollten mindestens 4 Megabyte Arbeitsspeicher vorhanden sein.

OS/9 Betriebssystem. Von Motorola und Microware Ende der 70er Jahre entwickeltes UNIX-Derivat. Im Gegensatz zu UNIX ist der Kernel nicht in C, sondern Assembler geschrieben, was eine höhere Verarbeitungsgeschwindigkeit und einen geringeren Speicherbedarf für das System im Arbeitsspeicher zur Folge hat. Unter OS/9 entwickelte C-Programme sind Source-Code-kompatibel zu UNIX V.

OS/VS Akronym für Operating System/Virtual Storage. Betriebssystem für IBM-Großrechner.

OUT GW-BASIC-Anweisung. Dient zum Senden eines Bytes an den angegebenen Kanal.
Eingabe:

    OUT KANAL,BYTE

Sendet ein Byte an den angegebenen Kanal (Werte von 1 bis 65535). Für Byte ist der ASCII-Code des Zeichens (0-255) anzugeben.

OUTLINE FONT Englische Bezeichnung eines Zeichensatzes für Laserdrucker, bei dem die einzelnen Zeichen durch geometrische Formen (Linien, Kurven) definiert sind. Diese Fonts werden vor allem von Postscript-Druckern verwendet. Der Zeichensatz muß nur in einer Punktgröße vorliegen und kann vor dem Ausdruck beliebig skaliert (vergrößert oder verkleinert) werden. Vorteil: Pro Schrift ist nur ein Zeichensatz und Attribut notwendig, daher kaum Speicherplatzbelegung. Nachteil: Das Skalieren (Vergrößern oder Verkleinern) erfordert Rechenzeit, daher ist der Textdruck mit Outline Fonts langsamer als mit Bitstream Fonts (vgl. dort).

OUTPUT Jede Information, die vom Computer an die Peripherie (Monitor, Drucker, Plotter, Festplatten, Diskettenlaufwerke usw.) ausgegeben wird.

OUTTEXT Turbo-Pascal-Prozedur (Unit: Graph). Dient zur Textausgabe im Graphikmodus.
Eingabe:

    OutText('Zeichen');

Der für Zeichen (Typ: String) angegebene Text wird ab Graphikcursor-Position ausgegeben.

OUTTEXTXY Turbo-Pascal-Prozedur (Unit: Graph). Dient zur

OVAL

Textausgabe im Graphikmodus ab definierter Position.
Eingabe:

```
OutText(x,y,'Zeichen');
```

Der für Zeichen (Typ: String) angegebene Text wird ab der mit x,y (Typ: Integer) festgelegten Position ausgegeben.

OVAL Symbol (abgerundetes Rechteck) in Flußdiagrammen zur Anzeige von Programmstart und Programmende.

OVERFLOW Englische Bezeichnung für den Überlauf bei einer arithmetischen Operation, d.h. Operanden oder Ergebnis sind zu groß, um dargestellt werden zu können.

OVERHEAD Englische Bezeichnung für Systemverwaltungszeit, d.h. die Prozessorzeit und Arbeitsspeicher, die ein Betriebssystem, für sich, d.h. die Verwaltung des kompletten Systems benötigt. Je höher der Overhead, desto weniger Rechnerkapazität und Arbeitsspeicher stehen für Anwendungsprogramme zur Verfügung.

P

PACK Englische Bezeichnung für Plattenstapel oder Magnetplattenstapel (= die übereinanderliegenden Platten einer Festplatte).

PACKEN (engl. pack). Alternativer Begriff für das Komprimieren von Daten zum Zwecke der Speicherplatzersparnis bzw. der Kostensenkung bei der Datenfernübertragung. Eine Methode besteht z.B. darin, häufig wiederkehrende Bitfolgen nur einmal zu verwenden und zusätzlich Anzahl und Position anzugeben. Vgl. auch Nullenunterdrückung.

PACKTIME Turbo-Pascal-Prozedur (Unit: Dos). Sie konvertiert den Record vom Type DateTime (in der Unit Dos definiert) in eine Variable. Eingabe:

```
PackTime(DateTime,v);
```

Konvertiert die im Record DateTime festgehaltene Uhrzeit und Datum in die Variable v (Typ: LongInt).

PACKUNGSDICHTE (engl. packaging density). Vgl. Aufzeichnungsdichte, Speicherkapazität.

PAD Akronym für Packet Assembly/Disassembly. Dient zur Paketvermittlung im Datex-P-Dienst der Post.

PADDLE Steuergerät zur Bedienung von Computerspielen. Das Paddle besitzt einen Drehknopf zur Steuerung. Analog zu den Links-/Rechtsdrehungen finden die Bewegungen der Spielfiguren oder des Cursors in horizontaler Richtung auf dem Bildschirm statt (zur vertikalen Bewegung ist ein zweites Paddle erforderlich). Ein bis zwei (Feuer-) Knöpfe dienen zur Auslösung von Funktionen. Kaum noch gebräuchlich. Vgl. auch Joystick.

PAGE Englische Bezeichnung für Seite.

PAGEDOWN-TASTE Sondertaste auf PC-Tastaturen. Auf deutschen Tastaturen ist sie mit BILD ↓ beschriftet, hat auf MS-DOS-Kommandoebene keine Wirkung und in Anwendungen programmspezifische Funktionen (meist seitenweises Bewegen im Text nach unten).

PAGEMAKER Desktop-Publishing-Programm der Firma Aldus. Der PageMaker zählt neben dem Ventura Publisher zu den leistungsfähigsten Produkten auf dem DTP-Sektor und arbeitet unter der graphischen Benutzeroberfläche MS-Windows. Er ist auch für den Apple Macintosh verfügbar. Großer Arbeitsspeicher, Festplatte und Maus werden vorausgesetzt.

PAGEUP-TASTE Sondertaste auf PC-Tastaturen. Sie ist auf deutschen Tastaturen mit BILD ↑ beschriftet, hat auf MS-DOS-Kommandoebene keine Wirkung und in Anwendungen

PAGINA

programmspezifische Funktionen (meist seitenweises Bewegen im Text nach oben).

PAGINA (engl. page-number). Seitenzahl. Linke Seiten erhalten immer eine gerade, rechte Seiten eine ungerade Pagina.

PAGINATION Englischer Begriff, der entweder die Aufteilung eines Dokuments (Textes) in Seiten bezeichnet, so daß man bereits am Bildschirm sieht, was beim Ausdruck auf welcher Seite ausgegeben wird, oder synonym für Seitennumerierung verwendet wird.

PAINT GW-BASIC-Anweisung. Dient zum Füllen einer Fläche mit einer Farbe.
Eingabe:

```
PAINT (x,y),MFARBE,RFARBE,HFARBE
```

Für X,Y sind die Koordinaten eines Punktes innerhalb der auszufüllenden Figur (z.B. Kreis) anzugeben. MFARBE (vgl. PALETTE) bestimmt die Farbe der Fläche, RFARBE die des Randes und HFARBE die des Hintergrundes.

PAL Akronym für Programmable Array Logic. Integrierter Baustein (IC) mit Logikfunktionen, die programmierbar sind.

PALATINO Schriftart mit Serifen. Sie wird der Roman- Schriftenfamilie zugerechnet.

PALETTE GW-BASIC-Anweisung. Sie ordnet den Attributen der Farbpalette andere Farben zu (nur mit EGA-Karte).
Eingabe:

```
PALETTE ATTRIBUT,FARBE
```

Wieviele Attribute und Farben zur Verfügung stehen, hängt vom Monitor- und Kartentyp (Speicher) ab. Bei Graphikbefehlen, die Farbanweisungen benutzen, werden immer die Attribute verwendet und nicht die tatsächlichen Farben.
Beispiel:

```
5 SCREEN 9
10 PALETTE
20 PAINT (10,10),1
30 PALETTE 1,2
40 PAINT (10,10),1
```

In Zeile 10 wird die Palette auf die Standardwerte gesetzt. Zeile 20 füllt den Bildschirm in blauer Farbe, da dem Palettenattribut 1 standardmäßig die Farbe Blau zugeordnet ist. In Zeile 30 wird dem Palettenattribut 1 die Farbe 2 (= Grün) zugeordnet, so daß nachfolgend der Bildschirm grün ausgefüllt wird, obwohl die Zeilen 20 und 40 identisch sind.

PAN Funktion zum Verschieben eines Bildschirmausschnitts in vertikaler Richtung.

PANEL Amerikanischer Begriff für Bedienfeld (z.B. das Tastenfeld eines Druckers).

PAPIERSCHACHT

PAP Akronym für Programmablaufplan (vgl. dort).

PAPIER TRANSPORT (engl. paper feed). Auch Papiervorschub (vgl. dort). Der Papiertransport eines Druckers kann entweder zeilen- oder seitenweise per Einzelblattzufuhr (vgl. dort) oder Traktor (vgl dort) erfolgen.

PAPIERKASSETTE (engl. paper tray). Papiernachfüllmagazin für Laserdrucker, die das benötigte (DIN-A4) Papier automatisch einziehen. Das Fassungsvermögen einer Kassette beträgt je nach Druckertyp 100-250 Blatt. Laserdrucker arbeiten mit ein oder zwei Papierkassetten, so daß im günstigsten Fall erst nach 500 Ausdrucken Papier nachgefüllt werden muß. Vorteile bei 2 Kassetten: Automatische Umschaltung auf den nächsten Schacht, wenn kein Papier mehr vorhanden. Arbeiten mit unterschiedlichen Papierformaten (z.B. Briefumschläge und DIN A4) und mit verschiedenen Papiersorten (z.B. Papier unterschiedlichen Gewichts, Umweltpapier etc.) möglich.

PAPIERKORB (engl. wastebasket). Spezielles Piktogramm (vgl. dort) in graphischen Benutzeroberflächen, das zum Löschen von Dateien dient. Vorgehensweise (unter GEM): Das Bildschirmsymbol der zu löschenden Datei wird mit der Maus markiert und dann über den Papierkorb gezogen. Nach Bestätigung einer Sicherheitsabfrage wird die Datei gelöscht.

PAPIERPARKPOSITION Bei Druckern mit Schubtraktor kann Endlospapier per Knopfdruck bis hinter den Zufuhrschacht für Einzelblattpapier zurückgezogen und bei Bedarf wieder vorgeschoben werden. Auf diese Weise ist ein sofortiger Wechsel von Endlos- auf Einzelblattbetrieb (und umgekehrt) möglich, ohne irgendwelche Umbauten am Drucker durchführen zu müssen.

PAPIERSCHACHT (engl. paper tray). Zusatzgerät für Drucker zur Aufnahme von ca. 100 Blatt DIN-A4-Papier. Während des Ausdrucks wird über eine spezielle Mechanik Blatt für Blatt bei Bedarf automatisch aus dem Schacht eingezogen, bedruckt und abgelegt. Papierschächte sind in Einzel- oder Doppel-

Bild 56: Drucker mit Doppelschacht

PAPIERVORSCHUB

schachtausführung erhältlich. Beim Doppelschacht ergeben sich folgende Zusatzmöglichkeiten: Automatische Umschaltung auf nächsten Schacht, wenn kein Papier mehr vorhanden. Arbeiten mit unterschiedlichen Papierformaten (z.b. Briefumschläge und DIN A4) und mit verschiedenen Vorlagen (z.b. Papier mit und ohne Briefkopf) möglich.

PAPIERVORSCHUB (engl. line feed oder form feed). Der Vorschub erfolgt entweder zeilenweise (wenn der Drucker ein Linefeed-Signal erhält) oder bis zum Beginn der nächsten Seite (wenn der Drucker ein Formfeed-Signal erhält).

PAPIERZUFUHR (engl. paper feed). Art und Weise, wie einem Drucker das Papier zugeführt wird, wobei folgende Möglichkeiten zur Auswahl stehen: Einzelblattpapier: Halbautomatische Papierzufuhr, Papierkassette (einfach, doppelt), Papierschacht (Einzelschacht, Doppelschacht). Endlospapier: Schubtraktor, Zugtraktor (vgl. jeweils dort).

PARAGRAPH (engl. paragraph). Zeile oder Anzahl von Zeilen, die mit der Wagenrücklauftaste (RETURN) abgeschlossen werden.

PARALLELDRUCKER (engl. parallel printer oder line printer). Bezeichnet entweder einen Drucker, der über die parallele Schnittstelle (vgl. dort) mit der Zentraleinheit verbunden ist oder einen Drucker, der eine Zeile komplett aufbereitet und ausdruckt (= Zeilendrucker).

PARALLELE SCHNITTSTELLE (engl. parallel interface). Die Parallel- oder Centronics-Schnittstelle wird im PC-Bereich in der Regel zur Datenübertragung an Drucker oder zur Maschinensteuerung verwendet. Im Gegensatz zur seriellen Schnittstelle ist die PIN-Belegung normiert, so daß keine Anschlußprobleme auftreten, eine softwaremäßige Anpassung ist ebenfalls nicht erforderlich. Der Vorteil dieser Schnittstelle liegt in der Schnelligkeit der Datenübertragung, pro Bit steht eine Datenleitung (bei insgesamt 8 Datenleitungen) zur Verfügung, so daß gleichzeitig jeweils 1 Byte (= 8 Bit) übertragen wird. Man spricht daher auch von byteserieller Datenübertragung. Der Stecker ist immer ein 36-poliger Amphenol-Stecker. Die Pinbelegung der Schnittstelle sieht folgendermaßen aus:

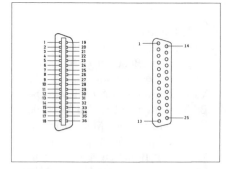

Bild 57: Parallele Schnittstelle (Drucker und Computerseite)

		DRUCKER		COMPUTER	
PIN	NAME	BESCHREIBUNG	NAME	BESCHREIBUNG	
1	DSTB	Strobe Impuls	DSTB	Strobe Impuls
2	DATA1	Datenleitung 1	DATA1	Datenleitung 1
3	DATA2	Datenleitung 2	DATA2	Datenleitung 2
4	DATA3	Datenleitung 3	DATA3	Datenleitung 3
5	DATA4	Datenleitung 4	DATA4	Datenleitung 4
6	DATA5	Datenleitung 5	DATA5	Datenleitung 5
7	DATA6	Datenleitung 6	DATA6	Datenleitung 6
8	DATA7	Datenleitung 7	DATA7	Datenleitung 7
9	DATA8	Datenleitung 8	DATA8	Datenleitung 8
10	ACK	Quittungsssignal	ACK	Quittungssignal
11	BUSY	Empfänger belegt	BUSY	Beschäftigt
12	PE	Kein Papier	PE	Kein Papier
13	SLCT	Zustand Empfänger	SLCT	Zustand Empfänger
14	-	Nicht benutzt	AF	Auto-Linefeed
15	-	Nicht verbunden	FAULT	Fehlermeldungen
16	SG	Signalmasse	INIT	Initialisierung
17	FG	Chassismasse	SLCT	Select in
18	-	Nicht verbunden	SG	Signalmasse
19-30	SG	Signalmasse		(Pins 18-25)
31	INPRM	Druckerreset		
32	FAULT	Fehlermeldungen		
33	SG	Signalmasse		
34	-	Nicht verbunden		
35	+5V	5 Volt Spannung über 3.3 KOhm-Widerstand		
36	SLCT	Select in		

PARALLELOGRAMM (engl. parallelogram). Symbol in Flußdiagrammen zur Anzeige von Eingabe- oder Ausgabeoperationen.

PARALLELRECHNER (engl. parallel computer). Bei einem Parallelrechner sind mehrere Prozessoren zu einem einheitlichen System miteinander verknüpft, wobei entweder ein gemeinsamer Arbeitsspeicher genutzt wird, jeder Prozessor mit einem eigenen Speicher arbeitet bzw. eine Kombination beider Formen vorliegt. Die Leistungsfähigkeit eines Parallelrechners hängt im wesentlichen von folgenden Faktoren ab: Anzahl der Prozessoren, Leistungskapazität der Prozessoren, Art der Vernetzung der Prozessoren (und Speicher) miteinander, Leistungsfähigkeit der Algorithmen, welche die Verarbeitung steuern. Bedingt durch die Tatsache, daß der zur Lösung eines Problems notwendige Rechenaufwand auf die einzelnen Prozessoren verteilt werden kann (= echtes Multitasking), verkürzen sich die Ausführungszeiten drastisch.

PARAMCOUNT

PARAMCOUNT Turbo-Pascal-Funktion. Sie liefert die Anzahl der an das Programm übergebenen Parameter.
Eingabe:

```
ParamCount;
```

PARAMETER (engl. parameter). Bezeichnet Werte, die an ein Unterprogramm übergeben werden, bzw. Zusatzangaben in Befehlen oder Anweisungen zur Befehlsvariation oder Befehlserweiterung. So bewirkt z.B. der Parameter S in dem MS-DOS-Kommando

```
FORMAT A:/S
```

daß die Diskette (zusätzlich zur Formatierung) mit einem Betriebssystem versehen wird.

PARAMETERÜBERGABE Programmierung. Übergabe von Werten an ein Unterprogramm z.B. zur Berechnung bzw. Rücklieferung der berechneten Werte an das Hauptprogramm bzw. ein weiteres Unterprogramm.

PARAMSTR Turbo-Pascal-Funktion. Sie liefert die Parameter, die in der MS-DOS-Kommandozeile an ein Hauptprogramm übergeben wurden, zurück.
Eingabe:

```
ParamStr(x);
```

X (Typ: Word) bezeichnet den x-ten Kommandozeilenparameter, der zurückgeliefert werden soll.

PARITÄT (engl. parity). Begriff aus der Datenübertragung im Rahmen der Überprüfung der Datensicherung. Je nach Art der zwischen Sender und Empfänger vereinbarten Parität (keine, gerade, ungerade bzw. none, even, odd) kann festgestellt werden, ob ein Zeichen korrekt übertragen wurde (vgl. auch Prüfbit).

PARITÄTSBIT (engl. parity bit). Prüfbit (vgl. dort), mit dessen Hilfe die Korrektheit einer bitseriellen Datenübertragung nachgeprüft werden kann.

PARITÄTSKONTROLLE (engl. parity check). Die Kontrolle dient bei der bitseriellen Datenübertragung zur Überprüfung der Parität (vgl. Prüfbit).

PARKEN (engl. parking). Absetzen der Schreib-/Leseköpfe einer Festplatte auf einem Zylinder (= übereinanderliegende Spuren in einem Magnetplattenstapel), der keine Daten enthält. Vgl. Landezone.

PARSER Bestandteil von Programmen, die Eingaben in natürlicher Sprache auswerten. Der Parser muß zum einen ein möglichst großes Wörterbuch beinhalten, zum anderen in der Lage sein, Sätze nach ihrer grammatikalischen (und semantischen) Struktur auszuwerten. Anwendungsgebiete: Künstliche Intelligenz, Interaktive Computerspiele (Rollenspiele etc.).

PARSER Bestandteil von Programmentwicklungssystemen, mit dem der Quellcode eines Programms auf syntaktische Korrektheit überprüft wird.

PARTITION Englische Bezeichnung für einen eigenständigen Festplattenbereich, dessen Größe bei der Initialisierung bestimmt wird. Da MSDOS (bis Version 3.3) nur Festplatten mit einer Maximalgröße von 32 MByte verwalten konnte, behalf man sich mit einem Trick. Durch Zusatzsoftware wurde eine größere Platte in mehrere Teile (jeweils kleiner 33 MByte) unterteilt (= Partitionen), die dann von MS-DOS anerkannt wurden. Jede dieser Partition erhält vom System automatisch eine Laufwerksbezeichnung (z.B. C:, D:, E: etc), so daß jeder Teilbereich wie ein eigenständiges Laufwerk angesprochen werden kann (vgl. Logisches Laufwerk).

PARTITIONIEREN Eine Festplatte in logische Teilbereiche mit eigenen Laufwerkskennbuchstaben einteilen. Das Partitionieren wird unter MS-DOS über das Dienstprogramm FDISK durchgeführt.

PASCAL Programmiersprache. Benannt nach dem französischen Mathematiker Blaise Pascal. Pascal wurde Anfang der 70er Jahre von Niklaus Wirth aus Algol 60 entwickelt und eignet sich insbesondere für strukturierte Programme mit modularem Aufbau. In Pascal lassen sich beliebige Prozeduren, vergleichbar mit Unterprogrammen, erstellen, die sich, einmal abgespeichert, wie konventionelle Anweisungen aufrufen und in Programme einbinden lassen.

PASSWORT (engl. password). Datenschutz. Das Paßwort dient dazu, unbefugten Zugang zu Daten zu verhindern, wobei sich ein Paßwortschutz auf verschiedenen Ebenen realisieren läßt. So muß etwa ein Paßwort eingegeben werden, um den Rechner überhaupt starten zu können, ein Programm laden zu können oder innerhalb einer Datenbank auf Dateien zugreifen zu können. Das Schutzsystem läßt sich auch hierarchisch aufbauen: Das Masterpaßwort (entspricht einem Zentralschlüssel) erlaubt Zugriff auf alle Daten und Paßworte unterschiedlicher Priorität gestatten den Zugriff auf immer kleinere Datenbereiche.

PATCH MS-OS/2-Kommando (R+P) zum Ändern von Programm-Codes. Im Netzwerk verwendbar. Mit Patch lassen sich MS-DOS- oder Anwendungsprogramme Byteweise ändern oder ergänzen. Patch arbeitet im Automatik-Modus (Parameter: /a) oder im interaktiven Modus. Hier wird nach Aufruf zunächst das File angegeben, das gepatched werden soll.
Eingabe:

```
patch (LW:)(Pfad)datei
```

Aufruf von PATCH und der Datei, die geändert wird. Beispiel:

```
patch a:\dos\command.com
```

PATCHEN

Aufruf des Kommandoprozessors COMMAND.COM im Directory DOS auf Laufwerk A zum Verändern. Nach Angabe des Offsets werden die ersten 16 Byte aufgelistet und können geändert werden. Die Leertaste bewegt den Cursor jeweils zum nächsten Byte, BACKSPACE bewegt ihn zurück; falls nichts geändert werden soll, ist die ESCAPE-Taste zu tätigen. Wird der Cursor über das 16te Byte hinausbewegt, werden die nächsten 16 Byte aufgelistet. Nach Eingabe von RETURN werden die Änderungen in den Speicher geschrieben. Man kann einen neuen Offset angeben und weiterpatchen oder die Änderungen auf Diskette/Platte abspeichern lassen.

PATCHEN Ein Maschinenprogramm direkt, d.h. im Objektcode nicht im Quellcode, ändern, um z.B. einen Fehler zu beseitigen. Falls das Betriebssystem (wie MS-DOS) keinen Systembefehl dafür zur Verfügung stellt, erfolgt das Patchen meist mit einem Debugger.

PATH Internes MS-DOS und MS-OS/2-Kommando (MS-DOS 3, MS-DOS 4, MS-OS/2 (R+P)) zur Pfadangabe für Befehls-, Programm- und Stapeldateien. Im Netzwerk verwendbar. Wenn man beispielsweise ein Programm starten will, dann schaut MS-DOS nur im aktuellen Laufwerk und Verzeichnis nach. Befindet man sich etwa im Hauptverzeichnis der Festplatte und möchte ein Programm im Unterverzeichnis TEXT starten, muß man entweder mit dem CD-Kommando in dieses Verzeichnis wechseln oder man legt einen Pfad dorthin, ansonsten würde eine Fehlermeldung erscheinen.
Eingabe:

```
path(=Pfad1;Pfad2;Pfad3......)
```

Anlegen von Pfaden für Kommandodateien. Für PFAD1, PFAD2, PFAD3 usw. steht entweder eine Laufwerksbezeichnung und/oder ein Verzeichnisname.
Beispiel:

```
path=c:;c:\dos;d:
```

Der Pfad beinhaltet das Hauptverzeichnis der Laufwerke C und D sowie das Unterverzeichnis DOS in Laufwerk C.

PAUSE Stapelbefehl von MS-DOS (MS-DOS 3, MS-DOS 4) und MS-OS/2 (R+P) zum Anhalten von Stapeldateien. Im Netzwerk verwendbar. PAUSE unterbricht die Ausführung einer Stapeldatei solange bis eine beliebige Taste betätigt wird. Zusätzlich läßt sich ein Kommentar hinzufügen.
Eingabe:

```
pause (kommentar)
```

Anhalten der Stapeldatei, eventuell mit Kommentar. Beispiel:

```
Pause Bitte Diskette wechseln.
```

Pause mit Kommentar. Nach dem Diskettenwechsel führt eine Tastenbetätigung zur Wiederaufnahme der Verarbeitung. Steht vor dem

PAUSE-Kommando ein ECHO OFF Befehl, wird PAUSE nicht am Bildschirm angezeigt.

PAUSE-TASTE (engl. pause key). Sondertaste auf der PC-Tastatur. Sie dient zum Anhalten der Bildschirmausgabe (z.B., um sich ein längeres Inhaltsverzeichnis anschauen zu können).

PAUSEONERROR Konfigurationsbefehl von MS-OS/2 (R+P) für Pausen bei Fehlermeldungen. Treten während des Abarbeitens der CONFIG.SYS-Datei Fehler auf, dann wird die Abarbeitung temporär (bis zum Betätigen der RETURN-Taste) unterbrochen. Fehlermeldungen können so gelesen werden. Das Kommando sollte als erste Zeile in die CONFIG.SYS-Datei eingefügt werden.
Eingabe:

```
pauseonerror=yes/no
```

Aktivierung bzw. Desaktivierung der Pause-Funktion.
Beispiel:

```
pauseonerror=yes
```

Schaltet die Pausefunktion bei Fehlermeldungen (nicht bei reinen Warnhinweisen) ein.

PC Akronym für Personal Computer. Der Begriff hat sich in erster Linie für Rechner eingebürgert, die auf Basis der Intel-Prozessoren 8086 (interne und externe 16-Bit-Verarbeitung) und 8088 (intere 16-Bit- und externe 8-Bit-Verarbeitung) arbeiten.

PC Akronym für Printed Circuit. Gedruckte Schaltung.

PC-AT Akronym für Personal Computer — Advanced Technology. Bezeichnet PCs, die auf der Basis der Intel-Prozessoren 80286 und 80386 arbeiten.

PC-DOS Betriebssystem. MS-DOS-Version, angepaßt auf IBM-Rechner.

PC-XT Akronym für Personal Computer — Extended Technology. Bezeichnung für PCs (mit 8086- bzw. 8088-Prozessor), die serienmäßig mit einer Festplatte ausgerüstet sind.

PCL-PRINTER Drucker, die durch die von Hewlett Packard entwickelte Kommandosprache PCL (Akronym für Printer Command Language) gesteuert werden.

PCOPY GW-BASIC-Befehl. Die Anweisung kopiert im Graphikmodus eine Bildschirmseite in eine andere. Die Anzahl der verfügbaren Seiten hängt vom Modus (1-10) und vom Graphikadapter (CGA, EGA etc.) ab.
Eingabe:

```
PCOPY SEITEn, SEITEm
```

Für n bzw. m sind die im jeweiligen Modus und für den Adapter gültigen Ziffern anzugeben.

PCTOOLS Weitverbreitete Sammlung von Dienstprogrammen der Firma Central Point Software, die in der Version 5 unter anderem folgende Module beinhaltet: Shell (Graphische Benutzeroberfläche mit Mausbedienung zur Systemverwaltung über Menüs), Backup (schnelles Sichern von Festplatten), Mirror/Rebuild (Wiederherstellen einer formatierten Festplatte), Cache (Beschleunigung von Festplattenzugriffen), Secure (Datenverschlüsselung), Compress (Diskoptimizer), Desktop (mit Terminplaner, Notizblock, Datenbank, Taschenrechner, Editor etc.).

PD Akronym für Public-Domain (vgl. dort). Programme ohne Copyright, die frei kopiert und weitergegeben werden dürfen.

PE-VERFAHREN Akronym für Phase Encoded. Art der Datenaufzeichnung auf 9spurigen Magnetbändern mit einer Aufzeichnungsdichte von 640 Byte pro Zentimeter. Bei dieser Methode sind, im Unterschied zum NRZ-Verfahren (vgl. dort), jedem binären Zustand (0 bzw. 1) zwei magnetische Zustände in einer bestimmten Magnetisierungsrichtung zugeordnet. So besitzt z.B. der binäre Zustand 0 die magnetischen Zustände Plus und Minus in der Richtung Plus-Minus, der binäre Zustand 1 die magnetischen Zustände Plus und Minus in der Richtung Minus-Plus.

PEARL Akronym für Process and Experiment Automation Realtime Language. Programmiersprache. Sie wurde Anfang der 70er Jahre in Deutschland primär für Automationsprozesse entwickelt.

PEEK GW-BASIC-Funktion. Die Funktion liefert den Inhalt einer Speicherstelle als ASCII-Code. Eingabe:

```
PEEK(SPEICHERSTELLE)
```

Liefert den Inhalt der angegebenen Speicherstelle (-32768 bis 65535). Beispiel:

```
10 PRINT PEEK(20000)
20 POKE 20000,72
30 PRINT PEEK(20000)
```

Zunächst liefert PEEK den Wert 0, da Speicherstelle 20000 leer ist, anschließend wird 72 (Zeile 30) ausgegeben, da zwischenzeitlich mit POKE (vgl. dort) der Wert 72 dorthin geschrieben wurde.

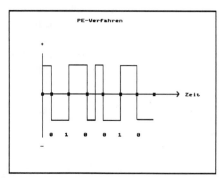

Bild 44: PE-Verfahren

PERFORMANCE Englischer Begriff für die Leistungsfähigkeit eines DV-Systems oder eines Prozessors.

PERIPHERIE (engl. peripherals). Bezeichnet alle Geräte, die an einen Computer angeschlossen sind. Die Peripherie dient in erster Linie dem Datenaustausch (Laufwerke, Bildschirme, Drucker etc.).

PERMANENTSPEICHER (engl. non-volatile storage). Alternative Bezeichnung für einen nichtflüchtigen Speicher bzw. Festwertspeicher (vgl. dort), bei dem die Informationen auch nach Abschalten der Spannungsversorgung erhalten bleiben. Beispiele: ROM, EPROM, DISKETTE, CD-ROM.

PERSONAL COMPUTER (engl. personal computer). Abgekürzt PC. Auch Mikrocomputer. Der Begriff ist nicht genau definiert, bezeichnet jedoch gewöhnlich einen Rechner,

Bild 59: Personal Computer

der leistungsmäßig als Arbeitsplatzrechner eingesetzt werden kann. Ein PC arbeitet in der Regel mit einem Intel 8088, 8086 oder 80286 Prozessor.

PERSONENBEZOGENE DATEN (engl. personal data). Aus dem Bundesdatenschutzgesetz: Einzelangaben über persönliche oder sachliche Verhältnisse einer bestimmten oder bestimmbaren natürlichen Person.

PFAD (engl. path). Der Pfad zeigt dem Betriebssystem den Weg zu einer Datei, d.h. auf welchem Laufwerk und/oder in welchem Verzeichnis sie abgespeichert ist. Ohne oder bei falscher Pfadangabe kann z.B. ein Programm nicht geladen werden, es sei denn, es befindet sich im Hauptverzeichnis des aktuellen Laufwerks. Vgl. PATH.

PFLICHTENHEFT (engl. functional specifications). Das Pflichtenheft wird während der Systemanalyse erstellt und enthält alle notwendigen Vorgaben für den Programmierer hinsichtlich der Funktionen, die ein Programm zu erfüllen hat.

PHASE ENCODED Aufzeichnungsmethode bei magnetischen Datenträgern. Vgl. PE-Verfahren.

PHYSIKALISCHE ADRESSE (engl. physical address). Tatsächliche Adresse (Speicherstelle) im Arbeitsspeicher oder auf externen Speichermedien. Gegensatz: Virtuelle oder logische Adresse.

PI Turbo-Pascal-Funktion. Sie liefert den Wert der Konstanten PI.

PIA

Eingabe:

```
PI;
```

Die Genauigkeit von PI ist von der Hardware abhängig (ob ein Coprozessor vorhanden ist oder nicht).

PIA Akronym für Peripheral Interface Adapter. Parallele Busschnittstelle zur Ansteuerung von Peripheriegeräten. Der PIA ist auf Rechnerseite an den Adreß- und Datenbus angeschlossen, auf Geräteseite stehen 8 bzw. 16 Datenleitungen zur Verfügung.

PICA Englische, typographische Maßeinheit (1/6 Zoll = 4.512 mm). Ein Pica entspricht in etwa einem deutschen Cicero.

PICOSEKUNDE (engl. picosecond). 1/1000 Nanosekunde bzw. 1/1 000 000 000 000 Sekunde.

PICTOGRAMM Graphisches Bildschirmsymbol innerhalb von Benutzeroberflächen (wie WINDOWS, GEM etc.), das mit der Maus angeklickt wird und spezifische Funktionen auslöst. Beispiel: Pictogramm eines Diskettenlaufwerks. Nach Anklicken wird das Inhaltsverzeichnis der Diskette gezeigt.

PIESLICE Turbo-Pascal-Funktion (Unit: Graph). Die Funktion zeichnet einen Ausschnitt eines Kuchendiagramms.
Eingabe:

```
PieSlice(X,Y,Startwinkel,End-
winkel,Radius);
```

X und Y (Integer-Typ) legen die Mittelpunktskoordinaten fest, Startwinkel und Endwinkel den Anfangs- bzw. Endwinkel der Radien des zu zeichnenden Diagrammausschnitts (Radius horizontal rechts vom Mittelpunkt = 0 Grad), entgegen dem Uhrzeigersinn gemessen, und Radius gibt die Länge des Radius an. Das Kreissegment wird anschließend mit dem momentan gesetzten Muster ausgefüllt.

PIEZO-VERFAHREN (engl. piezo technique). Begriff aus der Drucktechnik. Bei Tintenstrahldruckern, die nach diesem Prinzip arbeiten, ist die Tintenleitung, die zum Druckkopf führt, mit Piezo-Keramik ummantelt. Durch Anlegen einer Spannung zieht sich der Keramikmantel zusammen, übt einen Druck auf die Leitung aus, und sorgt so dafür, daß ein Tintentröpfchen aus der Leitungsöffnung aufs Papier geschossen wird. Die Tröpfchengröße läßt sich dabei durch die Druckdauer relativ genau regeln (vgl. Bubble-Verfahren).

PIGGY BACK Englische Bezeichnung für „Huckepack"-Platinen, die, um Platz zu sparen, auf andere, dafür konstruierte Platinen aufgesetzt werden. Das Piggy Back wird oft bei Speichererweiterungskarten verwendet: So enthält z.B. die Grundplatine 8 MByte Speicher, der sich durch Aufstecken eines Piggy Backs auf 14 MByte erweitern läßt.

stand bei der Bank abrufen) zu erhalten. Vgl. auch TAN.

PIN Englische Bezeichnung für Stift. Bezeichnet bei Computersteckverbindern die Kontaktstifte.

Bild 60: Erweiterungskarte mit Piggy Back

PIKTOGRAMM (engl. icon). Bildschirmsymbol, mit dessen Hilfe sich durch Anklicken mit der Maus eine Funktion auslösen läßt.
Beispiel:
Auf dem Bildschirm sind die Abbildungen der beiden vorhandenen Diskettenlaufwerke des Systems zu sehen. Klickt man eines der Piktogramme an, wird das Inhaltsverzeichnis der Diskette, die sich gerade im angeklickten Laufwerksicon befindet, am Bildschirm angezeigt. Piktogramme werden in graphischen Benutzeroberflächen wie GEM oder Windows verwendet.

PIN Akronym für Personal Identification Number. Persönlicher Geheimcode, der zur zusätzlichen Identifizierung bei Benutzung maschinenlesbarer Ausweiskarten (z.B. Scheckkarte) angegeben werden muß. Die PIN wird auch in BTX verwendet, um den Zugang zu individuellen Funktionen (z.B. Kontostand bei der Bank abrufen) zu erhalten.

PIPELINING In Multitasking-Systemen besagt dieser Begriff, daß die Ausgabe eines Programms direkt als Eingabe eines anderen, zum gleichen Zeitpunkt ablaufenden Programms dient. Für die Pipelines sind Teile des Speichers als Puffer reserviert.

PIT Informationseinheit in der Spur eines CD-ROMs (vgl. dort).

PITCH Maßzahl für die Zeichendichte. 10 Pitch bedeutet z.B., daß eine Schrift verwendet wird, bei der 10 Zeichen auf einem Zoll Platz finden.

PIXEL Kunstwort aus Picture Element. Bildschirm: Kleinstes, darstellbares Element auf einem Computerbildschirm (Bildschirmpunkt). 1 Pixel belegt 1 Bit Speicherplatz bei monochromer Darstellung. Drucker: Kleinstes, ausdruckbares Zeichen. Vgl. Auflösung.

PIXEL-ABSTAND (engl. dot pitch). Bezeichnet den Abstand benachbarter Punkte in der Lochmaske eines Bildschirms. Je geringer der Pixelabstand, desto klarer ist die Bildschirmdarstellung. Gute Farbmonitore arbeiten mit einem Pixelabstand von 0.26 mm.

PIXEL-ORIENTIERT (engl. bit mapped). Bezeichnet alle Zeichenprogramme, bei denen sich die Graphiken aus einzelnen Bildpunkten aufbauen. Ein Punkt auf dem Bildschirm entspricht dabei einem Graphikpunkt. Die komplette Graphik wird auch als Bitmuster (bit map) des Bildschirms abgespeichert. Nachteile dieser Methode: Bei Vergrößerungen entstehen Unschärfen, da die Anzahl der Pixel gleich bleibt, d.h. wenn man z.b einen Kreis, der sich aus 200 Punkten zusammensetzt, von 5 cm Umfang auf 20 cm Umfang vergrößert, ist er immer noch aus 200 Punkten aufgebaut, die Kreislinie wirkt ausgefranst. Weiterhin können Graphiken nur in Bildschirmauflösung auf dem Drucker ausgegeben werden, was ein sehr mäßiges Druckergebnis zur Folge hat (vgl. auch Objekt-orientiert).

PL/I Programmiersprache. Akronym für Programing Language One (I). Sie wurde Anfang der 60er Jahre von IBM entwickelt, später von Digital Research unter den Bezeichnungen PL/I-80 und PL/I-86 weiterentwickelt. PL/I enthält Elemente von Algol, Fortran und Cobol und eignet sich besonders für mathematische und kaufmännische Anwendungen. Die Sprache wird im allgemeinen nur auf Großrechnern eingesetzt.

PL/M Programmiersprache. Akronym für Programming Language Microprocessor. Von der Firma Intel auf Basis von PL/I weiterentwickelte Compilersprache. Sie ist insbesondere zur Systemprogrammierung geeignet.

PLANARTECHNIK (engl. planar technique). Technik zur Herstellung von Transistoren auf Einkristallen (Silizium).

PLASMABILDSCHIRM (engl. plasma display). Flachbildschirm von nur einigen Zentimetern Tiefe und ohne gewölbte Oberfläche, der in erster Linie in Laptop-Computern (tragbare Geräte) eingesetzt wird. Zwischen zwei Glasplatten befindet sich ein Gas (das Plasma) sowie ein feines Drahtgitter. Wird an einem der Kreuzungspunkte des Gitters Spannung angelegt, leuchtet das Gas an der entsprechenden Stelle. Vorteil: Gute Darstellung. Nachteil: Verbraucht viel Strom, daher können Plasma-Laptops nicht mit Akkus betrieben werden.

PLATINE (engl. circuit board). Leiterplatte mit gedruckten Schaltungen und elektronischen Bauteilen. In der einfachsten Form befinden sich auf der einen Seite (Bestückungsseite) die Bauelemente, auf der anderen Seite (Verdrahtungsseite) die Leiterbahnen, wobei der Kontakt zwischen Bauteilen und Bahnen durch Bohrlöcher hergestellt wird. Bei komplexen Leiterplatten, z.B. den Hauptplatinen von Computern, reicht der Platz für die Vielzahl der Leitungen nicht mehr aus. Daher wurde die Multi-Layer-Technik entwickelt. Eine

PLAY(n)

solche Platine baut sich aus mehreren Schichten auf, in denen jeweils Leiterbahnen verlaufen.

PLATTE (engl. disk). Vgl. Festplatte.

PLATTENBETRIEBSSYSTEM (engl. disk operating system). Betriebssystem, welches die Verwendung von externen Speichern auf Magnetplattenbasis (Festplatte und/oder Diskette) unterstützt, wie z.B. MS-DOS, bzw. System, in welchem das Betriebssystem auf Magnetplatte abgespeichert ist und von dort bei Systemstart geladen wird.

PLATTENSTAPEL (engl. disk pack). Bezeichnung für die übereinanderliegenden Magnetplatten einer Festplatte (vgl. dort). Die Anzahl der Platten steht im direkten Verhältnis zur Speicherkapazität des Mediums.

PLAUSIBILITÄTSKONTROLLE (engl. plausibility check). Programmierte Datensicherung. Die Kontrolle soll logische Eingabefehler verhindern. So weist ein mit dieser Sicherung ausgestattetes Programm z.B. Datumseingaben der Art 30.14.1989 automatisch als falsch zurück.

PLAY GW-BASIC-Anweisung. Dient zum Spielen von Musik im Vorder- oder Hintergrund.
Eingabe:

```
PLAY"PARAMETER"
```

Für Parameter können folgende Werte gesetzt werden:

A bis G	Noten
+	Halbton höher
-	Halbton tiefer
L(n)	Länge der Note. n kann Werte von 1 bis 64 annehmen
MF	Musik im Vordergrund
MB	Musik im Hintergrund
MN	Normale Geschwindigkeit
ML	Legato
MS	Stakkato
N(x)	Noten. x kann Werte von 0 bis 84 annehmen
O(n)	Oktave (0-7)
P(n)	Pause (0-64)
T(n)	Tempo (32-255)
<	Folgenote eine Oktave tiefer
>	Folgenote eine Oktave höher.

Beispiel:

```
10 A$="L1O1ABC"
20 B$="L4O2ABC"
30 PLAY A$
40 PLAY B$
```

Spielt die Noten ABC als ganze und Viertelnoten in den Oktaven 1 und 2.

PLAY ON, OFF, STOP GW-BASIC-Anweisungen. Dienen zur Aktivierung, Desaktivierung oder Unterbrechung einer Ereignisabfrage mit ON PLAY(n) GOSUB (vgl. dort).

PLAY(n) GW-BASIC-Funktion. Dient zur Übergabe der Anzahl der Noten, die sich im Hintergrundpuffer befinden.

PLOTTER

Eingabe:

```
PLAY(X)
```

Für X ist irgendein Wert anzugeben. Als Ergebnis wird die Notenzahl (1-32) geliefert bzw. 0, wenn die Musik im Vordergrund abläuft.

PLOTTER (engl. plotter). Peripheriegerät zur Ausgabe von Zeichnungen. Im Unterschied zu einem Drucker arbeitet ein Plotter mit konventionellen Stiften (Bleistift, Tusche, Filzschreiber etc.). Je nach mechanischem Prinzip (vgl. Flachbett-, Walzenplotter) erfolgt der Zeichenvorgang etwas anders, verläuft jedoch prinzipiell so, daß sich der Plotter zunächst auf Grund eines Programmbefehls jeweils den Stift in

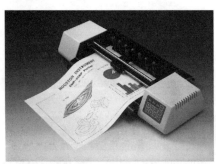

Bild 61: Plotter

der benötigten Farbe entweder mit Hilfe einer mechanischen Greifvorrichtung aus einer Ablage holt (Flachbettplotter) bzw. durch ein rotierendes Stiftmagazin (Walzen-, Trommelplotter) in Zeichenposition bringt. Anschließend erfolgt, wieder programmgesteuert (hebe Sift, senke Stift, zeichne Kreis, gehe zu Position XY, hole Stift mit Farbe Blau etc.), der Zeichenvorgang. Die gebräuchlichste Steuerungssprache für Plotter ist HPGL (Hewlett Packard Graphics Language).

PLUG COMPATIBLE Englische Bezeichnung für steckerkompatibel (vgl. dort).

PLUG-IN BOARD Englische Bezeichnung für Erweiterungssteckarte (vgl. dort).

PMAP GW-BASIC-Funktion. Dient zur Umwandlung von physikalischen Koordinaten in logische Koordinaten (wie sie z.B. mit dem Befehl WINDOW verwendet werden) und umgekehrt.
Eingabe:

```
PMAP(K,F)
```

Für K ist die X- oder Y-Koordinate anzugeben, für F ein Wert von 0 bis 3, der folgendes bewirkt:

0 (Umwandlung von logischer zu physikalischer X-Koordinate),
1 (Umwandlung von logischer zu physikalischer Y-Koordinate),
2 (Umwandlung von physikalischer zu logischer X-Koordinate),
3 (Umwandlung von physikalischer zu logischer Y-Koordinate).

PMOS Akronym für Positive Metal Oxide Semiconductor. Halbleiterbaustein mit p-leitender Übertragung.

POINTER

PO Paper Out. Druckersignal, das normalerweise auf Low liegt und auf High geht, wenn der Papierendesensor das Fehlen von Papier meldet.

POINT Englische, typographische Maßeinheit. 12 Points ergeben 1 Pica. 1 Point entspricht ca. 0.35 Millimeter.

POINT GW-BASIC-Funktion. Sie liefert das Farbattribut eines Punktes bzw. die Koordinaten.
Eingabe:

```
POINT (x,y)
POINT (F)
```

Im ersten Fall wird das Farbattribut (laut Palette) des Punktes an den angegebenen Koordinaten geliefert. Die zweite Funktion liefert die Koordinaten des aktuellen Punktes. Für F gilt: 0 (physikalische X-Koordinate), 1 (physikalische Y-Koordinate), 2 (logische X-Koordinate, 3 (logische Y-Koordinate.
Beispiel:

```
10 SCREEN 9
20 LINE (100,100)-(200,300),1
30 PRINT POINT(10,10)
40 PRINT POINT(100,100)
50 PRINT POINT(0)
```

In Zeile 20 wird eine Linie von 100,100 bis 200,300 mit dem Paletten-Farbattribut 1, also in blauer Farbe gezeichnet. Die Point-Funktion in Zeile 30 liefert den Wert 0, da dieser Punkt schwarz ist, also das Paletten-Farbattribut 0 besitzt. In Zeile 40 liefert die Point-Funktion den Wert 1, da dieser Punkt auf der gezeichneten Linie, also blau ist und somit das Farbattribut 1 besitzt. In Zeile 50 wird die X-Koordinate des aktuellen Punktes (= Endpunkt der Linie) ermittelt, man erhält den Wert 200.

POINTDD.SYS Gerätetreiber von MS-OS/2 (R+P) zur Mauszeiger-Unterstützung. Der POINTDD-Treiber erzeugt den Mauszeiger (Mauspfeil) auf dem Bildschirm und muß zusätzlich zum MOUSEAxx.SYS Treiber installiert werden. POINTDD unterstützt die Textmodi 0, 1, 2, 3, 7 und die Graphikmodi 4, 5, 6, sowie (bei installiertem EGA.SYS Treiber) 13, 14, 15 und 16. Zusätzliche Parameterangaben sind nicht möglich.
Eingabe:

```
device=(LW:)(Pfad)pointdd.sys
```

Installation des Treibers POINTDD.SYS aus dem angegebenen Laufwerk und Verzeichnis.
Beispiel:

```
device=c:\sys\pointdd.sys
```

Lädt den Treiber POINTDD.SYS aus dem Verzeichnis SYS der Festplatte C und aktiviert ihn.

POINTER Englische Bezeichnung für Mauszeiger. Im Graphikmodus wird der Pointer in der Regel als Pfeil dargestellt, im Textmodus als kleines Quadrat.

311

POKE

POKE GW-BASIC-Funktion. Sie schreibt einen Wert (ASCII-Code eines Zeichens) in eine Speicherstelle. Eingabe:

    POKE SPEICHERSTELLE,WERT

Schreibt den spezifizierten Wert (0-255) in die angegebene Speicherstelle (-32768 bis 65535) (Beispiel: vgl. PEEK).

POLLING Regelmäßige Abfrage peripherer Geräte (z.B. Tastatur, Drucker, Modem) auf Sende- oder Empfangsanforderung.

POLNISCHE NOTATION (engl. polish notation). Von dem polnischen Mathematiker Jan Lukasiewicz im Jahre 1951 entwickelte algebraische Schreibweise, bei der keine Klammern gesetzt werden müssen. Vgl. umgekehrte polnische Notation.

POP-UP-MENÜ Auswahlmenü, welches sich nach Betätigen einer Maustaste an der Position auf dem Bildschirm öffnet, an der sich gerade der Mauszeiger befindet. Vgl. auch Pull-Down-Menü.

PORT Anderer Ausdruck für Schnittstelle. Der Port ist in Form einer Verbindungsbuchse oder eines Verbindungssteckers (meist) an der Gehäuserückseite zum Anschluß von Peripheriegeräten wie Drucker, Modems etc. vorhanden.

PORTABILITÄT (engl. portability). Bezeichnet die Übertragbarkeit von Programmen auf andere Rechnersysteme. Je höher der Portabilitätsgrad, desto weniger Programmänderungen müssen vorgenommen werden.

PORTABLE Englische Bezeichnung für einen tragbaren Computer mit eingebautem CRT-Monitor oder Plasmabildschirm. Die Stromversorgung erfolgt über das Stromnetz (kein Akkubetrieb möglich). Von den Ausstattungs- und Leistungsmerkmalen (vgl. Abbildung) unterscheidet sich ein Portable, abgesehen von Bildschirmgröße und Anzahl

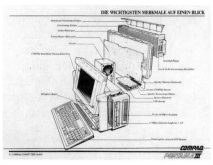

Bild 62: Tragbarer Computer

der Erweiterungssteckplätze, praktisch nicht von einem Tischcomputer. Der Unterschied zum Laptop (vgl. dort) besteht im wesentlichen in der Verwendung von Standardbauteilen, den größeren Abmessungen und Gewicht, der höheren Anzahl von Steckplätzen sowie der Netzabhängigkeit.

PORTATION Vorgang oder Möglichkeit des Übertragens von Programmen auf andere, nicht-kompatible Rechner. Vgl. portieren.

PORTIEREN Ein Programm von einem Rechnersystem auf ein nichtkompatibles anderes Rechnersystem übertragen. Bei maschinenorientierten Programmen (vgl. dort) ist ein Portieren praktisch unmöglich. Bei Programmen, die in Hochsprachen (vgl. dort) geschrieben sind, ist das Portieren nach Anpassungen möglich und rentabel. Die Hochsprache C hat z.B. unter anderem den Vorzug, daß sie sehr leicht zu portieren ist.

PORTRAIT Englische Bezeichnung für den Ausdruck einer Seite im Hochformat (vgl. auch Landscape).

POS GW-BASIC-Funktion. Sie liefert die aktuelle Cursorposition.
Eingabe:

```
POS(X)
```

Liefert die Cursorposition innerhalb der Zeile. X ist ein Scheinargument.
Beispiel:

```
10 PRINT TAB(10)
20 FOR I = 1 TO 500
30 PRINT I;
40 IF POS(X)>40 THEN PRINT
   CHR$(13) TAB(10)
50 NEXT I
```

In diesem Beispiel werden die Zahlen 1 bis 500 am Bildschirm ausgegeben. Bedingt durch Zeile 40 wird jedesmal, wenn die 40. Stelle in einer Zeile überschritten wird, eine neue Zeile begonnen.

POS Turbo-Pascal-Funktion. Sie bestimmt die Position eines Teils einer Zeichenkette innerhalb der Zeichenkette.
Eingabe:

```
Pos('Teil',v);
```

Ermittelt die Position der für TEIL eingegebenen Zeichenkette innerhalb der Variablen v (Typ: String).

POS-KASSE Akronym für Point of Sale. Elektronische Registrierkasse, die zusätzlich zum Ausdruck der Kassenbons alle Werte speichert, so daß statistische Auswertungen bzw. die Weiterverarbeitung durch eine DV-Anlage möglich sind. Erfolgt die Datenspeicherung auf separaten Datenträgern (z.B. Band, Diskette), spricht man von Offline-Betrieb, ist die Kasse direkt mit einer Rechneranlage verbunden, arbeitet sie im Online-Verfahren. Für POS-Systeme stehen inzwischen zahlreiche Peripheriegeräte zur Verfügung wie Barcodeleser, Hartgeldsortierer, Wechselgeldrückgeber.

POS1-TASTE (engl. home key). Sondertaste auf PC-Tastaturen. Auf amerikanischen Tastaturen ist sie mit HOME (vgl. dort) beschriftet.

POSITIONIERUNGSZEIT (engl. positioning time). Zeit, die vergeht bis der Schreib-/Lesekopf eines Disketten- oder Festplattenlaufwerks auf die gewünschte Spur gesetzt ist.

POSTIVE LOGIK (engl. positive logic). Schaltungstechnik. Bei der positiven Logik wird dem logischen Zustand 1 der positive Spannungswert und Zustand 0 der negative Spannungswert zugeordnet. Gegensatz: Negative Logik.

POSTIVSCHRIFT (engl. positive type). Dunkle Schrift auf hellem Hintergrund. Positivschrift kann auf Monchrom-Monitoren (vgl. dort) nur dargestellt werden, wenn ein Schalter zur Umschaltung auf Invers-Darstellung vorhanden ist.

POSTMODEM (engl. postal modem). Von der Bundespost installiertes Gerät zur Datenfernübertragung über die Leitungswege der Post. Vgl. Modem.

POSTPROZESSOR (engl. postprocessor). Prozessor oder Programm, das bestimmte Aufgaben nach der eigentlichen Verarbeitungsphase übernimmt wie z.B die Ansteuerung von Maschinen.

POSTSCRIPT Seitenbeschreibungssprache der Firma Adobe, die sich zu einem Standard für Druckgeräte entwickelt hat. Der Vorteil von Postscript liegt in erster Linie darin, daß der Befehlssatz geräteunabhängig arbeitet, d.h., die Ausgabe erfolgt in der höchstmöglichen Auflösung des jeweiligen Ausgabegerätes.

POWER PACK Add-On (Zubehör) für akkubetriebene Geräte (wie z.B. Laptops). Enthält wiederaufladbare Akkus. Bei Verwendung von zwei bis drei Powerpacks ist ein unterbrechungsfreier Betrieb gewährleistet, da die Geräte in der Regel die kurze Zeit, in welcher die Packs gewechselt werden, ohne Datenverlust überstehen (eingebauter Zusatzakku, der über die Powerpacks aufgeladen wird).

POWER SWITCH Englische Bezeichnung für Netzschalter. Befindet sich meist am Netzteil auf der rechten Seite oder Rückseite von PCs.

PRÄSENTATIONSGRAPHIK (engl. business graphics). Graphik, die zur Veranschaulichung von Zahlenmaterial (Statistiken, Bilanzen etc.) am Bildschirm oder als Ausdruck dient. Sie ist entweder ein separates Programm oder ein Modul von Integrierten Paketen und Tabellenkalkulationen. Die Graphikdarstellung variiert von Programm

Bild 63: Präsentationsgraphik

zu Programm: 2- und/oder 3-dimensionale Darstellungen in Form von Balken-, Linien-, Flächen-, oder Tortendiagrammen.

PRIMÄRSPEICHER

PRED Turbo-Pascal-Funktion. Sie liefert den Vorgänger eines Arguments.
Eingabe:

    Pred(x);

Liefert den Vorgänger des Ordinaltyps x.

PRELLEN (engl. bouncing). Tastaturfehler. Bezeichnet das Phänomen, daß beim einmaligen Antippen einer Taste das zugeordnete Zeichen mehrmals am Bildschirm ausgegeben wird. Daher sind PC-Tastaturen in der Regel „entprellt".

PREPROZESSOR (engl. preprocessor). Prozessor oder Programm, das bestimmte Aufgaben vor der eigentlichen Verarbeitungsphase übernimmt wie z.B bei der Dateneingabe die Überprüfung der Daten auf Korrektheit (vgl. auch Formatkontrolle, Plausibilitätskontrolle).

PRESENTATION MANAGER Graphische Benutzeroberfläche des Betriebssystems MS-OS/2. Sie entspricht von Aufbau, Bedienung und Funktionsweise weitgehend der Benutzeroberfläche MS-Windows für das Betriebssystem MS-DOS.

PRESET Englische Bezeichnung für das Voreinstellen einer Option.

PRIMÄRE PARTITION (engl. primary partition). Unter dem Betriebssystem MS-DOS (bis Version 3.3) müssen größere Festplatten in Teilbereiche (Partitionen) von maximal 32 Megabyte Größe unterteilt werden. Der erste dieser Teilbereiche wird als primäre Partition bezeichnet. Er muß auch das Betriebssystem enthalten, damit das System von der Festplatte gestartet werden kann.

PRIMÄRFARBEN Grundfarben, die bei der additiven bzw. subtraktiven Farbmischung (vgl. jeweils dort) entstehen.

PRIMÄRPROGRAMM (engl. source programme). Vgl. Quellprogramm.

PRIMÄRSCHLÜSSEL (engl. primary key). Ordnungsbegriff, auf Grund dessen innerhalb von Dateien nach Datensätzen gesucht werden kann. Primär bedeutet, daß die Zuordnung zwischen Suchbegriff und Datensatz eindeutig ist. Beispiel anhand einer Artikeldatei: Nach Eingabe der Artikelnummmer als Suchbegriff wird nur der Artikel mit dieser Nummer gefunden. Gegensatz: Sekundärschlüssel.

PRIMÄRSPEICHER (engl. primary storage oder main memory). Bezeichnung für den Arbeitsspeicher eines Rechners, da auf diesen am häufigsten und schnellsten zugegriffen werden kann. Sekundärspeicher: Alle externen Speichermedien (z.B. Festplatte), auf die online zugegriffen werden kann. Tertiärspeicher: Alle externen Speichermedien, auf die nicht online zugegriffen werden

315

PRINT

kann (z.B. archivierte Bänder oder Wechselplatten).

PRINT Externes MS-DOS- und MS-OS/2-Kommando (MS-DOS 3, MS-DOS 4, MS-OS/2 (R+P)) zum Ausdruck von Dateien im Hintergrund. Mit PRINT lassen sich eine oder mehrere Dateien im Hintergrund ausdrucken. Während des Druckvorgangs kann auf Kommandoebene weitergearbeitet werden.
Eingabe:

```
print (LW:Pfad)Datei1
    (Datei2.../D:Gerät/Parameter)
```

Ausdruck einer (oder mehrerer) Datei(en) auf dem angegebenen Gerät. Wird kein Gerät angegeben, erfolgt eine Eingabeaufforderung, wobei folgende Eingaben erlaubt sind:

```
COM1 (oder AUX)  1. serielle Schnittstelle
COM2             2. serielle Schnittstelle
LPT1 (oder PRN)  1. parallele Schnittstelle
LPT2             2. parallele Schnittstelle
LPT3             3. parallele Schnittstelle
CON              Bildschirm
NUL              Pseudo-Gerät
```

Das Ausgabegerät braucht nur beim ersten Aufruf von PRINT angegeben zu werden.
Beispiel:

```
print a:\dos\test1.txt test2.txt/D:lpt1
```

Gibt die Dateien TEST1.TXT und TEST2.TXT vom Unterverzeichnis DOS in Laufwerk A auf dem Drucker an der ersten parallelen Schnittstelle aus.

Parameter:

B Angabe der Puffergröße in Byte, die für das Drucken imHintergrund verwendet wird. Standard sind 512 Byte.

M Angabe der Zeittakte (1 bis 255), die zum Drucken eines Zeichens verwendet werden dürfen. Standard: 2.

Q Angabe der Maximalzahl (4 bis 32) der Dateien in der Warteschlange. Standard: 10.

S Anzahl der Uhrtakte (1 bis 255) für eine Zeitscheibe. Standard: 8.

U Anzahl der Uhrtakte (1 bis 255) die gewartet wird, bis der Drucker druckbereit ist. Standard: 1.

C Löscht eine oder mehrere Dateien aus der Warteschlange. Gilt für die unmittelbar zuvor angegebene Datei und alle nachfolgenden Dateien bis zur nächsten Verwendung des Parameters C oder P.

P Fügt neue Datei(en) in die Warteschlange ein. Gültigkeitsbereich wie bei Parameter C.

T Löscht alle Dateien aus der Warteschlange.

Hinweis: Die Parameter B, M, Q, S und U dürfen nur beim ersten Aufruf von PRINT verwendet werden. Unter MS-OS/2 gibt es lediglich die Parameter T und C.

PRINT GW-BASIC-Anweisung. Dient zur Ausgabe von Daten am Bildschirm.
Eingabe:

```
PRINT"Zeichenfolge1" "Zeichen-
    folge2"...
PRINT Variable1 Variable2 ...
```

Gibt die Zeichenfolge(n) bzw. den

PRINT

Variableninhalt(e) am Bildschirm aus. Anschließend erfolgt ein Zeilensprung. Setzt man an den Schluß der Befehlsfolge ein Semikolon bzw. ein Komma, wird bei mehreren PRINT-Anweisungen in der gleichen Zeile weitergedruckt, wobei bei Kommaverwendung zusätzlich jeweils ein TAB-Sprung durchgeführt wird. PRINT ohne Zusatzangaben bewirkt lediglich einen Zeilensprung (Leerzeile). Beispiel:

```
10 PRINT "COMPUTER "
20 PRINT "UND GESELLSCHAFT"
30 PRINT
40 PRINT "COMPUTER ";
50 PRINT "UND GESELLSCHAFT"
```

Hier wird COMPUTER in der ersten Zeile ausgegeben, UND GESELLSCHAFT in der zweiten Zeile. Die PRINT-Anweisung in Programmzeile 30 erzeugt eine Leerzeile und anschließend wird, bedingt durch das Semikolon, COMPUTER UND GESELLSCHAFT in eine einzige Zeile geschrieben.

PRINT USING GW-BASIC-Anweisung. Dient zur formatierten Ausgabe von Zeichen am Bildschirm.
Eingabe:

```
PRINT USING "Parameter";"Zeichen"
```

Formatierte Ausgabe von Zeichenketten, Zahlen oder Variablen (ohne Anführungszeichen) unter Verwendung von Formatierungsparametern. Für Parameter sind folgende Eingaben möglich. Zeichenketten und Stringvariable: & (Ausgabe wie Eingabe),! (Nur das erste Zeichen der Kette wird ausgegeben), \ \ (Gibt 2 Zeichen mehr aus, als sich Leerstellen zwischen den Schrägstrichen befinden). Zahlen und numerische Variable: # (pro auszugebender Stelle wird ein #-Zeichen gesetzt), + (Vorzeichen wird vor/nach der Zahl gesetzt, wenn + vor/nach dem #-Zeichen steht), ** (führende Leerstellen werden mit Sternchen aufgefüllt), $$ (Dollarzeichen wird vor die Zahl gesetzt), ∧∧∧∧ (Exponentialschreibweise), % (ist die Zahl länger als die Anzahl der mit # reservierten Stellen, wird das %-Zeichen davor gesetzt.
Beispiele:

Eingabe: Ausgabe:

```
PRINT USING "\ \";"           TES
PRINT USING "###.##";20        20.00
PRINT USING "+###.#";20        +20.0
PRINT USING "###.##∧∧∧∧";1000
                               10.0E+02
```

PRINT # GW-BASIC-Anweisung. Schreibt Daten in sequentielle Dateien.
Eingabe:

```
PRINT #Dateinummer,Z1,Z2...
```

Für die Dateinummer ist die Ziffer anzugeben, unter der die Datei eröffnet wurde. Z1, Z2 usw. kann jeweils eine Zeichenfolge (innerhalb von Anführungszeichen), eine Zahl oder beliebige Variable sein. Ansonsten gilt gleiches wie für PRINT (vgl. dort).

PRINT # USING

PRINT # USING GW-BASIC-Anweisung. Daten formatiert in eine sequentielle Datei schreiben.
Eingabe:

```
PRINT#Dateinummer,USING"Parameter";Z
```

Für die Dateinummer ist die Ziffer anzugeben, unter der die Datei eröffnet wurde. Z kann eine Zeichenfolge (innerhalb von Anführungszeichen), eine Zahl oder beliebige Variable sein. Die Parameter entsprechen denen von PRINT USING (vgl. dort).

PRINTER SERVER Bezeichnet einen Rechner in einem Netzwerk, dessen einzige Aufgabe in der Verwaltung der im Netz vorhanden Drucker besteht (Koordination der Druckaufträge, Verteilung an die einzelnen Geräte, Prioritätensteuerung etc.). Printer Server werden nur in größeren Netzwerken eingesetzt.

PRINTER-PLOTTER (engl. printer plotter). Graphikdrucker, der a priori oder aufgrund eines Übersetzungsprogramms in der Lage ist, Zeichnungen zu drucken, die normalerweise zur Ausgabe auf einen Plotter bestimmt sind. Dazu müssen die Plot-Befehle zuvor in entsprechende Druckbefehle umgewandelt werden.

PRINTER-PUFFER (engl. printer buffer). Peripheriegerät, das zwischen Computer und Drucker geschaltet wird und die vom Computer kommenden Druckdaten aufnimmt. Der Puffer gibt die Daten dann an den Drucker weiter, wobei während des Ausdrucks am Computer weitergearbeitet werden kann. Hierdurch ergibt sich ein beträchtlicher Zeitgewinn, da die Druckdaten vom Computer um ein vielfaches schneller an den Puffer als an den langsamen Drucker weitergegeben werden können. Printer-Puffer werden mit unterschiedlichen Speicherkapazitäten und Ausstattungsmerkmalen geliefert z.B. Copy-Funktion (der Pufferinhalt kann beliebig oft gedruckt werden), Bypass-Funktion (der Ausdruck des Puffer-Inhalts kann zeitweise unterbrochen werden, um zwischendurch ein eiliges Dokument zu drucken) oder der Möglichkeit des Anschlusses mehrerer Computer und/oder Drucker.

PRINTER.SYS Gerätetreiber für MS-DOS 3 und MS-DOS 4 für das Code-Page Switching. Bereitet Drucker für das Code-Page Switching vor. Die Zeichentabellen müssen vom Drucker unterstützt werden. Unterstützt werden Geräte an den Schnittstellen LPT1, LPT2 und LPT3, wobei für LPT1 auch PRN als Gerätebezeichnung verwendet werden kann.
Eingabe:

```
device=(LW:)(Pfad)driver.sys
lptn(:)=(typ,hwcp,n)
```

Installation des Treibers aus dem angegebenen Verzeichnis und Laufwerk. Angabe der Schnittstelle und der Zusatzparameter.

Beispiel:

```
device=c:driver.sys
lpt1:=(4201,850,2)
```

Installiert den Treiber aus dem Hauptverzeichnis der Festplatte C für den IBM Drucker 4201 an der ersten Parallelschnittstelle (LPT1), aktiviert die internationale Zeichentabelle (850), wobei zwei weitere Zeichentabellen unterstützt werden.
Parameter:

Typ   Mögliche Eingaben sind hier: 4201 für IBM Proprinter (4201, 4202). 4208 für IBM Printer (4207, 4208, X24, XL24). 5202 für IBM 5202 Quietwriter III.

Hwcp   Hardware-Codepage des Druckers. Möglich sind 437 (USA), 850 (international), 860 (Portugal), 863 (Französisch Kanada) und 865 (Norwegen).

N   Anzahl der zusätzlich unterstützten Zeichentabellen. Ist von der Hardware abhängig.

PRINTSCREEN Sondertaste auf der PC-Tastatur. Auf deutschen Tastaturen ist sie mit DRUCK beschriftet und dient zur Ausgabe des momentanen Bildschirminhaltes auf dem Drucker an LPT1, der ersten Parallelschnittstelle des Systems. Um einen Graphikbildschirm auszudrucken, muß zuvor das MS-DOS-Programm GRAPHICS geladen werden.

PRIORITÄT (engl. priority). Immer wenn in einem Einprozessorensystem mehrere Programme bzw. Prozesse (Rechenvorgänge, Ein-/Ausgabeprozesse etc.) scheinbar gleichzeitig bearbeitet werden sollen, muß irgendwie geregelt werden, welcher Prozeß wann bearbeitet wird. Dies kann z.b. nach dem Schema geschehen: wer zuerst kommt, wird zuerst bedient (wie etwa in Netzwerken mit Busstruktur), oder jeder Prozeß bekommt rundum die gleiche Rechenzeit zugeteilt (Time-Sharing-Verfahren). Eine weitere Möglichkeit besteht darin, den Programmen oder Prozessen unterschiedliche Prioritätsstufen zuzuteilen (oder vom System zuteilen zu lassen), wobei höhere Priorität schnellere Behandlung und/oder mehr zugeteilte Rechenzeit bedeutet.

PRIORITY Konfigurationsbefehl von MS-OS/2 (P) zur Prioritätenverteilung an Prozesse. Bestimmt, wie ein Prozeß Priorität über einen anderen Prozeß erhält. MS-OS/2 besitzt drei Prioritätsklassen (zeitkritisch, normal, unkritisch), von denen jede wiederum in 32 Prioritätsstufen unterteilt ist. Innerhalb der Klasse NORMAL läßt sich die Stufe einstellen.
Eingabe:

```
priority=absolute
```

Setzt die Prioritätsstufe auf absolut, d.h. dem Prozeß der zuerst kommt, wird die CPU-Zeit zur Verfügung gestellt. Diese Einstellung sollte für konventionelle Anwendungen nicht verwendet werden.

```
priority=dynamic
```

PRN:

Diese Einstellung überläßt MS-OS/2 die Entscheidung, welcher Prozeß die CPU-Zeit innerhalb eines Zeitintervalls am notwendigsten braucht und teilt ihm gegebenenfalls mehr Zeit zu, d.h. erhöht die Prioritätsstufe dieses Prozesses. DYNAMIC ist auch Standardeinstellung, wenn das Priority-Kommando nicht in der CONFIG.SYS-Datei verwendet wird.

PRN: Reservierter Gerätename unter MS-DOS. Bezeichnet den Drucker am ersten parallelen Anschluß (= LPT1).

PROBLEMANALYSE (engl. problem analysis). Begriff aus der Softwareentwicklung. Klare Formulierung des SOLL-Zustandes, d.h. des Weges wie ein Problem gelöst werden soll, damit das angestrebte Ziel möglichst effektiv erreicht wird.

PROBLEMORIENTIERTE SPRACHE (engl. problem-oriented programming language). Maschinenorientierte Sprachen (wie Assembler) erzeugen zwar sehr schnelle Programme, sind aber immer noch sehr schwer zu erlernen und arbeiten prozessorabhängig, d.h. sie sind nicht portabel. Daher entwickelte man die problemorientierten Sprachen (Basic, Pascal, Fortran, Modula etc.), welche prozessorunabhängig arbeiten und in der Syntax stark an den menschlichen Sprachgebrauch angelehnt sind. Der Übersetzungsvorgang zurück in Bitfolgen ist hier allerdings wesentlich komplexer und zeitaufwendiger, die Programme lau-

fen daher teilweise deutlich langsamer. Vorteile: leichte Erlernbarkeit, auf andere Systeme übertragbar. Nachteil: relativ langsam.

PROBLEMSTELLUNG (engl. problem definition). Begriff aus der Softwareentwicklung. Klare Formulierung des IST-Zustandes, d.h. der Darlegung des Problems, das mit Hilfe eines Programms gelöst werden soll.

PROGRAMM (engl. programme). Logische Anordnung von Instruktionen bzw. Anweisungen zur Lösung eines Problems, die vom Computer in Form von Operationen ausgeführt werden.

PROGRAMMABLAUFPLAN (engl. programme flowchart). Akronym: PAP. Graphische Darstellung der

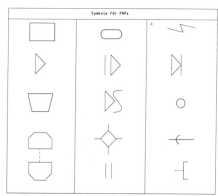

Bild 64: Symbole für PAPs

Reihenfolge der Befehlsabläufe eines Programms unter Verwendung von nach DIN 66001 genormten

PROGRAMMIERFEHLER

Symbolen und Verbindungslinien mit folgender Bedeutung (zeilenweise von links nach rechts): Verarbeitung, Programmanfang bzw. Ende, Datenübertragung, Sprung mit RETURN, Sprung ohne RETURN, Unterbrechung, manuelle Verarbeitung, Eingriff von außen, Konnektor, Schleifenanfang und Schleifenende, Programmverzweigung, Detaildarstellung, Synchronisation paralleler Arbeitsabläufe, Bemerkung anfügen.

PROGRAMMABSTURZ (engl. crash). Nicht geplanter Programmabbruch, bedingt durch Bedienungsfehler, Programmierfehler oder Gerätefehler. Vgl. Absturz.

PROGRAMMBIBLIOTHEK (engl. programme library). Sammlung von Unterprogrammen, Routinen auf externen Speichern (Festplatte, Diskette etc.), die bei Bedarf (z.B. beim Compilieren) aufgerufen und in ein zu erstellendes Programm eingebunden werden.

PROGRAMMBINDER (engl. linker). Bezeichnet ein Dienstprogramm mit dem einzelne zuvor assemblierte oder compilierte Programmodule zu einem Gesamtprogramm verbunden werden können.

PROGRAMMDISKETTE (engl. programme disk). Diskette (vgl. dort), auf der Programme (Textverarbeitung, Dateiverwaltung etc.) abgespeichert sind. Gegensatz: Datendiskette.

PROGRAMMEDITOR (engl. programmer's editor). Spezielle Form eines Editors (vgl. dort), mit dem sich Programmquelltexte eingeben lassen, wobei im Editor oft schon eine Syntaxprüfung eingebaut ist, d.h. eine Fehlermeldung ausgegeben wird, wenn die Regeln der Programmiersprache mißachtet werden.

PROGRAMMGENERATOR (engl. generator program). Softwareentwicklungstool, mit dessen Hilfe sich Programme auch ohne oder minimale Programmierkenntnisse erstellen lassen, da der Generator die zur Erstellung von Programmen notwendigen Routinen bereits enthält (z.B. Bildschirmmasken, Druckausgaben, Dateienerstellung etc.) und der Programmierer dem Generator praktisch nur noch mitteilen muß, in welcher Anordnung und mit welchen Parametern die Routinen zusammengestellt werden sollen. Eine der vielen Spezialformen ist der Maskengenerator, mit dem sich beliebige Bildschirmmasken komfortabel erstellen und in eigene Programme (in einer höheren Programmiersprache) einbinden lassen.

PROGRAMMIERFEHLER (engl. programming error). Fehler in einem Computerprogramm. Man unterscheidet:

Syntaxfehler:
Sie entstehen durch Mißachtung der Regeln einer Programmiersprache und werden entweder bei der Eingabe des Quellcodes (sofortige Syntaxprüfung), während der Compilierung

PROGRAMMIERSPRACHE

(Compilersprache) oder der Programmausführung (Interpretersprache) entdeckt.

Logische Fehler:
Sie werden vom System nicht erkannt, da keine Regelverletzung vorliegt. Beispiel hierfür wäre etwa die falsche Formulierung einer Bedingung.

Arithmetische Fehler:
Sie werden vom System aus gleichem Grund nicht erkannt. Beispiel: Man gibt eine Formel zur Zinsberechnung falsch ein.

PROGRAMMIERSPRACHE (engl. programming language). Programmiersprachen werden prinzipiell in zwei Kategorien unterteilt, die Maschinensprache und die symbolischen Sprachen, letztere wiederum in die maschinenorientierten bzw. Assemblersprachen (vgl. dort) und die problemorientierten Sprachen bzw. Hochsprachen (vgl. dort). Vorteile/Nachteile der maschinenorientierten und Maschinenprache: die Programme sind sehr schnell, aber schwer zu erlernen und nicht portabel (d.h. sie können nur auf dem Computer- bzw. Prozessortyp eingesetzt werden, für den sie programmiert wurden). Vorteile/Nachteile der problemorientierten Sprachen: sie sind leicht zu erlernen und portabel, aber relativ langsam. Eine gewisse Ausnahme bildet hier die Hochsprache C, mit der sich sehr prozessornah programmieren läßt (d.h. C-Programme erzielen hohe Ausführgeschwindigkeiten), die aber trotzdem die Vorteile der Hochsprachen besitzt. Daher sind viele Betriebssysteme wie z.B. UNIX oder MS-OS/2 in C programmiert.

PROGRAMMIERUNG (engl. programming). Entwicklung eines Programms. Der Programmierungsprozeß setzt sich zusammen aus dem Finden einer Problemlösung in Form eines Algorithmus, dem Umsetzen dieses Algorithmus in den Programmcode (mit Hilfe einer Programmiersprache), dem Testen und eventuellen Debuggen (= Entfernen von Fehlern) und dem Erstellen einer Programmdokumentation.

PROGRAMMLISTE (engl. programme listing). Vgl. Listing.

PROGRAMMPAKET (engl. programme package). Aufeinander abgestimmte Einzelprogramme für einen oder unterschiedliche (vgl. Integrierte Pakete) Anwendungsbereiche, die nach dem gleichen Schema bedienbar sind, Daten untereinander austauschen können und meist vom gleichen Hersteller stammen.

PROGRAMMSCHLEIFE (engl. programme loop). Zusammengehörige Befehlsfolge, die ein- oder mehrmals wiederholt wird, bis eine gegebene Bedingung erfüllt bzw. eine vorgegebene Anzahl von Durchläufen erreicht ist.

PROGRAMMSTRUKTUR (engl. programme structure). Art und Weise wie ein Programm aufgebaut ist bzw. abläuft. Man unterscheidet drei Elementarstrukturen.

Linear:
Die Anweisungen werden in der Reihenfolge nacheinander abgearbeitet wie sie im Programm aufgeführt sind.

Verzweigung:
In Abhängigkeit von der Erfüllung bzw. Nichterfüllung einer gesetzten Bedingung wird zu einem bestimmten Anweisungsblock gesprungen (d.h. Anweisungen, die dazwischen liegen, werden (momentan) ignoriert.

Wiederholung:
Eine Anzahl von Anweisungen wird endlich oft wiederholt, wobei die Anzahl der Wiederholungen fest vorgegeben oder an eine Bedingung geknüpft ist.

PROLOG Programmiersprache. Abkürzung für Programming in Logic. Prolog wurde Anfang der 70er Jahre von Alain Colmauer in Marseille entwickelt und wird primär auf dem Sektor der Künstlichen Intelligenz (KI) eingesetzt.

PROM Akronym für Programmable Read Only Memory. Bezeichnet einen Speicherbaustein, der mit Hilfe von speziellen Geräten mit Informationen (Programmen, Daten etc.) bestückt werden kann. Anschließend verhält er sich wie ein Nur-Lese-Speicher (ROM). Im Unterschied zu EEPROM und EPROM ist allerdings nur ein einmaliges Programmieren möglich, da das PROM nicht mehr gelöscht werden kann.

PROMPT Anforderungszeichen von MS-DOS und MS-OS/2. Im Normalfall das ">"-Zeichen. Wenn das Prompt am Bildschirm sichtbar wird, ist das System bereit für Tastatureingaben. Es steht gewöhnlich zwischen Laufwerkskennbuchstaben und Cursor (A:>_).

PROMPT Internes MS-DOS- und MS-OS/2-Kommando (MS-DOS 3, MS-DOS 4, MS-OS/2 (R+P)) zum Ändern des System-Anforderungszeichens. In Netzwerken verwendbar.
Eingabe:

    prompt $Parameter($Parameter)

Ändert das Promptzeichen in Abhängigkeit von anzugebenden Parametern. Eine Verknüpfung mehrerer Parameter ist möglich. Durch Eingabe von PROMPT ohne Parameter wird wieder die Originalanzeige hergestellt.
Beispiel:

    prompt PG

Das Prompt besteht hier aus aktuellem Verzeichnisnamen und Größer-Zeichen. Befindet man sich z.B. im Unterverzeichnis DOS auf Laufwerk C, hat es folgendes Aussehen: C:\DOS>. Wechselt man in ein anderes Verzeichnis, ändert es sich entsprechend.

Parameter:

A &-Zeichen (nur MS-OS/2).
B Pipezeichen (|).
C linke Klammer (nur MS-OS/2).
D Datum.
E Einleitung ESC-Sequenz.

PROOF

F   rechte Klammer (nur MS-OS/2).
G   Größerzeichen (>).
H   Backspace (löscht vorheriges Zeichen).
L   Kleinerzeichen (<).
N   Defaultlaufwerk.
P   Aktuelles Verzeichnis.
Q   Gleichheitszeichen (=).
T   Zeit.
V   DOS-Version.
_   Beginnt neue Bildschirmzeile.

PROOF Englische Bezeichnung für Korrekturfahne. Erste Fassung eines Manuskripts, die als Probeausdruck bzw. zum Korrekturlesen verwendet wird.

PROPORTIONALER ZEICHEN-ABSTAND (engl. proportional spacing). Jedes Zeichen erhält je nach seiner Breite beim Ausdruck unterschiedlich viel Platz auf Papier zugeteilt (vgl. Proportionalschrift). Gegensatz: fester Zeichenabstand.

PROPORTIONALGRÖSSEN-ÄNDERUNG Größenänderung einer Seite ohne Verändern der Seitenverhältnisse.

PROPORTIONALSCHRIFT (engl. proportionally spaced text). Schrifttyp, bei dem den Buchstaben beim Ausdruck unterschiedlich viel Platz zugewiesen wird. So nimmt etwa das „n" beim Ausdruck doppelt soviel Raum ein wie das „i", das „m" beansprucht dreimal soviel Platz. Proportionalschrift erzeugt ein ausgeglichenes Schriftbild.

PROTECTED MODE Spezieller Betriebsmodus der Intelprozessoren 80286 und 80386, in welchem die Fähigkeiten des Prozessors (z.B. die Adressierung von 16 MByte Speicher beim 80286) voll genutzt werden können. MS-DOS-Programme sind in dieser Betriebsart nicht ablauffähig. Unter MS-OS/2 kann im Protected Mode gearbeitet werden. Vgl. auch Real Mode.

PROTECTONLY Konfigurationsbefehl von MS-OS/2 (R+P) zur Wahl des Betriebsmodus. Bei aktiviertem PROTECTONLY arbeitet MS-OS/2 grundsätzlich nur im Protected Mode, d.h. MS-DOS-Programme sind nicht ablauffähig. Man sollte beachten, daß man einen Editor braucht, der im Protected Mode arbeitet, wenn man die CONFIG.SYS-Datei wieder für den Ablauf von MS-DOS-Programmen abändern will. Ist dieser nicht vorhanden, muß das System unter MS-DOS von Diskette gebootet und CONFIG.SYS mit EDLIN (oder einem anderen Editor) angepaßt werden.
Eingabe:

```
protectonly=x
```

Deaktivierung bzw. Aktivierung des Real Mode. Für x wird entweder YES oder NO verwendet.
Beispiel:

```
protectonly=yes
```

Abschalten des Real Mode. Das System arbeitet ausschließlich im Protected Mode.

PROTOKOLL (engl. log). Bezeichnet die Aufzeichnung eines Ablaufs. So werden z.b. bei der Arbeit in Datenbanken oft automatisch Protokolle erstellt (enthalten alle Kommandos, Tastatureingaben etc.), so daß man bei Auftreten eines Fehlers diesen anhand des Protokolls zurückverfolgen kann.

PROTOKOLL (engl. protocol). Enthält alle Regeln und Vorschriften, nach denen bestimmte Vorgänge ablaufen müssen. Beispiel Netzwerkprotokoll: Enthält u.a. Angaben darüber, wann einer der im Netzwerk arbeitenden Rechner Daten senden oder empfangen darf.

PROTSHELL Konfigurationsbefehl von MS-OS/2 (P) zum Start eines anderen Programm-Selektors. MS-OS/2 arbeitet mit einem eigenen Programm-Selektor, um zwischen verschiedenen Sessions umzuschalten. Mit PROTSHELL läßt sich dieser Selektor durch einen anderen (z.B. selbst programmierten) ersetzen. Der Kommandoprozessor (CMD.EXE) kann ebenfalls gewechselt werden.
Eingabe:

```
protshell=(LW:)(Pfad)selektor
            (LW:)(Pfad)(prozessor)
```

Angabe des neuen Programmselektors (mit Laufwerk und Pfad) sowie eventuell eines anderen Kommandoprozessors.
Beispiel:

```
protshell=c:\bin\shell2.exe
```

Aktivierung des neuen Programmselektors SHELL2.EXE im Verzeichnis BIN auf Laufwerk C. Da kein Kommandoprozessor angegeben ist, wird der Standardprozessor CMD.EXE installiert.

PROZEDUR (engl. procedure). Programmroutine, die, falls benötigt, vom Hauptprogramm aufgerufen wird.

PROZEDURALE PROGRAMMIERSPRACHE (engl. procedural programming language). Programmiersprache, in welcher der Programmablauf durch Algorithmen festgelegt ist, d.h. einer Kette von Anweisungen, die festlegen, welche Operationen auf welche Daten in welcher Verabeitungsreihenfolge anzuwenden sind. Nahezu alle klassischen Programmiersprachen (Basic, Pascal, C etc.) sind prozedural.

PROZESSOR (engl. processor). Man unterscheidet zwischen 8-, 16- und 32-Bit-Prozessoren, je nachdem, wieviele Bit gleichzeitig verarbeitet werden können. Bei einem „echten" 16-Bit-Computer können demnach pro Takt 2 Byte (= 16 Bit) an Informationen berechnet werden, was ihn ca. doppelt so schnell macht wie einen gleichgetakteten 8-Bit-Rechner. Entsprechendes gilt für die 32-Bit-Versionen. Die Unterscheidung ECHT-UNECHT rührt daher, daß alle 16-Bit-Prozessoren zwar intern auch mit 16-Bit arbeiten, die Anzahl der Datenleitungen (= Datenbus) bei der „unechten" Version jedoch nur acht beträgt (z.B. beim

PROZESSORMODUS

Intel 8088, wie er in vielen PCs zu finden ist). Der Prozessor besteht aus Leitwerk und Rechenwerk. Aufgabe des Leitwerks (auch: Steuerwerk) eines Prozessors ist die Entschlüsselung der Befehle, die Steuerung der Reihenfolge der Verarbeitung und ihre Umsetzung in Steuersignale und Weitergabe an das Rechenwerk. Dieses führt den eigentlichen Berechnungsprozeß aufgrund logischer und arithmetischer Operationen durch.

PROZESSORMODUS (engl. processing mode). Die Intel-Prozessoren sind ab der 80286-Version in der Lage, in verschiedenen Modi zu arbeiten, was sich insbesondere in der Art der Speicherverwaltung bemerkbar macht. Im Real-Modus (alle Prozessoren inklusive 8086 und 8088) kann vom Prozessor nur 1 MByte Speicher verwaltet werden, wovon 640 KByte als Arbeitsspeicher zur Verfügung stehen, die verbleibenden 384 KByte sind teilweise durch BIOS, Bildschirmspeicher, EMS-Fenster etc. belegt. Im sogenannten Protected Mode (ab 80286) ist der Prozessor in der Lage, 16 Megabyte (80286) bzw. 4 Gigabyte (80386, 80486) internen Speicher zu adressieren sowie 1 Gigabyte (80286) bzw. 64 Terrabyte (80386, 80486) virtuellen Speicher. Im Virtuellen Modus (ab 80386) können zudem bis zu 256 Prozessoren vom 8086-Typ simuliert werden, wobei jedem dieser „Prozessoren" 640 KByte Arbeitsspeicher zur Verfügung stehen, in dem jeweils ein Programm bearbeitet werden kann, d.h. das System wird Multitaskingfähig.

PRÜFBIT (engl. checkbit). Es überprüft aufgrund der vereinbarten Parität (Quersumme der Datenbits gerade oder ungerade Zahl — Prüfbit 0 oder 1) die Korrektheit der Datenübertragung. Beispiel: Angenommen, zwischen Sender und Empfänger wurde gerade Parität vereinbart (d.h. die Anzahl der auf 1 gesetzten Datenbits plus Prüfbit muß eine gerade Zahl ergeben) und der Buchstabe A soll übertragen werden. Dieser Buchstabe besitzt nun den Code 01000001, d.h. damit man eine gerade Anzahl von gesetzten Bits erhält, muß das Prüfbit 0 sein. Die Bitfolge des Zeichens (01000001) und das Prüfbit (0) werden nun an den Empfänger gesendet. Ändert sich jetzt aufgrund eines Übertragungsfehlers eines der Datenbits, so daß z.B. 01000011 empfangen wird, ergibt sich mit Prüfbit (0) eine ungerade Anzahl gesetzter Bits, und der Fehler wird erkannt. Vgl. auch VRC und LRC.

PRÜFLESEN (engl. read after write). Manche Magnetbandgeräte besitzen direkt hinter dem Schreibkopf einen zusätzlichen Lesekopf. Dadurch läßt sich beim Abspeichern (= Schreiben) von Daten durch sofortiges Lesen überprüfen, ob der Schreibvorgang fehlerlos war.

PRÜFSUMME (engl. checksum). Prüfsummen werden berechnet, um z.B. Fehler bei der Datenübertragung zu entdecken. Zur Prüfsummenbildung werden die unterschiedlichsten Verfahren verwendet. Man addiert z.b. die ASCII-Codes der Zeichen eines übertragenen Datenblocks und berechnet die Prüfsumme nach einem Modulo-Verfahren (Division mit Restwertermittlung). Vgl. auch Prüfbit, Modulo-11-Verfahren.

PRÜFZIFFERNVERFAHREN (engl. check number calculation). Programmierte Datensicherung. Durch Prüfziffernverfahren sollen Fehler bei der Eingabe numerischer Daten unterbunden werden. An jede Ziffernfolge wird eine zusätzliche Prüfziffer angehängt. Stimmen eingegebene und vom Programm errechnete Prüfziffer nicht überein, erfolgt eine Fehlermeldung.

PS/2 IBM-Variante des Betriebssystems MS-OS/2 der Firma Microsoft.

PSET GW-BASIC-Anweisung. Dient zum Setzen eines Punktes in einer bestimmten Farbe.
Eingabe:

```
PSET (x,y),FARBE
```

Setzt einen Punkt auf die spezifizierten Koordinaten in der angegebenen Farbe.
Beispiel:

```
10 SCREEN 9
20 FOR I = 1 TO 300 STEP 3
30 PSET (I,I),3
40 NEXT I
```

Zeichnet eine gepunktete Linie (bedingt durch die STEP-Anweisung in Zeile 20) über den Bildschirm.

PSEUDO-CODE (engl. pseudo code). Programmentwicklung. Vor der eigentlichen Codierung wird das Programm schematisch auf Papier entwickelt, wobei man sich aus Gründen der Verständlichkeit des Pseudo-Codes bedient, einer Mischung zwischen Anweisungen der verwendeten Programmiersprache und natürlicher (menschlicher) Sprache.

PTR Turbo-Pascal-Funktion. Dient zum Erzeugen eines 32-Bit-Zeigers mit Segment- und Offsetwert einer Adresse.
Eingabe:

```
Ptr(Seg,Ofs);
```

Seg und Ofs sind vom Typ Word.

PUBLIC DOMAIN Auch Freeware. Computerprogramme, die kein Copyright besitzen, d.h. kostenlos benutzt und beliebig oft kopiert und weitergegeben werden dürfen. Die meist einzige Einschränkung besteht in dem Verbot der kommerziellen Vermarktung. Firmen, die solche Programme vertreiben, dürfen dafür nur eine Bearbeitungsgebühr verlangen (vgl. auch Shareware).

PUFFER (engl. buffer). Reservierter Speicherbereich eines Computers oder Peripheriegerätes (z.B. Drucker), in welchem Daten zur

PULL-DOWN-MENÜ

Weiterverarbeitung zwischengespeichert werden.

PULL-DOWN-MENÜ (engl. pulldown menu). Unter einem Menü (innerhalb einer graphischen Benutzeroberfläche) versteht man zunächst eine Auswahltafel auf dem Bildschirm, auf der sich programmspezifische Optionen aktivieren lassen. Der Begriff „Pulldown" besagt, daß diese Tafel praktisch aufgerollt unter einer Leiste, der Menüleiste, am oberen Bildschirmrand liegt und mit Hilfe einer Maus nach unten gezogen, geöffnet werden kann. Gegensatz: Dropdown-Menü.

PUNKT (engl. Didot point). Typographische Maßeinheit. 12 Punkte ergeben 1 Cicero. 1 Punkt entspricht 0.376 Millimeter.

PUT GW-BASIC-Anweisung. Schreibt einen Datensatz in eine Datei mit wahlfreiem Zugriff (Random Access).
Eingabe:

```
PUT#Dateinummer,Satznummer
```

Für Dateinummer ist die Ziffer anzugeben, unter welcher die Datei eröffnet wurde. Für Satznummer ist die Ziffer des zu schreibenden Datensatzes anzugeben. Fehlt diese, wird der nächste Datensatz verwendet.

PUT GW-BASIC-Anweisung. Sie überträgt Graphik aus einem Array (Feld) auf den Bildschirm.

Eingabe:

```
PUT (x,y),Array,Option
```

X,Y bezeichnen die Koordinaten des linken, oberen Punktes. Für Array ist die Bezeichnung des Feldes anzugeben, in dem die Daten abgelegt sind. Für Option sind folgende Eingaben möglich: AND (Überschreiben eines vorhandenen Bildes), OR (Überlagerung eines vorhandenen Bildes), XOR (Überlagerung und Invertierung, falls schon ein Punkt vorhanden ist), PSET (punktweise Übertragung), PRESET (punktweise Übertragung mit Invertierung).
Beispiel:

```
10 DIM A(1500)
20 SCREEN 9
30 WINDOW SCREEN (0,0)-(640,350)
40 LINE (200,200)-(300,300),2,B
50 GET (200,200)-(300,300),A
60 FOR X = 1 TO 100 STEP 5
70 PUT (100+X,100+X),A,PSET
80 NEXT X
```

In Zeile 10 wird das Array für die Aufnahme der Graphik erzeugt, Zeile 20 schaltet in den Graphikmodus (EGA) um, in Zeile 30 wird das Grapikfenster definiert und anschließend ein Rechteck gezeichnet (Zeile 40). Mit der GET Anweisung (vgl. dort) wird die Graphik in das Array übertragen und anschließend mit der PUT-Anweisung wieder auf den Bildschirm gebracht. Bedingt durch die Schleife (Zeilen 60 und 80) geschieht dies 20mal in versetzter Anordnung.

PUTIMAGE Turbo-Pascal-Prozedur (Unit: Graph). Sie überträgt ein Bitmuster aus einer Variablen in den Graphikbildschirm.
Eingabe:

```
PutImage(x,y,v,l);
```

X und Y (Typ: Word) beinhalten die Koordinaten der linken oberen Ecke des Bildschirmausschnitts. V (Typ: Ohne) enthält das Bitmuster sowie Höhe und Breite des Ausschnitts. L (Typ: Word) enthält die Art der Verknüpfung zwischen Ausschnitt und Bitmuster (Normal = 0, XOR = 1, OR = 2, And = 3, NOT = 4).

PUTPIXEL Turbo-Pascal-Prozedur (Unit: Graph). Dient zum Setzen eines Punktes in einer bestimmten Farbe.
Eingabe:

```
PutPixel(x,y,f);
```

X,y (Typ: Integer) legen die Koordinaten des Punktes fest. F (Typ: Word) bestimmt die Farbe.

Q

QUARZ (engl. quartz crystal). Gibt die Taktfrequenz(en) für die Rechengeschwindigkeit(en) von Computerprozessoren vor. Ist ein Prozessor auf mehrere Geschwindigkeiten umschaltbar, dann sind ebensoviele Quarze vorhanden.

QUELLCODE (engl. source code). Sprache, in der ein Quellprogramm (vgl. dort) erstellt wurde.

QUELLDISKETTE (engl. source disk). Bezeichnet bei Kopiervorgängen diejenige Diskette, die kopiert werden soll (auf der sich somit das Original befindet). Gegensatz: Zieldiskette.

QUELLPROGRAMM (engl. source programme). Begriff aus der Programmentwicklung. Der Programmcode wird zunächst, unter Beachtung der Regeln der jeweiligen Programmiersprache, mit einem Editor wie ein gewöhnlicher Text eingegeben. Dieses Quellprogramm wird dann von einem Compiler in den eigentlichen Maschinencode, das Objektprogramm, übersetzt und ist erst dann ablauffähig.

QUELLSPRACHE (engl. source code). Sprache bzw. Code, in welcher das Quellprogramm (vgl. dort) erstellt wird.

QUERFORMAT (engl. landscape). Druckrichtung, bei der die Vorlage in der Ausrichtung bedruckt wird, daß die Breite größer ist als die Höhe. Bei Zeichen- bzw. Seitendrucker wird dies durch Drehung des Papiers (um 90 Grad) vor dem Einspannen erreicht. Laserdrucker sind in der Lage, die Zeichen um 90 Grad zu rotieren, so daß das Papier wie (beim Hochformat) üblich eingelegt werden kann.

QUERPRÜFBITVERFAHREN (engl. horizontal parity check). Das Verfahren dient zur Paritätskontrolle bei der Datenübertragung. Vgl. VRC.

QUERY LANGUAGE Englische Bezeichnung für Abfragesprache. Sie ist vergleichbar mit einer Programmiersprache, mit deren Hilfe man Datensätze innerhalb einer Datenbank bearbeiten (suchen, verknüpfen etc.) kann.

QUITTUNGSBETRIEB (engl. handshaking). Art der Datenübertragung, bei welcher Sender und Empfänger über spezielle Leitungen des Übertragungskabels miteinander kommunizieren (z.B. Senden eines Bereitschaftssignals zum Datenempfang, oder zur Anzeige, daß das Gerät momentan beschäftigt ist), so daß ein störungsfreier Datenfluß (meist zwischen Geräten, die unterschiedlich schnell arbeiten) gewährleistet ist. Der Quittungsbetrieb wird z.B. bei der parallelen Datenübertragung zwischen Computer und Drucker angewendet.

QUOTES Englischer Ausdruck für Anführungszeichen. Quotes werden z.B. in Programmiersprachen wie BASIC verwendet, um Zeichenketten (vgl. dort) zu markieren.

QWERTY Die ersten sechs Buchstaben in der zweiten Reihe einer Computertastatur. Die Reihenfolge der Buchstaben zeigt an, daß mit der amerikanischen Tastaturbelegung gearbeitet wird.

QWERTZ Die ersten sechs Buchstaben in der zweiten Reihe einer Computertastatur. Die Reihenfolge der Buchstaben zeigt an, daß mit der deutschen Tastaturbelegung gearbeitet wird.

# RAM DISK

R

RAM Akronym für Random Access Memory. Schreib-Lese-Speicher. Diese Speicher können beliebig oft (und ohne Zusatzgeräte) beschrieben und gelesen werden. Deshalb sind die Arbeitsspeicher von Computern mit RAM-Bausteinen bestückt. Es handelt sich hier um einen flüchtigen Speicher, d.h. der Inhalt geht verloren, sobald keine Spannung mehr anliegt (z.b. nach Ausschalten des Computers). Übliche Größen sind Chips mit 64 KBit (= 8 KByte), 256 KBIT (= 32 KByte) oder 1 MBIT (128 KByte) Speicherkapazität.

RAM DISK „Elektronisches" oder virtuelles Laufwerk. Bei der RAM-Disk handelt es sich um ein Diskettenlaufwerk, das praktisch in den Arbeitsspeicher (RAM) des Computers verlegt wurde. Der Vorteil einer RAM-Disk liegt darin, daß Programme um ein vielfaches schneller geladen werden können als von einem physikalischen Laufwerk. Die Nachteile liegen darin, daß weniger Arbeitsspeicher für Programme zur Verfügung steht und daß bei einem Systemabsturz (Stromausfall etc.) alle Daten in der Disk verloren sind, da es sich hier um einen flüchtigen Speicher handelt. Demzufolge müssen auch alle Daten einer RAM-Disk vor Arbeitsende wieder auf einem konventionellen Datenträger gespeichert werden. Um in einem MS-DOS-System eine RAM-Disk einzurichten, ist folgende Vorgehensweise nötig. Zunächst ist festzustellen, wie der Treiber der entsprechenden MS-DOS-Version heißt. Im Regelfall ist dies entweder RAMDISK.SYS, RAMDRIVE.SYS oder VDISK.SYS. Anschließend muß der Treiber mittels eines Editors in die CONFIG.SYS-Datei integriert werden, wobei zusätzlich die Größe anzugeben ist. Zur Erzeugung einer RAM-Disk von 128 KByte Größe wäre z.B. folgender Eintrag notwendig:

    device=ramdisk.sys 128

Bei 640 KByte Arbeitsspeicher würden anschließend noch 512 zur Ausführung von Programmen zur Verfügung stehen. Bei neueren MS-DOS-Versionen (z.B. 3.2) kann die RAM-Disk auch in den (eventuell vorhandenen) Erweiterungsspeicher (Extended Memory) verlegt werden. Dies geschieht durch Anfügen des Parameters /E. Die Eintragung

    device=ramdisk.sys 512 /e

würde demzufolge eine RAM-Disk mit 512 KByte Kapazität im Extended Memory anlegen, die 640 KByte Arbeitsspeicher stünden weiterhin voll zur Verfügung. Nach der Installation und einem Neustart des Systems kann die RAM-Disk wie ein normales Diskettenlaufwerk benutzt werden. Der Kennbuchstabe, unter dem sie angesprochen wird, hängt von der jeweiligen Gerätekonstellation ab. Verfügt das System über

RAM-CARTRIDGE

2 Laufwerke (A und B), hat die RAM-Disk die Kennung C, hat das System bereits ein Laufwerk mit dieser Kennung (z.B. Festplatte C), erhält die RAM-Diskette den nächsten freien Buchstaben, also D usw.

RAM-CARTRIDGE Bezeichnet eine Speichererweiterung auf Steckmodulbasis. Die Cartridge wird meist bei sogenannten Hand-Held-Computern (Taschencomputern) eingesetzt. Gebräuchliche Kapazitäten: 8, 16, 32 KByte.

RAMDRIVE.SYS Gerätetreiber von MS-DOS 4.01 zum Erzeugen einer RAM-Disk. Bei einer RAM-Disk handelt es sich um ein virtuelles Laufwerk, bei dem ein Teil des Arbeitsspeichers reserviert und wie eine konventionelle Festplatte angesprochen und benutzt wird. Im Gegensatz zu einem „echten" Laufwerk erfolgt die Datenübertragung um ein Vielfaches schneller, da es sich jedoch um einen flüchtigen Speicher handelt, gehen die Daten beim Abschalten (Reset, Stromausfall etc.) verloren.
Eingabe:

```
device=(LW:)(Pfad)vdisk.sys
   (nnn mmm vvv /p)
```

Installation des RAM-Disk-Treibers aus dem angegebenen Verzeichnis und Laufwerk. Eventuell unter Angabe der Größe (nnn), Sektorenzahl (mmm), Zahl der Verzeichniseinträge (vvv) und der Art des verwendeten Speichers (/p).

Beispiel:

```
device=c:vdisk.sys 1024 /e
```

Installiert den Treiber aus dem Hauptverzeichnis von C. Die Kapazität beträgt 1024 KByte. Die verwendete Speicherart ist Extended Memory. Die RAM-Disk erhält automatisch den nächsten freien Kennbuchstaben (z.B. E:). Zum Erzeugen zweier oder mehrerer RAM-Disks wird der Treiber entsprechend oft in die CONFIG.SYS-Datei geschrieben.
Parameter:

nnnn Angabe der Laufwerkskapazität in KByte. Zulässig sind Werte von 16 KByte bis zur Größe des vorhandenen Speichers. Defaultwert ist 64.

mmm Angabe der Sektorengröße in Bytes. Zulässig sind die Werte 128, 256, 512 und 1024. Standard ist 512.

vvvv Anzahl der maximalen Directory-Einträge. Erlaubt sind Werte von 4 bis 1024. Standardeinstellung: 64.

/P Angabe der Speicherart. Wenn anstelle von P der Buchstabe A angegeben wird, erzeugt der Treiber die RAM-Disk im Expanded Memory, bei Verwendung von E im Extended Memory. Ohne Parameter wird der konventionelle Arbeitsspeicher verwendet. Vgl. auch RAM-Disk.

RANDAUSGLEICH (engl. margin alignment). Der Text innerhalb einer Zeile kann entweder rechtsbündig (rechter Randausgleich), linksbündig (linker Randausgleich oder im Blocksatz (linker und rechter Randausgleich) vorliegen.

RANDOM Turbo-Pascal-Funktion. Dient zum Erzeugen einer Zufallszahl.
Eingabe:

    Random(z);

Erzeugt eine Zufallszahl (Integer) zwischen 0 und Z. Wird z nicht angegeben, liegt die Zufallszahl zwischen 0 und 1.

RANDOM ACCESS Englische Bezeichnung für WAHLFREIER ZUGRIFF, was bedeutet, daß auf Daten, die im Arbeitsspeicher oder auf externen Speichermedien (Festplatte etc.) liegen, direkt zugegriffen werden kann. Beispiel: Angenommen, die Zeichen A bis D sind abgespeichert. Um das Zeichen C zu lesen, müssen bei sequentieller Speicherung zunächst auch A und B gelesen werden. Beim Random-Access-Verfahren kann C indessen sofort gelesen werden.

RANDOMIZE GW-BASIC-Anweisung. Dient zum Einschalten des Zufallsgenerators.
Eingabe:

    RANDOMIZE A
    RANDOMIZE TIMER

Für A kann ein beliebiger numerischer Ausdruck (z.B. eine Zahl) gesetzt werden, der den Ausgangspunkt für die Zufallszahlenausgabe der RND-Funktion (vgl. dort) bildet. Wird hier immer die gleiche Zahl verwendet, bzw. wird RANDOMIZE überhaupt nicht verwendet, dann liefert RND immer die gleiche Folge von Zufallszahlen. Bei Verwendung der Option TIMER werden automatisch immer neue Ausgangswerte erzeugt.
Beispiele:

    10 FOR I = 1 TO 5
    20 PRINT RND;
    30 NEXT I
    40 NEXT I

    10 RANDOMIZE TIMER
    20 FOR I = 1 TO 5
    30 PRINT RND;
    40 NEXT I

Im ersten Beispiel werden bei jedem Programmaufruf dieselben 5 Zufallszahlen erzeugt, während im zweiten Fall immer neue Folgen ausgegeben werden.

RANDOMIZE Turbo-Pascal-Prozedur. Dient zum Einschalten des Zufallsgenerators.
Eingabe:

    Randomize;

Schaltet den Zufallsgenerator für die Random-Funktion ein. Damit wird verhindert, daß Random stets dieselbe Serie von Zufallszahlen liefert.

RASTER COORDINATE Englische Bezeichnung für Raster Koordinate. Das Raster-Koordinatensystem hat seinen Nullpunkt in der linken oberen Bildschirmecke.

RASTERUNG

RASTERUNG (engl. screening). Schattierung von Texten/Graphiken mit Hilfe von Grauwerten.

RAUBKOPIE (engl. illegal copy). Bezeichnet das Kopieren und Benutzen urheberrechtlich geschützter Computerprogramme. Sowohl die illegale Nutzung wie auch insbesondere die Weiterverbreitung von Raubkopien wird strafrechtlich verfolgt.

RAUTE (engl. diamond). Symbol in Flußdiagrammen zur Anzeige von Programmverzweigungen (IF-THEN etc.).

READ GW-BASIC-Anweisung. Liest Werte aus DATA-Zeilen in (indizierte) Variablen ein.
Eingabe:

```
READ V1[V2,V3...]
```

Liest Werte aus DATA-Zeile(n) in die angegebene(n) Variable(n). Die Anzahl der DATA-Werte darf nicht kleiner sein als die der Variablen.
Beispiel:

```
10 DIM A$(5)
20 FOR I = 1 TO 5
30 READ A$(I)
40 PRINT A$(I),
50 NEXT I
60 DATA "1.Wort","2.Wort","3.Wort"
70 DATA "4.Wort","5.Wort"
```

Liest die fünf DATA-Werte ein und gibt sie gleichzeitig auf dem Bildschirm aus. Wären in diesem Beispiel mehr DATA-Einträge vorhanden gewesen, wären sie ignoriert worden.

Eine zweite READ-Anweisung jedoch würde mit dem sechsten DATA-Wert fortfahren (vgl. auch RESTORE).

READ Turbo-Pascal-Prozedur. Dient zum Einlesen von Daten aus Dateien (typisiert bzw. Text) oder der Tastatur.
Eingabe:

```
Read(v,d1,d2,...);
Read(d1,d2,.....);
```

Liest die Datensätze d1, d2 usw. aus der Datei v bzw. liest die Variablen d1, d2 usw. von Tastatur.

READ-ONLY FILE Englische Bezeichnung für eine Nur-Lese-Datei, also eine Datei, die aufgrund des Read-Only-Attributs (wird mit dem MS-DOS Kommando ATTRIB gesetzt bzw. entfernt) nicht geändert oder gelöscht werden kann.

READKEY Turbo-Pascal-Funktion (Unit: Crt). Dient zum Einlesen eines Zeichens über die Tastatur (ohne Bildschirmanzeige).
Eingabe:

```
ReadKey;
```

READLN Turbo-Pascal-Prozedur. Sie arbeitet wie die Read-Prozedur (vgl. dort), jedoch nicht mit typisierten Dateien. Zusätzlich erfolgt nach jedem Lesen ein Zeilenvorschub.

READY Englischer Ausdruck für „bereit". Bezeichnet den Bereitschaftszustand (vgl. dort) eines Rechners, d.h., daß er Benutzereingaben aufnehmen und verarbeiten kann.

REAL MODE Spezieller Betriebsmodus der Intelprozessoren 80286 und 80386, in welchem sie aufwärtskompatibel zum Befehlssatz der 8086- und 8088-Prozessoren sind, was bedeutet, daß MS-DOS-Programme (auch in der Compatibility-Box von MS-OS/2) verarbeitet werden können. Die Leistungsfähigkeit der Prozessoren wird in dieser Betriebsart allerdings nicht voll ausgenutzt. Vgl. Protected Mode.

REAL-Zahl (engl. real). Zahl vom Realtyp bzw. Dezimalzahl mit Vor- und Nachkommastellen wie 2.45 oder -3456.783.

REALSPEICHER (engl. real memory). Tatsächlich vorhandener Arbeitsspeicher. Gegensatz: Virtueller Speicher (vgl. dort).

REBOOTEN (engl. reboot). Begriff für das (Neu-)Starten des Rechners mit Laden des Betriebssystems.

RECHENDATEN (engl. arithmetic data). Alle Daten, mit denen in Verarbeitungsprozessen gerechnet werden kann. In der Regel sind dies numerische Daten.

RECHENLEISTUNG (engl. computing performance). Bezeichnet einmal die Leistung eines Prozessors, gemessen in Mega-Instructions per Second. 1 MIPS bedeutet, daß der Prozessor pro Sekunde eine Million Befehle durchführen kann. Die Leistung hängt im wesentlichen von drei Faktoren ab, der Taktfrequenz, der Anzahl der gleichzeitig verarbeitbaren Bits (Busbreite) und den physikalischen Abmessungen des Prozessorchips (Länge der Leiterbahnen). Weiterhin bezeichnet der Begriff die Leistung des gesamten Systems zur kompletten Abarbeitung einer bestimmten Aufgabe. Da hier auch die langsamen Peripheriegeräte mit ins Kalkül gezogen werden müssen, reduziert sich die Verarbeitungsgeschwindigkeit entsprechend.

RECHENWERK (engl. arithmetic logical unit). Bestandteil des Prozessors. Das Rechenwerk führt die eigentlichen Berechnungsprozesse aufgrund logischer und arithmetischer Operationen durch.

RECHTECK (engl. rectangle). Symbol in Flußdiagrammen zur Anzeige von Verarbeitungsprozessen.

RECHTECKIMPULS (engl. square wave pulse). Bezeichnung für digitale Impulse, die im Gegensatz zu analogen Sinusschwingungen praktisch senkrechte Anfangs- und Endflanken besitzen, d.h. die Anstiegs- und Abfallzeiten sind sehr kurz (theoretisch Null).

RECHTSBÜNDIG (engl. right justified). Satz, bei dem die Zeilen ungleich lang und nur am rechten Rand bündig sind (= rechter Randausgleich).

RECHTSCHREIBPRÜFUNG

RECHTSCHREIBPRÜFUNG (engl. spell checking). Routine innerhalb von Textverarbeitungsprogrammen, die den Text auf orthographische Korrektheit bzw. Rechtschreibfehler überprüft. Die Korrektur kann entweder direkt während des Schreibens oder nachträglich in einem speziellen Korrekturlauf erfolgen. Die automatisierte Rechtschreibprüfung kann allerdings ein Korrekturlesen durch den Menschen nicht ersetzen, da unter anderem insbesondere semantische Fehler nicht erkannt werden können.

RECORD Englische Bezeichnung für Datensatz. In einer Adreßdatei wäre z.B. eine einzelne Adresse ein Record.

RECORD LOCKING Verhindert den Zugriff auf einen Datensatz, wenn auf diesen momentan schon zugegriffen wird. Ein Record Locking ist in vernetzten Systemen mit Multiuserbetrieb notwendig, damit nicht mehrere Benutzer gleichzeitig auf einen Datensatz zugreifen können und so den Inhalt verfälschen bzw. zerstören. Da jeweils nur Datensätze gesperrt werden, können die Benutzer jedoch gleichzeitig mit derselben Datei arbeiten (vgl. File Locking). Beispiel: Lagerdatei wird von mehreren Anwendern bearbeitet, ein einzelner Datensatz (= ein Lagerartikel) kann jeweils nur von einem Anwender gepflegt werden, die anderen Anwender können jedoch zum gleichen Zeitpunkt andere Artikel bearbeiten.

RECOVER Externes MS-DOS- (MS-DOS 3, MS-DOS 4) und MS-OS/2-Kommando (R+P) zum Wiederherstellen defekter Dateien. Im Netzwerk nicht verwendbar. Mit RECOVER werden defekte Sektoren einer Datei oder aller Dateien eines Datenträgers markiert. Die Datei(en) werden danach auf eine andere Stelle des Datenträgers geschrieben. Vorsicht, bei Anwendung auf einen kompletten Datenträger (Disk, Platte) werden alle Dateien umbenannt (FILE0001.REC, FILE0002.REC usw.).
Eingabe:

```
recover (LW:\Pfad\Dateiname)
```

Stellt Dateien mit defekten Sektoren auf dem angegebenen Laufwerk wieder her. Ohne Angabe eines Dateinamens bezieht sich der Befehl auf alle Dateien des Datenträgers. Ohne Laufwerksbezeichnung wird das aktuelle Laufwerk angesprochen.
Beispiel:

```
recover a:\dos\test.exe
```

Wiederherstellen der Datei TEST.EXE im Verzeichnis DOS auf Laufwerk A.

RECTANGLE Turbo-Pascal-Funktion. Dient zum Erzeugen eines Rechtecks.
Eingabe:

```
Rectangle(x1,y1,x2,y2);
```

Zeichnet Rechteck mit x1,y1 (Typ: Integer) als linker, oberer Ecke und x2,y2 (Typ: Integer) als rechter, unterer Ecke.

REDUNDANZ (engl. redundancy). Bezeichnet innerhalb der Datenverarbeitung den Sachverhalt, daß die gleichen Daten mehrmals vorhanden sind.

REENTRANT Bezeichnet ein Programm, das von mehreren Anwendern gleichzeitig benutzt werden kann.

REF Reservierte Dateikennung (= Extension) unter MS-DOS für Cross-Reference-Dateien.

REFERENCE MANUAL Englische Bezeichnung für den Bestandteil der Dokumentation, in dem Aufbau und Funktionsweise eines Gerätes oder Programms detailliert erläutert werden. Das Manual dient also in erster Linie dem Techniker bzw. Programmierer und nur sekundär dem Anwender.

REGISTER (engl. register). Bezeichnet einen Speicher innerhalb des Prozessors zur Aufnahme von Adressen (Adreßregister), Daten (Datenregister), Befehlen (Befehlsregister) für den Bearbeitungsprozeß.

REGISTRIERTER BENUTZER (engl. registrated user). Die meisten Softwarefirmen legen ihren Produkten eine Registrierungskarte bei, die vom Käufer ausgefüllt zurückgeschickt wird. Vorteil für den Anwender: Kostenlose Informationen über Programmverbesserungen, (meist ko-

stenlose) telefonische Hilfe bei Problemen. Vorteil für das Softwarehaus: Überblick über den Kundenstamm, bessere Verkaufsmöglichkeiten von Zusatzprodukten, Updates.

REIHENFOLGEZUGRIFF (engl. sequential access). Bezeichnet die Tatsache, daß Daten sequentiell (= hintereinander) in einer Datei gespeichert sind und bei Wiederverwendung auch wieder sequentiell gelesen werden müssen. Um z.B. den zehnten Datensatz lesen zu können, müssen zunächst auch die neun Datensätze davor eingelesen worden sein.

REKURSION (engl. recursion). Bezeichnet den Vorgang, daß ein Programm oder eine Routine sich während der Ausführungsphase immer wieder selbst aufruft, nachdem sie selbst erstmalig von einem anderen Programmteil aufgerufen wurde. Die Anzahl der Aufrufe ist entweder fest vorgegeben oder hängt von der Erfüllung bzw. Nichterfüllung einer gesetzten Bedingung ab.

REL Reservierte Dateikennung (= Extension) unter MS-DOS für verschiebbare Objektdateien.

RELATIONALE DATENBANK (engl. relational database). Datenbanksystem, in welchem die Datensätze in Tabellenform abgelegt sind und beliebige Verknüpfungen, Extraktionen auf Grund gesetzter Bedingungen etc. möglich sind, ohne auf ein hierarchisches Strukturprinzip achten zu müssen.

RELATIVE ADRESSIERUNG

RELATIVE ADRESSIERUNG (engl. relative addressing). Bei dieser Adressierungsart werden die Adressen z.B in einem Maschinenprogramm nicht direkt angegeben, sondern als Offset zur momentanen Adresse, d.h. man addiert den Offset-Wert zur gegenwärtigen Adresse. Dies hat u.a. den Vorteil, daß solche Programme überall im Speicher ablauffähig sind.

RELEASE Englischer Ausdruck für die Version eines Programms. Jedes Programm erscheint grundsätzlich in verschiedenen Releases (nach Fehlerbeseitigung oder Funktionserweiterungen), die man an der jeweiligen Versionsnummer erkennt. Neueste Versionen besitzen dabei die höchste Release-Nummer.

RELEASE Turbo-Pascal-Prozedur. Dient zum Zurücksetzen des Heapzeigers.
Eingabe:

```
Release(v);
```

V ist eine Zeigervariable (Typ: Pointer), der mit Mark ein Wert zugewiesen wurde. Release setzt v auf diesen Wert zurück.

REM GW-BASIC-Anweisung. Dient zum Einfügen von Bemerkungen in Programmzeilen.
Eingabe:

```
REM bzw. '
```

Alles, was in einer Programmzeile auf REM oder ' folgt, wird als Kommentar interpretiert und bei der Programmausführung ignoriert.

REM Stapelbefehl von MS-DOS (MS-DOS 3, MS-DOS 4) und MS-OS/2 (R+P) zum Einfügen von Kommentaren. Im Netzwerk verwendbar. Mit REM lassen sich während der Stapelverarbeitung Kommentare auf dem Bildschirm ausgeben. Dazu darf allerdings das Echo nicht ausgeschaltet sein (ECHO ON). Der Kommentar muß sich in der gleichen Zeile wie das REM-Kommando befinden. REM-Zeilen ohne Kommentare werden als Leerzeilen ausgegeben.
Eingabe:

```
rem Kommentar
```

Ausgabe des angegebenen Kommentars während der Stapelverarbeitung.

REMOTE Bezeichnet immer das Gerät, das am anderen Ende einer Verbindungsleitung arbeitet. Beispiel: Remote Computer. Sind zwei Computer zum Zwecke der Datenübertragung miteinander verbunden, dann ist der Remote Computer derjenige, an dem man selbst nicht arbeitet. Für den Anwender am anderen Gerät wiederum, ist der Computer, an dem man selbst arbeitet, der Remote Computer.

RENAME Internes MS-DOS- (MS-DOS 3, MS-DOS 4) und MS-OS/2-Kommando (R+P) zum Umbenennen von Dateien. Im Netzwerk verwendbar. Das Kommando benennt einzelne Dateien oder Dateigruppen

REPLACE

um. Abkürzung: REN. Die Verwendung von Wildcards (* ?) ist erlaubt. Umbenennungen können nur innerhalb des gleichen Laufwerks und Verzeichnisses durchgeführt werden.
Eingabe:

    ren (LW:)(Pfad)Datei.alt Datei.neu

Umbenennen des Files DATEI.ALT in DATEI.NEU auf dem angegebenen Laufwerk.
Beispiel:

    ren a:\text\angebot.doc liefer.doc

Benennt die Datei ANGEBOT.DOC im Verzeichnis TEXT auf Laufwerk A in LIEFER.DOC um.

RENAME Turbo-Pascal-Prozedur. Dient zum Umbenennen einer Datei auf einem externen Massenspeicher (Festplatte etc.).
Eingabe:

    Rename(v,'Neu');

V ist eine Dateivariable, der (mit Assign) eine externe Datei (eventuell mit Pfad) zugewiesen wurde. Für NEU ist die neue Dateibezeichnung (eventuell mit Pfad) anzugeben.

RENUM GW-BASIC-Befehl. Dient zur Neu-Numerierung von Programmzeilen.
Eingabe:

    RENUM NEU,ALT,ABSTAND

Numeriert die Zeilen eines Programms neu durch. Für NEU ist die Zeilennummer anzugeben, ab der neu gezählt werden soll (Standard: 10). ALT gibt die alte Zeilennummer des Programms an, ab der neu numeriert werden soll (Standard: Erste Zeile). ABSTAND legt den Ziffernabstand zwischen den Zeilennummern bei der Neunumerierung fest (Standard: 10).

REPEAT-FUNKTION Wiederholfunktion einer Tastatur. Das Zeichen wird solange (bzw. so oft) am Bildschirm ausgegeben, wie die Taste gedrückt gehalten wird. Durch spezielle Dienstprogramme läßt sich sowohl die Wiederholgeschwindigkeit wie auch die Ansprechzeit (wie lange die Taste gedrückt werden muß, damit die Wiederholfunktion einsetzt) variieren.

REPEAT...UNTIL Turbo-Pascal-Anweisung. Sie führt eine Schleife solange aus, bis eine gesetzte Bedingung erfüllt ist.
Schema:

    REPEAT Anweisung
    UNTIL Ausdruck

Wiederholt die Anweisung(en) solange, bis der Ausdruck nach UNTIL wahr (d.h. die Bedingung erfüllt) ist.

REPEATER Verstärker innerhalb eines Netzwerks, der die Daten verstärkt und weiterleitet. Repeater werden bei großer Entfernung zwischen den Netzwerkknoten eingesetzt.

REPLACE Externes MS-DOS- (MS-DOS 3, MS-DOS 4) und MS-OS/2-

341

REPRO

Kommando (R+P) zum Ersetzen von Dateien. Im Netzwerk verwendbar. Das Kommando ersetzt Dateien auf dem Ziellaufwerk (Verzeichnis) mit gleichnamigen Dateien aus dem Quellaufwerk (Verzeichnis) oder fügt neue Dateien hinzu. Die Verwendung von Wildcards (* ?) ist erlaubt.

Eingabe:

```
replace (LW:)(Pfad)datei(en)
(LW:)(Pfad)(/parameter)
```

Ersetzt die angegebenen Dateien im Ziellaufwerk, oder fügt (in Abhängigkeit vom Parameter) neue hinzu. Beispiel:

```
replace c:*.* c:\dos/a
```

Kopiert in das Verzeichnis DOS, bedingt durch den Parameter A, alle Dateien, die es dort, verglichen mit dem Hauptverzeichnis, nicht gibt. Parameter:

A (= APPEND)
Bewirkt, daß dem Zielverzeichnis Dateien hinzugefügwerden, die es im Quellverzeichnis, aber nicht im Zielverzeichnis, gibt.

D (= Date)
Nur solche Zieldateien sind zu ersetzen, die älter sind als die entsprechenden Quelldateien.

P (= PROMPT)
Erfragt vor jedem Ersetzen /Hinzufügen, ob der Vorgang durchgeführt werden soll.

R (= READ ONLY)
Ersetzt auch schreibgeschützte Dateien.

S (= SUBDIR)
Durchsucht auch alle Unterverzeichnisse des Zielverzeichnisses nach zu ersetzenden Dateien.

REPRO Druckvorlage. Endgültige Fassung eines Manuskripts.

RESERVIERTES WORT (engl. reserved word). Begriff aus der Programmierung. In vielen Programmiersprachen (Basic, Pascal, Cobol etc.) dürfen Bezeichnungen, die identisch mit Anweisungen oder Funktionen sind, nicht als Variablennamen verwendet werden. Beispiel in Basic:

```
10  ZÄHLER = 20
20  LOAD = 30
30  ABS = 40
40  PRINT ZÄHLER/LOADER*ABS
```

Hier wären die Variablenbezeichnungen in den Zeilen 20 und 30 unzulässig, weil sie identisch mit einer Anweisung (Zeile 20) bzw. einer Funktion (Zeile 30) sind.

RESERVIERTES ZEICHEN (engl. reserved character). Unter MS-DOS sind bestimmte Zeichen reserviert, d.h. sie dürfen innerhalb von Dateinamen oder Extension nicht verwendet werden. Dazu zählen außer der Leerstelle die Zeichen
; , . : " / [ ] \ | < > * ? = +

RESET GW-BASIC-Befehl. Schließt alle noch offenen Dateien und schreibt alle notwendigen Informationen aus dem Dateipuffer auf den externen Speicher.

RESTORE

RESET Turbo-Pascal-Prozedur. Öffnet eine Datei zum Lesen oder Schreiben.
Eingabe:

    Reset(v,Größe);

V ist eine Dateivariable (Typ: Beliebig), der mit Assign die externe Datei zugewiesen wurde. Optional kann mit GRÖSSE (Typ: Word) noch die Datensatzlänge bestimmt werden.

RESET Zurückversetzen des Computers in den Ausgangszustand. Dies kann durch Ein-/Ausschalten des Gerätes erfolgen, durch Drücken eines speziellen RESET-Knopfes oder, unter MS-DOS, durch gleichzeitiges Betätigen der Tasten CTRL, ALT und DEL.

RESET-TASTE (engl. reset switch). Löst einen Neustart bzw. Kaltstart (vgl. dort), des Rechners aus.

RESIDENT (engl. resident). Bezeichnet Programme, die ständig, also auch vor und nach der Ausführungsphase im Arbeitsspeicher gehalten werden und von dort per Tastendruck jederzeit aufgerufen werden können, bzw. permanent im Hintergrund arbeiten wie z.B. der Tastaturtreiber oder auch die internen MS-DOS-Kommandos wie COPY, DIR etc.). Gegensatz: Transient. Vgl. auch TSR-Programm.

RESIDENTE KOMMANDOS (engl. internal commands). Auch interne Kommandos (vgl. dort). Systembefehle, die jederzeit zur Verfügung stehen, und nicht erst von externen Speichern geladen werden müssen.

RESIDENTER ZEICHENSATZ (engl. internal font). Zeichensatz (vgl. dort), der hardwaremäßig in einem Gerät (Graphikkarte eines Computers oder im ROM eines Druckers) vorhanden ist und somit jederzeit zur Verfügung steht. Gegensatz: Zuladbarer Zeichensatz bzw. Soft-Font.

RESOLUTION Englischer Begriff für Auflösung. Vgl. dort.

RESTORE Externes MS-DOS- (MS-DOS 3, MS-DOS 4) und MS-OS/2-Kommando (R+P) zum Wiederherstellen von gesicherten Dateien. Im Netzwerk verwendbar. Mit RESTORE können alle mittels des Kommandos BACKUP auf Diskette/Platte gesicherten Dateien wiederhergestellt werden. Falls das BACKUP mehrere Disketten belegt, werden diese nacheinander nach Aufforderung durch das RESTORE-Kommando eingelegt.
Eingabe:

    restore (LW1:) (LW2:)(Pfad)(/parameter)

Sichert alle Daten vom Quellaufwerk (LW1:) auf das Ziellaufwerk (LW2:) oder ein Verzeichnis darauf.
Beispiel:

    restore a: c:

Schreibt alle Dateien von Laufwerk A ins Hauptverzeichnis von C zurück.

RESTORE

Parameter:

A: DATUM   Schreibt alle Dateien zurück, welche an oder nach dem aufgeführten Datum verändert wurden.

B:DATUM   Schreibt alle Dateien zurück, die an oder vor dem angegebenen Datum geändert wurden.

E:ZEIT   Schreibt alle Dateien zurück, die zu oder vor der angegebenen Zeit verändert wurden.

L:ZEIT   Zurückschreiben aller Dateien, die sich zu oder nach dem aufgeführten Datum geändert haben.

M   Schreibt alle Dateien zurück, die seit dem letzten Backup auf dem Zieldatenträger gelöscht oder verändert wurden.

N   Schreibt alle Dateien zurück, welche auf dem Zieldatenträger nicht mehr vorhanden sind.

P   Fragt vor jeder Read-Only- oder seit dem letzten Backup geänderten Datei, ob sie zurückgeschrieben werden soll.

S   Schreibt Dateien in ihre ursprünglichen Unterverzeichnisse auf dem Zieldatenträger zurück.

Hinweis: Die Parameter a, b, m und n können nicht gleichzeitig benutzt werden.

RESTORE   GW-BASIC-Anweisung. Dient zum Zurücksetzen des DATA-Zeigers auf die angegebene oder die erste DATA-Zeile.

Eingabe:

```
RESTORE (Zeilennummer)
```

Setzt den DATA-Zeiger zum erneuten Lesen der DATA-Werte auf die erste DATA-Zeile oder die angegebene DATA-Zeile.

Beispiel:

```
10 DATA "Hans Huber","Hauptstraße
   12","8000 München"
20 DATA "Gerd Nagel","Setzgasse
   20","8700 Würzburg"
30 FOR I = 1 to 6
40 READ A$(I)
50 PRINT A$(I)
60 NEXT I
70 RESTORE 20
80 READ N$,S$,O$
90 PRINT N$,S$,O$
```

Hier werden zunächst (bedingt durch die Schleife) alle 6 DATA-Werte in die indizierte Variable A$ eingelesen und am Bildschirm ausgegeben. Der DATA-Zeiger steht anschließend am Ende der letzten DATA-Zeile. Eine erneute READ-Anweisung würde deshalb eine OUT OF DATA Fehlermeldung produzieren. Durch RESTORE 20 in Zeile 70 wird der Zeiger wieder auf den Beginn der letzten DATA-Zeile gesetzt, so daß die darin enthaltenen drei Werte nochmals gelesen werden können.

RESTORECRTMODE   Turbo-Pascal-Prozedur (Unit: Graph). Dient zum Zurücksetzen des Bildschirmmodus in den Ursprungszustand.

Eingabe:

```
RestoreCrtMode;
```

Bildschirmmodus ist identisch mit dem bei Start der Unit Graph.

RESUME GW-BASIC-ANWEISUNG. Fährt nach Abarbeiten einer Fehlerroutine im Programm fort.
Eingabe:

```
RESUME
RESUME NEXT
RESUME ZEILE
```

Fährt im Programm mit der Anweisung fort, die den Fehler auslöste, bzw. mit der darauf folgenden Anweisung bzw. mit der angegebenen Zeile (Beispiel: vgl. ERROR).

RETRIEVAL SYSTEM Datenbank- oder Textsystem (mit Abfragesprache), mit dessen Hilfe sich möglichst einfach und schnell (beliebig verknüpfte und/oder themenspezifische) Informationen aus einer Datenbank oder Dokumentensammlung gewinnen lassen.

RETURN GW-BASIC-Anweisung. Sorgt nach Abarbeitung eines Unterprogramms, in das mit GOSUB verzweigt wurde, für den Rücksprung zu der auf den Sprungbefehl folgenden Anweisung (vgl. GOSUB).

RETURN-TASTE (engl. return key oder enter key). Eingabetaste. Auf Kommandoebene werden Befehle erst ausgeführt, nachdem die Return-Taste betätigt wurde. In Textverarbeitungsprogrammen erzeugt das Betätigen der Return-Taste eine neue Zeile bzw. einen neuen Absatz. Weitere Bezeichnungen: Eingabe-, Wagenrücklauf-, Enter-Taste.

REVERS-DARSTELLUNG (engl. revers video). Auch Invers-Darstellung. Negativdarstellung von Text oder Graphik auf einem Sichtgerät, d.h. weiße Bildpunkte werden schwarz dargestellt und umgekehrt.

REWRITE Turbo-Pascal-Prozedur. Legt eine neue Datei an und öffnet sie.
Eingabe:

```
Rewrite(v,Größe);
```

V ist eine Dateivariable (Typ: Beliebig), der mit Assign eine externe Datei zugewiesen wurde. Optional kann mit GRÖßE (Typ: Word) noch die Datensatzlänge bestimmt werden.

RGB Akronym für ROT-GRÜN-BLAU, die drei Komplementärfarben, aus denen sich alle weiteren Farben eines Farbmonitors durch Überlagerung (vgl. Additive Farbmischung) aufbauen.

RGBI-MONITOR Akronym für Rot-Grün-Blau-Intensität-Monitor. Farbbildschirm. Bezeichnet in der Regel einen IBM-kompatiblen Monitor, der nach dem TTL-Prinzip arbeitet und 16 Farben darstellen kann und zwar jeweils 8 in normaler und 8 in doppelter Helligkeit (= Intensität).

RIGHT$

RIGHT$ GW-BASIC-Funktion. Liefert den rechten Teil einer Zeichenkette.
Eingabe:

```
RIGHT$(A$,ANZAHL)
```

Liefert den rechten Teil von A$ mit der Länge von ANZAHL Zeichen.
Beispiel:

```
10 A$="COMPUTERFARBGRAPHIK"
20 PRINT RIGHT$(A$,7)
```

Als Ergebnis wird GRAPHIK ausgegeben, also die letzten 7 Zeichen in A$.

RINGTOPOLOGIE (engl. loop topology). Begriff aus der Netzwerktechnik. Alle Rechner des lokalen Netzes sind an eine ringförmig

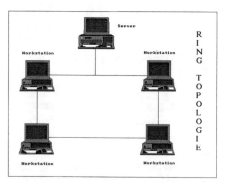

Bild 65: Ringtopologie

geschlossene Übertragungsleitung angeschlossen. Bekanntester Vertreter der Ringtopologie: IBM Token-Ring.

RISC Akronym für Reduced Instruction Set Code. Prozessortyp, der mit einem sehr kleinen Befehlssatz arbeitet, dafür jedoch äußerst schnell ist. RISC-Prozessoren werden vor allem in Transputern eingesetzt und besitzen in der Regel folgende Grundmerkmale: Ausführung von Instruktionen in einem einzigen Taktzyklus, alle Befehle (ca. 50) sind hardwaremäßig vorhanden, keine komplexen Adressierungsarten. Gegensatz: CISC.

RLL Akronym für Run Length Limited. Auch (1,7) RLL. Spezielles Verfahren zur Datenspeicherung auf Festplatten. Ergibt ca. 25% mehr Plattenkapazität als beim konventionellen MFM-Verfahren. Spezielle RLL-Kontroller und Festplatten sind notwendig. Vgl. auch ARLL, ERLL, MFM.

RMDIR GW-BASIC-Anweisung. Löscht Unterverzeichnisse (die keine Dateien enthalten dürfen).
Eingabe:

```
RMDIR "PFAD"
```

Für Pfad ist der Verzeichnisname, falls nötig, mit komplettem Suchweg zu setzen.
Beispiel:

```
RMDIR "C:\BASIC\PRIVAT"
```

Löscht das Verzeichnis PRIVAT, das sich wiederum im Verzeichnis BASIC auf Laufwerk C befindet.

RMDIR Internes MS-DOS- (MS-DOS 3, MS-DOS 4) und MS-OS/2-Kommando (R+P) zum Löschen von Unterverzeichnissen. Abkürzung: RD. Die Verzeichnisse dürfen keine Dateien mehr enthalten.
Beispiel:

```
RMDIR C:\BIN.
```

Löscht das Unterverzeichnis BIN im Laufwerk C.

RMDIR Turbo-Pascal-Prozedur. Löscht Unterverzeichnisse (die keine Dateien enthalten dürfen).
Eingabe:

```
RmDir('Verzeichnis');
```

Für Verzeichnis ist der Name (und eventuell der Pfad) des zu löschenden Verzeichnisses zu setzen.

RMSIZE Konfigurationsbefehl von MS-OS/2 (R), um Speicher für den Real Mode zu reservieren. Mit RMSIZE wird unter MS-OS/2 die Speichergröße (0-640 KByte) für Anwendungen im Real Mode festgelegt. Das PROTECTONLY-Kommando muß hierbei auf NO gesetzt sein. Normalerweise sollte man diese Zuordnung dem System überlassen, das bei nicht verwendetem RMSIZE-Befehl den optimalen Wert in Abhängigkeit vom vorhandenen Gesamtspeicher automatisch ermittelt und setzt. Dies sind entweder 512 oder 640 KByte (abhängig von der Konfiguration des Low-DOS-Memory) oder vorhandener Speicher abzüglich 512 KByte. Dabei wird immer der niedrigere Wert beider Alternativen gesetzt.
Eingabe:

```
rmsize=n
```

Festlegen der Speichergröße für Real Mode Anwendungen. Für n sind Werte von 0 bis 640 erlaubt.
Beispiel:

```
rmsize=640
```

Die Speichergröße wird auf 640 KByte festgelegt.

RND GW-BASIC-Funktion. Dient zum Erzeugen einer Zufallszahl.
Eingabe:

```
RND
INT(RND*ZAHL)
```

Die erste Eingabe erzeugt eine Zufallszahl zwischen 0 und 1. Im zweiten Fall wird eine ganzzahlige Zufallszahl im Bereich von 0 bis (Zahl-1) erzeugt. Damit nicht immer die gleiche Folge von Zufallszahlen ausgegeben wird, ist die RANDOMIZE-Anweisung zu aktivieren (Beispiel vgl. RANDOMIZE).

ROBINSON-LISTE Datenschutz: Personen, die keine Werbung per Postwurfsendung wünschen, können sich in diese Liste eintragen lassen und zwar beim Deutschen Direktmarketing-Verband in Wiesbaden.

ROLLBALKEN (engl. scroll bar). Rollbalken werden in Programmen verwendet, die unter einer graphischen Benutzeroberfläche (Windows, GEM) arbeiten. Im Rollbalken selbst befindet sich ein Zeiger (in Form eines Kästchens) der mit der Maus entlang des Balkens bewegt werden kann. Analog zu dieser Zeigerbewegung rollt auch der Bildschirminhalt nach oben oder unten (vertikaler Balken) bzw. nach links oder rechts (horizontaler Balken). Auf diese Weise kann man z.b. schnell durch die Seiten eines Textes blättern.

ROLLEN (engl. scroll). Bewegen des Bildschirminhalts in eine der vier möglichen Richtungen. Auf Kommandoebene von MS-DOS ist kein Rollen möglich, in Anwendungsprogrammen erfolgt das Rollen entweder mit Hilfe der vier Cursortasten (vgl. dort) oder durch sogenannte Rollbalken (vgl. dort).

ROLLEN-TASTE Sondertaste auf PC-Tastaturen. Auf amerikanischen Tastaturen ist sie mit SCROLL-LOCK (vgl. dort) beschriftet.

ROLLKUGEL (engl. trackball). Eingabegerät. Vgl. Trackball.

ROM Akronym für Read-Only-Memory. Speicherbaustein, der nur gelesen werden kann. Der Inhalt bleibt permanent erhalten, also auch nach Abschalten des Computers. Dementsprechend sind alle Funktionen eines Computers, die sofort nach dem Einschalten verfügbar sein müssen (z.B. Systemtest, Zeichenausgabe auf dem Bildschirm etc.) in ROM-Bausteinen (alternativ auch in EPROMs, PROMs) enthalten.

ROM-BIOS Enthält das Urladeprogramm zum Starten der Grundfunktionen des Rechners und zur Abfrage der Laufwerke, einen Zeichengenerator zum Erzeugen der Zeichen auf dem Bildschirm sowie Dienstprogramme zur Verwaltung der Hardwareuhr und zum Ausdrucken des Bildschirms (Print Screen).

ROM-CARTRIDGE (engl. ROM cartridge). Für manche Computertypen werden Programme angeboten, die in sogenannten ROM-Cartridges, Einschubmodulen mit ROM-Bausteinen, gespeichert sind. Die Cartridges sind auswechselbar. Vorteile liegen in der schnellen Ladegeschwindigkeit und der einfachen Handhabung.

ROOT DIRECTORY Englische Bezeichnung für das Hauptverzeichnis eines externen Speichermediums mit wahlfreiem Zugriff (Festplatte, Diskette).

ROS Akronym für Resident Operating System. Bestandteil des BIOS, der sich (bei PCs) in den ROM-Bausteinen des Rechners befindet. Das komplette BIOS besteht demnach aus ROS und den von Diskette bzw. Festplatte bei Systemstart zugeladenen Komponenten (IO.SYS).

ROUGHS Englische Bezeichnung für den Rohentwurf eines Layouts auf dem Bildschirm oder auf Papier.

ROUND Turbo-Pascal-Funktion. Dient zum Runden eines Ausdrucks. Eingabe:

```
Round(x);
```

X steht für einen Ausdruck oder eine Zahl (Typ: Real), die gerundet wird.

ROUTINE (engl. routine). Anzahl zusammengehöriger Anweisungen in einem Programm.
Beispiel:
Druckroutine = alle Anweisungen eines Programms, die für den Ausdruck von Texten oder Graphik verantwortlich sind.

RS232 Auch V.24. Amerikanische Normierung der seriellen Schnittstelle (vgl. dort) eines Computers. Spannungen zwischen -3 und -15 V werden als logisch Eins, Spannungen zwischen +3 und +15 V als logisch 0 interpretiert.

RSET GW-BASIC-Anweisung. Sie entspricht der Anweisung LSET (vgl. dort) mit dem Unterschied, daß die zugewiesene Zeichenfolge rechtsbündig in der Puffervariablen abgelegt wird.

RTC Akronym für Real Time Clock. Echtzeit-Uhr. In der Regel ist sie akku- oder batteriegepuffert, so daß Uhrzeit und Datum auch nach Abschalten des Rechners korrekt eingestellt bleiben. Die Echtzeituhr von AT-Rechnern kann unter MS-DOS mit den Kommandos TIME und DATE ausgelesen und verändert werden.

RTL Akronym für Runtime Library. Runtime-Bibliothek.

RTOS Akronym für Real Time Operating System. Echtzeit-Betriebssystem für Rechner der Atari ST-Serie.

RTS Akronym für Real Time System. System, welches nach dem Prinzip der Echtzeitverarbeitung arbeitet. Vgl. Dialogverarbeitung.

RTS Akronym für Request to Send. Übertragungsanforderung bei der Datenfernübertragung.

RÜCKSPRUNGADRESSE (engl. return address). Erfolgt bei der Abarbeitung eines Programms eine Verzweigung in ein Unterprogramm, erfolgt anschließend ein Rücksprung zu der Stelle, die direkt hinter dem Sprungbefehl liegt. Diese Adresse, die Rücksprungadresse, wird vor Ausführung des Sprungbefehls in einem Prozessorregister gespeichert.

RULER Englischer Ausdruck für Lineal. In vielen Graphikprogrammen lassen sich an den Bildschirmrändern Lineale einblenden, um millimetergenau zeichnen zu können. In Textprogrammen zeigt das Lineal am oberen Bildschirmrand u.a. die Stellung der Tabulatormarken oder die Tiefe von Zeileneinzügen an.

RUN GW-BASIC-Befehl. Startet das Programm im Arbeitsspeicher.
Eingabe:

```
RUN (Zeile,R)
```

Startet das Programm im Arbeitsspeicher ab Beginn bzw. ab der angegebenen Zeilennummer. Falls der

RUN

Parameter R gesetzt wird, bleiben alle noch offenen Dateien geöffnet. Wird R ohne Zeilenangabe verwendet, ist der Dateiname in Anführungszeichen nach RUN anzugeben.

RUN Konfigurationsbefehl von MS-OS/2 (R+P) zum Start von Programmen. RUN dient zum Laden und Starten von Anwenderprogrammen, Systemroutinen oder Hintergrundprozessen. Der Befehl kann mehrmals verwendet werden. Die Extensionen müssen in den Dateinamen angegeben sein, Groß-/Kleinschreibung wird berücksichtigt. Alle Anwendungen, die mit RUN gestartet werden, müssen das Disk Error Handling selbst übernehmen. Vor der Ausführung der RUN-Statements werden zunächst alle DEVICE-Befehle abgearbeitet.
Eingabe:

```
run=(LW:)(Pfad)datei.ext (parameter)
```

Start von Programmen mit eventueller Angabe von Laufwerk und Pfad. Programm-Parameter werden berücksichtigt.
Beispiel:

```
run=c:\bin\spool.exe
```

Startet das Spooler-Programm von MS-OS/2 aus dem Unterverzeichnis BIN auf Laufwerk C.

RUNDUNGSFEHLER (engl. rounding error). Ergibt sich dann, wenn einer Zahl (um Speicherplatz zu sparen) nur eine bestimmte Anzahl von Nachkommastellen zur Verfügung gestellt wird, und bei Berechnungen auf der letzten Stelle gerundet werden muß, was bei Folgekalkulationen mit dieser Zahl zu unkorrekten Ergebnissen führen kann. Deshalb kann man in Programmiersprachen (z.B. bei kritischen Berechnungen) einer Zahl mehr Nachkommastellen zuweisen. Verdoppelt man z.B. die Anzahl der Nachkommastellen, dann spricht man von „Doppelter Genauigkeit".

RUNTIME Englische Bezeichnung für die Zeit, die ein Programm zum Ablaufen benötigt.

RUNTIME PROGRAMM (engl. runtime programme). Bezeichnet ein Programm, das von sich aus nicht ablauffähig ist, sondern hierzu ein zusätzliches Programm benötigt. Beispiele: Eine Lagerverwaltung wurde mit einem Datenbanksystem programmiert. Um die Lagerverwaltung nutzen zu können, muß auch das Datenbanksystem vorhanden sein und als erstes gestartet werden. Ein BASIC-Programm kann nur gestartet werden, wenn zuvor der BASIC-Interpreter geladen wurde.

RUNTIME VERSION (engl. runtime version). Bezeichnet die (funktional eingeschränkte) Version eines Programms, das notwendig ist, um eine Applikation ablaufen zu lassen.
Beispiel:
Mit dem Programm XY, einem Entwicklungspaket, können Anwendungsprogramme erstellt werden (z.B. Fakturierung, Finanzbuchhaltung etc.), die nur ablauffähig sind, wenn

zuvor das Programm XY gestartet wurde (vgl. Runtime Programm). Natürlich muß das Softwarehaus deshalb dem Kunden, damit er seine Anwendung auch nutzen kann, das Programm XY mitliefern. Da jedoch solche Entwicklungspakete sehr komplex, speicherintensiv und teuer sind, reduziert man seine Funktionen auf diejenigen, die notwendig sind, um das Anwendungsprogramm ablaufen lassen zu können. Dieses „abgespeckte" Programm bezeichnet man als Runtime Version.

S

SASI Akronym für Shugart Associates System Interface. Frühere Bezeichnung für die SCSI-Schnittstelle (vgl. dort) zum Anschluß von Festplatten.

SATZSPIEGEL (engl. type area). Derjenige Teil einer Seite, der mit Text und Graphik belegt wird.

SÄULENDIAGRAMM (engl. bar chart). Dient zur Veranschaulichung von Zahlenwerten in Form von waagerechten oder senkrechten (zwei- oder dreidimensionalen) Säulen, wobei jeder Zahlenwert durch einen in der Größe dem jeweiligen Wert entsprechenden Balken repräsentiert wird.

SAVE GW-BASIC-Befehl. Sorgt für das Abspeichern von Programmen auf Festplatte bzw. Diskette. Eingabe:

```
SAVE"Datei",Parameter
```

Speichert die angegebene Datei. Für Parameter gilt:
  A Abspeichern im ASCII-Modus
  P Abspeichern in kodiertem Format, d.h. die Datei läßt sich später nicht mehr auflisten oder verändern).

SAVEN (engl. save). Computerdeutsch für Abspeichern bzw. Sichern einer Datei im Arbeitsspeicher oder externen Speichermedien.

SBC Akronym für Single Board Computer. Einplatinencomputer.

SCANNER (engl. scanner). Gerät zum Einlesen von Texten und Bildern von einem konventionellen Datenträger (Buch, Photographie etc.) in den Computerspeicher oder ein externes Speichermedium (Diskette, Festplatte) zur späteren Weiterverarbeitung (engl. scan — abtasten). Vom Funktionsprinzip arbeiten alle Scanner gleich. Ein lichtempfindlicher Halbleiter wird über die Vorlage geführt und tastet sie Zeile für Zeile ab. Dabei werden die vorhandenen Hell-/Dunkel-Unterschiede erfaßt und als Werte gespeichert. Diese Werte können dann für die Wiedergabe auf dem Bildschirm wieder

Bild 66: Flachbettscanner

umgewandelt werden, so daß sich ein originalgetreues Abbild ergibt, besonders bei hochwertigen Geräten, die bis zu 256 Graustufen unterscheiden können.
Die Qualität eines Scannerbildes

SCHACHT

hängt von zwei Faktoren ab: der Auflösungsfähigkeit, d.h. wieviele Punkte pro Zoll (dpi) das Gerät verarbeiten kann (üblich sind Auflösungen von 300x300 dpi bis hin zu 600x600 dpi), und der Anzahl der erkannten Graustufen (16 — 256). Insbesondere bei Halbtonvorlagen (Photos etc.) spielt die Anzahl der Graustufen die wesentlichere Rolle, während die Höhe der Auflösung bei Artline-Vorlagen wichtiger ist, wo nur zwischen Schwarz und Weiß unterschieden wird (wichtig z.B. für die Texterkennung).

SCHACHT (engl. tray). Druckerzubehör zur Papieraufnahme. Vgl. Papierschacht.

SCHALLSCHLUCKHAUBE (engl. noise-absorbing cover). Sie dient dazu, den Lärm von Druckern mit mechanischem Anschlag (Nadeldrucker, Typenraddrucker etc.) zu dämpfen.

Bild 67: Schallschluckhaube

Die „Haube" ist meist ein schallisoliertes Gehäuse, in welches der Drucker gestellt wird, und das sich zur Druckerbedienung aufklappen läßt. Ein Lüfter sorgt für den notwendigen Wärmeaustausch.

SCHLANGE (engl. queue). Vgl. Warteschlange, Spool.

SCHLEIFE (engl. loop). Programmierung. Zusammengehörige Befehlsfolge, die ein- oder mehrmals wiederholt wird, bis eine gegebene Bedingung erfüllt bzw. eine vorgegebene Anzahl von Durchläufen erreicht ist.
Beispiele in BASIC:

```
10 FOR X = 1 TO 20
20 PRINT"TESTZEILE"
30 NEXT X
10 INPUT "Zahl eingeben: ",Z
20 IF Z=0 THEN 50
30 PRINT Z
40 GOTO 10
50 END
```

Im ersten Beispiel wird 20mal (Anzahl der Durchläufe vorgegeben) das Wort TESTZEILE ausgedruckt, anschließend wird im Programm fortgefahren. Im zweiten Beispiel wird die Schleife solange wiederholt, bis die Zahl 0 eingegeben wird.

SCHLÜSSELDISKETTE (engl. key disk). Manche Programme besitzen einen Kopierschutz, welcher derart gestaltet ist, daß das Programm zwar auf Festplatte installiert werden kann, sich aber von dort nur starten läßt, wenn sich gleichzeitig in Diskettenlaufwerk A eine mitgelieferte Schlüsseldiskette befindet, von der

SCHREIB-/LESESPEICHER

zuvor ein programmspezifischer Code abgefragt wird. Das Programm selbst läßt sich beliebig kopieren, die Schlüsseldiskette ist jedoch mit einem Kopierschutz versehen.

SCHNEIDEN (engl. cut). Begriff aus der Texterkennung. Zeichen, die auf der Originalvorlage miteinander verbunden sind (dies ist oft bei Proportionalschrift der Fall), müssen nach dem Einlesen durch den Scanner am Bildschirm getrennt werden, damit sie vom Texterkennungsprogramm (vgl. dort) richtig identifiziert werden können.

SCHNITTSTELLE (engl. interface oder port). Bezeichnet die Übergangsstelle vom Rechner zu den Peripheriegeräten. In der Praxis sind Schnittstellen Buchsen bzw. Stecker (meist an der Gehäuserückwand der Zentraleinheit), an welche sich Zusatzgeräte wie Drucker per Kabel anschließen lassen.

SCHNITTSTELLENKARTE (engl. interface board). 8-Bit-Erweiterungskarte für PCs. In der Regel mit einem oder mehreren seriellen (bis zu 8) und/oder parallelen (bis zu 3) Anschlüssen für Peripheriegeräte wie Drucker, Maus, Modem etc.

SCHÖNSCHRIFT (engl. letter quality). Bezeichnet das Schriftbild von Druckern, welches dem einer Typenradschreibmaschine gleicht. Vgl. LQ.

SCHÖNSCHRIFTDRUCKER (engl. letter quality printer). Sie erzeugen ein korrespondenzfähiges Schriftbild.

Zu den Schönschriftdruckern zählen: Typenraddrucker, Laserdrucker und alle Matrixdrucker (Nadeldrucker, Tintendrucker), bei denen die Matrix eines Zeichens durch Verwendung von 24 oder mehr Nadeln bzw. Düsen sehr fein strukturiert ist.

SCHREIB-/LESEGESCHWINDIGKEIT (engl. read/write speed). Bei RAM-Speicher: Zeit für das Anwählen einer Adresse und das Schreiben bzw. Lesen des Speicherinhalts. Plattenspeicher: Zeit, die benötigt wird, einen Datenblock zu lesen. Setzt sich zusammen aus Positionierungszeit, Latenzzeit (vgl. dort) und der Zeit zum Lesen/Schreiben der Daten. Die Schreib-/Lesegeschwindigkeit wird in KBit/s oder MBIT/s gemessen.

SCHREIB-/LESEKOPF (engl. read/write head). Er dient bei magnetischen Datenträgern zum Schreiben (Speichern) bzw. Lesen (Laden) von Daten. Bei Magnetbandgeräten ist er entweder als Kombikopf oder als separater Schreibkopf und Lesekopf vorhanden. Bei Diskettenlaufwerk und Festplatte ist für jede vorhandene Oberfläche ein separater Schreib-/Lesekopf zuständig. Vgl. Zugriffskamm.

SCHREIB-/LESESPEICHER (engl. read/write memory). Bezeichnet alle Speichermedien, von den gelesen, die gelöscht und auf die geschrieben werden kann. Dazu zählen Arbeitsspeicher (RAM), Disketten, Festplatten, Magnetbänder und optisch löschbare Speicher.

SCHREIBDICHTE (engl. recording density). Gibt an, wieviele Bits ein Datenträger pro Flächeneinheit enthält. Je höher die Schreibdichte, desto mehr Informationen lassen sich auf dem Datenträger speichern. Benutzte Maßeinheit: BPI (bit per inch) = Bit pro Zoll. Vgl. auch Aufzeichnungsdichte.

SCHREIBEN (engl. write). Anderer Begriff für das Ablegen (Speichern) von Daten in einem internen (Arbeitsspeicher) oder externen (Festplatte, Diskette, Magnetband etc.) Speicher bzw. für das Übertragen von Daten auf ein anderes Peripheriegerät wie Bildschirm oder Drucker.

SCHREIBGESCHÜTZT (engl. write protected). Vgl. Schreibschutz.

SCHREIBGESCHWINDIGKEIT (recording speed). Vgl. Schreib-/Lesegeschwindigkeit.

SCHREIBKOPF (engl. write head). Vgl. Schreib-/Lesekopf.

SCHREIBLEISTUNG (engl. printing speed). Gibt an, wieviele Zeichen pro Sekunde (Zeichendrucker wie z.B. Matrixdrucker) bzw. Seiten pro Minute (Seitendrucker wie z.B. Laserdrucker) ein Drucker ausgeben kann. Die Herstellerangaben weichen allerdings oft beträchtlich von den Praxiswerten ab, da eventuell anfallende Berechnungszeiten, Blatteinzug, Wagenrücklauf etc. nicht berücksichtigt werden.

SCHREIBMASCHINE (engl. typewriter). In der EDV werden Schreibmaschinen, die über eine serielle Schnittstelle verfügen, noch vereinzelt als Schönschriftdrucker eingesetzt.

SCHREIBRING (engl. write enable ring). Begriff aus der Datensicherung. Magnetbänder lassen sich in der Regel nur beschreiben, wenn zuvor ein Schreibring an der Magnetbandspule angebracht wurde. Dadurch wird ein versehentliches Löschen von Daten verhindert.

SCHREIBSCHUTZ (engl. write protection). Bezeichnet allgemein jede Vorrichtung in der Datenverarbeitung, die ein Schreiben von Daten auf einen externen Datenträger (Festplatte, Band, Diskette etc.) verhindert und damit auch ein Löschen von Daten. Der Schutz kann hardwaremäßig realisiert werden (z.B. durch einen Schreibring) oder softwaremäßig (z.B. durch Zuweisung des Nur-Lese-Attributs; vgl. ATTRIB).

SCHREIBSCHUTZSCHRANKE (engl. write protect sensor). Die meisten Diskettenlaufwerke besitzen eine Lichtschranke (manche einen mechanischen Fühler) zur Überprüfung des Schreibschutzes. Ist bei einer 5 1/4-Zoll-Diskette die Schreibschutzkerbe überklebt, dann wird der Lichtstrahl unterbrochen und dem Laufwerkskontroller dadurch mitgeteilt, daß auf diese Diskette keine Schreibvorgänge (Speichern, Löschen) angewandt werden dürfen.

SCHUTZWÜRDIGE DATEN

Bei der mechanischen Variante befindet sich im Laufwerk an der Stelle, an der sich die Schreibschutzkerbe einer eingelegten Diskette befindet, ein Stift, der bei überklebtem Schreibschutz nach unten gedrückt wird, und so einen Kontakt schließt.

SCHREIBTISCHTEST (engl. dry run). Begriff aus der Softwareentwicklung. Programme oder Routinen werden bereits vor der Codierung (dem Erstellen des Quellprogramms in einer Programmiersprache) unter Verwendung der Eingabedaten, der einzelnen Verarbeitungsschritte und der Ausgabedaten mit Papier und Bleistift auf Korrektheit überprüft.

SCHRIFTART (engl. font). Darstellungsform bzw. charakteristisches Aussehen der Zeichen einer Schrift in einer Größe.
Beispiel: Times Roman, fett, 10 Punkt.

SCHRIFTATTRIBUT (engl. typestyle). Attribut, mit dem eine Schriftart bzw. ein Zeichensatz wiedergegeben wird. Beispiele: fett, kursiv.

SCHRIFTGRAD (engl. font size). Bezeichnet die Größe der Zeichen einer Schriftart. Wird in Points oder Punkten (vgl. jeweils dort) angegeben.

SCHRIFTGRÖSSE (engl. font size). Vgl. Schriftgrad.

SCHRITTMOTOR (engl. stepper motor). Er dient in Diskettenlaufwerken und Festplatten zum Bewegen der Schreib-/Leseköpfe auf die einzelnen Spuren. Vgl. Steppermotor

SCHUBTRAKTOR Art des Papiertransports bei Druckern mit Endlospapier (z.B. Nadeldrucker).

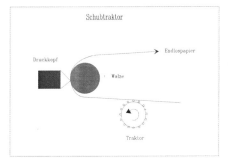

Bild 68: Schubtraktor

Der Traktorantrieb befindet sich vor dem Druckkopf. Vorteile: das Papier kann rückwärts transportiert werden, ein automatisches Umstellen auf Einzelblattbetrieb ist möglich. Nachteil: Papierstaus möglich.

SCHUBVERARBEITUNG (engl. batch processing). Andere Bezeichnung für Stapelverarbeitung (vgl. dort).

SCHUSTERJUNGE (engl. widow). Umbruchfehler. Einzelne Zeile zu Anfang eines Paragraphen am unteren Rand einer Textspalte.

SCHUTZWÜRDIGE DATEN (engl. sensitive data). Bezeichnet alle personenbezogenen Daten (vgl. dort).

357

SCHWENKFUSS

Sie unterliegen dem BDSG (Bundesdatenschutzgesetz).

SCHWENKFUSS (engl. tilt stand). Untergestell für Computermonitore, das sich nach vorne/hinten neigen läßt, so daß der Monitor auf die optimale Arbeitsposition eingestellt werden kann.

SCREEN Englischer Begriff für Schirm bzw. Bildschirm.

SCREEN GW-BASIC-Anweisung. Setzt die Parameter für die Bildschirmdarstellung im Text und Graphikmodus.
Eingabe:

SCREEN MODUS,FARBE,SEITEn,SEITEm

Für Modus sind folgende Werte möglich:

0 (Textmodus)
1 (Graphik: 320x200; 16 Farben/ 4 Attribute)
2 (Graphik: 640x200; 16 Farben/ 2 Attribute)
7 (Graphik: 320x200; 16 Farben/ 16 Attribute)
8 (Graphik: 640x200; 16 Farben/ 16 Attribute)
9 (Graphik: 640x350;64 Farben/ 4-16 Attribute)
10 (640x350; monochrom).

Für FARBE kann das Farbattribut (vgl. auch PALETTE) gesetzt werden (maximal 0-15). Für SEITEn kann die Ziffer des Arbeitsbildschirms, für SEITEm die des Anzeigebildschirms (jeweils von 1 bis maximal 8) gesetzt werden.

SCREEN GW-BASIC-Funktion. Übergibt den ASCII-Code des Zeichens auf der angegebenen Position.
Eingabe:

SCREEN(ZEILE,SPALTE)

Liefert den ASCII-Code des Zeichens auf der angegebenen Position.
Beispiel:

```
10 CLS
20 PRINT "TEST"
30 X=SCREEN(1,2)
40 PRINT "Das Zeichen in der 1. Zeile und"
50 PRINT "2. Spalte hat den ASCII-Wert"X
```

Zunächst wird TEST in Zeile 1 ab Spalte 1 geschrieben, anschließend der ASCII-Wert des zweiten Zeichens in Zeile 1 (= E) ermittelt und ausgegeben.

SCREEN SAVER Englische Bezeichnung für Bildschirmabschalter. Der Screen Saver ist eine Software-Utility, mit deren Hilfe der Bildschirm nach einer frei einstcllbaren Minutenzahl dunkel geschaltet wird, um Einbrennspuren zu vermeiden, die entstehen können, wenn ein Bildschirminhalt (Text, Graphik) lange unverändert auf dem Bildschirm bleibt. Ein beliebiger Tastendruck bringt den originalen Bildschirminhalt wieder zurück. Die Utility wird als Dienstprogramm zu vielen EGA-

und VGA-Graphikkarten mitgeliefert.

SCRIPT Drucker- und Bildschirmschriftart, die einer Handschrift ähnelt.

SCROLL-LOCK-TASTE Sondertaste auf PC-Tastaturen. Auf deutschen Tastaturen ist sie mit ROLLEN beschriftet. Die Taste hat auf MS-DOS-Kommando-Ebene keine Wirkung und dient in manchen Anwendungsprogrammen (z.b. MS-WORD) dazu, die Möglichkeit des Scrollens (vgl.dort) zu unterdrücken.

SCROLLBAR Englische Bezeichnung für Rollbalken. Der Scrollbar wird in Programmen verwendet, die unter einer graphischen Benutzeroberfläche (Windows, GEM) arbeiten. Im Scrollbar selbst befindet sich ein Zeiger (in Form eines Kästchens), der mit der Maus entlang des Balkens bewegt werden kann. Analog zu dieser Zeigerbewegung rollt auch der Bildschirminhalt nach oben oder unten (vertikaler Balken) bzw. nach links oder rechts (horizontaler Balken). Auf diese Weise kann man z.B. schnell durch die Seiten eines Textes blättern.

SCROLLEN Aus dem Englischen übernommene Bezeichnung für das Rollen des Bildschirminhalts (Text und/oder Graphik) in eine der vier möglichen Richtungen.

SCSI Akronym für Small Computer System Interface. Wird „Scussy" ausgesprochen. Von Shugart entwickelte, parallele Standardschnittstelle zum Anschluß von Festplatten mit hoher Datenübertragungsrate. Spezielle SCSI-Festplatten (mit integriertem SCSI-Kontroller) sind erforderlich. Aufgrund des durchgeschleiften Busses können bis zu sieben Festplatten und andere Peripheriegeräte mit SCSI-Interface „hintereinander" angeschlossen werden.

SD Akronym für Single Density. SD-Disketten können nur mit einfacher Dichte formatiert werden.

SDLC Akronym für Synchronuous Data Link Control. Bitsynchrones Übertragungsprotokoll in der Datenfernverarbeitung.

SEDEZIMALSYSTEM (engl. hexadecimal number system). Stellenwertsystem mit der Basis 16 und ebensovielen Ziffern. Andere Bezeichnung für Hexadezimalsystem (vgl. dort).

SEEK Turbo-Pascal-Prozedur. Dient zum Auffinden von Datensätzen in einer Datei.
Eingabe:

```
Seek(v,Nummer);
```

V ist eine Dateivariable (Typ: Beliebig außer Text), NUMMER (Typ: LongInt) gibt die zu suchende Datensatznummer an.

SEEKEOF Turbo-Pascal-Funktion. Dient zur Überprüfung auf Dateiende.

SEEKEOLN

Eingabe:

`SeekEof(v);`

Überprüft die der Dateivariablen v (Typ: Text) zugewiesene Datei auf das Dateiende. Im Unterschied zu Eof wird das Ende schon dann erkannt, wenn sich zwischen diesem und Zeigerposition nur noch Blanks, TABs, CRs und LFs befinden.

SEEKEOLN Turbo-Pascal-Funktion. Überprüft beim Lesen einer Datei auf Zeilenende.
Eingabe:

`SeekEoln(v);`

V kann sowohl Datei-Variable für typisierte, untypisierte Dateien wie auch für Textdateien sein. Im Unterschied zu Eoln wird das Zeilenende schon erkannt, wenn sich davor noch Blanks, TABs, CRs und LFs befinden.

SEG Turbo-Pascal-Funktion. Sie liefert den Segmentwert einer Adresse.
Eingabe:

`Seg(x);`

Liefert den Segmentwert der Adresse der Variablen x (Typ: Beliebig).

SEIKO Japanischer Elektronik-Konzern. Muttergesellschaft der Computer- und Druckerfirma EPSON.

SEITENABRUFGEBÜHR Begriff aus BTX. BTX-Anbieter können für das Lesen ihrer Seiten vom Teilnehmer eine Gebühr von 0.01 DM bis 9.99 DM pro Seite verlangen. Gebührenpflichtige Seiten müssen als solche kenntlich gemacht werden.

SEITENBESCHREIBUNGSSPRACHE (engl. page description language). Spezielle Programmiersprache zur Aufbereitung von Manuskripten für den Ausdruck auf Laserdruckern oder Photosatzbelichtern. Vorteile: die Manuskripte können unabhängig vom späteren Ausgabegerät entworfen werden, die Berechnung des Layouts erfolgt sehr schnell.

SEITENDRUCKER (engl. page printer). Bezeichnung für Drucker ohne mechanischen Anschlag. Der Laserdrucker (vgl. dort) als bekanntester Vertreter dieser Gattung arbeitet nach dem elektrostatischen Prinzip. Dabei werden auf der Bildtrommel alle Stellen elektrisch aufgeladen, an denen später der Toner für die Zeichen einer kompletten Seite haften soll. Daher die Bezeichnung Seitendrucker. Vorteile: Sehr gutes Schriftbild, leise. Nachteile: Wartungsanfällig, relativ teuer.

SEITENMONTAGE (engl. layout). Anordnung aller zu einer Seite gehörenden Text- und Graphikelemente.

SEITENRIENTIERTER EDITOR (engl. full screen editor). Editor (vgl. dort), bei dem der Cursor zur Textbearbeitung frei über den Bildschirm bewegt werden kann. Auch als Bildschirmeditor bezeichnet.

SEKUNDÄRSPEICHER

SEITENRICHTIGE ABLAGE (engl. face-down technique). Art der Papierablage von Druckern. Das bedruckte Einzelblattpapier wird so abgelegt (mit der bedruckten Seite nach unten), daß die Seiten anschließend bezüglich der Seitennummern in der richtigen Reihenfolge vorliegen. Vgl. Face-Down-Technik.

SEITENUMBRUCH (engl. pagination). Manuell: Eingabe eines Steuerzeichens (z.B. CTRL+SHIFT +RETURN), um vorzeitig, z.B. bei Beginn eines neuen Kapitels, eine neue Seite zu beginnen. Automatisch: Nach einmaliger Angabe der Seitenlänge durch den Anwender beginnt das Textverarbeitungsprogramm automatisch zum jeweils richtigen Zeitpunkt eine neue Seite. Werden nachträglich Textzeilen auf einer Seite eingefügt, wird der Seitenumbruch für diese und alle Folgeseiten angepaßt.

SEITENVERHÄLTNIS (engl. aspect ratio). Höhen-/Breitenrelation bei einer graphischen Darstellung. Da Bildschirme (manchmal auch Drucker) in der Horizontalen eine andere Auflösung besitzen als in der Vertikalen, würde ohne eine Anpassung der Aspect Ratio z.B. ein Kreis als Ellipse dargestellt. Die Anpassung geschieht über das entsprechende Anwendungsprogramm.

SEITENVERKEHRTE ABLAGE (engl. face-up technique). Art der Papierablage von Druckern. Das bedruckte Einzelblattpapier wird so abgelegt (mit der bedruckten Seite nach oben), daß die Seiten anschließend bezüglich der Seitennummern in der umgekehrten Reihenfolge vorliegen. Vgl. Face-Down-Technik.

SEKTOR (engl. sector). Bestandteil der Spur eines magnetischen oder optischen Datenträgers mit wahlfreiem Zugriff (z.B. Diskette, Festplatte). Die Einteilung einer Spur in Sektoren erfolgt bei der Formatierung (Diskette) bzw. Vorformatierung (Festplatte).

SEKUNDÄRFARBEN Sie entstehen durch Mischung der Grundfarben (= Primärfarben). Vgl. auch subtraktive bzw. additive Farbmischung.

SEKUNDÄRSCHLÜSSEL (engl. secondary key). Ordnungsbegriff, auf Grund dessen innerhalb von Dateien nach Datensätzen gesucht werden kann. Sekundär bedeutet, daß die Zuordnung zwischen Suchbegriff und Datensatz nicht eindeutig ist. Beispiel anhand einer Artikeldatei: Nach Eingabe des Suchbegriffs ROT würden alle Artikel gefunden werden, deren Farbe Rot ist. Gegensatz: Primärschlüssel.

SEKUNDÄRSPEICHER (engl. secondary storage oder extended main storage). Bezeichnung für alle externen Speichermedien (z.B. Festplatte), auf die online zugegriffen werden kann. Primärspeicher: Arbeitsspeicher. Tertiärspeicher: Alle externen Speichermedien, auf die nicht online zugegriffen werden kann (z.B. archivierte Bänder oder Wechselplatten).

SELBSTTEST

SELBSTTEST (engl. power up diagnose). Nach jedem Systemstart werden bei PCs eine Reihe von Hardwaretests durchgeführt, um ein einwandfreies Funktionieren des Computers zu gewährleisten. Diese Tests sind je nach verwendetem BIOS etwas unterschiedlich, beinhalten jedoch im allgemeinen:

RAM-Tests:
Hierbei werden die RAM-Bausteine des Arbeitsspeichers ein- bis zweimal durchgecheckt, bei Entdeckung eines Hardwarefehlers wird die zugehörige Adresse ausgegeben.

Kontrollertest:
Disketten- und Festplattenkontroller werden auf einwandfreie Funktion überprüft.

Schnittstellentests:
Überprüfung der eingebauten Karten für serielle und/oder parallele Datenübertragung. Bei manchen BIOS-Versionen werden hierbei auch die durch die Karten belegten Adressen angezeigt, so daß ein eventueller Adressenkonflikt schnell beseitigt werden kann.

Tastaturtest:
Kontrolle, ob eine richtige, korrekt arbeitende Tastatur angeschlossen ist.

Auch viele Peripheriegeräte (z.B. Drucker) führen Selbsttests durch.

SELECT Externes MS-DOS-Kommando (MS-DOS 3, MS-DOS 4) zur Installation des Betriebssstems mit landesspezifischen Eigenheiten. Im Netzwerk verwendbar. SELECT installiert MS-DOS auf einer Diskette/Festplatte, wobei die nationalen Gegebenheiten wie Tastatur, Uhrzeit- und Datumsformat berücksichtigt werden. Falls nötig, wird der Zieldatenträger formatiert.
Eingabe:

```
select (LW1:) (LW2:)(Pfad) xxx yy
```

Installiert MS-DOS von Laufwerk 1 (nur A und B möglich) auf Laufwerk 2 und kopiert die Systemdateien in ein eventuell angegebenes Verzeichnis. XXX steht für den dreistelligen Landescode, YY für den Tastaturcode. Diese Eingabesyntax gilt nur für MS-DOS 3.

```
select menu
```

Eingabesyntax für MS-DOS 4. Die Installation erfolgt dann menügesteuert. Bei der Erstinstallation wird dieses Menü durch Einlegen der MS-DOS-Installationsdiskette in Laufwerk A und Neustart des Rechners automatisch aufgerufen.
Beispiel:

```
select a: c:\bin 049 gr
```

Installiert MS-DOS 3 von Laufwerk A auf der Festplatte C und kopiert die Systemdateien in das Unterverzeichnis BIN. Die Dateien AUTOEXEC.BAT und CONFIG.SYS werden mit den landesspezifischen Informationen für Deutschland angelegt.

SEQUENTIELL

Tastaturcode		Landescode
BE	Belgien	032
CF	Kanada/Frankreich	002
DK	Dänemark	045
FR	Frankreich	033
GR	Deutschland	049
IT	Italien	039
LA	Lateinamerika	003
NL	Niederlande	031
NO	Norwegen	047
PO	Portugal	351
SF	Schweiz/Französisch	041
SG	Schweiz/Deutsch	041
SP	Spanien	034
SV	Schweden	046
SU	Finnland	358
UK	Großbritannien	044
US	USA	001
US	Australien	061

Unter MS-DOS 4 werden abweichend/zusätzlich verwendet:

DF	Dänemark
FR/120	Frankreich
IT/142	Italien
UK/168	Großbritannien

SELEKTORKANAL (engl. selector channel). Er dient zur Datenübertragung zwischen Zentraleinheit und Peripherie. Im Unterschied zum Multiplexkanal (vgl. dort) kann hier jedoch nur jeweils ein (schnelles) Peripheriegerät zum gleichen Zeitpunkt angeschlossen sein.

SELF TEST Englische Bezeichnung für Selbsttest. Vgl. dort.

SENSIBLE DATEN (engl. sensitive data). Der Begriff bezeichnet alle personenbezogenen Daten (vgl. dort). Sie unterliegen dem BDSG (Bundesdatenschutzgesetz).

SENSOR (engl. sensor). Gerät, welches physikalische Größen wie Druck, Temperatur, Licht etc. erfaßt. Diese analogen Signale müssen vor der Weiterverarbeitung in der DV-Anlage zunächst noch in digitale Impulse umgewandelt werden.

SENSORTASTATUR (engl. touch sensitive keyboard). Spezielle Computertastatur, bei der die Tasten nicht mechanisch bewegt werden, sondern auf Berührung reagieren. Vorteil: Einsatz in schmutz- und staubintensiven Bereichen möglich, da das Tastenfeld gekapselt werden kann. Nachteil: Kein ergonomisches Schreiben möglich, da die Finger während des Schreibens nicht auf den Tasten liegen bleiben dürfen.

SEPARATOR Englische Bezeichnung für Trennzeichen in Dateibezeichnungen. Unter dem Betriebssystem MS-DOS ist eine Dateibezeichnung jeweils aus zwei Teilen, dem maximal achtstelligen Dateinamen und der dreistelligen Kennung aufgebaut (z.B. COMMAND.COM). Beide Teile werden durch den Separator, einen Punkt, voneinander abgetrennt.

SEQUENTIELL (engl. sequential). Hintereinander, der Reihe nach. Daten, die sequentiell gespeichert sind, müssen auch sequentiell wieder gelesen werden. Um z.B. den zehnten Datensatz lesen zu können, müssen zunächst auch die neun

SEQUENZ

Datensätze davor eingelesen worden sein.

SEQUENZ (engl. sequence). Begriff aus der Programmierung. Bezeichnet die Tatsache, daß eine Folge von Anweisungen (Programm oder Programmteil) nur einmal ohne Sprungbefehle abgearbeitet wird (= lineares Programm).

SERIELLE SCHNITTSTELLE (engl. serial interface). Die serielle Schnittstelle, auch RS232- oder V.24-Schnittstelle genannt, ist in nahezu jedem PC standardmäßig vorhanden und dient zur Datenübertragung an bzw. von Peripheriegeräten, in der Regel Maus, Drucker, Plotter, Modems oder Akustikkoppler. Von MS-DOS werden bis Version 3.2 zwei serielle Schnittstellen mit den Gerätebezeichnungen COM1 und COM2 unterstützt. Ab Version 3.3 können gleichzeitig vier (COM1-COM4) betrieben werden. Die Vorteile (im Vergleich zur parallelen Schnittstelle) liegen in der größeren Länge des Übertragungswegs, der relativen Störsicherheit und der Tatsache, daß nur wenige Kabelleitungen nötig sind. Letzteres ist dem Umstand zu verdanken, daß die Datenübertragung bitseriell erfolgt, d.h., die Bits eines Bytes werden nacheinander auf der gleichen Leitung übertragen (und nicht jedes Bit auf einer eigenen). Der daraus resultierende Nachteil ist die niedrige Übertragungsrate, die in BAUD (= Bit pro Sekunde) gemessen wird. Als Schnittstellenstecker werden (im PC-Bereich) sogenannte Canon-stecker verwendet, die entweder 25polig oder bei AT-Computern oft auch 9polig sind. Bei der 25poligen Variante sind nicht alle Stifte belegt, im einzelnen sind den Pins folgende Signale zugeordnet:

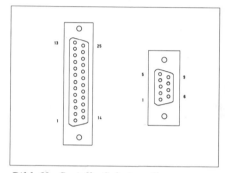

Bild 69: Serielle Schnittstelle (25polig/9polig)

25-poliger Stecker		9-poliger Stecker	
1 GND	Ground	1 DCD	Carrier detect
2 TXD	Transmit data	2 RXD	Receive data
3 RXD	Receive date	3 TXD	Transmit data
4 RTS	Request to send	4 DTR	Terminal ready
5 CTS	Clear to send	5 GND	Ground
6 DSR	Data set ready	6 DSR	Data set ready
7 GND	Ground	7 RTS	Request to send
8 DCD	Carrier detect	8 CTS	Clear to send
11 RC	Reverse Channel	9 RI	Ring indicator
20 DTR	Terminal ready		

Allerdings muß einschränkend hinzugefügt werden, daß sich die Hersteller nicht an obige Norm halten, so daß in der Praxis abweichende Stiftbelegungen vorkommen, die dem

Handbuch des jeweiligen Gerätes zu entnehmen sind.

SERIELLER DRUCKER (serial printer). Begriff für jeden Drucker, der über die serielle Schnittstelle an einem Computer betrieben wird. Möchte man einen seriellen Drucker z.B. an einem PC betreiben, dann muß der Computer noch softwaremäßig an die Übertragungsmodi des Druckers (laut Druckerhandbuch) angepaßt werden. Dies geschieht mit dem MS-DOS-Kommando MODE. Der Aufruf lautet:

```
MODE COMn:Baud,Parität,Daten-
bits,Stoppbits,P
```

Der Parameter n gibt die Schnittstelle an, BAUD die Übertragungsgeschwindigkeit, PARITÄT die Art der Überprüfung, DATENBITS die Anzahl der Datenbits pro Byte, STOPPBITS die Zahl der Stoppbits zwischen den Bytes und P verhindert einen Abbruch, wenn der Drucker nicht bereit ist. Die Eingabe

```
MODE COM1:300,EVEN,7,1,P
```

würde demnach bedeuten, daß an der ersten Schnittstelle mit 300 Baud Übertragungsgeschwindigkeit, gerader Parität, 7 Datenbits und einem Stoppbit übertragen wird.

SERIENBRIEF (engl. serial letter). Spezielle Funktion von besseren Textverarbeitungsprogrammen bzw. Integrierten Paketen. Dabei wird einerseits ein Formbrief erstellt, welcher die Variablen enthält, die durch ein spezielles Formatierungszeichen als solche markiert sind (z.B. <<Name>>, <<Straße>>, <<PLZ>>, <<ORT>>), andererseits eine Liste mit Datensätzen (z.B. Adressen). Beim Ausdruck wird dann jeweils ein Datensatz, also eine komplette Adresse, in die Variablen des Formbriefes eingesetzt, so daß man den Brief für alle in der Liste enthaltenen Adressaten drucken kann. Zusätzlich lassen sich vor Druck, die Einträge in der Liste selektieren (z.B. Auswahl aller Einträge, bei der die Postleitzahl zwischen 6000 und 8000 liegt und der Nachname mit „M" beginnt), so daß ein Serienbrief auch gezielt an einen bestimmten Personenkreis gerichtet werden kann.

SERIFE (engl. serif). Kleine Querstriche an den Enden von Buchstaben. Man unterscheidet serifenlose und serifenhaltige Schriften.

SERVER Englische Bezeichnung für einen Computer, der in Netzwerken zur Verwaltung des Netzes eingesetzt wird und dessen Peripheriegeräte (Festplatten, Drucker etc.) von allen Rechnern im Netzwerk genutzt werden können. Wird der Server zusätzlich als Workstation (Arbeitsplatzrechner) benutzt, spricht man vom non-dedicated Server, ansonsten vom dedicated Server. Welche Einsatzart möglich ist, hängt zum einen von der Bustopologie (vgl. dort) zum anderen von der verwendeten Netzwerksoftware ab.

SESSION

SESSION MS-OS/2-Begriff für Sitzung. Alle Prozesse, die aufgrund eines Anwendungsprogramms ablaufen.

SET Internes MS-DOS-(MS-DOS 3, MS-DOS 4) und MS-OS/2-Kommando (R+P) zur Zuweisung von Zeichenfolgen. Im Netzwerk verwendbar. SET weist einer Zeichenkette in der Umgebung des Befehlsprozessors (in der Regel COMMAND.COM) eine andere Zeichenkette zu, die sowohl von MS-DOS als auch von Anwenderprogrammen weiterverarbeitet werden kann. Nach Systemstart enthält die Umgebung nur die Zuweisungen COMSPEC und PATH.
Eingabe:

```
set (zeichenfolge1)=(zeichenfolge2)
```

Zeichenfolge 1 wird durch Zeichenfolge 2 ersetzt. Falls Zeichenfolge 2 nicht angegeben ist, wird Zeichenfolge 1 aus der Umgebung gelöscht. SET ohne Zusatzangaben zeigt die aktuelle Zuweisung an.
Beispiel:

```
set temp=b:
```

Zeigt einem Anwendungsprogramm (z.B. MS-WORD), daß die temporären Dateien auf Laufwerk B zu speichern sind.

SETACTIVEPAGE Turbo-Pascal-Prozedur (Unit: Graph). Dient zum Umschalten auf andere Graphikseiten. Eingabe:

```
SetActivePage(Seite);
```

Für SEITE (Typ: Word) ist die Ziffer der entsprechenden Graphikseite zu setzen.

SETALLPALETTE Turbo-Pascal-Prozedur (Unit: Graph). Ändert die Farben einer Palette.
Eingabe:

```
SetAllPalette(Palette);
```

Die Variable PALETTE enthält die Anzahl der Farbeinträge und in einem Array die Farben, die als Konstante in der Unit Graph vordefiniert sind.

SETBKCOLOR Turbo-Pascal-Prozedur (Unit: Graph). Dient zum Festlegen der Hintergrundfarbe.
Eingabe:

```
SetBkColor(Farbe);
```

Für FARBE (Typ: Word) ist eine Ziffer zu setzen (0 = 1. Farbe in der Palette, 1 = 2. Farbe in der Palette usw.).

SETCOLOR Turbo-Pascal-Prozedur (Unit: Graph). Dient zum Festlegen der Zeichenfarbe.
Eingabe:

```
SetColor(Farbe);
```

Für FARBE (Typ: Word) ist eine Ziffer zu setzen (0 = 1. Farbe in der Palette, 1 = 2. Farbe in der Palette usw.).

SETCOM40 Externes MS-OS/2-Kommando (R) zum Zu- bzw. Abschalten der COM-Ports. Im Netzwerk verwendbar. Mit SETCOM40 läßt sich im Real Mode die Verfügbarkeit einer seriellen Schnittstelle für Anwenderprogramme zu- oder abschalten. Das Kommando wird benötigt, wenn der Treiber COM.SYS mit dem Device-Kommando in der CONFIG.SYS-Datei aktiviert wurde. Die Parameter des MODE-Befehls werden hierdurch nicht beeinflußt.
Eingabe:

```
setcom40 comn=on/off
```

Setzt bzw. desaktiviert die mit n (= 1-8) gekennzeichnete serielle Schnittstelle.
Beispiel:

```
setcom40 com1=on
```

Aktiviert die erste serielle Schnittstelle COM1 für Anwendungen. Muß vor Umschalten in den Protected Mode wieder deaktiviert werden.

SETDATE Turbo-Pascal-Prozedur (Unit: Dos). Dient zum Einstellen des Systemdatums.
Eingabe:

```
SetDate(JJJJ,MM,TT);
```

Eingabe des Datums (JJJJ = Jahr, MM = Monat, TT = Tag).

SETFATTR Turbo-Pascal-Prozedur (Unit: Dos). Ändert das Dateiattribut.

Eingabe:

```
SetFAttr(v,A);
```

V ist eine Dateivariable (Typ: Beliebig), der die externe Datei zugeordnet ist, deren Attribut geändert werden soll. Für A (Typ: Byte) ist einer der Attributwerte zu setzen, die in der Unit Dos als Konstante definiert sind (ReadOnly = 1, Hidden = 2, System = 4, VolumeID = 8, Directory = 10, Archiv = 20, Ohne = 3F).

SETFILLPATTERN Turbo-Pascal-Prozedur (Unit: Graph). Festlegen von Farbe und Muster zur Flächenfüllung in Verbindung mit Bar, Bar3D, FillPoly, FloodFill und PieSlice.
Eingabe:

```
SetFillPattern(Muster,Farbe);
```

MUSTER ist vom Typ FillPatternType (in der Unit Graph als Array definiert) und beinhaltet das Bitmuster. Für FARBE ist die Farbe anzugeben, in welcher die Punkte des Bitmusters gesetzt werden.

SETFILLSTYLE Turbo-Pascal-Prozedur (Unit: Graph). Ermöglicht die Auswahl eines Musters zur Flächenfüllung.
Eingabe:

```
SetFillStyle(Muster,Farbe);
```

MUSTER (Typ: Word) wählt das Muster aus, FARBE (Typ: Word) die Farbe. Für Muster sind folgende

Werte möglich: 0 (Empty), 1 (Solid), 2 (Line), 3 (LtSlash), 4 (Slash), 5 (BkSlash), 6 (LtBkSlash), 7 (Hatch), 8 (XHatch), 9 (Interleave), 10 (WideDot), 11 (CloseDot), 12 (User).

SETFTIME Turbo-Pascal-Prozedur (Unit: Dos). Dient zum Ändern von Uhrzeit und Datum einer einzugebenden Datei.
Eingabe:

```
SetFTime(v,Zeit);
```

V ist eine Dateivariable beliebigen Typs, der die in Frage kommende Datei zugeordnet ist. ZEIT ist eine LongInt-Variable, die Datum und Uhrzeit in gepackter Form enthält und mit PackTime erzeugt wurde.

SETGRAPHMODE Turbo-Pascal-Prozedur (Unit: Graph). Dient zum Umschalten des Bildschirms von Text auf Graphik im angegebenen Modus.
Eingabe:

```
SetGraphMode(Modus);
```

Für MODUS (Typ: Integer) ist die Ziffer des gewünschten Graphikmodus anzugeben. Welche Ziffer welchem Modus entspricht, hängt von der verwendeten Graphikhardware ab.

SETINTVEC Turbo-Pascal-Prozedur (Unit: Dos). Sie ändert die Adresse eines Interrupt-Vektors.
Eingabe:

```
SetIntVec(Nummer,v);
```

Für NUMMER (Typ: Byte) ist die Interruptnummer (0-255) anzugeben. V ist ein Zeiger (Typ: Pointer) und enthält die Adresse.

SETLINESTYLE Turbo-Pascal-Prozedur (Unit: Graph). Dient zum Festlegen von Linientyp und Linienstärke.
Eingabe:

```
SetLineStyle(LineStyle,Pattern,Thickness);
```

Für LineStyle (Typ: Word) sind im Unit Graph folgende Konstanten definiert: 0 (SolidLn), 1 (DottedLn), 2 (CenterLn), 3 (DashedLn), 4 (UserBitLn), für Thickness: 1 (NormWidth), 3 (ThickWidth). PATTERN enthält ein selbstdefiniertes Bitmuster und wird nur akzeptiert, wenn LineStyle den Wert 4 hat.

SETLOCAL Interner Stapelbefehl von MS-OS/2 (R+P) zum Setzen der Umgebungsvariablen für Batch-Dateien. Im Netzwerk verwendbar. Das Batch-Kommando legt die lokalen, d.h. auf die Batch-Datei begrenzten Umgebungsvariablen sowie lokale Laufwerke und Verzeichnisse fest. Mit dem ENDLOCAL-Befehl wird die Zuweisung wieder aufgehoben.
Eingabe:

```
setlocal
kommando
(endlocal)
```

SETTEXTSTYLE

Setzen von lokalen Umgebungsvariablen, Laufwerk oder Verzeichnis. Für „kommando" ist der eigentliche Befehl anzugeben. Innerhalb einer Batch-Datei kann SETLOCAL mehrmals verwendet werden. ENDLOCAL macht die Zuweisung wieder rückgängig. Fehlt ENDLOCAL, erfolgt die Zurücksetzung nach Abarbeitung der Batchdatei.
Beispiel:

```
setlocal
path d:\graphik
```

Setzt für die Dauer des Ablaufs der Batch-Datei den neuen Pfad D:\GRAPHIK. Nach Beendigung des Batch-Prozesses wird die ursprüngliche Pfadzuweisung wieder übernommen

SETPALETTE Turbo-Pascal-Prozedur (Unit: Graph). Sie ordnet einer Farbnummer eine andere Farbe zu. Eingabe:

```
SetPalette(Nummer,Farbe);
```

NUMMER gibt die Farbnummer (0-15) an, welcher die durch FARBE angegebene Palettenfarbe zugeordnet wird. Die Palettenfarben sind als Konstante in der Unit Graph vordefiniert: 0 (Black), 1 (Blue), 2 (Green), 3 (Cyan), 4 (Red), 5 (Magenta), 6 (Brown), 7 (LightGray), 8 (DarkGrey), 9 (LightBlue), 10 (LightGreen), 11 (LightCyan), 12 (LightRed), 13 (LightMagenta), 14 (Yellow), 15 (White).

SETTEXTBUF Turbo-Pascal-Prozedur. Sie ordnet einer Textdatei einen Puffer zu. Eingabe:

```
SetTextBuf(v,b,Größe);
```

Der Textdatei-Variablen V wird die Puffervariable b (Typ: Beliebig) zugeordnet. Optional kann mit GRÖSSE (Typ: Word) die standardmäßige Größe (128 Byte) der Puffervariablen erhöht werden.

SETTEXTJUSTIFY Turbo-Pascal-Prozedur (Unit: Graph). Sie legt die Justierung von Texten für OutText und OutTextXY fest.
Eingabe:

```
SetTextJustify(h,v);
```

Die Konstanten h (horizontal) und v (Vertikal) sind in der Unit so definiert: 0 (LeftText), 1 (CenterText), 2 (RightText) bzw. 0 (BottomText), 1 (CenterText), 2 (TopText).

SETTEXTSTYLE Turbo-Pascal-Prozedur (Unit: Graph). Dient zum Festlegen des Fonts, der Ausrichtung und der Größe von Textzeichen.
Eingabe:

```
SetTextStyle(Font,Richtung,Größe);
```

Für Font sind in der Unit folgende Konstanten definiert: 0 (DefaultFont), 1 (TriplexFont), 2 (SmallFont), 3 (SansSerifFont), 4 (GothicFont). Für RICHTUNG sind festgelegt: 0 (HorizDir), 1 (VertDir). Mit GRÖSSE wird die Höhe der Zeichen

369

SETTIME

bestimmt. Alle Parameter sind vom Typ Word.

SETTIME Turbo-Pascal-Prozedur (Unit: Dos). Dient zum Einstellen der Systemzeit.
Eingabe:

```
SetTime(HH,MM,SS,CC);
```

Setzt die Uhrzeit, wobei für HH die Stunden, für MM die Minuten, für SS die Sekunden und für CC die Hundertstelsekunden anzugeben sind.

SETUP Englische Bezeichnung für Einstellung. Hardware: Anpassung eines Rechners an die Hardwarekomponenten wie Speichergröße, Art und Anzahl der Laufwerke, des Sichtgerätes etc. Bei XT-Rechnern erfolgt das Setup hardwaremäßig über DIP-Schalter auf der Hauptplatine, bei AT-Geräten (vgl. dort) per Setup-Programm, das sich entweder im ROM des Rechners befindet oder auf Diskette mitgeliefert wird. Die Setup-Werte werden hier permanent in einem akku- oder batteriegepufferten RAM-Bereich festgehalten. Software: Anpassung eines Programms an die Hardware (Rechnertyp, Graphikkarte, Maus etc.). Das Setup wird (meist menügesteuert) während der Programminstallation durchgeführt.

SETVIEWPORT Turbo-Pascal-Prozedur (Unit: Graph). Legt ein Zeichenfenster im Graphikmodus fest.
Eingabe:

```
SetViewPort(x1,y1,x2,y2,Clip);
```

Mit x1,y1 (Typ: Word) wird die linke, obere Ecke mit x2,y2 (Typ: Word) die rechte, untere Ecke des Fensters definiert. Für CLIP kann entweder ClipOn gesetzt werden (Linien, die länger sind als das Fenster, werden abgeschnitten) oder ClipOff (kein Abschneiden).

SETVISUALPAGE Turbo-Pascal-Prozedur (Unit: Graph). Dient zur Anwahl einer Graphikseite bei EGA, VGA oder Hercules-Graphik.
Eingabe:

```
SetVisualPage(Ziffer);
```

Für ZIFFER (Typ: Word) ist die Nummer der Graphikseite anzugeben.

SGN GW-BASIC-Funktion. Sie liefert das Vorzeichen eines numerischen Ausdrucks.
Eingabe:

```
SGN(Ausdruck)
```

Für AUSDRUCK kann ein beliebiger numerischer Ausdruck (Zahl, Variable) gesetzt werden. SGN liefert bei positivem Ausdruck den Wert 1, bei 0 den Wert 0 und bei negativem Ausdruck den Wert -1.
Beispiel:

```
10 INPUT "1. Zahl eingeben",A
20 INPUT "2. Zahl eingeben",B
30 C=SGN(A-B)
40 IF C<0 GOTO 70
50 PRINT SQR(A-B)
60 END
70 PRINT "Unzulässige Eingabe"
```

In diesem Programm soll die Quadratwurzel der Differenz zweier Zahlen ermittelt werden (Zeile 50). Wäre die Differenz kleiner 0, würde die Fehlermeldung UNZULÄSSIGER FUNKTIONSAUFRUF erscheinen, da die Wurzel einer negativen Zahl nicht definiert ist. Daher wird in den Zeilen 30-40 durch SGN ermittelt, ob die Subtraktion einen negativen Wert ergibt und, falls dies zutrifft, zur Zeile 70 verzweigt.

SHARE Externes MS-DOS-Kommando (MS-DOS 3, MS-DOS 4). Aktiviert den gemeinsamen Filezugriff in Netzwerken. Mit SHARE wird der gemeinsame Dateizugriff (File and Record Locking) in vernetzten Systemen unterstützt. Weiterhin wird erkannt, wenn während einer Schreib-/Leseoperation ein unerlaubter Diskettenwechsel stattfindet. Unter MS-DOS 4.01 wird SHARE automatisch geladen, wenn Plattenpartitionen größer 32 MByte benutzt werden (findet MS-DOS die SHARE-Datei nicht, erfolgt ein Warnhinweis).
Eingabe:

```
(LW:)(Pfad)share /parameter
```

Aktiviert SHARE vom angegebenen Pfad zur Unterstützung des gemeinsamen Dateizugriffs in Netzwerken.
Beispiel:

```
share /l:30
```

Aktiviert SHARE und setzt die Anzahl der Locks auf 30.

Parameter:

F:n Zuweisung von n Bytes zur Aufnahme der Informationen über im Netzwerk verwendete Dateien. Jede Datei belegt 11 Bytes plus den Speicherbedarf für ihren Dateinamen. Der Defaultwert für n ist 2048 Bytes.

L:n Festlegung der Anzahl der erlaubten Locks (= Dateizugriffsschutz). Der Defaultwert für n beträgt 20.

SHAREWARE Englischer Ausdruck für Prüfprogramme. Bezeichnet Computerprogramme, die kein Copyright besitzen und kostenlos benutzt, beliebig oft kopiert und weitergegeben werden dürfen. Im Gegensatz zur Public Domain Software (vgl. dort) besitzen Shareware-Produkte oft eingeschränkte Leistungsmerkmale oder keine Bedienungsanleitung. Erst wenn man sich durch Bezahlung einer Gebühr als registrierter Benutzer eintragen läßt, erhält man Dokumentation und/oder das Vollprodukt.

SHELL Benutzeroberfläche. Bindeglied zwischen Anwender und System. Die Shell sorgt z.B. dafür, daß Tastatureingaben umgesetzt und vom System verstanden werden, oder daß Systemkommandos (Kopieren, Löschen etc.) ausgeführt werden. Unter MS-DOS übernimmt gewöhnlich das Dienstprogramm COMMAND.COM diese Funktionen. Die Shell kann allerdings auch graphischer Art sein, d.h. die Bedienung erfolgt über Bildschirmsymbole (Pictogramme), wie etwa in der Shell von MS-DOS 4.01.

SHELL

SHELL GW-BASIC-Anweisung. Sie führt ein Programm oder Kommando aus der MS-DOS-Ebene aus.
Eingabe:

```
SHELL "Dateiname (Parameter)"
```

Für DATEINAME ist das Programm oder Kommando anzugeben. Für PARAMETER können zusätzliche Parameter an das Programm bzw. Kommando übergeben werden.
Beispiel:

```
10 PRINT "Vor Programmausführung"
20 SHELL "WORD /L"
30 PRINT "Nach Programmausführung"
```

Hier würde zunächst der angegebene Text angezeigt, danach die Textverarbeitung WORD mit dem WORD-spezifischen Parameter /L (lädt automatisch die letzte Textdatei) gestartet. Nach Beendigung von WORD erfolgt automatisch die Rückkehr zum BASIC-Programm mit Abarbeitung der nächsten Anweisung, d.h. der Ausgabe des Textes in Zeile 30.

SHELL Konfigurationsbefehl von MS-DOS 3, MS-DOS 4 und MS-OS/2 (R) zum Laden eines alternativen Befehlsprozessors. Normalerweise wird unter MS-DOS und im Real Mode von MS-OS/2 der Kommandoprozessor COMMAND.COM verwendet. Mit dem SHELL-Befehl läßt sich anstelle von COMMAND.COM ein anderer (z.B. selbst programmierter) Kommandoprozessor aktivieren. Weiterhin kann mit SHELL die Umgebung von COMMAND.COM verändert werden.

Eingabe:

```
shell=(LW:)(Pfad)kommandoprozessor
/parameter
```

Aktivierung des angegebenen Kommandoprozessors mit Laufwerks- und Pfadangabe. Eventuelle Parameter müssen vom neuen Kommandoprozessor unterstützt werden, da SHELL selbst keine Argumente verarbeitet.
Beispiel:

```
shell=c:command.com/e:320
```

Ändern der Umgebung des konventionellen Kommandoprozessors COMMAND.COM. Durch den Parameter E wird die Umgebungstabelle auf 320 Bytes erweitert (vgl. auch den Befehl COMMAND.COM).

SHIFT Interner Stapelbefehl von MS-DOS 3, MS-DOS 4 und MS-OS/2 (R+P) zur Benutzung von mehr als 10 Parametern. Im Netzwerk verwendbar. In der Aufrufzeile von Batchdateien können Parameter angegeben werden, die dann aufgerufen werden. Übersteigt ihre Anzahl 10, dann muß man das SHIFT-Kommando benutzen. Bei jedem Aufruf von SHIFT wird der Parameter um eine Stelle nach vorne verschoben, d.h. der 11. wird zum 10. Parameter, der 10 zum 9. usw. Der jeweils erste Parameter (im Beispiel: C:TEST.BAT) verschwindet.
Eingabe:

```
shift
```

SICHERUNGSKOPIE

Verschiebt die Parameter nach vorne.
Beispiel: Belegung der Parameter vor/nach dem Shift-Kommando:

Vor	Nach
%0 C:TEST.BAT	%0 Datei1
%1 Datei1	%1 Datei2
%2 Datei2	%2 Datei3
.	
.	
%10 Datei10	%10 Datei11

Sollte in diesem Falle eine 12. Datei als Parameter angegeben werden, dann wäre der SHIFT-Befehl ein zweites Mal zu verwenden usw. Das SHIFT-Kommando läßt sich auch bei weniger als 10 verwendeten Parametern benutzen:

```
rem Batch-Datei zum Löschen
rem von beliebig vielen Files
:anfang
if "%1"=="" goto end
erase %1
shift
goto anfang
:end
```

In dieser Batch-Datei, die in der Aufrufzeile als Parameter die zu löschenden Dateinamen besitzt, wird für %1 nach und nach jeder in der Aufrufzeile angegebene Dateiname eingesetzt und gelöscht.

SHIFT-TASTE (engl. shift key). Taste einer Computertastatur. Sie dient dazu, auf die zweite Belegungsebene mit den Großbuchstaben und den Sonderzeichen wie z.B. ∧ ! " $ % & / ( ) = ? ' * >) umzuschalten.

SICHERHEITSKOPIE (engl. backup copy). Andere Bezeichnung für Sicherungskopie. Vgl. dort.

SICHERN (engl. backup). Der Ausdruck wird oft synonym zu „Speichern" (vgl. dort) verwendet, bezeichnet jedoch im engeren Sinne das Anfertigen von Kopien (Duplikaten) bereits abgespeicherter Daten auf archivierbaren Datenträgern (Magnetband, Magnetkassette, Magnetdiskette, Wechselplatte) zum Zwecke der Datensicherung.

SICHERUNGSDATEI (engl. backup file). Datei, welche den teilweisen bzw. kompletten Inhalt eines Datenträgers (alle oder ausgewählte der darauf abgespeicherten Dateien) enthält. Die Datei wird mittels spezieller Software oder des Kommandos BACKUP (vgl. dort) auf Disketten, Wechselplatten, Magnetbändern oder Magnetkassetten angelegt und dient der Datensicherung.

SICHERUNGSKOPIE (engl. backup copy). Unter MS-DOS können die Kommandos BACKUP, COPY, DISKCOPY und XCOPY (vgl. jeweils dort) verwendet werden, um Sicherungskopien zu erstellen. Der Terminus Sicherungskopie bezeichnet Kopien, die nur zum Zwecke der Datensicherheit angefertigt werden und auf die nur im Falle eines Datenverlustes auf dem Originaldatenträger zurückgegriffen wird.

SICHTGERÄT

SICHTGERÄT (engl. display terminal). Bezeichnet jedes Peripheriegerät, auf dem Daten angezeigt werden können. Sichtgeräte fallen sowohl in die Kategorien Ausgabegerät als auch (in Verbindung mit einer Tastatur) Eingabegerät und Dialoggerät.

SILICON VALLEY Gebiet in Kalifornien (Santa Clara), in dem sich die bedeutendsten Unternehmen der Computerbranche angesiedelt haben. Der Name SILICON (Silizum) deutet dies an, da dieses Element Grundmaterial für die Herstellung von Mikrochips ist.

SIMPLEX (engl. simplex). Begriff aus der Datenfernübertragung. Bei einer Simplexverbindung ist die Datenübertragung nur in einer Richtung möglich.
Beispiel: Radio, Fernsehen.

SIMULATION (engl. simulation). Bezeichnet entweder die Tatsache, daß auf einem Rechner ein anderer, nicht kompatibler Rechner nachgebildet wird, so daß sich z.B. auf der vorhandenen Computeranlage Programme für Rechner entwickeln lassen, die überhaupt nicht zur Verfügung stehen, oder ein Verfahren, um wirkliche Gegebenheiten und Prozesse, die sich in der Realität entweder zum gegebenen Zeitpunkt überhaupt nicht oder nur unter erschwerten Bedingungen (z.B. technischer und/oder finanzieller Art) durchführen lassen, nachzubilden, d.h. ein Modell darzustellen, an dem in Abhängigkeit von beliebig vielen, spezifischen Eingangsparametern berechnete Ausgangsgrößen entwickelt werden, die auf das reale Objekt übertragbar sind.

SIMULATIONSPROGRAMM (engl. simulation programme). Programm, das auf einem Rechner einen anderen, nicht-kompatiblen Rechner nachbildet oder ein Programm, das auf einem Rechner reale Prozesse in Form eines Modells nachbildet und berechnet. Vgl. Simulation.

SIMULTANE DATENERFASSUNG (engl. simultaneous data collection). Die Daten werden bei der Erfassung gleichzeitig auf zwei unterschiedlichen Datenträgern abgelegt. Beispiel Registrierkasse: Daten werden im Kassenspeicher und auf dem Kassenbon erfaßt und gleichzeitig auf integrierter Diskettenstation zur Weiterverarbeitung in externem Rechner gespeichert. Vgl. auch Datenerfassung.

SIMULTANE DATENVERARBEITUNG (engl. simultaneous data processing). Art der Datenverarbeitung, bei der mehrere Programme scheinbar gleichzeitig vom Rechner abgearbeitet werden. Auch als Multitasking (vgl. dort), Multiprogramming oder Mehrprogrammbetrieb bezeichnet.

SIN GW-BASIC-Funktion. Sie liefert den Sinus eines numerischen Ausdrucks bzw. einer Zahl im Bogenmaß.

Eingabe:

```
SIN(X)
```

Liefert den Sinus des in Klammern angegebenen Arguments.
Beispiel:

```
PRINT SIN(2/3)
```

Berechnet den Sinus in einfacher Genauigkeit (0.6183698).

SIN Turbo-Pascal-Funktion. Sie liefert den Sinus eines numerischen Ausdrucks bzw. einer Zahl.
Eingabe:

```
Sin(X);
```

Liefert den Sinus des in Klammern angegebenen Arguments (Typ: Real).

SINGLE CHIP COMPUTER
Ein-Chip-Computer. Mikrocomputer, dessen Bauteile (Prozessor mit Rechenwerk und Steuerwerk, Speicherwerk, Ein-/Ausgabewerk) auf einem einzigen Chip integriert sind.

SINGLE-STEP MODE Englische Bezeichnung für Einzelschrittmodus. Begriff aus der Programmentwicklung. Ein Programm wird nicht kontinuierlich, sondern schrittweise, Befehl für Befehl, abgearbeitet, um eventuelle Programmfehler lokalisieren und beseitigen zu können.

SINGLETASKING Englische Bezeichnung für Einprogrammbetrieb, eine Rechnerbetriebsart, in der zu einem gegebenen Zeitpunkt jeweils nur ein Programm bearbeitet werden kann. Gegensatz: Mehrprogrammbetrieb bzw. Multitasking oder Multiprogramming. Die Betriebsart ist in erster Linie vom verwendeten Betriebssystem abhängig. Unter MS-DOS z.B. ist nur Einprogrammbetrieb möglich.

SINIX Von Siemens entwickelte Version des Betriebssystems UNIX (vgl. dort).

SINNBILD (engl. symbol). Nach DIN 66001 genormtes Graphiksymbol zur Verwendung in Datenfluß- und Programmablaufplänen (vgl. dort).

SIPO Akronym für Serial in Parallel out. Schnittstelle, an der die Daten seriell ankommen, umgesetzt und parallel weitergeleitet werden.

SISO Akronym für Serial in Serial out. Schnittstelle, an der die Daten seriell ankommen und seriell weitergeleitet werden.

SIZEOF Turbo-Pascal-Funktion. Sie gibt den Platzbedarf einer Variablen in Bytes an.
Eingabe:

```
SizeOf(v);
```

Gibt an, wieviele Bytes Speicherplatz die Variable v (Typ: Beliebig) belegt.

SKALIEREN (engl. scale). Vergrößern oder Verkleinern einer Graphik unter Beibehaltung der Seiten-

SLASH

verhältnisse bzw. Vergrößern oder Verkleinern eines Outline Fonts (vgl. dort), eines Zeichensatzes für Laserdrucker.

SLASH Tastatursonderzeichen (/). Der Slash (= Schrägstrich) wird unter MS-DOS zur Abgrenzung von Parametern benutzt.
Beispiel:

```
Format a:/t:80/n:9
```

Die Parameter zur Angabe der Spuren und Sektorenzahl beim Formatieren einer Diskette sind durch Slashs voneinander abgegrenzt.

SLAVE Englische Bezeichnung für einen untergeordneten Rechner in einem Verbund oder Netzwerk, der zur Ausführung seiner Aufgaben einen Master (Hauptrechner) benötigt, welcher Rechnerkapazität, Speicher oder Peripheriegeräte zur Verfügung stellt.

SLCT Druckersteuersignal, das anzeigt, ob der Drucker auf Online oder Offline geschaltet ist. Bei Online geht das Signal auf High, bei Offline auf Low.

SLIM-LINE Englischer Begriff für halbe Bauhöhe. Während ältere 5 1/4"-Diskettenlaufwerke und Festplatten noch die volle Bauhöhe von ca. 9 cm besaßen, sind heute alle Geräte in Slim-Line Bauweise (ca. 4.5 cm) verfügbar. Lediglich Festplatten mit hoher Kapazität und daher vielen übereinanderliegenden Magnetplatten werden noch in voller Bauhöhe produziert.

SLOT Englische Bezeichnung für Erweiterungssteckplatz (vgl. dort) in einem PC zur Aufnahme von Zusatzkarten zur Systemoptimierung, Erweiterung, Steuerung externer Geräte etc. Je nach Computertyp beträgt die Busbreite 8, 16 oder 32 Bit.

SMALL CAPS Englische Bezeichnung für Kapitälchen. Großbuchstaben, welche die Höhe von Kleinbuchstaben besitzen, WIE Z.B.IN DIESEM SATZ.

SMALLTALK Von Rank Xerox entwickelte, objektorientierte Programmierumgebung, die mit als erste über eine mausgesteuerte graphische Benutzeroberfläche verfügte.

SMARTDRV.SYS Gerätetreiber für MS-DOS 4 zum Anlegen eines Festplatten-Caches. In Systemen mit Festplatte und Erweiterungsspeicher (extended oder expanded) kann SMARTDRV.SYS als sogenannter CACHE eingesetzt werden. Hier werden die zuletzt von der Festplatte gelesenen Daten automatisch in dem als Cache definierten RAM-Bereich abgelegt und beim nächsten Lesevorgang nicht von Festplatte geholt, sondern direkt aus dem RAM-Cache. Mit dieser Methode läßt sich die Schreib-/Lesegeschwindigkeit einer Festplatte in Abhängigkeit von der Art der Applikation um den Faktor 3 bis 10 beschleunigen. Sollte nicht zusammen mit VDISK.SYS eingesetzt werden.

SOFTWARE

Eingabe:

```
device=(LW:)(Pfad)smartdrv.sys
(größe)(/a)
```

Installation von SMARTDRV.SYS vom angegebenen Verzeichnis und Laufwerk. Angabe von Cache-Größe und Memory-Typ.
Beispiel:

```
device=smartdrv.sys 1024 /a
```

Lädt den Treiber SMARTDRV.SYS aus dem Hauptverzeichnis des Bootlaufwerks und reserviert 1024 KByte Expanded Memory.
Parameter:

- Größe Angabe der Cache-Größe in KByte. Ist keine Speichergröße angegeben, reserviert SMARTDRV 256 KByte, wenn er für Extended Memory installiert wurde und den gesamten Erweiterungsspeicher, wenn er für Expanded Memory installiert wurde.
- A SMARTDRV.SYS reserviert Speicher im Expanded Memory. Ohne Angabe von A wird der Speicher des Extended Memory verwendet.

SNAP Funktion vieler Graphik- und CAD-Programme, durch welche sich gezeichnete Objekte (Linien etc.) automatisch auf die nächstliegenden Kreuzungspunkte eines Gitternetzes (vgl. dort) ziehen lassen.

SNAPSHOT Dienstprogramm der graphischen Benutzeroberfläche GEM, mit dessen Hilfe sich ein beliebiger Bildschirminhalt festhalten (Snapshot = Schnappschuß), abspeichern und bei Bedarf ausdrucken läßt. Vergleichbare Dienstprogramme, z.B. Pizazz Plus, arbeiten auch außerhalb von GEM.

SNOBOL Akronym für String Oriented Symbolic Language. Programmiersprache. Snobol wurde in den USA Anfang der 60er Jahre in den Bell Laboratories von AT&T aus der Sprache Cobol entwickelt.

SOB Akronym für Start of Block. Blockanfang.

SOFT-FONT (engl. soft font). Zeichensatz für Drucker, der als Datei auf Festplatte abgelegt ist und bei Bedarf vor dem Ausdruck von dort in den Drucker geladen wird.

SOFT-SEKTORIERUNG (engl. soft sectoring). Disketten, die im PC-Bereich eingesetzt werden, sind softsektoriert, d.h., die Position und Länge der einzelnen Sektoren innerhalb der Spuren wird softwaremäßig beim Formatieren (vgl. dort) festgelegt. Lediglich der Anfang von Sektor 0 ist durch das Indexloch im Diskettenmaterial bestimmt. Gegensatz: Hard-Sektorierung.

SOFTWARE Oberbegriff für alle auf einem Computersystem ablauffähigen Programme sowie Dateien, wobei die Speicherung sowohl auf externen Speichermedien (Diskette, Kassette, Festplatte etc.) wie auch in Halbleiterbausteinen (RAMs, ROMs, EPROMs usw.) erfolgen kann.

SOFTWARE TOOL Englische Bezeichnung für ein Dienst- oder Hilfsprogramm zur Unterstützung von Anwendern und/oder Programmierern. Vgl. Tool.

SOFTWARE WORKSTATION Komplette Entwicklungsumgebung, in der Hardware und Software primär zur Entwicklung von Software konzipiert sind.

SOFTWAREHAUS (engl. software house). Firma, die Computerprogramme entwickelt und vertreibt. Meist werden zusätzliche Dienstleistungen wie Softwarepflege, Schulung oder telefonische Hilfen (Hotline) angeboten.

SOFTWARELIZENZ (engl. software licence). Sie wird vom Inhaber des Urheberrechts (Copyright) an den Käufer eines Softwareproduktes vergeben und berechtigt diesen zur Nutzung. Die Lizenzvereinbarungen berechtigen in der Regel nur zu einer zeitlich unbefristeten Nutzung auf einem einzigen Computer, d.h., der Käufer wird nicht zum Eigentümer der Ware, darf diese somit auch nicht ohne Einverständnis des Lizenzgebers weiterverkaufen, verändern, kopieren (Ausnahme: Sicherungskopie) oder auf anderen Rechnern einsetzen.

SOFTWAREPAKET (engl. software package). Aufeinander abgestimmte Einzelprogramme für einen oder unterschiedliche (vgl. Integrierte Pakete) Anwendungsbereiche, die nach dem gleichen Schema bedienbar sind, Daten untereinander austauschen können und meist vom gleichen Hersteller stammen.

SOFTWAREPFLEGE (engl. software maintenance). Dienstleistung von Softwarefirmen: Beseitigung von Programmfehlern, Update-Service (Austausch älterer Programme gegen neuere, verbesserte Versionen), Hotline (telefonischer Hilfsdienst bei Problemen).

SOLL-KONZEPT (engl. scheduled conception). Bestandteil der Systemanalyse (vgl. dort), in welchem analysiert wird, welche Aufgaben das geplante DV-System in welcher Weise erfüllen soll. Es enthält z.B. Angaben über Datenmengen, Datenarten, Datenfluß (nach Einführung der EDV) oder Angaben über benötigte Hardware und Software.

SONDERTASTEN (engl. special keys). Tasten, mit denen keine konventionellen Zeichen am Bildschirm erzeugt, sondern spezielle Funktionen ausgelöst werden.
Beispiel:
Das Betätigen der Sondertaste PRINTSCREEN führt unter MS-DOS zur Ausgabe des Bildschirminhalts auf dem an der ersten parallelen Schnittstelle angeschlossenen Drucker. Vgl. auch Funktionstaste, Tastatur.

SONDERZEICHEN (engl. special character). Alle Zeichen, mit Ausnahme von Buchstaben und Ziffern. Darunter fallen z.B. " . , : ; + - ! # ∧ / * ( ) [ ] \ < > '

SOURCE PROGRAMME

aber auch alle Graphikzeichen wie z.B. ■ ⊢ ⊩ ‖.

SORT Externes MS-DOS-(MS-DOS 3, MS-DOS 4) und MS-OS/2-Kommando (R+P) zum Sortieren von Dateien. Im Netzwerk verwendbar. Mit dem Filter SORT können Daten zeilenweise in aufsteigender/absteigender Folge alphanumerisch sortiert und auf ein Ausgabemedium weitergeleitet werden. Groß-/Kleinschreibung bleibt unberücksichtigt.
Eingabe:

```
datei/befehl | sort /(parameter)
```

Sortieren einer Datei oder Sortieren aufgrund eines Befehls

```
sort /(parameter)<quelle(>ziel)
```

Sortieren der unter QUELLE angegebenen Datei und Abspeichern in der mit ZIEL bezeichneten Datei.
Beispiele:

```
dir | sort/+10
```

Sortiert das Inhaltsverzeichnis, beginnend mit dem 10. Zeichen, d.h., es wird nach der Dateikennung sortiert.

```
sort<test.txt>sort.txt
```

Sortiert die Datei TEST.TXT und schreibt das sortierte Ergebnis in die Datei SORT.TXT.

Parameter:

R   Umkehr der Sortierfolge: Z-A; 9-0.

+N Sortiert die Datei ab dem mit n angegebenen Zeichen in jeder Zeile.

SOUND GW-BASIC-Anweisung. Dient zum Erzeugen eines Tons von bestimmter Höhe und Dauer.
Eingabe:

```
SOUND H,D
```

Für H sind beliebige Werte von 37-32767 zulässig, für D Werte von 0-65535.

SOUND Turbo-Pascal-Funktion (Unit: Crt). Sie erzeugt einen Ton in der angegebenen Frequenz.
Eingabe:

```
Sound(x);
```

Für x (Typ: Word) ist die Frequenz (Tonhöhe) anzugeben.

SOURCE DISK Englische Bezeichnung für Quelldiskette. Bezeichnet bei Kopiervorgängen diejenige Diskette, die kopiert werden soll (auf der sich somit das Original befindet). Gegensatz: Target Disk bzw. Zieldiskette.

SOURCE PROGRAMME Englische Bezeichnung für Quellprogramm. Begriff aus der Programmentwicklung. Der Programmcode wird zu nächst, unter Beachtung der Regeln der jeweiligen Programmiersprache, mit einem Editor wie ein gewöhnlicher Text eingegeben. Dieses Quellprogramm wird dann von einem Compiler in den eigentlichen Maschinencode, das Objektprogramm, übersetzt und ist erst dann ablauffähig.

SPACE Auch Blank. Englischer Begriff für Leerstelle (z.B. zwischen Buchstaben).

SPACE$ GW-BASIC-Funktion. Sie erzeugt einen String, der aus der angegebenen Anzahl von Leerzeichen besteht.
Eingabe:

```
SPACE$(Z)
```

Für Z sind Werte im Bereich 0-255 zulässig.
Beispiel:

```
10 S$=SPACE$(10)
20 FOR I = 1 TO 5
30 PRINT I S$;
40 NEXT I
```

Ausgabe der Zahlen 1 bis 5, wobei zwischen jeder Zahl zusätzlich 10 Leerstellen gedruckt werden (vgl. auch SPC).

SPACING Bezeichnet das Erzeugen von zusätzlichen Leerstellen in den Wortzwischenräumen, um Blocksatz zu realisieren.

SPALTENLINIE (engl. column guide). Trennungslinie zwischen Textspalten einer Seite.

SPC GW-BASIC-Funktion. Sie erzeugt einen anzugebenden Leerraum in (L)PRINT-Anweisungen.
Eingabe:

```
SPC(L);
```

Für L sind Werte von 0 bis 255 zulässig.
Beispiel:

```
10 Print "ANFANG"SPC(20);"ENDE"
```

Zwischen ANFANG und ENDE wird ein Zwischenraum von 20 Leerstellen erzeugt.

SPEECHFILING Speicherung und Verwaltung von Dateien, die digitalisierte Sprache (z.B. für automatische Ansagen) enthalten.

SPEICHER-DUMP Abspeichern des Inhalts des Hauptspeichers oder Teilen davon auf einem externen Speichermedium wie der Festplatte bzw. Ausgabe auf einem Drucker (gewöhnlich in hexadezimaler Schreibweise) zum Zwecke der Fehlersuche.

SPEICHER-SUBSYSTEM (engl. storage subsystem). Bezeichnet eine externe Speichereinheit in separatem Gehäuse. Magnetisches Subsystem: es beinhaltet ein- oder mehrere Festplatten bzw. Wechselplatten mit hoher Speicherkapazität, eventuell auch ein Magnetkassettenlaufwerk (vgl. Streamer) zur Sicherung der Daten der Festplatten. Optisches Sub-

SPEICHERBEREINIGUNG

Bild 70: Speicher-Subsystem

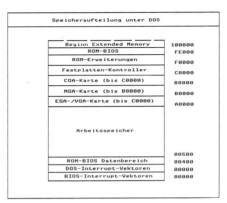

Bild 71: Speicheraufteilung

system: es enthält ein optisches Laufwerk mit auswechselbaren Platten (mit jeweils ca. 800 MByte Speicherkapazität). Die Ansteuerung durch die Zentraleinheit erfolgt in beiden Fällen über eine eigene Kontrollerkarte.

SPEICHERAUFFRISCHUNG (engl. memory refresh). Verwendet man dynamische Halbleiterbausteine (vgl. dort) als Arbeitsspeicher, so müssen diese regelmäßig mit Spannung „aufgefrischt" werden, ansonsten würden sie ihre Informationen verlieren. Dieser Refresh-Zyklus läuft mehrmals in der Sekunde ab und wird bei PCs von einem speziellen Timerbaustein (8253) gesteuert.

SPEICHERAUFTEILUNG (engl. memory map). Unter MS-DOS ist das erste Megabyte bis Adresse 9FFFF gemäß nachfolgendem Schema aufgeteilt. Sollte der Adressbereich zwischen A0000 und 9FFFF (entspricht den 384 KByte zwischen 640 KByte und 1024 KByte) mit RAM belegt sein, dann ist dieses RAM nicht als Arbeitsspeicher nutzbar, wohl aber als RAM-Disk oder z.B. (in den Adressen, die nicht durch ROMs belegt sind) zur Einrichtung eines Fensters zur Nutzung von EMS-Speicher (Expanded Memory). Der Bereich über 1 MByte (Extended Memory) kann nur von 80286, 80386 oder 80486 Prozessoren adressiert und im Real Mode nur eingeschränkt (RAM-Disk, Platten-Cache), im Protected Mode jedoch als vollwertiger Arbeitsspeicher genutzt werden.

SPEICHERBEREINIGUNG (engl. garbage collection). Viele Programmiersprachen auf Interpreter-Basis (Basic, Lisp) etc. weisen den Daten (Variablen) während eines Programmablaufs einen eigenen Bereich des Arbeitsspeichers zu. Reicht dieser Speicherplatz nicht mehr aus, versucht das System, nicht mehr benötigte Daten daraus zu entfernen (= garbage collection). Dieser

381

SPEICHERERWEITERUNGSKARTE

Vorgang kann, je nach Rechnertyp, sehr zeitaufwendig sein und einige Minuten in Anspruch nehmen.

SPEICHERERWEITERUNGSKARTE (engl. memory expansion board). Steckkarte zur Erweiterung des Arbeitsspeichers für XTs (8-Bit), ATs (16-Bit) und ATs mit 80386-Prozessor (16- bzw. 32-Bit). Die XT-Karten bieten maximal Platz für 384 KByte Speicher (dies ergibt mit den 640 KByte auf der Hauptplatine 1024 KByte bzw. 1 MByte, also genau die Kapazität, die vom Prozessor adressiert werden kann). Als Speicherbausteine werden entweder dynamische RAMs vom Typ 4164 (= 8 KByte Kapazität) oder vom Typ 41256 (= 32 KByte Kapazität) verwendet. Die AT-Karten haben in der Regel Platz für 2-8 MByte Speicher und werden entweder mit dynamischen RAMs vom Typ 41256 oder 511000 (= 128 KByte Kapazität) bestückt. Die erforderlichen Zugriffszeiten der RAMs hängen von der Taktfrequenz des jeweiligen Prozessors ab und reichen von 150-120 ns (XT) bzw. 120-70 ns (AT).

SPEICHERKAPAZITÄT (engl. memory capacity oder storage space). Bezeichnet das Fassungsvermögen eines internen oder externen Speichers. Meist in Kilobyte (= 1024 Byte) angegeben. Der Arbeitsspeicher eines PCs beträgt in der Regel 640 KByte, d.h. er hat ein Fassungsvermögen von 640x1024=655360 Bytes bzw. Zeichen, die jedoch teilweise durch das System belegt sind. Externe Speicher weisen folgende Kapazitäten auf: Diskette: 360 KByte, 720 Kbyte, 1.2 MByte, 1.44 MByte. Festplatte: 21 MByte bis ca. 1 GByte (= 1000 MByte). Die Speicherkapazität bei den externen Speichermedien hängt von folgenden Faktoren ab: Anzahl der Oberflächen, Spuren und Sektoren pro Spur. Bei Disketten bzw. Festplatten berechnet sich daher die Gesamtkapazität wie folgt:

DISK/PLATTE	K	O	S/O	S/S	B/S
5 1/4"-Diskette	360	2	40	9	512
5 1/4"-Diskette	1200	2	80	15	512
3 1/2"-Diskette	720	2	80	9	512
3 1/2"-Diskette	1440	2	80	18	512
5 1/4"-Platte	ca. 21000	4	614	17	512
5 1/4"-Platte	ca. 78000	9	1023	17	512

K	= Kapazität in KByte
O	= Zahl der Oberflächen
S/O	= Spuren pro Oberfläche
S/S	= Sektoren pro Spur
B/S	= Bytes pro Sektor

SPEICHERZUORDNUNG

Man multipliziert Anzahl der Oberflächen, Spuren pro Oberfläche, Sektorzahl pro Spur und Bytezahl pro Sektor miteinander. Als Ergebnis erhält man die Speicherkapazität in Bytes. Da 1 KByte aus 1024 Bytes besteht, dividiert man das Ergebnis durch 1024 und erhält die Speicherkapazität des Mediums in KByte. Beispiel mit 360-KByte-Diskette:

```
2 x 40 x 9 x 512 = 368640 Bytes
368640 : 1024 = 360 KByte
```

Formatiert man unter MS-DOS eine Diskette/Platte, erhält man allerdings nicht die volle Kapazität, da der Bootsektor, das Inhaltsverzeichnis und die File Allocation Tables einige Sektoren belegen (vgl. Spur 0).

SPEICHERKONTROLLE (engl. storage supervision). Aus dem Bundesdatenschutzgesetz: Die unbefugte Eingabe in den Speicher sowie die unbefugte Kenntnisnahme, Veränderung oder Löschung gespeicherter, personenbezogener Daten ist zu verhindern.

SPEICHERN (engl. save oder store). Programme, Dateien oder jeweils Teile davon programmgesteuert (über Systemroutinen) auf einem externen Massenspeicher permanent ablegen, von wo sie jederzeit bei Bedarf wieder aufgerufen (geladen) werden können.

SPEICHERN Aus dem Bundesdatenschutzgesetz: Erfassen, Aufnehmen oder Aufbewahren von Daten auf einem Datenträger zum Zwecke ihrer weiteren Verwendung.

SPEICHERNDE STELLE Aus dem Bundesdatenschutzgesetz: Jede der nachfolgend genannten Stellen, die Daten für sich selbst speichert oder speichern läßt: Behörden und sonstige öffentliche Stellen, natürliche oder juristische Personen, Gesellschaften oder andere Personenvereinigungen des privaten Rechts.

SPEICHERRESIDENT (engl. memory resident). Bezeichnet Programme, die ständig, also auch vor und nach der Ausführungsphase im Arbeitsspeicher gehalten werden und von dort per Tastendruck jederzeit aufgerufen werden können, bzw. permanent im Hintergrund arbeiten wie z.B. der Tastaturtreiber oder auch die internen MS-DOS-Kommandos wie COPY, DIR etc.). Gegensatz: Transient. Vgl. auch TSR-Programm.

SPEICHERZELLE (engl. storage cell). Kleinste adressierbare Einheit eines Speichers (Kapazität 1 Byte) zur Speicherung eines beliebigen Zeichens.

SPEICHERZUORDNUNG (engl. memory allocation). Der Begriff wird entweder in Verbindung mit externen Massenspeichern verwendet, wenn Dateien beim Abspeichern ein Plattenbereich zugewiesen wird oder wenn einem Programm vom Betriebssystem ein freier Bereich des Arbeitsspeichers zugewiesen wird.

SPEICHERZYKLUS

SPEICHERZYKLUS (engl. memory cycle). Kompletter Prozeß zum Auslesen bzw. Beschreiben einer Speicherzelle.

SPELLCHECKER Englischer Begriff für eine Routine in Textverarbeitungsprogrammen, die eine automatische Rechtschreibprüfung durchführt.

SPERREN (engl. spacing). Hervorhebung von Textteilen durch Auseinanderziehen der einzelnen Buchstaben.

SPERRPFLICHT (engl. blocking obligation). Aus dem Bundesdatenschutzgesetz: Personenbezogene Daten sind zu sperren (kein Zugriff erlaubt), wenn ihre Richtigkeit vom Betroffenen bestritten und sich weder Richtigkeit noch Unrichtigkeit feststellen läßt oder wenn ihre Kenntnis nicht mehr erforderlich ist.

SPERRSCHRIFT (engl. spaced text). Text, in dem die einzelnen Buchstaben zur H e r v o r h e b u n g jeweils durch eine Leerstelle voneinander abgesetzt sind.

SPIEGEL (engl. type area). Derjenige Teil einer Seite, der mit Text und Graphik belegt wird.

SPIEGELPLATTE (engl. mirror disk). Begriff aus der Netzwerktechnik. Spezifisches Verfahren bei bestimmten Netzwerk-Softwaren, bei dem im Falle eines Festplattenausfalls sofort auf eine zweite (inhaltlich identische) Platte umgeschaltet wird. Vorteil: Hohe Datensicherheit. Nachteil: Doppelte Plattenkapazität erforderlich.

SPINDELLOCH (engl. central hole). Mittelloch einer Diskette (vgl. dort).

SPLIT SCREEN Englische Bezeichnung für geteilter Bildschirm (vgl. dort).

SPOOL Externes MS-OS/2-Kommando (P) zum Drucken im Hintergrund. Im Netzwerk verwendbar. Spool erzeugt einen Spooler für den Druck von Dateien im Hintergund, wobei gleichzeitig MS-OS/2-Befehle oder Programme abgearbeitet werden können. Die zu druckenden Dateien werden temporär bis zum Ausdruck in einem Spool-Verzeichnis zwischengespeichert. Der Spooler wird aktiv, sobald ein Print-Kommando von einem Anwenderprogramm oder Kommando (Print) empfangen wird.
Eingabe:

```
spool unterverzeichnis (/parameter)
```

Aktiviert den Spooler für das Drucken im Hintergrund. Das Unterverzeichnis für die zu druckenden Dateien ist anzugeben.
Beispiel:

```
spool \printer /o:lpt2:
```

Aktiviert den Spooler. Temporäre Druckdateien werden im Verzeichnis Printer abgelegt. Die Ausgabe erfolgt an die zweite Parallelschnittstelle LPT2. Parameter:

```
D:Eingabegerät Angabe der Parallel-
schnittstelle, an welche das Anwen-
derprogramm die Daten ausgibt (für
Eingabegerät wird LPT1, LPT2, LPT3
oder PRN angegeben).
O:Ausgabegerät Angabe der Schnitt-
stelle, an welche die Daten vom Spoo-
ler weitergeleitet werden. Für Ausga-
begerät sind LPT1 bis LPT3, PRN und
COM1 bis COM8 erlaubt.
```

SPOOLER Abgeleitet von Spool (Simultaneous Peripheral Output On Line). Hilfsprogramm zum Drucken im Hintergrund. Während des Ausdrucks kann am Bildschirm weitergearbeitet werden.

SPOOLING Bezeichnet das Lesen bzw. Schreiben von Daten in einem Zwischenspeicher zur weiteren Verarbeitung oder späteren Ausgabe.

SPREADSHEET Englischer Begriff für Tabellenkalkulation (vgl. dort).

SPROSSE (engl. frame). Platz, den ein Zeichen auf einem Magnetband beansprucht.

SPRUNGBEFEHL (engl. jump instruction). Befehl in Programmiersprachen, durch den die lineare Abarbeitung eines Programms unterbrochen und in ein Unterprogramm oder eine beliebige andere Programmstelle verzweigt werden kann. Als Zielpunkt des Sprungs dient entweder eine Zeilennummer oder eine definierte Sprungmarke (Label). Die Sprungbefehle lauten in den meisten höheren Programmiersprachen GOTO bzw. GOSUB (vgl. dort).

SPTR Turbo-Pascal-Funktion. Sie ermittelt den Offset der Adresse des Stackpointers. Eingabe:

```
SPtr;
```

SPUR (engl. track). Jeder magnetische Datenträger (Diskette, Festplatte) wird beim Formatieren bzw. Vorformatieren in Spuren (diese wiederum in Sektoren) unterteilt. Die Anzahl der Spuren hängt vom Speichermedium und der verwendeten Formatierungssoftware ab.

SPUR 0 (engl. primary track). Äußerste Spur eines magnetischen Datenträgers mit wahlfreiem Zugriff (Diskette, Festplatte). Die Spur 0 enthält unter MS-DOS den Bootsektor, das Root-Directory (Haupt-Inhaltsverzeichnis) und die FAT (Dateizuordnungstabelle). Die Anordnung und Anzahl der reservierten Sektoren variiert und sieht bei den unter MS-DOS verwendeten Diskettenformaten so aus:

Diskettenformat:	360 KB	720 KB	1.2 MB	1.44 MB
BOOTSEKTOR	0	0	0	0
FAT	1-4	1-6	1-14	1-18
ROOT-DIR	5-11	7-13	15-28	19-32
DATEN	12-719	14-1439	28-2399	33-2879

SPURDICHTE

einer 360-KByte-Diskette z.B. stehen damit 708 Sektoren zur Datenaufnahme zur Verfügung. Bei einer Kapazität von 512 Byte pro Sektor ergibt sich somit eine Gesamtspeicherkapazität von genau 362 496 Bytes. Dies ist auch die Anzahl, die nach dem Formatieren einer 360-KByte-Diskette angezeigt wird (vgl. auch Speicherkapazität).

SPURDICHTE (engl. track density). Sie gibt an, wieviele Spuren ein magnetischer (oder optischer) Datenträger pro Längeneinheit aufnehmen kann. Maßzahl: tpi (Tracks per Inch = Spuren pro Zoll). Konventionelle 5 1/2"-Disketten besitzen z.B. eine Spurdichte von bis zu 96 tpi, 3 1/2"-Disketten bis 135 tpi.

SQL Akronym für Structured Query Language. Strukturierte (Datenbank-)Abfragesprache. Von IBM (ursprünglich unter dem Namen SEQUEL) entwickelte Sprache zur Datendefinition und Datenmanipulation in Datenbanksystemen. Mit SQL können Datenstrukturen in Form von Tabellen definiert und die Datenbestände anschließend manipuliert (löschen, erweitern, ändern etc.) sowie unter Verwendung logischer Verknüpfungen abgefragt, selektiert werden.

SQR GW-BASIC-Funktion. Sie berechnet die Quadratwurzel eines Ausdrucks.
Eingabe:

```
SQR(x)
```

Für X sind alle Werte $>= 0$ erlaubt.
Beispiel:

```
PRINT SQR(3*2)
```

Berechnet die Quadratwurzel von 3*2 mit einfacher Genauigkeit (2.44949).

SQR Turbo-Pascal-Funktion. Sie berechnet das Quadrat eines Ausdrucks.
Eingabe:

```
Sqr(x);
```

Für x (Typ: Integer oder Real) ist eine Zahl oder ein Ausdruck anzugeben, dessen Quadrat berechnet wird.

SQRT Turbo-Pascal-Funktion. Die Funktion berechnet die Quadratwurzel eines Ausdrucks.
Eingabe:

```
Sqrt(x);
```

Für x (Typ: Integer oder Real) ist eine Zahl oder ein Ausdruck anzugeben, dessen Quadratwurzel berechnet wird.

SS Akronym für Single Sided. SS-Disketten können nur auf einer Seite bespielt werden.

SSD Akronym für Solid State Disk. Auch RAM-Disk (vgl. dort). Speichermedium, das wie ein konventionelles Laufwerk angesprochen und genutzt wird, jedoch (wie der

STACKS

Arbeitsspeicher eines Rechners) aus einer Leiterplatte mit Speicher-Chips besteht. Vorteil: wesentlich schnellerer Zugriff beim Lesen und Schreiben. Nachteil: die Informationen gehen nach Abschalten der Stromversorgung wieder verloren. Die Daten müssen deshalb zuvor auf einem externen Speicher (z.B. Festplatte) gesichert werden.

SSEG Turbo-Pascal-Funktion. Liefert die Segmentadresse des Stacksegments.
Eingabe:

```
SSeg;
```

Die Adresse wird aus dem Prozessorregister SS geholt.

SSI-CHIP Akronym für Small Scale Integrated Chip. Integrierter Chip mit weniger als 50 Schaltungen.

ST-506 Serielle Schnittstelle für Festplatten. Sie wurde von dem Festplattenhersteller Seagate entwickelt und ist die momentan (noch) am meisten verwendete Schnittstelle zum Anschluß von Festplatten. Die ST-506-Schnittstelle erlaubt eine maximale Datenübertragungsrate von 5 MBit/s. Vgl. auch ESDI, SCSI.

STACK Englische Bezeichnung für Stapel- bzw. Kellerspeicher. Spezieller Speicher innerhalb der CPU (Register) oder im RAM (abhängig vom Mikroprozessor), in welchem die für einen Programmablauf wichtigen Informationen zwischengespeichert werden, wie Rücksprungadressen bei Sprungbefehlen.

STACK Turbo Pascal: Teil des dynamischen Speichers zur Zwischenspeicherung von Ausdrücken, lokalen Variablen, Parametern und Rücksprungadressen.

STACK POINTER Englische Bezeichnung für Stapelzeiger, der innerhalb des Stacks die Speicherzelle markiert, aus der gelesen bzw. in die geschrieben wird. Er ist als Register konzipiert, in welchem sich die jeweilige Adresse befindet.

STACKS Konfigurationsbefehl von MS-DOS 3 und MS-DOS 4 zur Bestimmung der Anzahl bzw. Größe der Stapelspeicher. Stapelspeicher (Stacks) werden vom System benötigt, um Hardwareinterrupts zu verarbeiten. Reichen etwa durch den Anschluß zahlreicher Peripheriegeräte die standardmäßigen 9 Stacks (von je 128 Byte) nicht aus, kann die Anzahl und/oder Größe mit dem STACK-Kommando verändert werden.
Eingabe:

```
stacks=n,m
```

Anzahl (n) und Größe (m) der Stacks verändern. Für n sind Werte von 8 bis 64, für m von 32 bis 512 möglich.
Beispiel:

```
stacks=12,256
```

Anzahl der Stacks auf 12, Größe auf

STAMMDATEN

je 256 Bytes setzen. Da Stacks Arbeitsspeicher belegen, sollten nicht mehr als notwendig installiert werden (bei zu wenigen Stacks erscheint eine Stack-Fehlermeldung).

STAMMDATEN (engl. master data). Der Begriff bezeichnet alle Daten, die sich in der Regel nur sehr selten ändern und unverändert in unterschiedlichen Verarbeitungsprozessen verwendet werden können. Beispiele: Artikelnummern, Geburtsdaten, Namen.

STAMMSATZ (engl. master record). Bezeichnet in Dateien, in denen die Datensätze miteinander verknüpft sind, den Datensatz, auf den zuerst zugegriffen werden muß, um andere Datensätze zu finden.

STAND BY Betriebsart von Peripheriegeräten (z.B. Diskettenlaufwerk oder Drucker), die Online geschaltet sind, aber erst auf spezielle Kommandos durch den Rechner in Aktion treten.

STANDARDEINSTELLUNG (engl. default setting). Veränderbare Grundeinstellung eines Gerätes oder Programms. So bezeichnet man z.B. die Tatsache, daß nach Systemstart die Zeichen am Farbbildschirm Weiß auf Schwarz dargestellt werden als Standardeinstellung.

STANDARDLAUFWERK (engl. default drive). Unter MS-DOS wird bei allen Zugriffen (Laden, Speichern) auf externe Speichermedien (z.B. Festplatte oder Diskette) immer das Standardlaufwerk angesprochen. Nach Systemstart ist zunächst immer das Laufwerk Standard, von welchem das Betriebssystem geladen wurde. Allerdings läßt sich das Standardlaufwerk beliebig ändern, indem man den neuen Laufwerksbuchstaben mit Doppelpunkt eintippt und mit der RETURN-Taste bestätigt.

STANDARDSOFTWARE (engl. standard software). Jede Art branchenunabhängiger Software (z.B. Textverarbeitung, Dateiverwaltung etc.), die so allgemein geschrieben ist, daß sie von einem weiten Kreis von Anwendern genutzt werden kann, dafür jedoch nicht spezifisch auf besondere Eigenheiten eines Anwenders (z.B. Rechtsanwaltskanzlei, Steuerberater) eingehen kann.

STANDFUSS (engl. floor stand). Zubehör, um einen konventionellen Tischcomputer senkrecht und damit platzsparend auf dem Boden aufstellen zu können. Die elektronischen und mechanischen Komponenten (Laufwerke etc.) werden hierdurch in ihrer Funktionsfähigkeit nicht beeinflußt.

STANDLEITUNG (engl. dedicated line). Begriff aus der Datenfernübertragung. Im Gegensatz zur Wählleitung (vgl. dort) besteht eine permanente Verbindung zwischen den Teilnehmern, d.h die Leitung kann jederzeit sofort (ohne vorherige Anwahl) zur Datenübertragung genutzt werden.

STAPELDATEI (engl. batch file). Auch Batch-Datei. Reine Textdatei (ASCII), die aus einer Anzahl von Befehlen besteht (je einer pro Zeile), welche vom Betriebssystem nacheinander abgearbeitet werden. Diese Dateien besitzen unter MS-DOS die Dateikennung BAT, unter MS-OS/2 die Kennung CMD und werden wie konventionelle Programme durch Eingabe des Dateinamens (frei wählbar mit Ausnahme von AUTOEXEC und der von MS-DOS reservierten Dateinamen) gestartet.

STAPELSPEICHER (engl. stack). Auch Stack oder Kellerspeicher. Dies ist ein spezieller Speicher innerhalb der CPU (Register) oder im RAM (abhängig vom Mikroprozessor), in welchem die für einen Programmablauf wichtigen Informationen zwischengespeichert werden, wie Rücksprungadressen bei Sprungbefehlen.

STAPELVERARBEITUNG (engl. batch processing). Die anfallenden Daten werden hier zunächst auf einem Datenträger gesammelt und dann in einem Durchgang verarbeitet. Vorteil: Der Rechner kann zu Zeitpunkten eingesetzt werden, an denen er sonst nicht benötigt wird. Nachteil: Die Daten befinden sich nicht immer auf dem aktuellen Stand. Gegenteil: Dialogverarbeitung. Auf Betriebssystemebene (MS-DOS) versteht man unter Stapelverarbeitung die Abarbeitung einer ASCII-Datei, die eine Serie von Kommandos enthält, welche vom Befehlsprozessor nach Aufruf der Datei nach und nach automatisch abgearbeitet werden. Auf diese Weise lassen sich viele Abläufe automatisieren. Unter dem Betriebssystem MS-DOS haben Stapel-Dateien stets die Kennung BAT.

START Internes MS-OS/2-Kommando (P) zum Start eines Programms in einer anderen Session. Im Netzwerk verwendbar. Der START-Befehl kann entweder in der Kommandozeile direkt eingegeben werden, oder in die INITENV.CMD Datei (entspricht der Datei AUTOEXEC.BAT in MS-DOS) geschrieben werden. In beiden Fällen wird das angegebene Programm oder der eingegebene Befehl in einer neuen Protected-Mode-Session ausgeführt. Eingabe:

>   start ("Session-Name")/parameter kommando (argumente)

Startet den mit KOMMANDO angegebenen Befehl (oder Programm), und führt eventuelle Argumente aus. In der File-Selektor-Box von MS-OS/2 wird der angegebene Session-Name angezeigt; fehlt dieser wird der Kommando-/Programmname wiedergegeben.
Beispiel:

>   start „Textverarbeitung" /c word

Die Eingabezeile startet den Wordprozessor mit dem Dateinamen WORD; in der File-Selektor-Box wird TEXTVERARBEITUNG angezeigt. Aufgrund des Parameters C kehrt MS-OS/2 nach Ende des

START-STOP-VERFAHREN

Programms automatisch zur Selektor-Box zurück.
Parameter:

> C Automatische Rückkehr zur File-Selektor-Box nach Beendigung des Programms oder des Befehls.

START-STOP-VERFAHREN (engl. start-stop operation). Das Verfahren wird bei der asynchronen Datenübertragung angewandt und bezeichnet die Tatsache, daß jedes zu übertragende Zeichen durch ein Start- und ein Stoppbit abgegrenzt ist.

STARTADRESSE (engl. start address). Auch Anfangsadreße. Nachdem ein Programm in den Arbeitsspeicher geladen wurde, muß die Adreße des ersten zu bearbeitenden Befehls des Programms in den Befehlszähler geschrieben werden. Dies ist die Startadreße.

STARTBIT (engl. start bit). Zeigt bei der bitseriellen, asynchronen Datenübertragung den Beginn eines Datenbytes an.

STATEMENT Instruktion in einer problemorientierten Programmiersprache (z.B. BASIC) zur Ausführung von Operationen.

STATISCHER HALBLEITERSPEICHER (engl. static semiconductor memory). In diesen Speichern beinhaltet jedes Speicherelement einen Transistor. Überschreitet die Spannung einen bestimmten Wert, dann wird der Transistor „leitend", es fließt Strom. Die binären Zustände 1 und 0 werden hier also durch "Stromfluß" bzw. "Kein Stromfluß" dargestellt. Liegt keine Spannung mehr an (z.b. nach Abschalten des Computers), gehen die gespeicherten Informationen verloren. Statische RAMs müssen nicht regelmäßig aufgefrischt werden, sie erlauben daher sehr niedrige Zugriffszeiten (vgl. Dynamischer Halbleiterspeicher).

STATUSREGISTER (engl. status register). Es zeigt den Zustand von Operanden bzw. Operationsergebnissen an (z.B. Übertrag bei arithmetischen Operationen, Vorzeichen eines Operanden). Das jeweilige Bit, das diesen Zustand anzeigt, wird auch als Flag bezeichnet.

STECKERKOMPATIBEL (engl. plug compatible). Bezeichnet die Tatsache, daß Geräte unterschiedlicher Hersteller, die über Stecker (Schnittstellen) miteinander verbunden werden (z.B. Computer und Drucker) einwandfrei zusammenarbeiten.

STECKKARTE (engl. plug-in board oder add-in board). Vgl. Erweiterungssteckkarte.

STECKPLATZ (engl. expansion slot). Er dient zur Aufnahme von Steckkarten für die Systemerweiterung. Vgl. Erweiterungssteckplätze.

STELLENWERTSYSTEM (engl. radix notation system). Zahlensystem (z.B. Dualsystem, Dezimalsystem, Hexadezimalsystem), bei dem die Wertigkeit bzw. der Stellenwert

einer Ziffer durch ihre Stellung innerhalb der Zahl ausgedrückt wird und sich aus der Potenz von Stelle (= Exponent) und Basiszahl (vgl. dort) errechnet.
Beispiele:

her, daß der Kamm mit den Schreib-/Leseköpfen vom Motor über eine Spindel schrittweise bewegt wird. Die einzelnen Spuren werden dann durch Abzählen dieser Schritte gefunden.

	Dezimalsystem				Dualsystem			
Stelle:	4	3	2	1	4	3	2	1
Zahl:	3	2	5	1	1	0	0	1
Stellenwert:	10^3	10^2	10^1	10^0	2^3	2^2	2^1	2^0

Ausgehend von der Tatsache, daß eine mit Null potenzierte Zahl immer Eins ergibt, besitzen im Dezimalsystem die Ziffern an Stelle 1, 2, 3 usw. die Wertigkeiten 1, 10, 100 usw. und im dualen Zahlensystem die Wertigkeiten 1, 2, 4, 8 usw. Um z.B. eine Zahl eines beliebigen Stellenwertsystems ins Dezimalsystem umzurechnen, braucht man nur die Ziffern mit ihren jeweiligen Wertigkeiten zu multiplizieren und das Ergebnis zu addieren: $1\times2^3+0\times2^2+0\times2^1+1\times2^0=9$. Die Dualzahl 1001 entspricht somit der Dezimalzahl 9.

STEP RATE Zeit (im Millisekundenbereich), die der Steppermotor (vgl. dort) eines Diskettenlaufwerks bzw. einer Festplatte benötigt, um die Schreib-/Leseköpfe von einer Spur zur nächsten zu transportieren.

STEPPERMOTOR (engl. stepper motor). Er dient in Diskettenlaufwerken und Festplatten zum Bewegen der Schreib-/Leseköpfe auf die einzelnen Spuren. Der Ausdruck „Stepper" (Step = Schritt) rührt da-

STERNTOPOLOGIE (engl. star topology). Begriff aus der Netzwerktechnik. Alle Workstations (Arbeitsplatzrechner) eines lokalen Netzwerkes sind über separate Leitungen direkt mit

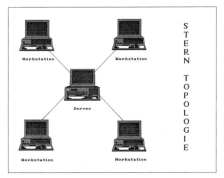

Bild 72: Sterntopologie

dem File-Server verbunden. Im Gegensatz z.B. zur Bustopologie kann im Netz nur ein Server integriert sein.

STEUERBUS (engl. control bus). Dient zur Steuerung der Ein-/Ausgabedaten zur Verarbeitung ins

STEUERHEBEL

Rechenwerk oder zum Arbeitsspeicher. Der Steuerbus wird seinerseits vom gerade aktiven Anwenderprogramm gesteuert.

STEUERHEBEL (engl. joystick). Vgl. Joystick.

STEUERUNGSDATEN (engl. control data). Der Begriff bezeichnet alle Daten, die während der Verarbeitungsphase bzw. bei Ein-/Ausgabeprozessen bestimmte Funktionen auslösen. Unter MS-DOS geschieht dies z.B. über Escape-Sequenzen oder Funktionsaufrufe. Beispiel: Alle nach dem Steuersignal 1B an einen Drucker geschickten Daten werden von diesem als Befehle (z.B. zum Ändern der Schriftart) interpretiert.

STEUERWERK (engl. control unit). Aufgabe des Steuerwerks (auch: Leitwerk) eines Prozessors ist die Entschlüsselung der Befehle, die Steuerung der Reihenfolge der Verarbeitung und ihre Umsetzung in Steuersignale und Weitergabe an das Rechenwerk. Dieses führt den eigentlichen Berechnungsprozeß aufgrund logischer und arithmetischer Operationen durch.

STEUERZEICHEN (engl. control character). Steuerzeichen dienen bei der asynchronen Datenfernübertragung dazu, Anfang und Ende einer Informationseinheit anzuzeigen (Startbit, Stoppbit) bzw. werden von der Zentraleinheit zur Steuerung von Peripheriegeräten genutzt (vgl. Escape-Sequenz).

STICK GW-BASIC-Funktion. Sie übergibt die Koordinaten der angeschlossenen Joysticks.
Eingabe:

```
STICK(K)
```

Für K gilt:
0 (X-Koordinate Joystick1),
1 (Y-Koordinate Joystick1),
2 (X-Koordinate Joystick2),
3 Y-Koordinate Joystick2).
Beispiel:

```
10 X=STICK(0)
20 PRINT X
```

Gibt die X-Koordinate der Position von Joystick 1 am Bildschirm aus.

STOP GW-BASIC-Anweisung. Sie beendet ein Programm und führt zum Rücksprung in den Direktmodus. Offene Dateien werden nicht geschlossen.

STOPPBIT (engl. stop bit). Kennzeichnet bei der bitseriellen, asynchronen Datenübertragung das Ende eines Datenbytes.

STR Turbo-Pascal-Prozedur. Dient zur Umwandlung einer Zahl in eine Zeichenkette.
Eingabe:

```
Str(Zahl,v);
```

Für ZAHL (Typ: Byte, Integer oder Real) ist die zu konvertierende Zahl anzugeben. In der Variablen v (Typ: String) wird das umgewandelte Zeichen abgelegt.

STRICHCODE

STR$ GW-BASIC-Funktion. Sie wandelt einen numerischen Ausdruck in eine Zeichenkette (String) um. Ist der Ausdruck negativ, dann ist die erste Stelle des Strings ein Minus-Zeichen, ansonsten eine Leerstelle.
Eingabe:

```
STR$(x)
```

Wandelt den numerischen Ausdruck X in einen String um.
Beispiel:

```
10 Z=12.56
20 A$=STR$(Z)
30 PRINT A$
```

Die Ausgabe (Zeile 30) ist zwar wieder 12.56, doch jetzt können hierauf alle Stringanweisungen (z.B. LEFT$, MID$, RIGHT$ etc.) angewandt werden.

STREAMER Englische Bezeichnung für ein Magnetkassettenlaufwerk zur Datensicherung von Festplatten. Die Bezeichnung (stream = strömen) ergibt sich aus der Tatsache, daß das System (im Gegensatz zu konventionellen Bandlaufwerken) nicht nach dem Start-Stopp-Verfahren arbeitet, sondern während des Sicherungsvorgangs kontinuierlich durchläuft. Die Steuerung des Streamers erfolgt (in PC-Systemen) entweder über den Kontroller des Diskettenlaufwerks (Vorteil: Kostengünstig. Nachteile: die Datenübertragungsrate ist mit ca. 2 MByte/min relativ niedrig und am Diskettenkontroller läßt sich nur noch ein Diskettenlaufwerk anschließen) oder über eine eigene Kontrollerkarte (Vorteil: hohe Datenübertragungsrate von ca. 15-20 MByte/min. Nachteile: relativ hoher Preis, ein Steckplatz wird belegt). Je nach

Bild 73: Streamer

Gerätetyp haben die auswechselbaren Streamerkassetten ein Speichervolumen von 20 MByte bis ca. 1 GByte.

STRG Sondertaste auf der PC-Tastatur. Auf amerikanischen Tastaturen ist sie mit CTRL beschriftet und dient zum Auslösen von Sonderfunktionen in Verbindung mit einer anderen Taste. So führt die Eingabe von STRG+C (gleichzeitiges Betätigen beider Tasten) unter MS-DOS normalerweise zu einem Programmabbruch, STRG+P gibt Zeichen parallel auf dem Bildschirm und dem Drucker aus.

STRICHCODE (engl. bar code). Er besteht aus senkrechten Strichen verschiedener Stärke und unterschiedlichen Abstands. Aufgrund der Hell-Dunkel-Unterschiede (Strich: Schwarz — Zwischenraum: Hell)

STRIG

kann der Code mit speziellen Lesegeräten (Scannern) zur Verarbeitung in die DV-Anlage eingelesen werden. Primäres Einsatzgebiet: Beschriftung von Waren. Vgl. auch EAN-Code.

STRIG GW-BASIC-Anweisung. Sie überprüft, ob ein Knopf eines Joysticks betätigt wird.
Eingabe:

```
STRIG ON bzw. STRIG OFF
```

Schaltet die Überprüfung ein bzw. aus. STRIG muß vor Anwendung der Anweisung STRIG(N) auf ON gesetzt sein.

STRIG(n) ON, OFF, STOP GW-BASIC-Anweisungen. Dienen zum Einschalten bzw. Abschalten der Abfrage von Joystick-Knöpfen. Falls die Abfrage eingeschaltet ist, überprüft BASIC vor der Ausführung jeder Anweisung, ob dieser Knopf betätigt wurde und verzweigt im positiven Fall zu der mit ON STRIG(n) GOSUB (vgl. dort) angegebenen Zeilennummer.
Eingabe:

```
STRIG(n) ON STRIG(n) OFF STRIG(n)
STOP
```

Schaltet die Abfrage des Knopfes n ein bzw. aus. Bei Stop wird die Abfrage zwar abgeschaltet, jedoch gespeichert und bei nachträglicher Aktivierung von STRIG(n) ON abgearbeitet.
Für n gilt: 0 (Joystick 1, Knopf 1), 2 (Joystick 2, Knopf 1), 4 (Joystick 1, Knopf 2), 6 (Joystick 2, Knopf 2).

STRING Englische Bezeichnung für Zeichenkette. Der String kann aus alphanumerischen Zeichen (Buchstaben, Ziffern) und/oder Sonderzeichen bestehen. In Programmiersprachen ist die Länge einer Zeichenkette in der Regel auf 256 Zeichen beschränkt und der String kann entweder eine Konstante oder eine Variable sein.
Beispiel in BASIC:

```
10 INPUT "Bitte Text eingeben:",A$
20 PRINT A$
```

Die Zeichenkette „Bitte..." in Zeile 10 ist konstant, d.h. sie bleibt bei jedem Programmablauf gleich. Durch die INPUT-Anweisung kann man jedoch bei jedem Programmablauf eine beliebige Zeichenkette eingeben, die dann jeweils in der Stringvariablen A$ gespeichert und durch die PRINT-Anweisung in Zeile 20 am Bildschirm ausgegeben wird.

STRING$ GW-BASIC-Funktion. Erzeugt eine Folge gleicher Zeichen in der angegebenen Länge und zwar entweder aufgrund eines ASCII-Codes oder aus dem ersten Zeichen eines Strings.
Eingabe:

```
STRING$(A,A$) bzw. STRING$(A,CODE)
```

Erzeugt eine Zeichenkette der Länge A, entweder bestehend aus dem ersten Zeichen von A$ oder dem Zeichen mit dem ASCII-Code CODE.

Beispiel:

```
10 A$="Test"
20 PRINT STRING$(5,A$)
30 PRINT STRING$(5,84)
```

Hier wird jeweils fünfmal der Buchstabe T ausgegeben. In Zeile 20 holt sich STRING$ die Information aus A$ (1. Zeichen), in Zeile 30 aus dem ASCII-Code 84 (= Code von T).

STROBE Druckersignal. Es dient der Synchronisierung der Druckdaten, die von Computer kommen. Das Signal ist normalerweise auf High und fällt beim Datenempfang auf Low (mindestens für die Dauer einer Mikrosekunde).

STROMAUSFALLSICHERUNG (engl. emergency power supply). Sie verhindert den Ausfall des Rechnersystems (und beugt somit Datenverlusten vor) bei Stromausfall mit Hilfe von Notstromgeräten, die zwischen DV-Anlage und Stromnetz geschaltet sind und bei einem Stromausfall innerhalb maximal 0.1 Millisekunden auf Batteriestromversorgung umschalten. Je nach Aggregatkapazität und Anlagengröße können Ausfallzeiten von 10 Minuten und 2 Stunden überbrückt werden. Vgl. auch Netzfilter.

STRUKTOGRAMM (engl. structured chart). Das Struktogramm bietet wie der Programmablaufplan (vgl. dort) eine graphische Darstellung von Programmabläufen, wobei jede Anweisung durch einen Block dargestellt wird. Das Darstellungsprinzip wurde von Nassi und Shneiderman entwickelt.

STRUKTURIERTE PROGRAMME (engl. structured programmes). Der Programmaufbau erfolgt hier nach der Top-Down-Methode und ist derart gestaltet, daß die Reihenfolge der Anweisungen und der Programmablauf möglichst übereinstimmen (Vermeidung von Sprungbefehlen). Die einzelnen Routinen (z.B. Druckausgabe, Einlesen von Daten etc.) sind modular aufgebaut und damit leicht austauschbar.

STYLESHEET Spezielle Seite, auf der das typographische Format der Manuskriptseiten in DTP-Programmen festgehalten und zur späteren Wiederverwendung abgespeichert wird

STYLUS Zeichenstift eines Digitalisiertabletts (vgl. dort).

SUBROUTINE Englischer Ausdruck für Unterprogramm.

SUBSCRIPT Englischer Begriff für ein tiefergestelltes Zeichen wie die 2 in H_2O bzw. Bezeichnung für den Index einer Feldvariablen.

SUBST Externes Komando von MS-DOS (MS-DOS 3, MS-DOS 4) und MS-OS/2 (R) zum Ersetzen von Pfadnamen durch Laufwerksbezeichnungen. Im Netzwerk nicht einsetzbar. Mit dem SUBST-Kommando können Pfadnamen einer Laufwerksbezeichnung gleichgesetzt werden.

SUBTRAKTIVE FARBMISCHUNG

Diese so geschaffenen virtuellen Laufwerke werden von MS-DOS wie physikalische Laufwerke behandelt. Eingabe:

```
subst (LW1: LW2:Pfad)
```

Ersetzt den angegeben Pfad durch anzugebende Laufwerksbezeichnung oder zeigt die Zuordnung an.

```
subst LW:/d
```

Hebt die Zuweisung für das erzeugte Laufwerk wieder auf.
Beispiel:

```
subst h: c:\word\texte\briefe
```

Ersetzt den angegebenen Pfad durch die Laufwerksbezeichnung H:, d.h., wenn man anschließend das Kommando DIR H: eingibt, werden alle Dateien im Unterverzeichnis BRIEFE angezeigt. Folgende Kommandos arbeiten nicht mit Laufwerken, auf die SUBST angewendet wurde: BACKUP, CHKDSK, DISKCOMP, DISKCOPY, FDISK, FORMAT, LABEL, RECOVER, RESTORE, SYS.

SUBTRAKTIVEFARBMISCHUNG

Hier werden im Gegensatz zur additiven Methode (vgl. dort) die Farben aus weißem Licht (bestehend aus den ROT-GRÜN-BLAU-Anteilen) durch Herausfiltern von Farbkomponenten erzeugt. So entsteht z.B. die Farbe Gelb durch Herausfiltern des Blauanteils aus weißem Licht. Als Grundfarben stehen bei der subtraktiven Methode somit Magenta, Gelb und Cyan zur Verfügung. Mit diesen Grundfarben (plus eventuell Schwarz) arbeiten auch alle

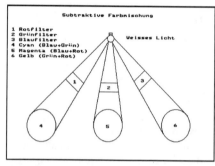

Bild 74: Prinzip der subtraktiven Farbmischung

Farbdrucker. Die Farben Rot, Grün und Blau werden dabei durch Addition (Überdrucken eines Punktes mit zwei oder drei Grundfarben) erzeugt. Zusammen mit der Papierfarbe Weiß verfügt ein Farbdrucker damit zunächst über 8 Farben (pro Punkt). Weitere Farben lassen sich erzeugen, indem man mehrere Punkte (z.B. 2x2 oder 3x3) zu einer Einheit zusammenfaßt. Jede dieser Einheiten kann nun aus unterschiedlichen Farbkombinationen aufgebaut sein, so daß für das Auge der Eindruck verschiedenster Farbnuancen entsteht.

SUCC Turbo-Pascal-Funktion. Sie liefert den Nachfolger eines Ausdrucks.
Eingabe:

```
Succ(x);
```

Liefert den Nachfolger des Ordinaltyps x.

SUCHEN (engl. search). Bezeichnet eine Funktion, die in den meisten Textverarbeitungsprogrammen integriert ist. Nach Eingabe des Suchbegriffs oder Teilen davon, wird das entsprechende Wort in Sekundenschnelle innerhalb eines Textes gefunden und der Cursor darauf gesetzt.

SUCHEN UND ERSETZEN (engl. search and replace). Funktion in den meisten Textverarbeitungsprogrammen. Nach Eingabe des Suchbegriffes und des Ersatzbegriffes, wird das entsprechende Wort in Sekundenschnelle innerhalb eines Textes gefunden und durch das Ersatzwort ersetzt. Dies kann wahlweise einmal erfolgen oder so oft wie das Suchwort im Text vorkommt. Praktisches Anwendungsbeispiel: Man benötigt in einem Text häufig das Wort „Sozialisationsprozesse", kürzt es bei der Texteingabe durch „SP" ab, und ersetzt abschließend das Kürzel wieder durch das ausgeschriebene Wort.

SUKZESSIVVERARBEITUNG (engl. batch processing). Alternative Bezeichnung für Stapelverarbeitung (vgl. dort).

SUPPORT Englisch für Hilfe, Unterstützung. Dienstleistung, die ein Geräte- oder Sofawarehersteller bzw. Händler bietet. Dazu gehören technischer Service, Kundendienst, Updateservice, Hotline.

SWAP GW-BASIC-Anweisung. Dient zum Vertauschen zweier Variableninhalte.
Eingabe:

```
SWAP V1,V2
```

Vertauscht die Inhalte der Variablen V1 und V2.
Beispiel:

```
10 A$="Eins"
20 B$="Zwei"
30 PRINT A$,B$
40 SWAP A$,B$
50 PRINT A$,B$
```

Zeile 30 erzeugt die Ausgabe EINS ZWEI und Zeile 50 (nach Vertauschen der Inhalte in Zeile 40) die Ausgabe ZWEI EINS.

SWAP Turbo-Pascal-Funktion. Vertauscht das Lowbyte und Highbyte eines Ausdrucks.
Eingabe:

```
Swap(x);
```

Vertauscht das Lowbyte und das Highbyte von x (Typ: Integer oder Word).

SWAP-DATEI Datei, welche die durch Swapping-Prozesse (vgl. dort) auf externe Speichermedien ausgelagerten Dateien enthält. Sie besitzt häufig die Dateikennung $$$ oder TMP.

SWAPPATH Konfigurationsbefehl von MS-OS/2 (P) zum Festlegen des

397

SWAPPING

Pfades für Swap-Files. Wurde mit dem Kommando MEMMAN die Swap-Option zum temporären Auslagern von Speicherinhalten auf externe Speichermedien aktiviert, dann läßt sich mit SWAPPATH der zugehörige Pfad festlegen. Fehlt SWAPPATH, erfolgt die Auslagerung ins Hauptverzeichnis des Boot-Laufwerks. Grundsätzlich sollten aus Geschwindigkeitsgründen nur Festplattenlaufwerke als Swap-Device angegeben werden. Der verfügbare Speicher muß mindestens 512 KByte betragen.
Eingabe:

```
swappath=LW:(Pfad)
```

Bestimmung des Laufwerkes und Verzeichnisses zum temporären Auslagern von Dateien.
Beispiel:

```
swappath=d:\swap
```

Hier werden die Dateien in das Verzeichnis SWAP auf dem Festplattenlaufwerk D ausgelagert.

SWAPPING Prozeß, durch den Daten temporär vom Arbeitsspeicher auf externe Speicher ausgelagert und bei Bedarf wieder zurückgeholt werden. Dies ist immer dann notwendig, wenn der verfügbare Arbeitsspeicher zur Abarbeitung komplexer Programme zu klein ist.

SWITCHES Konfigurationsbefehl von MS-DOS 4 zum Abschalten der Unterstützung einer erweiterten Tastatur.
Eingabe:

```
switches=/K
```

Schaltet die Unterstützung der erweiterten Tastatur ab. Der Befehl hat die gleiche Funktion wie der Parameter K des Treibers ANSI.SYS (vgl. dort).

SYMBOLISCHE ADRESSE (engl. symbolic address). Begriff aus der Programmierung. Die Adresse im Arbeitsspeicher wird nicht durch Angabe einer Speicherstelle (Zahl) definiert, sondern durch Vergabe eines Namens (vgl. auch Variable). Bei der Übersetzung des Programms in Maschinensprache (durch Interpreter, Compiler oder Assembler) werden die Namen wieder in echte Adressen umgewandelt.

SYMBOLISCHE PROGRAMMIERSPRACHE (engl. symbolic programming language). Oberbegriff für Assemblersprachen und Hochsprachen, d.h. für alle Sprachen, in denen zur Programmierung anstelle reiner Bitfolgen (wie bei der Maschinensprache) Zeichen (Buchstaben, Dezimal-, Hexadezimalziffern etc.) verwendet werden. Bedingt durch die leichtere Erlernbarkeit werden heute praktisch nur noch symbolische Programmiersprachen eingesetzt. Vgl. auch Programmiersprache.

SYMBOLISCHER ASSEMBLER (engl. symbolic assembler). Assembler (vgl. dort), welcher die

Benutzung symbolischer Adressen (vgl. dort) erlaubt.

SYMBOLISCHER BEFEHL (engl. symbolic instruction). Merkfähige Abkürzung (z.b. in Assembler) für einen binären Maschinenbefehl. Beispiel: Der Maschinenbefehl zum Laden des Akkumulators lautet z.B. 1010 1101, das entsprechende Mnemonik in Assembler hingegen LDA (= load accumulator).

SYMPHONY Integriertes Softwarepaket (vgl. dort) der Firma Lotus mit den Modulen Textverarbeitung, Tabellenkalkulation, Dateiverwaltung und Präsentationsgraphik. Wie bei allen integrierten Paketen arbeiten alle Teilprogramme unter der selben Benutzeroberfläche. Ein problemloser Datenaustausch zwischen den Modulen ist möglich.

SYNCHRON (engl. cyclic). Mit Zeit- oder Taktbezug. Die Ausführung von Instruktionen wird jeweils durch ein vorgegebenes Taktsignal initiiert.

SYNCHRONE DATENERFASSUNG (engl. simultaneous data collection). Vgl. Simultane Datenerfassung.

SYNCHRONE DATENÜBERTRAGUNG (engl. synchronous data transmission). Art der seriellen Datenübertragung, bei der nicht zeichenweise (vgl. asynchrone Datenübertragung), sondern blockweise übertragen wird. Sender und Empfänger müssen in völligem Gleichlauf arbeiten (dies wird durch Taktgeneratoren erreicht), zudem muß der Datenblock genau mit der festgelegten Geschwindigkeit übertragen werden, damit jedes Bit beim Senden und Empfangen den gleichen Stellenwert besitzt.

SYNTAX Regelwerk, das vorschreibt, welche Anweisungen und Befehle einer Programmiersprache in welcher Form und in welchen Kombinationen erlaubt sind.

SYNTAX ERROR Englische Bezeichnung für einen Fehler bei der Programmcodierung. Entsteht durch Mißachtung der Regeln einer Programmiersprache entweder bei der Eingabe des Quellcodes (sofortige Syntaxprüfung), während der Compilierung (Compilersprache) oder der Programmausführung (Interpretersprache). Vgl. Syntax.

SYNTAXÜBERPRÜFUNG (engl. syntax check). Manche Programmeditoren (vgl. dort) oder Interpreter von Programmiersprachen führen schon während der Eingabe des Quellprogrammtextes eine Überprüfung hinsichtlich der Korrektheit des Codes entsprechend den Regeln der verwendeten Programmiersprache durch. Bei Compilersprachen findet diese Überprüfung oft erst während des Compiliervorgangs statt, was die Fehlerbeseitigung wesentlich zeitaufwendiger macht.

SYS Externes Kommando von MS-DOS (MS-DOS 3, MS-DOS 4) und

399

MS-OS/2 (R+P) zum Übertragen der Systemdateien auf einen anderen Datenträger. Im Netzwerk nicht verwendbar. SYS ist der Befehl zum übertragen der Systemdateien auf ein anderes Laufwerk (Festplatte, Diskette). Bereits vorhandene (ältere) Systemdateien werden überspielt. COMMAND.COM und MS-DOS-Kommandos werden nicht übertragen und müssen separat mit dem COPY-Befehl transferiert werden. Das Kommando ist in neueren OS/2-Versionen nicht mehr vorhanden.
Eingabe:

```
sys LW:(/s)
```

Übertragung des Betriebssystems auf einen anderen (formatierten) Datenträger.
Beispiel:

```
sys c:
```

Überträgt das Betriebssystem von Diskette A auf die Festplatte C.
Parameter:

> S   Nur für MS-OS/2. Überträgt auch die Systemfiles, die in der Datei FORMAT.TBL aufgeführt sind.

SYSOP Abkürzung für Systemoperator. Bediener einer Computeranlage. Der Sysop ist verantwortlich für die Korrektheit der Abläufe des Betriebssystems und der Systemprogramme (vgl. Systemsoftware).

SYSTEM GW-Basic-Befehl. Beendet BASIC und löst einen Rücksprung zur MS-DOS-Shell aus.

SYSTEMABSTURZ (engl. system crash). Nicht geplanter Programmabbruch bzw. Systemzusammenbruch, bedingt durch Bedienungsfehler (z.B. falsche Eingabe), Programmierfehler oder Gerätefehler. Der Absturz führt entweder dazu, daß das Anwendungsprogramm verlassen und automatisch auf Systemebene zurückgekehrt wird oder, daß das komplette System "hängt" und neu gestartet werden muß.

SYSTEMANALYSE (engl. system analysis). Entwicklung eines kompletten DV-Systems für einen bestimmten Einsatzbereich (z.B. innerhalb eines Unternehmens). Zu den Hauptmerkmalen der Systemanalyse zählen:
1. Die Ist-Analyse, in welcher die momentanen Zustände (organisatorischer Aufbau, Arbeitsprozesse, Datenmengen, Datenverlauf etc.) erarbeitet und fixiert werden.
2. Das Soll-Konzept, mit Angaben über Datenmengen, Datenarten, Datenfluß (nach Einführung der EDV) sowie Angaben über Hardware und Software.
3. Die Entwicklung von Algorithmen zur Problemlösung, die Codierung und Fehlerbeseitigung.
4. Die Umstellung auf die EDV und die Anfangskontrolle. Die Systemanalyse wird primär von Systemanalytikern und Programmierern durchgeführt.

SYSTEMSOFTWARE

SYSTEMARCHITEKTUR (engl. system architecture). Aufbau und Funktionsprinzip eines DV-Systems einschließlich innerer Struktur (Prozessor, Bussystem, Speicherverwaltung, Schnittstellen, Peripherieverwaltung (Drucker, externe Speicher etc.) und Funktionsweise des Betriebssystems. Vgl. auch Von-Neumann-Architektur.

SYSTEMDATEI (engl. system file). Datei, die Teile des Betriebssystems enthält. Unter MS-DOS heißen die Systemdateien IO.SYS und MSDOS.SYS, unter PC-DOS IBMBIO.COM und IBMDOS.COM.

SYSTEMDISKETTE (engl. system disk). Diskette, die das Betriebssystem eines Computers enthält. Wird das Betriebssystem bei PCs nicht von Festplatte geladen, dann muß die Systemdiskette nach Einschalten des Rechners in Diskettenlaufwerk A eingelegt werden.

SYSTEMERWEITERUNG (engl. system expansion). Hardware: Alle Geräte, die zur Funktions- oder Leistungserweiterung in ein Computersystem eingebunden werden. Software: Erweiterung des Betriebssystems zur Ausführung spezieller Aufgaben (Netzwerkverwaltung etc.).

SYSTEMKONFIGURATION (engl. system configuration). Spezifische Zusammenstellung bestimmter Geräteeinheiten zu einer kompletten EDV-Anlage. Die Grundkonfiguration besteht aus: Zentraleinheit, Terminal (Tastatur und Bildschirm), externem Speicher (Festplatte, Diskettenlaufwerk etc.) und Drucker.

SYSTEMOVERHEAD Englische Bezeichnung für Systemverwaltungszeit, d.h. die Prozessorzeit und Arbeitsspeicher, die ein Betriebssystem, für sich, d.h. die Verwaltung des kompletten Systems benötigt. Je höher der Overhead, desto weniger Rechnerkapazität und Arbeitsspeicher stehen für Anwendungsprogramme zur Verfügung.

SYSTEMPROGRAMM (engl. system programme). Vgl. Systemsoftware.

SYSTEMPROGRAMMIERER (engl. system programmer). Programmierer, der in erster Linie Programme schreibt, die für das Funktionieren, die Bedienung und die Anwendungsprogrammentwicklung einer Anlage notwendig sind. Dazu zählen z.B. Betriebssysteme oder Dienstprogramme wie Compiler, Interpreter. (vgl. Anwendungsprogrammierer).

SYSTEMPROMPT (engl. system prompt). Bereitschaftszeichen. Signalisiert die Bereitschaft, Systemkommandos entgegenzunehmen. Vgl. Prompt.

SYSTEMSOFTWARE (engl. system software). Unter Systemsoftware versteht man (im Unterschied zur Anwendungssoftware; vgl. dort) die Summe der Programme, die zum Betrieb und zur Bedienung eines Computersystems notwendig sind.

SYSTEMSPUR

Zur Systemsoftware (im PC-Bereich) zählen:ROM-BIOS: Urladeprogramm zum Starten der Grundfunktionen des Rechners und Abfrage der Laufwerke, Zeichengenerator zum Erzeugen der Zeichen auf dem Bildschirm, Dienstprogramme zur Verwaltung der Hardwareuhr und zum Ausdrucken des Bildschirms (Print Screen).Betriebssystem (z.B. MS-DOS): Steuerung der Ein-/Ausgabe; Dateiverwaltungssystem (DOS) zum Laden, Speichern etc. von Programmen; Job-Verwaltung wie Steuerung des Ablaufs von Stapeldateien.Übersetzungsprogramme: Assembler, Compiler, Interpreter; darunter fallen auch alle Programmiersprachen.Dienstprogramme: Softwarehilfen zum Kopieren, Löschen etc. von Programmen, Einrichtung von Paßwort- und Benutzersystem, Bibliotheksverwaltung etc.Benutzeroberfläche: Verbindungsglied zwischen System- und Anwendersoftware. Sie dient dazu, dem Anwender den Umgang mit dem System (z.B. durch Menüs, Eingabehilfen, Pictogramme) zu erleichtern.Die Systemsoftware ist eng mit der zugehörigen Hardware verknüpft, d.h. sie arbeitet in der Regel nur auf dem Systemtyp, für welchen sie konzipiert wurde.

Boot-ROM, ein Speicherbaustein auf der Hauptplatine, der grundlegende BIOS-Routinen enthält, veranlaßt, daß der Boot-Record in Sektor 0 der Diskette/Festplatte gelesen wird. Dieser wiederum sorgt dafür, daß die Dateien IO.SYS (sie enthält weitere BIOS-Routinen und bildet zusammen mit dem Inhalt des Boot-ROM das komplette BIOS) und MSDOS.SYS (= Kern des Betriebssystems) geladen und gestartet werden. MSDOS.SYS schließlich lädt und startet den Kommandoprozessor COMMAND.COM, der wiederum eine eventuell vorhandene Stapeldatei AUTOEXEC.BAT ausführt.

SYSTEMTEST (engl. system check). Vgl. Selbsttest.

SYSTEMUMGEBUNG (engl. system environment). Bezeichnung für die Komponenten einer DV-Anlage (Speichergröße, Peripheriegeräte etc.). Insbesondere bei der Programmentwicklung ist die Kenntnis der Systemumgebung von entscheidender Bedeutung, da die entsprechenden Programmroutinen direkt auf die Komponenten angepaßt sein müssen.

SYSTEMSPUR (engl. system track). Bezeichnet die Spur eines magnetischen Datenträgers (Festplatte, Diskette), auf welcher das Betriebssystem abgespeichert ist. Vgl. Spur 0.

SYSTEMSTART (engl. system start). Unter MS-DOS verläuft der Systemstart nach folgendem Schema: Das

TABELLENKALKULATION

T

T-SWITCH Umschaltbox mit einem Eingang (vom Computer) und mehrerern parallelen oder seriellen Ausgängen. Durch Umschalten zwischen den einzelnen Ausgängen können mehrere Peripheriegeräte (z.B. Drucker) wahlweise an einer Computerschnittstelle bedient werden.

TAB GW-BASIC-Funktion. Sie setzt den Cursor auf den angegebenen Tabulatorstop.
Eingabe:

    TAB(x)

Für X sind Werte von 1 bis 255 zulässig. TAB kann nur zusammen mit PRINT-Anweisungen verwendet werden.
Beispiel:

    10 FOR I = 1 to 20
    20 PRINT "Links" TAB(74) "Rechts"
    30 NEXT I

Gibt jeweils 20mal die Zeichenfolge LINKS am linken Bildschirmrand und RECHTS am rechten Bildschirmrand (auf einem Bildschirm mit 80 Zeichen/Zeile) aus.

TAB-TASTE (engl. tab key). Sondertaste auf der PC-Tastatur. Sie bewegt den Cursor auf den nächsten Tabulatorstop.

TABELLENKALKULATION (engl. spreadsheet programme). Anwendungsprogramm für Kalkulationszwecke (meist mit Datenbankfunktionen). Der Bildschirm ist hier in der Regel in direkt adressierbare Zellen unterteilt, deren Anzahl von Programm zu Programm variiert. A1 wäre z.b. die Zelle in Zeile 1 Spalte 1, B3 die in Zeile 2 Spalte 3 usw. In diese Zellen können Daten (Texte, Zahlen, Formeln) geschrieben und miteinander verknüpft werden. Ändert sich ein Zelleninhalt, werden alle anderen Inhalte, die zu dieser Zelle in Bezug stehen, ebenfalls geändert.

	1	2	3
A		1. Quartal	2. Quartal
B	Ausgaben	100345,45 DM	231125,56 DM
C	Einnahmen	120456,32 DM	273345,51 DM
D			
E	Saldo	20110,87 DM	422190,95 DM
F			

Beispiel:
In den Zellen B2, B3 usw. sind die Ausgaben einer Firma (pro Quartal) geschrieben, in C2, C3 usw. die Einnahmen und in E2, E3 usw. der jeweilige Saldo. Ändert man nur eine der Einnahmen oder Ausgaben in den Zeilen B oder C, wird vom Programm sofort der zugehörige Saldo neu berechnet. Natürlich ist ein solches Kalkulationsblatt nicht auf die Bildschirmgröße beschränkt. So stehen durchschnittlich 255 Spalten und 4096 Zeilen zur Verfügung. Die

403

nicht sichtbaren Bereiche des Kalkulationsblattes können dann mit den Richtungstasten oder speziellen Befehlen jederzeit in den Bildschirmbereich gebracht werden.

TABULATOR (engl. tabulator). Unsichtbare Markierung innerhalb von Textzeilen in festen oder beliebig wählbaren Abständen, die mit Hilfe der TAB-Taste direkt angesprungen werden kann. Dadurch läßt sich eine schnellere Textformatierung (z.B. Linkseinzug von Paragraphen, Eintragungen in Tabellen) erzielen.

TAG Zusammengefaßte Formatierungsangaben für einen Paragraphen in DTP-Programmen.

TAGFERTIGKEIT (engl. actual balance). Bezeichnet bei der Datenverarbeitung die Tatsache, daß alle DV-Prozesse (Dateneingabe, Datenverarbeitung, Datenausgabe) innerhalb des Tages erfolgen, an welchem die Daten erfaßt wurden.

TAKTFREQUENZ (engl. clock frequency). In Computern werden mit Hilfe von Quarzen (Taktgeber) Signale in bestimmten Frequenzen erzeugt, an denen sich der Verarbeitungszyklus des Prozessors ausrichtet, d.h. pro Signal wird ein Zyklus durchlaufen. Je höher die Taktfrequenz, desto mehr Arbeitszyklen werden vom Prozessor pro Zeiteinheit erledigt, er wird „schneller". Die Palette der Taktfrequenzen reicht von 4.77 MHz (XT) über 8 MHz (AT) bis 16 MHz (AT/80386). Allerdings „tunen" viele Hersteller ihre Computer, so daß selbst XTs inzwischen mit 12 MHz getaktet sind und ATs bis über 40 MHz.

TAKTGENERATOR (engl. clock generator). In der Regel ein Quarz, der auf Grund seiner Schwingungen den Takt erzeugt, an dem sich die Verarbeitungsgeschwindigkeit einer CPU ausrichetet (vgl. Taktfrequenz).

TAN Akronym für Transaktionsnummer. Sie wird bei speziellen BTX-Diensten als „elektronische Unterschrift" verwendet. Will man z.B. per Computer und BTX seine Kontoführung realisieren, erhält man von der Bank eine versiegelte Liste mit TANs, von denen jede nur einmal verwendet werden kann, und jeweils (z.B. bei Überweisungen) anstelle einer Unterschrift anzugeben ist.

TAN GW-BASIC-Funktion. Sie liefert den Tangens eines numerischen Ausdrucks bzw. einer Zahl im Bogenmaß.
Eingabe:

```
TAN(X)
```

Liefert den Tangens des in Klammern angegebenen Arguments. Beispiel:

```
PRINT TAN(2/3)
```

Berechnet den Tangens in einfacher Genauigkeit (0.786843).

TAPE Englischer Ausdruck für Band. Vgl. Magnetband.

TASTATUR

TARGET DISK Englische Bezeichnung für Zieldiskette. Bezeichnet bei Kopiervorgängen diejenige Diskette, auf die kopiert werden soll. Gegensatz: Source Disk bzw. Quelldiskette.

TASCHENCOMPUTER (engl. hand-held computer). Computer mit geringen äußeren Abmessungen. Der Taschencomputer ist meist mit einem sehr kleinen LCD-Bildschirm mit ca. 10 Zeilen Darstellung ausgestattet und besitzt keine Laufwerke. Als externes Speichermedium dienen stattdessen RAM-Cartridges (auswechselbare Speichermodule im Scheckkartenformat).

TASCHENRECHNER (engl. pocket calculator). Kleinstrechner mit meist einzeiliger LCD- oder LED-Anzeige. Im Gegensatz zu Taschencomputern ist er nicht programmierbar, verfügt über keinen nennenswerten Speicher und keine Schnittstellen. Taschenrechner beherrschen in der Minimalausstattung die vier Grundrechenarten sowie das Prozentrechnen und können Rechenergebnisse zwischenspeichern (Memory-Funktion). Aufgrund der immer höheren Integrationsdichte können allerdings inzwischen in Taschenrechnern sehr viele Funktionen integriert werden, die je nach primärem Anwendungsgebiet (wissenschaftliche, kaufmännische Taschenrechner etc.) variieren und z.B. logarithmische, trigonometrische Berechnungen ebenso erlauben, wie Zinseszinsberechnungen oder Umwandlungen von Zahlen in unterschiedliche Zahlensysteme. Da zudem immer mehr Hersteller dazu

Bild 75: Taschenrechner

übergehen, ihre Geräte mit Speicher und festintegrierten Programmen bzw. Programmiersprachen zu versehen, ist die Abgrenzung zum Taschencomputer nicht mehr genau auszumachen.

TASK Bezeichnet eine Aufgabe, die ein Computer aufgrund eines direkt oder durch Programm eingegebenen Kommandos durchführt oder das Programm selbst.

TASTATUR (engl. keyboard). Im PC-Bereich setzen sich immer mehr die Multifunktionstastaturen (MF) durch. Hierunter versteht man eine Tastatur mit 101 oder 102 Tasten mit getrenntem Cursor- und Ziffernblock und 12 Funktionstasten oberhalb des Haupttastaturblocks. Die Belegung der Tastatur, d.h. welches Zeichen beim Antippen welcher Taste ausgegeben wird, ist nicht von der Tastatur selbst abhängig, sondern von den sogenannten Tastaturtreibern, die unter MS-DOS als selbständige Programme zur Verfügung stehen. Deshalb muß bei der

Systeminstallation angegeben werden, welcher landesspezifische Tastaturtreiber verwendet werden soll, ansonsten ist defaultmäßig immer die amerikanische Variante eingestellt. Der Tastaturtreiber für den deutschen Zeichensatz heißt bei den meisten MS-DOS-Versionen KEYBGR.COM und kann (bis MS-DOS 3.2) entweder direkt durch Eintippen von KEYBGR (+ Returntaste) geladen werden oder automatisch beim Systemstart, indem man KEYBGR in die AUTOEXEC.BAT-Datei einfügt. Mit der Tastenkombination ALT+CTRL+F1

Bild 76: MF-Tastatur

(gleichzeitiges Betätigen der Tasten ALT, CONTROL und F1) kann jederzeit vom landesspezifischen Treiber auf den US-Zeichensatz umgeschaltet werden. Mit ALT+CTRL +F2 wird wieder zurückgeschaltet. Auf diese Weise kann man sich der Sonderzeichen (z.B. geschweifte Klammern etc.) anderer Zeichensätze bedienen. Neben den Buchstaben- und Zifferntasten finden sich auf einer MF-Tastatur zahlreiche Sondertasten mit folgenden Funktionen:
CTRL (STRG): Auslösen von Sonderfunktionen in Verbindung mit einer anderen Taste. So führt CTRL+C meist zu einem Programmabbruch.
ALT: Erzeugen von Sonderfunktionen in Verbindung mit anderen Tasten (z.B. ALT+CTRL+DEL = Warmstart) und von Sonderzeichen in Verbindung mit den Zifferntasten im Tastaturblock.
Funktionstasten (F1-F12): Auslösen von Sonderfunktionen auf MS-DOS-Ebene und in Programmen. So läßt sich z.B. durch F3 die letzte MS-DOS-Kommandoeingabe wiederholen.
NumLock: Dient zum Umschalten zwischen primärer und sekundärer Belegung des Ziffernblocks.
CapsLock: Dient zum Umschalten auf Großbuchstaben (wirkt in der Regel nur auf die Buchstabentasten).
Backspace: Löscht jeweils das Zeichen links vom Cursor.
TAB: Bewegt den Cursor auf die nächste Tabulatorposition.
ESC: Dient zum (internen) Löschen der aktuellen Kommandozeile.
PrintScreen (DRUCK): Führt zur Ausgabe des momentanen Bildschirminhalts auf dem Drucker.
Pause: Anhalten der Bildschirmausgabe (z.B. zum Anschauen eines längeren Inhaltsverzeichnisses).
Die Tasten INSERT (EINFG), DELETE (ENTF), HOME (POS1), END (ENDE), PAGE UP (BILD ↑), PAGE DOWN (BILD ↓) und SCROLLOCK (ROLLEN) haben auf MS-DOS-Ebene keine Wirkung und

TASTATURKONTROLLER

in Anwendungen programmspezifische Funktionen.

TASTATURABDECKUNG (engl. keyboard cover). Abdeckhaube, meist aus durchsichtigem Kunststoff, die als Zubehör erhältlich ist, und die Tastatur vor Verschmutzung schützt.

TASTATURANSCHLUSS (engl. keyboard connector). Der Tastaturanschluß bei XT- bzw. AT-Computern erfolgt über einen 5poligen Rundstecker mit folgender Belegung:

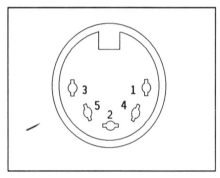

Bild 77: Anschlußbuchse der Tastatur

```
1   Keyboard Clock
2   Keyboard Data
3   Unbelegt
4   Masse
5   +5 V
```

In diesem Zusammenhang sei darauf hingewiesen, daß PC-Tastaturen in der Regel nicht an ATs (und umgekehrt) funktionieren.

TASTATURBLOCK (engl. key pad). Separater Tastenblock bzw. abgesetzter Teil einer Computertastatur, wie z.b. der Block mit den Funktionstasten, den Cursortasten oder den Ziffern und Rechenzeichen. Vgl. auch Zehnertastatur.

TASTATUREINSCHUB Zubehör, zur Aufnahme einer PC-Tastatur. Der Einschub wird unter den Arbeitstisch geschraubt oder unter den Monitor gestellt. Durch spezielle Teleskoparme oder einen anderen Auszugmechansimus läßt sich die Tastatur zum Arbeiten herausziehen. Vorteile: Keine Platzprobleme bei schmalen Arbeitstischen, Staubschutz.

TASTATURKONTROLLER (engl. keyboard controller). Speicherbaustein in PCs (8048) und ATs (8042), welcher die Tastatureingaben steuert. Wird eine Taste betätigt, so sendet der Kontroller einen tastenspezifischen Erzeugungscode (Make), läßt man die Taste los, wird ein ebenfalls tastenspezifischer Abbruchcode (Break) gesendet. Jede Taste besitzt einen sogenannten Scancode. Beim PC besteht der Erzeugungscode aus dem Scancode plus 128, der Abbruchcode entspricht dem Scancode, während beim AT beim Betätigen einer Taste zunächst der Code F0h und dann der Scancode gesendet, und beim Loslassen der Taste ebenfalls nur der Scancode gesendet wird.

TASTATURSCHABLONE

TASTATURSCHABLONE Sie besteht meist aus Plastik, mit ausgestanzten Löchern für die Tasten, wird über die Tastatur gelegt und enthält Beschriftungen mit Erläuterungen zur Funktion der entsprechenden Tasten in Anwendungsprogrammen, d.h. die Schablonen sind jeweils speziell für ein Anwendungsprogramm konzipiert.

TASTATURSCHLOSS (engl. keyboard lock). Schlüsselschalter an der Gehäusefront fast aller PCs. Wird der Schlüssel in die Position ZU (bzw. locked) gedreht und abgezogen, können über die Tastatur keine Eingaben mehr gemacht werden.

TASTATURTREIBER (engl. keyboard driver). Um unter MS-DOS auf der Tastatur einen landesspezifischen Zeichensatz, z.B. den für Deutschland, zu erhalten, muß der entsprechende Tastaturtreiber (vgl. KEYB) geladen werden. Nur dann erscheint am Bildschirm z.B. auch das Zeichen "Ü„, wenn die "Ü"-Taste betätigt wurde und nicht das Zeichen "" des USA-Zeichensatzes, der standardmäßig vom System installiert ist. Zwischen Standardzeichensatz (immer USA) und zugeladenem Zeichensatz kann im übrigen jederzeit mit CTRL-ALT-F1 bzw. CTRL-ALT-F2 umgeschaltet werden.

TASTENBELEGUNG (engl. keyboard layout). Sie gibt an, welches Zeichen am Bildschirm ausgegeben wird, wenn man eine bestimmte Taste betätigt. Da diese Belegung unter MS-DOS per Software änderbar ist (vgl. KEYB, Tastaturtreiber), kann praktisch jede Taste mit jedem beliebigen Zeichen belegt werden. Unter MS-DOS läßt sich dies mit dem PROMPT-Befehl nach folgendem Schema realisieren:

`prompt $e[Code-Alt;Code-Neup`

Für Code-Alt ist der dezimale Codewert der Taste (vgl. Anhang 2 bzw. Anhang 1) anzugeben, für Code-Neu der dezimale ASCII-Wert des Zeichens (vgl. Anhang 1), das auf diese Taste gelegt werden soll. Das Zeichen „p" ist immer direkt anzuhängen.
Beispiel:

`prompt $e[89;90p`
`prompt $e[90;89p`

Durch diese beiden Befehle würde die Y-Taste mit dem Zeichen „Z" und die Z-Taste mit dem Zeichen „Y" belegt werden oder mit anderen Worten: Beim Betätigen der Z-Taste würde „Y" am Bildschirm gezeigt und umgekehrt (nur die Großbuchstaben, da die Kleinbuchstaben wieder einen anderen Code besitzen). Diese Art der Tastenbelegung ist insbesondere für die Funktionstasten sinnvoll, denn auf eine Taste lassen sich auch komplette Zeichenketten legen. So wird durch das Kommando

`prompt $e[0;68;"dir c:";13p`

jedesmal das Inhaltsverzeichnis von Laufwerk C (Kommando: DIR C:) angezeigt, wenn die Funktionstaste F10 (Code: 0;68, vgl. Anhang 2) betätigt wird. Die „13" ist der Code für RETURN. Damit die Belegungen bei Systemstart nicht jedesmal neu eingegeben werden müssen, sollten sie in die Datei AUTOEXEC.BAT geschrieben werden. Damit die Belegung durchgeführt werden kann, muß in jedem Fall der Treiber ANSI.SYS (vgl. dort) in der Datei CONFIG.SYS installiert und das Bildschirmecho eingeschaltet sein (ECHO ON).

TASTENUMSCHALTUNG (engl. key shift). Jede Taste einer Computertastatur ist mehrfach belegt. Die unterschiedlichen Belegungsebenen werden durch zusätzliches Betätigen einer Sondertaste wie SHIFT, CTRL, ALT oder Kombinationen davon aktiviert. Beispiel mit Zifferntaste 2 auf PC-Tastatur: Ohne Zusatztaste wird die Ziffer „2" erzeugt, mit SHIFT-Taste das Zeichen " und mit den Tasten CTRL und ALT das Zeichen @.

TD Akronym für Transmit Data. Signal zur Datenübertragung.

TEACHWARE Englische Bezeichnung für Programme, mit deren Hilfe sich autodidaktisch bestimmte Aufgabengebiete erlernen lassen. Die angesprochenen Themen müssen keinen Bezug zur EDV haben. Teachware-Programme werden zunehmend mit Hilfe sogenannter Autorensysteme (vgl. dort) entwickelt.

TEILNEHMERBETRIEB (engl. time sharing operation). Vgl. Time-Sharing-Verfahren.

TELEBOX (engl. telebox oder mailbox). Bezeichnung für elektronischen Briefkasten. Ein solcher Briefkasten ist in vielen Datenbanken integriert. Man kann im Gegensatz zur konventionellen Datenbank nicht nur Informationen abrufen, sondern auch Nachrichten hinterlassen, die entweder allen anderen Teilnehmern abrufbereit zugänglich sind, oder aber nur nach Eingabe eines Passwortes eingesehen werden können. Unter BTX können z.B. „elektronische Briefe" in der Telebox des Empfängers abgelegt und nur von diesem gelesen werden.

TELEFAX (engl. telefax). Datenübertragungsdienst der Post. Per Telefax lassen sich über das normale Telefonnetz Texte und Graphiken

Bild 78: Telefaxgerät

praktisch ohne nennenswerten Zeitverlust an andere Telefaxteilnehmer versenden. Die Vorlage wird dabei von einem optischen Lesegerät (Scanner) abgetastet, nach der Signalumwandlung erfolgt die Verschickung. Ankommende Telefaxe

TELEKOMMUNIKATION

werden über einen eingebauten Thermodrucker sofort ausgedruckt. Telefaxgeräte werden in Gruppe 2 und Gruppe 3 Geräte eingeteilt. Bei ersteren beträgt die Übertragungsdauer einer DIN-A4-Seite ca. 3 Minuten, bei letzteren ca. 1 Minute. Inzwischen lassen sich Telefax-Geräte (auf Steckkartenbasis) auch in Computeranlagen integrieren. Dabei dient ein Scanner als Eingabe- und der Systemdrucker als Ausgabegerät.

TELEKOMMUNIKATION (engl. telecommunication). Bezeichnet alle Erscheinungsformen der bidirektionalen Datenübertragung über Leitungsnetze oder Funk wie: Telex, Teletex, Telefax, BTX, Datex, Rechnerverbund, Telefon, Sprechfunk etc.

TELEPHONWAHLMODUL (engl. automatic dialling equipment). Systemerweiterung für PCs auf Steckkartenbasis. Das Modul verwandelt den PC in ein „intelligentes" Telephon. Je nach Version werden folgende Optionen geboten: Beliebig erweiterbares Telephonverzeichnis mit Schnellsuchfunktionen, das jederzeit (auf Systemebene oder in Programmen) aufgerufen werden kann oder z.B. automatisch bei Abheben des Hörers auf dem Computermonitor erscheint. Nach Markierung einer oder mehrerer Telephonnummern am Bildschirm werden diese nacheinander (jeweils nach Beendigung eines Gesprächs) automatisch angewählt, bei besetzten Leitungen erfolgt eine Wahlwiederholung.

TELEPROCESSING Englische Bezeichnung für Datenfernverarbeitung (vgl. dort).

TELESOFTWARE (engl. telesoftware). Bezeichnung für Software (Programme), die per Datenfernübertragung aus Datenbanken in den eigenen Rechner eingespeist und abgespeichert werden können.

TELETEX (engl. teletex). Teletex ist praktisch das Nachfolgesystem des Telexdienstes der Bundespost und dient zum Übertragen von Fernschreiben. Ein Teletexsystem gleicht in etwa einer kleinen Computeranlage (Zentraleinheit, Monitor mit Tastatur) und kann auch als Textverarbeitungssystem eingesetzt werden. Im Unterschied zu Telex steht ein erweiterter Zeichensatz mit Großbuchstaben und Sonderzeichen zur Verfügung. Die Übertragung erfolgt über das Datex-L-Netz mit einer Geschwindigkeit von 2400 Baud (entspricht 10 Sekunden für eine DIN-A4-Seite). Mittels eines Umsetzers (TTU) können Teletex und Telexsysteme miteinander in Verbindung treten.

TELETYPE Englische Bezeichnung für einen Fernschreiber, der sich an eine Computeranlage anschließen läßt.

TELEX Abkürzung für Telegraph/Teleprinter Exchange. Fernschreibdienst der Bundespost. Der verfügbare Zeichenvorrat ist im wesentlichen auf Kleinbuchstaben (ohne Sonderzeichen wie Umlaute), Ziffern und Steuerzeichen (insgesamt 59) begrenzt. Die Übertragungsgeschwindigkeit liegt bei 50 Bit/s, was ca. 5 Minuten Übertragungsdauer für eine DIN-A4-Seite entspricht.

TEMPLATE Spezieller Eingabepuffer von MS-DOS, in welchem die jeweils letzte Kommandozeile gespeichert wird. Mit Hilfe von Funktionstasten, können die dort gespeicherten Informationen in die nächste Kommandozeile kopiert werden.
Beispiel:
Sie benutzen das Kommando COPY A:*.* C:, um alle Dateien einer Diskette von Laufwerk A auf die Festplatte C zu kopieren. Möchten Sie das Kommando mehrmals hintereinander anwenden, dann können Sie sich der Funktion des Templates bedienen, denn dort ist ihr Kommando zwischengespeichert und ein Betätigen der F3-Taste kopiert es von dort in die Kommandozeile; es braucht also nicht erneut eingetippt zu werden.

TEMPORÄRE DATEI (engl. temporary file). Bezeichnet eine Arbeitsdatei, die vom System oder von Anwendungsprogrammen (meist unbemerkt vom Anwender) zur Zwischenspeicherung von Daten auf Festplatte/Diskette angelegt, und nach Erfüllung ihres Zweckes normalerweise wieder gelöscht wird. Temporäre Dateien besitzen oft die Kennung $$$ oder TMP.

TERMINAL Bildschirmarbeitsplatz. In der Regel ohne eigene Intelligenz, d.h. das Terminal besteht lediglich aus Monitor und Tastatur sowie einer Einrichtung zum Senden bzw. Empfangen von Daten über die Verbindungsleitung zur intelligenten Zentraleinheit.

TERMINKALENDER (engl. appointment scheduler). Programm, das einen elektronischen Terminkalender darstellt, in welchem man seine Termine (eventuell inklusive Notizen) geordnet nach Uhrzeit und Datum einträgt. Jeder Termin kann optional mit einer Alarmfunktion verknüpft werden, so daß ein akustisches Signal ertönt, kurz bevor ein Termin fällig wird. Da diese Programme meist speicherresident sind, d.h. unbemerkt im Hintergrund arbeiten, funktioniert diese Alarmfunktion auch dann, wenn man gerade in einem anderen Anwendungsprogramm arbeitet.

TERMINPLANER (engl. appointment scheduler). Vgl. Terminkalender.

TERTIÄRSPEICHER (engl. tertiary storage). Bezeichnung für alle externen Speichermedien, auf die nicht online zugegriffen werden kann (z.B. archivierte Bänder oder Wechselplatten). Primärspeicher: Arbeitsspeicher. Sekundärspeicher: Alle externen Speichermedien (z.B. Festplatte), auf die online zugegriffen werden kann.

TETRADE (engl. nibble). Halbbyte. Jedes Byte besteht demgemäß aus zwei Tetraden zu je 4 Bit.

TEXTAUSRICHTUNG

TEXTAUSRICHTUNG (engl. alignment). Bezeichnet die Anordnung von Text innerhalb von Zeilen oder Textspalten. Man unterscheidet: linksbündig (links ausgerichtet, rechts Flattersatz), rechtsbündig (rechts ausgerichtet, links Flattersatz, zentriert (an der Zeilenmitte ausgerichtet) und Blocksatz (links und rechts ausgerichtet, d.h. alle Zeilen sind gleich lang).

TEXTBACKGROUND Turbo-Pascal-Prozedur (Unit: Crt). Dient zum Festlegen der Texthintergrundfarbe. Eingabe:

```
TextBackground(Farbe);
```

Für FARBE (Typ: Byte) sind in der Unit folgende Konstanten definiert: 0 (Black), 1 (Blue), 2 (Green), 3 (Cyan), 4 (Red), 5 (Magenta), 6 (Brown), 7 (Lightgray).

TEXTBAUSTEIN (engl. text module). Textteil, der in einer Datei abgespeichert ist, und bei Bedarf jederzeit und beliebig oft von dort wieder eingelesen werden kann. Man kann sich so eine komplette Bibliothek unterschiedlicher Bausteine anlegen, diese nach dem Baukastenprinzip wieder zusammenfügen und so innerhalb kürzester Zeit die unterschiedlichsten Texte (Angebotsschreiben, Mahnungen etc.) verfassen.

TEXTCOLOR Turbo-Pascal-Prozedur (Unit: Crt). Dient zum Festlegen der Zeichenfarbe. Eingabe:

```
TextColor(Farbe);
```

Für FARBE (Typ: Byte) sind in der Unit folgende Konstanten definiert: 0 (Black), 1 (Blue), 2 (Green), 3 (Cyan), 4 (Red), 5 (Magenta), 6 (Brown), 7 (Lightgray), 8 (DarkGray), 9 (LightBlue), 10 (LightGreen), 11 (LightCyan), 12 (LightRed), 13 (LightMagenta), 14 (Yellow), 15 (White). Die Werte 0-7 können für Vordergrund und Hintergrund verwendet werden, 8-15 nur für den Vordergrund. Addiert man jeweils 128 zur Farbziffer, dann wird der Text blinkend in der gesetzten Farbe ausgegeben.

TEXTCURSOR (engl. text cursor). Schreibmarke im Textmodus. Viele Anwenderprogramme arbeiten sowohl im Text- als auch im Graphikmodus. Für jeden dieser Modi steht dann ein separater Cursor (vgl. dort) zur Verfügung, der vollkommen autark zum anderen arbeitet.

TEXTEDITOR (engl. text editor). Programm zum Bearbeiten von Texten. Vgl. Editor.

TEXTERKENNUNG (engl. character recognition). Spezielles Programm zum Einlesen von gedruckten Dokumenten in den Rechner in der Art, daß die Texte anschließend in Textverarbeitungsprogrammen weiterverarbeitet werden können. Vgl. Texterkennungsprogramm.

TEXTERKENNUNGSPROGRAMM- Programm, welches die Zeichen von Texten, die mit einem Lesegerät, einem Scanner (vgl. dort) von der Vorlage (Papier, Folie etc.) in den

TEXTVERARBEITUNGSPROGRAMM

Computerspeicher gebracht wurden, entweder durch topologische Verfahren oder einen Vergleich von Bit-Mustern, als solche richtig erkennt und ihnen die korrekten Code-Werte (meist ASCII- oder ANSI-Code) zuordnet, so daß sie direkt (z.B. in Textverarbeitungsprogrammen) weiterverarbeitet werden können. Gute Texterkennungsprogramme erreichen eine Erkennungsquote von über 99.5 Prozent und zeichnen sich durch folgende Merkmale aus: Ausklammern von Graphiken (eventuelle Zeichnungen, Bilder etc. in einem einzulesenden Dokument werden ignoriert), Lesen von Spaltentext, Online-Korrekturmöglichkeit (trifft das Programm auf ein unbekanntes Zeichen, stoppt die Bildschirmanzeige und der Anwender kann das korrekte Zeichen über Tastatur eingeben), Lernfähigkeit (trifft das Programm auf ein unbekanntes Zeichen, stoppt die Bildschirmanzeige, das korrekte Zeichen wird eingetippt und ab diesem Zeitpunkt kennt das Programm dieses Zeichen), Erkennung unterschiedlicher Schriftarten und Schriftgrößen. Voraussetzung für das Funktionieren der Texterkennung ist allerdings, daß die Vorlagen in gedruckter Form (also nicht in handschriftlicher Form) vorliegen.

TEXTERKENNUNGSSYSTEM Es besteht (neben der Computeranlage) aus einem Scanner zum Einlesen der Texte, sowie einem Texterkennungsprogramm (vgl. dort), welches den eingelesenen Zeichen den zur Weiterverarbeitung notwendigen Code zuordnet.

TEXTHEIGHT Turbo-Pascal-Funktion (Unit: Graph). Ermittelt die Texthöhe in Bildpunkten.
Eingabe:

```
TextHeight('Text');
```

Berechnet die benötigte Zeilenhöhe für die angegebene Zeichenkette in Punkten.

TEXTVERARBEITUNG (engl. word processing). Bezeichnet den Vorgang der Erstellung und Bearbeitung von Texten mit Hilfe eines Computers und der entsprechenden Software. Vgl. Textverarbeitungsprogramm.

TEXTVERARBEITUNGSPROGRAMM (engl. word processor). Spezielle Software, die die Erstellung und Bearbeitung von Texten mit Hilfe eines Computers erlaubt. Verglichen mit herkömmlichen Methoden (Schreibmaschine etc.) ergibt sich eine derart große Anzahl von Vorteilen, daß Textverarbeitung im kommerziellen Bereich praktisch nur noch per Computer exerziert wird.
Einige Vorteile: beliebiges nachträgliches Korrigieren, beliebige Textumstellungen, beliebige Anzahl von Ausdrucken, einfache Textarchivierung, automatische Sibentrennung, Rechtschreibkorrektur, Gliederung, Seitennumerierung und Stichwortverzeichnis, Such- und Ersetzfunktionen, Serienbrieferstellung, Rechnen im Text, gleichzeitiges Arbeiten mit mehreren Dokumenten, Benutzung von abgespeicherten Textbausteinen,

TEXTVERARBEITUNGSSYSTEM

automatisches Sortieren von Listen, Mischen von Text und Graphik etc.

TEXTVERARBEITUNGSSYSTEM (engl. word processing system). Computer, der von seiner Hardware- und Softwareausstattung nur für Textverarbeitungszwecke eingesetzt werden kann. Das Textverarbeitungsprogramm ist hier meist fest in den Speicherbausteinen (ROMs) des Computers verankert und andere Programme können nicht geladen werden.

TEXTWIDTH Turbo-Pascal-Funktion (Unit: Graph). Ermittelt die Textbreite in Bildpunkten.
Eingabe:

```
TextWidth('Text');
```

Berechnet die benötigte Breite für die angegebene Zeichenkette in Punkten.

THEN Bestandteil von Bedingungsanweisungen in höheren Programmiersprachen. Vgl. IF..THEN..ELSE

THERMODRUCKER (engl. thermal printer). Der Thermodrucker gehört zur Familie der Matrixdrucker und arbeitet prinzipiell wie ein Nadeldrucker (vgl. dort). Während jedoch dort ein Punkt erzeugt wird, indem eine Nadel auf das Farbband trifft und so den Punkt auf Papier überträgt, sendet hier jede „Nadel" einen elektrischen Funken aus, der das wärme- und lichtempfindliche Papier an der „Trefferstelle" dunkel färbt.

Vorteile: Kein Farbband nötig, leise. Nachteile: Keine Möglichkeit Durchschläge zu erstellen, das Papier ist teuer und vergilbt mit der Zeit durch Lichteinwirkung.

THERMOPAPIER Speziell beschichtetes Papier, das sich unter Wärme- und/oder Lichteinwirkung dunkel färbt (vgl. Thermodrucker).

THERMOTRANSFERDRUCKER (engl. thermo-transfer printer). Der Thermotransferdrucker arbeitet wie der Thermodrucker nach dem Wärmeprinzip, im Unterschied zu diesem werden die einzelnen Punkte jedoch dadurch erzeugt, daß die Druckfarbe von dem mit wachsartigen Farben beschichteten Farbband auf das Papier geschmolzen wird. Vorteile: Leise, gutes Druckergebnis, besonders bei Mehrfarbdruck, normales Papier verwendbar. Nachteile: Keine Durchschläge möglich, hoher Farbbandverbrauch, insbesondere bei Mehrfarbdruck.

THESAURUS (engl. thesaurus). Begriff aus der Textverarbeitung. Bezeichnet ein Synonymie-Wörterbuch, mit dessen Hilfe sich Wortwiederholungen vermeiden lassen. In der Praxis wird so verfahren: Man markiert in einem Text ein Wort (z.B. REDEN), aktiviert die Thesaurusfunktion und bekommt auf dem Bildschirm eine Liste von Begriffen angezeigt, welche (annähernd) die gleiche Bedeutung haben wie das markierte Wort (z.B. SP

ECHEN, SAGEN, BEMERKEN, MEINEN etc.). Auf Tastendruck wird dann das markierte Wort im Text durch das Synonym ersetzt.

THREAD   Englische Bezeichnung für die kleinste ausführbare Einheit innerhalb von Multitasking-Prozessen.

THREADS   Konfigurationsbefehl von MS-OS/2 (P) zur Festlegung der Anzahl der Threads. Standardmäßig können im Protected Mode von MS-OS/2 von Anwendungsprogrammen und von MS-OS/2 selbst 50 Threads (= unabhängig voneinander ablaufende Routinen) benutzt werden. Reichen diese nicht aus, läßt sich die Anzahl mit THREADS auf maximal 255 erhöhen.
Eingabe:

```
threads=n
```

Festlegung der Anzahl der Threads. Für n sind Werte von 16 bis 255 erlaubt.
Beispiel:

```
threads=100
```

Erhöhung der Thread-Zahl auf 100. Eine Erhöhung ist immer dann notwendig, wenn mehrere Programme gleichzeitig ablaufen sollen. Da Threads jedoch Arbeitsspeicher belegen, sollte die Anzahl nicht zu hochgesetzt werden.

THUMBNAIL   Englische Bezeichnung für die verkleinerte Ausgabe eines Seitenlayouts, das zur Kontrolle ausgedruckt werden kann.

TIFF   Akronym für Tag Image File Format. Von den Firmen Aldus, Microsoft und Microtek entwickeltes Graphikformat, das u.a. das Scannen von Bildern in unterschiedlichen Grauwerten erlaubt

TIME   Internes MS-DOS- (MS-DOS 3, MS-DOS 4) und MS-OS/2-Kommando (R+P) zur Anzeige oder zum Einstellen der Uhrzeit. Im Netzwerk verwendbar. Das Kommando dient zur Anzeige bzw. zum Einstellen der in der batteriegepufferten Echtzeituhr des Systems festgehaltenen Uhrzeit. Die Uhrzeit sollte immer korrekt sein, da sie beim Sichern von Dateien immer mit abgespeichert wird.
Eingabe:

```
time(hh:mm:ss,cc)
```

Anzeige (ohne Zusatzangaben) und Möglichkeit zum Einstellen bzw. direktes Einstellen der Uhrzeit. Die Sekunden und Hundertstelsekunden müssen nicht angegeben werden.
Beispiel:

```
time 12:20
```

Stellt die Uhrzeit auf 12 Uhr 20. Die Zählung der Sekunden beginnt bei 0.

TIME SLICE   Zeitscheibe. Festgelegte Zeitspanne, die dem Prozessor zur Ausführung eines Befehls oder Abarbeitung eines Programms zur Verfügung steht.

TIME$ GW-BASIC-Anweisung und reservierte Variable. Dient zur

TIME-SHARING VERFAHREN

Zuweisung bzw. zum Abruf der Uhrzeit.
Eingabe:

```
TIME$=ZEIT bzw. TIME$
```

Weist der Variablen TIME$ die Uhrzeit (Format: HH:MM:SS) zu bzw. ruft die eingestellt Uhrzeit ab.
Beispiel:

```
10 PRINT TIME$
20 TIME$="20:10:00"
30 PRINT TIME$
```

Gibt zunächst die zuletzt eingestellte Uhrzeit (Zeile 10) aus und anschließend (Zeile 30) die in Zeile 20 zugewiesene Zeit.

TIME-SHARING VERFAHREN
Bei diesem Verfahren sind Terminals oder Arbeitsplatzrechner direkt oder per Datenfernübertragungsleitungen an einen Zentralrechner angeschlossen. Da dieser Zentralrechner jeweils nur ein Programm zu einem bestimmten Zeitpunkt verarbeiten kann, wird seine Rechenzeit unter den Benutzern aufgeteilt, d.h, eine Zeiteinheit lang wird das Programm von Benutzer 1 bearbeitet, dann wird weitergewechselt zu Benutzer 2, Bearbeitung dieses Programms für eine Zeiteinheit, Weiterwechseln zu Benutzer 3 usw. Wenn allen Benutzern eine Zeiteinheit zugeteilt war, erhält Benutzer 1 seine zweite Zeiteinheit usw. Da sich dieser Wechsel im Millisekundenbereich bewegt, hat jeder Teilnehmer den Eindruck, der Rechner arbeite nur für ihn allein.

TIMEOUT Englischer Ausdruck für Zeitüberschreitung. Bezeichnet den automatischen Verbindungsabbruch (z.B. bei der Datenfernübertragung) nach einer definierten Zeiteinheit.

TIMER GW-BASIC-Funktion. Liefert die seit 00:00 Uhr vergangene Uhrzeit in Sekunden.
Eingabe:

```
TIMER
```

Liefert die vergangene Zeit auf Hundertstelsekunde genau.
Beispiel:

```
10 PRINT TIMER
20 PRINT TIMER/3600
```

Gibt zunächst die vergangene Zeit in Sekunden aus z.B. 69603.03, dann als Dezimalwert in Stunden z.B. 19.33418.

TIMES ROMAN Proportionalschriftart mit Serifen. Sie erzeugt ein schönes, angenehm lesbares Schriftbild und wird deshalb bevorzugt für den Fließtext von Dokumenten (Zeitschriften, Bücher etc.) verwendet.

TIMESLICE Konfigurationsbefehl von MS-OS/2 (P) zur Zuteilung der Prozessorzeit. Eine Zeitscheibe (timeslice) ist ein Zeitintervall, welches dem Prozessor zur Abarbeitung von Threads zur Verfügung gestellt wird. Mit dem Timeslice-Kommando wird die minimale und maximale Zeit (in Millisekunden) bestimmt, die MS-OS/2 auf einen Thread verwenden darf, bevor er zum nächsten über-

TONERKASSETTE

wechselt. Normalerweise kann die Einstellung auf dem Defaultwert (248 ms) belassen werden, bei zeitkritischen Anwendungen (Kommunikationsprogrammen etc.) muß je nach Programmanleitung ein niedrigerer Wert angesetzt werden.
Eingabe:

    timeslice=n(,m)

Festsetzen der minimalen und maximalen Timeslice-Werte in Millisekunden. Für n sind Werte von 32 bis 65535 erlaubt. M muß gleich oder größer n sein, jedoch maximal auch 65535. Wird m nicht angegeben, setzt das System dafür den Wert von n.
Beispiel:

    timeslice=128

Festlegen des Minimalwertes auf 128 Millisekunden. Da der Maximalwert nicht angegeben ist, wird er ebenfalls auf 128 Millisekunden gesetzt.

TINTENSTRAHLDRUCKER (engl. ink jet printer). Matrixdrucker ohne mechanischen Anschlag. Die einzelnen Zeichen setzen sich aus feinen Punkten (= Matrix) zusammen, die durch das Aufspritzen von Tintentröpfchen aus feinen Düsen (9 bzw. 24) erzeugt werden. Das Druckprinzip entspricht dem eines Nadeldruckers (vgl. dort). Vorteil: Leise. Nachteil: Keine Durchschläge.

TMP Reservierte Dateikennung (= Extension) unter MS-DOS für temporäre Hilfsdateien.

TOGGLE Englische Bezeichnung für Kippschalter. Tastenschalter, mit dem eine Funktion abwechselnd ein- oder ausgeschaltet wird. Der Begriff Toggle wird auch im übertragenen Sinne bei der Programmbedienung verwendet.
Beispiel:
Die Taste F10 schaltet in einem Anwenderprogramm die Hilfefunktion ein, ein erneutes Betätigen von F10 schaltet sie wieder ab usw.

TOKEN VERFAHREN (engl. token passing technique). Bezeichnet ein Zugriffsverfahren in Netzwerken mit Ringstruktur. Der Token (englischer Ausdruck für Zeichen) wird laufend im Netzwerkring gesendet. Erhält ein Rechner den Token, kann er entweder senden, empfangen oder empfangene Daten an den nächsten Rechner weiterleiten, den übrigen Rechnern ist der Zugriff auf den Bus solange verweigert. Durch dieses Verfahren werden Datenkollisionen im Ring verhindert, wie sie z.B. in Netzen mit Bustopologie auftreten.

TOKEN-RING (engl. token loop). Lokales Netzwerk von IBM, das nach dem Token Passing Verfahren arbeitet.

TONER (engl. toner). Feines Pulver für Laserdrucker (vgl. dort), das (anstelle des bei anderen Druckern üblichen Farbbandes) zum Erzeugen der Schriftzeichen und Graphiken verwendet wird.

TONERKASSETTE (engl. toner bin). Bei vielen Laserdruckern wird

417

TOOLKIT

der Toner nicht offen nachgefüllt, sondern in Kassetten bzw. Kartuschen geliefert, die sich problemlos (ohne Verschmutzungsgefahr) austauschen lassen.

TOOLKIT Englische Bezeichnung für eine Sammlung gleichartiger Dienstprogramme (tools).

TOOLS Auch: Utilities. Englischer Ausdruck für Werkzeuge. Spezielle Dienstprogramme, die dem Anwender oder Programmierer den Umgang mit Betriebssystem und Peripherie erleichtern und zusätzliche Funktionen bieten (die das Betriebssystem nicht direkt anbietet). Sie dienen unter anderem zum Wiederherstellen gelöschter Programme, schnellen Auffinden von Dateien auf Festplatte, Reparieren defekter Disketten, Fehlersuche bei der Programmentwicklung usw. Bekannteste Vertreter: PC-Tools, Norton-Utilities.

TOP-DOWN-METHODE (engl. top-down-method). Begriff aus der Programmierung. Er bezeichnet eine Vorgehensweise, bei der ein komplexes Problem in immer kleinere Teilprobleme zerlegt wird. Gegensatz: Bottom-Up-Methode.

TORTENGRAPHIK (engl. pie chart). Dreidimensionale Veranschaulichung von Zahlenwerten in Form eines flachen Zylinders, wobei jeder Zahlenwert durch einen in der Größe dem jeweiligen Wert entsprechenden Sektor repräsentiert wird.

TOS Akronym für Tape Operating System. DV-Anlage, bei welcher das Betriebssystem von Magnetband geladen wird.

TOS Akronym für Tramiel Operating System. Betriebssystem der Atrai ST Rechner, das viele Gemeinsamkeiten mit MS-DOS besitzt (z.B. ein fast identisches Diskettenformat) und nach Jack Tramiel dem Gründer der Atari Corporation benannt ist.

TOSHIBA Japanische Hardwarefirma (Computer und Drucker), insbesondere führend auf dem Sektor der tragbaren Computer (Laptops).

TOUCH SCREEN Englische Bezeichnung für Berührungsbildschirm, über dessen Oberfläche sich ein Gitter von Lichtschranken befindet. Berührt man mit dem Finger ein Stelle auf der Oberfläche, kann deren Koordinate aufgrund der Unterbrechung der jeweiligen Lichtschranken in X- und Y-Richtung bestimmt werden. Auf diese Weise lassen sich speziell dafür ausgelegte Programme durch Antippen von Bildschirmsymbolen mit dem Finger bedienen.

TOWER-STÄNDER (engl. floor stand). Zubehör, mit dessen Hilfe sich konventionelle Tischcomputer gefahrlos senkrecht wie ein Towergehäuse (vgl. dort) stellen und z.B. platzsparend unter dem Arbeitstisch integrieren lassen.

TOWERGEHÄUSE (engl. tower style case). Spezielle Gehäuseform eines Computers in Turmbauweise, wobei das Gehäuse mit der

TRAKTOR

Bild 79: Towergehäuse

TRACKBALL Rollkugel. Der Trackball entspricht vom Funktionsprinzip einer Maus (vgl. dort). Eine Kugel ist auf Rollen in einem Kästchen gelagert und frei drehbar, wobei die Drehbewegungen der Kugel in X/Y-Koordinatenwerte umgerechnet

Bild 80: Trackball

Zentraleinheit hochkant auf Füßen steht. Vorteil: Das Gerät kann (unter/neben dem Tisch) am Boden plaziert werden. Die Arbeitsfläche auf dem Tisch bleibt frei.

TPA Akronym für Transient Program Area. Verfügbarer Speicher für Programme.

TPI Akronym für Tracks per Inch. Spuren pro Zoll. Bezeichnet die Spurdichte einer Diskette.

TRACK Spur auf einer Festplatte oder Diskette. Ist in Sektoren unterteilt. Die Tracks werden beim Formatieren des Speichermediums magnetisch erzeugt.

werden. Entsprechendes Anwendungsprogramm vorausgesetzt, bewegt sich dann analog zu den Drehbewegungen der Kugel ein Zeiger auf dem Bildschirm, mit dem sich bestimmte Funktionen auslösen lassen. Vorteil zur Maus: Kaum Platzbedarf. Nachteil: Etwas umständlicher zu bedienen.

TRAKTOR (engl. tractor). Papiertransportmittel bei Druckern. Der Traktor besteht aus zwei Stachelwalzen, die in die Führunglöcher von Endlospapier greifen und somit das Papier transportieren. Zugtraktor: die Stachelwalzen befinden sich hinter (oberhalb) dem Druckkopf. Durch den ständigen Zug auf das Papier sind Papierstaus praktisch ausgeschlossen. Schubtraktor: die Stachelwalzen befinden sich vor (unterhalb) dem Druckkopf, das Papier

419

TRANSAKTION

kann auch rückwärts transportiert werden. Papierparkposition zum einfachen Überwechseln auf Einzelblattbetrieb.

TRANSAKTION (engl. transaction). Logisch zusammenhängende Serie von Dateizugriffen zur Ausführung von Datenmanipulationen.

TRANSFER Englische Bezeichnung für Übertrag(ung). Vgl. Datenübertragung.

TRANSFERRATE (engl. transfer rate). Bezeichnet die Übertragungsgeschwindigkeit (vgl. dort), gemessen in KBit/s oder KByte/s, zwischen externen (Festplatte etc.) und internen (Arbeitsspeicher) Speichern bzw. von Rechner zu Rechner in der Datenfernübertragung.

TRANSIENT (engl. transient). Bezeichnet die Tatsache, daß Programme nur während der Ausführungsphase im Arbeitsspeicher gehalten werden und vor jeder Ausführung vom externen Speicher (Diskette, Festplatte) geladen werden müssen. Gegensatz: resident.

TRANSIENTE KOMMANDOS (engl. transient commands oder external commands). Auch externe Kommandos. Systembefehle, die in Form von Kommandodateien zur Verfügung stehen und vor jeder Ausführung erst von externen Speichern geladen werden müssen. Transiente Kommandos verbleiben nur während der Ausführungsphase im Arbeitsspeicher (wie z.B. DISKCOPY, FORMAT, MODE).

TRANSPORTKONTROLLE (engl. transport supervision). Aus dem Bundesdatenschutzgesetz: Es ist zu gewährleisten, daß bei der Übermittlung personenbezogener Daten sowie beim Transport entsprechender Datenträger diese nicht unbefugt gelesen, verändert oder gelöscht werden können.

TRANSPORTLOCHUNG (engl. feed holes oder transport perforation). Lochung an den Rändern von Lochstreifen oder Endlospapier (vgl. dort), in welche eine Stachelwalze zum Weitertransport des Papiers greift.

TREE Externes MS-DOS- (MS-DOS 3, MS-DOS 4) und MS-OS/2-Kommando (R+P) zur Anzeige der Verzeichnisse in Baumstruktur. Im Netzwerk verwendbar. TREE stellt alle Verzeichnisse und Unterverzeichnisse eines Laufwerks in Form einer Baumstruktur graphisch dar. Optional werden auch alle Dateien angezeigt.
Eingabe:

```
tree (LW:) (/parameter)
```

Anzeige der Verzeichnisstruktur eines Datenträgers in graphischer Form.
Beispiel:

```
tree c:/f
```

Zeigt die Verzeichnisstruktur der

Festplatte C. Durch den Parameter F werden auch alle Dateien aufgelistet. Parameter:

  F Zeigt neben der Verzeichnisstruktur auch alle Dateien an, die sich in den Verzeichnissen befinden.
  A Nur MS-DOS 4. Erlaubt dem Kommando, alle zur Verfügung stehenden Graphikzeichen aller installierten Code-Pages zu benutzen.

TREIBER (engl. driver). Routine zur Einbindung von Geräten in eine EDV-Anlage bzw. zur Anpassung von Software an die vorhandene Hardware. So benötigen z.B. Bandlaufwerke spezielle Treiber, um vom System angesprochen werden zu können, Zeichenprogramme verwenden eigene Graphiktreiber, um die von der Hardware (Graphikkarte, Bildschirm) angebotenen, hohen Auflösungsmöglichkeiten und/oder Farben auch nutzen zu können. Die Treiber werden jeweils vom Hardware- oder Softwarehersteller mit den Geräten bzw. Programmen mitgeliefert. Hardwaretreiber sind unter MS-DOS in die CONFIG.SYS-Datei einzubinden, Softwaretreiber werden bei der Installation des Programms in dieses integriert.

TRENNFUGE (engl. discretionary hyphen). Mittel zur halbautomatischen Silbentrennung. Man setzt einen Trennstrich (die Trennfuge; meist das Tilde-Zeichen). Kommt das auf diese Weise getrennte Wort bei eventuellen Textumstellungen ans Zeilenende, wird es getrennt, ansonsten wird der Trennstrich unter-

drückt. Die Trennfuge hat Vorrang vor dem Trennzeichen, das bei einer automatischen Silbentrennung vom Programm gesetzt wird.

TRENNZEICHEN (engl. separator). Unter dem Betriebssystem MS-DOS ist eine Dateibezeichnung jeweils aus zwei Teilen, dem maximal achtstelligen Dateinamen und der dreistelligen Kennung aufgebaut (z.B. COMMAND.COM). Beide Teile werden durch das Trennzeichen, einen Punkt, voneinander abgetrennt.

TROFF GW-BASIC-Befehl zum Abschalten des TRON-Befehls (vgl. dort).

TROMMELPLOTTER (engl. drum plotter). Vgl. Walzenplotter.

TRON GW-BASIC-Befehl. Er gibt während eines Programmablaufs (in eckigen Klammern) jeweils die Nummern der Zeilen aus, die gerade abgearbeitet werden. Hierdurch können eventuelle Programmfehler leichter zurückverfolgt werden.
Eingabe:

    TRON

Der TRON-Befehl kann durch TROFF bzw. NEW wieder deaktiviert werden.

TRUNC Turbo-Pascal-Funktion. Sie liefert den Integer-Wert einer Realzahl.
Eingabe:

    Trunc(x);

TRUNCATE

Liefert den ganzzahligen Wert von x (Typ: Real) durch Entfernen der Nachkommastellen.

TRUNCATE Turbo-Pascal-Prozedur. Löscht den Inhalt einer Datei ab momentaner Zeigerposition.
Eingabe:

```
Truncate(v);
```

V ist eine Dateivariable (Typ: Beliebig), welcher die externe Datei zugeordnet wurde.

TRUNCATION Prozeß des Erzeugens einer Ganzzahl durch Abschneiden der Nachkommstellen, wie z.B. durch die INT-Funktion in BASIC.

TRUTH TABLE Englische Bezeichnung für Wahrheitstabelle (vgl. dort).

TSR-PROGRAMM (engl. TSR programme). Akronym für Terminated Stay Resident, was soviel bedeutet wie: beendet, aber verfügbar. Diese residenten Programme werden nach Systemstart einmal geladen und bleiben unsichtbar im Hintergrund, von wo sie jederzeit, auch wenn gerade ein anderes Programm aktiv ist, durch eine bestimmte Tastenkombination aktiviert werden können, nach Beendigung des TSR-Programms verschwindet es wieder im Hintergrund und wartet auf den nächsten Aufruf. Ein bekannter Vertreter dieser Programmgattung ist SideKick Plus, ein kompletter Schreibtischmanager mit Terminkalender, Notizbuch, Telefonbuch etc. Andere TSR-Programme bleiben immer im Hintergrund und arbeiten auch dort, wie z.B. der Tastaturtreiber von MS-DOS, KEYB.COM, der ja immer aktiv sein muß, da er bei allen Tastatureingaben die Tastaturcodes übersetzt.

TSS Akronym für Time Sharing System (vgl. Time-Sharing Verfahren).

TTL Akronym für Transistor to Transistor Logic.

TTX Abkürzung für Teletex (vgl. dort).

TTY Akronym für Teletype. TTY wird als Bezeichnung für einen Standarddruckertreiber oder einen Fernschreiber verwendet.

TUNING (engl. tuning). Steigerung der Verarbeitungsgeschwindigkeit eines PCs durch eine Zusatzkarte mit leistungsfähigerem Prozessor. Vgl. Beschleunigerkarte.

TURBO PASCAL Schneller Pascal-Compiler der Firma Borland. Inzwischen in der Version 5.5 erschienen.

TURM (engl. tower). Spezielle Gehäuseform eines Computers in Turmbauweise, wobei das Gehäuse mit der Zentraleinheit hochkant auf Füßen steht. Vorteil: Das Gerät kann (unter oder neben dem Tisch) am Boden plaziert werden; die Arbeitsfläche auf dem Tisch bleibt frei.

TURNKEY SYSTEM Englische Bezeichnung für ein schlüsselfertiges

TYPENRADDRUCKER

System, also eine Computeranlage, die sofort, ohne jegliche Anpassungsprozeduren, vom Anwender benutzt werden kann.

TUTORIAL Bestandteil der Dokumentation, in welchem dem Anwender das Programm nicht durch alphabetische Beschreibung der Befehle und Funktionen erklärt wird, sondern durch methodisch und didaktisch miteinander verknüpfte Beispiele, wobei die Befehle in der Reihenfolge erklärt werden, in der man sie zur Lösung bestimmter Probleme benötigt. Viele Sofwarefirmen konzipieren ihre Tutorials nicht mehr in Buchform, sondern auf Diskette, so daß man auch vom Lernprogramm oder Softwarekurs spricht.

TV-TUNER Zubehör, das jeden Computerfarbmonitor mit FBAS-Anschluß und Tonausgang in ein Farbfernsehgerät verwandelt. Durch einen integrierten Schalter kann zwischen Monitor- und Fernsehbetrieb umgeschaltet werden.

TWO'S COMPLEMENT Englische Bezeichnung für Zweierkomplement (vgl. dort).

TYPE Internes MS-DOS- (MS-DOS 3, MS-DOS 4) und MS-OS/2-Kommando (R+P) zur Anzeige des Inhalts von Textdateien am Bildschirm. Im Netzwerk verwendbar. Das TYPE-Kommando zeigt den Inhalt von ASCCI-Dateien am Bildschirm. In Verbindung mit dem MORE-Befehl ist eine seitenweise Auflistung möglich.

Eingabe:

```
type (LW:)(Pfad)dateiname(1 dateiname2...)
```

Zeigt den Inhalt der im angegebenen Laufwerk/Verzeichnis gespeicherten Datei am Bildschirm. Im Protected Mode von MS-OS/2 können beim Aufruf mehrere Dateinamen angegeben werden.
Beispiele:

```
type autoexec.bat
```

Zeigt den Inhalt der Datei AUTOEXEC.BAT am Bildschirm.

```
type d:\text\kunden.lst | more
```

Zeigt die Datei KUNDEN.LST (vom Verzeichnis TEXT auf Laufwerk D) seitenweise an.

TYPENRADDRUCKER (engl. daisy wheel printer). Zeichendrucker mit mechanischem Anschlag. Er entspricht vom Konstruktionsprinzip einer Typenradschreibmaschine mit (meist serieller) Schnittstelle zum Anschluß an einen Computer. Wie dort werden die Buchstaben (Typen) erzeugt, indem die einzelnen Typen durch Drehung des Typenrades in Position gebracht und dann gegen das Farbband auf das Papier geschlagen werden. Vorteile: Sehr gutes Schriftbild, Durchschläge möglich. Nachteile: Sehr laut und langsam, nicht graphikfähig, bei Verwendung unterschiedlicher Schriften in einem Dokument ist ein laufender Wechsel des Typenrades notwendig.

TYPEWRITER Englische Bezeichnung für Schreibmaschine. In der EDV werden Schreibmaschinen, die über eine serielle Schnittstelle verfügen, vereinzelt als Schönschriftdrucker eingesetzt.

TYPOGRAPHIE (engl. typography). Aufmachung einer Manuskriptseite (Schriftarten, Schriftgrößen etc.).

U

UART Akronym für Universal Asynchronuous Receiver/Transmitter. Umsetzer byteserieller (= paralleler) Daten des Mikroprozessors in bitserielle Daten für die Übertragung und umgekehrt.

ÜBERLAUF (engl. overflow). Zeigt an, daß bei einer arithmetischen Operation die Operanden oder das Ergebnis zu groß sind, um dargestellt bzw. verarbeitet werden zu können.

ÜBERMITTLUNG (engl. transmission). Aus dem Bundesdatenschutzgesetz: Das Bekanntgeben gespeicherter oder durch Datenverarbeitung unmittelbar gewonnener Daten an Dritte in der Weise, daß die Daten durch die speichernde Stelle weitergegeben oder zur Einsichtnahme, namentlich zum Abruf bereitgehalten werden.

ÜBERMITTLUNGSKONTROLLE (engl. transmission supervision). Aus dem Bundesdatenschutzgesetz: Es ist zu gewährleisten, daß überprüft und festgestellt werden kann, an welchen Stellen personenbezogene Daten durch selbsttätige Einrichtungen übermittelt werden können.

ÜBERSATZ Textteile, welche wegen Platzmangel nicht in den Satz übernommen werden können.

ÜBERSCHREIBMODUS (engl. overtype mode). Begriff aus der Textverarbeitung. Werden beim nachträglichen Korrigieren eines Textes weitere Zeichen eingetippt, so werden die Zeichen, die sich bereits an dieser Stelle befinden, überschrieben, d.h. gelöscht und durch die neuen Zeichen ersetzt. Der Überschreibmodus wird in vielen Programmen durch die INSERT-Taste an- bzw. abgeschaltet. Gegensatz: Einfügemodus.

ÜBERSETZUNGSPROGRAMM (engl. language translator). Alle Programme, die in einer höheren Programmiersprache (Pascal, Cobol etc.) entwickelt wurden, müssen vor dem Ablauf von einem speziellen Übersetzungsprogramm wie Assembler, Compiler oder Interpreter in den ablauffähigen Maschinencode übersetzt werden.

ÜBERTRAG (engl. carry). Entsteht bei Berechnungen in Stellenwertsystemen (Binär-, Dezimal-, Hexadezimalsystem etc.) ein Wert, der größer ist als der in diesem System maximal für diese Stelle erlaubte, erfolgt eine Übertrag auf die nächste (links davon stehende) Stelle. Im Dezimalsystem erfolgt z.B. ein Übertrag, sobald die Ziffer 9 in einer Stelle überschritten wird, im Binärsystem, wenn die Zahl größer 1 ist.
Beispiel:
Bei der binären Addition von 1+1 heißt das Ergebnis 10, d.h. Eins addiert mit Eins ergibt Null, wobei eine Eins auf die zweite Stelle übertragen wird. Ist keine Stelle für den

ÜBERTRAGUNGSGESCHWINDIGKEIT

Übertrag mehr vorhanden (z.B. weil die Anzahl der Stellen intern begrenzt wurde), kommt es zu einem sogenannten Überlauf (Overflow).

ÜBERTRAGUNGSGESCHWINDIGKEIT (engl. transfer rate oder transmission rate). Übertragungsgeschwindigkeit zwischen externen (Festplatte etc.) und internen (Arbeitsspeicher) Speichern, zwischen Prozessor und Arbeitsspeicher bzw. von Rechner zu Rechner in der Datenfernübertragung. Als Maßeinheit wird Bit, Kilobit (1 KBit = 1024 Bit) oder Megabit (1 MBit = 1024 KBit) pro Sekunde verwendet. Für Bit pro Sekunde hat sich auch der Begriff Baud eingebürgert. Die Höhe der Übertragungsrate zwischen Prozessor und Arbeitsspeicher hängt ab vom Prozessortyp und der damit verbundenen Busbreite (8-, 16- 32-Bit), der Länge der Leitungswege und der Zugriffszeit der RAM-Speicherbausteine, zwischen externem Speicher (z.B. Festplatte) und internem Speicher ist sie in erster Linie abhängig von der Zugriffszeit des Laufwerks, der Art der Schnittstelle (z.B. SCSI, ESDI oder ST 506) und der Kapazität (z.B. Interleave) des Laufwerkkontrollers. Die Übertragungsgeschwindigkeit läßt sich in beiden Fällen durch Cache-Verfahren (vgl. Cache) weiter steigern.

UCSD Akronym für University of California, San Diego. Betriebssystem (und Programmiersprache: UCSD-Pascal). UCSD wurde an der Universität von San Diego von Kenneth Bowles entwickelt, ist größtenteils in Pascal geschrieben und arbeitet mit einer menüartigen Benutzeroberfläche.

UEV Akronym für User End of Volume. Kennsatz zur Registrierung des Endes eines Magnetbandes mit Benutzerangaben.

UHF Akronym für Ultra High Frequency (ultra-hohe Frequenz). Frequenzbereich von 300 bis 3000 MHz.

UHL Akronym für User Header Label. Dateikennsatz. Er enthält am Anfang der Datei Informationen über den Benutzer.

UMBRUCH (engl. page makeup oder wrapping). Plazierung von Texten und Graphiken an die durch das Layout bestimmten Stellen.

UMGEKEHRTE POLNISCHE NOTATION (engl. polish notation). Von dem polnischen Mathematiker Jan Lukasiewicz im Jahre 1951 entwickelte, algebraische Schreibweise, bei der keine Klammern gesetzt werden müssen. Viele Programmiersprachen und insbesondere Taschenrechner arbeiten nach diesem Prinzip. Beispiel: Der Ausdruck 5*(5-3)+1 (Ergebis: 11) würde in umgekehrter Polnischer Notation so aussehen:

5 5 3 - * 1 +

Die Berechnung erfolgt von links nach rechts, wobei zunächst der erste Operator (hier:-) gesucht wird. Dieser Operator wird auf die Zahlen angewandt, die direkt links von ihm stehen (hier: 5 3). Das Ergebnis ersetzt die verwendeten Zahlen und den Operator. In obigem Beispiel also 5 3 -, so daß nach dem ersten Rechnerschritt

5 2 * 1 +

da stehen würde. Mit den verbleibenden Operatoren verfährt man entsprechend. Befinden sich die Operatoren nicht nach, sondern vor den Operanden, spricht man von Polnischer Notation.

UMKEHRUNG (engl. reverse). Invertierung von Text und Graphik (weiße Punkte werden schwarz und umgekehrt).

UMLAUF (engl. wrapping). Anpassung des Textes an eine nachträglich eingefügte Graphik. Er erfolgt je nach Programm automatisch oder manuell.

UMRECHNUNG (engl. conversion). Zahl von einem Zahlensystem in ein anderes übertragen. Umrechnungsmethode: Vgl. Dualsystem, Hexadezimalsystem.

UND-GATTER (engl. AND gate). Schaltkreis, der als Ausgabe den Wert WAHR (= 1) erzeugt, wenn alle Eingaben WAHR sind.

Beispiel:

Eingabe 1	Eingabe 2	Ausgabe
1	1	1
0	0	0
1	0	0
0	1	0

Die in der Programmierung benutzte AND-Funktion arbeitet nach dem gleichen Schema: WENN A=0 AND B=0, DANN... In diesem Beispiel muß sowohl A Null sein als auch B, damit die DANN-Anweisung ausgeführt wird.

UNFORMATIERT (engl. unformatted). Datenträger (Magnetband, Diskette, Festplatte), der noch nicht formatiert (vgl. dort) wurde. Bei Kauf sind alle Datenträger in der Regel unformatiert.

UNFORMATIERTE SPEICHERKAPAZITÄT (engl. unformatted capacity). Auch Bruttokapazität. Speicherkapazität eines externen Massenspeichers vor dem Formatieren (vgl. auch Speicherkapazität, Spur 0). Zwischen Brutto- und Nettokapazität (vgl. dort) kann ein beträchtlicher Unterschied bestehen. Eine 3 1/2"-Diskette mit 1 MByte Bruttokapazität besitzt z.B. nach dem Formatieren noch eine Nettokapazität von ca. 720 KByte, was einen „Speicherverlust" von ca. 304 KByte bedeutet.

UNGEPUFFERT (engl. unbuffered). Bezeichnet Peripheriegeräte (wie z.B.

UNIDIREKTIONAL

Drucker), die über keinen eigenen Pufferspeicher zur Zwischenspeicherung von Daten verfügen. Da Peripheriegeräte in der Regel wesentlich langsamer arbeiten als die Zentraleinheit, wird die Geschwindigkeit des Gesamtsystems ohne Pufferspeicher deutlich gesenkt, da sich der Rechner an die Geschwindigkeit des Peripheriegerätes für den Zeitraum der Datenübertragung anpassen muß.

UNIDIREKTIONAL (engl. unidirectional). Drucktechnik: Beim unidirektionalen Drucken wird nur von links nach rechts gedruckt. Dazwischen erfolgt jeweils ein Wagenrücklauf ohne Drucken. Hierdurch läßt sich eine höhere Druckgenauigkeit als bei der bidirektionalen Methode erzeugen, was insbesondere bei der Ausgabe hochauflösender Graphik wichtig ist. Datenübertragung: Schnittstelle, über die ein Datenaustausch nur in einer Richtung möglich ist. Gegensatz: Bidirektional.

UNIVERSALRECHNER (engl. all-purpose computer). Computer, der aufgrund seiner Hardware- und Softwareausstattung für praktisch alle konventionellen Anwendungsfälle eingesetzt werden kann.

UNIX UNIX (in seinen Varianten) ist ein Multiuser- und Multitaskingsystem, d.h., mehrere Programme können von mehreren Anwendern gleichzeitig abgearbeitet werden. Die Anzahl der gleichzeitig ablaufenden Tasks (Programme) ist theoretisch nur durch die Kapazität der Speicher begrenzt. Entwickelt wurde es von

Ken Thompson Anfang der 70er Jahre in den Bell Laboratories von AT&T, wurde zunächst in Assembler (PDP7) geschrieben, dann aus Protabilitätsgründen in B und schließlich in der Sprache C. Einige Merkmale: Die 640-KByte-Speicherbarriere ist aufgehoben, C kann auf praktisch

Bild 81: Unix-Rechner

jedem Computer installiert werden (da nur der Systemkern hardwarespezifisch ist), bietet optimale Voraussetzungen zur Erzeugung eigener Systembefehle, Input-/Output-Redirektion, d.h., die Ausgabe, die ein Befehl erzeugt, kann als Eingabe des nächsten Befehls dienen, mächtige Filterroutinen, über 200 Dienstprogramme sind vorhanden. Allerdings benötigt UNIX auch entsprechende Hardwareressourcen (allein das System belegt mehr als 200 KByte Arbeitsspeicher und 8 Megabyte Plattenspeicher), so daß es (momentan) nicht als Konkurrent von Standardbetriebssystemen wie MS-DOS angesehen werden kann.

UNTERSCHNEIDEN

UNLOCK GW-BASIC-Anweisung. Sie hebt die Sperren von Dateien oder Datensätzen für Netzwerk-Anwendungen wieder auf (vgl. LOCK).
Eingabe:

```
UNLOCK #Nummer, [Anfang TO Ende]
```

Für NUMMER ist die Ziffer anzugeben, unter welcher die Datei eröffnet wurde. Ohne Zusatzangaben wird die Sperre für die gesamte Datei aufgehoben. Alternativ läßt sich durch Angabe der ersten (ANFANG) und letzten (ENDE) Satznummer auch gezielt die Sperre einzelner Datensätze entfernen. Die Anwendung von UNLOCK muß genau der von LOCK entsprechen.
Beispiel:

```
10 LOCK #1, 2 TO 8
20 LOCK #1, 9 TO 10

10 UNLOCK #1, 2 TO 8
20 UNLOCK #1, 9 TO 10
```

Die Anweisung UNLOCK #1, 2 TO 10 ist, bezogen auf obiges Beispiel, somit inkorrekt.

UNPACKTIME Turbo-Pascal-Prozedur (Unit: Dos). Konvertiert die in einer Variablen festgehaltene Uhrzeit und Datum in den Record vom Type DateTime (in der Unit Dos definiert).
Eingabe:

```
PackTime(v,DateTime);
```

Konvertiert die in der Variablen v (Typ: LongInt) festgehaltene Uhrzeit und Datum in den Record DateTime.

UNTERBRECHUNG (engl. interrupt). Bezeichnet eine zeitweise Programmunterbrechung, damit ein Gerät oder anderes Programm Rechenzeit erhalten kann. Vgl. Interrupt.

UNTERMENÜ (engl. submenu). Zusammengehörige Auswahlfelder zur Aktivierung programmspezifischer Funktionen, die sich innerhalb der Menüstruktur auf zweiter oder tieferer Ebene befinden. Vgl. Menü.

UNTERPROGRAMM (engl. subroutine). Bestandteil eines Programms, das eine bestimmte Aufgabe erfüllt (z.B. Ausdruck, Abspeichern) und das während eines Programmablaufs beliebig oft von beliebigen Programmstellen aus aufgerufen (aktiviert) werden kann.

UNTERPROGRAMMAUFRUF (engl. subroutine call). Verzweigung innerhalb eines Programms zu einem Unterprogramm mittels eines Sprungbefehls (vgl. dort). Am Ende des Unterprogramms ist die Rücksprungadresse festgelegt.

UNTERSCHNEIDEN (engl. kerning). Der etwas zu große Abstand zwischen bestimmten Zeichen wird verringert, um ein einheitliches Schriftbild zu erhalten. So wird z.B. im Wort „Tag" das „a" nach links unter das Dach des „T" verschoben. Gegenteil: Sperren.

429

UNTERVERZEICHNIS

UNTERVERZEICHNIS (engl. subdirectory). Verzeichnis (vgl. dort) auf einem externen Massenspeicher wie Diskette oder Festplatte, das sich wiederum in einem Verzeichnis befindet. In einem Verzeichnis können praktisch beliebig viele Unterverzeichnisse angelegt werden, in diesen wiederum Unterunterverzeichnisse usw. Da man jedem Unterverzeichnis einen eigenen (sinnvollen) Namen geben kann wie TEXTE, GRAPHIK, SPIELE etc. läßt sich durch Abspeichern der Dateien in entsprechenden Unterverzeichnissen eine übersichtliche Archivierung der Daten realisieren.

UP TIME Englische Bezeichnung für Betriebszeit, also den Zeitraum, in dem ein Computer arbeitet oder zumindest arbeitsbereit ist.

UPCASE Turbo-Pascal-Funktion. Liefert den Großbuchstaben eines angegebenen Kleinbuchstabens zurück. Eingabe:

```
UpCase(x);
```

Der für x (Typ: Char) angegebene Kleinbuchstabe wird in den entsprechenden Großbuchstaben umgewandelt.

UPDATE Programmaktualisierung. Begriff aus dem Sofwarebereich. Bezeichnet den Austausch einer älteren gegen eine neuere Programmversion, bei der die inzwischen erkannte Fehler beseitigt wurden.

UPGRADE Programmerweiterung. Begriff aus dem Sofwarebereich. Bezeichnet den Austausch einer älteren gegen eine neuere Programmversion, die inzwischen erweitert oder funktional verbessert wurde.

UPLOAD Wörtlich: hinaufladen. Bezeichnet den Vorgang der Datenübertragung von einem Computer zu einem Großrechner bzw. allgemein in der Datenfernübertragung vom lokalen zum entfernten Computer.

UPN Akronym für Umgekehrte Polnische Notation (vgl. dort).

UPPER CASE Im Zusammenhang mit Zeichen: Großbuchstabe.

URBELEG (engl. source voucher). Beleg, auf welchem Daten zum ersten Mal erfaßt wurden. Der Urbeleg ist entweder nur vom Menschen lesbar (z.B. handschriftliche Notiz), maschinenlesbar (z.B. eine Datei auf Diskette oder vom Menschen und der Maschine lesbar (z.B. Klarschriftbeleg). Während er in den letzten beiden Fällen direkt zur Verarbeitung in die DVA eingelesen werden kann, muß er ansonsten zunächst auf einen maschinenlesbaren Datenträger übertragen werden bzw. man muß die Daten manuell über Tastatur eingeben.

URLADER (engl. bootstrap loader). Primäres Programm eines Computersystems. Der Urlader ist meistens in den ROM-Bausteinen enthalten und lädt nach Einschalten des Gerätes das Betriebssystem (vgl. auch Boot-ROM).

UVL

USER Englischer Ausdruck für Anwender oder Benutzer eines Computers.

USER INTERFACE Benutzerschnittstelle. Schnittstelle zwischen Mensch und Maschine. Tastatur, Bildschirm, aber auch Dialogboxen in Programmen oder komplette Benutzeroberflächen werden als solche Übergangsstellen betrachtet.

USERGROUP Benutzergruppe. „Interessenverband" von Benutzern eines bestimmten Computertyps, die zum Erfahrungs- und Programmaustausch miteinander direkt (Meetings) oder indirekt (Telekommunikation) in Verbindung stehen. Viele Usergroups sind offen, d.h., man muß kein Mitglied sein, um partizipieren zu können.

USERSTATION Anderer Begriff für Workstation bzw. Arbeitsplatzrechner im Netzwerk.

USR GW-BASIC-Funktion. Dient zum Aufruf von Assembler-Routinen (Unterprogrammen in Maschinensprache).
Eingabe:

```
USR(Nummer)ARGUMENT
```

Für Nummer ist die Ziffer der Routine (0-9) anzugeben. ARGUMENT ist ein beliebiger Ausdruck, der an die Routine übergeben werden soll.

USV Akronym für unterbrechungsfreie Stromversorgung. Vgl. Notstromversorgung.

UTL Akronym für User Trailer Label. Dateikennsatz. Kennzeichnet das Dateiende eines bestimmten Benutzers.

UUCP Akronym für Unix to Unix Copy. DFÜ-Verbindung zum Datenaustausch zwischen Rechnern, die unter dem Betriebssystem UNIX arbeiten.

UVL Akronym für User Volume Label. Bandkennsatz. Bezeichnet am Anfang eines Magnetbandes den Benutzer.

431

V

V.24 Auch RS232. CCITT-Normierung der seriellen Schnittstelle (vgl. dort) eines Computers.

VAL GW-BASIC-Funktion. Dient zur Umwandlung einer Zeichenkette in eine Zahl (Umkehr-Funktion zu STR$).
Eingabe:

```
VAL(A$)
```

Wandelt den Inhalt des Strings A$ in einen numerischen Wert um.
Beispiel:

```
10 INPUT" Erste Uhrzeit
   (HH:MM:SS)",A$
20 INPUT" Zweite Uhrzeit
   (HH:MM:SS)",B$
30 H1$=LEFT$(A$,2)
40 H2$=LEFT$(B$,2)
50 M1$=MID$(A$,4,2)
60 M2$=MID$(B$,4,2)
70 S1$=RIGHT$(A$,2)
80 S2$=RIGHT$(B$,2)
90 H=VAL(H2$)-VAL(H1$)
100 M=VAL(M2$)-VAL(M1$)
110 S=VAL(S2$)-VAL(S1$)
120 PRINT " Inzwischen sind vergangen:"
130 PRINT H"Stunden"M"Minuten und"S"Sekunden"
```

Hier werden zunächst zwei Uhrzeiten als Zeichenketten eingegeben (10-20). Danach werden Stunden, Minuten und Sekunden jeweils separat einem String zugeordnet (30-80) und in den Zeilen 90-110 wird jeweils die Differenz gebildet, wobei die Strings zuvor in numerische Werte umgewandelt werden. Abschließend (120-130) wird die errechnete Zeitdifferenz angezeigt.

VAL Turbo-Pascal-Prozedur. Dient zur Umwandlung einer Zeichenkette in eine Zahl (Umkehr-Prozedur zu Str).
Eingabe:

```
Val(String,v,e);
```

STRING ist die umzuwandelnde Zeichenkette. In der Variablen v (Typ: Integer oder Real) wird das Umwandlungsergebnis gespeichert und die Variable e (Typ: Integer) erhält den Wert 0 bei einer erfolgreichen Umwandlung, ansonsten in Form einer Ziffer die Stelle innerhalb der Zeichenkette, an der während der Umwandlung ein Fehler auftrat.

VARIABLE (engl. variable). Der Begriff bezeichnet einen reservierten Bereich des Arbeitsspeichers, dessen Inhalt sich während eines Programmablaufs verändern läßt und der unter einem benutzerdefinierten Namen angesprochen werden kann. Man unterteilt die Variablen in numerische Variable (sie können nur Zahlen und arithmetische Operatoren enthalten) und alphanumerische Variable bzw. Strings (alle Zeichen erlaubt) bzw. globale Variable (für ganzes Programm gültig) und lokale Variable

VARIABLENSPEICHER

(nur für Unterprogramm bzw. Prozedur gültig).

VARIABLENSPEICHER (engl. variable memory). Reservierter Bereich des Arbeitsspeichers eines Rechners, in welchem die Variableninhalte während der Programmabläufe gespeichert werden.

VARPTR GW-BASIC-Funktion. Sie liefert die Adresse einer Variablen bzw. das erste Byte eines Dateipuffers.
Eingabe:

```
VARPTR(Variable) bzw.
VARPTR(#Dateinummer)
```

Vor Aufruf muß der angegebenen Variablen ein Wert zugewiesen worden sein.
Beispiel:

```
10 A$="TEST"
20 PRINT" Die Variable A$ besitzt"
30 PRINT" die Speicheradresse"VARPTR(A$)
```

Zeigt die Speicheradresse der Variablen A$.

VARPTR$ GW-BASIC-Funktion. Die Funktion liefert eine 3-Byte-Zeichenkette mit folgenden Informationen hinsichtlich der angegebenen Variablen. 1. Byte: 2 (Integer), 3 (String), 4 (einfache Genauigkeit), 5 (doppelte Genauigkeit). 2. Byte: Anfangsadresse des niederwertigen Byte. 3. Byte: Anfangsadresse des höherwertigen Byte.

Eingabe:

```
VARPTR$(Variable)
```

Der Variablen (Typ: Beliebig) muß zuvor ein Wert zugewiesen worden sein.

VDI Akronym für Virtual Device Interface. Das VDI arbeitet unter der graphischen Benutzeroberfläche GEM als Softwareschnittstelle zwischen Programmen und Ausgabegeräten (Monitor, Drucker, Plotter, Kamera). Der Vorteil des VDI liegt darin, daß die Ausgaberoutinen nahezu geräteunabhängig programmiert werden können.

VDISK.SYS Gerätetreiber für MS-DOS 3 und MS-OS/2 (R+P) zum Erzeugen einer RAM-Disk. Bei einer RAM-Disk handelt es sich um ein virtuelles Laufwerk, bei dem ein Teil des Arbeitsspeichers reserviert und wie eine konventionelle Festplatte angesprochen und benutzt wird. Im Gegensatz zu einem „echten" Laufwerk erfolgt die Datenübertragung um ein Vielfaches schneller, da es sich jedoch um einen flüchtigen Speicher handelt, gehen die Daten beim Abschalten (Reset, Stromausfall etc.) verloren.
Eingabe:

```
device=(LW:)(Pfad)vdisk.sys (nnn mmm vvv /p)
```

Installation des RAM-Disk-Treibers aus dem angegebenen Verzeichnis und Laufwerk. Eventuell unter Angabe der Größe (nnn), Sektorenzahl

VEKTORORIENTIERTER ZEICHENSATZ

(mmm), Zahl der Verzeichniseinträge (vvv) und der Art des verwendeten Speichers (/p).
Beispiel:

```
device=c:vdisk.sys 1024 /e
```

Installiert den Treiber aus dem Hauptverzeichnis von C. Die Kapazität beträgt 1024 KByte. Die Speicherart ist Extended Memory. Die RAM-Disk erhält automatisch den nächsten freien Kennbuchstaben (z.B. E:). Zum Erzeugen zweier oder mehrerer RAM-Disks wird der Treiber entsprechend oft in die CONFIG.SYS-Datei geschrieben. Parameter:

nnnn Angabe der Laufwerkskapazität in KByte. Zulässig sind Werte von 16 KByte bis zur Größe des vorhandenen Speichers. Defaultwert ist 64.

mmm Angabe der Sektorengröße in Bytes. Zulässig sind die Werte 128, 256, 512 (und 1024 bei MS-OS/2). Standardwert ist 512.

vvvv Anzahl der maximalen Directory-Einträge. Erlaubt sind Werte von 2 bis 512 (MS-DOS 3) bzw. 2 bis 1024 (MS-OS/2). Standardeinstellung: 64.

/P Angabe der Speicherart. Wenn anstelle von P der Buchstabe E angegeben wird, erzeugt der Treiber die RAM-Disk im Extended Memory. Ohne Parameter wird der konventionelle Arbeitsspeicher verwendet. Unter MS-OS/2 steht dieser Schalter nicht zur Verfügung.

VDT Akronym für Video Display Terminal. Begriff für Bildschirm bzw. Monitor.

VDT Akronym für Video Display Terminal. Computermonitor.

VEKTORGRAPHIK (engl. vector graphics). Objektorientiertes Graphikformat, in dem die einzelnen Komponenten einer Zeichung als mathematische Vektoren abgespeichert werden (vgl.auch Bit-map). Die Hauptvorteile der Vektorgraphik gegenüber der Bit-Map-Graphik sind darin zu sehen, daß bei Vergrößerungen keine Qualitätseinbußen erfolgen, daß jedes Objekt (z.B. Kreis, Polygon etc.) separat bearbeitet (verschoben, kopiert, gelöscht etc.) werden kann und daß Vektorgraphikdateien wesentlich weniger Speicherplatz auf den externen Speichern benötigen. Vektorgraphik wird u.a. von allen CAD-Programmen wie z.B. AutoCAD verwendet.

VEKTORORIENTIERTER ZEICHENSATZ (engl. outline font). Zeichensatz für Laserdrucker, bei dem die einzelnen Zeichen durch geometrische Formen (Linien, Kurven) definiert sind. Diese Fonts werden vor allem von Postscript-Druckern verwendet. Der Zeichensatz muß nur in einer Punktgröße vorliegen und kann vor dem Ausdruck beliebig skaliert (vergrößert oder verkleinert) werden. Vorteil: es ist nur ein Zeichensatz pro Schrift und Attribut notwendig, daher kaum Speicherplatzbelegung. Nachteil: das Skalieren erfordert Rechenzeit, daher ist

435

der Textdruck mit Outline Fonts langsamer als mit Bitstream Fonts (vgl. dort).

VEKTORPROZESSOR (engl. array processor). Meist durch Parallelschaltung als Mehrprozessorensystem realisiert. Der Prozessor kann eine komplette Matrizenberechnung aufgrund eines einzigen Maschinenbefehls durchführen. Sehr schnell, da nicht wie bei konventionellen Prozessoren für jede Elementberechnung eine eigene Instruktion benötigt wird.

VENTURA PUBLISHER Bekanntes Desktop-Publishing-Programm der Firma Rank Xerox. Arbeitet unter der Benutzeroberfläche GEM von Digital Research.

VER Internes MS-DOS- (MS-DOS 3, MS-DOS 4) und MS-OS/2- Kommando (R+P) zur Anzeige der Versionsnummer des Betriebssystems. Im Netzwerk verwendbar. Eingabe:

```
ver
```

Nach dieser Kommandoeingabe erscheint z.B. bei Verwendung von MS-DOS 4.01 diese Meldung am Bildschirm: MS DOS Version 4.01.

VERÄNDERN (engl. modify). Bundesdatenschutzgesetz: Das inhaltliche Umgestalten gespeicherter Daten.

VERBUNDENE ZEICHEN (engl. connected characters). Zeichen, die wie bei der Handschrift miteinander verbunden sind. Dies ist bei Druckschriften oft bei Proportionalschrift und Zeichensätzen mit sehr schmalen Zeichen der Fall. Führt zu Problemen bei der automatischen Texterkennung. Vgl. Texterkennungsprogramm, Schneiden.

VERBUNDSCHALTUNG (engl. interlocked network). Mehrere Rechner mit jeweils eigener Intelligenz und Arbeitsspeicher benutzen (meist aus Kostengründen) eine gemeinsame Peripherie (Festplatten, Drucker etc.).

VERDECKTE LINIEN (engl. hidden lines). Vgl. Hidden lines.

VERDRAHTET (engl. wired). Bezeichnet die Tatsache, daß (Speicher-)Bausteine fest auf der Platine verlötet sind und nicht in einem Sockel stecken. Vorteil: Keine Kontaktprobleme. Nachteil: Schwer auszuwechseln.

VERIFY Internes MS-DOS- (MS-DOS 3, MS-DOS 4) und MS-OS/2- Kommando (R+P) zur Überprüfung von Schreibvorgängen. Im Netzwerk verwendbar. Beim Abspeichern von Dateien auf Diskette/Festplatte überprüft das Kommando, ob die Übertragung fehlerfrei erfolgt ist. Bedingt durch die zusätzliche Verifizierung dauert der Speicherungsprozeß etwas länger. Eingabe:

```
verify (on/off)
```

VERSTÄRKER

Abfrage (ohne Zusatzangaben) bzw. Einstellung des Verify-Status.
Beispiel:

```
verify on
```

Schaltet den Verify-Status an.

VERKNÜPFUNGSANWEISUNG (engl. logic instruction). Dient zum Verknüpfen von Daten mittels spezieller Operatoren (AND, OR, XOR, NOR, NOT, EQU, IMP, vgl. jeweils dort).

VERRIEGELUNG (engl. door locking). Fixierung einer Diskette im Laufwerk. Nachdem eine Diskette ins Laufwerk geschoben wurde, muß sie verriegelt werden. Bei diesem Vorgang werden im Laufwerk zwei Greifringe von oben und unten auf den Rand des Mittellochs der Diskette gepresst, die sich bei Ansprechen des Laufwerks drehen und damit die Diskette ebenfalls (in ihrer Hülle) in Drehbewegung versetzen. Bei 5 1/4"-Laufwerken erfolgt die Verriegelung durch Umlegen eines Hebels, bei 3 1/2"-Disketten gewöhnlich automatisch bei Eindrücken der Diskette (gegen einen leichten Widerstand) ins Laufwerk.

VERSALIE (engl. capital letter). Großbuchstabe (auch Majuskel).

VERSCHACHTELTE SCHLEIFE (engl. nested loop). Begriff aus der Programmierung: Schleife, die wiederum zumindest eine zweite Schleife enthält. Hierbei gilt zu beachten, daß die zuerst geöffnete Schleife als letzte und die zuletzt geöffnete Schleife wieder als erste geschlossen wird.
Beispiel in BASIC:

```
10 FOR X = 1 TO 5
20 PRINT "Äußere Schleife"
30 FOR Y = 1 TO 3
40 PRINT "Innere Schleife"
50 NEXT Y
60 NEXT X
70 END
```

Dieses Beispiel würde folgende Ausgabe erzeugen:

Äußere Schleife
Innere Schleife
Innere Schleife
Innere Schleife
Äußere Schleife
Innere Schleife
Innere Schleife
Innere Schleife
usw.

Zunächst würde also die äußere Schleife einmal durchlaufen, dann die innere dreimal, die äußere wieder einmal usw., bis die angegebene Durchlaufzahl der äußeren Schleife (hier: 5) abgearbeitet wurde.

VERSION (engl. release). Spezielle Ausgabe eines Programms. Vgl. Release.

VERSTÄRKER (engl. repeater). Verstärker innerhalb eines Netzwerks, der die Datensignale verstärkt und weiterleitet. Netzwerk-

VERSTÄRKUNGSRING

verstärker werden bei großen Entfernungen zwischen den Netzwerkknoten eingesetzt.

VERSTÄRKUNGSRING (engl. hard hole). Auch Hubring. Beidseitig am Mittelloch einer Diskette angebrachte Plastikverstärkung, um die Verschleißerscheinungen zu minimieren, die durch das für das Drehen notwendige Festklemmen der Diskette entstehen.

VERTEILTES SYSTEM (engl. distributed system). Innerhalb eines Datenverarbeitungssystems werden die Programme und Daten auf unterschiedliche Rechner ausgelagert und dort dezentral verarbeitet.

VERTIKALAUFZEICHNUNG (engl. vertical recording). Neues Aufzeichnungsverfahren bei magnetischen Datenträgern. Bedingt durch die Tatsache, daß die Magnetpartikel im Gegensatz zur

Longitudinalaufzeichnung praktisch senkrecht zur Beschichtungsebene stehen, läßt sich eine wesentlich höhere Speicherdichte und damit eine größere Gesamtspeicherkapazität erzielen.

VERZEICHNIS (engl. directory). Jeder externe Datenträger mit wahlfreiem Zugriff (Diskette, Festplatte) besitzt unter MS-DOS ein sogenanntes Hauptverzeichnis in welchem die Namen der auf dem Medium abgespeicherten Dateien eingetragen werden. Dieses Verzeichnis (Directory) kann man jederzeit lesen und behält so den Überblick über die Dateien. Aus Gründen der Übersichtlichkeit läßt sich das Hauptverzeichnis weiter unterteilen, nämlich in Unterverzeichnisse (vgl. dort), diese wiederum in Unterunterverzeichnisse usw. Hierdurch kann eine geordnete Ablage der Dateien gewährleistet werden.

VERZWEIGTES PROGRAMM Programmiertechnik. Ein solches Programm enthält mindestens eine Bedingung, welche festlegt, welche Befehlsfolge wann auszuführen ist.

VERZWEIGUNG (engl. branch). Begriff aus der Programmiertechnik. In Abhängigkeit von der Erfüllung bzw. Nichterfüllung einer Bedingung wird mit Hilfe eines Sprungbefehls zu einem bestimmten Programmteil verzweigt. Das Programm wird also nicht linear (vgl. Lineares Programm) abgearbeitet (Beispiel: vgl. GOTO).

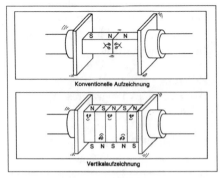

Bild 82: Vertikalaufzeichnung

VGA-KARTE (engl. VGA board). Akronym für Video Graphics Adapter. Graphikkarte. Erlaubt bei Verwendung eines VGA-Monitors eine Darstellung von 640x480 Bildpunkten mit 16 bis 256 (aus 262144 verfügbaren) Farben. Durch Treibersoftware kann eine Auflösung von bis zu 1024x768 Punkten erreicht werden. Das Übertragungsprinzip ist analog. Die Adapter besitzen eine 15polige oder eine 9polige Buchse mit folgenden Belegungen:

15polig   9polig

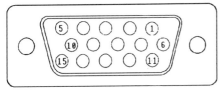 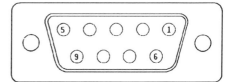

Bild 83: Anschlußbuchsen der VGA-Karte

1 Rot	Rot
2 Grün	Grün
3 Blau	Blau
4 Monitor ID Bit 2	Horizontal-Synchronisation
5 Masse (digital)	Vertikale Synchronisation
6 Masse Rot (analog)	Masse Rot
7 Masse Grün (analog)	Masse Grün
8 Masse Blau (analog)	Masse Blau
9 Nicht verbunden	Masse
10 Masse Sync (digital)	
11 Monitor ID Bit 0	
12 Monitor ID Bit 1	
13 Horizontale Synchronisation	
14 Vertikale Synchronisation	
15 Nicht verbunden	

VHF Akronym für Very High Frequency (sehr hohe Frequenz). Frequenzbereich von 40 bis 400 MHz.

VIDEO-SPEICHER (engl. video memory). Auch Video-RAM. Er enthält alle notwendigen Bildinformationen. Ist der Videospeicher größer als für den Aufbau eines Bildinhalts benötigt wird, können zusätzlich zum sichtbaren Bild noch Informationen für weitere Bilder darin abgelegt werden (= virtueller Video-Speicher). Durch schnelles Umschalten zwischen den Speicherbereichen und den darin enthaltenen Bildinformationen läßt sich so z.B. ein Bewegungseffekt erzielen.

VIDEODIGITIZER (engl. video digitizer). Systemerweiterung, meist in Form einer Steckkarte, an die sich eine Videokamera anschließen läßt. Der Digitizer wandelt die analogen Bildsignale in digitale Impulse um, so daß beliebige Videobilder in den Computer übertragen, abgespeichert und in Graphikprogrammen weiterverarbeitet werden können. Bei den sogenannten Echzeitdigitizern erfolgt das Einlesen und die Darstellung in Echtzeit, konventionelle Digitizer benötigen zur Bildumwandlung ein Standbild von der Kamera.

VIDEOKARTE (engl. video board). Auch Graphikkarte. Sie ist verantwortlich für die Darstellung von Zeichen und/oder Graphiken auf dem Bildschirm. Je nach Ausstattung des Computers ist entweder ein Hercules-, CGA-, AGA-, EGA- oder VGA-Adapter vorhanden. Die Videokarte enthält einen eigenen Bildspeicher (je nach Kartentyp 32-1024 KByte), in welchem die Daten vor der Darstellung auf dem Bildschirm aufbereitet werden.

VIDEOSIGNAL (engl. video signal). Es enthält alle Informationen, die zur Erzeugung eines Schwarz-/Weiß- oder Farbbildes notwendig sind (Farbe, Helligkeit, vertikale- und horizontale Synchronisation).

VIEW GW-BASIC-Anweisung. Erzeugt ein rechteckiges Feld in der angegebenen Farbe.
Eingabe:

```
VIEW [SCREEN] (x1,y1)-(x2,y2),Farbe,Rand
```

Erzeugt ein Feld in der angegebenen Farbe und Randfarbe. X1,y1 bestimmen den linken, oberen Eckpunkt, x2,y2 den rechten unteren Eckpunkt. Bei Verwendung von SCREEN erfolgt die Koordinatendarstellung relativ, d.h. die Feldkoordinaten werden den Bildschirmkoordinaten zuaddiert.

Beispiel:

```
10 SCREEN 9
20 VIEW SCREEN (200,100)-(400,300),1
```

Erzeugt ein blaues Feld an den angegebenen Koordinaten. Durch die Verwendung von SCREEN besitzt die linke obere Ecke die Bildschirmkoordinaten 200,100, ohne SCREEN wären sie 0,0.

VIEW PRINT GW-BASIC-Anweisung. Sie begrenzt das Textfenster auf den angegebenen Zeilenbereich.
Eingabe:

```
VIEW PRINT [Zeile TO Zeile]
```

Grenzt den Textbildschirm auf den angegebenen Bereich ein, d.h., Befehle wie LIST oder CLS werden nur innerhalb dieses Bereichs ausgeführt. VIEW PRINT ohne Zusatzangaben hebt die Eingrenzung wieder auf.
Beispiel:

```
10 FOR I = 1 TO 400
20 PRINT "TEST";
30 NEXT I
40 VIEW PRINT 5 TO 15
50 CLS
```

Hier wird zunächst der komplette Bildschirm mit der Zeichenfolge TEST beschrieben (10-30), dann das Textfenster auf die Zeilen 5 bis 15 eingegrenzt. Der abschließende CLS-Befehl löscht deshalb auch nur diesen Bereich und nicht, wie sonst üblich, den kompletten Bildschirm.

VIRTUELLES LAUFWERK (engl. virtual drive). Während z.B. eine Festplatte ein physikalisches Laufwerk darstellt, versteht man unter einem virtuellen Laufwerk einen oder mehrere reservierte Hauptspeicherbereiche, die per Programm wie ein echtes Laufwerk verwaltet und benutzt werden, wie z.B. eine RAM-Disk (vgl. dort).

VIRUS (engl. virus). Spezielles Computerprogramm, das sich in andere Programme einnistet und diese in ihrem Ablauf beeinträchtigen bzw. zerstören kann. Durch die Fähigkeit, sich selbst zu kopieren, d.h. zu vermehren, kann der Inhalt eines kompletten Datenträgers (Festplatte etc.) „verseucht" werden. Die Übertragung auf andere Datenträger erfolgt durch Kopieren befallener Programme (meist Raubkopien). Gegenmaßnahme: Spezielle Virenschutzprogramme, die allerdings meist nur auf eine spezifische Virusart reagieren.

VLSI-CHIP Akronym für Very Large Scale Integrated Chip. Hochintegrierter Chip mit mehr als 10 000 Schaltungen.

VOL Akronym für Volume Label. Kennsatz. Er steht am Anfang eines Magnetbandes und dient zur Erkennung des Bandes.

VOL Internes MS-DOS- (MS-DOS 3, MS-DOS 4) und MS-OS/2-Kommando (R+P) zur Anzeige von Datenträgernamen. Im Netzwerk verwendbar. VOL zeigt den Namen des Datenträgers im angegebenen Laufwerk. Diese Namen können beim Formatieren oder mit dem LABEL-Befehl erzeugt werden und dienen dazu, daß das System Diskettenwechsel erkennt.
Eingabe:

```
vol (LW:)
```

Anzeige des Datenträgernamens. Ohne Laufwerksbezeichnung wird der aktuelle Datenträger angesprochen.

VOLATILE MEMORY

Im Protected Mode von MS-OS/2 können mehrere Datenträger, getrennt durch Leerzeichen angegeben werden.
Beispiel:

```
vol d:
```

Anzeige des Datenträgernamens von Laufwerk D.

VOLATILE MEMORY Englische Bezeichnung für einen flüchtigen Speicher. Dieser verliert nach dem Abschalten der Stromversorung oder einem System-Reset seinen Inhalt. Beispiel: RAM- bzw. Arbeitsspeicher eines Computers.

VOLLADDIERER (engl. full adder). Logische Schaltung, die für binäre Additionen verwendet wird. Bei drei Eingangssignalen (zwei Additionswerte und ein Übertrag) werden folgende Ausgangswerte (Summe + Übertrag) erzeugt:

VOLLDUPLEX (engl. duplex). Begriff aus der Datenfernübertragung. Bei Vollduplexbetrieb ist die Datenübertragung gleichzeitig in beide Richtungen möglich.
Beispiel: Telefon.

VOLUMENMODELL (engl. solid model). Dreidimensionaler Körper in Graphiken, bei dem die nicht sichtbaren Kanten (vgl. hidden lines) entfernt wurden und die Flächen ausgefüllt sind.

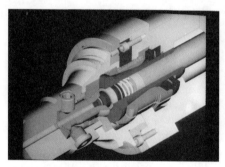

Bild 84: Volumenmodell

Eingabe 1	Eingabe 2	Übertrag	Summe	Übertrag
1	1	1	1	1
0	0	0	0	0
1	0	1	0	1
0	1	1	0	1
1	1	0	0	1
1	0	0	1	0
0	1	0	1	0
0	0	1	1	0

Ein Volladdierer ergibt sich aus der Schaltung zweier Halbaddierer (vgl. dort).

VON-NEUMANN-ARCHITEKTUR (engl. von-Neumann architecture). Benannt nach John von Neumann, der 1946 das für die gesamte Computerentwicklung grundlegende Prinzip entwickelte, nach dem eine Prozessor-Operation in folgenden Stufen abläuft: Befehl holen, Befehl entschlüsseln, Operanden holen, Operation ausführen, Ergebnis speichern, nächsten Befehl holen usw. Bezeichnet auch den elementaren Aufbau der Zentraleinheit aus Prozessor (Rechenwerk und Steuerwerk), Ein-/Ausgabewerk und Arbeitsspeicher.

VORFORMATIEREN (engl. initialize oder preformat). Festplatten müssen - im Gegensatz zu Disketten — in einem speziellen Arbeitsgang vorformatiert werden. Dabei werden u.a die Spuren und Sektoren auf das Medium geschrieben. Nach der Partitionierung (vgl. dort) wird der eigentliche Formatierungsvorgang durchgeführt.

VRAM Akronym für Video Random Access Memory. Halbleiterspeicher, der speziell für den Einsatz auf Graphikkarten entwickelt wurde. Das VRAM ermöglicht schnellere Zugriffszeiten als bei Verwendung von DRAMS, so daß Wartezyklen des Prozessors vermieden werden.

VRC Akronym für Vertical Redundancy Check. Querprüfbitverfahren. Methode zur Erkennung von Übertragungsfehlern bei der Byte-seriellen Datenübertragung (z.B. auf Magnetband. Die Bits in jeder der (normalerweise 8) Datenspuren werden durch ein Prüfbit in der 9. Spur dermaßen (0 oder 1) ergänzt, daß Prüfbit und aufaddierte Datenbits einen

vereinbarten, meist ungeraden Wert ergeben (vgl. auch LRC).

VSA Akronym für Virtual Storage Access. Zugriffsverfahren bei Rechnern, die mit virtuellem Arbeitsspeicher operieren.

VT Akronym für Vertical Tab. Vertikaler Tabulator.

VT-100 Computer Terminal, entwickelt von DEC (Digital Equipment Corporation). Aufgrund von Control Codes nach dem ANSI-Standard kann der Cursor frei auf dem Bildschirm plaziert werden. Man spricht daher auch von Vollschirmterminal. Die Control-Codes haben sich inzwischen zu einem Quasi-Standard entwickelt und werden daher auch von den meisten anderen Terminals verwendet.

VTOC Akronym für Volume Table of Contents. Inhaltsverzeichnis einer Magnetplatte oder einer Magnetdiskette. Die VTOC befindet sich üblicherweise auf Spur 0 des Datenträgers.

W

WAFER Englische Bezeichnung für die Siliziumeinkristall-scheibe, aus welcher Chips hergestellt werden.

WAHLFREIE SPEICHERUNG (engl. random storage). Speicherungsprinzip auf Datenträgern mit wahlfreiem Zugriff (z.B. Diskette,Festplatte). Während bei der reinen sequentiellen Speicherung Datenblock für Datenblock nacheinander auf dem Speichermedium abgelegt wird, so daß beim Lesen der Daten wieder Block für Block in den Arbeitsspeicher eingeladen werden muß, bis der gewünschte Datensatz gefunden ist, erhält bei der wahlfreien Speicherung jeder Datensatz bei seiner Erstellung einen eindeutigen Ordnungsbegriff, der mit seiner Speicheradresse identisch ist (direkte Adressierung) oder über ein Umrechnungsverfahren ermittelt werden kann (indirekte Adressierung). Deshalb kann später direkt auf ihn zugegriffen werden.

WAHLFREIER ZUGRIFF (engl. random access). Auch direkter Zugriff. Vgl. Wahlfreie Speicherung, Random Access.

WÄHLLEITUNG (engl. switched line). Begriff aus der Datenfernübertragung. Darunter versteht man Leitungen, die erst geschaltet werden, wenn ein Anschluß angewählt wurde. Beispiel: Telefonleitung.

WAHRHEITSTABELLE (engl. truth table). Tabelle, in welcher für eine logische Schaltung (Gatter) alle möglichen Ausgangswerte (0 oder 1 entspricht UNWAHR oder WAHR) bei den für diese Schaltung möglichen Eingangswerten dargestellt sind. Beispiel (NOR-GATTER):

Eingabe 1	Eingabe 2	Ausgabe
1	1	0
0	0	1
1	0	0
0	1	0

Der Schaltkreis erzeugt als Ausgabe den Wert FALSCH (= 0), wenn eine oder beide Eingaben WAHR (= 1) sind.

WAIT GW-BASIC-Anweisung. Wartet mit der Programmausführung, bis über einen Eingabekanal ein definierter ASCII-Wert eintrifft. Eingabe:

```
WAIT Nummer,W1,W2
```

Für NUMMER ist die Kanalnummer (0-65535) zu setzen, W1 und W2 sind ganzzahlige Werte von 0-255. Fehlt W2 wird dafür 0 gesetzt, ansonsten wird der am Port gelesene Wert zunächst mit W1 verknüpft (XOR), dann mit W2 (AND). Ist das Ergebnis 0, wird erneut versucht am Port zu lesen, ansonsten wird mit der nächsten Anweisung im Programm fortgefahren.

WAITSTATE Wartezyklus. Wenn RAM-Bausteine zu langsam arbeiten, kann es vorkommen, daß der Prozessor vor Zugriffen auf den Arbeitsspeicher eine Warteschleife einlegen muß. Dies nennt man 1 Waitstate. Üblich sind 0, 1 oder 2 Waitstates.

WALZENPLOTTER (engl. drum plotter). Plotter (vgl. dort), bei dem das Medium, auf welches geplottet

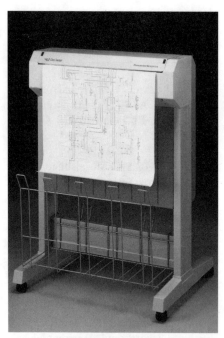

Bild 85: Walzenplotter

werden soll (Papier, Folie etc.), ähnlich wie bei einem Drucker an einer Transportwalze eingespannt ist. Das Zeichnen erfolgt mit Hilfe eines Schlittens an welchem der oder die Stifte befestigt sind. Der Schlitten mit dem Stift bewegt sich in X-Richtung (links-rechts), das Papier wird durch Walzendrehung in Y-Richtung (auf-ab) transportiert. So kann jeder Punkt des Mediums erreicht werden.

WARMSTART (engl. warm start oder warm boot). Neustart eines Rechners ohne die sonst üblichen Testroutinen (RAM-Test etc.), die bei einem Kaltstart (vgl. dort) durchgeführt werden. Unter MS-DOS wird ein Warmstart durch gleichzeitiges Betätigen der Tasten CTRL-ALT-DEL (bzw. STRG-ALT-ENTF) ausgelöst.

WARTESCHLANGE (engl. queue). Sollen mehrere Dateien z.B von unterschiedlichen Computern am selben Drucker ausgedruckt werden, setzt das System sie in eine Warteschlange und holt sie von dort der Reihe nach zum Druck. Die Warteschlange ist entweder im Arbeitsspeicher oder auf einem externen Speichermedium (Festplatte) angelegt.

WARTESCHLEIFE (engl. wait loop). Schleife in einem Programm, die solange durchlaufen wird, bis eine gesetzte Bedingung (z.B. Betätigung einer bestimmten Taste durch den Anwender) erfüllt wird. Ist die Bedingung erfüllt, wird die Schleife durch einen Sprungbefehl verlassen, ansonsten wird sie endlos durchlaufen (Endlosschleife).

WARTEZYKLUS (engl. waitstate). Wenn RAM-Bausteine zu langsam arbeiten, kann es vorkommen, daß der Prozessor vor Zugriffen auf den

Arbeitsspeicher eine Warteschleife einlegen muß. Dies nennt man 1 Wartezyklus. Üblich sind 0, 1 oder 2 Wartezyklen.

WECHSELPLATTE (engl. removable disk). Variante der Festplatte, bei welcher das eigentliche Speichermedium, die Platte wie eine Diskette ausgewechselt werden kann.

WEND Bestandteil einer GW-BASIC-Anweisung zur Abarbeitung von Schleifen. Vgl. WHILE..WEND.

WENN-DANN-BEDINGUNG (engl. if-then statement). Begriff aus der Programmierung. Vgl. IF..THEN..ELSE.

WHEREX Turbo-Pascal-Funktion. Ermittelt, in welcher Spalte sich der Cursor momentan befindet.
Eingabe:

```
WhereX;
```

WHEREY Turbo-Pascal-Funktion. Ermittelt, in welcher Zeile sich der Cursor momentan befindet.
Eingabe:

```
WhereY;
```

WHILE...DO Turbo-Pascal-Anweisung. Dient zur wiederholten Ausführung von Anweisungen in Abhängigkeit von einer Bedingung.

Schema:

```
WHILE Ausdruck DO
Anweisung
```

WHITE-WRITE-VERFAHREN

Solange der Ausdruck WAHR ist, wird die nachfolgende Anweisung ausgeführt.

WHILE...WEND GW-BASIC-Anweisung. Führt eine Schleife solange aus, wie die Bedingung wahr, d.h. ungleich Null ist.
Eingabe:

```
WHILE Bedingung ............ WEND
```

Zwischen WHILE und WEND befindet sich der Schleifenkörper.
Beispiel:

```
10 A=1
20 WHILE A
30 INPUT "Zahl eingeben",Z
40 PRINT Z
50 IF Z = 100 THEN A = 0
60 WEND
```

Die Schleife (Zeilen 30-50) wird solange ausgeführt, wie A ungleich 0 ist. Wird die Zahl 100 eingegeben, dann wird A auf Null gesetzt (50) und die Schleifenausführung beendet.

WHITE-WRITE-VERFAHREN (engl. white-write technique). Begriff aus der Drucktechnik. Im Gegensatz zum Black-Write-Verfahren (vgl. dort) wird hier bei Laserdruckern eine Druckseite so erzeugt: Zunächst wird die gesamte Phototrommel negativ aufgeladen, dann werden alle Stellen durch den Laserstrahl wieder entladen, an denen kein Toner haften soll. Beispiel: Ein schwarzes Rechteck soll gedruckt werden. Dies bedeutet der Laser entlädt die gesamte Trommel bis auf die Rechteckfläche.

WIDTH

Diese ist komplett negativ aufgeladen, d.h., das Tonerpulver haftet an jedem Rechteckpunkt, es entsteht eine gleichmäßig schwarze Fläche. Bei der Black-Write-Technik hingegen würden sich innerhalb des Rechtecks winzige, allerdings kaum sichtbare, weiße Punkte befinden.

WIDTH GW-BASIC-Anweisung. Legt die Zeichenzahl pro Zeile für den Bildschirm oder Drucker fest.
Eingabe:

```
WIDTH "GERÄT",ZEICHEN
```

Legt die Zeichenbreite für das Gerät fest. Zulässige Geräte sind LPT1: bis LPT3:, COM1:, COM2:, SCRN: Anstelle von Gerät kann auch eine Dateinummer (z.B. #1) verwendet werden. Für den Bildschirm (SCRN:) sind nur die Werte 40 und 80 zulässig.
Beispiel:

```
WIDTH "SCRN:",40
```

Schaltet den Bildschirm für nachfolgende Ausgabebefehle auf 40 Zeichen Zeilenbreite.

WIEDERHOLFUNKTION Tastatur: Nach dem Betätigen und Festhalten einer Taste wird das dieser Taste zugeordnete Zeichen ununterbrochen auf dem Bildschirm ausgegeben. Die Ausgabegeschwindigkeit und Ansprechzeit (ab wann die Wiederholfunktion einsetzt) läßt sich mit speziellen Dienstprogrammen einstellen.

WILDCARD Spezielle Zeichen (* ?) innerhalb von Dateinamen, welche unter MS-DOS beliebige andere Zeichen ersetzen. So ersetzt das Fragezeichen jeweils ein beliebiges Zeichen, während der Asterisk (Stern) alle Zeichen ersetzt.
Beispiele:

```
erase *.bat   erase t??t.com
```

Im ersten Beispiel werden alle Dateien gelöscht, welche die Kennung BAT besitzen, gleichgültig welchen Dateinamen sie haben. Im zweiten Fall werden alle Dateien mit der Kennung COM entfernt, deren Dateiname mit einem T beginnt und endet. Beide Zeichen dürfen auch innerhalb einer Dateibezeichnung kombiniert werden.

WIMP Akronym für Windows-Icons-Mouse-Pointer. Amerikanische Bezeichnung für graphische Benutzeroberflächen wie GEM oder MS-Windows.

WINCHESTER Alternative Bezeichnung für Festplattenlaufwerk (vgl. dort).

WINDOW Englische Bezeichnung für Fenster. Bei Benutzeroberflächen mit Windowtechnik können auf dem Bildschirm in verschiedenen Fenstern unterschiedliche Applikationen gezeigt und ausgeführt werden.

WINDOW GW-BASIC-Anweisung. Die Anweisung legt die Größe des

WITH...DO

Graphikfensters fest. Das Fenster kann beliebig groß sein (= Weltkoordinaten), ist also nicht von den Bildschirmkoordinaten abhängig.
Eingabe:

```
WINDOW [SCREEN] (x1,y1)-(x2,y2)
```

X1,y1, legt die linke, obere Ecke, x2,y2 die rechte untere Ecke des Graphikfensters fest. Benutzt man die SCREEN-Option, dann bezeichnen x1,y1 die linke untere und x2,y2 die rechte obere Ecke. WINDOW ohne Zusatzangaben setzt den Bildschirm wieder auf die konventionellen Koordinaten.

WINDOW Turbo-Pascal-Prozedur (Unit: Crt). Dient zum öffnen eines Textfenster.
Eingabe:

```
Window(x1,y1,x2,y2);
```

x1,y1 bestimmen die linke, obere Ecke, x2,y2 die rechte unter Ecke (Typen: Byte).

WINDOWS Graphische Benutzeroberfläche der Firma Microsoft, die das Bedienen von Programmen erleichert. Windows wird als komplettes Paket mit Textverarbeitung, Zeichenprogramm, Utilities (Notizblock, Uhr, Kalender etc.) geliefert. Anwenderprogramme, die unter Windows arbeiten sollen (z.B. PageMaker), müssen speziell hierfür programmiert sein. In der 386er-Version ist Windows multitaskingfähig.

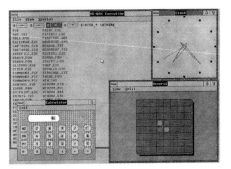

Bild 86: Benutzeroberfläche von Windows

WISSENSBASIS (engl. knowledge base). Bestandteil eines Expertensystems (vgl. dort), welches alle für das jeweilige Gebiet relevanten Daten enthält. So wären in einem Expertensystem, das sich mit dem Gebiet der Medizin beschäftigt, in der Wissensbasis beispielsweise alle Krankheitssymptome, Diagnosen, medizinische Geräte, Arzneien etc. enthalten. Je umfangreicher die Wissensbasis, desto effektiver kann das Expertensystem arbeiten.

WITH...DO Turbo-Pascal-Anweisung. Erlaubt den einfachen Zugriff auf die Felder eines Records.

```
Schema:

WITH Record DO
Anweisung (bezüglich Feld X)
Anweisung (Bezüglich Feld Y) usw.
```

Der Record-Name muß bei allen Anweisungen hinsichtlich seiner

449

Felder nur einmal angegeben werden.

WITWE (engl. widow). Auch Schusterjunge. Umbruchfehler. Bezeichnet eine einzelne Zeile zu Anfang eines Paragraphen am unteren Rand einer Textspalte.

WORD Textverarbeitungsprogramm der Firma Microsoft mit Mausunterstützung, das sich aufgrund seiner Konzeption für alle Anwendungsbereiche, insbesondere jedoch für Autoren (automatische Gliederung, Fußnotenverwaltung, Stichwortverzeichnis, Rechtschreibungsprüfung, Thesaurus, etc.) einsetzen läßt. Word zählt zusammen mit WordPerfect zu dem am häufigsten eingesetzten Textprogramm.

WORDPERFECT Textverarbeitungsprogramm, das für viele Rechner (Apple Macintosh, Atari ST, Commodore Amiga, sowie alle kompatiblen PCs) in spezifischen Versionen zur Verfügung steht. WordPerfect enthält neben den üblichen Textverarbeitungsfunktionen Möglichkeiten zur Serienbrieferstellung, Rechnen im Text, Absatznumerierung, Fußnotenverwaltung, Stichwortverzeichnis u.a. In der PC-Version besitzt das Programm keine Mausunterstützung. WordPerfect zählt zusammen mit Word zu dem am häufigsten eingesetzten Textprogramm.

WORDPROCESSING Englischer Begriff für Textverarbeitung. Dementsprechend ist ein Wordprocessor ein Textverarbeitungsprogramm.

WORDSTAR Textverarbeitungsprogramm der Firma MicroPro. Galt unter dem Betriebssystem CP/M und nach seiner Portation zu MS-DOS als das hochwertigste Textprogramm. Inzwischen ist WordStar aufgrund der vorhandenen Konkurrenz nur noch im oberen Mittelfeld anzusiedeln, trotzdem aber noch sehr weit verbreitet.

WORKS Integriertes Softwarepaket der Firma Microsoft mit Mausunterstützung. Works enthält die Module Textverarbeitung, Tabellenkalkulation, Datenbank, Präsentationsgraphik, Datenfernübertragung. Ein problemloser Datenaustausch unter den einzelnen Modulen ist möglich.

WORKSHEET Auch spreadsheet. Englischer Ausdruck für Arbeitsblatt. Bezeichnet speziell auch in Tabellenkalkulationsprogrammen (vgl. dort) das „elektronische" Arbeitsblatt. Ein Worksheet ist in numerierte Zeilen und Spalten unterteilt, so daß sich jeder Punkt (= Zelle) direkt ansprechen und z.B. in Formeln verwenden läßt.

WORM Akronym für Write Once Read Multiple (einmal schreiben, wiederholt lesen). Bezeichnung für einen optischen Speicher, der nur einmal beschrieben, aber beliebig oft gelesen werden kann. Im Unterschied zu einem CD-ROM besitzt das WORM-Laufwerk zwei Laser. Mit einem starken Schreiblaser werden zunächst Bitmuster in Form von Vertiefungen in die nichtreflektierende Oberfläche geschmolzen. Diese

WRITE PROTECTION

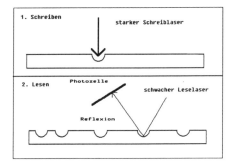

Bild 87: WORM-Prinzip

Bitmuster können dann vom (schwachen) Leselaser nach dem Prinzip Reflexion/Absorption beliebig oft wieder entziffert werden. Auf einer WORM-Platte können bis zu vier Gigabyte an Daten enthalten sein.

WORT (engl. word). Informationseinheit, die je nach Prozessortyp 8, 16, 32 Bit bzw. 1, 2 oder 4 Bytes lang ist.

WP Akronym für Word Processor. Textverarbeitungsprogramm.

WRITE Englische Bezeichnung für das Schreiben (vgl. dort) von Daten auf einen Datenträger.

WRITE GW-BASIC-Anweisung. Sie gibt wie PRINT Zeichen am Bildschirm aus, jedoch mit dem Unterschied, daß zwischen die einzelnen Daten Kommas gesetzt werden, Zeichenketten in Anführungszeichen dargestellt sind und vor positive Zahlen keine Leerstelle gesetzt wird. Eingabe:

WRITE Ausdruck1,Ausdruck2 ...

Für Ausdruck kann ein Wert, eine Zeichenkette oder eine beliebige Variable gesetzt werden.
Beispiel:

```
10 A=10
20 B=20
30 C$="TEST"
40 PRINT A B C$
50 WRITE A,B,C$
```

Ausgabe Zeile 40: 10 20 TEST
Ausgabe Zeile 50: 10,20,„TEST"

WRITE Turbo-Pascal-Prozedur. Dient zum Schreiben von Daten in typisierte bzw. Textdateien oder auf den Bildschirm.
Eingabe:

```
Write(v,d1,d2,...);
Write(d1,d2,.....);
```

Schreibt die Datensätze d1, d2 usw. in die Datei v bzw. Schreibt die Variablen d1, d2 (Typ: Integer, Real, Char, String) usw. auf den Bildschirm.

WRITE PROTECTION Englische Bezeichnung für Schreibschutz bzw. Löschschutz. Bei 3 1/2"-Disketten wird der mechanische Schreibschutz durch einen Schieber aktiviert, bei 5 1/4"-Disketten durch Überkleben der Aussparung auf der linken Diskettenseite. Ein logischer Schreibschutz kann durch das MS-DOS-Kommando ATTRIB erreicht werden.

WRITE# GW-BASIC-Anweisung. Dient zum Schreiben von Daten in eine sequentielle Datei. Im Unterschied zu PRINT # werden zwischen die einzelnen Daten Kommas gesetzt, Zeichenketten in Anführungszeichen dargestellt und vor positive Zahlen keine Leerstellen gesetzt.
Eingabe:

```
WRITE #Dateinummer,Z1,Z2...
```

Für die Dateinummer ist die Ziffer anzugeben, unter der die Datei eröffnet wurde. Z1, Z2 usw. kann jeweils eine Zeichenfolge (innerhalb von Anführungszeichen), eine Zahl oder beliebige Variable sein.
Beispiel:

```
10 OPEN "O",#2,"KUNDEN.DAT"
20 A$="Meier"
30 B$="Huber"
40 WRITE #2,A$,B$
50 CLOSE #2
```

Schreibt „Meier" und „Huber" (mit Anführungszeichen) in die Datei KUNDEN.DAT.

WRITELN Turbo-Pascal-Prozedur. Arbeitet wie die Write-Prozedur, jedoch nicht mit typisierten Dateien. Zusätzlich erfolgt nach jedem Schreiben ein Zeilenvorschub.

WYSIWYG Akronym für What you see is what you get, d.h., die Bildschirmdarstellung eines Dokuments (Graphik und Text) stimmt mit dem späterem Druckbild überein.

X

X-ACHSE (engl. X-axis). Auch Abszisse. Waagrechte Achse des Koordinatensystems.

X-SWITCH Kreuzschalter. Umschaltbox mit zwei Eingängen (für Computer) und zwei parallelen oder seriellen Ausgängen. Durch Umschalten zwischen den einzelnen Eingängen und Ausgängen können beide Computer abwechselnd beide an den Ausgängen angeschlossenen Peripheriegeräte (z.B. Drucker) bedienen und zwar nach dem Schema: Computer1-Peripherie1 und gleichzeitig Computer2-Peripherie2 oder Computer1-Peripherie2 und gleichzeitig Computer2-Peripherie1.

X.25 CCITT-Norm für paketvermitteInde Netze. Beispiel: Datex-P.

X/OPEN GRUPPE (engl. X/open foundation). Zusammenschluß von Computerfirmen (z.B. Microsoft, Siemens, Nixdorf, Bull etc.) mit der Intention einen einheitlichen UNIX-Standard zu schaffen.

XCOPY Externes MS-DOS- (MS-DOS 3, MS-DOS 4) und MS-OS/2-Kommando (R+P) zum Kopieren von Dateien und Verzeichnissen. Im Netzwerk verwendbar. Im Unterschied zum COPY-Kommando können nun mit XCOPY außer Dateien auch komplette Unterverzeichnisse kopiert

werden. Verzeichnisse, die auf dem Zieldatenträger nicht vorhanden sind, werden automatisch angelegt.
Eingabe:

```
xcopy (LW1:)(Pfad)(dateien)
(LW2:)(Pfad)(/parameter)
```

Kopiert die angegebenen Dateien von Laufwerk 1 nach Laufwerk 2. Sind keine Dateien angegeben, setzt XCOPY die Wildcard *.*, d.h. alle Dateien des angegebenen Verzeichnisses bzw. Laufwerks werden kopiert.
Beispiele:

```
xcopy a: c:\dos\
```

Kopiert alle Dateien des Hauptverzeichnisses von A ins Unterverzeichnis DOS auf Laufwerk C.

```
xcopy c:*.com d:/s
```

Kopiert alle Dateien mit der Kennung COM aus allen Verzeichnissen des Laufwerks C ins aktuelle Verzeichnis von D. Befinden sich COM-Dateien in Unterverzeichnissen, dann werden diese Verzeichnisse im Ziellaufwerk automatisch erzeugt.
Parameter:

```
A       Kopiert nur Dateien, bei de-
        nen das Archiv-Bit gesetzt
        ist. Das Archiv-Bit wird an-
        schließend nicht zurückge-
        setzt.
D:Datum Kopiert alle Dateien, die an
        oder nach dem angegebenen
        Datum verändert wurden.
```

E	Kopiert alle Unterverzeichnisse mit, selbst wenn diese keine Dateien enthalten. Kann nur in Verbindung mit dem S-Parameter verwendet werden.	
M	Wie A-Parameter, nur daß das Archiv-Bit nach dem Kopieren zurückgesetzt wird.	
P	Prompt-Modus. Fragt jeweils, ob eine Datei kopiert werden soll.	
S	Kopiert auch alle Unterverzeichnisse, außer wenn sie keine Dateien enthalten.	
V	Überprüft, ob beim Kopieren Übertragungsfehler aufgetreten sind.	
W	Wartet auf eine Tastatureingabe, bevor der Kopiervorgang beginnt (nicht für MS-OS/2).	

XENIX Von der Firma Microsoft speziell für Personal Computer entwickelte Version des Multiuser-/Multitasking-Betriebssystems UNIX (vgl. dort).

XEROGRAPHISCHER DRUCKER (engl. xerographic printer). Drucker, der Druckvorlagen nach dem optischen Prinzip erzeugt. Beispiele: Laserdrucker, LED-Drucker.

XMA2EMS.SYS Gerätetreiber von MS-DOS 4 zur Unterstützung des Erweiterungsspeichers (expanded memory) nach LIM- bzw. EMS 4.0 Standard.

Eingabe:

device=(LW:Pfad)xma2ems.sys(parameter)

Installation des Treibers XMA2EMS.SYS unter eventueller Verwendung von Parametern und Angabe von Laufwerk und Verzeichnis, in dem der Treiber abgespeichert ist.

Parameter:

FRAME=Adresse
Gibt die Startadresse des EMS-Fensters an.

Px=Adresse
Gibt mittels x die Nummer einer EMS-Page an, der die angegebene Adresse zugeordnet ist.

/X:Seiten
Seiten bezeichnet die Anzahl der EMS-Pages (zu je 16 KByte), die reserviert werden.

Beispiel:

device=c:\dos4\xma2ems.sys
frame=d800 /x:32

Lädt den Treiber aus dem Verzeichnis DOS4 der Festplatte C. Die Startadresse des EMS-Fensters ist D800 und der reservierte Speicher beträgt 32*16=512 KByte.

XMAEM.SYS Gerätetreiber von MS-DOS 4 zur Unterstützung des Erweiterungsspeichers (expanded memory) eines IBM-PS/2-Systems mit 80386-Prozessor.

XOR-GATTER

Eingabe:

`device=(LW:Pfad)xmaem.sys(seitenzahl)`

Installation des Treibers XMAEM.SYS unter eventueller Angabe von Laufwerk und Verzeichnis, in dem der Treiber abgespeichert ist, Zahl der verwendeten Seiten (zu je 16 KByte). Beispiel:

`device=c:\dos4\xmaem.sys 64`

Installiert den Treiber XMAEM.SYS aus dem Verzeichnis DOS4 der Festplatte C. Insgesamt wird 1 MByte Speicher (64*32=1024 KByte = 1 MByte) reserviert.

XMODEM Protokoll zur Datenübertragung. Beim XMODEM-Protokoll werden Datenblöcke von je 128 Byte übertragen, jeweils gefolgt von einer Checksumme, anhand derer der Empfänger (der die Checksumme aus den empfangenen Daten ebenfalls berechnet und mit der gesendeten Checksumme vergleicht) die Korrektheit der Übertragung nachprüfen kann. Das XMODEM-Protokoll besitzt u.a. folgende Konventionen: Jedes Zeichen besteht aus 8 Datenbit, der Empfänger sendet solange ASCII-Code 12 bis die Übertragung beginnt, ASCII-Code 6 bei erfolgreicher Übertragung und ASCII-Code 12, falls durch Übertragungsfehler eine Wiederholung der Übertragung notwendig ist.

XON/XOFF Abkürzung für Exchange on/Exchange off. Codes, mit welchen die Datenübertragung zwischen Computer und Terminal bzw. zwischen zwei Computern bei der Datenübertragung gestartet bzw. gestoppt werden kann. Dem Code X-ON entspricht die Tastatursequenz CTRL+S, X-OFF wird durch CTRL+Q ausgelöst. Empfängt man z.B. Daten von einem anderen Computer, die zu schnell gesendet werden, als daß man sie am Bildschirm lesen könnte, sendet man ein X-OFF-Signal (gleichzeitiges Betätigen der CONTROL-Taste und Q-Taste), die Übertragung stoppt, und nachdem der Text gelesen wurde, sendet man das X-ON Signal zur Fortsetzung der Übertragung.

XOR-GATTER (engl. XOR gate). Schaltkreis, der als Ausgabe den Wert WAHR (= 1) erzeugt, wenn eine der beiden Eingaben WAHR ist. Beispiel:

Eingabe 1	Eingabe 2	Ausgabe
1	1	0
0	0	0
1	0	1
0	1	1

Die in der Programmierung benutzte XOR-Funktion arbeitet nach dem gleichen Schema: WENN A=0 XOR B=0, DANN...In diesem Beispiel muß entweder A Null sein oder B (aber nicht beide wie bei der OR-Funktion), damit die DANN-Anweisung ausgeführt wird.

XT Akronym für Extended Technology (Erweiterte Technologie). Typenbezeichnung von IBM für PCs.

XY-Plotter (engl. XY plotter). Plotter (vgl. dort), bei dem der Arm mit dem Schreibstift sowohl in X- als auch in Y-Richtung bewegt werden kann. Beispiel: Flachbettplotter.

Y

Y-ACHSE (engl. Y-axis). Auch Ordinate. Senkrechte Achse des Koordinatensystems.

YARD Englisches Längenmaß. Entspricht drei Fuß (3 feet) bzw. 91.44 cm.

YELLOW CABLE Gelbes Kabel. Wird häufig als Bezeichnung für Ethernet verwendet, da in diesem Netzwerk gewöhnlich gelbe Kabel zur Rechnerverbindung benutzt werden.

YOKE Englischer Begriff für Joch. Bezeichnet den Zugriffskamm (vgl. dort) einer Festplatte, an welchem die Schreib-/Leseköpfe befestigt sind.

Z

Z/sec (engl. cps). Abkürzung für Zeichen pro Sekunde. Wird zur Bewertung der Druckgeschwindigkeit herangezogen.

ZÄHLER (engl. counter). Vgl. Befehlszählregister, Zählvariable.

ZÄHLERSCHLEIFE (engl. counter loop). Begriff aus der Programmierung. Schleife, bei welcher durch einen Zähler (und nicht durch eine Bedingung) festgelegt wird, wie oft die Schleife zu wiederholen ist. Beispiel vgl. Zählvariable.

ZÄHLVARIABLE (engl. counter variable). Variable, die während eines Programmablaufs ständig ihren Wert ändert. Sie wird häufig verwendet, um die Anzahl von Schleifendurchläufen festzulegen. Beispiel in BASIC:

```
10 FOR X = 1 TO 20
20 PRINT"TESTZEILE"
30 NEXT X
```

Hier wird, bedingt durch die Zählvariable X, 20mal das Wort TESTZEILE ausgedruckt, anschließend wird im Programm fortgefahren.

ZAPFCHANCERY Schriftart mit Serifen. Sie ähnelt durch ihre geschwungenen Formen einer Handschrift.

ZE Akronym für Zentraleinheit eines Rechners (vgl. dort).

ZEHNERBLOCK (engl. numeric keypad). Abgesetzter Bereich einer PC-Tastatur. Insbesondere für die schnelle Eingabe von Zahlen gedacht. Der Zehnerblock enthält auf der ersten Belegungsebene neben den Zifferntasten (0-9), Tasten mit den Operatoren der 4 Grundrechenarten und dem Dezimalpunkt, sowie eine Eingabe-Taste und auf der zweiten Belegungsebene Tasten für Curosrbewegungen, sowie eine Einfüge- und Löschtaste. Die ebenfalls integrierte NumLock-Taste dient als Umschalter (Toggle) zwischen den beiden Belegungsebenen.

ZEICHEN (engl. character). Kleinste Einheit, aus der sich Daten aufbauen. Im Endeffekt existieren für den Rechner nur die binären Zustände 1 und 0 (= Bit), wobei jeweils 8 Bits zu einem Zeichen (= 1 Byte) zusammengefaßt werden. Da diese Darstellungsform für den Anwender sehr viel Umdenkvermögen erfordern würde, kann er die vertrauten numerischen (Zahlen), alphabetischen (Buchstaben), alphanumerischen (Zahlen und Buchstaben) und Sonderzeichen (z.B. Graphiksymbole) verwenden, die dann vor der Verarbeitung umcodiert werden.

ZEICHENDRUCKER (engl. character printer). Man unterteilt die Zeichendrucker in Geräte mit und ohne mechanischem Anschlag. Zur ersten Kategorie zählen die bekanntesten Druckertypen wie Nadeldrucker oder

ZEICHENGENERATOR

Typenraddrucker. Die Zeichen werden nacheinander erzeugt. Vorteile: Preisgünstig, kaum Wartungsarbeiten, Durchschläge möglich. Nachteile: Relativ langsam, laut. Zur zweiten Kategorie zählen Thermodrucker und Tintenstrahldrucker. Vorteil: Leise. Nachteil: Keine Durchschläge.

ZEICHENGENERATOR (engl. character generator). Baustein, der die (z.B. über Tastatur eingegebenen) Zeichencodes in Signale umwandelt, die auf dem Bildschirm als vom Menschen lesbare Zeichen ausgegeben werden. Da das Aussehen der Zeichen fest im Zeichengenerator vorgegeben ist, läßt es sich nicht per Software verändern.

ZEICHENKETTE (engl. string). Eine Zeichenkette kann aus alphanumerischen Zeichen (Buchstaben, Ziffern) und Sonderzeichen bestehen. Vgl. String.

ZEICHENSATZ (engl. character set bzw. typeface). Kompletter Satz von Zeichen (Buchstaben, Zahlen, Sonderzeichen) bzw. kompletter Satz von Zeichen in einer Schriftart. Beispiele: Times Roman, Courier, Helvetica, Letter Gothic.

ZEICHENTABELLE (engl. character table). Satz von länderspezifischen Zeichen, der für die Bildschirmdarstellung und/oder die Ausgabe auf einem Drucker zur Verfügung steht. Unter MS-DOS können bei der Einrichtung des Betriebsystems in Abhängigkeit von der verwendeten Hardware (Graphikkarte, Drucker) eine oder mehrere Zeichentabellen installiert werden, zwischen denen bei Bedarf per Software umgeschaltet werden kann, um z.b. die Sonderzeichen anderer Länder (Frankreich, Spanien, USA etc.) zur Verfügung zu haben.

ZEICHENTABLETT (engl. digitizer). Eingabegerät für Graphiken. Vgl. Digitalisiertablett.

ZEIGER (engl. pointer). Bezeichnet eine Speicheradresse, die wiederum eine Adresse enthält, an der Daten abgelegt sind.

ZEILENABSTAND (engl. leading). Abstand zwischen den Schriftunterkanten zweier aufeinanderfolgender Zeilen (= Durchschuß).

ZEILENDRUCKER (engl. line printer). Bei diesen Geräten, die mit mechanischem Anschlag arbeiten, werden die Zeichen einer Zeile immer komplett aufbereitet und ausgedruckt. Vorteile: Sehr hohe Geschwindigkeit, Durchschläge möglich. Nachteile: Größe der Geräte, hoher Geräuschpegel. Beispiele: Walzendrucker, Kettendrucker (vgl. dort).

ZEILENNUMMER (engl. line number). In manchen Programmiersprachen (z.B. GW-BASIC) muß jede Programmzeile eine eindeutige Zeilennummer besitzen. Zeilennummern dienen zum einen zur Kenntlichmachung der Reihenfolge der eingegebenen Befehle, zum anderen als

Decimal Value →		0	16	32	48	64	80	96	112	128	144	160	176	192	208	224	240
↓	Hex Value	0	1	2	3	4	5	6	7	8	9	A	B	C	D	E	F
0	0		▶		0	@	P	`	p	Ç	É	á	▓	└	⊥	α	≡
1	1	☺	◀	!	1	A	Q	a	q	ü	Œ	í	▓	⊥	╤	β	±
2	2	☻	↕	"	2	B	R	b	r	é	Æ	ó	▓	┬	╥	Γ	≥
3	3	♥	‼	#	3	C	S	c	s	â	Ô	ú	│	├	╙	π	≤
4	4	♦	¶	$	4	D	T	d	t	ä	ö	ñ	┤	─	╘	Σ	⌠
5	5	♣	§	%	5	E	U	e	u	à	ò	Ñ	╡	┼	╒	σ	⌡
6	6	♠	▬	&	6	F	V	f	v	å	û	ª	╢	╞	╓	μ	÷
7	7	•	↨	'	7	G	W	g	w	ç	ù	º	╖	╟	╫	τ	≈
8	8	◘	↑	(	8	H	X	h	x	ê	ÿ	¿	╕	╚	╪	Φ	°
9	9	○	↓	)	9	I	Y	i	y	ë	Ö	⌐	╣	╔	┘	Θ	•
10	A	◙	→	*	:	J	Z	j	z	è	Ü	¬	║	╩	┌	Ω	•
11	B	♂	←	+	;	K	[	k	{	ï	¢	½	╗	╦	█	δ	√
12	C	♀	∟	,	<	L	\	l			î	£	¼	╝	╠	▄	∞	n
13	D	♪	↔	-	=	M	]	m	}	ì	¥	¡	╜	═	▌	Ø	²
14	E	♫	▲	.	>	N	^	n	~	Ä	₧	«	╛	╧	▐	ε	■
15	F	☼	▼	/	?	O	_	o	⌂	Å	ƒ	»	┐	⊥	▀	∩	

Decimal Value →		0	16	32	48	64	80	96	112	128	144	160	176	192	208	224	240
↓	Hex Value	0	1	2	3	4	5	6	7	8	9	A	B	C	D		
0	0		▶		0	@	P	`	p	Ç	É	á	▓	└	ð	Ó	-
1	1	☺	◀	!	1	A	Q	a	q	ü	Œ	í	▓	⊥	Ð	β	±
2	2	☻	↕	"	2	B	R	b	r	é	Æ	ó	▓	┬	Ê	Ô	=
3	3	♥	‼	#	3	C	S	c	s	â	Ô	ú	│	├	Ë	Ò	¾
4	4	♦	¶	$	4	D	T	d	t	ä	ö	ñ	┤	─	'	õ	¶
5	5	♣	§	%	5	E	U	e	u	à	ò	Ñ	Á	┼	ı	Õ	§
6	6	♠	▬	&	6	F	V	f	v	å	û	ª	Â	ã	Î	μ	÷
7	7	•	↨	'	7	G	W	g	w	ç	ù	º	À	Ã	Ï	þ	.
8	8	◘	↑	(	8	H	X	h	x	ê	ÿ	¿	©	╚	Ï	Þ	°
9	9	○	↓	)	9	I	Y	i	y	ë	Ö	®	╣	╔	┘	Ú	••
10	A	◙	→	*	:	J	Z	j	z	è	Ü	¬	║	╩	┌	Û	•
11	B	♂	←	+	;	K	[	k	{	ï	ø	½	╗	╦	█	Ù	¹
12	C	♀	∟	,	<	L	\	l			î	£	¼	╝	╠	▄	ý	³
13	D	♪	↔	-	=	M	]	m	}	ì	Ø	¡	¢	═	¦	Ý	²
14	E	♫	▲	.	>	N	^	n	~	Ä	×	«	¥	╧	Ì	¯	■
15	F	☼	▼	/	?	O	_	o	⌂	Å	ƒ	»	┐	¤	▀	´	

Bild 88: Zeichentabellen 437 und 850

ZEILENORIENTIERTER EDITOR

Bild 89: Zeilendrucker

Zielpunkt für Sprungbefehle (vgl. dort).

ZEILENORIENTIERTER EDITOR (engl. line editor). Editor (vgl. dort), in dem jeweils nur eine Zeile zur Bearbeitung aufgerufen werden kann.

ZEILENSPRUNGVERFAHREN (engl. interlaced mode). Bilddarstellungsverfahren, bei dem zunächst alle geradzahligen Bildzeilen dann die ungeradzahligen dargestellt werden. Vgl. Interlaced Modus.

ZEILENUMBRUCH (engl. word wrapping). Manuell: Nach Eintippen einer Zeile muß jeweils die Eingabetaste betätigt werden. Automatisch: Funktion in praktisch allen Textverarbeitungs-programmen, die bewirkt, daß nach Eingabe einer Zeile automatisch zur nächsten Zeile weitergeschaltet wird (ohne daß man die RETURN-Taste betätigen muß) und daß das letzte Wort einer Zeile in die nächste mitgezogen wird, falls es nicht mehr komplett in die vorhergehende paßt.

ZEILENVORSCHUB (engl. line feed). Bei Druckern bewirkt ein Zeilenvorschub einen Papiertransport von standardmäßig 1/6 Zoll nach oben. Dieser Papiertransport wird (von Sonderfällen wie Doppeldruck etc. abgesehen) jedesmal mit ausgelöst, wenn der Drucker ein Zeichen für den Wagenrücklauf erhält, d.h., wenn eine neue Zeile bedruckt werden soll oder wenn der Anwender den Drucker auf Offline schaltet und die LF-Taste auf dem Bedienpanel betätigt.

ZEITSCHEIBE (engl. time slice). Festgelegte Zeitspanne, die dem Prozessor zur Ausführung eines Befehls oder Abarbeitung eines Programms zur Verfügung steht.

ZELLE (engl. cell). Bezeichnung für die kleinste Speichereinheit im RAM-Speicher eines Computers bzw. eindeutig durch Zeilen- und Spaltenziffer definiertes Feld in einer Tabellenkalkulation (vgl. dort).

ZENTRALE DATENERFASSUNG (engl. centralized data collection). Alle Daten werden zentral über eine einzige Datenerfassungsstelle eingegeben. Vgl. auch Datenerfassung.

ZENTRALEINHEIT (engl. central unit). Hauptbestandteil eines Computers zur Steuerung und Verarbeitung der wesentlichen Funktionen. Die elementaren Komponenten einer Zentraleinheit im PC-Bereich umfassen:

Prozessor (bestehend aus Leitwerk und Rechenwerk):
Man unterscheidet zwischen 8, 16 und 32-Bit-Prozessoren, je nachdem wieviele Bit gleichzeitig verarbeitet werden können. Bei einem „echten" 16-Bit-Computer können demnach pro Takt 2 Byte (= 16 Bit) an Informationen berechnet werden, was ihn ca. doppelt so schnell macht wie einen gleichgetakteten 8-Bit-Rechner. Entsprechendes gilt für die 32-Bit-Versionen. Die Unterscheidung ECHT-UNECHT rührt daher, daß alle 16-Bit-Prozessoren zwar intern auch mit 16-Bit arbeiten, die Anzahl mancher Datenleitungen (= Busleitungen) bei der „unechten" Version jedoch nur acht beträgt (z.B. beim Intel 8088, wie er in vielen PCs zu finden ist). Die bekanntesten Prozessorenhersteller sind Motorola mit den Typen 68000, 68020 (Apple MacIntosh) und Intel mit den Typen 8088, 8086, 80186, 80286, 80386, 80486 (IBM und Kompatible). Aufgabe des Leitwerks (auch: Steuerwerk) eines Prozessors ist die Entschlüsselung der Befehle, die Steuerung der Reihenfolge der Verarbeitung und ihre Umsetzung in Steuersignale und Weitergabe an das Rechenwerk. Dieses führt den eigentlichen Berechnungsprozeß aufgrund logischer und arithmetischer Operationen durch.

Ein-/Ausgabewerk:
Es stellt die Verbindung zur "Außenwelt", den Peripheriegeräten (Laufwerke, Drucker, Modems etc.), her und regelt die Übertragung der Daten. Dies geschieht über die sogenannten Schnittstellen. Auch hier ist hinsichtlich der Geschwindigkeit wichtig zu wissen, ob die Busbreite 8, 16 oder 32 Bit beträgt.

Zentralspeicher (Arbeitsspeicher):
In ihm werden die Programme, Arbeitsdaten und Systemsoftware in den einzelnen Speicherzellen abgespeichert, die ihrerseits durchnumeriert sind und über Adressen sowohl von Prozessor als auch von Ein-/Ausgabewerk einzeln und direkt angesprochen werden können. Manche Computertypen arbeiten zusätzlich mit virtuellem Arbeitsspeicher. Dabei wird der Speicherplatz eines externen Speichermediums (z.B. der Festplatte) wie interner Speicher verwaltet.

ZENTRALSPEICHER (engl. main memory). Auch Arbeitsspeicher. In ihm werden die Programme, Arbeitsdaten und Systemsoftware in den einzelnen Speicherzellen gespeichert, die ihrerseits durchnumeriert sind und über Adressen sowohl von Prozessor als auch von Ein-/Ausgabewerk einzeln und direkt angesprochen werden können.

ZENTRIERT

ZENTRIERT (engl. centered). Zeilenausrichtung, bei welcher der Text gleichen Abstand zum linken wie rechten Rand einhält. Eignet sich insbesondere für Überschriften.

ZENTRIERUNG (engl. centering). Legt man eine Diskette in das Laufwerk und schließt die Verriegelung, dann läuft das Laufwerk kurz an. Dies dient dazu, die Diskette richtig zu zentrieren, damit die Schreib-/Leseköpfe bei späteren Zugriffen richtig auf den Spuren liegen.

ZERO COMPRESSION Nullenunterdrückung. Sie dient zur Einsparung von Speicherplatz durch Entfernen der (nicht relevanten) führenden Nullen in Daten vor dem Abspeichern.

ZIELDISKETTE (engl. target disk). Bezeichnet bei Kopiervorgängen diejenige Diskette, auf die kopiert werden soll. Gegensatz: Quelldiskette.

ZIELSPRACHE (engl. target language). Bezeichnet die Sprache, in die ein Quellprogramm (z.B. mittels Compiler) übersetzt wird. In der Regel ist dies die Maschinensprache.

ZIFFERNBLOCK (engl. numeric keypad). Bestandteil einer PC-Tastatur bzw. bei Laptops als separate Einheit ausgeführt. Vgl. Zehnerblock.

ZIFFERNTEIL (engl. digit position). Bei der Codierung nach dem EBCDI-Code (vgl. dort) besteht jedes Zeichen aus einem Byte bzw. acht Bit, aufgeteilt in 2 Tetraden. Die zweiten vier Bit, bzw. die zweite Tetrade wird auch als Zifferntteil bezeichnet.

ZILOG Firma, die primär Mikrochips entwickelt und produziert. Bekannteste Chips: Z80 (8-Bit-Prozessor) und Z8000 (16-Bit-Prozessor).

ZOLL Englische Maßeinheit. Auch als Inch bezeichnet. Enspricht 25.4 mm oder sechs Pica.

ZONE-BIT-RECORDING Begriff aus der Festplattentechnik. Bei den herkömmlichen Aufzeichnungsverfahren sind die Spuren einer Festplatte in jeweils gleich viele Sektoren unterteilt, wodurch die Bitdichte auf den inneren Spuren (mit geringerem Umfang) höher ist als die der äußeren Spuren. Beim Zone-Bit-Recording wird nun die Oberfläche einer Festplatte in verschiedene Zonen mit unterschiedlichen Sektorenzahlen unterteilt, d.h., nach außen hin erhalten die Spuren je nach Zone mehr Sektoren, wodurch sich insgesamt die Speicherkapazität der Platte erhöht.

ZONENTEIL (engl. zone position). Bei der Codierung nach dem EBCDI-Code besteht jedes Zeichen aus einem Byte bzw. acht Bit, aufgeteilt in 2 Tetraden. Die ersten vier Bit, bzw. die erste Tetrade wird auch als Zonenteil bezeichnet.

ZOOM Vergrößern einer Seite oder eines Ausschnitts davon. Das

Zoomen ist meist in mehreren Stufen möglich.

ZUFALLSGENERATOR (engl. random number generator). Programmroutine, die Zufallszahlen erzeugt, wobei meist die interne Systemzeit eines Rechners als Ausgangsbasis genommen wird.

ZUGANGSBERECHTIGUNG (engl. access authorization). Bezeichnet allgemein die Erlaubnis zum Zugriff auf bestimmte Daten bzw. Programme entweder im stationären Rechnersystem oder in Datenbanken, die per Datenfernübertragung angesprochen werden. Der Zugang wird im allgemeinen durch die Vergabe eines Paßworts (vgl. dort) geregelt.

ZUGANGSKONTROLLE (engl. approach supervision). Aus dem Bundesdatenschutzgesetz: Unbefugten ist der Zugang zu Datenverarbeitungsanlagen, mit denen personenbezogene Daten verarbeitet werden, zu verwehren.

ZUGRIFF (engl. access). Bezeichnet allgemein den Vorgang, auf einen Speicher (intern oder extern) zum Lesen und Schreiben von Daten zuzugreifen. Wahlfreier Zugriff: Die Speicherstelle kann direkt angesprochen werden (z.B. bei Diskette oder Festplatte). Sequentieller Zugriff: Alle vor der gewünschten Speicherstelle liegenden Speicherstellen müssen ebenfalls eingelesen werden (z.B. Magnetband).

ZUGRIFFSEBENE (engl. access level). Innerhalb von Datenbanksystemen können hinsichtlich des Datenzugriffs durch Vergabe unterschiedlicher Paßwörter Prioritäten gesetzt werden, so daß Anwender jeweils nur auf bestimmte Datenmengen zugreifen können. Der Zugang zur jeweils nächsthöheren Ebene erfordert ein Paßwort höherer Priorität, mit dem Masterpaßwort kann (z.B. von der Firmenleitung) auf alle Ebenen und damit Daten zugegriffen werden.

ZUGRIFFSKAMM (engl. yoke). Mechanisches Teil einer Festplatte, an der die Schreib-/Leseköpfe (je einer pro Plattenoberfläche) übereinander befestigt sind.

ZUGRIFFSKONTROLLE (engl. access supervision). Aus dem Bundesdatenschutzgesetz: Es ist zu gewährleisten, daß die zur Benutzung eines Datenverarbeitungssystems berechtigten Personen durch selbsttätige Einrichtungen ausschließlich auf die ihrer Zugriffsberechtigung unterliegenden personenbezogenen Daten zugreifen können.

ZUGRIFFSPFAD (engl. path). Er zeigt dem Betriebssystem den Weg zu einer Datei, d.h. auf welchem Laufwerk und/oder in welchem Verzeichnis oder Unterverzeichnis sie abgespeichert ist. Ohne oder bei falscher Pfadangabe kann z.B. ein Programm nicht geladen werden, es sei denn es befindet sich im Hauptverzeichnis des aktuellen Laufwerks. Vgl. PATH.

ZUGRIFFSVERFAHREN (engl. access method). Begriff aus der Netzwerktechnik. Bezeichnet das Schema, nach welchem die einzelnen Rechner über das Netz kommunizieren können.

ZUGRIFFSZEIT (engl. access time). Bei RAM-Speicher: Zeit für das Anwählen einer Adresse und das Schreiben bzw. Lesen des Speicherinhalts. Plattenspeicher: Zeit, die benötigt wird, einen Datenblock zu lesen. Die Zugriffszeit setzt sich aus der Positionierungszeit und der Latenzzeit (vgl. jeweils dort) zusammen.

ZUGTRAKTOR Art des Papiertransports bei Druckern mit Endlospapierbetrieb (z.B. Nadeldrucker). Der Traktorantrieb

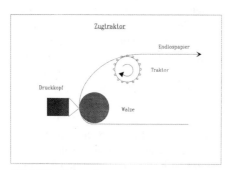

Bild 90: Zugtraktor

befindet sich nach dem Druckkopf, so daß das Papier störungsfrei durchgezogen werden kann. Vorteil: Keine Papierstaus auch bei Mehrfachformularen. Nachteile: Umbau zum Umstellen auf Einzelblattbetrieb notwendig, um das zuletzt bedruckte Blatt abreißen zu können, muß ein zusätzlicher Seitenvorschub erfolgen, d.h., es geht ein unbedrucktes Blatt verloren.

ZULADBARER ZEICHENSATZ (engl. downloadable character set). Zeichensatz, der als Datei auf Festplatte abgelegt ist und bei Bedarf vor der Anzeige auf dem Bildschirm vom Anwendungsprogramm aufgerufen (= Bildschirmzeichensatz) bzw. vor einem Ausdruck von Festplatte in den Drucker geladen wird (Druckerzeichensatz). Unterschiedliche Bildschirmzeichensätze werden primär in Desktop-Publishing-Programmen verwendet, um das WYSIWYG-Prinzip zu realisieren, d.h., die Zeichen in der Schriftart, Schriftgröße etc. darstellen zu können, in der sie später auch ausgedruckt auf Papier erscheinen. Zuladbare Druckerzeichensätze kann man in fast allen textverarbeitenden Anwendungen, meist nur in Verbindung mit Laserdruckern verwenden.

ZUORDNUNG (engl. allocation). Der Begriff wird entweder in Verbindung mit externen Massenspeichern verwendet, wenn Dateien beim Abspeichern ein Plattenbereich zugewiesen wird, oder wenn einem Programm vom Betriebssystem ein freier Bereich des Arbeitsspeichers zugewiesen wird. Vgl. auch Speicherzuordnung.

ZURÜCKSETZEN (engl. reset). Computer in den Ausgangszustand bringen. Vgl. Reset.

ZUSAMMENGESETZTE BEDINGUNG (engl. compound condition). Begriff aus der Programmierung. Eine zusammengesetzte Bedingung besteht aus mehreren einfachen Bedingungen, die durch logische Operatoren (AND, OR, NOR, EXOR) miteinander verknüpft sind.

ZUSATZKARTE (engl. add-on board). Steckkarte zur Systemerweiterung. Vgl. Erweiterungssteckkarte.

ZUSE, KONRAD Deutscher Bauingenieur, der 1936 die erste Rechenmaschine, die Z1, entwickelte, die nach dem dualen Prinzip arbeitete und in mechanischer Schaltgliedtechnik (also ohne Relais) konstruiert war. 1941 wurde der Bau der Z3 beendet, die schon mit Relais (als Rechenwerk und Speicherwerk) arbeitete. Später folgte noch eine Maschine in Röhrentechnik. Zuse gilt als einer der Väter des Computers.

ZUWEISUNG (engl. assignment). Anweisung (Befehl) einer höheren Programmiersprache, die einer Variablen einen konstanten oder zu berechnenden Wert zuweist.
Beispiel:

```
A=SQR(3)
```

Der Variablen A wird der Wert der Wurzelberechnung von 3 zugewiesen.

ZWEIADRESSBEFEHL (engl. two address instruction). Maschinenbefehl, der außer dem Operationscode zwei Adressen, zwei Operanden bzw. Operand und Adresse enthalten kann. Bei Prozessoren, die nur Einadreßbefehle kennen, sind zur Ausführung einer Operation mehr Einzelschritte notwendig als bei Verwendung von Zweiadreßbefehlen.
Beispiel:
Beim Verschieben eines Speicherinhalts von Adresse X nach Adresse Y muß beim Einadreßbefehl eine Zwischenspeicherung in einem Register erfolgen (Schema: Bewege Inhalt von X ins Register; bewege Registerinhalt nach Y), während die Verschiebung beim Zweiadreßbefehl (Schema: Bewege Inhalt von Adresse X nach Adresse Y) direkt und schneller erfolgt.

ZWEIERKOMPLEMENT (engl. two's complement). Das Zweierkomplement einer Dualzahl wird gebildet, indem man von jeder Ziffer das Komplement bildet (aus 0 wird 1 und umgekehrt) und zum Ergebnis 1 hinzuaddiert.
Beispiel:

```
1001 ergibt  0110 plus eins ergibt 0111
```

Das Komplement wird in der EDV in erster Linie dazu benutzt, negative Zahlen darzustellen bzw. eine Subtraktion mit Hilfe einer Addition durchzuführen.

ZWEIERSYSTEM (engl. binary system). Vgl. Dualcode.

ZWEISEITIG BESCHREIBBAR (engl. double sided). Diskette, die auf beiden Seiten (Oberflächen) Daten enthalten kann.

ZWISCHENRAUM (engl. space). Leeraum zwischen den einzelnen Zeichen auf dem Bildschirm oder beim Ausdruck. Ist er jeweils gleichgroß, spricht man von festem Zeichenabstand (fixed spacing), sind die Zwischenräume variable, heißt er proportionaler Zeichenabstand (proportional spacing).

ZWISCHENSCHLAG (engl. gutter). Leeraum zwischen den einzelnen Textspalten einer Seite.

ZWISCHENSPEICHER (engl. temporary storage). „Unsichtbare" Ablagefläche im Computerspeicher, auf der Texte, Graphiken etc. bis zur Weiterverarbeitung in der gleichen bzw. zum Einfügen in andere Anwendungen (z.B. Graphik aus Zeichenprogramm in Text eines Textverarbeitungsprogamms) zwischengelagert werden können.

ZWISCHENSPUR Magnetisch neutraler Raum zwischen den Spuren eines magnetischen Datenträgers (Festplatte, Diskette).

ZYKLISCHES PROGRAMM (engl. cyclic programme). Programm, von dem zumindest ein Teilbereich (ein oder mehrere Befehle) mehrmals wiederholt wird. Die Anzahl der Wiederholungen ist entweder fest vorgegeben oder von der Erfüllung bzw. Nichterfüllung einer gestellten Bedingung abhängig.

ZYKLUSZEIT (engl. cycle time). Zeit, die benötigt wird, um einen periodisch ablaufenden Prozeß einmal zu durchlaufen. Dieser Prozeß kann z.b. eine Programmschleife sein. Die Zykluszeit wird oft auch zur Beurteilung der Geschwindigkeit eines Computers herangezogen und bezeichnet dann den Zeitraum, der für einen Schreib- oder Lesevorgang benötigt wird.

ZYLINDER (engl. cylinder). Begriff für die übereinanderliegenden Spuren einer Festplatte. Eine Festplatte besteht aus einer Anzahl von Magnetplatten, die übereinander an einer Achse befestigt sind. Diese Platten besitzen auf beiden Seiten die gleiche Anzahl durchnumerierter Spuren. Alle Spuren der gleichen Ziffer, z.B. alle Spuren 0, Spuren 1 usw. aller Plattenoberflächen bilden jeweils einen Zylinder. Wenn Programme auf Festplatte abgespeichert werden, dann geschieht dies zylinderweise, d.h., es wird z.B. zuerst Zylinder 0 komplett mit Daten belegt, dann Zylinder 1 usw. und nicht zuerst die Spuren der ersten Platte, dann die der zweiten Platte usw. Dies hat den Vorteil, daß die Schreib-/Leseköpfe nicht so oft von Spur zu Spur bewegt werden müssen, denn für jede Oberfläche ist ein eigener Schreib-/Lesekopf zuständig. Da diese Köpfe untereinander an einem Zugriffskamm befestigt sind, muß beim Lesen eines kompletten Zylinders lediglich eine elektrische Weiterschaltung von Kopf zu Kopf erfolgen, während bei einem einzigen Spurwechsel der komplette Zugriffskamm mit allen Köpfen zur anderen Spur bewegt werden muß, was wesentlich zeitaufwendiger ist.

ZZF Akronym für Zentralamt für Zulassungen des Fernmeldewesens. Alle Geräte, die an das öffentliche Fernmeldenetz angeschlossen werden (z.B. Telephone, Modems), oder mit Frequenzen arbeiten, müssen eine ZZF-Zulassung (früher: FTZ-Nummer) besitzen. Die ZZF-Nummer wird vom Gerätehersteller beantragt und nach (positiver) Überprüfung durch die ZZF-Stelle für die gesamte Geräteserie erteilt.

Anhang 1

ASCII-Zeichentabelle

Die nachfolgende Zeichentabelle kann zum schnellen Nachschlagen der ASCII-Werte von Zeichen in dezimaler, hexadezimaler oder binärer Codierung verwendet werden.

DEZIMAL	HEXADEZIMAL	BINÄR	ASCII
000	000	00000000	NUL
001	001	00000001	SOH
002	002	00000010	STX
003	003	00000011	ETX
004	004	00000100	EOT
005	005	00000101	ENQ
006	006	00000110	ACK
007	007	00000111	BEL
008	008	00001000	BS
009	009	00001001	HT
010	00A	00001010	LF
011	00B	00001011	VT
012	00C	00001100	FF
013	00D	00001101	CR
014	00E	00001110	SO
015	00F	00001111	SI
016	010	00010000	DLE
017	011	00010001	DC1
018	012	00010010	DC2
019	013	00010011	DC3
020	014	00010100	DC4
021	015	00010101	NAK
022	016	00010110	SYN
023	017	00010111	ETB
024	018	00011000	CAN

Anhang 1

DEZIMAL	HEXADEZIMAL	BINÄR	ASCII
025	019	00011001	EM
026	01A	00011010	SUB
027	01B	00011011	ESC
028	01C	00011100	FS
029	01D	00011101	GS
030	01E	00011110	RS
031	01F	00011111	US
032	020	00100000	SP
033	021	00100001	!
034	022	00100010	"
035	023	00100011	#
036	024	00100100	$
037	025	00100101	%
038	026	00100110	&
039	027	00100111	'
040	028	00101000	(
041	029	00101001	)
042	02A	00101010	*
043	02B	00101011	+
044	02C	00101100	,
045	02D	00101101	-
046	02E	00101110	.
047	02F	00101111	/
048	030	00110000	0
049	031	00110001	1
050	032	00110010	2
051	033	00110011	3
052	034	00110100	4
053	035	00110101	5
054	036	00110110	6
055	037	00110111	7
056	038	00111000	8
057	039	00111001	9
058	03A	00111010	:
059	03B	00111011	;
060	03C	00111100	<

Anhang 1

DEZIMAL	HEXADEZIMAL	BINÄR	ASCII
061	03D	00111101	=
062	03E	00111110	>
063	03F	00111111	?
064	040	01000000	@
065	041	1000001	A
066	042	01000010	B
067	043	01000011	C
068	044	01000100	D
069	045	01000101	E
070	046	01000110	F
071	047	01000111	G
072	048	01001000	H
073	049	01001001	I
074	04A	01001010	J
075	04B	01001011	K
076	04C	01001100	L
077	04D	01001101	M
078	04E	01001110	N
079	04F	01001111	O
080	050	01010000	P
081	051	01010001	Q
082	052	01010010	R
083	053	01010011	S
084	054	01010100	T
085	055	01010101	U
086	056	01010110	V
087	057	01010111	W
088	058	01011000	X
089	059	01011001	Y
090	05A	01011010	Z
091	05B	01011011	[
092	05C	01011100	\
093	05D	01011101	]
094	05E	01011110	^
095	05F	01011111	_
096	060	01100000	'

Anhang 1

DEZIMAL	HEXADEZIMAL	BINÄR	ASCII
097	061	01100001	a
098	062	01100010	b
099	063	01100011	c
100	064	01100100	d
101	065	01100101	e
102	066	01100110	f
103	067	01100111	g
104	068	01101000	h
105	069	01101001	i
106	06A	01101010	j
107	06B	01101011	k
108	06C	01101100	l
109	06D	01101101	m
110	06E	01101110	n
111	06F	01101111	o
112	070	01110000	p
113	071	01110001	q
114	072	01110010	r
115	073	01110011	s
116	074	01110100	t
117	075	01110101	u
118	076	01110110	v
119	077	01110111	w
120	078	01111000	x
121	079	01111001	y
122	07A	01111010	z
123	07B	01111011	{
124	07C	01111100	¦
125	07D	01111101	}
126	07E	01111110	~
127	07F	01111111	DEL
128	080	10000000	Ç
129	081	10000001	ü
130	082	0000010	é
131	083	10000011	â
132	084	10000100	ä

Anhang 1

DEZIMAL	HEXADEZIMAL	BINÄR	ASCII
133	085	10000101	à
134	086	10000110	å
135	087	10000111	ç
136	088	10001000	ê
137	089	10001001	ë
138	08A	10001010	è
139	08B	10001011	ï
140	08C	10001100	î
141	08D	10001101	ì
142	08E	10001110	Ä
143	08F	10001111	Å
144	090	10010000	É
145	091	10010001	æ
146	092	10010010	Æ
147	093	10010011	ô
148	094	10010100	ö
149	095	10010101	ò
150	096	10010110	û
151	097	10010111	ù
152	098	10011000	ÿ
153	099	10011001	Ö
154	09A	10011010	Ü
155	09B	10011011	¢
156	09C	10011100	£
157	09D	10011101	¥
158	09E	10011110	₨
159	09F	10011111	*f*
160	0A0	10100000	á
161	0A1	10100001	í
162	0A2	10100010	ó
163	0A3	10100011	ú
164	0A4	10100100	ñ
165	0A5	10100101	Ñ
166	0A6	10100110	ª
167	0A7	10100111	º
168	0A8	10101000	¿

Anhang 1

DEZIMAL	HEXADEZIMAL	BINÄR	ASCII
169	0A9	10101001	⌐
170	0AA	10101010	¬
171	0AB	10101011	½
172	0AC	10101100	¼
173	0AD	10101101	¡
174	0AE	10101110	«
175	0AF	10101111	»
176	0B0	10110000	▒
177	0B1	10110001	▓
178	0B2	10110010	█
179	0B3	10110011	│
180	0B4	10110100	┤
181	0B5	10110101	╡
182	0B6	10110110	╢
183	0B7	10110111	╖
184	0B8	10111000	╕
185	0B9	10111001	╣
186	0BA	10111010	║
187	0BB	10111011	╗
188	0BC	10111100	╝
189	0BD	10111101	╜
190	0BE	10111110	╛
191	0BF	10111111	┐
192	0C0	11000000	└
193	0C1	11000001	┴
194	0C2	11000010	┬
195	0C3	11000011	├
196	0C4	11000100	─
197	0C5	11000101	┼
198	0C61	11000110	╞
199	0C7	11000111	╟
200	0C8	11001000	╚
201	0C9	11001001	╔
202	0CA	11001010	╩
203	0CB	11001011	╦
204	0CC	11001100	╠

Anhang 1

DEZIMAL	HEXADEZIMAL	BINÄR	ASCII
205	0CD	11001101	=
206	0CE	11001110	╩
207	0CF	11001111	╧
208	0D0	11010000	╨
209	0D1	11010001	╤
210	0D2	11010010	╥
211	0D3	11010011	╙
212	0D4	11010100	╘
213	0D5	11010101	╒
214	0D6	11010110	╓
215	0D7	11010111	╫
216	0D8	11011000	╪
217	0D9	11011001	┘
218	0DA	11011010	┌
219	0DB	11011011	█
220	0DC	11011100	▄
221	0DD	11011101	▌
222	0DE	11011110	▐
223	0DF	11011111	▀
224	0E0	11100000	α
225	0E1	11100001	β
226	0E2	11100010	Γ
227	0E3	11100011	π
228	0E4	11100100	Σ
229	0E5	11100101	σ
230	0E6	11100110	μ
231	0E7	11100111	τ
232	0E8	11101000	Φ
233	0E9	11101001	Θ
234	0EA	11101010	Ω
235	0EB	11101011	δ
236	0EC	11101100	∞
237	0ED	11101101	ø
238	0EE	11101110	∈
239	0EF	11101111	∩
240	0F0	11110000	≡

Anhang 1

DEZIMAL	HEXADEZIMAL	BINÄR	ASCII
241	0F1	11110001	±
242	0F2	11110010	≥
243	0F3	11110011	≤
244	0F4	11110100	⌠
245	0F5	11110101	⌡
246	0F6	11110110	÷
247	0F7	11110111	≈
248	0F8	11111000	°
249	0F9	11111001	•
250	0FA	11111010	·
251	0FB	11111011	√
252	0FC	11111100	^{n}
253	0FD	11111101	^{2}
254	0FE	11111110	∎
255	0FF	11111111	(blank)

Erklärung der Steuerzeichen:

NUL	Füllzeichen	DC1	Steuerung Gerät 1
SOH	Kopfanfang	DC2	Steuerung Gerät 2
STX	Textanfang	DC3	Steuerung Gerät 3
ETX	Textende	DC4	Steuerung Gerät 4
EOT	Transfer-Ende	NAK	Negative Bestätigung
ENQ	Stationsaufforderung	SYN	Synchronisierung
ACK	Empfangsbestätigung	ETB	Transferblock-Ende
BEL	Klingelzeichen	CAN	Befehl nicht gültig
BS	Backspace	EM	Aufzeichnungsende
HT	Tabulator (horizontal)	SUB	Substitution
LF	Line Feed	ESC	Escape-Steuerung
VT	Tabulator (vertikal)	FS	Hauptgruppentrennung
FF	Form Feed	GS	Gruppenabtrennung
CR	Carriage Return	RS	Subgruppentrennung
SO	Umschaltung	US	Teilgruppentrennung
SI	Rückschaltung	SP	Space
DLE	Transfer-Umschaltung	DEL	Zeichen löschen

Anhang 2

Erweiterte Tastatur-Codes

Dieser Abschnitt enthält eine Tabelle mit Tastatur-Codes, wie sie beispielsweise für ANSI-Escapesequenzen benötigt werden. Neben den bekannten ASCII-Codes (für alphanumerische Zeichen) sind hier vor allem diejenigen von Interesse, die Sondertasten (z.B. PgUP, F1 etc.) bzw. bestimmten Tastaturkombinationen entsprechen (z.B. CTRL+A). Nicht aufgeführte Codes (z.B. 13 für RETURN) sind identisch mit den ASCII-Codes von Anhang 1

Taste	Tastatur-Code			
	Normal	Shift+	Ctrl+	Alt+
A	97	65	1	0;30
B	98	66	2	0;48
C	99	67	3	0;46
D	100	68	4	0;32
E	101	69	5	0;18
F	102	70	6	0;33
G	103	71	7	0;34
H	104	72	8	0;35
I	105	73	9	0;23
J	106	74	10	0;36
K	107	75	11	0;37
L	108	76	12	0;38
M	109	77	13	0;50
N	110	78	14	0;49
O	111	79	15	0;24
P	112	80	16	0;25
Q	113	81	17	0;16
R	114	82	18	0;19
S	115	83	19	0;31
T	116	84	20	0;20
U	117	85	21	0;22
V	118	86	22	0;47
W	119	87	23	0;17
X	120	88	24	0;45
Y	121	89	25	0;21

Anhang 2

Z	122	90	26	0;44
1	49	33	-	0;120
2	50	64	-	0;121
3	51	35	-	0;122
4	52	36	-	0;123
5	53	37	-	0;124
6	54	94	-	0;125
7	55	38	-	0;126
8	56	42	-	0;127
9	57	40	-	0;128
0	48	41	-	0;129
-	45	95	-	0;130
=	61	43	-	0;131
Tab	09	0;15	-	-
Null	0;3	-	-	-
Fl	0;59	0;84	0;94	0;104
F2	0;60	0;85	0;95	0;105
F3	0;61	0;86	0;96	0;106
F4	0;62	0;87	0;97	0;107
F5	0;63	0;88	0;98	0;108
F6	0;64	0;89	0;99	0;109
F7	0;65	0;90	0;100	0;110
F8	0;66	0;91	0;101	0;111
F9	0;67	0;92	0;102	0;112
F10	0;68	0;93	0;103	0;113
F11	0;133	0;135	0;137	0;139
F12	0;134	0;136	0;138	0;140
Home	0;71	55	0;119	-
End	0;79	49	0;117	-
Pfeil hoch	0;72	56	-	-
Pfeil links	0;75	52	0;115	-
Pfeil rechts	0;77	53	-	-
Pfeil unten	0;80	54	0;116	-
Page Up	0;73	57	0;132	-
Page Down	0;81	51	0;118	-
Ins	0;82	48	-	-
Del	0;83	46	-	-
PrtSc	-	-0;114	-	-

Anhang 3

Da das hexadezimale Zahlensystem auf dem Computersektor bevorzugt Anwendung findet, wird man bei näherer Beschäftigung mit Hardware und Software laufend damit konfrontiert werden. Eine Umrechnungstabelle zum schnellen Nachschlagen erspart in diesen Fällen viel Zeit und Mühe.

8-Bit-Bereich

DEZ	0	1	2	3	4	5	6	7	8	9
0	00	01	02	03	04	05	06	07	08	09
1	0A	0B	0C	0D	0E	0F	10	11	12	13
2	14	15	16	17	18	19	1A	1B	1C	1D
3	1E	1F	20	21	22	23	24	25	26	27
4	28	29	2A	2B	2C	2D	2E	2F	30	31
5	32	33	34	35	36	37	38	39	3A	3B
6	3C	3D	3E	3F	40	41	42	43	44	45
7	46	47	48	49	4A	4B	4C	4D	4E	4F
8	50	51	52	53	54	55	56	57	58	59
9	5A	5B	5C	5D	5E	5F	60	61	62	63
10	64	65	66	67	68	69	6A	6B	6C	6D
11	6E	6F	70	71	72	73	74	75	76	77
12	78	79	7A	7B	7C	7D	7E	7F	80	81
13	82	83	84	85	86	87	88	89	8A	8B
14	8C	8D	8E	8F	90	91	92	93	94	95
15	96	97	98	99	9A	9B	9C	9D	9E	9F
16	A0	A1	A2	A3	A4	A5	A6	A7	A8	A9
17	AA	AB	AC	AD	AE	AF	B0	B1	B2	B3
18	B4	B5	B6	B7	B8	B9	BA	BB	BC	BD
19	BE	BF	C0	C1	C2	C3	C4	C5	C6	C7
20	C8	C9	CA	CB	CC	CD	CE	CF	D0	D1
21	D2	D3	D4	D5	D6	D7	D8	D9	DA	DB
22	DC	DD	DE	DF	E0	E1	E2	E3	E4	E5
23	E6	E7	E8	E9	EA	EB	EC	ED	EE	EF
24	F0	F1	F2	F3	F4	F5	F6	F7	F8	F9
25	FA	FB	FC	FD	FE	FF				

Anhang 3

16-BIT-Bereich

HEXADEZIMAL	DEZIMAL	HEXADEZIMAL	DEZIMAL
100	256	1000	4096
200	512	2000	8192
300	768	3000	122887
400	1024	4000	16384
500	1280	5000	20480
600	1536	6000	24576
700	1792	7000	28672
800	2048	8000	32768
900	2304	9000	36864
A00	2560	A000	40960
B00	2816	B000	45056
C00	3072	C000	49152
D00	3328	D000	53248
E00	3584	E000	57344
F00	3840	F000	61440
FFF	4095	FFFF	65353

Anhang 4

Steuersequenzen für Nadel- und Laserdrucker

Nachfolgend erhalten Sie eine Übersicht über die geläufigsten Escapesequenzen für Epson-Matrixdrucker und alle kompatiblen Geräte zur Verwendung in eigenen Programmen oder im Setup von Anwendungen.

Steuercodes für Epson-kompatible Matrixdrucker.

Für das im folgenden verwendete Zeichen "n" ist bei Anwendung der Steuersequenzen jeweils eine Zahl zu setzen. Die Darstellung erfolgt sowohl in CHR$-Darstellung, wie sie etwa in GW-BASIC verwendet wird, als auch in hexadezimaler Schreibweise.

WAGENRÜCKLAUF:
CHR$(13); D

Zeilenvorschub:
CHR$(10); A

Zeilenvorschub um n/216 Zoll (0n255)
CHR$(27);„J";CHR$(n); 1B,4A,n

Rückwärtstransport um n/216 Zoll (0n36)
CHR$(27);„j";CHR$(n); 1B,6A,n

Zeilenabstand 1/8 Zoll
CHR$(27);„0"; 1B,30

Zeilenabstand 7/72
CHR$(27);„1"; 1B,31

Zeilenabstand 1/6
CHR$(27);„2"; 1B,32

Zeilenabstand n/216
CHR$(27);„3";chr$(n) 1B,33,n

483

Anhang 4

Zeilenabstand n/72 Zoll
(0n85)CHR$(27);„A";CHR$(n);   1B,41,n

Seitenvorschub
CHR$(12);   C

Blattlänge in Zeilen (1n127)
CHR$(27);„C";CHR$(n);   1B,43,n

Blattlänge in Zoll (0n22)
CHR$(27);„C";CHR$(0);CHR$(n);   1B,43,0,n

Überspringen der Perforation bei Endlospapier (1n127)
n=Anzahl der zu überspringenden Zeilen
CHR$(27);„N";CHR$(n);   1B,4e,n

Kein Überspringen der Perforation
CHR$(27);„O";   1B,4f

Vertikalen Tabulator anspringen
CHR$(11);   B

Vertikale Tabulatoren setzen (maximal 16)
CHR$(27);„B";CHR$(n1);CHR$(n2);.....CHR$(0);   1B,42,n1,n2,..,0

Rechten Rand setzen
CHR$(27);„Q";chr$(n);   1B,51,n

Linken Rand setzen
CHR$(27);„l";chr$(n);   1B,49,n

Horizontalen Tabulator anspringen
CHR$(9);   9

Horizontale Tabulatoren setzen (maximal 130)
CHR$(27);„D";CHR$(n1);CHR$(n2);.....CHR$(0);   1B,44,n1,n2,..,0

Eliteschrift ein
CHR$(27);„M";   1B,4d

Eliteschrift aus
CHR$(27);„P";   1B,50

Anhang 4

Proportionalschrift ein
CHR$(27);„p";CHR$(49);   1B,70,31

Proportionalschrift aus
CHR$(27);„p";CHR$(48);   1B,70,30

Breitschrift ein
CHR$(27);„W";CHR$(49);   1B,57,31

Breitschrift aus
CHR$(27);„W";CHR$(48);   1B,57,30

Schmalschrift ein
CHR$(27);CHR$(15);   1B,F

Schmalschrift aus
CHR$(18);   12

Fettschrift ein
CHR$(27);„E";   1B,45

Fettschrift aus
CHR$(27);„F";   1B,46

Doppeldruck an
CHR$(27);„G";   1B,47

Doppeldruck aus
CHR$(27);„H";   1B,48

Kursivschrift an
CHR$(27);„4";   1B,34

Kursivschrift aus
CHR$(27);„5";   1B,35

Unterstreichen ein
CHR$(27);"-";chr$(49);   1B,2d,31

Unterstreichen aus
CHR$(27);"-";CHR$(48);   1B,2d,30

Hochgestellte Schrift ein
CHR$(27);„S";CHR$(48);   1B,53,30

Tiefergestellte Schrift ein
CHR$(27);„S";CHR$(49);   1B,53,31

Hoch/Tiefergestellte Schrift aus
CHR$(27);„T";   1B,54

Schriftkombinationen auswählen (0n63)
CHR$(27);„!";CHR$(n);   1B,21,n

Internationale Zeichenkode-Tabelle aktivieren
CHR$(27);„I";CHR$(49);   1B,49,31

Internationale Zeichenkode-Tabelle desaktivieren
CHR$(27);„I";CHR$(48);   1B,49,30

Internationalen Zeichensatz auswählen (0n10)
CHR$(27);„R";CHR$(n);   1B,52,n

Grafikmodus (8 Nadeln; einfache Dichte)
$(27);„K";CHR$(n1);CHR$(n2);...   1B,4B,n1,n2,..

Grafikmodus (8 Nadeln; doppelte Dichte)
$(27);„L";CHR$(n1);CHR$(n2);..   1B,4C,n1,n2,..

Grafikmodus (8 Nadeln; 4-fache Dichte)

CHR$(27);„Z";CHR$(n1);CHR$(n2);..   1B,5A,n1,n2,..

Grafikmodus (9 Nadeln, einfache Dichte)
$(27);"^";CHR$(0);CHR$(n1);CHR$(n2);..   1B,5E,0,n1,n2,..

Grafikmodus (9Nadeln; doppelte Dichte)
$(27);"^";CHR$(1);CHR$(n1);CHR$(n2);..   1B,5E,1,n1,n2,..

Druckpuffer löschen
$(24);   18

Letztes Zeichen (im Puffer) löschen
$(127);   7F

Drucker aktivieren
$(17);   11

Drucker desaktivieren
$(19);   13

Klingelzeichen
$(7);   7

Druckkopf eine Position zurücksetzen
$(8);   8

Drucker initialisieren
$(27);"@";   1B,40

Papierendkennung einschalten
$(27);„9";   1B,9

Papierendkennung abschalten
$(27);„8";   1B,8

Druckkopf auf linken Rand setzen
$(27);"<";   1B,3C

Farbe wählen (0n6)
$(27);„r";CHR$(n)   1B,72,n

Schriftqualität wählen (LQ:n=1; Draft:n=0)
$(27);„x";CHR$(n);   1B,78,n

LQ-Schrift wählen (0n6)
$(27);„k";CHR$(n)   1B,66,n

LQ-Textformatierung (0n3)
$(27);„a";CHR$(n)   1B,61,n

Erweiterter Zeichensatz (Kursiv:n=0; IBM:n=1)
$(27);„t";CHR$(n)   1B,74,n

Anhang 4

Steuercodes für HP-kompatible Laserdrucker

So wie sich die Escape-Sequenzen von Epson im Bereich der Matrixdrucker als Standard durchgesetzt haben, verwenden die meisten Laserdrucker die Steuercodes der Hewlett Packard-Laserprinter. Nachfolgend sind jeweils die wichtigsten Kommandos mit Beschreibung und zusätzlich die Darstellungsform in dezimaler und hexadezimaler Schreibweise wiedergegeben. Der Parameter n bedeutet wieder, daß an dieser Stelle variable Zahleneingaben erlaubt sind.

BESCHREIBUNG	KOMMANDO	DEZIMAL HEXADEZIMAL
Papierformat:		
Executive	ESC&l1A	027 038 108 049 065 1B 26 6C 31 41
Letter	ESC&l2A	027 038 108 050 065 1B 26 6C 32 41
Legal	ESC&l3A	027 038 108 051 065 1B 26 6C 33 41
A4	ESC&l26A	027 038 108 050 054 065 1B 26 6C 32 36 41
Monarch	ESC&l80A	027 038 108 056 048 065 1B 26 6C 38 30 41
Commercial 10	ESC&l81A	027 038 108 056 049 065 1B 26 6C 38 31 41
International DL	ESC&l90A	027 038 108 057 048 065 1B 26 6C 39 30 41
International C5	ESC&l91A	027 038 108 057 049 065 1B 26 6C 39 31 41
Textformat:		
Seitenlänge (n=Zeilenzahl)	ESC&lnP	027 038 108 n 080 1B 26 6C n 50
Textlänge (n=Zeilenzahl)	ESC&lnF	027 038 108 n 070 1B 26 6C n 46

Rand oben (n=Zeilenzahl)	ESC&lnE	027 038 108 n 069 1B 26 6C n 45
Rand links (n=Spaltenzahl)	ESC&anL	027 038 097 n 076 1B 26 61 n 4C
Rand rechts (n=Spaltenzahl)	ESC&anM	027 038 097 n 077 1B 26 61 n 4D
Ränder löschen	ESC9	027 057 1B 39

Zeilenabstand:

Halber Vorschub n * 1/48 Zoll	ESC= ESC&lnC	027 061 1B 3D 027 038 108 n 067 1B 26 6C n 43
1 Zeile/Zoll	ESC&l1D	027 038 108 049 068 1B 26 6C 31 44
2 Zeilen/Zoll	ESC&l2D	027 038 108 050 068 1B 26 6C 32 44
3 Zeilen/Zoll	ESC&l3D	027 038 108 051 068 1B 26 6C 33 44
4 Zeilen/Zoll	ESC&l4D	027 038 108 052 068 1B 26 6C 34 44
6 Zeilen/Zoll	ESC&l6D	027 038 108 054 068 1B 26 6C 36 44
8 Zeilen/Zoll	ESC&l8D	027 038 108 056 068 1B 26 6C 38 44
10 Zeilen/Zoll	ESC&l0D	027 038 108 048 068 1B 26 6C 30 44
12 Zeilen/Zoll	ESC&l12D	027 038 108 049 050 068 1B 26 6C 31 32 44
16 Zeilen/Zoll	ESC&l16D	027 038 108 049 054 068 1B 26 6C 31 36 44
24 Zeilen/Zoll	ESC&l24D	027 038 108 049 052 068 1B 26 6C 32 34 44
48 Zeilen/Zoll	ESC&l48D	027 038 108 049 056 068 1B 26 6C 34 38 44

Anhang 4

Cursorbewegung:

Auf n-te Zeile	ESC&anR	027 038 097 n 082
		1B 26 61 n 52
n Punkte nach unten	ESC&*pnY	027 042 112 n 089
		1B 2A 70 n 59
n/10 Punkte n. unten	ESC&anV	027 038 097 n 086
		1B 26 61 n 56
Auf n-te Spalte	ESC&anC	027 038 097 n 067
		1B 26 61 n 43
n Punkte nach rechts	ESC&*pnX	027 042 112 n 088
		1B 2A 70 n 58
n/10 Punkte n. rechts	ESC&anH	027 038 097 n 072
1B 26 61 n 48		
n*1/20 Zoll n. rechts	ESC&knH	027 038 107 n 072
		1B 26 6B n 48

Cursorbewegungen in die beiden anderen Richtungen (nach links und nach oben) werden durch Einfügen eines Minuszeichens (-) nach dem „a" in den einzelnen Kommandos ausgelöst.

Makros:

Makro ID	ESC&fnY	027 038 102 n 089 (n=Nummer)
		1B 26 66 n 59
Makro ausführen	ESC&f2X	027 038 102 050 088
		1B 26 66 32 58
Definitionsstart	ESC&f0X	027 038 102 048 088
		1B 26 66 30 58
Definitionsende	ESC&f1X	027 038 102 049 088
		1B 26 66 31 58
Makro aufrufen	ESC&f3X	027 038 102 051 088
		1B 26 66 33 58
Overlay aktivieren	ESC&f4X	027 038 102 052 088
		1B 26 66 34 58
Overlay deaktivieren	ESC&f5X	027 038 102 053 088
		1B 26 66 35 58
Makros löschen	ESC&f6X	027 038 102 054 088
		1B 26 66 36 58
Temp. Makros löschen	ESC&f7X	027 038 102 055 088
		1B 26 66 37 58

Anhang 4

Makro ID löschen	ESC&f8X	027 038 102 056 088 1B 26 66 38 58
Makro temporär	ESC&f9X	027 038 102 057 088 1B 26 66 39 58
Makro permanent	ESC&f10X	027 038 102 049 048 088 1B 26 66 31 30 58

Graphik:

Linienlänge (n=Punkte)	ESC*cnA	027 042 099 n 065 1B 2A 63 n 41
Linienlänge (n=Punkte/10)	ESC*cnH	027 042 099 n 072 1B 2A 63 n 48
Linienstärke (n=Punkte)	ESC*cnB	027 042 099 n 066 1B 2A 63 n 42
Linienstärke (n=Punkte/10)	ESC*cnV	027 042 099 n 086 1B 2A 63 n 56
Linie drucken	ESC*c0P	027 042 099 048 080 1B 2A 63 30 50
Gray Scale drucken	ESC*c2P	027 042 099 050 080 1B 2A 63 32 50
HP Pattern drucken	ESC*c3P	027 042 099 051 080 1B 2A 63 33 50
Grauwert (2%)	ESC*c2G	027 042 099 050 071 1B 2A 63 32 47
Grauwert (10%)	ESC*c10G	027 042 099 049 048 071 1B 2A 63 31 30 47
Grauwert (15%)	ESC*c15G	027 042 099 049 053 071 1B 2A 63 31 35 47
Grauwert (30%)	ESC*c30G	027 042 099 051 048 071 1B 2A 63 33 30 47
Grauwert (45%)	ESC*c45G	027 042 099 052 053 071 1B 2A 63 34 35 47
Grauwert (70%)	ESC*c70G	027 042 099 055 048 071 1B 2A 63 37 30 47
Grauwert (90%)	ESC*c90G	027 042 099 057 048 071 1B 2A 63 39 30 47
Grauwert (100%)	ESC*c100G	027 042 099 049 048 048 071 1B 2A 63 31 30 30 47
HP Pattern 1 (Horizontale Linien)	ESC*c1G	027 042 099 049 071 1B 2A 63 31 47
HP Pattern 2	ESC*c2G	027 042 099 050 071

Anhang 4

(Vertikale Linien)		1B 2A 63 32 47
HP Pattern 3	ESC*c3G	027 042 099 051 071
(Diagonale Linien)		1B 2A 63 33 47
HP Pattern 4	ESC*c4G	027 042 099 052 071
(Diagonale Linien)		1B 2A 63 34 47
HP Pattern 5	ESC*c5G	027 042 099 053 071
(Vertikales Gitter)		1B 2A 63 35 47
HP Pattern 6	ESC*c6G	027 042 099 054 071
(Diagonales Gitter)		1B 2A 63 36 47

Rastergraphik:

75 Punkte/Zoll	ESC*t75R	027 042 116 055 053 082
		1B 2A 74 37 35 52
100 Punkte/Zoll	ESC*t100R	027 042 116 049 048 048 082
		1B 2A 74 31 30 30 52
150 Punkte/Zoll	ESC*t150R	027 042 116 049 053 048 082
		1B 2A 74 31 35 30 52
300 Punkte/Zoll	ESC*t300R	027 042 116 051 048 048 082
		1B 2A 74 33 30 30 52
Linker Rand	ESC*r0A	027 042 114 048 065
		1B 2A 72 30 41
Momentaner Cursor	ESC*r1A	027 042 114 049 065
		1B 2A 72 31 41
Transfer	ESC*bnW	027 042 098 n 087
(n=Zeilenzahl)		1B 2A 62 n 57
Ende Graphikmodus	ESCrB	027 042 114 066
		1B 2A 72 42

Zeichensatz:

Hochformat	ESC&l00	027 038 108 048 079
		1B 26 6C 30 4F
Querformat	ESC&l01	027 038 108 049 079
1B 26 6C 31 4F		
Roman8	ESC(8U	027 040 056 085
1B 28 38 55		
IBM USA	ESC(10U	027 040 049 048 085
		1B 28 31 30 55
IBM Dänemark	ESC(11U	027 040 049 049 085
		1B 28 31 31 55

Anhang 4

ISO 100	ESC(0N	027 040 048 078 1B 28 30 4E
ISO 60 (Norwegen)	ESC(0D	027 040 048 068 1B 28 30 44
ISO 61 (Norwegen)	ESC(1D	027 040 049 068 1B 28 31 44
ISO 4 (Großbritannien)	ESC(1E	027 040 049 069 1B 28 31 45
ISO 25 (Frankreich)	ESC(0F	027 040 048 070 1B 28 30 46
ISO 69 (Frankreich)	ESC(1F	027 040 049 070 1B 28 31 46
HP (Deutschland)	ESC(0G	027 040 048 071 1B 28 30 47
ISO 21 (Deutschland)	ESC(1G	027 040 049 071 1B 28 31 47
ISO 15 (Italien)	ESC(0I	027 040 048 073 1B 28 30 49
ISO 14 (ASCII)	ESC(0K	027 040 048 075 1B 28 30 4B
ISO 57 (China)	ESC(2K	027 040 050 075 1B 28 32 4B
ISO 11 (Schweden)	ESC(0S	027 040 048 083 1B 28 30 53
HP (Spanien)	ESC(1S	027 040 049 083 1B 28 31 53
ISO 17 (Spanien)	ESC(2S	027 040 050 083 1B 28 32 53
ISO 10 (Schweden)	ESC(3S	027 040 051 083 1B 28 33 53
ISO 16 (Portugal)	ESC(4S	027 040 052 083 1B 28 34 53
ISO 84 (Portugal)	ESC(5S	027 040 053 083 1B 28 5 53
ISO 85 (Spanien)	ESC(6S	027 040 054 083 1B 28 36 53
ISO 6 (ANSI ASCII)	ESC(0U	027 040 048 085 1B 28 30 55
ISO 2 (IRV)	ESC(2U	027 040 050 085 1B 28 32 55

Anhang 4

Zeichenabstand (fest)	ESC(s0P	027 040 115 048 080 1B 28 73 30 50
Zeichenabstand (proportional)	ESC(s1P	027 040 115 049 080 1B 28 73 31 50
Zeichenbreite) (n=CPI)	ESC(snH	027 040 115 n 072 1B 28 73 n 48
Zeichenhöhe (n=Points)	ESC(snV	027 040 115 n 086 1B 28 73 n 56
Zeichenstil (normal)	ESC(s0S	027 040 115 048 083 1B 28 73 30 53
Zeichenstil (kursiv)	ESC(s1S	027 040 115 049 083 1B 28 73 31 53
Zeichenstärke (schwach)	ESC(s-3B	027 040 115 045 051 066 1B 28 73 2D 33 42
Zeichenstärke (normal)	ESC(s0B	027 040 115 048 066 1B 28 73 30 42
Zeichenstärke (stark)	ESC(s3B	027 040 115 051 066 1B 28 73 33 42

Schriftarten:

Line Printer	ESC(s0T	027 040 115 048 084 1B 28 73 30 54
Pica	ESC(s1T	027 040 115 049 084 1B 28 73 31 54
Elite	ESC(s2T	027 040 115 050 084 1B 28 73 32 54
Courier	ESC(s3T	027 040 115 051 084 1B 28 73 33 54
Helvetica	ESC(s4T	027 040 115 052 084 1B 28 73 34 54
Times Roman	ESC(s5T	027 040 115 053 084 1B 28 73 35 54
Gothic	ESC(s6T	027 040 115 054 084 1B 28 73 36 54
Script	ESC(s7T	027 040 115 055 084 1B 28 73 37 54
Prestige	ESC(s8T	027 040 115 056 084 1B 28 73 38 54
Caslon	ESC(s9T	027 040 115 057 084 1B 28 73 39 54

Anhang 4

Orator	ESC(s10T	027 040 115 049 048 084
		1B 28 73 31 30 54
Presentations	ESC(s11T	027 040 115 049 049 084
		1B 28 73 31 31 54
Swiss	ESC(s14T	027 040 115 049 052 084
		1B 28 73 31 34 54
Dutch	ESC(s15T	027 040 115 049 053 084
		1B 28 73 31 35 54
Font-Wahl (Primär)	ESC(nX	027 040 n 088
(n=With ID)		1B 29 n 58
Font-Wahl (Sekundär)	ESC)nX	027 041 n 088
(n=Width ID)		1B 29 n 58

Font-Management:

Font ID	ESC*cnD	027 042 099 n 068
(n=ID)		1B 2A 63 n 44
Alle Fonts löschen	ESC*c0F	027 042 099 048 070
		1B 2A 63 30 46
Temporäre Fonts löschen	ESC*c1F	027 042 099 049 070
		1B 2A 63 31 46
Letzte Font-ID löschen	ESC*c2F	027 042 099 050 070
		1B 2A 63 32 46
Letzte Font-ID und	ESC*c3F	027 042 099 051 070
Character-Code löschen		1B 2A 63 33 46
Font temporär setzen	ESC*c4F	027 042 099 052 070
		1B 2A 63 34 46
Font permanent setzen	ESC*c5F	027 042 099 053 070
		1B 2A 63 35 46
Kopieren/Zuordnen	ESC*c6F	027 042 099 054 070
		1B 2A 63 36 46

Fonts laden:

Character Code	ESC*cnE	027 042 099 n 069
(n=ASCII-Code)		1B 2A 63 n 45
Font Header	ESC)snW(Daten)	027 041 115 n 087
(n=Bytezahl)		1B 29 73 n 57
Zeichen laden	ESC(snW(Daten)	027 040 115 n 087
(n=Bytezahl)		1B 28 73 n 57

Anhang 4

Verschiedenes:

Drucker-Reset	ESCE	027 069
		1B 45
Selbsttest	ESCz	027 122
		1B 7A
Unterstreichen (An)	ESC&dD	027 038 100 068
		1B 26 64 44
Unterstreichen (Aus)	ESC&d@	027 038 100 064
		1B 26 64 40
Unterstreichen (Fl)ESC&3D		027 038 051 068
		1B 26 33 44
Zeilenumbruch (An)	ESC&s0C	027 038 115 048 067
		1B 26 73 30 43
Zeilenumbruch (Aus)	ESC&s1C	027 038 115 049 067
		1B 26 73 31 43
Kopienanzahl	ESC&lnX	027 038 108 n 088
(n=Kopienzahl)		1B 26 6C n 58
Papierausgabe	ESC&l0H	027 038 108 048 072
		1B 26 6C 30 48
Autom. Papierzufuhr	ESC&l1H	027 038 108 049 072
		1B 26 6C 31 48
Manuelle Papierzufuhr	ESC&l2H	027 038 108 050 072
		1B 26 6C 32 48
Zufuhr Briefumschlag	ESC&l3H	027 038 108 051 072
		1B 26 6C 33 48
Perforationsprung (AN)	ESC&l1L	027 038 108 049 076
		1B 26 6C 31 4C
Perforationsprung (Aus)	ESC&l0L	027 038 108 048 076
		1B 26 6C 30 4C

Anhang 5

Festplattenübersicht: Kopf- und Zylinderzahl

Diese Tabelle bietet eine Auflistung der gebräuchlichsten Festplatten mit Angabe von Kopf- und Zylinderzahl zum Einstellen des richtigen Plattentyps im Setup von AT-Computern unter MS-DOS.

Plattentyp	Zylinderzahl	Kopfzahl
Atasi 3020	635	3
Atasi 3033	635	5
Atasi 3046	635	7
Atasi 3051	703	7
Atasi 3085	1024	8
Bull D530	987	3
Bull D550	987	5
Bull D570	987	7
Bull D585	1166	7
CDC 9415-5-21	697	3
CDC 9415-5-36	697	5
CDC 94205-30	989	3
CDC 94205-51	989	5
CDC 94155-25	615	4
CDC 94155-38	733	5
CDC 94155-48	925	5
CDC 94155-67	925	7
CDC 94155-86	925	9
CMI 3426	612	4
CMI 5205	256	2
CMI 5410	256	4
CMI 5616	256	6
CMI 6426	615	4
CMI 6426S	640	4
CMI 6640	640	6
Cynthia 570	987	7
DMA/Ricoh	612	2
Fujitsu M2230AS	320	2
Fujitsu M2233AS	320	4

Fujitsu M2234AS	320	6
Fujitsu M2235AS	320	8
Fujitsu M2230AT	320	2
Fujitsu M2233AT	320	4
Fujitsu M2241AS	754	4
Fujitsu M2242AS	754	7
Fujitsu M2243AS	754	11
Hitachi DK511-5	699	7
Hitachi DK511-8	823	10
IMI 5006H	306	2
IMI 5012H	306	4
IMI 5018H	306	6
Irwin 416	819	2
Irwin 510	628	2
Irwin 516	819	2
Irwin HD561	180	4
Lapine 3522	306	4
Lapine LT300	616	4
Lapine Titan	615	4
Maxtor XT1065	918	7
Maxtor XT1085	1024	8
Maxtor XT1105	918	11
Maxtor XT1140	918	15
Maxtor XT2085	1224	7
Maxtor XT2140	1224	11
Maxtor XT2190	1224	15
Micropolis 1302	830	3
Micropolis 1303	830	5
Micropolis 1304	830	6
Micropolis 1323	1024	4
Micropolis 1323A	1024	5
Micropolis 1324	1024	6
Micropolis 1324A	1024	7
Micropolis 1325	1024	8
Microscience HH312	306	4
Microscience HH330	612	4
Microscience HH612	306	4
Microscience HH725	612	4
Microscience HH738	612	4
Microscience HH1050	1024	
5 Nicroscience HH7156	612	4
Miniscribe 1006	306	2
Miniscribe 1012	306	4

Miniscribe 2006	306	2
Miniscribe 2012	306	4
Miniscribe 3012	612	2
Miniscribe 3212	612	2
Miniscribe 3412	306	4
Miniscribe 3425	612	4
Miniscribe 3438	615	4
Miniscribe 4010	480	2
Miniscribe 4020	480	4
Miniscribe 6032	1024	3
Miniscribe 60531024	5	
Miniscribe 6085	1024	8
Miniscribe 8212	615	2
Miniscribe 8425	615	4
Miniscribe 8438	612	4
NEC D3126	640	8
NEC 5126	612	4
NEC 5146	615	8
Newbury Data Penny	612	8
Olivetti 416	819	2
Olivetti 510	6282	
Olivetti 516	819	2
Olivetti HD561	180	4
Peripheral Tech 357R	615	6
Priam V130	987	3
Priam V150	987	5
Priam V170	987	7
Priam V185	1166	7
Priam 514	1224	11
Priam 519	1224	15
Quantum Q520	512	4
Quantum Q530	512	6
Quantum Q540	512	8
Rodime 101	192	2
Rodime 102	192	4
Rodime 103192	6	
Rodime 104	192	8
Rodime 201	320	2
Rodime 202	320	4
Rodime 203	320	6
Rodime 204	320	8
Rodime 201E	640	2
Rodime 202E	640	4

Rodime 203E	640	6
Rodime 204E	640	8
Rodime 352	306	4
RMS 503	153	2
RMS 506	153	4
RMS 512	153	8
Seagate ST125	615	4
Seagate ST138	615	6
Seagate ST206	306	2
Seagate ST212	306	4
Seagate ST412	306	4
Seagate ST213	615	2
Seagate ST225	615	4
Seagate ST251	820	6
Seagate ST251-1	820	6
Seagate ST4026	615	4
Seagate ST4038	733	5
Seagate ST4051	977	5
Seagate ST4053	1024	5
Seagate ST4096	1024	9
Seagate ST138R	615	4
Seagate ST157R	615	6
Seagate ST238R	615	4
Seagate ST251R	820	4
Seagate ST277R	820	6
Seagate ST4077R	1024	5
Seagate ST4144R	1024	9
Shugart SA604	160	4
Shugart SA606	160	6
Shugart SA612	306	4
Shugart SA712	320	4
Syquest SQ306RD	306	2
Syquest SQ312RD	615	2
Syquest SQ319R	615	4
Syquest SQ325F	612	4
Syquest SQ338F	612	6
Tandon TM 252	306	4
Tandon TM 262	615	4
Tandon TM 501	306	2
Tandon TM 502	306	4
Tandon TM 503	306	6
Tandon TM 602S	153	4
Tandon TM 603S	153	6

Anhang 5

Tandon TM 603SE	230	6
Tandon TM 702AT	615	4
Tandon TM 703	695	5
Tandon TM 703AT	733	5
Tandon TM 755	981	5
Toshiba MK53FB	830	5
Toshiba MK54FB	830	7
Toshiba MK56FB	830	10
Tulin RO202E	640	4
Tulin TL226	640	4
Tulin TL240	640	6
Vertex V170	987	7
Vertex ID40	987	5
Vertex ID60	987	77

Anhang 6

MS-WORD, das Textverarbeitungsprogramm von Microsoft zählt zu den am meisten benutzten Anwenderprogrammen. In der sehr ausführlichen Anleitung fehlt leider eine zusammenfassende Übersicht der Tastaturkombinationen. Nachfolgend daher eine tabellarische Auflistung dieser Tastenschlüssel für MS-WORD 4.0. Folgende Abkürzungen werden dabei verwendet:

←	:	Taste mit Pfeil nach links
↑	:	Taste mit Pfeil nach oben
→	:	Taste mit Pfeil nach rechts
↓	:	Taste mit Pfeil nach unten
ALT	:	Alternate-Taste
Break	:	Break- oder Untbr-Taste
BS	:	Backspace-Taste
Caps	:	Caps(Lock) Taste mit breitem Pfeil nach unten
CR	:	Wagenrücklauftaste (Return oder Enter)
CTRL bzw. STRG	:	Control-Taste
Del	:	Del(ete)- oder Entf-Taste
End	:	End oder Ende-Taste
F1-F12	:	Funktionstasten 1 bis 12
Home	:	Home- oder Pos1-Taste
Ins	:	Ins(ert)- oder Einfg-Taste
Num	:	Num(Lock)-Taste oder NUM mit Pfeil nach unten
PageDown	:	PageDown bzw. Taste BILD ↓
PageUp	:	PageUp-Taste bzw. Taste BILD ↑
SCRL	:	ScrollLock bzw. Rollen
Shift	:	Shift- oder Taste mit breitem Pfeil nach oben
SPACE	:	Leertaste

Bei Tastenkombinationen z.B. CTRL+PageUp ist die zuerst angegebene Taste (hier:CTRL) gedrückt zu halten und die zweite Taste einmal kurz zu betätigen.

Anhang 6

Textbearbeitung

F5	Überschreiben ein/aus
BS	Zeichen links vom Cursor löschen
Del	Zeichen unter dem Cursor bzw. markierten Text in den Papierkorb löschen
Shift+Del	Wie DEL, aber entgültig löschen
InsText	aus Papierkorb einfügen
Shift+Ins	Markierten Text durch Inhalt des Papierkorbs ersetzen
CR	neuer Absatz
Shift+Cr	neue Zeile
Shift+CTRL+CR	neue Seite
CTRL+CR	neuer Bereich
CTRL+Space	geschützte Leerstelle
CTRL+-	Trennstrich
Shift+CTRL+-	geschützter Trennstrich

Funktionstasten

F1	Zum nächsten Ausschnitt wechseln
Alt+F1	Tabulatoren setzen
CTRL+F1	Ausschnitt auf Bildschirmgröße bringen
Shift+F1	Rückgängigmachen einer Funktion
F2	Rechenfunktion aktivieren
Alt+F2	Fußzeile festlegen
CTRL+F2	Kopfzeile festlegen
Shift+F2	Ansicht Gliederung
F3	Textbaustein einfügen; Makro starten
Alt+F3	Markierten Text in Papierkorb kopieren
CTRL+F3	Einzelschrittmodus für Makros ein/aus
Shift+F3	Makroaufzeichnung ein-/ausschalten
F4	Letzte Eingabe wiederholen
Alt+F4	Sprung ins Menü FORMAT BEREICH SEITEN-RAND
CTRL+F4	Keine Funktion
Shift+F4	Suchvorgang wiederholen
F5	Überschreibmodus ein-/ausschalten
Alt+F5	Sprung ins Menü GEHE_ZU BILDSCHIRMSEITE
CTRL+F5	Linien-Zeichnen ein-/ausschalten
Shift+F5	Gliederung editieren
F6	Erweiterungsmodus ein-/ausschalten
Alt+F6	Rechtschreibprogramm aktivieren
CTRL+F6	Keine Funktion

Anhang 6

Shift+F6	Spalten markieren
F7	Markierung des vorherigen Wortes
Alt+F7	Darstellung Normal/Druck
CTRL+F7	Textdateien zum Laden anzeigen
Shift+F7	Markierung des vorherigen Satzes
F8	Markierung des Folgewortes
Alt+F8	Anwahl der Schriftart
CTRL+F8	Text ausdrucken
Shift+F8	Markierung des vorherigen Satzes
F9	Markierung des vorherigen Absatzes
Alt+F9	Umschalten Graphik-/Textmodus
CTRL+F9	Seitenumbruch für gesamten Text
Shift+F9	Markierung der momentanen Zeile
F10	Markierung des Folgeabsatzes
Alt+F10	Sprung ins Menü FORMAT DRUCKFORMAT FESTHALTEN
CTRL+F10	Text abspeichern
Shift+F10	Markierung des ganzen Textes

Cursorbewegungen

→	Cursor ein Zeichen nach rechts
←	Cursor ein Zeichen nach links
↑	Cursor ein Zeichen nach oben
↓	Cursor ein Zeichen nach unten
PageUp	Cursor eine Bildschirmseite nach oben
PageDown	Cursor eine Bildschirmseite nach unten
HomeCursor	auf Zeilenanfang EndCursor auf Zeilenende
CTRL+PageUp	Textanfang
CTRL+PageDown	Textende
CTRL+→	Erstes Zeichen des nächsten Wortes
CTRL+←	Erstes Zeichen des vorhergehenden Wortes
CTRL+Home	Oberer Bildschirmrand
CTRL+End	Unterer Bildschirmrand

Cursorbewegungen mit Textmarkierung

F6	Erweiterungsmodus ein-/ausschalten
→	ein Zeichen nach rechts markieren
←	ein Zeichen nach links markieren
↑	eine Zeile nach oben markieren
↓	eine Zeile nach unten markieren
PageUp	eine Bildschirmseite nach oben markieren
PageDown	eine Bildschirmseite nach unten markieren
Home	bis Zeilenanfang markieren
End	bis Zeilenende markieren
CTRL+PageUp	bis Textanfang markieren
CTRL+PageDown	bis Textende markieren
CTRL+→	bis Anfang des nächsten Wortes markieren
CTRL+←	bis Anfang des vorherigen Wortes markieren
CTRL+Home	bis zum oberen Bildschirmrand markieren
CTRL+End	bis zum unteren Bildschirmrand markieren

Bei nachfolgenden Tasten muß der Erweiterungsmodus nicht eingeschaltet sein.

F7	vorheriges Wort markieren
Shift+F7	vorherigen Satz markieren
F8	nächstes Wort markieren
Shift+F8	nächsten Satz markieren
F9	vorherigen Absatz markieren
Shift+F9	momentane Zeile markieren
F10	nächsten Absatz markieren
Shift+F10	kompletten Text markieren

Cursorbewegungen mit Spaltenmarkierung

Shift+F6	Erweiterungsmodus ein-/ausschalten
→	ein Zeichen nach rechts markieren
←	ein Zeichen nach links markieren
↑	eine Zeile nach oben markieren
↓	eine Zeile nach unten markieren
PageUp	eine Bildschirmseite nach oben markieren
PageDown	eine Bildschirmseite nach unten markieren
Home	bis Zeilenanfang markieren

End	bis Zeilenende markieren
CTRL+PageUp	bis Textanfang markieren
CTRL+PageDown	bis Textende markieren

Bewegen in den Menüs

Initial	Anfangsbuchstabe wählt Menü direkt an
Space	einen Menüpunkt nach rechts
→	einen Menüpunkt nach rechts
TAB	einen Menüpunkt nach rechts
BS	einen Menüpunkt nach links
←	einen Menüpunkt nach links
TAB+BS	einen Menüpunkt nach links
↑	eine Menüzeile nach oben
↓	eine Menüzeile nach unten
CR	Rückkehr zum Textmodus mit Änderungen
ESC	Rückkehr zum Textmodus ohne Änderungen
CTRL+ESC	Rücksprung von Untermenü ins Hauptmenü
F1	Auswahllisten anzeigen

Absatzformatierung

Alt+G	Absatz um einen Tabsprung einrücken
Alt+M	Einrückung um einen Tabsprung reduzieren
Alt+E	Erste Zeile um einen Tabsprung nach rechts einrücken
Alt+Y	Erste Zeile einen Tabsprung nach links einrücken
Alt+2	doppelter Zeilenabstand
Alt+O	Abstand zwischen Absätzen vergrößern
Alt+N	Standardabsatz wiederherstellen
Alt+B	Blocksatz
Alt+L	Text linksbündig
Alt+R	Text rechtsbündig
Alt+Z	Text zentriert

Anhang 6

Zeichenformatierung

Alt+D	Text doppelt unterstrichen
Alt+F	Fettdruck
Alt+H	Text hochgestellt
Alt+I	Kursivdruck (Italics)
Alt+K	Kapitälchen
Alt+S	Text durchgestrichen
Alt+T	Text tiefgestellt
Alt+U	Text unterstreichen
Alt+V	Text verborgen formatieren (kein Ausdruck)
Alt+Space	Formatierung rückgängig machen
F4	Wiederholung der letzten Formatierung

Shortcuts

Alt+F1	= FORMAT TABULATOR SETZEN F1
Alt+F2	= FORMAT KOPF-/FUßZEILE UNTEN
Alt+F3	Kopiert markierten Text in Papierkorb
Alt+F4	= FORMAT BEREICH SEITENRAND
Alt+F5	= GEHEZU BILSCHIRMSEITE
Alt+F6	Ruft Rechtschreibprogramm auf
Alt+F7	Toggle Darstellung Druckbild/normal
Alt+F8	= FORMAT ZEICHEN SCHRIFTART
Alt+F9	Toggle Text-/Graphikmodus
Alt+F10	= FORMAT DRUCKFORMAT FESTHALTEN
CTRL+F7	= ÜBERTRAGEN LADEN mit Listenanzeige
CTRL+F8	Druckt Text im aktiven Ausschnitt
CTRL+F9	Seitenumbruch durchführen
CTRL+F10	Text im aktiven Ausschnitt speichern

Zeichnen

CTRL+F5	Ein-/Ausschalten Linien-Zeichnen
→	ein Zeichen nach rechts
←	ein Zeichen nach links
↑	eine Zeile nach oben
↓	eine Zeile nach unten
Home	bis Zeilenanfang
End	bis Zeilenende

Macros

Shift+F3	Ein-/Auschalten des Macrorecorders
CTRL+F3	Einzelschrittmodus aktivieren
F3	aufgerufenen Macro starten

Ausschnitte

F1	Schaltet jeweils zum nächsten Ausschnitt
CTRL+F1	Bringt aktiven Ausschnitt auf Bildschirmgröße

Formulare und Serienbriefe

CTRL+B	nächstes Eingabefeld anspringen
CTRL+E	vorheriges Eingabefeld anspringen
CTRL+A	linke Variablenmarkierung
CTRL+S	rechte Variablenmarkierung

Rechenoperationen

Shift+F6	Markierung einschalten
→	ein Zeichen nach rechts markieren
←	ein Zeichen nach links markieren
↑	eine Zeile nach oben markieren
↓	eine Zeile nach unten markieren
F2	Berechnung durchführen

Sonstiges

ESC	Umschalten Text-/Befehlsmodus
Alt+Ziffer	Erzeugung von Sonderzeichen durch Eingabe des ASCII-Codes über den Ziffernblock
Alt+?	Hilfe anfordern
F1	Eventuelle Listen anzeigen

Anhang 6

Zustandsanzeigen (Abkürzungen)

BA	Bildarretierung	Taste: SCRL
ER	Erweiterung (Markieren)	Taste: F6
ES	Einzelschritt Macro	Taste: CTRL+F3
LZ	Linien zeichnen	Taste: CTRL+F5
MA	Macroaufzeichnung	Taste: Shift+F3
SM	Spalte markieren	Taste: Shift+F6
UA	Umschaltarretierung	Taste: Caps
ÜB	Überschreiben	Taste: F5
ZA	Zahlenarretierung	Taste: Num
ZM	Zoom	Taste: CTRL+F1

Anhang 7

Tastenfunktionen von MS-Works

WORKS zählt zu den sogenannten Integrierten Paketen und enthält Textverarbeitung, Dateiverwaltung, Kalkulation mit Graphik sowie ein Modul zur Datenfernübertragung. Nachfolgend die wichtigsten Tastenbelegungen zur Funktionsausübung innerhalb der einzelnen Module. Folgende Tasten werden verwendet:

←	:	Taste mit Pfeil nach links
↑	:	Taste mit Pfeil nach oben
→	:	Taste mit Pfeil nach rechts
↓	:	Taste mit Pfeil nach unten
ALT	:	Alternate-Taste
Break	:	Break- oder Untbr-Taste
BS	:	Backspace-Taste
CTRL bzw. STRG	:	Control-Taste
CURSOR-Taste	:	Beliebige Richtungstaste
Del	:	Del(ete)- oder Entf-Taste
End	:	End oder Ende-Taste
Fl-Fl2	:	Funktionstasten 1 bis 12
Home	:	Home- oder Posl-Taste
Ins	:	Ins(ert)- oder Einfg-Taste
PageDown	:	PageDown bzw. Taste BILD
PageUp	:	PageUp-Taste bzw. Taste BILD
RETURN	:	Wagenrücklauftaste. Mit RETURN, ENTER oder abgwinkeltem Pfeilsymbol beschriftet
Shift	:	Shift- oder Taste mit breitem Pfeil nach oben
SPACE	:	Leertaste
TAB	:	Tabulator-Taste

Textverarbeitung

Bewegung im Text

→	Cursor ein Zeichen nach rechts
←	Cursor ein Zeichen nach links
↑	Cursor ein Zeichen nach oben
↓	Cursor ein Zeichen nach unten
PageUp	Cursor eine Bildschirmseite nach oben
PageDown	Cursor eine Bildschirmseite nach unten

Anhang 7

Home	Cursor auf Zeilenanfang
End	Cursor auf Zeilenende
CTRL+PageUp	Cursor auf erste Bildschirmzeile
CTRL+PageDown	Cursor auf letzte Bildschirmzeile
CTRL+	Erstes Zeichen des nächsten Wortes
CTRL+	Erstes Zeichen des vorhergehenden Wortes
CTRL+Home	Textanfang
CTRL+End	Textende
CTRL+	Vorheriger Absatz
CTRL+	Nächster Absatz

Text markieren

F8	Erweiterungsmodus einschalten
F8	Bei aktivem Erweiterungsmodus: Markierung auf Wort, Absatz Text ausdehnen
Shift+F8	Bei aktivem Erweiterungsmodus: Markierung von Text, auf Absatz, auf Wort reduzieren
CURSOR-Taste	Bei aktivem Erweiterungsmodus: Markierung beseitigen
ESC	Erweiterungsmodus ausschalten

Absatz formatieren

CTRL+1	Zeilenabstand: 1-zeilig
CTRL+2	Zeilenabstand: 2-zeilig
CTRL+5	Zeilenabstand: 1 1/2-zeilig
CTRL+B	Blocksatz
CTRL+L	Linksbündig
CTRL+R	Rechtsbündig
CTRL+Z	Zentriert
CTRL+G	Absatz um einen Tabsprung einrücken
CTRL+M	Einrückung um einen Tabsprung reduzieren
CTRL+Y	Absatz (außer 1. Zeile) um einen Tabsprung einrücken.
CTRL+X	Einrückung durch CTRl+Y rückgängig machen
CTRL+P	Absatz ins Standardformat bringen
CTRL+H	Leerzeile vor Absatz einfügen
CTRL+V	Leerzeile vor Absatz wieder entfernen

Zeichen formatieren

CTRL+D	Durchstreichen
CTRL+F	Fett
CTRL+I	Kursiv
CTRL+U	Unterstreichen
CTRL+=	Subscript
CTRL+SHIFT+=	Superscript
CTRL+SPACE	Alle Zeichenformatierungen aufheben

Editiertasten

TAB	Cursor auf nächsten Tab-Stop setzen
DEL	Zeichen unter Cursor löschen
BS	Zeichen links vom Cursor löschen
RETURN	Beginnt neuen Absatz
Shift+RETURN	Beginnt neue Zeile
CTRL+RETURN	Beginnt neue Seite
F3	Markierten Text bewegen
Shift+F3	Markierten Text kopieren
CTRL+-	Trennstrich (wahlweise)
Shift+CTRL+-	Trennstrich (geschützt)
Shift+CTRL+Space	Leerstelle (geschützt)
ALT+BS	Letzten Bearbeitungsschritt annullieren

Sondertasten

CTRL+N	Fügt Dateinamen ein
CTRL+S	Fügt Seitennummer ein
CTRL+T	Fügt Uhrzeit beim Drucken ein
CTRL+;	Fügt System-Datum ein
Shift+CTRL+;	Fügt System-Uhrzeit ein

Funktionstasten

F1	Hilfe anfordern
F3	Markierten Text bewegen
F5	Gehe zu
F6	Zum nächsten Fenster wechseln
F7	Wiederholt Suchvorgang
F8	Erweiterungsmodus einschalten. Bei

Anhang 7

	aktivem Erweiterungsmodus: Markierung auf Wort, Absatz, Text ausdehnen
F9	Seitenumbruch
Shift+F1	Lernprogramm aufrufen
Shift+F3	Markierten Text kopieren
Shift+F6	Zum vorherigen Fenster wechseln
Shift+F7	Letzten Format- oder Kopierbefehl wiederholen
Shift+F8	Bei aktivem Erweiterungsmodus: Markierung von Text, auf Absatz, auf Wort reduzieren

DATEIVERWALTUNG — Listenbildschirm

Cursorbewegungen

→	Cursor ein Feld nach rechts
←	Cursor ein Feld nach links
↑	Cursor ein Feld nach oben
↓	Cursor ein Feld nach unten
PageUp	Cursor eine Bildschirmseite nach oben
PageDown	Cursor eine Bildschirmseite nach unten
Home	Cursor auf Anfang des Datensatzes
End	Cursor auf Ende des Datensatzes
CTRL+PageUp	Cursor eine Bildschirmseite nach links
CTRL+PageDown	Cursor eine Bildschirmseite nach rechts
CTRL+→	Cursor einen Block nach rechts
CTRL+←	Cursor einen Block nach links
CTRL+Home	Dateianfang
CTRL+End	Dateiende
CTRL+↑	Cursor einen Block nach oben
CTRL+↓	Cursor einen Block nach unten
TAB	Cursor ein Feld nach rechts im markierten Bereich
Shift+TAB	Cursor ein Feld nach links im markierten Bereich
RETURN	Cursor ein Feld nach unten im markierten Bereich
Shift+RETURN	Cursor ein Feld nach oben im markierten Bereich

Anhang 7

Felder markieren

F8	Erweiterungsmodus einschalten
→	Markierung ein Feld nach rechts erweitern
←	Markierung ein Feld nach links erweitern
↑	Markierung ein Feld nach oben erweitern
↓	Markierung ein Feld nach unten erweitern
Shift+Cursortaste	Direktes Markieren in Richtung der verwendeten Cursortaste
ESC	Erweiterungsmodus ausschalten

Funktionstasten

F1	Hilfe anfordern
F2	Datenfeldeintrag editieren
F3	Markiertes Datenfeld bewegen
F5	Gehe zu
F6	Zum nächsten Fenster wechseln
F7	Wiederholter Suchvorgang
F8	Erweiterungsmodus einschalten.
F9	Umschaltung Listen-/Formularbildschirm
F10	Bericht beenden
Shift+F1	Lernprogramm aufrufen
Shift+F3	Markiertes Datenfeld kopieren
Shift+F6	Zum vorherigen Fenster wechseln
Shift+F7	Letzten Format- oder Kopierbefehl wiederholen
Shift+F8	Spalte markieren
CTRL+F8	Zeile markieren
Shift+CTRL+F8	Alles markieren
Shift+F10	Bericht ansehen

DATEIVERWALTUNG - Formularbildschirm

Cursorbewegungen im Formularentwurfbildschirm

→	Cursor ein Zeichen nach rechts
←	Cursor ein Zeichen nach links
↑	Cursor ein Zeichen nach oben
↓	Cursor ein Zeichen nach unten
PageUp	Cursor eine Bildschirmseite nach oben
PageDown	Cursor eine Bildschirmseite nach unten
Home	Cursor auf Zeilenanfang

Anhang 7

End	Cursor auf Zeilenende
CTRL+Home	Cursor auf Formularanfang
CTRL+End	Cursor auf Formularende

Cursorbewegungen im Formularbildschirm

←	Cursor auf vorheriges Feld
←	Cursor auf vorheriges Feld
→	Cursor auf nächstes Feld
→	Cursor auf nächstes Feld
PageUp	Cursor eine Bildschirmseite nach oben
PageDown	Cursor eine Bildschirmseite nach unten
CTRL+PageUp	Zeigt vorherigen Datensatz
CTRL+PageDown	Zeigt nächsten Datensatz
CTRL+Home	Dateianfang
CTRL+End	Dateiende

Funktionstasten

F1	Hilfe anfordern
F2	Datenfeldeintrag editieren
F3	Markiertes Datenfeld bewegen
F5	Gehe zu
F7	Wiederholter Suchvorgang
F8	Erweiterungsmodus einschalten.
F9	Umschaltung Listen-/Formularbildschirm
F10	Bericht beenden
Shift+F1	Lernprogramm aufrufen
Shift+F3	Markiertes Datenfeld kopieren
Shift+F6	Zum vorherigen Fenster wechseln
Shift+F7	Letzten Format- oder Kopierbefehl wiederholen
Shift+F10	Bericht ansehen

Sondertasten (auch für Listenbildschirm)

CTRL+;	Fügt System-Datum ein
Shift+CTRL+;	Fügt System-Uhrzeit ein

Anhang 7

TABELLENKALKULATION UND GRAPHIK

Cursorbewegung

→	Cursor eine Zelle nach rechts
←	Cursor eine Zelle nach links
↑	Cursor eine Zelle nach oben
↓	Cursor eine Zelle nach unten
PageUp	Cursor eine Bildschirmseite nach oben
PageDown	Cursor eine Bildschirmseite nach unten
Home	Cursor auf Zeilenanfang
End	Cursor auf Zeilenende
CTRL+PageUp	Cursor eine Bildschirmseite nach links
CTRL+PageDown	Cursor eine Bildschirmseite nach rechts
CTRL+→	Cursor einen Block nach rechts
CTRL+←	Cursor einen Block nach links
CTRL+↑	Cursor einen Block nach oben
CTRL+↓	Cursor einen Block nach unten
CTRL+Home	Dateianfang
CTRL+End	Dateiende
TAB	Cursor auf nächstes ungeschütztes Feld
TAB	Cursor ein Feld nach rechts im markierten Bereich
Shift+TAB	Cursor ein Feld nach links im markierten Bereich
RETURN	Cursor ein Feld nach unten im markierten Bereich
Shift+RETURN	Cursor ein Feld nach oben im markierten Bereich

Markieren

F8	Erweiterungsmodus einschalten
→	Markierung ein Feld nach rechts erweitern
←	Markierung ein Feld nach links erweitern
↑	Markierung ein Feld nach oben erweitern
↓	Markierung ein Feld nach unten erweitern
Shift+F8	Spalte markieren
CTRL+ F8	Zeile markieren
Shift+CTRL+F8	Alles markieren
Shift+Cursortaste	Direktes Markieren in Richtung der verwendeten Cursortaste
ESC	Erweiterungsmodus ausschalten

Sondertasten

CTRL+;	Fügt System-Datum ein
Shift+CTRL+;	Fügt System-Uhrzeit ein
CTRL+RETURN	Eingabe im markierten Bereich

Funktionstasten

F1	Hilfe anfordern
F2	Zelleninhalt bearbeiten
F3	Markierte Zelle(n) bewegen
F4	Bezug
F5	Gehe zu
F6	Zum nächsten Fenster wechseln
F7	Wiederholter Suchvorgang
F8	Erweiterungsmodus einschalten
F9	Alles neu berechnen
F10	Diagrammbildschirm verlassen
Shift+F1	Lernprogramm aufrufen
Shift+F3	Markierte Zelle(n) kopieren
Shift+F6	Zum vorherigen Fenster wechseln
Shift+F7	Letzten Format- oder Kopierbefehl wiederholen
Shift+F8	Spalte markieren
CTRL+ F8	Zeile markieren
Shift+CTRL+F8	Alles markieren
Shift+F10	Diagramm einblenden

Anhang 8

Übersicht GW-BASIC-Kommandos

Diese Auflistung wird Ihnen dann die Suche nach bestimmten BASIC-Anweisungen, Funktionen oder reservierten Variablen erleichtern, wenn zwar die Funktion (z.b. Kreis zeichnen), nicht jedoch das zugehörige Kommando (in diesem Fall CIRCLE) bekannt ist.

ABS	Gibt den absoluten Betrag eines numerischen Ausdrucks an.
ASC	Liefert den dezimalen ASCII-Wert des ersten Zeichens eines alphanumerischen Ausdrucks.
ATN	Berechnet den Wert des Bogenmaßes eines anzugebenden numerischen Ausdrucks.
AUTO	Erzeugt automatisch Zeilennummern bei der Programmeingabe.
BEEP	Erzeugt einen Ton von 1/4 Sekunde Länge.
BLOAD	Lädt Binärdateien in den Arbeitsspeicher.
BSAVE	Speichert den Inhalt des Hauptspeichers in Form einer binären Datei ab
CALL	Aufruf eines Unterprogramms in Maschinensprache.
CDBL	Wandelt einen numerischen Ausdruck in eine Zahl doppelter Genauigkeit um.
CHAIN	Aufruf eines zusätzlichen Programms mit Variablenübergabe vom Ursprungsprogramm.
CHDIR	Macht ein Verzeichnis zum aktuellen Verzeichnis.
CHR$	Wandelt einen anzugebenden dezimalen ASCII-Code in das zugehörige Zeichen um.

Anhang 8

CINT	Umwandeln von Dezimalzahlen in den nächsthöheren Integer-Wert.
CIRCLE	Zeichnen von Kreisen, Ellipsen und Winkeln.
CLEAR	Löscht Daten und Variablen, setzt ON ERROR-Abfrage außer Kraft, gibt alle Platten- und Diskettenpuffer frei, schließt alle Dateien
CLOSE	Schließt den Ein-/Ausgabekanal zu Dateien oder Peripheriegeräten.
CLSE	Löschen des Bildschirms.
COLOR	Farbauswahl für Vordergrund, Hintergrund und Randbegrenzung.
COM ON,OFF,STOP	Aktivierung (ON) bzw. Deaktivierung (OFF) der Abfrage der angegebenen seriellen Schnittstelle.
COMMON	Übergibt Variablen an ein mit CHAIN aufgerufenes, zweites Programm.
CONT	Setzt die Programmausführung nach einer Unterbrechung mit END, STOP oder CTRL-C wieder fort.
COS	Liefert den Kosinus eines numerischen Ausdrucks.
CSNG	Umwandlung eines numerischen Ausdrucks in eine Zahl einfacher Genauigkeit.
CSRLIN	Beinhaltet die Zeilenposition des Cursors.
CVD, CVI, CVS	Umwandlung von Strings in numerische Werte.
DATA	Aufnahme von numerischen und alphanumerischen Konstanten.
DATE$	Eingabe und/oder Übernahme des Tagesdatums.
DEFDBL DEFINT	Definition von Variablen als Variable

DEFSNG DEFSTR	doppelter Genauigkeit (DEFDBL), als ganzzahlige Variable (DEFINT), als Variable einfacher Genauigkeit (DEFSNG) und als Stringvariable (DEFSTR).
DEF FN	Definieren eigener Funktionen.
DEF SEG	Segmentadresse für die Befehle BLOAD,BSAVE, CALL, PEEK, POKE, USR.
DEF USR	Definition der Startadresse eines Unterprogramms.
DELETE	Löschen von Programmzeilen.
DIM	Legt Anzahl der Arrays fest und reserviert den benötigten Platz im Variablenspeicher.
DRAW	Zeichnen von Linien.
EDIT	Ruft Zeile zum Editieren (Korrigieren) auf.
END	Programmabbruch bzw. Programmende.
ENVIRON	Setzt Werte für die Umgebung des Kommandoprozessors.
ENVIRON$	Variable. Anzeige der mit ENVIRON gesetzten Umgebungstabelle.
EOF	Abfrage des Dateiendes.
ERASE	Löschen von Arrays.
ERDEV ERDEV$	Variablen. Sie enthalten bei Gerätefehlern den Fehlercode (ERDEV) bzw. Gerätenamen (ERDEV$).
ERL ERR	Variablen. Sie enthalten die Zeilennummer der Zeile, in der ein Fehler auftrat (ERL)bzw. den Fehlercode (ERR).
ERROR	Definition eigener Fehlercodes bzw.Zuweisung von Fehlercodes an Variable.
EXP	Liefert Wert des natürlichen Logarithmus.

EXTERR	Ausgabe erweiterter Fehlerinformationen.
FIELD	Zuweisung von Pufferspeicher für Random-Access-Dateien.
FILES	Anzeige des Inhaltsverzeichnisses einer Festplatte oder Diskette.
FIX	Umwandlung von Kommazahlen in Ganzzahlen.
FOR..NEXT	Schleife mit bestimmter Anzahl von Durchläufen.
FRE	Anzeige des freien Speicherplatzes.
GET	Einlesen eines Datensatzes aus einer Random-Access-Datei in den Datenpuffer.
GET	Überträgt Graphik vom Bildschirm in ein Array.
GOSUB..RETURN	Verzweigung zu einem Unterprogramm und Rückkehr zum Hauptprogramm.
GOTO	Sprung zu einer anzugebenden Zeilennummer.
HEX$	Umwandlung von Dezimalzahlen in Hexadezimalwerte.
IF..THEN..ELSE	Programmalternative in Abhängigkeit von der Erfüllung/Nicht-Erfüllung einer Bedingung
INKEY$	Variable. Enthält das erste Zeichen des Tastaturpuffers als Stringvariable.
INP	Empfang eines Bytes an einem Eingabekanal.
INPUT	Tastatureingaben durch den Benutzer während des Programmablaufs.
INPUT #	Einlesen von Daten aus sequentiellen Dateien in Variablen.
INPUT$	Lesen von Zeichen aus einer Datei oder von der Tastatur.

INSTR	Positionsermittlung einer Teilzeichenkette innerhalb einer Zeichenkette.
INT	Erzeugung einer Integer-Zahl durch Abschneiden der Nachkommastellen.
KEY	Belegung einer Funktionstaste mit einem String.
KEY ON, OFF, STOP	Ein- bzw. Abschalten der Abfrage einer Taste.
KILL	Löschen einer Datei vom Datenträger.
LEFT$	Liefert den linken Teil einer Zeichenkette.
LEN	Ermittelt die Länge einer Zeichenkette.
LET	Weist einer Variablen einen Wert zu.
LINE	Zeichnet Linie, Rechteck oder ausgefülltes Rechteck.
LINE INPUT	Tastatureingaben durch den Benutzer während des Programmablaufs (mit Sonderzeichen).
LINE INPUT #	Einlesen von kompletten Datenzeilen au seiner sequentiellen Datei in Variablen.
LIST	Ausgabe von Programmzeilen auf Bildschirm, Datei oder Drucker.
LOAD	Lädt eine Datei von externem Speicher.
LOC	Liefert bei Random-Access-Dateien die Nummer des zuletzt gelesenen bzw.geschriebenen Datensatze.
LOCATE	Positioniert den Cursor für nachfolgende Ausgabeoperationen.
LOCK	Sperren von Dateien oder Datensätzen fürNetzwerk-Anwendungen.
LOF	Angabe der Länge einer Datei in Bytes.
LOG	Liefert den natürlichen Logarithmus eines Ausdrucks.

LPOS	Liefert Zeigerposition im Druckerpuffer.
LPRINT	Ausgabe von Daten auf dem Drucker.
LPRINT USING	Formatierte Zeichenausgabe auf den Drucker.
LSET	Linksbündiges Ablegen von Zeichenketten in Puffer-Variablen von Random-Access-Dateien.
MERGE	Verbindet Programm(teil)e von externem Speicher und Arbeitsspeicher.
MID$	Ersetzt einen Teil einer Zeichenkette durch andere Zeichen.
MID$	Liefert den mittleren Teil einer Zeichenkette.
MKD, MKI, MKS	Umwandlung von numerischen Werten in Zeichenfolgen.
MKDIR	Legt ein neues Verzeichnis auf Festplatte oder Diskette an.
MOD	Ermittelt den Restwert einer Division.
NAME..AS	Umbenennen von Dateien auf Platte oder Diskette.
NEW	Löscht das Programm und alle Variablen aus dem Arbeitsspeicher.
OCT$	Umwandlung eines Dezimalwertes in einen Oktalwert.
ON COM(N) GOSUB	Verzweigt in Abhängigkeit davon, ob an der angegebenen seriellen Schnittstelle Daten anliegen, in ein Unterprogramm.
ON ERROR GOTO	Springt beim Auftreten eines Fehlers in die angegebene Zeile.
ON..GOSUB	Verzweigt in Abhängigkeit von Werten in Unterprogramme (mit Rücksprung).
ON..GOTO	Verzweigt in Abhängigkeit von Werten in Unterprogramme (ohne Rücksprung).

ON KEY(n) GOSUB	Verzweigt in Abhängigkeit vom Betätigen einer Taste in ein Unterprogramm.
ON PLAY(n) GOSUB	Löst in Abhängigkeit von der Anzahl der Noten im Musikhintergrundpuffer eine Verzweigung in ein Unterprogramm aus.
ON STRIG(n) GOSUB	Verzweigt nach Betätigen eines Joystick-Knopfes in ein Unterprogramm.
ON TIMER(n) GOSUB	Verzweigt nach einer angegebenen Sekundenzahl in ein Unterprogramm.
OPEN	Öffnet eine Datei oder ein Peripheriegerät zum Lesen bzw. Schreiben.
OPEN COM	Öffnet serielle Schnittstelle zum Senden bzw. Empfangen von Daten.
OPTION BASE	Setzt den kleinsten Wert für den Index eines Feldes.
OUT	Senden eines Bytes an einen Ausgabekanal.
PAINT	Füllt eine Fläche mit einer Farbe.
PALETTE	Ordnet den Attributen der Farbpalette andere Farben zu.
PCOPY	Kopiert im Graphikmodus eine Bildschirmseite in eine andere.
PEEK	Liefert den Inhalt einer Speicherstelle als ASCII-Code.
PLAY	Spielt Musik im Vorder- oder Hintergrund.
PLAY(n)	Übergabe der Notenzahl des Hintergrundpuffers.
PLAY ON,OFF,STOP	Aktiviert, deaktiviert oder unterbricht eine Ereignisabfrage mit ON PLAY(n) GOSUB.
PMAP	Umwandlung von physikalischen Koordinaten in logische Koordinaten.

Anhang 8

POINT	Liefert Farbattribut bzw. Koordinaten eines Punktes.
POKE	Schreibt einen Wert (ASCII-Code) in eine Speicherstelle.
POS	Liefert die aktuelle Cursorposition.
PRINT	Gibt Daten am Bildschirm aus.
PRINT #	Schreibt Daten in eine sequentielle Datei.
PRINT # USING	Schreibt Daten formatiert in eine sequentielle Datei.
PSET	Setzt Punkt in einer bestimmten Farbe.
PUT	Schreibt Datensatz in eine Datei mit wahlfreiem Zugriff.
PUT	Überträgt Graphik aus einem Array auf den Bildschirm.
RANDOMIZE	Einschalten des Zufallsgenerators.
READ	Liest Werte aus DATA-Zeilen in (indizierte)Variablen ein.
REM	Einfügen von Bemerkungen in Programmzeilen.
RENUM	Neu-Numerierung von Programmzeilen.
RESET	Schließt alle noch offenen Dateien.
RESTORE	Zurücksetzen des DATA-Zeigers auf angegebene oder erste DATA-Zeile.
RESUME	Fährt nach Abarbeiten einer Fehlerroutine im Programm fort.
RETURN	Rücksprung nach Abarbeitung eines Unterprogramms.
RIGHT$	Liefert den rechten Teil einer Zeichenkette.
RMDIR	Löscht Unterverzeichnisse.

RND	Erzeugt eine Zufallszahl.
RSET	Rechtsbündiges Ablegen von Zeichenketten in Puffer-Variablen von Random-Access-Dateien.
RUN	Startet das Programm im Arbeitsspeicher.
SAVE	Abspeichern von Programmen.
SCREEN	Setzt Parameter für die Bildschirmdarstellung im Text und Graphikmodus.
SCREEN	Übergibt den ASCII-Code eines Zeichens auf dem Bildschirm.
SGN	Liefert das Vorzeichen eines numerischen Ausdrucks.
SHELL	Führt ein Programm oder Kommando von MS-DOS-Ebene aus.
SIN	Liefert Sinus eines numerischen Ausdrucks.
SOUND	Erzeugt Ton von bestimmter Höhe und Dauer.
SPACE$	Erzeugung eines Leerstrings.
SPC	Erzeugt Leerraum in (L)PRINT-Anweisungen.
SQR	Berechnet die Quadratwurzel eines Ausdrucks
STICK	Übergibt die Koordinaten der Joysticks.
STOP	Programmende und Sprung in den Direktmodus.
STR$	Wandelt einen numerischen Ausdruck in eine Zeichenkette um.
STRIG	Überprüft, ob ein Knopf eines Joysticks betätigt wird.
STRIG ON,OFF,STOP	Ein- bzw. Abschalten der Abfrage von Joystick-Knöpfen.
STRING$	Erzeugt eine Folge gleicher Zeichen in der angegebenen Länge.

SWAP	Vertauscht zwei Variablen inhalte.
SYSTEM	Beendet BASIC und kehrt zu DOS zurück.
TAB	Setzt den Cursor auf einen Tabulatorstop.
TAN	Liefert Tangens eines numerischen Ausdrucks
TIME$	Zuweisung bzw. Abruf der Uhrzeit.
TIMER	Liefert die seit 00:00 Uhr vergangene Uhrzeit in Sekunden.
TROFF	Abschalten des Trace-Modus.
TRON	Einschalten des Trace-Modus.
UNLOCK	Aufhebung der Sperren von Dateien oder Datensätzen für Netzwerk-Anwendungen.
USR	Aufruf von Assembler-Routinen.
VAL	Umwandlung einer Zeichenkette in eine Zahl.
VARPTR	Liefert Adresse einer Variablen bzw. das erste Byte eines Dateipuffers.
VARPTR$	Liefert eine 3-Byte-Zeichenkette mit Informationen über Variable.
VIEW	Erzeugt Bildschirmausschnitt in der angegebenen Farbe.
VIEW PRINT	Begrenzt Textfenster auf den angegebenen Zeilenbereich.
WAIT	Wartet mit der Programmausführung, bis über einen Eingabekanal ein definierter ASCII-Wert eintrifft.
WHILE..WEND	Führt eine Schleife solange aus, wie die Bedingung wahr ist.
WIDTH	Legt Zeichenzahl pro Zeile für Bildschirm oder Drucker fest.

WINDOW	Legt die Größe des Graphikfensters fest.
WRITE	Zeichenausgabe am Bildschirm.
WRITE #	Schreibt Daten in eine sequentielle Datei.

Anhang 9

Übersicht Turbo-Pascal-Kommandos

Diese Auflistung wird Ihnen dann die Suche nach bestimmten Turbo-Pascal-Anweisungen, Funktionen und Prozeduren erleichtern, wenn zwar die Funktion (z.b. Bogenmaßberechnung), nicht jedoch das zugehörige Kommando (in diesem Fall ARCTAN) bekannt ist.

ABS	Liefert den Absolutwert eines numerischen Ausdrucks.
ADDR	Liefert Adresse einer Variablen bzw. des Pointers einer Funktion oder Prozedur.
APPEND	Öffnet eine Textdatei zum Anfügen weiterer Daten.
ARC	Zeichnet Kreisausschnitt oder Kreisbogen.
ARCTAN	Berechnet den Wert des Bogenmaßes eines numerischen Ausdrucks.
ASSIGN	Weist einer Dateivariablen den Namen einer Datei zu.
ASSIGNCRT	Weist Dateivariablen den Bildschirm zu.
BAR	Zeichnet zweidimensionalen, ausgefüllten Balken.
BAR3D	Zeichnet dreidimensionalen, ausgefüllten Balken.
BEGIN..END	Verbundanweisung. Alle Anweisungen, die zwischen BEGIN und END liegen, werden in der angegebenen Reihenfolge ausgeführt.
BLOCKREAD	Einlesen von Datensätzen aus einer Datei in eine Variable.
BLOCKWRITE	Schreiben von Datensätzen aus einer Variablen in eine Datei.
CASE	Verzweigung: Bearbeitung von Alternativen.
CHDIR	Wechsel des Verzeichnisses bzw. Laufwerks.

Anhang 9

CHR	Liefert das Zeichen, dessen ASCII-Code angegeben wurde.
CIRCLE	Zeichnen eines Kreises.
CLEARDEVICE	Bildschirmlöschen und Cursor an Position(0,0) setzen.
CLEARVIEWPORT	Löscht den Inhalt eines Graphikfensters.
CLOSE	Datei schließen.
CLOSEGRAPH	Entfernung des mit InitGraph installierten Graphiktreibers.
CLREOL	Löscht Zeichen ab Cursorposition bis zum Zeilenende.
CLRSCR	Bildschirm löschen.
CONCAT	Verkettung von Zeichenketten.
COPY	Liefert Teilbereiche einer Zeichenkettezurück.
COS	Liefert Kosinus eines numerischen Ausdrucks
CSEG	Ermittelt die Adresse des aktuellen Codesegments.
DEC	Vermindert eine ordinale Variable um den angebenenen Integer-Wert.
DELAY	Verzögerung des Programmablaufs.
DELETE	Löscht Teilbereiche einer Zeichenkette.
DELLINE	Löscht die Cursor-Zeile.
DETECTGRAPH	Ermittelt, welcher Graphiktreiber und Graphikmodus einsetzbar ist.
DISKFREE	Zeigt den freien Speicherplatz des angegebenen Laufwerks.
DISKSIZE	Zeigt die Speicherkapazität des angegebenen Laufwerks.

DISPOSE	Stellt den Speicherplatz einer dynamischen Variablen wieder zur Verfügung.
DOSEXITCODE	Liefert den MS-DOS-Exit-Code eines aufgerufenen Programms.
DRAWPOLY	Zeichnet ein Polygon.
DSEG	Ermittelt die Adresse des gegenwärtigen Datensegments.
ELLIPSE	Zeichnet eine(n) Ellipse(nausschnitt).
EOF	Überprüfung beim Lesen einer Datei auf Dateiende.
EOLN	Überprüft beim Lesen einer Datei, ob der Zeiger auf Zeilenende steht.ERASE Löscht Dateien von externen Speichermedien.
EXEC	Ausführung von MS-DOS-Programmen mit Parameterübergabe.
EXIT	Führt innerhalb des Hauptprogramms zum Programmende und innerhalb eines Unterprogramms zum Rücksprung.
EXP	Liefert den Wert des natürlichen Logarithmus.
FILEPOS	Liefert die Position des Zeigers innerhalb einer Datei.
FILESIZE	Gibt die Größe einer Datei (Anzahl derDatenelemente) an.
FILLCHAR	Füllt eine bestimmte Anzahl von Bytes einerVariablen mit einem Wert bzw. Zeichen.
FILLPOLY	Zeichnet ein Polygon und füllt die Fläche mit einem Muster.
FINDFIRST	Sucht erste Position eines Dateinamens im Laufwerksverzeichnis.

Anhang 9

FINDNEXT	Sucht weitere Positionen eines Dateinamens im Laufwerksverzeichnis.
FLOODFILL	Ausfüllen eines geschlossenen Bereichs mitgewähltem Muster.
FLUSH	Schreibt den Inhalt des Dateipuffers in eine Textdatei.
FOR..DO	Wiederholte Ausführung einer bestimmten Anzahl von Anweisungen.
FRAC	Liefert den Nachkommateil einer Realzahl.
FREEMEM	Macht den Speicherplatz einerZeigervariablen auf dem Heap wieder frei.
GETARCCOORDS	Liefert die Daten des zuletzt gezeichneten Bogens in einer Variablen zurück.
GETASPECTRATIO	Ermittelt die Höhen-/Seitenrelation des Bildschirms.
GETBKCOLOR	Liefert die Palettenfarbziffer der Hintergrundfarbe zurück.
GETCOLOR	Liefert die Palettenfarbziffer der Zeichenfarbe zurück.
GETDATE	Stellt das Systemdatum zur Verfügung.
GETDIR	Zeigt das aktuelle Verzeichnis des angegebenen Laufwerks an.
GETFATTR	Ermittelt die Fileattribute einer Datei.
GETFILLSETTINGS	Liefert die Daten des zuletzt benutzten Füllmusters sowie der Farbe in einer Variablen zurück.
GETFTIME	Liefert Datum und Uhrzeit, zu welcher die angegebene Datei zuletzt geändert wurde.
GETGRAPHMODE	Liefert den aktuellen Graphikmodus.
GETIMAGE	Speichert Teil einer Graphik in einer Variablen.

GETINTVEC	Liefert die Speicheradresse in einemInterrupt-Vektor.
GETMAXX	Liefert die gemäß Graphikkarte und Graphikmodus höchstmögliche Bildschirmkoordinate in X-Richtung.
GETMAXY	Liefert die gemäß Graphikkarte und Graphikmodus höchstmögliche Bildschirmkoordinate in Y-Richtung.
GETMEM	Erzeugt eine dynamische Variable.
GETPALETTE	Liefert die Länge und den Inhalt der aktuellen Farb-Palette.
GETPIXEL	Ermittelt die Farbnummer (laut Palette) eines Bildschirmpunktes.
GETTEXTSETTINGS	Liefert Textattribute im Graphikmodus.
GETTIME	Stellt die Systemzeit zur Verfügung.
GETVIEWSETTINGS	Liefert Koordinaten und Clipping-Zustand des aktuellen Graphikfensters.
GETX	Ermittelt X-Koordinate des Graphikcursors.
GETY	Ermittelt Y-Koordinate des Graphikcursors.
GOTO	Sprung zum angegebenen Label.
GOTOXY	Setzt den Cursor auf angegebene Position.
GRAPHERRORMSG	Liefert Fehlercodes der Unit Graph im Klartext.
GRAPHRESULT	Liefert Fehlercode einer Graphik-Aktion.
HALT	Sofortige Beendigung eines Programms.
HI	Liefert das Highbyte eines Ausdrucks.
IF..THEN..ELSE	Programmalternative in Abhängigkeit von der Erfüllung/Nicht-Erfüllung einer Bedingung
IMAGESIZE	Ermittelt den Speicherbedarf zurSpeicherung eines Graphikbereichs in einer Variablen.

Anhang 9

INC	Erhöht eine ordinale Variable um den angebenenen Integer-Wert.
INITGRAPH	Auswahl des Graphiksystems und Setzen des Graphikmodus.
INSERT	Einfügen einer Zeichenkette in eine Zeichenkette.
INSLINE	Einfügen einer Zeile ab Cursorposition.
INT	Erzeugt Integer-Zahl durch Abschneiden der Nachkommastellen.
INTR	Auslösen eines Software-Interrupts.
IORESULT	Ermittlung des Fehlerstatus der letztenI/O-Operation.
KEEP	Beendet ein Programm, beläßt es jedoch, im Unterschied zu Halt, im Speicher.
KEYPRESSED	Überprüfung auf Tastatureingaben.
LENGTH	Ermittelt die Länge einer Zeichenkette.
LINE	Zeichnen einer Linie.
LINEREL	Zeichnen einer Linie ab Cursorposition.
LINETO	Zeichnen einer Linie ab Cursorposition.
LN	Berechnet den natürlichen Logarithmus eines Ausdrucks.
LO	Liefert das Low-Byte eines Ausdrucks.
LOWVIDEO	Setzt die Textfarben auf halbe Helligkeit.
MARK	Zuweisung des Heapzeigers an eine Variable.
MAXAVAIL	Ermittelt den größten freien Bereich des Heap.
MEMAVAIL	Ermittelt den gesamten freien Bereich des Heap.

MKDIR	Legt ein neues Verzeichnis auf Festplatte oder Diskette an.
MOVE	Bewegt eine Anzahl von Bytes im Speicher.
MOVEREL	Versetzen des Cursors im Graphikmodus.
MOVETO	Versetzen des Cursors im Graphikmodus.
MSDOS	Funktionsaufrufe des Interrupts $21 von MS-DOS.
NEW	Erzeugt eine dynamische Variable.
NORMVIDEO	Setzt die Textzeichenattribute auf die Anfangswerte zurück.
NOSOUND	Ton abschalten.
ODD	Überprüfung, ob ein Ausdruck ungerade ist.
OFS	Liefert den Offset einer Adresse.
ORD	Liefert die Ordinalzahl eines Ausdrucks.
OUTTEXT	Textausgabe im Graphikmodus.
OUTTEXTXY	Textausgabe im Graphikmodus ab definierter Position.
PACKTIME	Konvertiert den Record vom Type DateTime in eine Variable.
PARAMCOUNT	Liefert die Anzahl der an das Programm übergebenen Parameter.
PARAMSTR	Liefert Parameter, die in der MS-DOS-Kommandozeile an ein Hauptprogramm übergeben wurden, zurück.
PI	Liefert den Wert der Konstanten PI.
PIESLICE	Zeichnet Ausschnitt eines Kuchendiagramms.
POS	Bestimmt die Position eines Teils einer Zeichenkette innerhalb der Zeichenkette.

PRED	Liefert den Vorgänger eines Arguments.
PTR	Erzeugen eines 32-Bit-Zeigers mit Segment-und Offsetwert einer Adresse.
PUTIMAGE	Überträgt ein Bitmuster aus einer Variablen in den Graphikbildschirm.
PUTPIXEL	Setzt einen Punkt in einer bestimmten Farbe.
RANDOM	Erzeugt eine Zufallszahl.
RANDOMIZE	Einschalten des Zufallsgenerators.
READ	Einlesen von Daten aus Dateien oder derTastatur.
READKEY	Einlesen eines Zeichens über die Tastatur.
READLN	Einlesen von Daten aus Dateien oder derTastatur mit Zeilenvorschub.
RECTANGLE	Zeichnen eines Rechtecks.
RELEASE	Zurücksetzen des Heapzeigers.
RENAME	Umbenennen einer Datei auf einem externen Massenspeicher.
REPEAT..UNTIL	Führt eine Schleife solange aus, bis eine gesetzte Bedingung erfüllt ist.
RESET	Öffnet eine Datei zum Lesen oder Schreiben.
RESTORECRTMODE	Zurücksetzen des Bildschirmmodus in den Ursprungszustand.
REWRITE	Legt eine neue Datei an und öffnet sie.
RMDIR	Löscht Unterverzeichnisse.
ROUND	Runden eines Ausdrucks.
SEEK	Auffinden von Datensätzen in einer Datei.

Anhang 9

SEEKEOF	Überprüfung auf Dateiende.
SEEKEOLN	Überprüft beim Lesen einer Datei auf Zeilenende.
SEG	Liefert den Segmentwert einer Adresse.
SETACTIVEPAGE	Umschalten auf andere Graphikseiten.
SETALLPALETTE	Ändert die Farben einer Palette.
SETBKCOLOR	Festlegen der Hintergrundfarbe.
SETCOLOR	Festlegen der Zeichenfarbe.
SETDATE	Einstellen des Systemdatums.
SETFATTR	Dateiattribut ändern.
SETFILLPATTERN	Festlegen von Farbe und Muster zur Flächenfüllung.
SETFILLSTYLE	Auswahl eines Musters zur Flächenfüllung.
SETFTIME	Ändern von Uhrzeit und Datum einer Datei.
SETGRAPHMODE	Umschalten des Bildschirms von Text aufGraphik.
SETINTVEC	Ändert die Adresse eines Interrupt-Vektors.
SETLINESTYLE	Festlegen von Linientyp und Linienstärke.
SETPALETTE	Ordnet Farbnummer eine andere Farbe zu.
SETTEXTBUF	Ordnet einer Textdatei einen Puffer zu.
SETTEXTJUSTIFY	Legt die Justierung von Texten fest.
SETTEXTSTYLE	Festlegen des Fonts, der Ausrichtung und der Größe von Textzeichen.
SETTIME	Einstellen der Systemzeit.
SETVIEWPORT	Legt Zeichenfenster im Graphikmodus fest.

SETVISUALPAGE	Anwahl einer Graphikseite bei EGA, VGA oder Hercules-Graphik.
SIN	Liefert den Sinus eines numerischen Ausdrucks.
SIZEOF	Gibt den Platzbedarf einer Variablen in Bytes an.
SOUND	Erzeugt einen Ton.
SPTR	Ermittelt den Offset der Adresse des Stackpointers.
SQR	Berechnet das Quadrat eines Ausdrucks.
SQRT	Berechnet Quadratwurzel eines Ausdrucks.
SSEG	Liefert Segmentadresse des Stacksegments.
STR	Umwandlung einer Zahl in eine Zeichenkette.
SUCC	Liefert den Nachfolger eines Ausdrucks.
SWAP	Vertauscht das Low- und Highbyte einesAusdrucks.
TEXTBACKGROUND	Festlegen der Texthintergrundfarbe.
TEXTCOLOR	Festlegen der Zeichenfarbe.
TEXTHEIGHT	Ermittelt die Texthöhe in Bildpunkten.
TEXTWIDTH	Ermittelt die Textbreite in Bildpunkten.
TRUNC	Liefert den Integer-Wert einer Realzahl.
TRUNCATE	Löscht den Inhalt einer Datei ab momentaner Zeigerposition.
UNPACKTIME	Konvertiert die in einer Variablen festgehaltene Uhrzeit und Datum in den Record vom Typ DateTime.
UPCASE	Liefert den Großbuchstaben eines angegebenen Kleinbuchstabens zurück.
VAL	Umwandlung einer Zeichenkette in eine Zahl.

WHEREX	Ermittelt, in welcher Spalte sich der Cursor befindet.
WHEREY	Ermittelt, in welcher Zeile sich der Cursor momentan befindet.
WHILE..DO	Wiederholte Ausführung von Anweisungen in Abhängigkeit von einer Bedingung.
WINDOW	Öffnet ein Textfenster.
WITH..DO	Erlaubt den einfachen Zugriff auf Felder eines Records.
WRITE	Schreiben von Daten in Dateien oder auf den Bildschirm.
WRITELN	Schreiben von Daten in Dateien oder auf den Bildschirm mit Zeilenvorschub.

Anhang 10

Übersicht MS-DOS- und MS-OS/2-Kommandos

Diese Auflistung wird Ihnen dann die Suche nach Treibern, Systemkommandos, Stapelverarbeitungs- und Konfigurations-befehlen erleichtern, wenn zwar die Funktion (z.b. Unterverzeichnis erzeugen), nicht jedoch das zugehörige Kommando (in diesem Fall MKDIR) bekannt ist. Wie schon im Lexikonteil bedeuten (P), (R), (R+P), daß das entsprechende Kommando unter MS-OS/2 im Protected-, Real bzw. im Protected- und Realmodus zur Verfügung steht.

ANSIMS	-OS/2-Kommando (P) zur Unterstützung der ANSI-Escapesequenzen.
ANSI.SYS	Gerätetreiber für MS-DOS sowie MS-OS/2 (R) für erweiterte Bildschirm- und Tastaturfunktionen.
APPEND	Externes MS-DOS- und MS-OS/2-Kommando (R) zum Anlegen eines Pfades für DATEN-Dateien.
ASSIGN	Externes MS-DOS- und MS-OS/2-Kommando (R) zur Zuweisung von Laufwerkskennungen.
ATTRIB	Externes MS-DOS- und MS-OS/2-Kommando (R+P) zum Verändern des Dateiattributs.
BACKUP	Externes MS-DOS- und MS-OS/2-Kommando (R+P) zum Anfertigen von kompletten Sicherheitskopien einer Festplatte (Diskette).
BREAK	Internes MS-DOS- und MS-OS/2-Kommando (R+P) zum Aktivieren des Abbruchmodus.
BUFFERS	Konfigurationsbefehl von MS-DOS und MS-OS/2 (R)zur Bestimmung der Anzahl der Disketten-/Plattenpuffer.
CALL	Interner Stapelbefehl von MS-DOS und MS-OS/2 zum Aufruf von Stapeldateien aus Stapeldateien.
CHCP	Internes MS-DOS- und MS-OS/2-Kommando (R+P) zum Aktivieren von Zeichentabellen.

CHDIR	Internes MS-DOS- und MS-OS/2-Kommando (R+P) zum Umschalten auf ein anderes Verzeichnis.
CHKDSK	Externes MS-DOS- und MS-OS/2-Kommando (R+P) zur Überprüfung/Korrektur von Dateien auf Diskette oder Festplatte.
CLS	Internes MS-DOS- und MS-OS/2-Kommando (R+P) zum Löschen des Bildschirms.
CMD	Externes MS-OS/2-Kommando (P). Startet neuenKommando-Prozessor im Protected Mode.
CODEPAGE	Konfigurationsbefehl von MS-OS/2 (R+P) zur Bestimmung der Codepages.
COM.SYS	Gerätetreiber für MS-OS/2 (R+P) zur Konfiguration der seriellen Schnittstellen.
COMMAND	Externes MS-DOS- und MS-OS/2-Kommando (R) zum Start eines Kommandoprozessors.
COMP	Externes MS-DOS- und MS-OS/2-Kommando (R+P) zum Vergleich von Dateien.
COPY	Internes MS-DOS- und MS-OS/2-Kommando (R+P) zum Kopieren einzelner Dateien.
COUNTRY	Konfigurationsbefehl von MS-DOS und MS-OS/2(R+P) zur Auswahl des Zeit-, Datums- und Währungsformats.
CTTY	Interner MS-DOS-Befehl zum Wechseln des Ein-/Ausgabe-Kanals.
DATE	Internes MS-DOS- und MS-OS/2-Kommando (R+P) zur Abfrage und zum Einstellen des Datums.
DELETE	Internes MS-DOS- und MS-OS/2-Kommando (R+P) zum Löschen von Dateien.
DETACH	Interner MS-OS/2-Befehl (P) zum Verlagern von Programm- oder Kommandoabläufen in den Hintergrund.

DEVICE	Konfigurationsbefehl von MS-DOS und MS-OS/2(R+P) zur Installation von Gerätetreibern.
DEVINFO	Konfigurationsbefehl von MS-OS/2 (R+P) um Geräte für Codepage-Umschaltung vorzubereiten.
DIR	Internes MS-DOS- und MS-OS/2-Kommando (R+P) zur Anzeige des Inhaltsverzeichnisses eines Massenspeichers.
DISKCACHE	Konfigurationsbefehl von MS-OS/2 (R+P) zur Installation eines Plattencaches.
DISKCOMP	Externes MS-DOS- und MS-OS/2-Kommando (R+P) zum Vergleich von Disketteninhalten.
DISKCOPY	Externes MS-DOS- und MS-OS/2-Kommando (R+P) zum Kopieren kompletter Disketten.
DISPLAY.SYS	Gerätetreiber für MS-DOS zum Code-Page-Switching für Tastatur/Bildschirm.
DPATH	MS-OS/2-Kommando (P). Anlegen eines Pfades für Datendateien.
DRIVER.SYS	Gerätetreiber für MS-DOS zur Unterstützung logischer Laufwerke.
DRIVPARM	Konfigurationsbefehl von MS-DOS zum Ändern von Laufwerksparametern.
ECHO	Interner Stapelbefehl von MS-DOS und MS-OS/2(R+P) zum Ein-/Ausschalten des Bildschirmechos.
EGA.SYS	Gerätetreiber von MS-OS/2 (R) zur Mausunterstützung für EGA-Graphikmodi.
ENDLOCAL	Interner Stapelbefehl von MS-OS/2. Macht die mit SETLOCAL definierten Umgebungsvariablen sowie lokale Laufwerke und Verzeichnisse wieder rückgängig.
ERASE	MS-DOS-Kommando zum Löschen von Dateien.

Anhang 10

EXE2BIN	Externes MS-DOS-Kommando zur Umwandlung von EXE-Dateien in COM- oder BIN-Dateien.
EXIT	Internes MS-DOS- und MS-OS/2-Kommando (R+P).Rücksprung zum primären Kommandoprozessor.
EXTDSKDD.SYS	Gerätetreiber von MS-OS/2 (R+P) zur Unterstützung externer/logischer Laufwerke.
EXTPROC	Interner Stapelbefehl von MS-OS/2. Definiert für den Ablauf einer Stapeldatei einen zweiten Kommandoprozessor.
FASTOPEN	Externes MS-DOS-Kommando zur Beschleunigung von Zugriffen auf Dateien und Verzeichnisse.
FC	Externes MS-DOS-Kommando zum Vergleich von Dateien.
FCBS	Konfigurationsbefehl von MS-DOS und MS-OS/2 (R)zur Festlegung der Anzahl der File Control Blocks.
FDISK	Externes MS-DOS- und MS-OS/2-Kommando (R+P) zur Einteilung der Festplatte in Bereiche.
FILES	Konfigurationsbefehl von MS-DOS zur Bestimmung der Anzahl der gleichzeitig geöffneten Dateien.
FIND	Externes MS-DOS- und MS-OS/2-Kommando (R+P) zum Auffinden von Zeichenketten.
FOR	Interner Stapelbefehl von MS-DOS 3 und MS-OS/2(R+P) zur Befehlswiederholung für Variable.
FORMAT	Externes MS-DOS- und MS-OS/2-Kommando (R+P) zum Formatieren von Festplatten und Disketten.
GOTO	Interner Stapelbefehl von MS-DOS und MS-OS/2(R+P). Sprung zu definiertem Label.
GRAFTABL	Externes MS-DOS- und MS-OS/2-Kommando (R) zum Laden eines Zeichensatzes.

GRAPHICS	Externes MS-DOS-Kommando zum Ausdruck des Bildschirminhalts (Text und Graphik).
HELPMSG	MS-OS/2-Kommando (P). Erklärt Fehlermeldungen und gibt Hinweise zur Fehlerbeseitigung.
IF	Stapelbefehl von MS-DOS und MS-OS/2 (R+P) zur Kommandoverzweigung.
INSTALL	Konfigurationsbefehl von MS-DOS zur Ausführung von MS-DOS-Befehlen in der Datei CONFIG.SYS.
IOPL	Konfigurationsbefehl von MS-OS/2 (P) um Ein-/Ausgabe-Privileg zu erteilen.
JOIN	Externes MS-DOS- und MS-OS/2-Kommando (R) zur Zusammenlegung von Laufwerken.
KEYB	Externes MS-DOS- und MS-OS/2-Kommando (R+P) zum Laden des Tastaturtreibers.
LABEL	Externes MS-DOS- und MS-OS/2-Kommando (R+P).Namen von Datenträger erzeugen, ändern, abfragen und löschen.
LASTDRIVE	Konfigurationsbefehl von MS-DOS zur Festlegung der höchsten Laufwerksbezeichnung.
LIBPATH	Konfigurationsbefehl von MS-OS/2 (P). Festlegen des Pfades für dynamische Link-Dateien.
MAXWAIT	Konfigurationsbefehl von MS-OS/2 (P) zum Festlegen der Wartezeit eines Prozesses.
MEM	Externes MS-DOS-Kommando zur Anzeige der Speicherbelegung.
MEMMAN	Konfigurationsbefehl von MS-OS/2 (P) für das Memory Management.
MKDIR	Internes MS-DOS- und MS-OS/2-Kommando (R+P) zum Anlegen von Unterverzeichnissen.

MODE	Externes MS-DOS- und MS-OS/2-Kommando (R+P).Dient zur Einstellung von Codepages, Schnittstellen und Peripheriegeräten wie Bildschirm oder Drucker.
MORE	Externes MS-DOS- und MS-OS/2-Kommando (R+P).Erlaubt die seitenweise Auflistung von Dateien am Bildschirm.
MOUSEAxx.SYS	Gerätetreiber von MS-OS/2 (R+P) zur Mausunterstützung.
NLSFUNC	Externes MS-DOS-Kommando zum Laden länderspezifischer Informationsdateien.
PATCH	MS-OS/2-Kommando (R+P) zum Ändern von Programm-Codes.
PATH	Internes DOS und MS-OS/2-Kommando (R+P) zur Pfadangabe für Befehls-, Programm- und Stapeldateien.
PAUSE	Stapelbefehl von MS-DOS und MS-OS/2 (R+P) zum Anhalten von Stapeldateien.
PAUSEONERROR	Konfigurationsbefehl von MS-OS/2 (R+P) für Pausen bei Fehlermeldungen.
POINTDD.SYS	Gerätetreiber von MS-OS/2 (R+P) zur Mauszeiger-Unterstützung.
PRINT	Externes MS-DOS- und MS-OS/2-Kommando (R+P) zum Ausdruck von Dateien im Hintergrund.
PRINTER.SYS	Gerätetreiber für MS-DOS für das Code-PageSwitching.
PRIORITY	Konfigurationsbefehl von MS-OS/2 (P) zur Prioritätenverteilung an Prozesse.
PROMPT	Internes MS-DOS- und MS-OS/2-Kommando (R+P) zum Ändern des System-Anforderungszeichens.

Anhang 10

PROTECTONLY	Konfigurationsbefehl von MS-OS/2 (R+P) zur Wahl des Betriebsmodus.
PROTSHELL	Konfigurationsbefehl von MS-OS/2 (P) zum Start eines anderen Programm-Selektors.
RAMDRIVE.SYS	Gerätetreiber von MS-DOS zur Installation einer RAM-Disk.
RECOVER	Externes MS-DOS- und MS-OS/2-Kommando (R+P) zum Wiederherstellen defekter Dateien.
REM	Stapelbefehl von MS-DOS und MS-OS/2 (R+P) zum Einfügen von Kommentaren.
RENAME	Internes MS-DOS- und MS-OS/2-Kommando (R+P) zum Umbenennen von Dateien.
REPLACE	Externes MS-DOS- und MS-OS/2-Kommando (R+P) zum Ersetzen von Dateien.
RESTORE	Externes MS-DOS- und MS-OS/2-Kommando (R+P) zum Wiederherstellen von gesicherten Dateien.
RMDIR	Internes MS-DOS- und MS-OS/2-Kommando (R+P) zum Löschen von Unterverzeichnissen.
RMSIZE	Konfigurationsbefehl von MS-OS/2 (R), um Speicher für Real Mode zu reservieren.
RUN	Konfigurationsbefehl von MS-OS/2 (R+P) zum Start von Programmen.
SELECT	Externes MS-DOS-Kommando zur Installation des Betriebsystems mit landesspezifischen Eigenheiten.
SET	Internes MS-DOS- und MS-OS/2-Kommando (R+P) zur Zuweisung von Zeichenfolgen.
SETCOM40	Externes MS-OS/2-Kommando (R) zum Zu-/Abschalten der seriellen Ports.
SETLOCAL	Interner Stapelbefehl von MS-OS/2 (R+P) zum Setzen der Umgebungsvariablen für Batch-Dateien.

SHARE	Externes MS-DOS-Kommando. Aktiviert den gemeinsamen Filezugriff in Netzwerken.
SHELL	Konfigurationsbefehl von MS-DOS und MS-OS/2 (R)zum Laden eines alternativen Befehlsprozessors.
SHIFT	Interner Stapelbefehl von MS-DOS und MS-OS/2(R+P) zur Benutzung von mehr als 10 Parametern.
SMARTDRV.SYS	Gerätetreiber für MS-DOS zum Anlegen eines Festplatten-Caches.
SORT	Externes MS-DOS- und MS-OS/2-Kommando (R+P) zum Sortieren von Dateien.
SPOOL	Externes MS-OS/2-Kommando (P) zum Drucken im Hintergrund.
STACKS	Konfigurationsbefehl von MS-DOS zur Bestimmung der Anzahl bzw. Größe der Stapelspeicher.
START	Internes MS-OS/2-Kommando (P) zum Start eines Programms in einer anderen Session.
SUBST	Externes Komando von MS-DOS MS-OS/2 (R) zum Ersetzen von Pfadnamen durch Laufwerksbezeichnungen.
SWAPPATH	Konfigurationsbefehl von MS-OS/2 (P) zum Festlegen des Pfades für Swap-Files.
SWITCHES	Konfigurationsbefehl von MS-DOS 4 zum Abschalten der Unterstützung einer erweiterten Tastatur.
SYS	Externes MS-DOS-und MS-OS/2 Kommando (R+P) zum Übertragen der Systemdateien
THREADS	Konfigurationsbefehl von MS-OS/2 (P) zur Festlegung der Anzahl der Threads.
TIME	Internes MS-DOS- und MS-OS/2-Kommando (R+P) für Anzeige oder Einstellen der Uhrzeit.

TIMESLICE	Konfigurationsbefehl von MS-OS/2 (P) zur Zuteilung der Prozessorzeit.
TREE	Externes MS-DOS- und MS-OS/2-Kommando (R+P) zur Anzeige der Verzeichnisse in Baumstruktur.
TYPE	Internes MS-DOS- und MS-OS/2-Kommando (R+P) zur Anzeige des Inhalts von Textdateien am Bildschirm.
VDISK.SYS	Gerätetreiber für MS-DOS und MS-OS/2 (R+P) zum Erzeugen einer RAM-Disk.
VER	Internes MS-DOS- und MS-OS/2-Kommando (R+P) zur Anzeige der Versionsnummer des Betriebssystems.
VERIFY	Internes MS-DOS- und MS-OS/2-Kommando (R+P) zur Überprüfung von Schreibvorgängen.
VOL	Internes MS-DOS- und MS-OS/2-Kommando (R+P) zur Anzeige von Datenträgernamen.
XCOPY	Externes MS-DOS- und MS-OS/2-Kommando (R+P) zum Kopieren von Dateien und Verzeichnissen.
XMA2EMS.SYS	Gerätetreiber von MS-DOS 4 zur Unterstützung des Erweiterungsspeichers (expanded memory).
XMAEM.SYS	Gerätetreiber von MS-DOS 4 zur Unterstützung des Erweiterungsspeichers eines IBM-PS/2-Modells.

Anhang 11

Kleines Fachwörterbuch Englisch-Deutsch/Deutsch-Englisch

Abgesehen von Fachausdrücken, bei denen sich die englischen Bezeichnungen auch in der "deutschen EDV-Sprache" eingebürgert haben, sind in diesem Lexikon nahezu alle Begriffe unter deutschen Stichworten aufgeführt, wobei jeweils der englische Fachbegriff mit angegeben ist. Um Ihnen jedoch auch den umgekehrten Suchweg zu ermöglichen — sie kennen z.b. nur den englischen Ausdruck, der Begriff ist jedoch unter der deutschen Bezeichnung erklärt — finden sie nachfolgend alle wesentlichen in diesem Buch verwendeten Stichpunkte in englischer Sprache mit Querverweisen auf die deutsche Bezeichnung, unter welcher der Begriff erklärt ist (gilt nicht für die wenigen Begriffe, die nur unter dem englischen Stichwort erkärt sind). Das ganze kann selbstverständlich auch als kleines Fachwörterbuch benutzt werden, daher sind die Begriffe nochmals in der Reihenfolge Deutsch-Englisch aufgeführt.

ENGLISH - DEUTSCH

A

abrasion	Verschleiß
abscissa	Abszisse, X-Achse
absolute address	absolute Adresse
absolute jump	absoluter Sprung
absolute value	Absolutwert
access	Zugriff
access authorization	Zugangsberechtigung
access level	Zugriffsebene
access method	Zugriffsverfahren
access right	Auskunftsrecht
access supervision	Zugriffskontrolle
access time	Zugriffszeit
accumulator	Akkumulator
acoustic coupler	Akustikkoppler
actual address	absolute Adresse
actual balance	Tragfertigkeit
actual state analysis	Ist-Analyse
adapter	Adapter
add-in	Computerzubehör (intern)
add-in board	Erweiterungssteckkarte
add-on	Computerzubehör (extern)
add-on board	Zusatzkarte

Anhang 11

adder	Addierer, (Voll-, Halbaddierer)
address	Adresse, adressieren
address bus	Adreßbus
addressing mode	Adressierungsart
adress range	Adreßbereich
adventure	Abenteuerspiel
AI language	KI-Sprache
algebraic languages	algebraische Sprachen
algorithm	Algorithmus
alert box	Warntafel
alignment	Textausrichtung
all-purpose computer	Universalrechner
allocation	Speicherzuordnung, Zuordnung
alphanumeric	alphanumerisch
alternate key	Alt-Taste
amber monitor	Bernsteinmonitor
analog color monitor	analoger Farbmonitor
analog-to-digital converter	A/D-Wandler
and gate	AND- bzw. UND-Gatter
animation	Animation
annotation	Bemerkung, Kommentar
application programme	Anwendungsprogramm
application programmer	Anwendungsprogrammierer
application software	Anwendungssoftware
application-oriented programming language	anwendungsorientierte Programmiersprache
appointment scheduler	Terminkalender(programm)
approach supervision	Zugangskontrolle
arcade	Aktionspiel
archive	Archivierung
archive bit	Archivbit
argument	Argument
arithmetic logical unit	ALU, Rechenwerk, Prozessor
array	Datenfeld, Datenliste
array processor	Arrayprozessor, Vektorprozessor
ASCII code	ASCII-Code, ASCII-Zeichensatz
aspect ratio	Seitenverhältnis
assemble	assemblieren
assembler	Assembler
assembly language	Assemblersprache
assignment	Zuweisung
asynchronous	asynchron
asynchronous data transmission	asynchrone Datenübertragung

at-sign	Klammeraffe (@)
attachment identification	Anschlußkennung
attribute	Attribut
automatic dialling equipment	Telephonwahlmodul
automatic pagination	automatischer Seitenumbruch
automatic teaching system	Autorensystem
automatic word wrapping	automatischer Zeilenumbruch
autorouting	automatische Entflechtung
autoswitch graphics board	Autoswitch-Graphikkarte
auxiliary storage	externer Speicher

B

background processing	Hintergrundverarbeitung
background programme	Hintergrundprogramm
backlit LCD	LCD-Bildschirm mit Hintergrundbeleuchtung
backslash	umgekehrter Schrägstrich
backspace key	Löschtaste
backup	sichern
backup copy	Sicherungskopie
backup file	Sicherungsdatei
bandwith	Bandbreite
bank-switching	Speicherbank-Umschaltung
bar chart	Balkengraphik, Säulendiagramm
bar code	Artikelnummerncode, Strichcode
bar code reader	Barcode-Leser
base	Basis, Basiszahl
baseline	Grundlinie
batch file	Stapeldatei
batch processing	Stapelverarbeitung, Schubverarbeitung
battery driven	Akkubetrieb, Batteriebetrieb
benchmark	Geschwindigkeitstest
bidirectional	bidirektional
binary addition	binäre Addition
binary code	Bitcode
binary digit	Binärziffer
binary division	binäre Division
binary multiplication	binäre Multiplikation
binary operation	binäre Funktion
binary state	binärer Zustand
binary subtraction	binäre Subtraktion
binary system	Binärsystem, Dualsystem, Zweiersystem

binding — Heftrand
BIOS interrupt — BIOS-Interrupt
bit by bit operation — bitweise Operation
bit map — Bit-Map
bit-parallel — bitparallel
bit-serial — bitseriell
bitstream font — bitorientierter Zeichensatz
blank — Leerstelle, Leerzeichen
block — Block
block length — Blocklänge
blocking — Blockung
blocking factor — Blockungsfaktor
board computer — Bordcomputer
body text — Grundschrift
boilerplate — Textbaustein
bold — fett (Schrift)
boolean variable — Boolesche Variable
boot drive — Startlaufwerk
boot-partition — aktive Partition
bootstrap — (Neu-)Start eines Rechners
bootstrap loader — Urlader
bouncing — Prellen (Tastatur)
branch — Verzweigung
branch on condition — bedingte Verarbeitung
breakpoint — Haltepunkt
buffer — Pufferspeicher, Puffer
bug — Programmfehler
bus — (Rechner-)Bus, Kanal
bus interface — Bus-Schnittstelle
bus mouse — Bus-Maus
bus topology — Bus-Topologie
bus width — Busbreite
business graphics — Geschäfts-, Präsentationsgraphik
byte-serial — byteseriell

C

cabinet — (Computer-)Gehäuse
cancel — abbrechen
capacity — Kapazität
capital letter — Großbuchstabe, Versalie
caps — Großbuchstaben
capstan drive — Kapstanantrieb

carbon ribbon	Karbonfarbband
card punch	Lochkartenstanzer
carriage return	Wagenrücklauf
carry	Übertrag (bei Addition)
case	(Computer-)Gehäuse
cathode ray tube	Bildschirm
cell	Zelle
centered	zentriert, mittig
centering	Zentrierung
central hole	Mittelloch, Spindelloch
central processing unit	Hauptprozessor
central unit	Zentraleinheit
centralized data collection	zentrale Datenerfassung
centronics interface	Centronics-Schnittstelle
chain printer	Kettendrucker
channel	(Daten-)Kanal
channel capacity	Kanalleistung
character	Zeichen
character generator	Zeichengenerator
character printer	Zeichendrucker
character recognition	Texterkennung
character set	Zeichensatz
character table	Zeichentabelle
chartDiagramm chassis	Einbaurahmen
check number calculation	Prüfziffernverfahren
check sum	Prüfsumme
checkbit	Prüfbit, Kontrollbit
checkpoint technique	Fixpunkttechnik
circuit board	Platine
click	klicken (mit der Maus)
clipboard	Ablagefläche
clock frequency	Taktfrequenz
clock generator	Taktgeber
clone	Nachbau
close box	Schließfenster
closed system	geschlossenes System
coaxial cable	Koaxialkabel
coding	Codierung
cold boot	Kaltstart
cold start	Kaltstart
color	Farbe
color display	Farbbildschirm
color graphics board	Farbgraphik-Karte
column guide	Spaltenlinie

Anhang 11

command	Befehl
command line	Befehlszeile
command mode	Kommandomodus, Kommandoebene
command processor	Kommandoprozessor
comment	Kommentar
communication	Kommunikation
communication interlocking	Kommunikationsverbund
communication server	Kommunikationsserver
compatible	kompatibel
compound condition	zusammengesetzte Bedingung
compound statement	Mehrfachanweisung
computer	Rechner
computer kit	Rechnerbausatz
computer science	Informatik
computing performance	Rechenleistung
concatenation	Verkettung (von Zeichen)
condition	Bedingung
conditional branch	bedingte Verzweigung
conditional execution	bedingte Befehlsausführung
conductor path	Leiterbahn
configuration	Konfiguration
connected characters	verbundene Zeichen
connectivity	Verbindungsmöglichkeit
connector	Konnektor
console	Konsole
constant	Konstante
continuous form	Endlospapier
control bus	Steuerbus
control character	Steuerzeichen
control data	Steuerungsdaten
control key	Befehlstaste, Kontrolltaste
control unit	Leitwerk, Steuerwerk
conversion	Konvertierung, Umrechnung
coprocessor	Koprozessor
copy	Kopie, kopieren
copy protection	Kopierschutz
correction key	Korrekturtaste
counter	Zähler
counter loop	Zählerschleife
counter variable	Zählvariable
crack	knacken
crash	(Programm)Absturz
crop	Beschneiden (einer Graphik)
cross checking	Kreuzsicherung

cross-assembler	Kreuzassembler
crosshairs	Fadenkreuz
cryptography	Kryptographie
cursor	Bildschirmmarke
cursor control key	Cursor-Taste
cut	schneiden
cut & paste	Ausschneiden und Wiedereinfügen
cut sheet feeder	Einzelblattschacht
cut sheet feeding	Einzelblattzufuhr
cybernetics	Kybernetik cycle
time	Zykluszeit
cyclic	zyklisch, taktsynchron
cyclic programme	zyklisches Programm
cylinder	Zylinder

D

daisy chaining	Gerätezusammenschluß
daisy wheel printer	Typenraddrucker
data	Daten
data bus	Datenbus, Datenkanal
data collection	Datenerfassung
data conversion	Datenkonvertierung
data disk	Datendiskette
data field	Datenfeld
data file	Datei
data flowchart	Datenflußplan
data gathering	Datenerfassung
data hierarchy	Datenhierarchie
data interlocking	Datenverbund
data item	Datum (Einzahl von Daten)
data loss	Datenverlust
data medium	Datenträger
data protection act	Datenschutzgesetz
data protection crime	Datenschutzverletzung
data protection officer	Datenschutzbeauftragter
data recording	Datenerfassung
data security	Datengeheimnis, Datensicherung
data station	Datenstation
data telephone	Datentelephon
data terminal	Datenendgerät
data transmission	Datenübertragung
data transmission line	Datenübertragungsleitung

data type	Datentyp
database	Datenbank
debounceent	prellen (Tastatur)
debugger	Ablaufverfolger, Testhilfe
debugging	Programmfehlerbeseitigung, Ablaufverfolgung
decimal point	Dezimalpunkt
decimal system	Dezimalsystem
decimal to binary conversion	Dezimal-Binär-Codierung
declaration	Deklaration
declarative programming language	deklarative Programmiersprache
decoder	Dekodierer
decrement	Dekrement
dedicated computer	dedizierter Rechner
dedicated line	Standleitung
deduction	Deduktion
default	Standard, Standardeinstellung
default drive	Standardlaufwerk
default setting	Standardeinstellung
default value	Standardwert
delay	(Programm-)Verzögerung
delete	löschen
delete key	Lösch-Taste, Entf-Taste
density	(Aufzeichnungs-)Dichte
descriptive programming language	deskriptive Programmiersprache
desktop	Schreibtisch
desktop computer	Schreibtischrechner
device	Gerät
diagram	Diagramm
dialect	Dialekt (Computersprachen)
dialog box	Dialogfenster
dialog field	Dialogfeld
diamond	Raute
digit position	Ziffernteil
digital	digital
digital color monitor	digitaler Farbmonitor
digital computer	Digitalrechner
digital-to-analog converter	D/A-Wandler
digitizer	Digitalisiertablett,Graphiktablett, Zeichentablett
direct access	Direktzugriff
direct addressing	direkte Adressierung
direct data recording	direkte Datenerfassung

direct remote data processing	direkte Datenfernverarbeitung
directory	Inhaltsverzeichnis
discretionary hyphen	Trennfuge
disjunction	Disjunktion
disk	Platte, Diskette
disk abrasion	Diskettenverschleiß
disk directory	Diskettenverzeichnis
disk drive	Diskettenlaufwerk
disk format	Diskettenformat
disk operating system	Plattenbetriebssystem
disk optimizer	Diskettenoptimierer
disk pack	Plattenstapel
disk storage box	Diskettenkasten
diskless workstation	Rechner ohne Laufwerke
displacement address	Distanzadresse
display	Bildschirm
display terminal	Sichtgerät
distributed data processing	dezentrale Datenverarbeitung
distributed data recording	dezentrale Datenerfassung
distributed system	verteiltes System
dithering	Rasterung
DMA controller	DMA-Kontroller
document reader	Belegleser
documentation	Dokumentation (Anleitung)
dongle	Kopierschutzstecker
door lock	Laufwerksverriegelung
dot	(Bild-)Punkt
dot matrix printer	(Punkt)Matrixdrucker
dot pitch	Pixelabstand
double bin cut sheet feeder	Doppelschacht (für automatischePapierzufuhr für Drucker)
double precision	doppelte Genauigkeit
double sided	zweiseitig (beschreibbar)
double-click	Doppelklick
download	hinunterladen
downloadable character set	zuladbarer Zeichensatz
downward compatible	abwärtskompatibel
draft	Entwurf(sschrift)
drag	Ziehen (der Maus)
drive	Laufwerk
drive letter	Laufwerksbuchstabe, Laufwerkskennung
driver	Treiber
drop out	Signalausfall
dropdown menu	Drop-Down-Menü

drum plotter	Trommel-, Walzenplotter
drum storage	Magnettrommelspeicher
dry run	Schreibtischtest
dummy bit	Leerbit
dump	Speicherauszug
duplex	Duplex, Vollduplex
duplex printing	beidseitiger Druck
duplicate	Duplicat
dynamic linking	dynamisches Linken
dynamic parameter	dynamischer Parameter
dynamic RAM	dynamisches RAM
dynamic semiconductor memory	dynamischer Halbleiterspeicher

E

eccentricity	Exzentrizität (Unrundlaufen einer Diskette)
edit	editieren (Text bearbeiten)
editor	Editor
electronic data processing	elektronische Datenverarbeitung
electronic mail	elektronische Post
electrostatic printer	elektrostatischer Drucker
emergency power supply	Notstromversorgung
emulation mode	Emulationsmodus
emulator	Emulator
end key	Ende-Taste
enhanced keyboard	erweiterte Tastatur, MF-Tastatur
enter key	Eingabetaste
entry point	Einsprungpunkt
eprom card	EPROM-Karte
eprom programmer	EPROM-Brenner, EPROM-Programmiergerät
erasable optical disk	löschbare optische Platte
erasable optical memory	löschbarer optischer Speicher
erase	löschen
error codes	Fehler-Codes
error correction	Fehlerkorrektur
error detection	Fehlererkennung
error handling	Fehlerbehandlung
error message	Fehlermeldung
escape key	Abbruch-Taste, ESC-Taste
escape sequence	Escape-Sequenz
even spacing	fester Zeichenabstand

executable   ablauffähig
expandability   Ausbaufähigkeit
expanded memory   Erweiterungsspeicher
expansion slot   Erweiterungssteckplatz
expert system   Expertensystem
exponent   Exponent
extended memory   Erweiterungsspeicher
extended partition   erweiterte Partition(einer Festplatte)
extension   Dateinamensuffix, Dateikennung
external command   externes, transientes Kommando
external data processing   externe Datenverarbeitung

F

face-down technique   seitenrichtige Ablage
face-up technique   seitenverkehrte Ablage
facsimile   Faksimile
fanfold labels   Endlosetiketten
fanfold paper   Endlospapier
fanfolding   Leporellofalzung
feed holes   Transportlöcher
file   Datei
file attribute   Datei-Attribut
file fragmentation   Dateienfragmentierung
file locking   Dateisperre
file name   Dateiname, Dateibezeichnung
file transfer   Dateiübertragung
filecard   Festplatten-Karte
filter programme   Filterprogramm
firmware   Festprogramm
fixed disk   Festplatte
fixed point number   Festkommazahl
flat screen   Flachbildschirm
flatbed plotter   Flachbettplotter
flatbed scanner   Flachbettscanner
flip flop   Flip-Flop
fliptop case   Klappgehäuse
floating point number   Fließkommazahl
floor stand   Computerstandfuß, Standfuß
floppy disk   Diskette
floppy disk controller   Diskettenlaufwerkskontroller
flow text   Fließtext
flowchart   Ablaufdiagramm, Datenflußplan

Anhang 11

	Programmablaufplan
flowchart symbol	Diagrammsymbol
font	Schriftart
font card	Font-Karte
font size	Schriftgrad, Schriftgröße
footer	Fußzeile
footnote	Fußnote
format	Format, formatieren
format control	Formatkontrolle
formatted capacity	Netto-, Nennkapazität
frame	Rahmen, Sprosse
frame buffer	Bild(wiederhol)speicher,Graphikspeicher
frequency	Frequenz
frequency clock	Netzuhr
friction feed	Friktionsantrieb
full adder	Volladdierer
full screen display	Ganzseitenmonitor, -darstellung
full screen editor	seitenorientierter Editor
function key	Funktionstaste
functional programming language	funktionale Programmiersprache

G

galley proof	Korrekturfahne
gameport	Spieladapteranschluß
gap	Kluft
garbage collection	Speicherbereinigung
generation principle	Generationenprinzip
generator programme	Programmgenerator
global variable	globale Variable
grandfather-father-son principle	3-Generationenprinzip
graphic cursor	Graphikcursor
graphic resolution	Graphikauflösung
graphical user interface	graphische Benutzeroberfläche
graphics board	Graphikkarte
graphics printer	Graphikdrucker
green monitor	Grünmonitor
grid	Gitternetz
ground	Masse
gutter	Zwischenschlag
gutter margin	Bund

H

hairline	Haarlinie
half adder	Halbaddierer
half duplex	Halbduplex
halftone	Halbton
hand-held computer	Taschencomputer
hand-held reader	Lesepistole
hand-held scanner	Handscanner, Handlesegerät
handshaking	Quittungsbetrieb
handwriting reader	Handschriftleser
hanging indent	hängender Einzug
hard hole	Verstärkungsring (von Disketten)
hard-sektoring	Hartsektorierung
hardcopy	Bildschirmausdruck
harddisk	Festplatte
harddisk controller card	Festplatten-Kontrollerkarte
hardware clock	Hardware-Uhr
hardware interlocking	Hardwareverbund
hash file	Hash-Datei
head gap	Luftspalt (im Schreib-/Lesekopf)
head window	Kopffenster
headcrash	Aufsetzen der Schreib-/Leseköpfe
header	Dateivorspann
heading	Kopfzeile
headline	Überschrift
hexadecimal code	Hexadezimalcode
hexadecimal system	Hexadezimalsystem, Sedezimalsystem
hidden lines	verdeckte Linien
hierarchic data system	hierarchisches Datensystem
high level programming language	höhere Programmiersprache, Hochsprache
histogram	Histogramm
home key	Posl-Taste, Home-Taste
horizontal frequency	Horizontalfrequenz
horizontal parity check	Querprüfbitverfahren
host	Gastgeber, Großrechner
hybrid computer	Hybridrechner
hyphenation	Silbentrennung

I

I/O area	E/A-Bereich
icon	Bildschirmsymbol
illegal copy	Raubkopie
impact printer	Anschlagdrucker
implementation	Implementierung
incompatible	inkompatibel
increment	Inkrement
indent	(Zeilen-)Einzug
index file	Indexdatei
index hole	Indexloch (einer Diskette)
index register	Indexregister
indexed addressing	indizierte Adressierung
indexed sequential storage	index-sequentielle Speicherung
indirect addressing	indirekte Adressierung
indirect data recording	indirekte Datenerfassung
indirect programming	indirekte Programmierung
indirect remote data processing	indirekte Datenfernverarbeitung
induction	Induktion
infinite loop	Endlosschleife
information	Information
inhouse data processing	interne Datenverarbeitung
initial letter	Initial
initial value	Anfangswert
initializing	Initialisierung
ink jet printer	Tintenstrahldrucker
input control	Eingabekontrolle
input device	Eingabegerät
input instruction	Eingabebefehl
input/output area	Ein-/Ausgabebereich
input/output unit	Ein-/Ausgabewerk
insert key	Einfügen-Taste
insert mode	Einfügemodus
installation	Installation
instruction	Befehl, Anweisung
instruction counter	Befehlszähler
instruction cycle	Befehlszyklus
instruction register	Befehlsregister
instruction set	Befehlssatz, Befehlsvorrat
instruction type	Befehlsart
integrated circuit	Integrierte Schaltung
integrated software package	Integriertes Paket

Anhang 11

intelligent terminal	intelligentes Terminal
interactive device	Dialoggerät
interactive mode	Dialogverarbeitung
interactive terminal	Dialogstation
interface	Schnittstelle
interface board	Schnittstellenkarte
interlaced mode	Zeilensprungverfahren
interleave	Versetzung(sfaktor)
interlocked network	Verbundschaltung
internal command	internes, residentes Kommando
internal font	fester, residenter Zeichensatz
international telegraph code	Fernschreibcode
interrupt	Unterbrechung
interrupt request	Unterbrechungsanforderung
italics	kursiv (Schrift)
iteration	Iteration, Wiederholung

J

jacket	Diskettenhülle
job management	Aufgabensteuerung
joystick	Steuerknüppel, Steuerhebel
joystick card	Joystick-Anschlußkarte
jump instruction	Sprungbefehl
jumper	Steckbrücke
justification	Ausrichtung, Blocksatz

K

kerning	Unterschneiden
key	Taste, Schlüssel
key data	Ordnungsdaten
key disk	Schlüsseldiskette
key pad	(separater) Tastaturblock
key shift	Tastenumschaltung
keyboard	Tastatur
keyboard connector	Tastaturanschluß
keyboard controller	Tastaturkontroller
keyboard cover	Tastaturabdeckung
keyboard driver	Tastaturtreiber
keyboard layout	Tastenbelegung
keyboard lock	Tastaturschloß

knowledge base | Wissensbasis, Wissensbank

L

label	Kennsatz, Sprungmarke
label record	Kennsatz
landing zone	Landezone
landscape	Querformat
language	(Programmier)Sprache
language translator	Übersetzungsprogramm
laptop	tragbarer Computer
laser printer	Laserdrucker
latency time	Latenzzeit
layout	Aufmachung, Seitenmontage
leading	Durchschuß, Zeilenabstand
leading videotext page	BTX-Leitseite
left justified	linksbündig
letter quality	Schönschrift
letter quality printer	Korrespondenz-, Schönschriftdrucker
library	Bibliothek
lift-off mechanism	Abhebemechanismus
light barrier	Lichtschranke
light-emitting diode	Leuchtdiode
lightpen	Lichtgriffel
line art	Vektorgraphik
line editor	zeilenorientierter Editor
line feed	Zeilenvorschub
line number	Zeilennummer
line printer	Zeilendrucker, Paralleldrucker
line spacing	Zeilenabstand
linker	Programmbinder
liquid crystal display	Flüssigkristallanzeige
listing	Programmzeilenausgabe
load	laden
load address	Ladeadresse
load interlocking	Lastverbund
local area network	lokales Netzwerk
local variable	lokale Variable
log	Protokoll
log file	Log-Datei, Protokolldatei
logic instruction	Verknüpfungsanweisung
logic-seek printing	Druckwegoptimierung
logical drive	logisches Laufwerk

logical operator	logischer Operator
long distance data transmission	Datenfernübertragung
longitudinal parity check	Längsprüfbitverfahren
longitudinal recording	Longitudinalaufzeichnung
loop	(Programm)Schleife

M

machine	Maschine
machine code	Maschinencode
machine dependent language	maschinenorientierte Sprache
machine dependent programme	maschinenorientiertes Programm
machine language	Maschinensprache
machine test	Maschinentest (eines Programms)
machine-oriented programming language	maschinenorientierte Programmiersprache
machine-readable document	Maschinenbeleg
macro	Makro
macro recorder	Makroaufzeichner
magnetic core storage	Magnetkernspeicher
magnetic disk	Magnetdiskette, Magnetplatte
magnetic disk pack	Magnetplattenstapel
magnetic drum storage	Magnettrommelspeicher
magnetic head	Magnetkopf
magnetic ink document	Magnetschriftbeleg
magnetic particles	Magnetteilchen
magnetic tape	Magnetband
magnetic tape cassette	Magnetbandkassette
magnetic tape drive	Magnetbandlaufwerk
magnetic track	Magnetspur
magneto-optical storage	magneto-optischer Speicher
mailbox	elektronischer Briefkasten
mailmerge	Serienbrieferstellung
main memory	Arbeitsspeicher, Zentralspeicher
main menu	Hauptmenü
mainboard	Hauptplatine
mainframe	Großrechner
man year	Mannjahr
management information system	Management-Informationssystem
mantissa	Mantisse
manual	Bedienungsanleitung

manual data processing	manuelle Datenverarbeitung
margin alignment	Randausgleich
mark sheet	Markierungsbeleg
mask	Maske
master data	Stammdaten
master password	Masterpaßwort, Hauptpaßwort
master record	Stammsatz
masterpage	Formatseite
matchcode	Abgleichcode
matrix	Matrix
maxi disk	Maxi-Diskette (8")
mean access time	mittlere Zugriffszeit
mechanical data processing	mechanische Datenverarbeitung
memory	Speicher
memory allocation	Speicherzuordnung
memory capacity	Speicherkapazität
memory cycle	Speicherzyklus
memory expansion board	Speichererweiterungskarte
memory map	Speicherbelegung, -aufteilung
memory refresh	Speicherauffrischung
memory refresh cycle	Speicherauffrischzyklus
memory resident	speicherresident
menu	Menü
menu bar	Menübalken, Menüleiste
micro computer	Mikrocomputer
micro disk	Mikro-Diskette (3 1/2")
micro fiche	Mikrofiche
micro programme	Mikroprogramm
microprocessor	Mikroprozessor
microsecond	Mikrosekunde
millisecond	Millisekunde
mini AT style case	Baby-AT-Gehäuse
mini disk	Mini-Diskette (5 1/4")
minuscule	Kleinbuchstabe, Minuskel
mirror disk	Spiegelplatte
mixed hardware	kombinierte Hardware
mnemonics	Mnemonik
mobile data collection	mobile Datenerfassung
mode	Modus, Betriebsart
modify	verändern
modular-design principle	Baukastenprinzip
modulator	Modulator
modulo-11 method	Modulo-11-Verfahren
monitor	Monitor, Monitorprogramm

monitor connector	Monitoranschluß
monochrome display	Monochrom-Monitor
monochrome graphics board	Monochrom-Graphik-Karte
monoprogramming	Einprogrammbetrieb
mosaic printer	Matrixdrucker
motherboard	Hauptplatine
mounted	gesockelt
mouse	Maus
mouse connector	Mausanschluß
mouse pad	Maus-Unterlage
mouse pointer	Mauszeiger
MS-DOS error code	MS-DOS-Fehlercode
MS-DOS interrupt	MS-DOS-Interrupt
multi user system	Mehrplatzsystem
multi-frequency display	Multisync-Monitor
multi-server architecture	Multiserver-Architektur
multifunctional board	Multifunktionskarte
multilayer technique	Multilayertechnik
multiple selection	Mehrfachauswahl, mehrfacheAlternative
multiplex channel	Multiplexkanal
multiplexer	Multiplexer
multiprocessing	Mehrprozessorbetrieb
multiprogramming	Mehrprogrammbetrieb
multitasking	Mehrprogrammbetrieb
multiusing	Mehrbenutzerbetrieb

N

nand gate	Nand-Gatter
nanosecond	Nanosekunde
negative logic	negative Logik
nested loop	verschachtelte Schleife
network	Netzwerk
network topology	Netzwerktopologie
nibble	Halbbyte, Tetrade
node	(Netzwerk)Knoten
noise-absorbing cover	Schallschluckhaube
non-dedicated server	nichtdedizierter Server
non-impact printer	anschlagfreier Drucker
non-interlaced mode	Bildaufbau ohne Zeilensprung
non-volatile memory	nichtflüchtiger Speicher, Festwertspeicher

non-volatile storage	nichtflüchtiger Speicher, Festwertspeicher
nor gate	Nor-Gatter
not gate	Not-Gatter
numeric keypad	Ziffernblock, Zehnerblock
numerical data	numerische Daten

O

object programme	Objektprogramm
object-oriented	objektorientiert
obligation to correction	Berichtigungspflicht
obligation to deletion	Löschungspflicht
octal number system	Oktalsystem
off-line devices	Off-line-Peripherie
off-line teleprocessing	Off-line-Datenfernverarbeitung
offset printing	Offset-Druck
on-line devices	On-line-Peripherie
on-line maintenance	On-line-, Fernwartung
on-line teleprocessing	On-line-Datenfernverarbeitung
opcode	Operationscode
open network	offenes Netzwerk
open system	offenes System
operand	Operand
operating mode	Betriebsart
operating system	Betriebssystem
operation time	Operationszeit
operator	Bediener, Operator
optical character recognition	Texterkennung
optical fibre cable	Glasfaserkabel
optical mouse	optische Maus
optical storage	optischer Speicher
optical wave guide	Lichtwellenleiter
option	Option
or gate	Oder-Gatter, Or-Gatter
order control	Auftragskontrolle
ordinate	Ordinate, Y-Achse
organization supervision	Organisationskontrolle
orientation	Orientierung
original voucher	Originalbeleg
orphan	Hurenkind (Umbruchfehler)
outline font	vektororientierter Zeichensatz

output	Ausgabe
output buffer	Ausgabespeicher
output data	Ausgabedaten
output device	Ausgabegerät
oval	Oval
overflow	Überlauf
overhead	Systemverwaltungszeit
overtype mode	Überschreibmodus

P

pack	packen, Plattenstapel
packaging density	Packungsdichte
page	Seite
page description language	Seitenbeschreibungssprache
page makeup	Umbruch
page printer	Seitendrucker
page-number	Pagina, Seitennummer
pagination	Seitennumerierung, Seitenumbruch
paper feed	Papiertransport, Papierzufuhr
paper tray	Papierschacht, Papierkassette
paragraph	Absatz, Paragraph
parallel computer	Parallelrechner
parallel interface	Parallelschnittstelle
parallel printer	Paralleldrucker
parallelogram	Parallelogramm
parameter	Parameter
parity	Parität
parity bit	Paritätsbit
parity check	Paritätskontrolle
parking	Parken
partition	(Festplatten)Bereich
password	Paßwort
path	(Zugriffs)Pfad
pause key	Pause-Taste
performance	Leistungsfähigkeit, Durchsatz
peripherals	Peripherie
personal computer	Personal Computer, Arbeitsplatzrechner
personal data	personenbezogene Daten
physical address	physikalische Adresse
physical record	Block
pick time	Ansprechzeit
picosecond	Picosekunde

pie chart	Kreis-, Kuchendiagramm, Tortengraphik
piezo technique	Piezo-Verfahren
piggy back	„Huckepack"-Platine
pin	(Anschluß)Stift
pixel	(Bild-)Punkt
pixel processor	Graphikprozessor
plain text document	Klarschriftbeleg
planar technique	Planartechnik
plasma display	(Gas)Plasmabildschirm
plausibility check	Plausibilitätskontrolle
plotter	Plotter
plug compatible	steckerkompatibel
plug-in board	Erweiterungssteckkarte
pocket calculator	Taschenrechner
point	Punkt (Maßeinheit)
point of sale	Datenkasse
point of sale terminal	Kassenterminal
pointer	Zeiger
port	Schnittstelle, Anschluß
portability	Portabilität
portrait	Hochformat
positioning time	Positionierungszeit
positive logic	postive Logik
positive type	Positivschrift
postal modem	Postmodem
postprocessor	Postprozessor
power failure protection	Netzausfallsicherung
power supply	Netzteil
power switch	Netzschalter
power up diagnose	Einschalttest, Selbsttest
preprocessor	Preprozessor
preset	voreinstellen
primary key	Primärschlüssel
primary partition	Primärpartition
primary storage	Primärspeicher
primary track	Spur 0, Erstspur
primary track sensor	Spur-0-Sensor
print buffer	Druckpuffer
print head	Druckkopf
print mask	Druckmaske
printed circuit board	Leiterplatte
printer	Drucker
printer buffer	Printer-Puffer, Drucker-Puffer
printer connector	Druckeranschluß

printer emulation	Druckeremulation
printer font	Druckerzeichensatz
printer port	Druckeranschluß
printer stand	Druckerständer
printing costs	Druckkosten
printing speed	Druckgeschwindigkeit, Schreibleistung
priority	Priorität
problem analysis	Problemanalyse
problem definition	Problemstellung
problem-oriented language	problemorientierte Sprache
procedural programming language	prozedurale Programmiersprache
procedure	Prozedur
processing mode	Prozessor-, Betriebsmodus
processor	Prozessor
program(me)	Programm
programme disk	Programmdiskette
programme flowchart	Programmablaufplan
programme library	Programmbibliothek
programme listing	Programmliste
programme loop	Programmschleife
programme package	Programmpaket
programme structure	Programmstruktur
programmer's editor	Programmeditor
programming	Programmierung
programming error	Programm(ier)fehler
programming language	Programmiersprache
prompt	Bereitschaftszeichen
proof	Korrekturfahne
proportional spacing	proportionaler Zeichenabstand
proportionally spaced text	Proportionalschrift
protocol	Protokoll
pseudo code	Pseudo-Code
pull-down menu	Pull-Down-Menü
punched card	Lochkarte
punched card reader	Lochkartenleser
punched tape	Lochstreifen

Q

quartz crystal	Quarz(kristall)
query	Abfrage
query language	Abfragesprache

queue	Warteschlange
quote	Anführungszeichen

R

radix	Basis
radix notation system	Stellenwertsystem
RAM disk	RAM-Disk (virtuelles Laufwerk)
random access	direkter, wahlfreier Zugriff
random access memory	Direktzugriffsspeicher
random number generator	Zufallsgenerator
random storage	wahlfreie Speicherung
raster coordinate	Rasterkoordinate
read	lesen
read after write	Prüflesen
read error	Lesefehler
read head	Lesekopf
read-only file	Nur-Lese-Datei
read-only memory	Nur-Lese-Speicher
read/write head	Schreib-/Lesekopf
read/write memory	Schreib-/Lesespeicher
read/write speed	Schreib-/Lesegeschwindigkeit
readability	Lesbarkeit
reading rate	Lesegeschwindigkeit
ready	bereit
ready state	Bereitschaftszustand
realtime animation	Echtzeitanimation
realtime processing	Echtzeitverarbeitung
record	Datensatz
record locking	Datensatzsperre
recording density	Aufzeichnungsdichte, Schreibdichte
recording method	Aufzeichnungsverfahren
recording speed	Schreibgeschwindigkeit
recover	wiederherstellen
rectangle	Rechteck
recursion	Rekursion
redundancy	Redundanz
reference manual	Anleitung
refresh	Auffrischung
register	Register
registrated user	registrierter Benutzer
relational database	relationale Datenbank
relative addressing	relative Adressierung

release	(Programm)Version
remote data processing	Datenfernverarbeitung
remote maintenance	Fernwartung
removable disk	Wechselplatte
removal control	Abgangskontrolle
repeater	Verstärker (in Leitungen)
replace	ersetzen
reserved character	reserviertes Zeichen
reserved word	reserviertes Wort
reset	zurücksetzen
reset switch	Reset-Taste
resident	resident
resolution	Auflösung
response frame	Antwortseite
reticule	Fadenkreuz
retrieval terminal	Abfragestation
return	zurückkehren
return address	Rücksprungadresse
return key	Eingabetaste
reverse	invertiert
reverse polish notation	umgekehrte polnische Notation
reverse type	Negativschrift
reverse video	Invers-Darstellung
ribbon	Farbband
right justified	rechtsbündig
ring topology	Ringtopologie
root directory	Hauptverzeichnis
roughs	Rohentwurf
rounding error	Rundungsfehler
routine	Routine
ruler	Lineal
runtime	Laufzeit
running headline	Kolumnentitel

S

save	abspeichern, speichern
scale	skalieren
scan	abtasten
scanner	Scanner, optisches Lesegerät
scanning device	Scanner, Abtastgerät
scheduled conception	Soll-Konzept
screen attribute	Bildschirmattribut

screen color	Bildschirmfarbe
screen diagonal	Bildschirmdiagonale
screen editor	Bildschirmeditor
screen font	Bildschirmzeichensatz
screen format	Bildschirmformat
screen format generator	Maskengenerator
screen mask	Bildschirmmaske
screen radiation	Bildschirmstrahlung
screen resolution	Bildschirmauflösung
screen saver	Bildschirmabschalter
screening	Rasterung
scroll	rollen (des Bildschirms)
scrollbar	Rollbalken
search	suchen
search and replace	suchen und ersetzen
secondary key	Sekundärschlüssel
secondary storage	Sekundärspeicher
secrecy	Geheimhaltung(spflicht)
sector	Sektor
selector channel	Selektorkanal
self test	Selbsttest
semi-automatic paper feed	halbautomatische Papierzufuhr
semiconductor	Halbleiter(baustein)
semiconductor memory	Halbleiterspeicher
sensitive data	schutzwürdige Daten, sensible Daten
sensor	Sensor
separator	Trennzeichen
sequence	Sequenz
sequential	sequentiell
sequential access	Reihenfolgezugriff
sequential programme	lineares Programm
serial interface	serielle Schnittstelle
serial letter	Serienbrief
serial printer	serieller Drucker
serif	Serife
server	Hauptrechner (im Netzwerk)
session	Sitzung
setup	(Programm)Installation, Einstellung
setup disk	Installationsdiskette
shareware	Prüfprogramme
shell	Schale, Benutzeroberfläche
shift key	Umschalttaste
short precision	einfache Genauigkeit
simplex	simplex

simulation	Simulation
simulation programme	Simulationsprogramm
simultaneous data collection	simultane Datenerfassung, synchrone Datenerfassung
simultaneous data processing	simultane Datenverarbeitung
single address instruction	Einadreßbefehl
single bin cut sheet feeder	Einzelschacht (für automatische Papierzufuhr für Drucker)
single chip computer	Ein-Chip-Computer
single precision	einfache Genauigkeit
single sheet feeder	Einzelblattschacht
single sheet feeding	Einzelblattzufuhr
single sided	einseitig (beschreibbar)
single-step operation	Einzelschrittverarbeitung
single-step mode	Einzelschrittmodus
single user system	Einplatzsystem
singleprogramming	Einprogrammbetrieb
singletasking	Einprogrammbetrieb
slash	Schrägstrich
slave	Arbeitsplatzrechner
slim-line	halbe Bauhöhe
slot	Steckplatz
small caps	Kapitälchen
soft font	ladbarer Zeichensatz
soft sectoring	Soft-Sektorierung
software house	Softwarehaus
software licence	Softwarelizenz
software maintenance	Softwarepflege
software package	Softwarepaket
software tool	Dienstprogramm, Hilfsprogramm
solid model	Volumenmodell
source code	Quellcode
source disk	Quelldiskette
source programme	Primär-, Quellprogramm
source voucher	Urbeleg
space	Leerstelle, Leerzeichen, Zwischenraum
spaced text	Sperrschrift
spacing	Ausschluß, Wortabstand, Sperren
special character	Sonderzeichen
special key	Sondertaste
speed board	Beschleunigerkarte
spell checking	Rechtschreibprüfung
spellchecker	Rechtschreibprüfprogramm
split screen	geteilter Bildschirm

spreadsheet programme	(Tabellen)Kalkulationsprogramm
square wave pulse	Rechteckimpuls
stack	Stapelspeicher, Kellerspeicher
stack pointer	Stapelzeiger
standard software	Standardsoftware
star topology	Sterntopologie
start address	Anfangsadresse
start bit	Startbit
start-stop operation	Start-Stop-Verfahren
startup	(System) hochfahren
statement	Anweisung
static semiconductor memory	statischer Halbleiterspeicher
status register	Statusregister
stepper motor	Schrittmotor
stop bit	Stoppbit
storage capacity	Speicherkapazität
storage cell	Speicherzelle
storage device	Datenträger
storage subsystem	Speicher-Subsystem
storage supervision	Speicherkontrolle
store	speichern
streamer	Bandlaufwerk
string	Zeichenkette
structured chart	Struktogramm
structured programmes	strukturierte Programme
subdirectory	Unterverzeichnis
submenu	Untermenü
subroutine	Unterprogramm
subroutine call	Unterprogrammaufruf
subscript	Index
subscripted variable	indizierte Variable
support	Hilfe, Unterstützung
surge protector	Netzfilter
switched line	Wählleitung
symbol	Sinnbild, Symbol
symbolic address	symbolische Adresse
symbolic assembler	symbolischer Assembler
symbolic instruction	symbolischer Befehl
symbolic language	symbolische Programmiersprache
synchronous	synchron
synchronous data transmission	synchrone Datenübertragung
syntax check	Fehlerüberprüfung
syntax error	Programmierfehler

system analysis	Systemanalyse
system architecture	Systemarchitektur
system check	Systemtest
system configuration	(Anlagen-)Konfiguration
system crash	Systemabsturz
system disk	Systemdiskette
system environment	Systemumgebung
system expansion	Systemerweiterung
system file	Systemdatei
system programme	Systemprogramm
system programmer	Systemprogrammierer
system prompt	Systembereitschaftszeichen
system software	Systemsoftware
system start	Systemstart
system track	Systemspur

T

tabulator	Tabulator
tape	Band
tape unit	Bandlaufwerk
tape volume	Bandkennsatz
target disk	Zieldiskette
target language	Zielsprache
task	Aufgabe
teachware	Lehr-/Lernprogramme
telebox	Telebox, elektronischerBriefkasten
telecommunication	Telekommunikation
telecopier	Fernkopierer
telefax	Telefax
teleprocessing	Datenfernverarbeitung
telesoftware	Telesoftware
teletex	Teletex
teletypewriter	Fernschreiber
temporary file	temporäre Datei
temporary storage	Zwischenspeicher(ung)
terminal	Datenendstation
terminal workstation	Bildschirmarbeitsplatz
tertiary storage	Tertiärspeicher
text cursor	Textcursor
text editor	Texteditor
text module	Textbaustein
textile ribbon	Textilfarbband

Anhang 11

thermal printer	Thermodrucker
thermo-transfer printer	Thermotransferdrucker
thesaurus	Thesaurus, Synonymiewörterbuch
thread	Faden, Programmroutine
throughput	Durchsatz
thumbnail	Layoutstruktur
tilt stand	Schwenkfuß
tilt/swivel stand	Dreh-/Schwenkfuß
time sharing operation	Teilnehmerbetrieb
time slice	Zeitscheibe
timeout	Zeitüberschreitung
toggle	Kippschalter
token	Zeichen
token loop	Token-Ring
token passing technique	Token Verfahren
toner	Toner (Farbpulver)
toner bin	Tonerkassette
tool	Dienstprogramm, Programmierwerkzeug
toolkit	Dienstprogramm(sammlung)
top-down method	Top-Down-Methode
touch screen	Berührungsbildschirm
touch sensitive keyboard	Folientastatur, Sensortastatur
tower	Turm
tower style case	Tower-, Turmgehäuse
track	Spur
track density	Spurdichte
trackball	Rollkugel (Eingabegerät)
tractor	Traktor
transaction	Transaktion
transaction data	Bewegungsdaten
transfer	Übertragung
transfer rate	Übertragungsgeschwindigkeit
transient	transient
transient command	transientes, externes Kommando
transmission	Übertragung, Übermittlung
transmission rate	Übertragungsgeschwindigkeit
transmission supervision	Übermittlungskontrolle
transport perforation	Transportlochung
transport supervision	Transportkontrolle
tray	Schacht
truncation	Verkürzung (einer Zahl)
truth table	Wahrheitstabelle
turnkey system	schlüsselfertiges System
two address instruction	Zweiadreßbefehl

two's complement	Zweierkomplement
type area	Satzspiegel
typeface	Zeichensatz
typestyle	Schriftattribut
typewriter	Schreibmaschine
typography	Typographie

U

unbuffered	ungepuffert
unformatted	unformatiert
unformatted capacity	Bruttokapazität
unidirectional	unidirektional
unjustified text	Flattersatz
up time	Betriebszeit
update	Programmaktualisierung
upgrade	Programmerweiterung
upload	hinaufladen
upper case	Großbuchstabe
user control	Benutzerkontrolle
user group	Benutzergruppe
user guide	Bedienerführung, Benutzerführung
user interface	Benutzeroberfläche, Benutzerschnittstelle
user station	Arbeitsplatzrechner
user surface	Benutzeroberfläche
utility	Dienstprogramm

V

variable	Variable
variable memory	Variablenspeicher
vector graphics	Vektorgraphik
vertical recording	Vertikalaufzeichnung
VGA board	VGA-Karte
video board	Videokarte
video digitizer	Videodigitizer
video frequency	Bild(wiederhol)frequenz
video memory	Video-, Bildspeicher
video port	Bildschirmanschluß
video signal	Video-, Bildsignal
videotext	Bildschirmtext
virtual drive	virtuelles Laufwerk

virus	Virus
volatile memory	flüchtiger Speicher
von-Neumann architecture	Von-Neumann-Architektur

W

wafer	(Silizium)Scheibe
wait loop	Warteschleife
waitstate	Wartezyklus
warm boot	Warmstart
warm start	Warmstart
wastebasket	Papierkorb
widow	Witwe, Schusterjunge(Umbruchfehler)
width	Dickte (Zeichenbreite)
wildcard	Jokerzeichen
winchester	Festplatte
window	Fenster
windowing	Fenstertechnik
wirc frame	Drahtmodell
wire printer	Nadeldrucker
wired	verdrahtet
word	Wort
word processing	Textverarbeitung
word processing system	Textverarbeitungssystem
word processor	Textverarbeitungsprogramm
word wrapping	Zeilenumbruch
work disk	Arbeitsdiskette
working copy	Arbeitskopie
worksheet	Arbeitsblatt
workstation	Arbeitsplatzrechner
wrapping	Umbruch, Umlauf
write	schreiben, speichern
write enable ring	Schreibring
write head	Schreibkopf
write protect sensor	Schreibschutzschranke
write protected	schreibgeschützt
write protection	Schreibschutz, Löschschutz

X

X-axis	X-Achse, Abszisse
X-switch	Kreuzschalter

X/open foundation X/Open-Gruppe
xerographic printer xerographischer Drucker
XOR gate XOR-Gatter
XY plotter XY-Plotter

Y

Y-axis Y-Achse, Ordinate
yellow cable gelbes (Ethernet)Kabel
yoke Zugriffskamm

Z

zero compression Nullenunterdrückung
zone position Zonenteil

DEUTSCH — ENGLISCH

A

A/D-Wandler	analog-to-digital converter
abbrechen	cancel
Abbruch-Taste	escape key
Abenteuerspiel	adventure
Abfrage	query
Abfragesprache	query language
Abfragestation	retrieval terminal
Abgangskontrolle	removal control
Abgleichcode	matchcode
Abhebemechanismus	lift-off mechanism
Ablagefläche	clipboard
Ablaufdiagramm	flowchart
ablauffähig	executable
Ablaufverfolger	debugger
Absatz	paragraph
absolute Adresse	absolute address, actual address
absoluter Sprung	absolute jump
Absolutwert	absolute value
abspeichern	save
Absturz	crash
Abszisse	abscissa, X-axis
abtasten	scan
Abtastgerät	scanning device
abwärtskompatibel	downward compatible
Actionspiel	arcade
Adapter	adapter
Addierer	adder
Adresse	address
adressieren	address
Adressierungsart	addressing mode
Adreßbereich	adress range
Adreßbus	address bus
Akkubetrieb	battery driven
Akkumulator	accumulator
aktive Partition	boot-partition
Akustikkoppler	acoustic coupler
algebraische Sprachen	algebraic languages
Algorithmus	algorithm
alphanumerisch	alphanumeric

Alt-Taste	alternate key
analoger Farbmonitor	analog color monitor
AND-Gatter	and gate
Anfangsadresse	start address
Anfangswert	initial value
Anführungszeichen	quote
Animation	animation
Anlagenkonfiguration	system configuration
Anleitung	documentation
Anschlagdrucker	impact printer
anschlagfreier Drucker	non-impact printer
Anschluß	port
Anschlußkennung	attachment identification
Anschlußstift	pin
Ansprechzeit	pick time
Antwortseite	response frame
Anweisung	instruction, statement
anwendungsorientierte Programmiersprache	application-oriented programming language
Anwendungsprogramm	application programme
Anwendungsprogrammierer	application programmer
Anwendungssoftware	application software
Arbeitsblatt	worksheet
Arbeitsdiskette	work disk
Arbeitskopie	working copy
Arbeitsplatzrechner	personal computer, user station workstation, slave
Arbeitsspeicher	main memory
Archivbit	archive bit
Archivierung	archive
Argument	argument
Arrayprozessor	array processor
Artikelnummerncode	bar code
ASCII-Zeichensatz	ASCII code
Assembler	assembler
Assemblersprache	assembly language
assemblieren	assemble
asynchron	asynchronous
asynchrone Datenübertragung	asynchronous data transmission
Attribut	attribute
Auffrischung	refresh
Aufgabe	task
Aufgabensteuerung	job management
Auflösung	resolution

Anhang 11

Aufmachung	layout
Aufsetzen der Schreib-/Leseköpfe	headcrash
Auftragskontrolle	order control
Aufzeichnungsdichte	recording density
Aufzeichnungsverfahren	recording method
Ausbaufähigkeit	expandability
Ausgabe	output
Ausgabedaten	output data
Ausgabegerät	output device
Ausgabespeicher	output buffer
Auskunftsrecht	access right
Ausrichtung	justification
Ausschluß	spacing
Ausschneiden und Einfügen	cut & paste
automatische Entflechtung	autorouting
automatischer Seitenumbruch	automatic pagination
automatischer Zeilenumbruch	automatic word wrapping
Autorensystem	automatic teaching system
Autoswitch-Graphikkarte	autoswitch graphics board

B

Baby-AT-Gehäuse	mini AT style case
Balkengraphik	bar chart
Band	tape
Bandbreite	bandwith
Bandkennsatz	tape volume
Bandlaufwerk	streamer, tape unit
Barcode	bar code
Barcode-Leser	bar code reader
Basis	base, radix
Basiszahl	base
Batteriebetrieb	battery driven
Baukastenprinzip	modular-design principle
Bediener	operator
Bedienerführung	user guide
Bedienungsanleitung	manual
bedingte Befehlsausführung	conditional execution
bedingte Verarbeitung	branch on condition
bedingte Verzweigung	conditional branch
Bedingung	condition
Befehl	command, instruction

Befehlsart	instruction type
Befehlsregister	instruction register
Befehlssatz	instruction set
Befehlstaste	control key
Befehlsvorrat	instruction set
Befehlszähler	instruction counter
Befehlszeile	command line
Befehlszyklus	instruction cycle
beidseitiger Druck	duplex printing
Belegleser	document reader
Bemerkung	annotation
Benutzerführung	user guide
Benutzergruppe	user group
Benutzerkontrolle	user control
Benutzeroberfläche	user interface, shell user surface
Benutzerschnittstelle	user interface
bereit	ready
Bereitschaftszeichen	prompt
Bereitschaftszustand	ready state
Berichtigungspflicht	obligation to correction
Bernsteinmonitor	amber monitor
Berührungsbildschirm	touch screen
Beschleunigerkarte	speed board
beschneiden (Graphik)	crop
Betriebsart	mode, operating mode
Betriebsmodus	processing mode
Betriebssystem	operating system
Betriebszeit	up time
Bewegungsdaten	transaction data
Bibliothek	library
bidirektional	bidirectional
Bild(wiederhol)frequenz	video frequency
Bild(wiederhol)speicher	frame buffer
Bildaufbau ohne Zeilensprung	non-interlaced mode
Bildpunkt	dot, pixel
Bildschirm	cathode ray tube, display monitor
Bildschirmabschalter	screen saver
Bildschirmanschluß	video port
Bildschirmarbeitsplatz	terminal workstation
Bildschirmattribut	screen attribute
Bildschirmauflösung	screen resolution
Bildschirmausdruck	hardcopy
Bildschirmdiagonale	screen diagonal
Bildschirmeditor	screen editor

Bildschirmfarbe	screen color
Bildschirmformat	screen format
Bildschirmmarke	cursor
Bildschirmmaske	screen mask
Bildschirmstrahlung	screen radiation
Bildschirmsymbol	icon
Bildschirmtext	videotext
Bildschirmzeichensatz	screen font
Bildsignal	video signal
Bildspeicher	video memory
binäre Addition	binary addition
binäre Division	binary division
binäre Funktion	binary operation
binäre Multiplikation	binary multiplication
binäre Subtraktion	binary subtraction
binärer Zustand	binary state
Binärsystem	binary system
Binärziffer	binary digit
BIOS-Interrupt	BIOS interrupt
Bit-Map	bit map
Bitcode	binary code
bitorientierter Zeichensatz	bitstream font
bitparallel	bit-parallel
bitseriell	bit-serial
bitweise Operation	bit by bit operation
Block	block, physical record
Blocklänge	block length
Blocksatz	justification
Blockung	blocking
Blockungsfaktor	blocking factor
Boolesche Variable	boolean variable
Bordcomputer	board computer
Bruttokapazität	unformatted capacity
BTX-Leitseite	leading videotext page
Bund	gutter margin
Bus	bus
Bus-Maus	bus mouse
Bus-Schnittstelle	bus interface
Bus-Topologie	bus topology
Busbreite	bus width
byteseriell	byte-serial

C

Centronics-Schnittstelle	centronics interface
Codierung	coding
Computer-Standfuß	floor stand
Computerzubehör (extern)	add-on
Computerzubehör (intern)	add-in
Cursor-Taste	cursor control key

D

D/A-Wandler	digital-to-analog converter
Datei	data file, file
Datei-Attribut	file attribute
Dateibezeichnung	file name
Dateienfragmentierung	file fragmentation
Dateikennung	extension
Dateiname	file name
Dateinamensuffix	extension
Dateisperre	file locking
Dateiübertragung	file transfer
Dateivorspann	header
Daten	data
Datenbank	database
Datenbus	data bus
Datendiskette	data disk
Datenendgerät	data terminal
Datenendstation	terminal
Datenerfassung	data collection, data gathering
	data recording
Datenfeld	array, data field
Datenfernübertragung	long distance data transmission
Datenfernverarbeitung	remote data processing
	teleprocessing
Datenflußplan	data flowchart, flowchart
Datengeheimnis	data security
Datenhierarchie	data hierarchy
Datenkanal	channel, data bus
Datenkasse	point of sale
Datenkonvertierung	data conversion
Datenliste	array
Datensatz	record
Datensatzsperre	record locking

Datenschutzbeauftragter	data protection officer
Datenschutzgesetz	data protection act
Datenschutzverletzung	data protection crime
Datensicherung	data security, backup
Datenstation	data station
Datentelephon	data telephone
Datenträger	data medium, storage device
Datentyp	data type
Datenübertragung	data transmission
Datenübertragungsleitung	data transmission line
Datenverbund	data interlocking
Datenverlust	data loss
Datum (Einzahl von Daten)	data item
dedizierter Rechner	dedicated computer
Deduktion	deduction
Deklaration	declaration
deklarative Programmiersprache	declarative programming language
Dekodierer	decoder
Dekrement	decrement
deskriptive Programmiersprache	descriptive programming language
dezentrale Datenerfassung	distributed data recording
dezentrale Datenverarbeitung	distributed data processing
Dezimal-Binär-Codierung	decimal to binary conversion
Dezimalpunkt	decimal point
Dezimalsystem	decimal system
Diagramm	chart, diagram
Diagrammsymbol	flowchart symbol
Dialekt (Computersprachen)	dialect
Dialogfeld	dialog field
Dialogfenster	dialog box
Dialoggerät	interactive device
Dialogstation	interactive terminal
Dialogverarbeitung	interactive mode
Dichte	density
Dickte (Zeichenbreite)	width
Dienstprogramm	software tool, tool, utility
Dienstprogramm(sammlung)	toolkit
digital	digital
digitaler Farbmonitor	digital color monitor
Digitalisiertablett	digitizer
Digitalrechner	digital computer
direkte Adressierung	direct addressing

direkte Datenerfassung	direct data recording
direkte Datenfernverarbeitung	direct remote data processing
direkter Zugriff	random access
Direktzugriff	direct access
Direktzugriffsspeicher	random access memory
Disjunktion	disjunction
Diskette	disk, floppy disk
Diskettenformat	disk format
Diskettenhülle	jacket
Diskettenkasten	disk storage box
Diskettenlaufwerk	disk drive
Diskettenlaufwerkskontroller	floppy disk controller
Diskettenoptimierer	disk optimizer
Diskettenverschleiß	disk abrasion
Diskettenverzeichnis	disk directory
Distanzadresse	displacement address
DMA-Kontroller	DMA controller
Dokumentation	documentation
Doppelklick	double-click
Doppelschacht	double bin cut sheet feeder
doppelte Genauigkeit	double precision
Drahtmodell	wire frame
Dreh-/Schwenkfuß	tilt/swivel stand
Drop-Down-Menü	dropdown menu
Drucker	printer
Drucker-Puffer	printer buffer
Druckeranschluß	printer port, printer connector
Druckeremulation	printer emulation
Druckerständer	printer stand
Druckerzeichensatz	printer font
Druckgeschwindgkeit	printing speed
Druckkopf	print head
Druckkosten	printing costs
Druckmaske	print mask
Druckpuffer	print buffer
Druckwegoptimierung	logic-seek printing
Dualsystem	binary system
Duplikat	duplicate
Durchsatz	throughput, performance
Durchschuß	leading
dynamischer Halbleiterspeicher	dynamic semiconductor memory
dynamischer Parameter	dynamic parameter

dynamisches Linken   dynamic linking
dynamisches RAM   dynamic RAM

E

E/A-Bereich   I/O area
Echtzeitanimation   realtime animation
Echtzeitverarbeitung   realtime processing
editieren   edit
Editor   editor
Ein-/Ausgabebereich   input/output area
Ein-/Ausgabewerk   input/output unit
Ein-Chip-Computer   single chip computer
Einadreßbefehl   single address instruction
Einbaurahmen   chassis
einfache Genauigkeit   single precision, short precision
Einfügemodus   insert mode
Einfügen-Taste   insert key
Eingabebefehl   input instruction
Eingabegerät   input device
Eingabekontrolle   input control
Eingabetaste   enter key, return key
Einplatzsystem   single user system
Einprogrammbetrieb   monoprogramming,
                            singletasking singleprogramming
Einschalttest   power up diagnose
einseitig (beschreibbar)   single sided
Einsprungpunkt   entry point
Einstellung   setup
Einzelblattschacht   cut sheet feeder, single sheetfeeder
Einzelblattzufuhr   cut sheet feeding, single sheetfeeding
Einzelschacht   single bin cut sheet feeder
Einzelschrittverarbeitung   single-step operation
Einzelschrittmodus   single-step mode
Einzug (Zeile)   indent
elektronische Daten-   electronic data processing
verarbeitung
elektronische Post   electronic mail
elektronischer Briefkasten mailbox, telebox
elektrostatischer Drucker   electrostatic printer
Emulationsmodus   emulation mode
Emulator   emulator
Ende-Taste   end key
Endlosetiketten   fanfold labels

Anhang 11

Endlospapier	continuous form, fanfold paper
Endlosschleife	infinite loop
Entf-Taste	delete key
entprellen (Tastatur)	debounce
Entwurf(sschrift)	draft
EPROM-Brenner	eprom programmer
EPROM-Karte	eprom card
EPROM-Programmiergerät	eprom programmer
ersetzen	replace
Erstspur	primary track
erweiterte Partition	extended partition
erweiterte Tastatur	enhanced keyboard
Erweiterungsspeicher	expanded memory, extended memory
Erweiterungssteckkarte	add-in board, plug-in board
Erweiterungssteckplatz	expansion slot
ESC-Taste	escape key
Escape-Sequenz	escape sequence
Expertensystem	expert system
Exponent	exponent
externe Datenverarbeitung	external data processing
externer Befehl	external command
externer Speicher	auxiliary storage
externes Kommando	external command, transient command
Exzentrizität	eccentricity

F

Fadenkreuz	crosshairs, reticule
Faksimile	facsimile
Farbband	ribbon
Farbbildschirm	color display
Farbe	color
Farbgraphik-Karte	color graphics board
Fehler-Codes	error codes
Fehlerbehandlung	error handling
Fehlererkennung	error detection
Fehlerkorrektur	error correction
Fehlermeldung	error message
Fehlerüberprüfung	syntax check
Fenster	window
Fenstertechnik	windowing
Fernkopierer	telecopier
Fernschreibcode	international telegraph code

595

Fernschreiber	teletypewriter
Fernwartung	on-line maintenance, remote-maintenance
fester Zeichenabstand	even spacing
fester Zeichensatz	internal font
Festkommazahl	fixed point number
Festplatte	harddisk, fixed disk, winchester
Festplatten-Karte	filecard
Festplatten-Kontrollerkarte	harddisk controller card
Festplattenbereich	partition
Festprogramm	firmware
Festwertspeicher	non-volatile memory, non-volatile storage
fett (Schrift)	bold
Filterprogramm	filter programme
Fixpunkttechnik	checkpoint technique
Flachbettplotter	flatbed plotter
Flachbettscanner	flatbed scanner
Flachbildschirm	flat screen
Flattersatz	unjustified text
Fließkommazahl	floating point number
Fließtext	flow text
Flip-Flop	flip flop
flüchtiger Speicher	volatile memory
Flüssigkristallanzeige	liquid crystal display
Folientastatur	touch sensitive keyboard
Font-Karte	font card
Format	format
formatieren	format
Formatkontrolle	format control
Formatseite	masterpage
Frequenz	frequency
Friktionsantrieb	friction feed
funktionale Programmiersprache	functional programming language
Funktionstaste	function key
Fußnote	footnote
Fußzeile	footer

G

Ganzseitendarstellung	full screen display
Ganzseitenmonitor	full screen display
Gehäuse	cabinet, case
Geheimhaltung(spflicht)	secrecy
gelbes (Ethernet)Kabel	yellow cable
Generationenprinzip	generation principle
Gerät	device
Gerätezusammenschluß	daisy chaining
Geschäftsgraphik	business graphics
geschlossenes System	closed system
Geschwindigkeitstest	benchmark
gesockelt	mounted
geteilter Bildschirm	split screen
Gitternetz	grid
Glasfaserkabel	optical fibre cable
globale Variable	global variable
Graphikauflösung	graphic resolution
Graphikcursor	graphic cursor
Graphikdrucker	graphics printer
Graphikkarte	graphics board
Graphikprozessor	pixel processor
Graphikspeicher	frame buffer
Graphiktablett	digitizer
graphische Benutzeroberfläche	graphical user interface
Großbuchstabe	capital letter, upper case
Großbuchstaben	caps
Großrechner	mainframe, host
Grundlinie	baseline
Grundschrift	body text
Grünmonitor	green monitor

H

Haarlinie	hairline
Halbaddierer	halfadder
halbautomatische Papierzufuhr	semi-automatic paper feed
Halbbyte	nibble
Halbduplex	half duplex
halbe Bauhöhe	slim-line
Halbleiter(baustein)	semiconductor

Halbleiterspeicher	semiconductor memory
Halbton	halftone
Haltepunkt	breakpoint
Handlesegerät	hand-held scanner
Handscanner	hand-held scanner
Handschriftenleser	handwriting reader
hängender Einzug	hanging indent
Hardware-Uhr	hardware clock
Hardwareverbund	hardware interlocking
Hartsektorierung	hard-sektoring
Hash-Datei	hash file
Hauptmenü	main menu
Hauptplatine	mainboard, motherboard
Hauptprozessor	central processing unit
Hauptrechner (im Netzwerk)	server
Hauptverzeichnis	root directory
Heftrand	binding
Hexadezimalcode	hexadecimal code
Hexadezimalsystem	hexadecimal system
hierarchisches Datensystem	hierarchic data system
Hilfe	support
hinaufladen	upload
Hintergrundprogramm	background programme
Hintergrundverarbeitung	background processing
hinunterladen	download
Histogramm	histogram
hochfahren (System)	startup
Hochformat	portrait
Hochsprache	high level programming language
höhere Programmiersprache	high level programming language
Home-Taste	home key
Horizontalfrequenz	horizontal frequency
Huckepack-Platine	piggy back
Hurenkind (Umbruchfehler)	orphan
Hybridrechner	hybrid computer

I

Implementierung	implementation
Index	subscript
index-sequentielle Speicherung	indexed sequential storage
Indexdatei	index file

Indexloch (einer Diskette)	index hole
Indexregister	index register
indirekte Adressierung	indirect addressing
indirekte Datenerfassung	indirect data recording
indirekte Datenfernverarbeitung	indirect remote data processing
indirekte Programmierung	indirect programming
indizierte Adressierung	indexed addressing
indizierte Variable	subscripted variable
Induktion	induction
Informatik	computer science
Information	information
Inhaltsverzeichnis	directory
Initial	initial letter
Initialisierung	initializing
inkompatibel	incompatible
Inkrement	increment
Installation	installation
Installationsdiskette	setup disk
Integrierte Schaltung	integrated circuit
Integriertes Paket	integrated software package
intelligentes Terminal	intelligent terminal
interne Datenverarbeitung	inhouse data processing
internes Kommando	internal command
Invers-Darstellung	reverse video
invertiert	reverse
Ist-Analyse	actual state analysis

J

Jokerzeichen	wildcard
Joystick-Anschlußkarte	joystick card

K

Kaltstart	cold boot, cold start
Kanal	bus, channel
Kanalleistung	channel capacity
Kapazität	capacity
Kapitälchen	small caps
Kapstanantrieb	capstan drive
Karbonfarbband	carbon ribbon

Kassenterminal	point of sale terminal
Kellerspeicher	stack
Kennsatz	label, label record
Kettendrucker	chain printer
KI-Sprache	AI language
Kippschalter	toggle (switch)
Klammeraffe (@)	at-sign
Klappgehäuse	fliptop case
Klarschriftbeleg	plain text document
Kleinbuchstabe	minuscule
klicken	click
Kluft	gap
knacken	crack
Koaxialkabel	coaxial cable
Kolumnentitel	running headline
kombinierte Hardware	mixed hardware
Kommandoebene	command mode
Kommandomodus	command mode
Kommandoprozessor	command processor
Kommentar	annotation, comment
Kommunikation	communication
Kommunikationsserver	communication server
Kommunikationsverbund	communication interlocking
kompatibel	compatible
Konfiguration	configuration
Konnektor	connector
Konsole	console
Konstante	constant
Kontrollbit	checkbit
Kontrolltaste	control key
Konvertierung	conversion
Kopffenster	head window
Kopfzeile	heading
Kopie	copy
kopieren	copy
Kopierschutz	copy protection
Kopierschutzstecker	dongle
Koprozessor	coprocessor
Korrekturfahne	galley proof, proof
Korrekturtaste	correction key
Korrespondenzdrucker	letter quality printer
Kreisdiagramm	pie chart
Kreuzassembler	cross-assembler
Kreuzschalter	X-switch

Anhang 11

Kreuzsicherung	cross checking
Kryptographie	cryptography
Kuchendiagramm	pie chart
kursiv	italics
Kybernetik	cybernetics

L

ladbarer Zeichensatz	soft font
Ladeadresse	load address
laden	load
Landezone	landing zone
Längsprüfbitverfahren	longitudinal parity check
Laserdrucker	laser printer
Lastverbund	load interlocking
Latenzzeit	latency time
Laufwerk	drive
Laufwerkskennung	drive letter
Laufwerksverriegelung	door lock
Laufzeit	run time
Layoutstruktur	thumbnail
LCD-Bildschirm mit Hintergrundbeleuchtung	backlit LCD
Leerbit	dummy bit
Leerstelle	space, blank
Leerzeichen	space, blank
Lehr-/Lernprogramme	teachware
Leistungsfähigkeit	performance
Leiterbahn	conductor path
Leiterplatte	printed circuit board
Leitwerk	control unit
Leporellofalzung	fanfolding
Lesbarkeit	readability
Lesefehler	read error
Lesegeschwindigkeit	reading rate
Lesekopf	read head
lesen	read
Lesepistole	hand-held reader
Leuchtdiode	light-emitting diode
Lichtgriffel	lightpen
Lichtschranke	light barrier
Lichtwellenleiter	optical wave guide
Lineal	ruler

lineares Programm	sequential programme
linksbündig	left justified
Lochkarte	punched card
Lochkartenleser	punched card reader
Lochkartenstanzer	card punch
Lochstreifen	punched tape
Log-Datei	log file
logischer Operator	logical operator
logisches Laufwerk	logical drive
lokale Variable	local variable
lokales Netzwerk	local area network
Longitudinalaufzeichnung	longitudinal recording
Lösch-Taste	delete key
löschbare optische Platte	erasable optical disk
löschbarer optischer Speicher	erasable optical memory
löschen	delete, erase
Löschschutz	write protection
Löschtaste	backspace key
Löschungspflicht	obligation to deletion
Luftspalt	head gap

M

Magnetband	magnetic tape
Magnetbandkassette	magnetic tape cassette
Magnetbandlaufwerk	magnetic tape drive
Magnetdiskette	magnetic disk
Magnetkernspeicher	magnetic core storage
Magnetkopf	magnetic head
magneto-optischer Speicher	magneto-optical storage
Magnetplatte	magnetic disk
Magnetplattenstapel	magnetic disk pack
Magnetschriftbeleg	magnetic ink document
Magnetspur	magnetic track
Magnetteilchen	magnetic particles
Magnettrommelspeicher	magnetic drum storage
Makro	macro
Makroaufzeichner	macro recorder
Management-Informationssystem	management information system
Mannjahr	man year
Mantisse	mantissa

manuelle Datenverarbeitung	manual data processing
Markierungsbeleg	mark sheet
Maschine	machine
Maschinenbeleg	machine-readable document
Maschinencode	machine code
maschinenorientierte Sprache	machine dependent language
maschinenorientierte Programmiersprache	machine-oriented programming language
maschinenorientiertes Programm	machine dependend programme
Maschinensprache	machine language
Maschinentest	machine test
Maske	mask
Maskengenerator	screen format generator
Masse	ground
Masterpaßwort	master password
Matrix	matrix
Matrixdrucker	dot matrix printer, mosaic printer
Maus	mouse
Maus-Unterlage	mouse pad
Mausanschluß	mouse connector
Mauszeiger	mouse pointer
Maxi-Diskette (8")	maxi disk
mechanische Datenverarbeitung	mechanical data processing
Mehrbenutzerbetrieb	multiusing
Mehrfachanweisung	compound statement
Mehrfachauswahl	multiple selection
mehrfache Alternative	multiple selection
Mehrplatzsystem	multi user system
Mehrprogrammbetrieb	multiprogramming, multitasking
Mehrprozessorbetrieb	multiprocessing
Menü	menu
Menübalken	menu bar
MF-Tastatur	enhanced keyboard
Mikro-Diskette (3 1/2")	micro disk
Mikrocomputer	micro computer
Mikrofiche	micro fiche
Mikroprogramm	micro programme
Mikroprozessor	microprozessor
Mikrosekunde	microsecond
Millisekunde	millisecond
Mini-Diskette (5 1/4")	mini disk
Minuskel	minuscule

Mittelloch	central hole
mittig	centered
mittlere Zugriffszeit	mean access time
Mnemonik	mnemonics
mobile Datenerfassung	mobile data collection
Modulator	modulator
Modulo-11-Verfahren	modulo-11 method
Modus	mode
Monitor	monitor
Monitoranschluß	monitor connector
Monitorprogramm	monitor
Monochrom-Graphik-Karte	monochrome graphics board
Monochrom-Monitor	monochrome display
MS-DOS-Fehlercode	MS-DOS error code
MS-DOS-Interrupt	MS-DOS interrupt
Multifunktionskarte	multifunctional board
Multilayertechnik	multilayer technique
Multiplexer	multiplexer
Multiplexkanal	multiplex channel
Multiserver-Architektur	multi-server architecture
Multisync-Monitor	multi-frequency display

N

Nachbau	clone
Nadeldrucker	wire printer
Nand-Gatter	nand gate
Nanosekunde	nanosecond
negative Logik	negative logic
Negativschrift	reverse type
Nennkapazität	formatted capacity
Nettokapazität	formatted capacity
Netzausfallsicherung	power failure protection
Netzfilter	surge protector
Netzschalter	power switch
Netzteil	power supply
Netzuhr	frequency clock
Netzwerk	network
Netzwerkknoten	node
Netzwerktopologie	network topology
nichtdedizierter Server	non-dedicated server
nichtflüchtiger Speicher	non-volatile memory, non-volatile storage

Nor-Gatter   nor gate
Not-Gatter   not gate
Notstromversorgung   emergency power supply
Nullenunterdrückung   zero compression
numerische Daten   numerical data
Nur-Lese-Datei   read-only file
Nur-Lese-Speicher   read-only memory

O

objektorientiert   object-oriented
Objektprogramm   object programme
Oder-Gatter   or gate
Off-line-Datenfern-   off-line teleprocessing
verarbeitung
Off-line-Peripherie   off-line devices
offenes Netzwerk   open network
offenes System   open system
Offset-Druck   offset printing
Oktalsystem   octal number system
On-line Datenfern-   on-line teleprocessing
verarbeitung
On-line Peripherie   on-line devices
On-line-Wartung   on-line maintenance
Operand   operand
Operationscode   opcode
Operationszeit   operation time
Operator   operator
Option   option
optische Maus   optical mouse
optischer Speicher   optical storage
optisches Lesegerät   scanner
Or-Gatter   or gate
Ordinate   ordinate
Ordnungsdaten   key data
Organisationskontrolle   organization supervision
Orientierung   orientation
Originalbeleg   original voucher
Oval   oval

P

packen	pack
Packungsdichte	packaging density
Pagina	page-number
Papierkassette	paper bin
Papierkorb	wastebasket
Papierschacht	paper tray
Papiertransport	paper feed
Papierzufuhr	paper feed
Paragraph	paragraph
Paralleldrucker	line printer, parallel printer
Parallelogramm	parallelogram
Parallelrechner	parallel computer
Parallelschnittstelle	parallel interface
Parameter	parameter
Parität	parity
Paritätsbit	parity bit
Paritätskontrolle	parity check
Parken	parking
Paßwort	password
Pause-Taste	pause key
Peripherie	peripherals
Personal Computer	personal computer
personenbezogene Daten	personal data
Pfad	path
physikalische Adresse	physical address
Picosekunde	picosecond
Piezo-Verfahren	piezo technique
Pixelabstand	dot pitch
Planartechnik	planat technique
Plasmabildschirm	plasma display
Platine	circuit board
Platte	disk
Plattenbetriebssystem	disk operating system
Plattenstapel	disk pack, pack
Plausibilitätskontrolle	plausibility check
Plotter	plotter
polnische Notation	polish notation
Portabilität	portability
Posl-Taste	home key
Positionierungszeit	positioning time
positive Logik	positive logic
Positivschrift	positive type

Anhang 11

Postmodem	postal modem
Postprozessor	postprocessor
Präsentationsgraphik	business graphics
Prellen (Tastatur)	bouncing
Preprozessor	preprocessor
Primärpartition	primary partition
Primärprogramm	source programme
Primärschlüssel	primary key
Primärspeicher	primary storage
Printer-Puffer	printer buffer
Priorität	priority
Problemanalyse	problem analysis
problemorientierte Sprache	problem-oriented language
Problemstellung	problem definition
Programm	program(me)
Programm(ier)fehler	programming error
Programmablaufplan	programme flowchart
Programmaktualisierung	update
Programmbibliothek	programme library
Programmbinder	linker
Programmdiskette	programme disk
Programmeditor	programmer's editor
Programmerweiterung	upgrade
Programmfehler	bug
Programmfehlerbeseitigung	debugging
Programmgenerator	generator programme
Programmierfehler	syntax error
Programmiersprache	programming language
Programmierung	programming
Programmierwerkzeug	tool
Programminstallation	setup
Programmliste	programme listing
Programmpaket	programme package
Programmschleife	programme loop
Programmstruktur	programme structure
Programmzeilenausgabe	listing
proportionaler Zeichenabstand	proportional spacing
Proportionalschrift	proportionally spaced text
Protokoll	log, protocol
Protokolldatei	log file
Prozedur	procedure
prozedurale Programmiersprache	procedural programming language

607

Anhang 11

Prozessor	processor
Prozessormodus	processing mode
Prüfbit	checkbit
Prüflesen	read after write
Prüfprogramme	shareware
Prüfsumme	check sum
Prüfziffernverfahren	check number calculation
Pseudo-Code	pseudo code
Puffer(speicher)	buffer
Pull-Down-Menü	pull-down menu
Punkt	dot, pixel
Punkt (Maßeinheit)	point

Q

Quarz(kristall)	quartz crystal
Quellcode	source code
Quelldiskette	source disk
Quellprogramm	source programme
Querformat	landscape
Querprüfbitverfahren	horizontal parity check
Quittungsbetrieb	handshaking

R

Rahmen	frame
RAM-Disk RAM	disk
Randausgleich	margin alignment
Rasterkoordinate	raster coordinate
Rasterung	screening, dithering
Raubkopie	illegal copy
Raute	diamond
Rechenleistung	computing performance
Rechenwerk	arithmetic logical unit
Rechner	computer
Rechner ohne Laufwerke	diskless workstation
Rechnerbausatz	computer kit
Rechteck	rectangle
Rechteckimpuls	square wave pulse
rechtsbündig	right justified
Rechtschreibprüfprogramm	spellchecker
Rechtschreibprüfung	spell checking

Redundanz	redundancy
Register	register
registrierter Benutzer	registrated user
Reihenfolgezugriff	sequential access
Rekursion	recursion
relationale Datenbank	relational database
relative Adressierung	relative addressing
reserviertes Wort	reserved word
reserviertes Zeichen	reserved character
Reset-Taste	reset switch
resident	resident
residenter Zeichensatz	internal font
residentes Kommando	internal command
Ringtopologie	ring topology
Rohentwurf	roughs
Rollbalken	scrollbar
rollen (des Bildschirms)	scroll
Rollkugel (Eingabegerät)	trackball
Routine	routine
Rücksprungadresse	return address
Rundungsfehler	rounding error

S

Satzspiegel	type area
Säulendiagramm	bar chart
Scanner	scanning device, scanner
Schacht	tray
Schale	shell
Schallschluckhaube	noise-absorbing cover
Scheibe (Chipherstellung)	wafer
Schleife	loop
Schließfenster	close box
Schlüssel	key
Schlüsseldiskette	key disk
schlüsselfertiges System	turnkey system
schneiden	cut
Schnittstelle	interface, port
Schnittstellenkarte	interface board
Schönschrift	letter quality
Schönschriftdrucker	letter quality printer
Schrägstrich	slash
Schreib-/Lesegeschwindigkeit	read/write speed

Schreib-/Lesekopf	read/write head
Schreib-/Lesespeicher	read/write memory
Schreibdichte	recording density
schreiben	write
schreibgeschützt	write protected
Schreibgeschwindigkeit	recording speed
Schreibkopf	write head
Schreibleistung	printing speed
Schreibmaschine	typewriter
Schreibring	write enable ring
Schreibschutz	write protection
Schreibschutzschranke	write protect sensor
Schreibtisch	desktop
Schreibtischrechner	desktop computer
Schreibtischtest	dry run
Schriftart	font
Schriftattribut	typestyle
Schriftgrad	font size
Schriftgröße	font size
Schrittmotor	stepper motor
Schubverarbeitung	batch processing
Schulungssoftware	teachware
Schusterjunge	widow
schutzwürdige Daten	sensitive data
Schwenkfuß	tilt stand
Sedezimalsystem	hexadecimal system
Seite	page
Seitenbeschreibungssprache	page description language
Seitendrucker	page printer
Seitenmontage	layout
Seitennumerierung	pagination
Seitennummer	page-number
seitenorientierter Editor	full screen editor
seitenrichtige Ablage	face-down technique
Seitenumbruch	pagination
Seitenverhältnis	aspect ratio
seitenverkehrte Ablage	face-up technique
Sektor	sector
Sekundärschlüssel	secondary key
Sekundärspeicher	secondary storage
Selbsttest	power up diagnose, self test
Selektorkanal	selector channel
sensible Daten	sensitive data
Sensor	sensor

Sensortastatur	touch sensitive keyboard
sequentiell	sequential
Sequenz	sequence
serielle Schnittstelle	serial interface
serieller Drucker	serial printer
Serienbrief	serial letter
Serienbrieferstellung	mailmerge
Serife	serif
sichern	backup
Sicherungsdatei	backup file
Sicherungskopie	backup copy
Sichtgerät	display terminal
Signalausfall	drop out
Silbentrennung	hyphenation
simplex	simplex
Simulation	simulation
Simulationsprogramm	simulation programme
simultane Datenerfassung	simultaneous data collection
simultane Datenverarbeitung	simultaneous data processing
Sinnbild	symbol
Sitzung	session
skalieren	scale
Soft-Sektorierung	soft sectoring
Softwarehaus	software house
Softwarelizenz	software licence
Softwarepaket	software package
Softwarepflege	software maintenance
Soll-Konzept	scheduled conception
Sondertaste	special key
Sonderzeichen	special character
Spaltenlinie	column guide
Speicher	memory
Speicher-Subsystem	storage subsystem
Speicherauffrischung	memory refresh
Speicherauffrischzyklus	memory refresh cycle
Speicherauszug	dump
Speicherbank-Umschaltung	bank-switching
Speicherbelegung	memory map
Speicherbereinigung	garbage collection
Speichererweiterungskarte	memory expansion board
Speicherkapazität	memory capacity, storage capacity
Speicherkontrolle	storage supervision
speichern	save, store
speicherresident	memory resident

Speicherzelle	storage cell
Speicherzuordnung	memory allocation
Speicherzyklus	memory cycle
Sperren	spacing
Sperrschrift	spaced text
Spiegelplatte	mirror disk
Spieladapteranschluß	gameport
Spindelloch	central hole
Sprache	language
Sprosse	frame
Sprungbefehl	jump instruction
Sprungmarke	label
Spur	track
Spur 0	primary track
Spur-0-Sensor	primary track sensor
Spurdichte	track density
Stammdaten	master data
Stammsatz	master record
Standard	default
Standardeinstellung	default setting
Standardlaufwerk	default drive
Standardsoftware	standard software
Standardwert	default value
Standfuß	floor stand
Standleitung	dedicated line
Stapeldatei	batch file
Stapelspeicher	stack
Stapelverarbeitung	batch processing
Stapelzeiger	stack pointer
Start	bootstrap
Start-Stop-Verfahren	start-stop operation
Startbit	start bit
Startlaufwerk	boot drive
statischer Halbleiterspeicher	static semiconductor memory
Statusregister	status register
Steckbrücke	jumper
steckerkompatibel	plug compatible
Steckplatz	slot
Stellenwertsystem	radix notation system
Sterntopologie	star topology
Steuerbus	control bus
Steuerknüppel	joystick
Steuerungsdaten	control data

Anhang 11

Steuerwerk	control unit
Steuerzeichen	control character
Stift	pin
Stoppbit	stop bit
Strichcode	bar code
Struktogramm	structured chart
strukturierte Programme	structured programmes
suchen	search
suchen und ersetzen	search and replace
Symbol	symbol
symbolische Adresse	symbolic address
symbolische Programmiersprache	symbolic language
symbolischer Assembler	symbolic assembler
symbolischer Befehl	symbolic instruction
synchron	synchronous
synchrone Datenerfassung	simultaneous data collection
synchrone Datenübertragung	synchronous data transmission
Synonymiewörterbuch	thesaurus
Systemabsturz	system crash
Systemanalyse	system analysis
Systemarchitektur	system architecture
Systembereitschaftszeichen	system prompt
Systemdatei	system file
Systemdiskette	system disk
Systemerweiterung	system expansion
Systemprogramm	system programme
Systemprogrammierer	system programmer
Systemsoftware	system software
Systemspur	system track
Systemstart	system start
Systemtest	system check
Systemumgebung	system environment
Systemverwaltungszeit	overhead

T

Tabellenkalkulationsprogramm	spreadsheet programme
Tabulator	tabulator
Tagfertigkeit	actual balance
Taktfrequenz	clock frequency
Taktgeber	clock generator
taktsynchron	cyclic

Anhang 11

Taschencomputer	hand-held computer
Taschenrechner	pocket calculator
Tastatur	keyboard
Tastaturabdeckung	keyboard cover
Tastaturanschluß	keyboard connector
Tastaturblock	key pad
Tastaturkontroller	keyboard controller
Tastaturschloß	keyboard lock
Tastaturtreiber	keyboard driver
Taste	key
Tastenbelegung	keyboard layout
Tastenumschaltung	key shift
Teilnehmerbetrieb	time sharing operation
Telebox	telebox
Telefax	telefax
Telekommunikation	telecommunication
Telephonwahlmodul	automatic dialling equipment
Telesoftware	telesoftware
Teletex	teletex
temporäre Datci	temporary file
Terminkalender(programm)	appointment scheduler
Tertiärspeicher	tertiary storage
Testhilfeprogramm	debugger
Tetrade	nibble
Textausrichtung	alignment
Textbaustein	boilerplate, text module
Textcursor	text cursor
Texteditor	text editor
Texterkennung	(optical) character recognition
Textilfarbband	textile ribbon
Textverarbeitung	word processing
Textverarbeitungsprogramm	word processor
Textverarbeitungssystem	word processing system
Thermodrucker	thermal printer
Thermotransferdrucker	thermo-transfer printer
Thesaurus	thesaurus
Tintenstrahldrucker	ink jet printer
Token Verfahren	token passing technique
Token-Ring	token loop
Toner (Farbpulver)	toner
Tonerkassette	toner bin
Top-Down-Methode	top-down method
Tortengraphik	pie chart
Towergehäuse	tower style case

tragbarer Computer	laptop
Traktor	tractor
Transaktion	transaction
transient	transient
transientes Kommando	transient command
Transportkontrolle	transport supervision
Transportlöcher	feed holes
Transportlochung	transport perforation
Treiber	driver
Trennfuge	discretionary hyphen
Trennzeichen	separator
Trommelplotter	drum plotter
Turm	tower
Turmgehäuse	tower style case
Typenraddrucker	daisy wheel printer
Typographie	typography

U

Überlauf	overflow
Übermittlung	transmission
Übermittlungskontrolle	transmission supervision
Überschreibmodus	overtype mode
Überschrift	headline
Übersetzungsprogramm	language translator
Übertrag	carry
Übertragung	transfer, transmission
Übertragungsgeschwindigkeit	transfer rate, transmission rate
Umbruch	page makeup, wrapping
umgekehrte polnische Notation	reverse polish notation
umgekehrter Schrägstrich	backslash
Umlauf	wrapping
Umrechnung	conversion
Umschalttaste	shift key
UND-Gatter	AND gate
unformatiert	unformatted
ungepuffert	unbuffered
unidirektional	unidirectional
Universalrechner	all-purpose computer
Unterbrechung	interrupt
Unterbrechungsanforderung	interrupt request
Untermenü	submenu

Unterprogramm	subroutine
Unterprogrammaufruf	subroutine call
Unterschneiden	kerning
Unterstützung	support
Unterverzeichnis	subdirectory
Urbeleg	source voucher
Urlader	bootstrap loader

V

Variable	variable
Variablenspeicher	variable memory
Vektorgraphik	line art, vector graphics
vektororientierter Zeichensatz	outline font
Vektorprozessor	array processor
verändern	modify
Verbindungsmöglichkeit	connectivity
verbundene Zeichen	connected characters
Verbundschaltung	interlocked network
verdeckte Linien	hidden lines
verdrahtet	wired
Verkettung	concatenation
Verknüpfungsanweisung	logic instruction
Verkürzung (einer Zahl)	truncation
Versalie	capital letter
verschachtelte Schleife	nested loop
Verschleiß	abrasion
Versetzung(sfaktor)	interleave
Version	release
Verstärker (in Leitungen)	repeater
Verstärkungsring (Diskette)	hard hole
verteiltes System	distributed system
Vertikalaufzeichnung	vertical recording
Verzögerung	delay
Verzweigung	branch
VGA-Karte	VGA board
Videodigitizer	video digitizer
Videokarte	video board
Videosignal	video signal
Videospeicher	video memory
virtuelles Laufwerk	virtual drive
Virus	virus

Volladdierer	full adder
Vollduplex	duplex
Volumenmodell	solid model
Von-Neumann-Architektur	von-Neumann architecture
voreinstellen	preset

W

Wagenrücklauf	carriage return
wahlfreie Speicherung	random storage
wahlfreier Zugriff	random access
Wählleitung	switched line
Wahrheitstabelle	truth table
Walzenplotter	drum plotter
Warmstart	warm boot, warm start
Warntafel	alert box
Warteschlange	queue
Warteschleife	wait loop
Wartezyklus	waitstate
Wechselplatte	removable disk
wiederherstellen	recover
Wiederholung	iteration
Wissensbasis	knowledge base
Wissensbank	knowledge base
Witwe	widow
Wort	word
Wortabstand	spacing

X

X-Achse	abscissa, X-axis
X/Open-Gruppe	X/open foundation
xerographischer Drucker	xerographic printer
XOR-Gatter	XOR gate
XY-Plotter	XY plotter

Y

Y-Achse   ordinate, Y-axis

Z

Zähler   counter
Zählerschleife   counter loop
Zählvariable   counter variable
Zehnerblock   numeric keypad
Zeichen   character, token
Zeichendrucker   character printer
Zeichengenerator   character generator
Zeichenkette   string
Zeichensatz   character set, typeface
Zeichentabelle   character table
Zeichentablett   digitizer
Zeiger   pointer
Zeilenabstand   leading, line spacing
Zeilendrucker   line printer
Zeilennummer   line number
zeilenorientierter Editor   line editor
Zeilensprungverfahren   interlaced mode
Zeilenumbruch   word wrapping
Zeilenvorschub   line feed
Zeitscheibe   time slice
Zeitüberschreitung   timeout
Zelle   cell
zentrale Datenerfassung   centralized data collection
Zentraleinheit   central unit
Zentralspeicher   main memory
zentriert   centered
Zentrierung   centering
Ziehen (der Maus)   drag
Zieldiskette   target disk
Zielsprache   target language
Ziffernblock   numeric keypad
Ziffernteil   digit position
Zonenteil   zone position
Zufallsgenerator   random number generator
Zugangsberechtigung   access authorization

Anhang 11

Zugangskontrolle	approach supervision
Zugriff	access
Zugriffsebene	access level
Zugriffskamm	yoke
Zugriffskontrolle	access supervision
Zugriffsverfahren	access method
Zugriffszeit	access time
zuladbarer Zeichensatz	downloadable character set
Zuordnung	allocation
zurückkehren	return
zurücksetzen	reset
zusammengesetzte Bedingung	compound condition
Zusatzkarte	add-on board
Zuweisung	assignment
Zweiadreßbefehl	two address instruction
Zweierkomplement	two's complement
Zweiersystem	binary system
zweiseitig (beschreibbar)	double sided
Zwischenraum	space, blank
Zwischenschlag	gutter
Zwischenspeicher(ung)	temporary storage
zyklisch	cyclic
zyklisches Programm	cyclic programme
Zykluszeit	cycle time
Zylinder	cylinder

Anhang 12

Akronyme und Abkürzungen

A

A/N	Alphanumeric bzw. alphanumerisch
ABEND	Abnormal End of Operation
AC	Accumulator
ACK	Acknowledge
ADC	Analog to digital converter
ADP	Automatic Data Processing
ADR	Address
AES	Application Environment Services
AGA	Advanced Graphics Adapter
AI	Artificial Intelligence
AIDS	Automatic Installation and Diagnostic Service
AL	Assembly Language
ALGOL	ALGOrithmic Language
ALU	Arithmetic Logical Unit
ANSI	American National Standards Institute
AP	Automatic Pagination
API	Application Programming Interface
APL	A Programming Language
APPC	Advanced Program to Programm Communication
ARLL	Advanced Run-Length Limited
ASCII	American Standard Code of Information Interchange
AT&T	American Telegraph and Telephone Company.

B

BASF	Badische Anilin und Sodafabrik
BASIC	Beginners' All-Purpose Symbolic Instruction Code
BBS	Bulletin Board Service
BCD	Binary Coded Decimals
BCPL	Basic Combined Programming Language
BD	Baud
BDOS	Basic Disk Operating System
BDSG	Bundesdatenschutzgesetz
BIOS	Basic Input/Output System
BIT	Binary Digit
BITEL	Bildtelephon

621

BIU	Bus Interface Unit
BPB	BIOS Parameter Block
BPI	Bit per Inch
BPS	Bit per Second
BR	Befehlsregister
BS	Backspace
BSC	Binary Synchronous Communications
BTX	Bildschirmtext
BZR	Befehlszählregister

C

CAE	Computer Aided Engineering
CAI	Computer Assisted Instruction
CAM	Computer Aided Manufacturing
CAQ	Computer Aided Quality
CASE	Computer Aided Software Engineering
CAV	Constant Angular Velocity
CBT	Computer Based Training
CCC	Chaos Computer Club
CCITT	Commité Consultatif International Télégraphique et Téléphonique
CCP	Consol Command Program
CD	Carrier Detect
CD-ROM	Compact Disc Read Only Memory
CEBIT	Welt-Centrum Büro Information Telekommunikation
CEPT	Conférence Européenne des Administrations des Postes et des Télécommunications
CGA	Color Graphics Adapter
CIM	Computer Integrated Manufacturing
CISC	Complex Instruction Set Code
CKSM	Checksumme
CLI	Command Line Interpreter
CLK	Clock
CLV	Constant Linear Velocity
CMC-7	Caractaire magnetique code à 7 bâtonnets
CMD	Command
CMOS	Complementary Metal Oxid Semiconductor
CNC	Computerized Numeric Control
COBOL	Common Business Oriented Language
COM	Computer Output to Microfilm
COMAL	Common Algorithmic Language
CP/M	Control Program for Microcomputers

Anhang 12

CPI	Characters per inch
CPS	Central Processing System
CPS	Characters per Second
CPU	Central Processing Unit
CR	Carriage Return
CRC	Cyclical Redundancy Check
CRT	Cathode Ray Tube
CRTC	Cathode Ray Tube Controller
CSMA/CD	Carrier Sense Multiple Access with Collision Detection
CTS	Clear to Send

D

DAM	Direct Access Method
DASD	Direct Access Storage Device
DATEL	Data Telecommunication
DATEX	Data Exchange
DCB	Data Control Block
DD	Double Density
DDL	Data Definition Language
DDL	Document Description Language
DDP	Distributed Data Processing
DEC	Digital Equipment Corporation
DEE	Datenendeinrichtung
DFÜ	Datenfernübertragung
DFV	Datenfernverarbeitung
DIN	Deutsches Institut für Normen
DIP	Dual Inline Package
DL/1	Data Language One (1)
DMA	Direkt Memory Access
DML	Data Manipulation Language
DMP	Dot Matrix Printer
DOS	Disk Operating System
DPI	Dots per Inch
DRAM	Dynamic Ramdom Access Memory
DRV	Drive
DS/DD	Double Sided/Double Density
DS/HD	Double Sided/High Density
DSR	Device Status Report
DTE	Datentransfereinrichtung
DTR	Data Terminal Ready
DV	Datenverarbeitung
DVA	Datenverarbeitungsanlage

E

EAN	Europäische Artikel-Nummern
EBCDIC	Extended Binary Coded Decimal **Interchange** Code
ECC	Error Checking and Correction
ECMA	European Computer Manufacturers Association
EDP	Electronic Data Processing
EDV	Elektronische Datenverarbeitung
EEPROM	Electric Erasable Programmable Read-Only Memory
EGA	Enhanced Graphics Adapter
EIA	Electronic Industry Association
EISA	Extended Industry Standard Architecture
ELOD	Erasable Laser Optical Disk
ENIAC	Electronic Numerical Integrator and Computer
EOF	End of File
EOT	End of Tape
EOT	End of Transmission
EOV	End of Volume
EPROM	Erasable Programmable Read-Only Memory
ERLL	Enhanced Run-Length Limited
ESDI	Enhanced Small Disk Interface
ETX	End of Text
EVA	Eingabe-Verarbeitung-Ausgabe
EXFCB	Extended File Control Block

F

FAT	File Allocation Table
FAX	Faksimile
FBAS	Farbbildaustastsynchronsignal
FCB	File Control Block
FD	Floppy Disk
FDDI	Fiber Distributed Data Interface
FF	Formular Feed
FIFO	First in first out
FLOP	Floating Point Operation
FORTRAN	Formula Translation
FZT	Fernmeldetechnisches Zentralamt

G

GAN	Global Area Network
GB	Gigabyte
GBYTE	Gigabyte
GEM	Graphics Environmental Manager
GIGO	Garbage in Garbage out
GND	Ground
GPIB	General Purpose Interface Bus
GUI	Graphical User Interface

H

HD	Hard Disk
HD	High Density
HDLC	High Level Data Link Control
HDR	Header Label
HP	Hewlett Packard
HPGL	Hewlett Packard Graphics Language
HT	Horizontal Tab

I

I/O	Input/Output
IBM	International Business Machines
IEC	International Electrotechnical Commission
IEEE	Institute of Electrical and Electronic Engineers
INTR	Interrupt Request
IOC	Input-/Output-Controller
IPL	Initial Programme Loader
IPS	Inch per second
IRQ	Interrupt Request
ISA	Industry Standard Architecture
ISAM	Indexed Sequential Access Method
ISDN	Integrated Services Digital Network
ISO	International Standard Organisation

K

KB	**Ki**lo**b**yte
KBYTE	**K**ilo**byte**
KHz	**K**ilo**H**ert**z**
KI	**K**ünstliche **I**ntelligenz
KIPS	**K**ilo **I**nstructions **p**er **S**econd

L

LAN	**L**ocal **A**rea **N**etwork
LASER	**L**ight **A**mplification by **S**timulated **E**mmision of **R**adiation
LCD	**L**iquid **C**rystal **D**isplay
LED	**L**ight **E**mitting **D**iode
LF	**L**ine**f**eed
LIFO	**L**ast **i**n **F**irst **o**ut
LIPS	**L**ogical **I**nterferences **p**er **S**econd
LISP	**L**ist **P**rocessor
LOC	**L**ines **o**f **C**ode
LP	**L**ine**p**rinter
LPI	**L**ines **p**er **I**nch
LPS	**L**ines **p**er **S**econd
LQ	**L**etter **Q**uality
LRC	**L**ongitudinal **R**edundancy **C**heck
LSB	**L**east **S**ignificant **B**it
LSI	**L**arge **S**cale **I**ntegration

M

MB	**M**ega**b**yte
MBYTE	**M**ega**byte**
MCA	**M**icro**c**hannel **A**rchitecture
MCB	**M**emory **C**ontrol **B**lock
MCU	**M**icro **C**ontrol **U**nit
MDA	**M**onochrome **D**isplay **A**dapter
MFM	**M**odified **F**requency **M**odulation
MGA	**M**onochrome **G**raphics **A**dapter
MIDI	**M**usical **I**nstrument **D**igital **I**nterface
MIPS	**M**ega-**I**nstructions **p**er **S**econd
MIS	**M**anagement-**I**nformations**s**ystem
MIT	**M**assachusetts **I**nstitute of **T**echnology
MMU	**M**emory **M**anagement **U**nit

MODEM	Modulator/Demodulator
MOS	Metal Oxid Semiconductor
ms	Millisekunde
MS-DOS	Microsoft Disk Operating System
MSB	Most Significant Bit
MSI	Medium Scale Integration
MTBF	Mean Time Between Failure
MTTR	Mean Time to Repair
MUX	Multiplexer

N

NAK	Negative Acknowledgement
NLQ	Near Letter Quality
NMI	Non Maskable Interrupt
NMOS	Negative Metal Oxide Semiconductor
NOS	Network Operating System
NRZ	Non Return to Zero
ns	Nanosekunde
NUA	Network User Address
NUI	Network User Identity
NVR	Non Volatile RAM

O

OASIS	Online Application System Interactive Software
OCR	Optical Character Recognititon
OEM	Original Equipment Manufacturer
OPCODE	Operation Code
OROM	Optical Read Only Memory
OS	Operating System
OS/VS	Operating System/Virtual Storage

P

PAD	Packet Assembly/Disassembly
PAL	Programmable Array Logic
PAP	Programmablaufplan
PC	Personal Computer
PC	Printed Circuit
PC-AT	Personal Computer — Advanced Technology

PC-XT	Personal Computer — Extended Technology
PCL	Printer Command Language
PD	Public-Domain
PE	Phase Encoded
PEARL	Process and Experiment Automation Realtime Language
PIA	Peripheral Interface Adapter
PIN	Personal Identification Number
PL/I	Programing Language One (I)
PL/M	Programming Language Microprocessor
PMOS	Positive Metal Oxide Semiconductor
POS	Point of Sale
PROLOG	Programmimg in Logic
PROM	Programmable Read Only Memory

R

RAM	Random Access Memory
RGB	ROT-GRÜN-BLAU
RGBI	Rot-Grün-Blau-Intensität
RISC	Reduced Instruction Set Code
RLL	Run Length Limited
ROM	Read-Only-Memory
ROS	Resident Operating System
RTC	Real Time Clock
RTL	Runtime Library
RTOS	Real Time Operating System
RTS	Real Time System
RTS	Request to Send

S

SASI	Shugart Associates System Interface
SBC	Single Board Computer
SCSI	Small Computer System Interface
SD	Single Density
SDLC	Synchronuous Data Link Control
SIPO	Serial in Parallel out
SISO	Serial in Serial out
SNOBOL	String Oriented Symbolic Language
SOB	Start of Block
SPOOL	Simultaneous Peripheral Output On Line
SQL	Structured Query Language

SS	Single Sided	
SSD	Solid State Disk	
SSI	Small Scale Integration	
SYSOP	Systemoperator	

T

TAN	Transaktionsnummer	
TD	Transmit Data	
TELEX	Telegraph/Teleprinter Exchange	
TIFF	Tag Image File Format.	
TOS	Tape Operating System	
TPA	Transient Program Area	
TPI	Tracks per Inch	
TSR	Terminated Stay Resident	
TSS	Time Sharing System	
TTL	Transistor to Transistor Logic	
TTX	Teletex	
TTY	Teletype	

U

UART	Universal Asynchronuous Receiver/Transmitter	
UCSD	University of California, San Diego	
UEV	User End of Volume	
UHF	Ultra High Frequency	
UHL	User Header Label	
UPN	Umgekehrte Polnische Notation	
USV	Unterbrechungsfreie Stromversorgung	
UTL	User Trailer Label	
UUCP	Unix to Unix Copy	
UVL	User Volume Label	

V

VDI	Virtual Device Interface	
VDT	Video Display Terminal	
VGA	Video Graphics Adapter	
VHF	Very High Frequency	
VLSI	Very Large Scale Integration	
VOL	Volume Label	

VRAM	Video Random Access Memory
VRC	Vertical Redundancy Check
VSA	Virtual Storage Access
VT	Vertical Tab
VTOC	Volume Table of Contents

W

WIMP	Windows-Icons-Mouse-Pointer
WORM	Write Once Read Multiple
WP	Word Processor
WYSIWYG	What you see is what you get

X

XOFF	Exchange **off**
XON	exchange **on**
XT	extended Technology

Z

Z/sec	Zeichen/Sekunde
ZE	Zentraleinheit
ZZF	Zentralamt für Zulassungen des Fernmeldewesens

Anhang 12

Bildquellennachweis

Bild 1	Kodak
Bild 3	Wörlein GmbH, 8501 Cadolzburg
Bild 4	Apple Computer
Bild 6	Atari
Bild 8	Datalogic GmbH, 7311 Erkenbrechtsweiler
Bild 12	Electronic 2000, 8000 München 82
Bild 19	Prime Computer GmbH, 6200 Wiesbaden
Bild 20	Microsoft
Bild 21	Macrotron AG, 8000 München 82
Bild 22	Henschel + Stinnes, 8000 München 80
Bild 26	Citizen
Bild 27	Compaq Computer GmbH, 8000 München 81
Bild 28	ISDATA GmbH, 7500 Karlsruhe 1
Bild 31	NEC Deutschland GmbH
Bild 3	Macrotron AG, 8000 München 82
Bild 34	Henschel + Stinnes, 8000 München 80
Bild 36	SPEA
Bild 37	CADTRONIC Computer-Systeme GmbH
Bild 39	LOGI Computer & Software Vertriebs GmbH, 8000 München 19
Bild 44	Compaq Computer GmbH, 8000 München 81
Bild 45	Macrotron AG, 8000 München 82
Bild 48	Ziegler-Instruments GmbH, 4050 Mönchengladbach 4
Bild 50	LOGI Computer & Software Vertriebs GmbH, 8000 München 19
Bild 51	Schlumberger CAD/CAM Division
Bild 52	Compaq Computer GmbH, 8000 München 81
Bild 53	Datanet, 7024 Filderstadt 4
Bild 55	Canon Copylux GmbH, 4040 Neuss
Bild 56	Fujitsu
Bild 59	Compaq Computer GmbH, 8000 München 81
Bild 61	Houston Instrument
Bild 62	Compaq Computer GmbH, 8000 München 81
Bild 63	NEC Deutschland GmbH
Bild 66	Macrotron AG, 8000 München 82
Bild 67	Misco EDV-Zubehör GmbH
Bild 70	Fujitsu
Bild 73	TIM GmbH, 6200 Wiesbaden
Bild 75	Sharp Electronics GmbH
Bild 76	Rafi GmbH & Co, 7980 Ravensburg
Bild 78	NEC Deutschland GmbH
Bild 79	PC-CALC GmbH, 6236 Eschborn
Bild 80	The Chameleon Group, 4000 Düsseldorf 1

Anhang 12

Bild 81	CADTRONIC Computer-Systeme GmbH
Bild 82	BASF
Bild 84	Schlumberger CAD/CAM Division
Bild 85	CalComp GmbH, 4000 Düsseldorf 11
Bild 88	Compaq Computer GmbH, 8000 München 81
Bild 89	Mannesmann Tally